西學東漸
中學西傳

甲午年陽春 崔希亮 題

总第二十五集
2018年秋冬卷
CSSCI来源集刊
北京语言大学主办

 语言资源高精尖创新中心支持项目

阎纯德　主编

漢學研究
Chinese Studies

北京外国语大学中国文化走出去协同
创新中心2018年度后期资助项目

学苑出版社

图书在版编目（CIP）数据

汉学研究．总第二十五集，2018年．秋冬卷／阎纯德主编．— 北京：学苑出版社，2018.11
　ISBN 978-7-5077-5586-2

　Ⅰ．①汉…　Ⅱ．①阎…　Ⅲ．①汉学-文集　Ⅳ．① K207.8-53

中国版本图书馆 CIP 数据核字（2018）第 256167 号

出 版 人：孟　白
责任编辑：杨　雷　张敏娜
封面题字：朱天曙
封面设计：徐道会
出版发行：学苑出版社
社　　址：北京市丰台区南方庄 2 号院 1 号楼
邮政编码：100079
网　　址：www.book001.com
电子信箱：xueyuanpress@163.com
销售电话：010-67601101（销售部）　67603091（总编室）
经　　销：新华书店
印 刷 厂：北京虎彩文化传播有限公司
开本尺寸：710×1000　1/16
印　　张：41.5
字　　数：650 千字
版　　次：2018 年 11 月第 1 版
印　　次：2018 年 11 月第 1 次印刷
定　　价：80.00 元

汉学研究编辑委员会

顾　　问：汤一介　李学勤　袁行霈　李宇明
　　　　　倪海东　崔希亮　李向玉　安平秋
主　　任：刘　利
副 主 任：韩经太
主　　编：阎纯德
副 主 编：周　阅
主编助理：陈　喆
编　　委：乐黛云　王　宁　王晓平　方　铭
　　　　　刘顺利　严绍璗　李明滨　李庆本
　　　　　宋绍香　杜道明　张西平　张国刚
　　　　　张　华　何培忠　杨玉英　陈戎女
　　　　　周　阅　段江丽　耿　昇　耿幼壮
　　　　　柴剑虹　钱林森　钱婉约　徐志啸
　　　　　郭　鹏　阎纯德　阎国栋　黄晓敏
　　　　　熊文华

卷前絮语

一

　　酷暑，暴雨，中美纠结，这一切，尽管都可能会是暂时的，也颇令人心神不安。

　　《汉学研究》，一本中外学者以文化昭示人类和平，表达共同诉求、愿望和梦想的杂志，编竣"秋冬卷"之后，踏着7月残留大地上的暑热，晚上8点半，我走进正在上演《我不是药神》的那家影院。座无虚席，我是最后一名坐下来的看客。电影结束时，我激动地起身鼓掌，没想到这掌声竟带起潮水般的欢呼！庆幸我这老翁能与年轻人以同样的艺术鉴赏和对思想价值的理解度过一段难忘的时光。看完电影，疾步回家，怕误了莫斯科足球世界杯（2018 FIFA World Cup）那场法国与克罗地亚为争夺冠军的最后对决。时而紧张时而遗憾，我与地球村60多亿人中的50亿多人一起观看了那场球赛，直到大雨倾盆的翌日2点仍有欲罢不能之感。

　　一场难忘的电影，一场难忘的球赛，都又变成难忘的美梦——我抚摸着人类和平之神的面庞一梦到天亮。但我知道，人类的命运往往呈现两种选择，一是人类深恶痛绝的战争，一是人类永远选择的和平。可是，从古至今，制造累累伤痕的战争总是不断，这究竟是何人为何而为？这一切都发生在人类的噩梦里！当我除却一切忧患醒来，发现无论是巴黎，还是萨格勒布，抑或莫斯科，地球村的人们都在狂欢中分享着幸福。望着窗外的大雨，幻想着体育、音乐和文学艺术如何能主宰未来，和平会否成为地球村上空高高飘扬的旗帜？

　　突然，有个残酷的声音从遥远的地方像导弹一样闯了进来："你不是上帝，就是幻想也不允许！"这时，我便恍然大悟："是的，我知道，就是上帝的无边道义，也无法改变世界！"

　　自古以来，任何国家和民族，不管是发达国家，还是发展中国家，都有"一要生存，二要温饱，三要发展"[①] 的问题。鲁迅这句名言的真确性、人民

[①] 《鲁迅全集》第3卷《华盖集·忽然想到》，人民文学出版社，2005年。

性,至今都该是思想家、政治家时时牢记心中的。"在人类历史上,可以超越时空的伟人,其思想都与人类命运紧密相连,无论是东方的孔子、老子、庄子,还是西方的柏拉图、亚里士多德、弗兰西斯·培根、伏尔泰、康德,或是伊斯兰世界的穆罕默德,抑或是卡尔·马克思,他们对于宇宙奥义的探索、人类精神的改造、灵魂的救赎及社会的公平与和谐,都做出了创造性的贡献。"①鲁迅的意义和价值,就在于他不仅属于中国和中国的那个时代,也属于世界及当下和未来。人类走到今天,其生存和发展要靠好思想,有了好思想,才有好未来。

我不信上帝,但是,耶稣背的十字架却是一个象征,一切思想者和政治家,只有品尝了痛苦,才不会忤逆历史,才可能把上帝视野里那个符号——"爱在人间"——至美、至善、至圣地献给苍生,那才是人类真正伟大的儿子。

微信时代到来之后,我看过两次同一则"什么是文化"的短文:"一个黑人出租车司机载了白人母子。孩子问:'妈妈,为什么司机伯伯的皮肤和我们不一样?'母亲笑着回答:'上帝为了让世界五彩缤纷得更美丽,所以就创造了不同颜色的人。'待母子下车,司机坚决拒收车费。他说:'小时候,我也问过母亲同样的问题,但母亲说我们是黑人,命中注定低人一等。如果她换成你的回答,今天的我可能是另一个我……'我们说的话都是撒在人间的种子,善良的语言可以成就一生!"这说的是"口德",也是文化!有人问:到底什么是文化?是学历、是经历、是阅历、是金钱、是权力?其实,这些都不是!有人用四句话描述"文化":"根植于内心的修养,无需提醒的自觉,以约束为前提的自由,为别人着想的善良!"这四句当然不能完全概括"文化"的崇高、丰博与辽阔,但是,白人母子的对话,彰显的文化却是感动天下的爱心、同情与尊严。

中国有被称为传统文化做人根本的"孝、悌、忠、信、礼、义、廉、耻",这"八德"虽然鲜见民主、自由、平等这样的内涵,但其中却包含着人类许多最美好的文化精神元素,这说明,世界也需要文化互补。

每个人对于国家都有责任与义务。想想克罗地亚那些因国难而移居,为

---

① 阎纯德《永不熄灭的圣火——读李充阳著〈鲁迅思想初探〉》,香港文学批评出版社,2014年。

祖国又毅然归来的足球运动员，该使那些外逃的窃国大盗丑陋得无地自容了。当一个民族沦落到"金钱至上"的泥淖，这个民族就可能会输掉自己的未来！因为，"利之尽处仁全无，仁之尽上利尽散"，"金钱至上"必然道德丧失，基因变异，如此一来，还有何未来可言？人世间，无论是人，还是国家或民族，唯有"德"和坚守文化的气度、风骨、人格与精神方可立世，创造和平世界。

人世间真理的核心就是爱；大炮的威力再大，射程再远，但它不是真理。人在做，天在看；虽然，天上的太阳只有一个，但是，时间不同，太阳会日薄西山，也会从东方磅礴升起。

二

有人说我像风，我说我的思想是风，一年四季不舍昼夜地刮个不停。这一次，我从一部电影、一场世界足球赛和一则短小的爱心故事，说到人类的和平追求，再说到负载着中西文化的《汉学研究》，算是回归了正题。这里说的"汉学"（Sinology），特指外国汉学家研究中国文化的"学问"，从某种意义上说，这是真正自由的风，它既不受中国文化的制约，也不受西方文化的钳制，它是一种相对独立的自由之风。

中西两种文明之间，摆着一张大桌子，桌子上有高山和海洋；一壶香醇的文化清茶涵盖古今，周围放着许多杯子，它们在自由对话、自由讨论，在交流、交融，这就是我们的《汉学研究》。

这一期《汉学研究》从国学开题，有许多好文可飨读者。我那篇关于刘明武的天文历法研究的文章，可使读者了解天文历法之于中国文化的历史、现在与未来的重要性，还有如何做学问的讨论可供读者参考。单纯教授和韩纪升论述中华文明中的"数字与颜色"，颇为别开生面；方铭教授在从中国传统文化考察"爱国价值观"一文里说，爱国是一个社会和国家核心价值观的重要内容，也是中国传统文化所追求的目标。爱国即爱祖国，爱自己生活的国家。爱国是一种民族感情。中国上古圣贤放眼四海，胸怀天下苍生，以天下为己任，对自己生活的国家有主人翁的精神，鞠躬尽瘁，死而后已。他们的爱国行为，与爱人民、爱文明联系在一起，爱国即爱天下人，爱人类文明的成果，所以，爱民如子，才能爱国如家。此外，爱国必须和爱正义相联系。

贾银忠教授是"三星堆"文化研究专家，他对古佛文化"飞天"的研究颇为少见。钱林森教授是中法文学交流的研究专家，著作甚丰，这篇文章是他主持介绍欧洲人游走中国、观看中国、想象中国、认识中国的文化译丛的"总序"，这个译丛以文学为主，其续集还包括"窗外的风景"《作家文丛》《学者文库》两辑书系。读者从其总序可知"走进中国"可喜的规模。张西平教授是传教士汉学研究专家，他的《中西文化交流与汉字在西方早期的传播初探》一文，可以让我们窥视中国与欧洲文化交流中所产生的汉学的历史渊源：汉学的发生离不开汉字的西传，西方人学习和研究汉语始于认识汉字，进而研究汉语语法；"西方人对汉字的认识是在中西文化交流史的大背景下所发生的一种文化相遇"，有了"相遇"而后才有汉学。"汉学家访谈"一栏中有三篇中国学人对三位国际著名汉学家的访谈，他们是比利时汉学家魏查理（Charles Willemen）、美国汉学家韩大伟（David B. Honey）和侯格睿（Grant Hardy），对他们的学术成就、中国"经学"和"史记"的研究都有精细的展示、介绍与描述。

耿昇先生是法国汉学著作译介领域至今无人企及的专家。他在今年4月10日突然离世，是中国汉学研究领域的很大损失，令我们涉足这一领域的同仁无比哀伤。耿昇给学术界留下70多部法国汉学译著和一部《法国汉学史论》，这是他为中法文化交流史留下的闪光的学术足迹。这一集我们编发他的《法国汉学家白乐日及其国际视野》最后一部分，算是他给《汉学研究》留下的一份珍贵纪念。

中法文学关系之历史源远流长。无论是法国的汉学家，还是中国的法国文学研究者，人数之多数都数不过来。汉学家德理文（Le Marquis d'Hervey de Saint Denys, 1822—1892）侯爵于1862年出版了一部《唐诗》（收诗99首），后又出版了《离骚》，他是最早以忠于原诗而将中国诗歌译介到法国的汉学家。德理文的译本成为西方译者最早的参照，推动了唐诗的世界传播与研究。之后，中法的文学关系不断发展，诗人汉学家谢阁兰（Victor Segalen, 1878—1919）游历中国，出版了以中国为内容的诗集《碑》（Stèle）；诗人保罗·克洛岱尔（Paul Claudel, 1868—1955）和圣·琼佩斯（Saint-John Perse, Saint-John Perse, 1887—1975），他们都曾是出使中国的法国外交官诗人，笔下充满了对于中国的情致。20世纪以来，华裔诗人和学者程抱一（Francois Cheng）与熊秉明（1922—2002），译诗、写诗，都在中法文学关系史上占有一定的地位。我们国内的年轻学者蒋向艳和黄蓓，在中法诗歌关系领域，其研究成绩不菲。现在，可喜的是，法国外交官汉学家郁白（Nicolas Chapuis），多年来一直从事中国诗歌研究和杜甫全集的翻译，已经出版了杜甫诗全译的第一集、第二集《安史之乱》（*La Guerre Civile*）、第三集《天涯》（*Au bout du monde*，预计2019年在巴黎出版），他还出版了研究著作《悲秋：古诗论情》（*Tristes Audones*）和《杜甫安史之乱前的诗作（736—755）》。这一期发表他写的杜诗第二集的序文。

宋绍香教授的译作《俄国汉学的形成和发展》是俄国学术界最早探讨俄国汉学史的文章，这对我们深入俄国汉学史大有裨益。黄涛博士对于美国汉学研究深入肌理，他有好几部厚重的论著即将纳入"列国汉学史书系"出版，这篇《论美国现代中国学的发展前景——以费正清为例》即是他研究成果的一个篇章。李雪涛教授的《18—19世纪德国对中国文学的接受》、波兰汉学家的关于早期中华哲学之"连锁推理"（sorites）的《论所谓"中华连锁推理"》、熊文华教授的关于新西兰汉学研究的文章，以及"中国文化经典外译与研究""王阳明域外传播与研究""汉语国际传播与研究"栏目中的文章，多是作者呕心沥血之作，值得认真读之。

又是一个雨夜，写完"絮语"，想起李斯《谏逐客书》里的几句话："泰山不让土壤，故能成其大；河海不择细流，故能就其深；王者不却众庶，故能明其德。"因为自己喜欢，遂抄写下来，再把记载写作"絮语"凌乱心情的四句顺口溜写在这里作为结尾：

暴雨七月闹翻天，大街小巷被水淹；
三伏连续掀热浪，欲语夜深话未完。

阎纯德
2018年7月25日　半亩春秋

目 录

卷前絮语 　　　　　　　　　　　　　　　　　　　　　　　　　　　阎纯德（1）

· 特稿 ·

书中的哲理在太阳
　　——我观刘明武的文化研究　　　　　　　　　　　　　　　　　阎纯德（1）

· 国学特稿 ·

论中华文明中的数字与颜色伦理（上）　　　　　　　　　单　纯　韩纪升（12）
爱国价值观的中国传统文化基础考源　　　　　　　　　　　　　　　方　铭（28）
古蜀国泛三星堆区域古佛文化之"飞天"研究　　　　　　　　　　　贾银忠（41）

· 窗外的风景 ·

《走近中国》文化译丛总序　　　　　　　　　　　　　　　　　　　钱林森（51）

· 魏柳南专栏 ·

伊斯兰关键词的源流及误用
　　　　　　　　　　［法］魏柳南（Lionel Varion）著　柳博赟 译（60）

· 张西平专栏 ·

中西文化交流与汉字在西方早期的传播初探　　　　　　　　　　　张西平（68）

· 汉学家访谈 ·

韩大伟教授谈他的《中国经学史》　　　　　　　　　　　　　　　唐光荣（92）
无关岁月　逐梦前行
　　——魏查理教授访谈录　　　　　　　　　　　　　　　　　　　陈　皛（104）
论《史记》在西方的传播与研究
　　——美国汉学家侯格睿教授访谈录　　　　　　　　　　　　　　魏　泓（123）

· 法国汉学研究 ·

法国汉学家白乐日及其国际视野（下）　　　　　　　　　　　　　　耿　昇（130）

杜诗全集第二部《安史之乱》序
　　　　　　　　［法］郁白（Nicolas Chapuis）著　李　真　孙兆原　译（148）
法国国家图书馆藏七种稀见中国古籍述略　　　　　　　　　王域铖（166）

· 俄罗斯汉学研究 ·

俄国汉学的形成与发展
　　　　　　　　［俄］B. 米亚斯尼科夫（В. С. Мясников）著　宋绍香　译（175）
苏联汉学家阿理克的中国古典文学翻译思想述评　　　　　　　王　晔（200）
阿列克谢耶夫"汉学卡片目录柜"初探
　　　　　　　　Т. И. 维诺格拉多娃（Виноградова Т. И.）著　侯海荣　译（217）

· 美国汉学研究 ·

论美国现代中国学的发展前景
　　——以费正清为中心的考察　　　　　　　　　　　　　　黄　涛（228）
唐代三大诗人　　［美］艾米·洛威尔（Amy Lowell）著　郑美玲　译（243）
道德与历史之间
　　——美国汉学家对《左传》的叙事学研究　　　　　　　史常力（258）
从《与友书》看《松花笺》的译诗选材　　　　　　　　　　胡婷婷（266）

· 德国汉学研究 ·

18—19世纪德国对中国文学的接受（上）
　　——以魏汉茂《德国对中国文学的早期认识》为中心的研究　李雪涛（275）
现代中国哲学史研究的一种范式
　　——佛尔克的《中国哲学史》　　　　　　　　　　　　张慕良（291）

· 波兰汉学研究 ·

论所谓的"中华连锁推理"（上）
　　　　［波兰］雅努什·赫梅莱夫斯基（Janusz Chmielewski）著　钱　爽　译（305）

· 新西兰汉学研究 ·

大洋洲人文共同体中的新西兰汉学　　　　　　　　　　　　熊文华（314）

· 日本汉学（中国学）研究 ·

日本东洋史学方法论刍议
　　——以宫崎市定中国史研究方法论为例　　　　　　　　王广生（325）
论林罗山的中国小说藏书　　　　　　　　　　　　　　　　周健强（333）

目　录

江户后期汉诗坛对性灵诗派的受容
　　——以清水长孺《蜃烟焦余集》为例　　陈慧慧（351）
日本汉学家眼中的《红楼梦》
　　——以北京方言日译为中心　　刘　佳（364）

· 朝鲜半岛汉学研究·
朝鲜李奎报散文引中国文化典故考论　　王　成（377）
朝鲜文坛对公安派袁宏道文学的接受
　　——以《瓶史》与《游盘山记》为中心　　韩　东（388）
韩国高丽"七夕诗"和中国"七夕诗"的关联　　尹允镇　钱丽艳（406）

· 中国文化经典外译与研究·
历史文化视域下的《易经》英译研究（二）　　张凤华（418）
女性意识与《易经·姤卦》的英译　　吴礼敬（434）
哲理文学的"白矮星"
　　——《道德经》在英语世界的传播与接受研究（选译）　　杨玉英 译（450）
汉魏六朝志怪小说的英译（1919—2015）　　宫蔷薇（468）
和合思想在《淮南子》中的三重意蕴　　宋　霞（484）

· 王阳明域外传播与研究·
欧美王阳明研究（1900—1950）
　　［美］伊来瑞（George L. Israel）著　王　英 译（496）
英语学术界的王阳明哲学思想研究　　张慕良（518）

· 春秋论坛·
马可·波罗与13世纪草原丝绸之路的"新都"
　　——"元都于燕"考　　杜　潇（532）
亚细亚文库与中国学研究　　王广义　赵子夜（543）
西方浪漫主义时代中国观的一份简易样本
　　——雪莱的"中国印象"　　倪正芳（552）
游记汉学里的"十三行"
　　——以亨特《广州番鬼录》为中心　　张建锋　纪建勋（565）
《聊斋志异》意象叙事的美学功能探微　　李　莹（581）

·中外艺术关系研究·

近百年海内外中晚明诗画关系研究述评

　　　　——基于通论型研究的考察　　　　魏　刚　刘璐亚（587）

·汉语国际传播与研究·

从天理本《官话问答便语》注记看清代琉球人的汉语词汇学习难点

　　　　　　　　　　　　　　　　　　　　　　范常喜（611）

试论夏德的《文件字句入门》及其文件体汉语教学理念　龚　婧（623）

·信息与书评·

"域外中国学研究四十年：回顾与展望"座谈会述要　　唐　磊（635）

汉学史与典籍外译研究

　　——全国高校国际汉学与中国文化外译学术研讨会简述　郭景红（639）

当代中国学研究国际研讨会

　　——东西方接触与对话在西班牙莱昂大学孔子学院举行　李秋杨（642）

Contents

Editor's Remarks　　　　　　　　　　　　　　　Yan Chunde （ 1 ）

Special Manuscript

About Liu Mingwu's Studies on Astronomy and Calendric System　Yan Chunde （ 1 ）

Special Manuscript on the Studies of Chinese Ancient Civilization

On Chinese Civilization Illustrated in Ethics of Numbers and Colors （Ⅰ）

　　　　　　　　　　　　　　　　Shan Chun, Han Jisheng （ 12 ）

On the Origin of the Patriotic Values' Basis of Chinese Traditional Culture

　　　　　　　　　　　　　　　　　　　　　　Fang Ming （ 28 ）

Research of the "Apsaras" in the Ancient Buddhist Culture in the

　　Fan-Sanxingdui Area in Ancient Shu Kingdom　Jia Yinzhong （ 41 ）

Scenery outside the Window

General Preface to the Collection of Cultural Translations of *Approaching China*

　　　　　　　　　　　　　　　　　　　　　　Qian Linsen （ 51 ）

Special Column Dedicated to Lionel Vairon

On the Origin, Development and Misuse of the Key Words of Islam

[France] Lionel Vairon, translated by Liu Boyun (60)

Special Column Dedicated to Zhang Xiping

A Primary Exploration of the Sino-Western Cultural Communication
and the Early Spread of Chinese Characters in the West Zhang Xiping (68)

Sinologist Interview

An Interview with American Professor David B. Honey and His
History of Chinese Classics Tang Guangrong (92)

An Interview with Belgian Professor Charles Willemen Chen Xiao (104)

An Interview with American Sinologist Grant Hardy Wei Hong (123)

Sinology in France

French Sinologist Etienne Balazs and His International Views (II)

Geng Sheng (130)

Preface to *An-Shi Rebellion*, the 2nd Vol. of *The Complete Works of Du Fu*

[France] Nicolas Chapuis, translated by Li Zhen, Sun Zhaoyuan (148)

A Brief Account of the Seven Chinese Rare Books Stored in the
National Library of France Wang Yucheng (166)

Sinology in Russia

The Formation and Development of Russian Sinology

[Russia] B. Miasnikov, translated by Song Shaoxiang (175)

Comment on Vassili Alexeyev, a Russian Sinologist's Translation
Thought of Classical Chinese Literature Wang Ye (200)

First Exploration of Alexeyev's Cabinet for Chinese Card Catologue

[Russia] T. Vinogradova, translated by Hou Hairong (217)

Sinology in America

On the Development Prospect of the Modern Chinese Studies in America

Huang Tao (228)

The Three Great Poets in Tang Dynasty

[America] Amy Lowell, translated by Zheng Meiling (243)

On American Sinologists' Narratology Studies on *The Tso Chuan*　　Shi Changli（258）

On the Selection of the Translation Materials of *Fir-Flower Tablets*

　　from *A Letter to My Friend*　　Hu Tingting（266）

Sinology in Germany

On the Reception of Chinese Literature in Germany during 18—19

　　Centuries（Ⅰ）——A Study Based on Hartmut Walraven's *The*

　　Early Cognition of Chinese Literature in Germany　　Li Xuetao（275）

On Alfred Forke's *History of Chinese Philosophy*　　Zhang Muliang（291）

Sinology in Poland

On the So-called "Chinese Chain Reasoning"（Ⅰ）

　　　　　　［Poland］Janusz Chmielewski, translated by Qian Shuang（305）

Sinology in New Zealand

The Multi-dimensional World in the Eyes of the China Experts in New Zealand

　　　　　　Xiong Wenhua（314）

Sinology in Japan

Comment on the Oriental Historical Methodology in Japan——A Case Study of

　　Miyazaki Ichisada's Methodology for the Research of Chinese History

　　　　　　Wang Guangsheng（325）

On Hayashi Razan's Collection of Chinese Novels　　Zhou Jianqiang（333）

On the Reception and Containment of "Soul and Temperament Poetry"

　　in the Han Poetry in the Later Edo Period　　Chen Huihui（351）

Dream of the Red Chamber in Japanese Sinologists' Eyes　　Liu Jia（364）

Sinology on the Korean Peninsula

Textual Research of the Chinese Cultural Allusions Quoted in Korean

　　Lee Gyu-Bo's Proses　　Wang Cheng（377）

On the Reception of Yuan Hongdao's Literary Works in Korean Literary World

　　　　　　Han Dong（388）

On the Relevance between the Korean and Chinese "*Qixi* Poetry"

　　　　　　Yin Yunzhen, Qian Liyan（406）

Translation and Studies of Chinese Cultural Classics

Research of the English Translations of *I Ching* from the Historical
  and Cultural Perspectives (Ⅱ)   Zhang Fenghua (418)

Translation of the 44th Hexagram in *I Ching* and Women's Social
  Status in the Shang and Zhou Era   Wu Lijing (434)

A "White Dwarf" of Philosophical Literature——Researches of the Spread and
  Reception of *Tao Te Ching* in the English-speaking World
      Selected and Translated by Yang Yuying (450)

On the English Translations of the Supernatural Stories Created during
  the Han, Wei and Six Dynasties (1919—2015)   Gong Qiangwei (468)

The Triple Meanings of Harmony Notions in *Huai Nan Zi*   Song Xia (484)

Spread and Research of Wang Yangming Abroad

Wang Yangming Studies in Europe and America
      [America] George L. Israel, translated by Wang Ying (496)

Studies on Wang Yangming's Philosophical Thought in the
  English-Speaking World   Zhang Muliang (518)

Spring and Autumn Forum

Marco Polo and the "New Capital" on the Prairie Silk Road in 13th Century
      Du Xiao (532)

Asiatic Library and Chinese Studies   Wang Guangyi, Zhao Ziye (543)

Percy Shelley's "Impression of China"   Ni Zhengfang (552)

"The Thirteen Trades" in the Travel Sinological Works
      Zhang Jianfeng, Ji Jianxun (565)

On the Aesthetic Function of the Imagery Narration in *A Collection of the
  Bizarre Stories* by Pu Songling   Li Ying (581)

Studies on the Sino-foreign Artistic Relations

A Review of the Research on the Relations between the Poetry and
  Paintings in the Late Ming Period in the Recent 100 Years at
  home and Abroad   Wei Gang, Liu Luya (587)

International Spread and Research of Chinese

From the Notes of *Questions and Answers about the Official Language*,
 Tenri University Version to See the Learning Difficulties of Chinese
 Vocabulary for the Ryukyuan　　　　　　　　Fan Changxi（611）
About *Notes on Chinese Documentary Style* by Friedrich Hirth and
 His Chinese Teaching Philosophy of Documentary Style　　Gong Jing（623）

Information and Book Reviews

A Brief Introduction to the Symposium of the Review and Prospects of Chinese
 Studies Abroad　　　　　　　　　　　　　　　Tang Lei（635）
History of Sinology and Translations of Chinese Classics——Summary of Symposium
on Sinology and Translating & Dissemination of Chinese Classics
　　　　　　　　　　　　　　　　　　　　Guo Jinghong（639）
The International Symposium on Contemporary Chinese Studies Held
 Grandly in the Confucius Institute, Lyon University, Spain　Li Qiuyang（642）

Translated by Yang Yuying
Revised by Xiong Wenhua

·特稿·

书中的哲理在太阳

——我观刘明武的文化研究

阎纯德

太阳在天上！自从地球上有了人类，人类就从来没有离开过太阳。

"野芳发而幽香，佳木秀而繁阴，风霜高洁，水落而石出者，山间之四时也。"山间之四时，实际上是由太阳决定的。

太阳决定四时，决定风霜雨雪。但是，关于太阳与人文，太阳与中医，太阳与音律，太阳与数理化，太阳与第一部书、第一张图的母源关系，知者甚少。这个少有人关心、过问的文化命题，却是刘明武先生多年来给力最多、最令其夜不能寐的一个文化命题。

一、两部作品一个心愿

《太阳与中医》与《太阳与人文》这两部学术著作是对称对应的姊妹篇，是刘明武以太阳历为依据论述文化的新作。我知道，刘明武撰写这两部普及性著作，其目的之一是为了完成思想家、教育家、文化学者敢峰（方玄初）先生的一个心愿。

2004年2月，《中华读书报》连续以三个版面隆重推出了刘明武先生重新认识中华文化的反思性文章《读书读出的几个困惑》。清代后期的中华民族为什么东也挨打，西也挨打，泱泱中华俨然成了殖民者大棒下的受气包！清末至民国及五四时期，整个学界对此进行了几十年的反思，最初的结论是：器不如人；最后的结论是：文化不如人。文化落后，是挨打的真正原因。面对这个结论，刘明武的困惑是，中华民族曾经出现过两种状态，一是遥遥领先于世界；一是东也敢打，西也敢打。同一个文化为什么会孕育出中华民族两种截然相反的状态？面对先进与落后截然相反的状态，能否换一个角度思考，即中华民族落后挨打的真正原因在于文化的失传与变质。用形象的说法是，先进的中华民族是条龙，落后的中华民族是条虫。龙有龙文化，虫有虫文化；真正的中华文化孕育出的是龙，变质的文化孕育出的是虫。这篇文章被人民网、新华网、光明网、北大、浙大等众多网站转载，也被著名文化思想和教育家、北京景山学校的开创者、北京市社会科学院老院长敢峰先生所发现。敢峰先生在其主持的《教育世纪》上，连续三年期期发表刘明武追根溯源的文章，无论是5万字的长文，还是7万字的长文，大都刊发在头条位置。这在杂志史上，也不多见。

年近90岁的敢峰先生，希望刘明武写文化的普及文章："《三国志》是真的，有几个人知道呢？《三国演义》是故事，不是家喻户晓吗？"那次见面，在敢峰先生家里，我也在场。敢峰先生劝刘明武多出来讲讲，还用一句"清高岂能济世"激励他。刘明武当时答应，在《易经》和《内经》两部经典导读完成后，就开始写普及文章。

告别时，敢峰先生送出家门，送出楼门，送出大门（这是他的为人之道）；刘明武向敢峰先生深深鞠躬，敢峰先生鞠躬还礼——当时我看到了刘明武眼中的泪花；我想，一定是前辈对他的厚望感动了他。

刘明武的《换个方法读内经》（《黄帝内经导读》）出版之后已经重印四次；《换个方法读易经》已经完成，以天文历法解读河图洛书、太极八卦，是这部书的核心所在。刘明武自己不急于出版，不停地进行修改，希望能拿出一部对得起先贤，揭示人文真谛的作品。

两部经典导读完成之后，刘明武兑现诺言，开始了《太阳与中医》和《太阳与人文》的写作。

二、与众不同的思路

书中的哲理，书外的太阳。书中的哲理源于书外的太阳。刘明武这一新颖的结论，源于其新颖的思路。

有！为什么有？

有！有从何处来？

这是刘明武追根溯源的思路。2018年6月15日端午节前夕，刘明武发给

书中的哲理在太阳

我一个邮件，说他刚刚看了一个以色列拍摄的短片《小国为什么会强大》，解说者把以色列的成功归功于教育，教育的成功奥秘有四：一是坚定不移的质疑，二是不知疲倦的追问，三是时时事事的创新，四是失败之后重新再来。他觉得，这四点吻合于中华元文化。我回复他说："这四点正是你多年在中国文化研究中一贯的求索精神。"

刘明武是一位地质工程师，所以他才能说出地质学中的一个原则：找到矿以后，一定要追问成矿之因，一定要追问矿从何处来。有此矿必有此因，见此矿必求此因；刘明武把地质学中的优秀思路与方法引入文化研究，并开始了"有从何而来"的系列追溯：

有阴阳，阴阳从何而来？有五行，五行从何而来？

有四时，四时从何而来？有八卦，八卦从何而来？

有洛书，洛书从何而来？有河图，河图从何而来？

有天道，天道从何而来？具有常青意义的成语与格言从何而来？

书中—地下—山里—天文，这是刘明武追根溯源的四大阶段。

看书，是第一步。第一步，是必需的。有问题，书中并没有答案，等等地下文物的出土，这是第二步。第二步，是被动的，也是无奈的。地下没有，到山里看看，这是第三步。第三步是主动的。所谓山里，就是边陲的兄弟民族。走进这一步，他主要是受纳西族保存中原古乐的启示。保存了古乐，有没有保存更深邃的文化呢？还有一个源于孔夫子的理论启示，即"天子失官，学在四夷"。中原华夏丢失的文化，可以在南蛮北狄东夷西戎找回来。舜，东夷人；文王，西夷人。四夷之夷，既出圣人，又出文化。刘明武，这位地质工程师进深山，果然找到了"大矿"：

湘西苗族保留的太阳历，可以完美精确地解释阴阳；贵州彝族保留的十月太阳历，可以完美地解释洛书；贵州彝族保留的以十二月太阳历为基础的阴阳合历，可以完美地解释河图；贵州水族保留的连山易可以用太阳历的八节完美精确地解释八卦。

阴阳第一源头在太阳，五行的唯一源头在太阳，八卦表达的是太阳历的八节，洛书表达的是十月太阳历，河图表达的是十二月阴阳合历。太阳历，可以解答一系列千古难题。太阳历，可以将彝族、苗族、水族几个民族的文化与中原华夏文化完美地统一在一起。书外的太阳，书中的阴阳，人文之源在天文，首先在太阳。

节令发源于太阳！没有太阳历区分出的节令，就绝对不会有人工粮食。没有粮食，绝对不会有中华文明。中华文明的源头不在文字而在太阳历。天文学是人类第一学，历法是人类第一法。太阳历，一是可以合理地解释中华文明的起源，二是可以合理地解释中华文明的根基。

为表达太阳历，中华先贤创造出了形象与抽象的岩画。

为表达太阳历，中华先贤创造出了形象与抽象的陶画。

为表达太阳历，中华先贤创造出了形象与抽象的玉器画、铜器画、金器画。

为表达太阳历，中华先贤创造出了第一部书——洛书。

为表达太阳历为基础的阴阳合历，中华先贤创造出了第一张图——河图。

为表达太阳历八节，中华先贤创造出了八卦。

为表达太阳历，中华先贤创造出了四则运算的算术，创造出了整数、分数、小数、直角三角形、平面两维坐标、立体三维坐标与四维坐标。

为描述太阳回归，中华先贤创造出了具有常青意义的太极图。

为描述太阳回归，中华先贤创造出了具有常青意义的成语与格言，例如"寒极生热，热极生寒""阳极生阴，阴极生阳"，再如"物极必反""否极泰来""终则有始""原始反终""如环无端""满招损，谦受益"等。

与太阳历相伴而生是音律学。五音六律，全部源于太阳历。

在世界范围内，天文学是人类第一学，历法是人类第一法。在中华大地上，天文学既是第一学，又是母亲学；历法既是第一法，又是母亲法。因为人文、医学、音律、算术、法律、度量衡，都是从天文历法出发的，首先是从太阳历出发的。人文的根本在太阳！医学的根本在太阳！这是几个民族文化的共同结论，也是刘明武四步追溯所得出的结论。

根植于太阳的中华元文化，赢得了世界的敬重。

全世界采用的十二平均律，源于中国，源于中华先贤制定的太阳历。

计算机采用的机械化算法，源于中国，源于中华先贤制定的太阳历。

法国数学家、传教士汉学家白晋（Joachim Bouvet，1656—1730），高度评价阴阳，将阴阳视为所有科学的原理。

美国科学院院士、美国物理学家惠勒（John Archibald Wheeler，1911—2008）的书中，太极图出现在第一页。从惠勒口中说出，丹麦量子物理学家、丹麦皇家科学院院士玻尔（Niels Henrik David Bohr，1885—1962）一看到太极图，立刻认同完美的阴阳和合是互补原理的先河。

几千年前的太极图，赢得了当代人的尊重，这是不是跨越了时间？中华大地上的创造，赢得了太平洋对岸的敬重，这是不是跨越了空间？

源于太阳的文化，可以超越时间，可以超越空间，具有常青意义。

发展与毁灭并行，西方后现代学派如此批评现代化。今后的路怎么走？日本山口大学提出了从天文历法再出发的"东亚历法与现代化"。东亚历法并不是出于东亚，而是出于我泱泱中华。东亚、东北亚、东南亚所采用的历法，都是我中华先贤制定的太阳历。"北至于幽陵，南至于交趾，西至于流沙，东至于蟠木。"这是颛顼时代"载时以象天，治气以教化"的教化范围。只要天上的太阳还在，根植于太阳的文化就不会过时。

刘明武的思路新颖！没有重复别人！

三、发现与交往

地质学家要善于发现地下宝藏，作为学术杂志的编辑，应当善于发现学术的价值。从20世纪90年代至今，从《中国文化研究》到《汉学研究》，我为何几乎年年编发刘明武的文章呢？因为我发现他的研究里蕴藏着一般人尚未想到的学术含量和价值。

《汉学研究》有个"国学特稿"栏目，究其起始之因，很大程度缘于他投来的独特而新颖的文章。他的文章不是"汉学"，但它属于"国学"，"国学"与"汉学"是一个藤上的两个瓜，虽然一个是"东瓜"一个是"西瓜"，但是，它们的基因有着极近姻亲关联。我不愿舍弃独具个性的学术佳作，于是就有了这个栏目，并进而将其扩大，专门发表学术创新及名家大家的文章，以求得到国内学者和国外汉学家的呼应与关注。

他研究太阳历的文章，绝大部分发在《汉学研究》上。他的文章，总而言之，是太阳历研究；细而言之，是太阳与人文关系的研究，是太阳与中医关系的研究，以及太阳与天气、天灾关系的研究。《汉学研究》2014年春夏卷，开篇一二三题全是刘明武研究太阳历的文章：《太阳历：中华文化的活水之源》《太阳历：人文与百科的共同基础》《太阳历：当代重大问题解答的钥匙》。

研究天气，研究天灾，不能忘记太阳。太阳决定天气，太阳也决定天灾。

《汉学研究》2014年秋冬卷，开篇栏目《国学特稿》头条是刘明武、刘源合作的《三线四点下的天气与天灾》。

刘明武以太阳历为基础研究法律起源、文学起源的文章，虽然不是我编发的，但我是最先知道的。《天文历法与文艺百家》这篇文章是以太阳历为依据评论文学的。文章从构思到完成，一直有电话上的交流。这篇文章被贾平凹主编的《美文》杂志头条采用。《天文·人文·法律》这篇研究法律起源的文章，从开始构思，刘明武就打电话征求我的意见："阎先生，你看看这一观点是否成立？"这篇文章《中国政法大学学报》头条采用。

《人文杂志》头条发表了刘明武、刘源合作的《N点一线下的二十四节气》，这篇文章实际上是《三线四点下的天气与天灾》的姊妹篇，后者谈平面，前者谈立体，目的是找出各种天灾在时间空间中的规律性。

以太阳历为依据，提出新问题，解答新问题，是刘明武文章的核心所在。

不知多少次，刘明武在电话里给我讲他关于天文与人文，太阳与人文，太阳与中医，太阳与天气，太阳与天灾。每每说到彝族十月太阳历时，他便激动不已。

历法是人类文明的重要标志。人类历史延展至今，天文历法大致分为太阳历、太阴历和阴阳历三大类。十月太阳历，阴阳五行、天干地支的发源地，72与36这一组数据的发源地。十月太阳历，标志着中华文化的成熟。需要说明的一个问题是，中原华夏本来也有十月太阳历，但是失传了。有十月太阳历，阴阳五行是精密精确的太阳法则；失传了十月太阳历，阴阳五行就成了神秘的不可重复与实证的玄学。彝族文化与中原华夏有关系吗？据彝族学者龙正清先生介绍（第十届全国人民代表大会代表），彝族所宗的天文历法为颛顼历。彝族自称"倮倮"。倮倮，汉语的意思为"龙虎"。颛顼墓，是在我的家乡濮阳发现的。天下第一龙与天下第一虎，都是在颛顼墓中出土的。颛顼历，揭示出了彝族与中原华夏的同根同源性，太阳历揭示出了彝族、苗族、水族与中原华夏的同根同源性，这是一个有意义的新认识、新贡献！

刘明武认为，中华大地上的天文历法，成熟于十月太阳历、精美于十二月阴阳合历。在此之前，中华先贤经历过相当长的探索时期，先有物候历，例如以花为历，以鸟为历，以鱼为历，物候历之后才出现天文历。天文历中有木星历、火星历、二十八宿历，仅太阳历就有过许多种，诸如二十月太阳历、十八月太阳历、八月太阳历、五月（五季）太阳历、三月（三季）太阳历、两月（两季）太阳历。中华文明是从农业文明开始的，农业文明的第一标志是粮食。种庄稼必须以节令为基准，所以认识中华文明必须从天文历法入手，首先应该从太阳历入手。

教外有教，教内有派；教与教争，派与派斗；这是中华大地之外的宗教。但是，任何教、任何派有为太阳争斗的吗？太阳只有一个！太阳的唯一性，太阳的普遍性，得到了所有宗教的承认与尊敬。中午日影长短两极的两个极点，以及两个极点界定出的南北两条回归线，得到了所有宗教的承认与尊敬。道法自然，首先是道法太阳的文化，具有不可置疑的普遍性与唯一性。从太阳历入手，找回令世界心悦诚服的中华元文化，这就是刘明武的文化自信心。

四、希望新学风的形成

我编发刘明武的文章，不是出于偏爱，而是希望形成一种新的学风。

"天下文章一大抄"，几乎成了当代的学术习俗。

"从这本书到那本书，从这一子到那一子"，这几乎成了当代文化研究的一种模式。

书中的道理在书外，人文的道理在天文，以天文论人文，是一种新的学风。

梁漱溟先生有一个被学界反复引用著名观点：中国文化是早熟的文化。

早熟在哪里？为什么早熟？早熟的依据是什么？

梁漱溟先生没有解释，后面的引用者只会照着说，同样没有解释。刘明武接着梁漱溟先生继续说：中华文化早熟的标志在太阳历。太阳历早熟的标志在一条直线上的两个点。一条直线，是中午竿下之日影；两个点，是中午日影的最长点与最短点。

中午日影最长点，冬至；中午日影最短点，夏至。两至之至，至于也，止于也。至于，到达这里；止于，停止在这里。冬至夏至之至，日影下体现的是空间上严格规定性。冬至夏至之至，历法中体现的是时间上严格规定性。一寒一暑，一阴一阳，就是从日影最长点与最短点出发的。

"冬至阳旦，夏至阴旦。"这是刘明武在苗族太阳历里找出的阴阳发源地。

"一年分两截，两截分阴阳。"这是刘明武在彝族太阳历里找出的阴阳发源地。

从地球形成之始，就有了这两个点。发现，有之；没有发现，亦有之。地球的年龄约46亿年，这是全世界认同的数据。有了地球，就有了地球与太阳的对应关系。有了地球与太阳的对应关系，就有了日影。中午日影长短两极的变化，一个太阳回归，每年循环一次。46亿年，体现的是永恒；一年一循环，体现的是常青。46亿年没有撼动两个点，这里能否作为中华文化成熟的标志？

冬至夏至，一寒一暑，寒暑循环规律而永恒。

冬至夏至，一阴一阳，阴阳转换规律而永恒。

冬至夏至，一升一降，升降运动规律而永恒。

冬至夏至，一枯一荣，枯荣更替规律而永恒。

冬至夏至，阴吕阳律，天籁之音规律而永恒。

冬至夏至，阳奇阴偶，奇偶之数永恒而常青。

一阴一阳，是中华文化的大根大本，是中医文化的大根大本。医易同源，同在哪里？人文同在阴阳上，天文同在太阳上。这里能否作为中华文化成熟的标志？！

继续说，接着说，说前人没有说过的话，写别人没有写过的文章。这是应该倡导的新学风！

这里还有一个故事。《汉学研究》变成CSSCI来源核心期刊之后，召开了一个学术会议，来者为北大、北外、人大、中国社会科学院、南开、天津师大、北京语言大学的教授，一共50多名。会上一人一本《汉学研究》2014年的秋冬卷，一打开目录，前三篇是一个作者的文章，大家很惊奇，问："刘明武是哪个大学的？"我做了解释。后来把这个故事在电话里告诉了刘明武。他说："阎先生，您就说刘明武是南边生产队的。"轻松的玩笑，沉重的意义：学术文章当然不只是出于大学和社科院，大学之外当然也有学术。以大学为界衡量文章，漆园小吏的庄子肯定在界限之外，写兵法的孙子肯定在界限之外，先秦诸子也肯定在界限之外。

遍地重点大学，为什么再也培育不出写兵法的孙子，为什么再也培育不出写《道德经》的老子和培养不出诸子百家？我们的大学也该反思。

为了纠正"以书论书"的学风和"天下文章一大抄"的陋习，我支持刘明武的研究与探索，这也是乐于为之写序的原因。

五、希望形成一种无穷追问的新模式

读书人读书，这是常识。但是，仅仅读书是不够的。

面对书，能不能问一个为什么？

有《易经》，《易经》是怎么形成的？

有《黄帝内经》，《黄帝内经》是怎么形成的？

源头形成的经典，肯定不是抄书抄出来的，因为经典之前没有经典。

那么，源头的一部部经典是怎么形成的？源头文化是怎么形成的？诸子百家又是怎么形成的？

书中的道理在书外，书中的道理在太阳。如此追根溯源，如此无穷追问，希望不只是地质界才保留这一思路。

物极必反、原始反终、终则有始、如环无端；如此具有常青意义的成语是如何形成的？

寒极生热、热极生寒，阳极生阴、阴极生阳；满招损、谦受益；如此具有常青意义的格言是如何形成的？

问当初，问的是"有！为什么有？"

问当下，问的是"有！有什么用？"

会读书会发问，仍然是不够的！刘明武认为，会读书会发问还要会做事，做发明创造之事。

中华文化的先贤，一面创造人文，一面创造器具解决实际问题。钻木取火、构木为巢、结绳为网、耒木为耒耜，动脑研究与动手制造，在中华先贤身上达到了完美的统一。动脑研究与动手制造，是先贤为后人留下的榜样。动脑研究与动手制造，在当下是不是还有意义？！当下与美国的所谓"贸易纠纷"中，那个"中兴"因为没有自己的"芯"，备使国人羞愧得无地自容。

算术，起于太阳历；音律，起于太阳历；医学，起于太阳历；所有这些，都是领先于世界的创造。面对先贤的成果，后人重新思考新的人文创造。

能不能从太阳历再出发，创造出新的领先于世界的新成果？！太阳回归有严格的规定性与规律性，天气变化有严格的规定性与规律性；天灾有严格的规定性与规律性吗？流行性的疫病有严格的规定性与规律性吗？

解答西医不能医治的疑难病，是刘明武的目标之一。

鼠疫，曾经让整个欧洲付出了巨大的代价。鼠疫真的不可治愈吗？刘明武在陶铸夫人曾志的回忆录中，看到东北民间治愈鼠疫的单方。据曾志记载，这个单方治愈了一批人。在曾任广东图书馆、博物馆两馆领导的王贵忱先生的书中，看到了王贵忱20岁之前感染鼠疫，就是用这一单方在短时间内治愈了病。王贵忱告诉世人，这个单方治愈的是他本人。青年时代的王贵忱，恰恰是在曾志身边工作的。曾志与王贵忱，虽然是两个人，说的却是一件事：单方可以治愈鼠疫。

　　单方治愈鼠疫的经验，应不应该总结？

　　既然能够治愈鼠疫，那么这个单方能否治愈与鼠疫相似的疫病？

　　如此经验加以认真总结，从经验中归纳出方法，面对各种疫病拿出行之有效的医术，是不是中医文化对人类的贡献？

　　在疫病越来越多、越来越复杂的今天，中医应该为中华民族为整个人类做出新的贡献。

　　西医的理论是人的发现，中医文化的基础在太阳法则。人的智慧是有缺陷的，太阳法则则是完美的。从这一坚实的基础再出发，中医文化完全有可能解答西医不能解答的一系列难题。

　　"疾虽久，犹可毕也。言不可治者，未得其术也。"凡是病，病的时间再久，也是可以治愈的。之所以没有治愈，是因为没有找到正确的医术。这是出于针经《灵枢》的一个论断。刘明武认为，这个论断展示了中华先贤的自信心和中医文化的自信心。

　　面对这一论断，刘明武思考与追问了一系列问题：

　　高血压是病吗？冠心病是病吗？

　　尿毒症是病吗？脑中风是病吗？

　　禽流感是病吗？白血病是病吗？

　　埃博拉是病吗？红斑狼疮是病吗？

　　手足口病是病吗？地中海贫血是病吗？

　　越来越多的疫病是病吗？

　　毕病之术，找到了吗？

　　如此无穷追问，唤醒了年轻一代的中医医生。我看到，一些具有高级职称的中医医生，以及跨出校门的博士和硕士，由衷地接受刘明武思考问题的思路与方法。

读书是为了致用。"只会读书而不会做事，不过是头驮书的毛驴。"这是希伯来人的一句谚语。面对这句谚语，对照源头"钻木取火""构木为巢""结绳为网"的先贤，天下的莘莘学子应该追问点什么？读书之外，是不是也应该动手动脑发明创造？

读书是为了更好地做事！刘明武非常反对"万般皆下品，惟有读书高"之说。这两句诗出于北宋宁波学者汪洙《神童诗》，流传于大江南北、长城内外。刘明武质疑，读书的目的，难道不是为了把"万般"事情办好，而要贬低"万般"吗？只会读书而不会做事，不是中华先贤的优秀子孙。"万般皆上品，读书拔其高。"这是刘明武对《神童诗》的修改，我赞成。

无穷追问，是为了重建新的学问！

"做学问，先学问；学会问，有学问。"据说这是李政道先生的话。是不是李政道先生的话不要紧，要紧的是会不会问，尤其是每事问每天问的无穷追问。一个不会问的人不会进步，同理，一个不会问的民族不会走到世界前列！

问，是提出问题；答，是解决问题。一个善于提出问题，善于解答问题的民族，永远不会落后于他人！

（阎纯德　北京语言大学教授）

·国学特稿·

论中华文明中的数字与颜色伦理（上）

单 纯 韩纪升

摘 要：数字和颜色在中国传统文化中具有超越数理和物理的性质，在"阴阳五行"思想和《周易》文献里表现为政治和社会伦理特性，奇数和偶数被赋予了宇宙生成论、人生论和政治伦理中的阳性和阴性含义，以"九五之尊""九重天"等表达男性的政治权威，以"阴阳生物""八八六十四卦"等表达女性的生养之德，亦以"奇数崇拜"的形式表现中华农耕文明自"父权制"以来所形成的"男尊女卑"和"权力本位"的政治和社会伦理传统。"奇数崇拜"在中国传统文化中还与自然地理中的方位和颜色相结合，系统地表达自然世界中万物生命的生成和演变，以"五行相生相克"的宇宙生成论揭示《周易》中"生生之谓易"和"天地之大德曰生"的生命伦理，形成了一套稳定的"五行""五色""五德""五位"相互契合照应的特殊文化解释体系，以"东方青龙、南方朱雀、西方白虎、北方玄武"和"中部黄龙"这样的"灵兽"象征符号，将原始的动物图腾与中华民族的生产、生活和社会关系有机地结合起来，形成了独具特色的"龙凤呈祥""龙的传人""龙飞凤舞""龙腾虎跃"等民俗文化，亦以"红墙黄瓦""鎏金丹墀""青牛白马"之类的颜色与建筑或动物相联系，寓伦理奥义于直观色相之中，表达中华民族对于自然生态的伦理情怀和农耕文明的历史记忆。通过建筑术数和装饰颜色，中华文化展现出特殊的"自然与人文""理性与情感""制度与生活"以及"科学与艺术"之间水乳交融般的思想默契与心灵共鸣。

关键词：奇数崇拜 九五之尊 黄土地 丹心 龙凤呈祥

我们在日常生活中有些"习焉不察"的用语，嘴巴讲出来觉得是自然而然的，听上去也是"耳熟能详"，很少会动心思去"穷根究底"，以窥见其特殊的民族文化含义，如"管它三七二十一""三十六计，走为上计""三十六行，行行出状元""九牛一毛""九死一生""九五之尊""九九八十一难""十八般武艺，样样精通"或"一粒沙中有三千大千世界"等，但稍加思索，我们则不难发现，这些说法中的数字都与"奇数"有关，即要么为一、三、五、七、九，要么是它们的倍数。那么，这些习以为常的"奇数"用语中是否反映出某种特殊的文化蕴含呢？此外，有的生活习惯、日常用语以及相关的物质载体则与颜色保持着特殊的关系，如说"红白喜事""往来无白丁""黄袍加身""丹心一片""金（黄）榜题名""热心红娘"或"绿林好汉"等，这些颜色所喻指的政治或伦理信息也只有联系中国特殊的历史和文化背景才能得到准确的理解。因此，这些涉及数字和颜色的特殊表达方式及其相应的文化内涵，需要我们联系中华文明的传统进行反思，从确立中华思想和制度文化基础的先秦诸子百家的基本著作、绵延不断的学术思想传统以及承载这些文明思想的物质实体中寻求答案。

一、涉九的奇数崇拜

我们日常生活中经常讲到"九"这个奇数，除了表达数学意义上的计量单位之外，中国人更多地将其与人文关切相联系，以表达一种特殊的社会伦理价值取向。如说"九天之上"或"九泉之下"。诗人气质浓重的政治领袖毛泽东在其《水调歌头·重上井冈山》词中有"可上九天揽月，可下五洋捉鳖"一句，其中"九天"和"五洋"都没有确定的数理意义，仅喻指诗人豪迈的主观意志，也暗合了中国文化"九五之尊"的奇数崇拜意蕴。此外，老百姓常说的"九泉之下有知"，既不表达实质性的"九泉"，也不相信逝者在地下真能"知晓"人世间的事，仅仅是一种祈愿或假设，以示言者的主观意愿或表达言者的情感而已。还有如屈原楚辞中的"亦余心之所善兮，虽九死其犹未悔"（《离骚》）成为"九死未悔"或"九死一生"的权威依据，司马迁说的"是以肠一日而九回，居则忽忽若有所亡"（《报任少卿书》），后人亦以"九曲回肠"表达极为愁苦的心情，其他如"飞流直下三千尺，疑是银河落九天"（李白《望庐山瀑布》）和"九州生气恃风雷，万马齐喑究可哀"（龚自珍《己亥杂诗》），其中的"九"都有一定的"约定俗成"的数量概念，与客观意义的数量亦非等同；还有根据常识想象的"九牛一毛"或"九牛二虎"之类的表达，都不是对"九"进行数理意义上的科学计算，完全是人文意识方面的表述。

中国人有关"九"的崇高意义的"实物"性联想，就是我们抬头所仰望的"天空"，所谓"九天之上"，其重要的经典来源是秦汉时期的《吕氏春秋》和《淮南子》。据《吕氏春秋》记载："何谓九野？中央曰均天，其星角、亢、氐。东方曰苍天，其星房、心、尾。东北曰变天，其星箕、斗、牵牛。北方曰玄天，其星婺女、虚、危、营室。西北曰幽天，其星东壁、奎、娄。西方曰颢天，其星胃、昴、毕。西南曰朱天，其星觜、嶲、参、东井。南方曰炎天，其星舆鬼、柳、七星。东南曰阳天，其星张、翼、轸。"① 这是把"天空"与人们经验中的"田野"加以类比，然后按照"四面八方"加"中央"而推算出"九天"来，人们在农耕社会中的"井田制"经验也有利于对"九天"的类比理解，加之农耕文明对于"天象"条件与耕作技术的关联性观察和经验，每方天配三颗卫星也较容易记忆，所以当时人们对"九天"是比较信奉的。稍晚于《吕氏春秋》的《淮南子》对于"九天"的描述也是大同小异，《淮南子·天文训》在描述"九天"时只是多加了一个"九千九百九十九隅"的解释，似乎是用数字的重复性和复杂性来增加"九天"的权威性和神秘感。

与"九天"相类似的"涉九"崇拜，在先秦的典籍中还有"九州""九山""九夷""九官""九江""九合""九畴"等，其中有些是参照实物的数量，有些则是"约定俗成"的人文意愿，表达"多""好""高级"等概念，形成了具有人文特色的奇数崇拜。这样的奇数崇拜当时也部分体现在实际生活特别是社会治理之中，如农耕生产和社会治理中的"井田制"，就是将国家的田地按照"九等分"（井字象征的九块地形）分给"八户"耕种，"中央"的一块则为国家税收来源的"公田"，耕农以"公役"的方式向国家上缴租金和税负。还有就是先秦作战所使用的武器也被赋予了奇数崇拜的含义。《周礼》中规定："为天子之弓，合九而成规。为诸侯之弓，合七而成规。大夫之弓，合五而成规。士之弓，合三而成规。"② "规"即"圆"，天子的弓箭以九

---

① 徐子宏、金忠林译《白话吕氏春秋》第467页，岳麓书社，1993年。
② 《周礼·仪礼·礼记》第133页，岳麓书社，1989年。

个装一"规",诸侯的弓只能按七个装,大夫五个,士三个,而从天子到大夫所用的祭祀礼器——鼎,也是按这个数级递减的,即天子用九鼎,诸侯用七鼎,大夫用五鼎,士用三鼎或一鼎,这个列鼎制度和弓箭装配制度一样,都是周代封建制的"规矩",是奇数崇拜的制度性安排。在先秦的封建诸侯制度中,各"国君"均以"富国强兵"为其号召,争霸天下,而"耕战"则是实现其目的的根本途径,所以象征最高权力的"九鼎"就成了人们竞逐的对象,所谓"问鼎中原""一言九鼎"或"九鼎大吕"都与此特殊奇数相关。另外,根据《史记》描述的情况看,"唯禹之功为大,披九山,通九泽,决九河,定九州,各以其职来贡,不失厥宜"①,这说明夏朝的人们对"九"是比较熟悉的,而"夏铸九鼎"则表示出对"九"的敬畏和崇拜,加之夏代的政治经济活动中心主要集中在中原一带,"涉九"的奇数崇拜应该有明显的地域性特征,像《楚辞》里大量的"九"的概念都与权威和崇拜有关,如《楚辞》里屈原的"九歌"和"九章"、宋玉的"九辩"、《老子》书"九九八十一章"和汉代刘向的"九叹"以及王褒的"九怀",都可以折射出夏代开启的"涉九"奇数崇拜在中原地区的影响与流布。

除了《史记·五帝本纪》所记载的情况之外,象征最高权力的"九鼎"和其他"涉九"的奇数,其最初的文献还见于《尚书》中对"洪范九畴"的解释,其名目为:"初一曰五行;次二曰敬用五事;次三曰农用八政;次四曰协用五纪;次五曰建用皇极;次六曰乂用三德;次七曰明用稽疑;次八曰念用庶征;次九曰向用五福,威用六极。"这是所谓"天乃锡禹洪范九畴,彝伦攸叙。"② 即上帝赐予夏禹王的九条根本大法,成为治理天下的善政良策。根据《卜辞》的记载,中国人在商代已经开始用一、二……十、百、千、万计算了,在他们熟悉的"十进位"制中,"九"是一个十分关键的"数值",即从一至九计数系列中的极值,促成了百、千、万的升级转换,像汉代文献中的"九千九百九十九隅"以及先秦"井田制"所暗含的"重九"数值在同期的其他文明体系里还没有见到记载。这或许可以理解为,秦汉之际甚至先秦"九"作为奇数崇拜的象征意义已经很普遍了。

---

① "史记·五帝本纪",见杨钟贤、郝志达主编《史记》(文白对照本)(第一卷)第30页,国际文化出版公司,1992年。

② 周秉钧译注《白话尚书》第98页,岳麓书社,1990年。

二、偶数崇拜

我们在讨论"涉九"这样的奇数崇拜时,也不可避免地碰到"涉八"的偶数崇拜现象,如说"八卦""八九不离十""四面八方""四平八稳""四通八达""八仙过海,各显神通"等等。这其中的"八卦"是最有理论渊源的,因为它是《周易》卦象中的集合之数,即"八卦"。作为"群经之首"的《周易》解释说:"易有太极,是生两仪,两仪生四象,四象生八卦。"① 又说"天地之大德曰生","刚柔相推而生变化","一阴一阳之谓道"和"生生之谓易",也就是说"重生"一定要有对偶,如"天地""刚柔""阴阳",这就蕴含了"二"这样的偶数,进一步讲,如果奇数一、三、五、七、九这种递进关系是"生"的结果,那么每一个递进的"生生之德(德,是得的通假字,所谓'德者,得也')"都有它对应的偶数,这就是"二、四、六、八、十"。所以,《周易》的"生生之德"亦蕴含有奇数崇拜和偶数崇拜的统一性。不过,在此奇数和偶数的"化生"关系中,仍然是以奇数"太极"和"乾"为主导,辅之以"两仪"和"坤",这从我们用词的排序中可以看出来,如说"乾坤""天地""日月""男女""东西""男左女右"等。

《周易》如此崇拜"生生之德",那么根据人们日常的生活经验,任何一类"物"之生必有其偶,偶数自然也就成了当时人们的崇拜对象,这就是"天地絪缊,万物化醇。男女媾精,万物化生"②。其实,周人所崇拜的"易"字,在甲骨文中就是由"太阳"和"月亮"这两个象形字上下组合而成的。只不过构形上方的"日"比下方的"月"有一点位序上的优势,当然我们通常书写"易"字时也遵循这个位序,先写上部再写下部,或其他东西组合字形则先左后右,以满足"天南地北、左东右西"的方位信仰。另外,从我们日常的记数或数数的经验来看,奇数的延续性必然要通过偶数的中介"接力"作用,否则奇数就不值得崇拜,因为它不能从比较偶数的中介中获得"多数"或"高位"的信息,如"一"不能跨越"二"至"三","三"不能没有"四"而至"五"等等。正像"生"物一样,经验中直观的"生"都是从

---

① 邓球柏著《白话易经》第425页,岳麓书社,1993年。
② 《白话易经》第451页。

"偶"的载体上获得的；奇数的"多"必然相对于偶数的"少"；"日的高位"必然相对于"月的低位"，否则即不成"易"。所以，从"生"的意义上讲，既要肯定阳——乾，也要肯定阴——坤，阳阴都是"生"物所必不可少的，故称为"乾元"和"坤元"，万物生成就像一个人类经验中的家庭生命共同体一样，有父必有母，然后有"长男，长女，中男，中女，少男，少女"，加起来以"八卦"象征常规的"生命共同体"家庭，扩充至天地间万物也是如此。《周易·象传·乾卦》言："大哉乾元，万物资始，乃统天……六位时成，时乘六龙以御天。"《周易·象传·坤卦》亦言："至哉坤元，万物滋生，乃顺承天。坤厚载物，德合无疆。含弘光大，品物咸亨。"这其中"乾"与"坤""大"与"至""始"与"生"相对相偶，乾卦的六爻就像太阳驾驭六龙在天空中运行，这样才能揭示大自然的规律——道，而道本身又蕴含德，故"道德"是万物生生不息的根本原则。

根据《周易》"重生"的原则，偶数是奇数不可或缺的"伴侣"，无之则奇数不能连续，因为数学的精确性是建立在其连续性之上的，所以传统数学相对于新出现的"离散数学"被视为"连续数学"，相对于新出现的"模糊数学"则被视为"精确数学"，同理，相对于"奇数"崇拜也必须有"偶数"崇拜，这在《周易》的卦象术数演算中是以"九""六"代表，既不是离散数学也不是模糊数学，而是自然伦理，即以"九"代表"阳""天""男性"和"刚健"之类的信息，以"六"代表"阴""地""女性"和"柔顺"。在《周易》的"术数"中，"九""六"分别代表"阳"和"阴"是为了便于用"对立统一"的观点解释"生生之德"，基本上是出于伦理目的，三爻成一卦，两卦相重成六爻，三和六也蕴含对立统一的伦理关系。这就是《周易》（说卦传第二章）中讲的"昔者圣人之作《易》也，将以顺性命之理。是以立天之道曰阴与阳，立地之道曰柔与刚，立人之道曰仁与义。兼三才而两之，故《易》六画而成卦。分阴与阳，迭用柔刚，故《易》六位而成章"[①]。天地人是天下万物存在与变化的总概念，即"性命"，但是它们演化的规则都是对立统一的，你中有我，我中有你；天地人三才的对立统一因素是阴阳、柔刚、仁义，这六种因素放在一个统一体里，才能成为解释天下人事和万物吉凶祸福的一个卦象单元，即"重卦"。而任意一个重卦，其解释都有两个特点：一

---

① 《白话易经》第 510 页。

是卦象中每一爻的解释是从下向上数的，即倒数；其二是阳爻以九命名，谓之"老阳"，即"阳数"之极，阴爻以六命名，谓之"老阴"，即"阴数"之极，如乾卦和坤卦，分别读作：

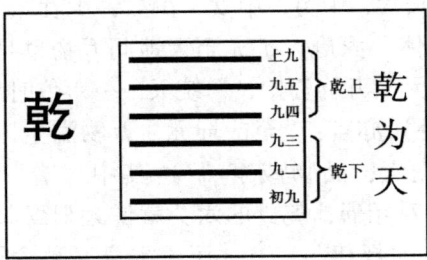
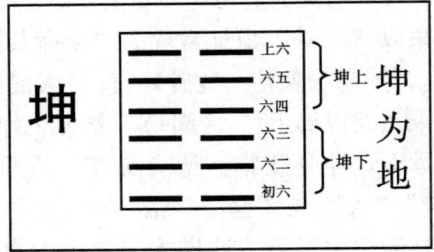

除了"九""六"两个数代表"阳""阴"之外，奇数和偶数也被排成阴阳两个数列：阳数系列为一、三、五、七、九；阴数系列为二、四、六、八、十。其中，阳数系列又可以进一步排为少阳、中阳、长阳、老阳；阴数系列则为少阴、中阴、长阴、老阴。古代的《周易》解释者说，少阳、中阳、长阳、老阳分别对应的数是三、五、七、九，阳数一故意不计数，少阴为二、中阴为十、长阴为八、老阴为六，阴数四也刻意省去。老阳老阴即九、六的意义在"定性"，而"长阳""长阴"即七、八的意义在"化生"，于是阴阳交会、天地氤氲、男女媾精便产生出了两个"化生"的极数：四十九与六十四。这两个极数的获得不是简单的 7×7 或 8×8，而是用以解释"生生之德"："大衍之数五十也。不取天数一、地数四者，此数八卦之外，大衍所不管也。其用四十有九者，法长阳七七之数也。六十四卦既法长阴八八之数，故四十九蓍则法长阳七七之数焉。蓍圆而神象天，卦方而智象地，阴阳之别也。舍一不用者，以象太极虚而不用也。且天地各得其数，以守其位，故太一亦为一数，而守其位也。王辅嗣云：演天地之数，所赖者五十，其用四十有九，其一不用也。不用而用之以通，非数而数以之成，即易之太极也。四十有九，数之极也。……又引顾欢同王弼所说。而顾欢云：立此五十数以数神，神虽非数而著，故虚其一数，以明不可言之义也。"① 这里面只解释了"长阳"之

---

① 《白话易经》第 421 页。

数的变化动因，而不解释"长阴"之数，或许是人为"阴阳"化生是"阳"居主，居动，居理，所以用"以不动制万动"的"一"来解释"四十九"的"动因"，那就是"太一""数神"，以其不可计算之义成为其他数值的计算标准。《周易》重阳乾与《商易》重阴坤，所"异"者固在此也。因此，在中国最权威的古代典籍中呈现出来的数字并非希腊的几何或印度的算术，更看重的是化生的伦理，关心的是两个对立单元的统一，即天地，阴阳，男女等，与希腊几何的点、线、面、体和印度的 0、1、2、3……9 不同，它强调的是宇宙中生命共同体的伦理关系，其中两对数字最为重要：一是"老阳九"和"老阴六"；一是"长阳七"和"长阴八"。前者是"化生"的原则；后者是化生的结果，它们之间的对立统一表达着中国传统文化对"奇数"和"偶数"的崇拜。

三、建筑中的奇数和偶数文化

奇数和偶数在中国建筑特别是古代建筑中的运用也反映出明显的崇拜因素，即运用在建筑中的数字除了精确性和连续性之外，涉及社会伦理的文化含义也很丰富。

中国老百姓的口头禅说"救人一命，胜造七级浮屠"。"浮屠（stupa）"本指印度佛教徒用于供奉舍利的坟冢，原本并没有刻意标出"浮屠"的层级，后来传入中国人们称之为"佛塔"，除了供奉舍利、经卷、佛像等法物之外，也被用来传递宗教伦理的其他信息，如祈福、报恩、祝寿等意图，另外在印度佛塔样式比较单一，常见的是覆钵式塔，在中国则大为不同，有亭阁式塔、楼阁式塔或与之相关的密檐式，总之佛塔的建筑形式更为丰富多彩，特别是在佛塔建筑的层级上，基本都是"奇数"，以表达人们的各种主观意愿。实际上，当中国人说"救命胜于造塔"时，其超建筑的伦理意图就蕴含其中了，即"为逝者造塔，终不及拯救人的现实生命"，这反映了中国儒家"入世"哲学中"重生"的伦理思想，而在造塔的层级上分有"三、五、七、九、十一、十三、十五、十七……"等，按照奇数递增的建构，自然也暗示着中国传统文化中的奇数崇拜，而塔下均需建座，且多喜欢用须弥座，以示基础坚固，衬托崇高之建构。

印度的"浮屠"进入中国之后为什么会变成有奇数崇拜意味的"佛塔"？这也可以从中国古代建筑的奇数崇拜传统中寻找到一些解释线索。根据《周礼·礼器》的规定，古代社会地位的尊贵往往以建筑物的高度来象征："有以高为贵者。天子之堂九尺，诸侯七尺，大夫五尺，士三尺。天子、诸侯台门，此以高为贵也。"① 这些象征社会地位高贵的建筑物高度都以奇数大小来表示，使政治伦理和社会制度通过建筑实物来强化其权威性和教化性。而在《周礼·考工记》中，王宫的宫门、宫墙、角楼，都城的城墙、角楼以及相关的道路宽度也都以奇数大小宣示社会等级的高低："王宫门阿之制五雉，宫隅之制七雉，城隅之制九雉。经涂九轨，环涂七轨，野涂五轨。"② "雉"是古代丈量城墙的单位，长三丈高一丈为一雉，这里主要还是强调其建筑的高度；"轨"为两轮之间的距离，相当于现在的车道宽度。从门、城墙的高度和道路的宽度来看，或从当时社会地位的高低和与权力中心地理位置的亲疏来看，奇数特别是奇数数值最大的"九"都被赋予了特殊的人文含义。从古典文献中的信息来看，奇数崇拜在建筑中的运用并形成传统主要开始于周代，是对其"鼎革"的商代建筑的超越，以表达一种新的历史文化使命。有学者将河南偃师二里头殷商宫殿建筑与陕西岐山西周的建筑遗址进行比较，发现殷商的建筑有明显的偶数崇拜现象，而周代的建筑则转向奇数崇拜："与后世宫殿不同的是，二里头宫殿中的殿堂和大门都采用了八开间的偶数开间形式，这显然是殷人数以八为纪的反映……八开间的宫殿形式可能是殷商最高贵的建筑形式。"而岐山的西周古建筑四合院遗址则"前堂是一座面阔六间、进深三间的建筑。门塾和寝室则是奇数开间形式，这是西周族人的传统。主要殿堂采用偶数开间，应是周人对殷人偶数崇拜的传承。六开间的建筑等级是低于八开间的，由此，我们推测其建筑性质与等级是属于诸侯王一级的，而非帝王所用。"③ 但是，到了西周中叶以后，以奇数"九"为崇高意念的数量词开始流行，"在诸多方面出现了'八九之替'的现象。例如，商代及周初的编钟多是八件一组；而西周中叶以后则多为九件一组。'以九为堵'成了西周和东周之间的一个标志。随着中央权力的集中和周人世袭制度的确立，中央为尊的观念日益强烈，中国古代建筑的开间形式也出现了'八九之替'。从此以后，奇数开间便成为一种制度直到清末；九开间的殿堂成了天子地位的标志，

---

① "礼记·礼器"，见《周礼·仪礼·礼记》第375页，岳麓书社，1989年。
② "周礼·冬官考工记"，见《周礼·仪礼·礼记》第130页。
③ 程建军《燮理阴阳——中国传统建筑与周易哲学》第149—150页，中国电影出版社，2008年。

即《易经》所谓'九五之尊'。天子以下侯伯子男则以七、五、三等开间数逐级递减其规模"①。也就是说,从西周中期周礼的建筑上所采用的奇数崇拜形式已经确立了稳定的权威地位,其影响力一直延续到清末,而之后由汉末逐渐传入中国的佛教,其建筑形式——佛塔也不可避免地受到影响,故而佛塔进入中国之后其建筑层级都以奇数递增,以示其宏伟崇高之意。

与佛塔纪念逝者相似的建筑,在本土中国文化传统中主要是宗庙的形式。所谓宗庙就是古代中国人祭祀其祖宗的专门建筑,商代甲骨文中的"宀"(宗)的字形就是房子里面放着祖先的牌位,后来的家庙及祠堂都是由此字意演变出来的。按照《说文解字》的解释:"宗者尊也,庙者貌也,言祭宗庙,见先祖之尊貌也。""宗"即"尊",也就是口语中的"祖宗"或"祖先"和"尊者"或"令尊"之类,"庙"即想象中的人的相貌身体,这是促使人联想祖宗的媒介——建筑,颇类基督教传统中关于"教堂是基督的身体(Church functions as the Body of Christ)"的说法。《礼记》中讲:"天子七庙,三昭三穆,与大祖之庙而七;诸侯五庙,二昭二穆,与大祖之庙五;大夫三庙,一昭一穆,与大祖之庙而三。士一庙。庶人祭于寝。……庶羞不逾牲。燕衣不逾祭服。寝不逾庙。"②"七庙"并不是说有"七座"独立的宗庙,而是说一个庙里面的牌位,牌位多宗庙的空间自然也大、建筑的规格尺寸也就相应地按等级比例增大。除了宗庙建筑的奇数崇拜之外,在等级制的西周社会,庶民百姓是没有专门的宗庙建筑的,只能在居住的寝室里进行祖宗祭祀,"周礼"制度上这样的规定也说明当时社会等级的经济状况,庶人祭祀用的牺牲,祭祀穿的衣服和祭祀的场所,都不能逾越贵族社会的界限,这不仅是由于他们经济条件的限制,而且也是社会制度的规定,反映了"礼不下庶人"的一种情况。

宗庙建筑中奇数崇拜不仅体现在数序上,而且也体现在与奇数匹配的方位上,这是中国建筑所独有的空间伦理特征。既然是"七"个先祖的牌位,那么放置七位祖先的位置也很有讲究,以体现奇数崇拜中的方位伦理,那就是左昭右穆。根据"左东右西""东阳西阴""奇数属阳、偶数属阴"和《老子》书中"君子居则贵左,用兵则贵右"③,在同一个宗庙里面,祖先的牌位

---

① 《燮理阴阳——中国传统建筑与周易哲学》第152页。
② "礼记·王制",见《周礼·仪礼·礼记》第332页。
③ "老子·三十一章",见张松如著《老子说解》第209页,齐鲁书社,1987年。

是按照"左右顺序"依次排列的,这就是"左昭右穆",而"天子七庙"里的七个祖先人物的牌位自然为:太祖、二祖(昭)、三祖(穆)……天子宗庙的祭祀牌位的顺序可见下图:

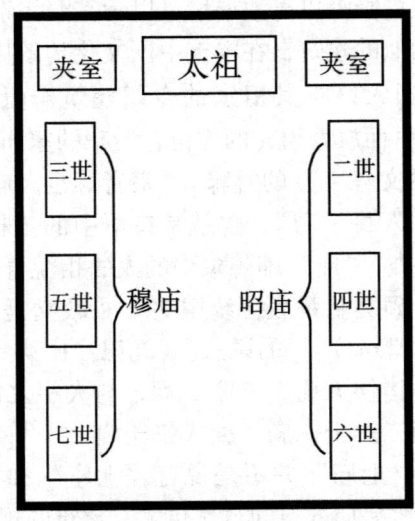

由于中国文化信仰的是"子孙万代"的"血脉永祚",其社会伦理功能即是《论语》中的"慎终追远,民德归厚矣"①,因此,宗庙中的牌位实际上需要保持一个"动态平衡",太祖不动,其余依次移入太祖庙牌位两旁的夹室。每当最近的一个先祖辈去世,而宗庙的牌位规制则需要进行调整,将最近一个去世的先辈移入宗庙,同时将最近太祖的牌位移入两旁的夹室,之后再有逝者依次移动,太祖之庙"百世不迁",其他祖先牌位"易一世而一迁",其他宗庙的牌位变动亦以此为参照。而整个中华文明体系能够延续数千年不中断,与此"敬天法祖"的宗法信仰关系极为密切,其中也印证了具有中国文化特色的奇数、偶数以及建筑类型的伦理意义。

还有中国人通常用的伦理概念"高贵",最初也是与奇数崇拜在建筑中的运用有关。西方人说"nobility(高贵)"是指社会地位而言,与血亲贵族的

---

① "论语·学而",见杨伯峻译《白话四书》第304页,岳麓书社,1989年。

爵位世袭或生于富贵人家有关，即"生来嘴里就含着银汤匙（to be born with a silver spoon in one's mouth）"，中国传统也有这样的特征，不过是用建筑直观地表现的，是"以高为贵"，表现的特征就是对建筑高度的奇数崇拜。《礼记·礼器》中讲："有以高为贵者：天子之堂九尺，诸侯七尺，大夫五尺，士三尺。天子、诸侯台门，此以高为贵也。"《礼记集解》对此条解释说："堂九尺，谓堂廉至地之度也。天子堂九尺，而阶九等，尽等至堂，复为一级，则每等不及一尺也。诸侯堂七尺，阶七等；大夫堂五尺，阶五等；士堂三尺，阶三等。"① 这里的"尺"是指地面到殿堂或厅堂的平面的高度，每尺都有相应的台阶，自然是很高的，所以古人说上这样的高台阶需要"拾级聚足，连步以上"②，每上一级，必先举一足，而后足并上，再上第二级。因为台阶较高，单足跨级而上比较费力，且有危险。而厅堂内部的建筑"架构"也体现着社会地位的高低，房屋建筑这样的规制也表现了政治伦理方面的奇数崇拜。《明会典》中规定：公侯造屋，七间九架；一品、二品，五间九架；三品至五品，五间七架；六品至九品，三间九架；庶民所居房舍，不过三间五架。"间架结构"是中国古代建筑的社会规制，奇数的间架表示严格的政治等级，否则就属"犯规"，建筑者要受处罚。在建筑结构中"间"是房屋的宽度，以两根立柱中间为一间，因为立柱上架梁，也可以说是梁与梁之间为一间，间数越多面宽越大；"架"是房屋的深度，架数越多，房屋越深，安放在梁上的桁木之间叫"架"。这样的规制是以奇数比例来显示建筑的空间大小，也映衬出社会地位的高低贵贱。

四、数字与方位

中国古代地方政府的办公场所一般是朝南方向敞开的，民间流行的说法都能印证此公堂建筑的特点。"衙门八字开，有理无钱莫进来"，"衙门八字朝南开，有理无钱莫进来"或"天下衙门朝南开，有理无钱莫进来"，无论如何，老百姓口传这些讽刺性的流行话是表达对逐利司法或贪赃枉法的不满，与美国大众流行的"司法的颜色是绿色的（The color of justice is green）"意

---

① （清）孙希旦撰《礼记集解》（中）第639页，中华书局，1989年。
② "礼记·曲礼上"，见《周礼·仪礼·礼记》第281页。

味相近，因为美元纸币都是绿色的，所以这句口头禅是借以讽刺美国司法体制中根深蒂固的"见利忘义"弊端。相比较而言，美国人是借用美元的颜色来嘲讽其司法体制，而中国人却是借用政府公堂的建筑朝向来嘲讽实政，而且这个"南向"还蕴含数字与伦理的奥义。

中国传统建筑的理想位置是"坐北朝南"，"八"字形状就比较符合这个理想的建筑位置朝向，况且"八"字向南伸开的口大，在"天南地北"的位置结构中建筑厅堂进光量大、热量高，意味着厅堂中处理的民情事宜将秉持"光明正大"、公开透明，亦如现代社会生活中提倡的"三公原则（公开、公平、公正）"或"阳光司法"，这是保障人民信赖"依法治国"的前提。所以，"衙门"听讼断狱的建筑场所是朝南开的，而且三班衙役分别站立在主审堂官正前位置的两侧，再向前方延伸的就是堂庭，有全敞开的、半敞开的或门庭内的几种形式，主审堂官正对南面，其头上悬一块横匾，通常写为"明镜高悬"，也有些公堂上的头匾是"正大光明""明察秋毫""公明廉威"或"为民做主"之类。

由于《周易》和"阴阳五行"思想，古代中国人将奇数规定为阳，偶数规定为阴，于是奇数和偶数的方向也就随阳和阴而定了。根据"天南地北""左东右西""坐北朝南""男左女右""南阳北阴""东阳西阴"等一系列经验上的说法，建筑物的数字和方位基本可以按此经验类推。大的如北京城市的建筑位置，天安门是坐北朝南的，而且城楼的正南面阔是九开间，南北进深是五开间的，以示"九五之尊""南面称王""北面称臣"和"向明而治"等基本政治伦理信息；其他建筑的位置则以紫禁城为参照与阴阳和奇数偶数相对应：天坛在南部，地坛在北部，日坛在东部，月坛在西部；皇宫之内，东宫为太子、皇子及相关男性居住地，而皇妃、公主等皇室女眷及其相关人员居住在西宫。

中国古代建筑一般以坐北朝南的正面为开间，而且都用奇数，与"南阳"对应，如三开间、五开间、七开间、九开间，没有偶数开间，避免阴阳数字与南北位置之间的不对称。由于中国文化传统中有"大中至正"的思想，强调地理位置的中央具有确定政治和社会伦理标准的作用，所以建筑物的南面开间以奇数中的中间数为象征，再依次确定左右的位置和伦理意义。以下列建筑图像为例，在五开间的面阔中，中间的为"明间"，空间最高大，进光量最多，最宽敞，以"堂"名之，有"堂屋""客堂"和"中堂"等各种称谓。旁边的"次间"和"梢间"也称为"房"，不过传统建筑中作为"明间"的"堂"不仅居中，而且向南更加突出一些，其后部分才为"室"，"室"的两

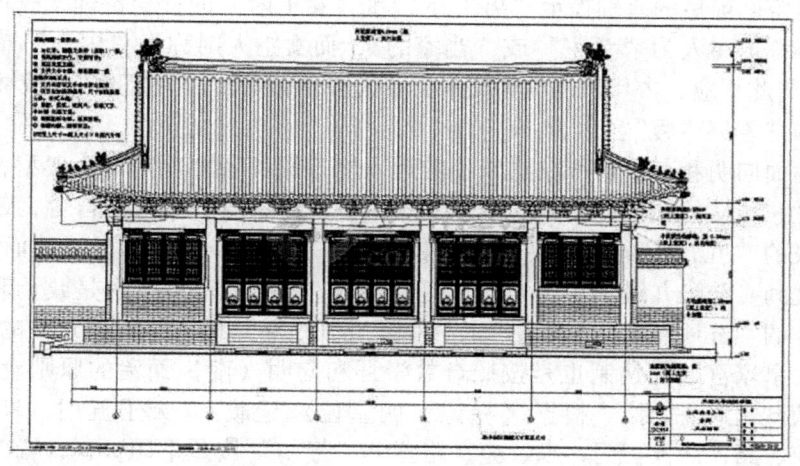

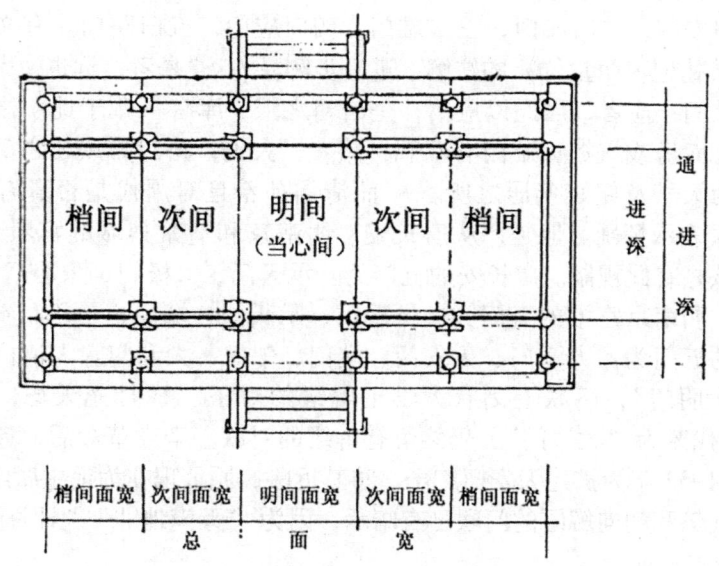

侧才是"房","房"又分"东房、西房",也是按照"左东右西"的分法。"堂"上的座位以朝南方向为尊,"室"内的座位则以朝东方向为尊;"堂"上朝南的座位亦以"阳东阴西",即"男左女右"排序,"东房、西房"亦按

长幼男女排序。古代的堂室统称为"寝","堂"为正寝,室称为"内寝",以建筑空间前后的差别提示"男主外"和"女主内"的社会伦理,故古代文献中亦称男主人为"堂主"或"当家的",而女主人则称为"内人"或"堂客";与此相应,古代吊丧的讣文中男主人去世记为"寿终正寝",女主人去世记为"寿终内寝"。

南面向明和奇数崇拜在建筑中的运用以皇家的各种规制最为典型,无论是殿堂、城楼的大门,开间、踏步、斗拱、门钉、屋脊仙人走兽等,都以阳数之极的"九"为至尊之数,建筑物的设计方位大多以南向为"正面",如面阔九间、踏步九级、斗拱九踩、门钉九路、走兽九尊等。这是政治和社会伦理中的"光明正大""至大中正"和"九五之尊"的思想在建筑中的体现。另外,皇家宫殿的建制也是按照奇数崇拜和向明(南)而治的原则设立的,即所谓"五门三朝"。根据《礼记·明堂位》记载:"天子五门,皋、库、雉、应、路,诸侯三门,皋、应、路。"①"五门"按照下图标识,皆为正南方向打开,由外而内进深。

外曰皋门,二曰库门,三曰雉门,四曰应门,五曰路门。有文根据东汉郑玄对《礼记·明堂位》的注解,进一步解释为:"皋者,远也,皋门是王宫最外一重门;应者,居此以应治,是治朝之门;库有'藏于此'之意,故库门内多有库房或厩棚;雉门有双观;路者,大也,路门为燕朝之门,门内即路寝,为天子及妃嫔燕居之所。"②而清儒孙希旦对周代是否真有"天子五门"之说表示怀疑。但是,从唐长安、明南京和清紫禁城的宫殿建制来看,周代应该是有此规制。唐长安的五门为:承天门、太极门、朱明门、两仪门、甘露门;明南京宫殿的五门为:洪武门、承天门、端门、午门、奉天门;清紫禁城的五门为:大清门、天安门、端门、午门、太和门。大清门在明朝时称为"大明门",门联上刻有大学士解缙的对子"日月光天德,山河壮帝居",清代改为"大清门",仍然留有解缙的对联。辛亥革命后,遂改为"中华门",1952 年为扩建天安门广场,将其拆除,原址现在为毛主席纪念堂。大清门的气势和朝向解缙的门联已有暗示,因为"天南地北""日月光照",其

---

① 《礼记集解》(中)第 847 页。

② http://baike.baidu.com/link?url=AMy0k8LcDk2eRpj3uIShLmS8P5Im6emiUogtdByeoGVGM25geUcxM3G6-CIAM76EencDq0yJaqTguuHieKJDSdXjuzPq3OXdapKA47jUxcaCPundlX3psLxL-aLPv4dZ/2017/03/05/.

论中华文明中的数字与颜色伦理（上）

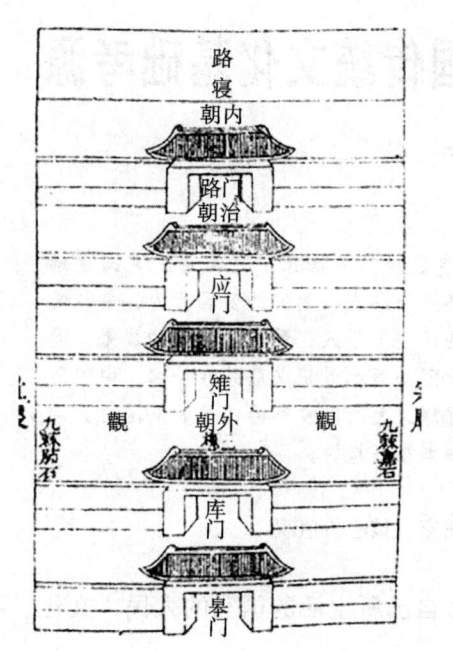
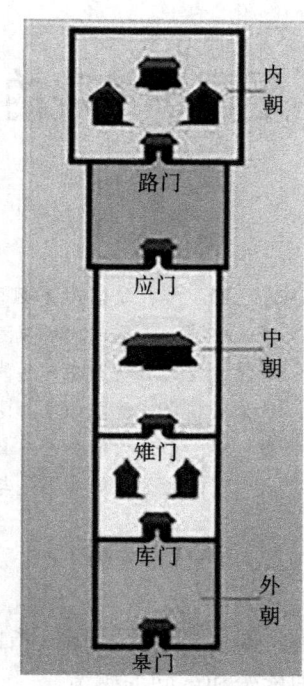

位置正南向，同其他四门为同一中轴线、同一方向。明末大学者顾炎武曾赋诗赞叹：

> 煌煌古燕京，金元辽开创。初兴靖难师，逐驻时巡仗。制掩汉唐闳，德俪商周王。巍峨大明门，如翠峙南向。
>
> ——《京师诗》

在"天子五门"规制中，"承天""天安""甘露""朱明""午"等都蕴含南面、阳光、火红等信息，也明示着整个宫殿建筑是"南面而王""与天地合其德""与日月合其明"的社会统治伦理。

（单纯　中国政法大学人文学院教授；
韩纪升　深圳建筑设计总院副总工程师）

爱国价值观的中国传统文化基础考源

方 铭

摘 要：爱国即爱祖国，爱自己生活的国家。爱国是一种民族感情。中国上古圣贤放眼四海，胸怀天下苍生，他们的爱国行为，是与爱人民、爱文明联系在一起的，爱国即爱天下人，爱人类文明的成果，爱民如子，才能爱国如家。此外，爱国必须和爱正义联系在一起。中国历史上第一个伟大的爱国主义诗人屈原，之所以被称为伟大的爱国主义诗人，就是因为他的爱国是与正义联系在一起的。

关键词：爱国 孔子 原始儒家 核心价值观

爱国即爱自己的祖国，指的是对自己所生活的国家的人民、文化、习俗的一种依恋和认同的感情。

从根本意义上说，爱国是民族主义感情的一部分，是建立在对自己生活的大大小小的共同体认同的基础上的。《共产党宣言》说："有人还责备共产党人，说他们要取消祖国，取消民族。无产阶级没有祖国。决不能剥夺他们所没有的东西。"① 马克思的意思是说，无产阶级只对自己作为自由人平等地组合起来的联合体负责，资产阶级主导的社会是不公平的社会，因此，无产阶级不负有爱国的责任。也就是说，爱国只有在国家是全体人民平等共有的基础上才有意义。

一、天下观念与爱国

梁启超《爱国论》说："国者何？积民而成也。国政者何？民自治其事

---

① 马克思，恩格斯《共产党宣言》第46页，人民出版社，1997年。

也。爱国者何？民自爱其身也。故民权兴则国权立，民权灭则国权亡。为君相者务压民之权，是之谓自弃其国。为民者而不务各伸其权，是之谓自弃其身。故言爱国必自兴民权始。"① 爱国必须以民权的保证为前提。古希腊思想家西塞罗在《论共和国》中说："国家乃是人民之事业，但人民不是人们某种随意聚合的集合体，而是许多人于法权的一致和利益的共同性而结合起来的集合体。"② 法国思想家卢梭《社会契约论》说："这一由全体个人结合所形成的公共人格，以前称为城邦，现在则称为共和国或者政治体，当它是被动时，它的成员就称它为国家。"③ 英国思想家洛克《论宗教宽容》说："在我看来，国家是由人们组成的一个社会，人们组成这个社会仅仅是为了谋求、维护和增进公民们自己的利益。"④ 这些论述，都强调的是国家必须是一些具有共同利益诉求的人的共同体。

从严格意义上说，共产党人应该以实现共产主义为目标，而共产主义者应该体现的是国际主义精神，是要尽量克服民族主义倾向的。《中华人民共和国宪法》规定开展"爱国主义"教育的同时，也规定要开展"共产主义"教育，爱国主义教育体现的是中国的民族主义立场，而共产主义教育体现的是共产党的本来宗旨。爱国主义和共产主义结合，反映的是中国特色社会主义发展的特定历史发展阶段的现实选择。因此，爱国作为社会主义核心价值，体现了中国传统价值观的痕迹。

在中国传统文化形成的轴心时代，中国人的理想社会是"大同"世界。孔子描述的体现"大道"的唐尧虞舜时期，中国人有"天下"观念，而无国家观念。《礼记·礼运》说："大道之行也，天下为公。选贤与能，讲信修睦。故人不独亲其亲，不独子其子，使老有所终，壮有所用，幼有所长，矜寡孤独废疾者，皆有所养。男有分，女有归。货，恶其弃于地也，不必藏于己；力，恶其不出于身也，不必为己。"⑤ 人无私心私利，也无有国家，自然不需要产生"爱国"观念。类似的描述，不仅仅存在于原始儒家的历史观中，《道德经》说："小国寡民，使有什佰之器而不用，使人重死而不远徙。虽有舟

---

① 梁启超《爱国论》，《饮冰室文集》（卷3）第73页，中华书局，1941年。
② 西塞罗著，王焕生译《论共和国》第75页，上海出版社，2006年。
③ 卢梭著，何兆武译《社会契约论》第21页，商务印书馆，2003年。
④ 洛克著，吴云贵译《论宗教宽容》第5页，商务印书馆，2009年。
⑤ 郑玄注，孔颖达疏《礼记正义》，《十三经注疏》（卷21），第3062页，中华书局，2009年。

舆，无所乘之；虽有甲兵，无所陈之。使民复结绳而用之。甘其食，美其服，安其居，乐其俗，邻国相望，鸡狗之声相闻，民至老死不相往来。"① 《庄子·胠箧》说："子独不知至德之世乎？昔者容成氏、大庭氏、伯皇氏、中央氏、栗陆氏、骊畜氏、轩辕氏、赫胥氏、尊卢氏、祝融氏、伏牺氏、神农氏，当是时也，民结绳而用之，甘其食，美其服，乐其俗，安其居，邻国相望，鸡狗之音相闻，民至老死而不相往来。若此之时，则至治已。"② 道家思想家虽然把中国早期社会命名为"小国""国"，但认为这个时期的中国早期社会人与人之间不发生利害关系，因此，实际上也就不存在所谓国家的概念。

"爱国"一词在传世文献中最早出现在战国时期的文献中。《战国策·西周》载："秦令樗里疾以车百乘入周，周君迎之以卒，甚敬。楚王怒，让周，以其重秦客。游腾谓楚王曰：'昔智伯欲伐厹由，遗之大钟，载以广车，因随入以兵，厹由卒亡，无备故也。桓公伐蔡也，号言伐楚，其实袭蔡。今秦者，虎狼之国也，兼有吞周之意，使樗里疾以车百乘入周，周君惧焉，以蔡、厹由戒之。故使长兵在前，强弩在后，名曰卫疾，而实囚之也。周君岂能无爱国哉？恐一日之亡国，而忧大王。'楚王乃悦。"③ 这里的"周君岂能无爱国哉"的主体是西周君，而西周君之所以爱国，是因为西周是他自己的领地。

二、爱国与天下为家

《易传·系辞上》说："是故《易》有太极，是生两仪。两仪生四象。四象生八卦。"④《易传·序卦》说："有天地然后有万物，有万物然后有男女，有男女然后有夫妇，有夫妇然后有父子，有父子然后有君臣，有君臣然后有上下，有上下然后礼义有所错。"⑤ 按照中国古代人的宇宙生成观和人类社会

---

① 朱谦之撰《老子校释》第307—309页，中华书局，1984年。
② 郭庆藩撰，王孝鱼点校《庄子集释》，《新编诸子集成》（卷4中），第366页，中华书局，2012年。
③ 刘向撰，高诱注，黄丕烈札记《战国策》，《四部备要》（卷2）第7页，中华书局，1936年。
④ 王弼注，孔颖达疏《周易正义》，《十三经注疏》（卷7）第169—170页，中华书局，2009年。
⑤ 王弼注，孔颖达疏《周易正义》，《十三经注疏》（卷9）第200—201页，中华书局，2009年。

起源观，最古时期称为"太极"，太极时期无中生有，产生了阴阳天地，然后依次有万物、人类、父子、君臣、礼义。《礼记·礼运》说："今大道既隐，天下为家，各亲其亲，各子其子，货力为己，大人世及以为礼，城郭沟池以为固，礼义以为纪，以正君臣，以笃父子，以睦兄弟，以和夫妇，以设制度，以立田里，以贤勇知，以功为己。故谋用是作，而兵由此起。"① 中国早期国家观念的产生，是伴随着"天下为家"的社会退化进程的。在"天下为家"的时代，爱国只能是统治阶级的责任。

原始儒家的国家理念，与欧洲近代文明以来的社会契约论观点殊途同归。《论语·尧曰》载，尧曰："咨！尔舜！天之历数在尔躬，允执其中。四海困穷，天禄永终。"② 舜亦以命禹。领导人的责任就是率领国家机器为人民服务，如果领导人不能全心全意为人民服务，领导人也就失去了当领导人的资格。《孟子·尽心下》孟子曰："民为贵，社稷次之，君为轻。是故得乎丘民而为天子，得乎天子为诸侯，得乎诸侯为大夫。诸侯危社稷，则变置。牺牲既成，粢盛既絜，祭祀以时，然而旱干水溢，则变置社稷。"③ 社稷即国，孟子认为，君主不好，威胁国家的生存，则应更换君主，如果天降惩罚，民不聊生，则国家就失去了生存的合法性。在中国历史上，周朝是中国历史上一个特别的时代，虽然周朝的制度遗产和夏、商一致，仍然是"天下为家"的体制，不过周朝早期的领导人强调他们之所以担任领导职务，是为了全心全意为人民服务的，除了人民的利益，他们没有其他的利益诉求。东汉末年人荀悦著《前汉纪》，讨论西周封建制度时，也是着重强调周朝的社会根基在一心为民。荀悦说："昔者圣王之有天下，非所以自为，所以为民也。不得专其权利，与天下同之，唯义而已，无所私焉。封建诸侯，各世其位，欲使亲民如子，爱国如家，于是为置贤卿大夫，考绩黜陟，使有分土而无分民，而王者总其一统，以御其政。故有暴乱于其国者，则民叛于下，王诛加于上，是以计利虑害，劝赏畏威，各竞其力而无乱心。"④ 这里的"亲民如子""爱国如家"，说的是不能脱离人民而谈爱国。

因此，周人封建诸侯，以诸侯之领地为国，以大夫的领地为家，建立了

---

① 郑玄注，孔颖达疏《礼记正义》，《十三经注疏》（卷21）第3062页，中华书局，2009年。
② 何晏集解，邢昺疏《论语注疏》，《十三经注疏》（卷20）第5508页，中华书局，2009年。
③ 赵岐注，孙奭疏《孟子注疏》，《十三经注疏》（卷14上）第6037页，中华书局，2009年。
④ 荀悦、袁宏著，张烈点校《两汉纪》，中华书局，2002年，第72—73页。

国家制度，但周天子所统领的地域仍为"天下"。保家卫国的责任在士大夫阶层，而平民则只负责劳役地租，并不承担有拱卫诸侯和大夫的责任。

《左传·庄公十年》载："十年春，齐师伐我。公将战，曹刿请见。其乡人曰：'肉食者谋之，又何间焉。'刿曰：'肉食者鄙，未能远谋。'乃入见。"① 公元前684年鲁国和齐国发生长勺之战，齐强鲁弱，平民曹刿欲为鲁国效力，其乡人阻止，认为这些事情是鲁国领导人的事情，与平民无关。

《春秋公羊传·成公十五年》曰："《春秋》内其国而外诸夏，内诸夏而外夷狄。王者欲一乎天下，曷为以外内之辞言之？言自近者始也。"② 《公羊传》的经师以为"内其国而外诸夏，内诸夏而外夷狄"是"自近者始也"，但没有说明为什么"自近者始"。孔颖达《尚书正义》解释《尚书·周书·周官》"六服群辟，罔不承德。归于宗周，董正治官"时说："《周礼》九服，此惟言六者，夷、镇、蕃三服在九州之外夷狄之地，王者之于夷狄，羁縻而已，不可同于华夏，故惟举六服诸侯。奉承周德，言协服也。"③ 华夏和夷狄不是种族的区别，而是文明的差异。《史记·秦本纪》说颛顼之后裔孙大费子孙"或在中国，或在夷狄"④，《史记·历书》说周幽王、周厉王以后畴人子弟分散，"或在诸夏，或在夷狄"⑤，《史记·魏世家》说周同姓毕公高"其后绝封，为庶人，或在中国，或在夷狄"⑥。《国语·周语》说周天子"耀德不观兵"⑦，受周封建以德治国则为华夏，不受封建则为夷狄。也正因此，"内诸夏而外夷狄"体现的并不是民族主义观念。《尚书·商书·说命下》曰："四海之内，咸仰朕德。"⑧《礼记·乐记》说："合父子之亲，明长幼之序，以敬四海之内。天子如此，则礼行矣。大乐与天地同和，大礼与天地同节。和故百物不失，节故祀天祭地，明则有礼乐，幽则有鬼神。如此，则四海之

---

① 杜预注，孔颖达疏《春秋左传正义》，《十三经注疏》（卷8）第3835页，中华书局，2009年。
② 何休解诂，徐彦疏《春秋公羊传注疏》，《十三经注疏》（卷18）第4988页，中华书局，2009年。
③ 孔安国传，孔颖达疏《尚书正义》，《十三经注疏》（卷18）第499页，中华书局，2009年。
④ 司马迁撰《史记》（卷5）第174页，中华书局，1959年。
⑤ 司马迁撰《史记》（卷26）第1258—1259页。
⑥ 司马迁撰《史记》（卷44）第1835页。
⑦ 韦昭注，黄丕烈札《国语》，《四部要备》（卷1）第3页，中华书局，1936年。
⑧ 孔安国传，孔颖达疏《尚书正义》（卷10）第372页，《十三经注疏》，中华书局，2009年。

内，合敬同爱矣。"①《论语·颜渊》载，司马牛忧曰："人皆有兄弟，我独亡！"子夏曰："商闻之矣，死生有命，富贵在天。君子敬而无失，与人恭而有礼。四海之内皆兄弟也，君子何患乎无兄弟也？"②《孟子·滕文公下》说："苟行王政，四海之内皆举首而望之，欲以为君。"③《孟子·告子下》说："夫苟好善，则四海之内皆将轻千里而来告之以善。"④上古圣贤之所以能放眼四海，是与他们胸怀天下苍生的文化情怀联系在一起的。

三、爱国与爱天下

中国上古圣贤以天下为己任，鞠躬尽瘁，死而后已，因此，我们今天所谓"爱国"，在中国古代，实际上体现为"爱天下"之意。而"爱天下"，就是要尊重文明的成果。顾炎武《日知录·正始》说："有亡国，有亡天下。亡国与亡天下奚辨？曰：易姓改号，谓之亡国。仁义充塞，而至于率兽食人，人将相食，谓之亡天下。……知保天下然后知保国。保国者，其君其臣肉食者谋之；保天下，匹夫之贱与有责焉耳矣。"⑤顾炎武分别"亡国"与"亡天下"二者，认为"亡国"是家天下君臣自己的事情，而"亡天下"是社会大倒退，是要"率兽食人"，一切文明人和热爱文明的人都不能置身事外。

大体而言，在唐虞以前，中国人普遍认为天下是全部中国人的天下。自唐虞以下，中国古代社会进入"家天下"阶段，统治者则把国家看作是自己的私产，把人民看作是可以肆意咀嚼的鱼肉，因此，国家对于普通人民来说，正是马克思所说的"他们所没有的东西"⑥，苛求人民"爱国"，无疑是给人民头上戴上深重的枷锁。《列子·杨朱》载有战国思想家杨朱的观点，其核心是"古之人损一毫利天下不与也，悉天下奉一身不取也。人人不损一毫，人人不利天下，天下治矣"。在杨朱看来，"世固非一毛之所济"，所以，有人损一毫利天下，则有人以悉天下以奉一身，如果人人不损一毫，则人人不得以

---

① 郑玄注，孔颖达疏《礼记正义》，《十三经注疏》（卷37）第3316页，中华书局，2009年。
② 何晏集解，邢昺疏《论语注疏》，《十三经注疏》（卷12）第5436页，中华书局，2009年。
③ 赵岐注，孙奭疏《孟子注疏》，《十三经注疏》（卷6上）第5898页，中华书局，2009年。
④ 赵岐注，孙奭疏《孟子注疏》，《十三经注疏》（卷12下）第6008页，中华书局，2009年。
⑤ 顾炎武撰，黄汝成注《日知录集释》，《四部备要》第247页，中华书局，1936年。
⑥ 马克思，恩格斯《共产党宣言》第46页，人民出版社，1997年。

天下为利。① 韩非子从维护君主极权的角度看，杨朱的思想是有害的，因此，《韩非子·显学》把"今有人于此，义不入危城，不处军旅，不以天下大利易其胫一毛，世主必从而礼之，贵其智而高其行，以为轻物重生之士也"②的现象表现出了极大愤慨。如果站在原始儒家的立场，或者以马克思主义以及现代人类文明的观点看待，杨朱的态度无疑是正确的。

虽然唐虞以下的大部分领导人把天下看作自己的私产，不过，一些真正有思想深度的学者并不这样看，他们仍然抱持孔子及原始儒家的天下为公的立场。这种现象，在中国受到外族入侵的时候，表现的更见强烈。《伯牙琴》的作者邓牧是宋元之际一位著名学者，他继承了孔子及原始儒家天下为公的立场，赞扬唐尧、虞舜时代的君主"忧民之溺，由己之溺；忧民之饥，由己之饥"；强烈批判后代统治者"夺人之所好，聚人之所争"，"焚诗书，任法律，筑万里长城"；批评各级官吏为非作歹，"白昼施行，使天下敢怨而不敢言，敢怒而不敢诛"，这样的社会，没有丝毫公平可言，因此，他提出"废有司，去县令，听天下自为治乱安危"的主张③，即实行人民自治。明末清初思想家黄宗羲《明夷待访录》认为"为天下之大害者，君而已矣"，其原因就在"古者以天下为主，君为客，凡君之所毕世而经营者，为天下也；今也以君为主，天下为客，凡天下之无地而得安宁者，为君也。……屠毒天下之肝脑，离散天下之子女，以博我一人之产业，……敲剥天下之骨髓，离散天下之子女，以奉我一人之淫乐"。又说，"天下之治乱，不在一姓之兴亡，而在万民之忧乐"，"故我之出仕也，为天下，非为君也；为万民，非为一姓也"。认为在家天下时代其法只不过是"一家之法，而非天下之法也"，"何曾有一毫为天下之心哉，而亦可谓之法乎"？黄宗羲建议把学校办成议会，议政并监督、弹劾官员，因为"天子之所是未必是；天子之所非未必非；天子亦遂不敢自为是非，而公其是非于学校"。④ 邓牧、黄宗羲对国家社会现实和政治制度的批判，正体现了现代意义上的"爱国"含义。

---

① 杨伯峻撰《列子集释》，《新编诸子集成》（卷7）第242页，中华书局，2013年。
② 王先慎撰，钟哲点校《韩非子集解》，中华书局，1998年，卷19，第502页。
③ 邓牧著，张岂之、刘厚祜标点《伯牙琴》第1、4、6页，中华书局，1959年。
④ 《明夷待访录》，载《黄宗羲全集》第2、5、4、6、6、10页，浙江古籍出版社，1985年。

四、屈原的爱国之诚心

在中国历史上，战国时期的屈原是第一个和"爱国"联系在一起的。《史记·屈原贾生列传》论述屈原《离骚》的创作动机时说："《离骚》者，犹离忧也。夫天者，人之始也；父母者，人之本也。人穷则反本，故劳苦倦极，未尝不呼天也；疾痛惨怛，未尝不呼父母也。屈平正道直行，竭忠尽智以事其君，谗人间之，可谓穷矣。信而见疑，忠而被谤，能无怨乎？屈乎之作《离骚》，盖自怨生也。"①王逸《楚辞章句》序屈原诸辞赋创作大义说："屈原执履忠贞，而被谗邪，忧心烦乱，不知所诉，乃作《离骚经》。"②又说："《天问》者，屈原之所作也。何不言问天？天尊不可问，故曰天问也。屈原放逐，忧心愁悴，彷徨山泽，经历陵陆，嗟号昊旻，仰天叹息。见楚有先王之庙及公卿祠堂，图画天地山川神灵，琦玮谲诡，及古贤圣怪物行事，周流罢倦，休息其下，仰见图画，因书其壁，呵而问之，以泄愤懑，舒泻愁思。"③又说："屈原放于江南之野，思君念国，忧心罔极，故复作《九章》。"又说："《远游》者，屈原之所作也。屈原履方直之行，不容于世，上为谗佞所谮毁，下为俗人所困极，章皇山泽，无所告诉，乃深惟元一，修执恬漠，思欲济世，则意中愤然，文采铺发。"又说："《卜居》者，屈原之所作也。屈原体忠贞之性，而见嫉妒，念谗佞之臣，承君顺非而蒙富贵。己执忠直而身放弃，心迷意惑，不知所为。乃往至太卜之家，稽问神明，决之蓍龟，卜己居世何所宜行，冀闻异策，以定嫌疑，故曰《卜居》也。"又说："《渔父》者，屈原之所作也。屈原放逐在江、湘之间，忧愁叹吟，仪容变易，而渔父避世隐身，钓于江滨，欣然自乐，时遇屈原川泽之域，怪而问之，遂相应答。"洪兴祖《楚辞补注》曰："《卜居》《渔父》，皆假设问答以寄意耳。"又说《九章》诸篇大义，以为《惜诵》"此章言己以忠信事君，可质于明神，而为谗邪所蔽，进退不可，惟博采众善以自处而已"。《涉江》"此章言己佩服殊异，抗志高远，国无人知之者，徘徊江之上，叹小人在位，而君子遇害

---

① 司马迁撰《史记》（卷84）第2482页，中华书局，1959年。
② 《楚辞补注》第2页，中华书局，1983年。
③ 洪兴祖《楚辞补注》第85页，中华书局，1983年。

也"。《哀郢》"此章言己虽被放,心在楚国,徘徊而不忍去,蔽于谗谄,思见君而不得"。《抽思》"此章言己所以多忧者,以君信谀而自圣,眩于名实,昧于施报,己虽忠直,无所赴诉,故反复其词,以泄忧思也"。《怀沙》"此章言己虽放逐,不以穷困易其行,小人蔽贤,群起而攻之,举世之人,无知我者,思古人而不得见,仗节死义而已"。《思美人》"此章言己思念其君,不能自达,然反观初志,不可变易,益自修饬,死而后已也"。《惜往日》"此章言己初见信任,楚国几于治矣。而怀王不知君子小人之情状,以忠为邪,以谮为信,卒见放逐,无以自明也"①。《悲回风》"此章言小人之盛,君子所忧,故托游天地之间,以泄愤懑,终沈汨罗,从子胥、申徒,以毕其志也"②。

从汉初到唐代,学着们都把屈原看作是"博闻强识""正道直行"的忠烈贞洁之士,到了南宋,著名理学家朱熹则把屈原和"爱国"结合在一起,以寄托他对南宋因外族入侵而所面临的文明危机的忧虑。《楚辞集注序》曰:"原之为人,其志行虽或过于中庸而不可以为法,然皆出于忠君爱国之诚心。原之为书,其辞旨虽或流于跌宕怪神、怨怼激发而不可以为训,然皆生于缱绻恻怛、不能自已之至意,虽其不知学于北方以求周公、仲尼之道,而独驰骋于变风、变雅之末流,以故醇儒庄士或羞称之,然使世之放臣、屏子、怨妻、去妇抆泪讴唫于下,而所天者幸而听之,则于彼此之间,天性民彝之善,岂不足以交有所发,而增夫三纲五典之重。此予之所以每有味于其言而不敢直以词人之赋视之也。"③《楚辞集注·九歌注》曰:"九歌者,屈原之所作也。昔楚南郢之邑,沅、湘之间,其俗信鬼而好祀,其祀必使巫觋作乐,歌舞以娱神。蛮荆陋俗,词既鄙俚,而其阴阳人鬼之间,又或不能无亵慢淫荒之杂。原既放逐,见而感之,故颇为更定其词,去其泰甚,而又因彼事神之心,以寄吾忠君爱国眷恋不忘之意,是以其言虽若不能无嫌于燕昵,而君子反有取焉。"《楚辞辩证·九歌》曰:"楚俗祠祭之歌,今不可得而闻矣。然计其间,或以阴巫下阳神,以阳主接阴鬼,则其辞之亵慢淫荒,当有不可道者。故屈原因而文之,以寄吾区区忠君爱国之意。比其类则宜为三颂之属,

---

① 《楚辞补注》第120、163、176、179、179、128、132、137、141、146、149、153页。
② 《楚辞补注》第162页。
③ 朱熹撰,蒋立甫点校《楚辞集注》第2页,上海古籍出版社,2001年。

而论其辞则反为国风再变之郑卫矣。"①

作为一位正道直行的人,屈原对自己的才德有充分自信,同时,又对楚王任用群小的现实强烈不满,他认为一个正常的社会,应该有一个"选贤授能""举直而错诸枉"的公正的社会运行机制,而楚国却是小人当道,奸佞得志。屈原是一位对楚国命运极端关心的人,他的这种关心超过了对其他国家的关心,甚至超过了对自己命运的关心;在遇到挫折时,仍然不改变自己对祖国的热情,继续表现自己对祖国的关心,并坚决地同楚国的君主及权贵等邪恶势力进行斗争;一切努力失败之后,虽萌生远走他乡的想法,但对祖国的依恋超过了远走他乡的想法;在退出政治舞台以后,继续以文学创作来表现他的爱国情怀,期望通过自己的作品警醒统治者。

屈原之"爱国",当然本源于他作为楚国王室成员,是楚国命运共同体的一分子。楚国君臣腐败贪腐,其生死存亡当然对楚国普通人民来说毫无意义。但是,秦灭楚后的实践说明秦国的统一给中国人民带来了深重灾难。当然,在朱熹时代,南宋的统治者也多乏善可陈,不过,鞑靼更是比秦人更为野蛮的侵略者,朱熹无疑早已经预见到了南宋灭亡以后的恐怖场景,才赋予了屈原行为全新的意义。

五、爱国的正义性

"爱国"建立在民族主义立场上,具有排他性,也就是说,对某国的"爱"就意味着对某国的"不爱"或者"恨",所以,"爱国"也就是极容易走向歧途的一种倾向,是最容易和罪恶连接在一起的。恩格斯认为:"国家无非是一个阶级镇压另一个阶级的机器。"② 列宁说:"国家是维护一个阶级对另一个阶级的统治的机器。"③ 斯大林说:"国家是统治阶级用来镇压其阶级敌人的反抗的机器。"④ 马克思认为无产阶级是没有祖国的,就是看到了"爱国"背后的陷阱。爱国主义建立在对某个特定的"国家"的忠诚和关心的基础上,而国家,特别是专制主义国家政体,本身作为一个阶级压迫另一阶

---

① 《楚辞集注》第21、180页。
② 马克思,恩格斯《马克思恩格斯文集》(卷3)第157页,人民出版社,2009年。
③ 列宁《列宁选集》(卷4)第48页,人民出版社,1972年。
④ 斯大林《论列宁主义基础》第33页,人民出版社,1964年。

级的工具,其存在并不具有合理性,在这样的前提下,如果所处的国家本身并不具有全民性特征,而是为了一部分人服务——即使这些人是大多数,他们通过国家机器压迫被压迫者,这个时候,国家的存在不但不是这些被压迫者的乐园,而是他们的苦海,在这个时候,如果强调让被压迫者"爱国",就等于让被压迫者永远无条件地接受压迫而不知反抗,让压迫者爱国,就是让压迫者永远维护自己的特权,对被压迫者永远实施压迫和迫害。这样的爱国主义无疑是有害的。爱国主义对于帝国主义和狭隘民族主义者来说,是他们推行法西斯主义、民族利己主义、沙文主义、种族主义的理论工具,其危害性是不能低估的,人类历史上的政治迫害和战争起源这样的大灾难都无不打着爱国主义的旗号。

因此,表面上看起来,"爱国"并不是永远正确的,"爱国"者也不是永远值得尊敬的。列宁曾经说:"每当一个国家的政治、经济出现重大危机的时候,爱国主义的破旗就又散发出臭味来。"这是说"爱国"会成为专制主义者的借口,是人类贪婪欲望的保护伞。伯特兰·罗素说:"爱国主义就是积极地为了微不足道的原因杀人并被杀。"亨利·大卫·梭罗说:"那些没有自尊的人仍然可以是爱国的,他们可以为少数牺牲多数。他们热爱他们坟墓的泥土,但他们对那种可以使他们的肉体生机勃勃的精神却毫无同情心。爱国主义是他们脑袋里的蛆。"① 这是说"爱国"是像希特勒这样的法西斯主义分子和日本军国主义分子的战争动员令。因此,安布罗斯·比尔斯说:"爱国主义是一堆易燃的垃圾,任何想照亮自己名字的人只要朝它丢根火柴就可以了。"② 18世纪英国作家塞缪尔·约翰逊说:"爱国主义是流氓无赖们最后的藏身之地。"③ 这些告诫,都是让我们在举起"爱国"旗帜的时候,判断什么是真正的"爱国"。

如果理性地思考,只有和正义结合的"爱国",才是真正的"爱国"。爱国者必须是把全体人民的利益放在第一位,要和危害人民的反动统治者进行彻底而坚决的斗争;爱国者在实践自己的爱国主张的时候,不能用功利主义原则取代人类正义,其行为方式首先应该是维护社会正义,而不是相反;爱

---

① 刘跃进《为国家安全立学》第159页,吉林大学出版社,2014年。
② 杨道金《治国通鉴》第272页,九州出版社,2013年。
③ 刘跃进《为国家安全立学》第159页,吉林大学出版社,2014年。

国者必须不违背国际主义的原则，不能为了维护自己国家的利益，而损害其他国家，特别是弱小国家的利益。爱国者与帝国主义、狭隘民族主义、大国沙文主义、专制主义、种族主义、贪婪的私有制是天然的敌人。因为帝国主义、狭隘民族主义、大国沙文主义、专制主义、种族主义、贪婪的私有制是公平与正义的敌人，是背离了人类追求幸福与和平愿望的，如果任由这样的思想披上"爱国"的外衣施虐，不是"爱国"，而是"害国"。

《周易·同人·上九》曰："同人于郊，无悔。"《象传》说："'同人于郊'，志未得也。"王弼注曰："凡处同人而不泰焉，则必用师矣。不能大通，则各私其党而求利焉。楚人亡弓，不能亡楚。爱国愈甚，益为它灾。是以同人不弘刚健之爻，皆至用师也。"孔颖达《正义》说："案《孔子家语·弟子好生篇》云：楚昭王出游，亡乌号之弓，左右请求之。王曰：'楚人亡弓，楚得之，又何求焉。'孔子闻之曰：'惜乎！其志不大也。不曰人亡之，人得之，何必楚也。'昭王名轸，哀六年，吴伐陈，楚救陈，在城父卒。此爱国而致它灾也。引此者，证同人不弘皆至用师矣。"①楚昭王以"楚人亡弓而楚得之"体现了楚国财富楚国所有的小共同体境界，而孔子改为"人亡弓而人得之"，则体现了人类大共同体的大同境界，这是与孔子"天下为公"的社会理想相一致的。"爱国愈甚，益为它灾"直接与"用师"联系在一起，就是为了防止在"爱国"的旗帜下发动侵略战争，破坏和平。《墨子·兼爱上》认为，天下之乱，起源于"不相爱"，"臣子不孝君父"，"子自爱，不爱父，故亏父而自利；弟自爱，不爱兄，故亏兄而自利；臣自爱，不爱君，故亏君而自利"，以及"父之不慈子，兄之不慈弟，君之不慈臣"，"父自爱也，不爱子，故亏子而自利；兄自爱也，不爱弟，故亏弟而自利；君自爱也，不爱臣，故亏臣而自利"，"盗爱其室，不爱其异室，故窃异室，以利其室；贼爱其身，不爱人，故贼人以利其身"②。推而广之，诸侯之攻伐，皆由于不相爱，而若能"使天下兼相爱"，"爱人若爱其身"，"视父兄与君若其身"，"视弟子与臣若其身"，"视人之室若其室"，"视人身若其身"，"视人家若其家"，"视人国若其国"，则没有盗贼战乱攻伐，所以"天下兼相爱则治，交相恶则

---

① 王弼注，孔颖达疏《周易正义》，《十三经注疏》（卷2）第58页，中华书局，2009年。
② 孙诒让《墨子间诂》（卷4）第99页，中华书局，2001年。

乱"。① 《墨子·非攻上》说："今小为非,则知而非之;大为非攻国,则不知非,从而誉之,谓之义,此可谓知义与不义之辩乎?是以知天下之君子也,辩义与不义之乱也。"② 则是批判诸侯之攻伐,认为诸侯之攻伐亦是杀人,而且是更大的杀人。《庄子·胠箧》说："彼窃钩者诛,窃国者为诸侯。"③ 正是揭露的战国时期"胜王败寇"的现实伦理。《论语·季氏》说："故远人不服,则修文德以来之;既来之,则安之。"④《论语·尧曰》说："兴灭国,继绝世,举逸民,天下之民归心焉。"⑤ 都是反对为了一己之私利而兴兵灭国。《论语·泰伯》说："三分天下有其二,以服事殷,周之德,其可谓至德也已矣。"⑥ 孔子赞扬周文王不兴兵灭商是至德,不仅仅说的是周文王恪守臣道,而是赞扬他不为了建立周王朝而兴兵。至商纣王无道已甚,不灭不足以解民于倒悬。《孟子·梁惠王下》载,齐宣王问曰："汤放桀,武王伐纣,有诸?"孟子对曰："于传有之。"曰："臣弑其君,可乎?"曰："贼仁者谓之'贼',贼义者谓之'残'。残贼之人,谓之'一夫'。闻诛一夫纣矣,未闻弑君也。"⑦ 周文王不灭商,周武王灭商,之所以都体现了"爱国"情怀,就在于他们的出发点都是为了人民利益的最大化的。

(方铭　北京语言大学教授,博士生导师,孔子与儒家文化研究所所长,
　　　　中国屈原学会会长,光明文学遗产研究院专家委员会主任委员)

---

① 《墨子间诂》(卷4)第99—100页。
② 墨翟撰,毕沅校注《墨子》,《四部备要》第33页,中华书局,1936年。
③ 郭庆藩撰,王孝鱼点校《庄子集释》,《新编诸子集成》(卷4中)第359页,中华书局,2012年。
④ 何晏集解,邢昺疏《论语注疏》,《十三经注疏》(卷16),第5476页,中华书局,2009年。
⑤ 《论语注疏》,《十三经注疏》(卷20)第5508页,中华书局,2009年。
⑥ 何晏集解,邢昺疏《论语注疏》,《十三经注疏》(卷8),第5402页,中华书局,2009年。
⑦ 赵岐注,孙奭疏《孟子注疏》,《十三经注疏》(卷2下),第5828页,中华书局,2009年。

古蜀国泛三星堆区域古佛文化之"飞天"研究

贾银忠

摘　要：论文首先从古蜀国古佛"飞天"的历史发展脉络入手，叙述了古蜀国时期存在的古佛玉璋、古佛玉边璋、古佛飞天玉像、古佛飞天玉璧、古佛飞天玉环、古佛飞天玉戒等，接着阐释了古蜀国古佛文化中"飞天"形象的基本特征，特别对成套的12生肖古佛"飞天"玉璋一一做了阐述。其次，对古蜀国时期古佛"飞天"的价值进行了深入探讨。最后，用大量的事实依据证实了中印两国的"飞天"文化与西方的"天使"存在的文化渊源。

关键词：古蜀国　古佛飞天　研究

通常情况下，人们不一定都知道"飞天"的"天"是何意，好在大唐的吉藏大师曾对"飞天"有解释，其曰："外国呼神亦为天。"佛教的飞天，以敦煌的为代表，那些在空中飞行散花和奏乐的众美女，她们是有别于世间凡人的。飞天们代表着佛教里的歌舞音乐神，但是在普通人眼里，飞天们是美丽、善良、天真、无邪、纯洁的女神，也是天上的仙女。然而人们心中这种美好的形象，主要是针对唐代绘制于莫高窟内的飞天伎乐而形成的；唐代以来历代艺术家绘制的各种各样的飞天，都是延续和传承了敦煌石窟与龟兹地区各石窟中"飞天"的艺术形象。可见"飞天"在历代人们心目中的地位是这么高，美的形象是那么的好。但是，这之前又有谁知道佛教的"飞天"并非是受印度佛教文化的影响，而是诞生于中国西南（上古蜀国）本土的文化，只是由于这种古佛文化在上古蜀国时期就通过"迁徙走廊""古丝绸之路"传到：今越南、缅甸、印度等国家和地区，那时中国的中原地区还没有使用甲骨文，因此古巴蜀地区上古的文明与文化输出、传播无人知晓。因此，我们认为这是一段中原地区还没古文字记载的历史,而上古时期的西南民族(古夷系人)确用古文字做了记载,更关键的是从上古蜀国开始就有古文字,还有用古文字镌刻在玉板上的国家之《祭祀大典》,这部大典已在破译和翻译中。所以我们认为,这是一段被遗忘的史事。

中国古代的巴蜀地区,地处长江上游,是长江文明的发源地,尤其是时光进入到上古蜀国时期,其政治、军事、经济、文化都有较大发展。在当时的宗教文化信仰领域,早期祭祀文化、巫文化、道文化、古佛文化等诸多信仰文化都并存于当时的社会意识形态中,以用"道佛同源"或"一锅煮"来界定和形容;而且祭祀活动也很活跃。由于这一时期留下了丰富的文化遗产,所要研究的有关"古佛文化"的内容与文物实物都很多,我们在此只能探讨和叙述古佛文化中的"飞天"或"飞仙"的形象。

一、古蜀国佛"飞天"的历史脉络与基本特征

(一)古蜀国佛文化"飞天"的历史脉络

根据我们多年的跟踪研究,发现在上古蜀国时期古佛文化中早就存在"飞天",这不是空穴来风,因为我们在相关收藏家那里见到了较多的"飞天"古玉器,这些实物前期已经过相关专家鉴定,我们也通过各种渠道查阅,并在网络上多方搜索,均无这样的实物。另外,这种龙溪玉质材料在历史上就开采殆尽,所以我们认为它难以仿造。尤其是上古蜀国的那些"飞天"浮雕佛玉璋、12生肖神"飞天"佛玉璋,以及圆柱体、双连型飞天玉佛像,足以证明我们提出的观点。上古时期中华信仰文化中,还没有"道教、佛教及宗教这样的名称和概念",也还没有宗教教派的划分,教派划分是经过较长历史时期的发展后才逐步形成的。在上古蜀国时期,各民族的先贤们共同继承和延续了他们的先辈遗留给他们的祭祀文化,并在此基础上又逐步更新和创造了新的信仰文化,即诞生了早期道文化中就有了"飞仙""天仙";同时也诞生了早期的古佛"飞天"。也就是道文化的"飞仙"与佛文化的"飞天"同时存在于当时的社会信仰文化中。从艺术形象上看,两者间互相还有融合。

我们研究了数千件古蜀国的相关器物后认为,那时的古佛文化中已出现了"宇宙天""太阳神""天神""飞神"等形象;这些天神的发展与演变,对后来佛教中"天""大梵天""善才天""功德天"等都不能说没有影响。

在大唐藏《金光明经疏》中载曰："外国呼神亦为天。"后来的佛教中把空中飞行的"天神"称为飞天。这一点能证实上古蜀国的古佛文化与后来佛教之间仍有渊源关系。我们在成都蜀玉会馆见到几尊经过国内权威文物专家鉴定后的玉"羽人"，根据相关专家鉴定，其年代大致在7000—8000年以上。在上古蜀国早期的道文化中，表现这种"羽人"的玉器实物不是单一的。后来的道教把羽化升天的神灵人物称为"仙"，如"天仙""大仙""赤脚大仙"等，他们把能在空中飞行的天神称为飞仙。宋朝《太平御览》卷622引《天仙品》中亦云："飞行云中，神化轻举，以为天仙，亦云飞仙。"但后来道之飞仙，多绘于冢壁上，象征谢世者的灵魂能从此羽化升天。没有向着纯宗教文化艺术方向演变和发展，而古佛文化在这方面就稍强于前者。

佛教回传中国当初，与中国传统的道教文化是有交融的。如在魏晋南北朝时期，佛教人士就曾将壁画中的"飞天"亦称为"飞仙"，这显然是"飞天"与"飞仙"不分的交融时期。后来随着佛教在中国的深入传播，佛教的"飞天"与道教的"飞仙"虽在艺术形象上还互为融合，然在名称上，只把佛教石窟壁上的画中"飞神"称为"飞天"。敦煌飞天其实就是画在敦煌石窟中的飞神，后来逐步成为敦煌壁画艺术的一个专用名词。这种"飞神"在龟兹地区的各石窟中也大量存在。然而，古蜀国5000年多年前的古佛"飞天"的确让人感到更惊讶，特别是古佛玉璋、古佛玉边璋、古佛飞天玉像、古佛飞天玉璧、古佛飞天玉环、古佛飞天玉戒等反映出来的"飞天"文化信息很丰富，更为古老。从她（他）们的舞姿、活动领域和艺术形象方面看，说明上古蜀国早期就诞生的"玉器时代"一直在延续这种文化，它们由单一的"祭祀"玉器，进入到了用玉质材料加工成不同类型的"记事"玉器。但是，那些不同类型的"记事"玉器所记录的史事，多数与宗教信仰有着密切的关系。比如玉板书、玉册、玉璋、玉边璋、玉璧等，尤其是用古佛玉璋、古佛玉边璋雕绘的"飞天"艺术形象与古佛文化信息完全能让人感到古蜀国在5000多年前就曾把"古蜀文明"推向了一个新时代。如果我们加上这一玉器文化的初创期、最早使用期，有专家认为它的年代可上移到万年以上。这一观点，与我国考古学的奠基人苏秉琦先生的观点相一致。

（二）古蜀国古佛文化中"飞天"形象的基本特征

上古蜀国的古佛"飞天"玉器较多，若逐一叙述篇幅将过长，因此，笔者仅就古佛"飞天"玉璋的基本特征作介绍。关于古佛"飞天"玉璋有成套的，如 12 生肖佛"飞天"玉璋；也有不成套的，其尺寸一般为 40—58 厘米长，6—12 厘米宽。古佛玉璋上的文化信息多种多样，但是主题非常明确，均表现的是中华 5000 年前的"飞天"或"飞神"文化，这些古佛"飞天"玉璋、边璋除有丰富文化内涵外，还塑造了许多美神的艺术形象。如编号为 80 号的古佛玉璋，雕绘了两个"飞天"，她们一个徐徐下凡，一个悠悠扬升，构图也很美。特别是那个下凡"飞天"与圆柱体玉雕古佛像的"飞天"图像相近。编号 125 号佛玉璋，它首先是在古佛玉璋左侧面中间浮雕了一云中"飞天"，该"飞天"右手轻扶莲花，呈飞翔状态。在古佛玉璋的中间部位，雕刻了一尊打坐的大耳佛，大佛手执法器，在该大佛的头顶上空又刻绘了一个大耳佛"飞天"，该"飞天"还佩戴有璎珞，舞动着长袖。在成套的 12 生肖古佛"飞天"玉璋中，编号 113 号为鼠生肖神的扬升"飞天"，该"飞天"头后刻绘了圆光，有上升和飘飘于空中之感。编号 114 号为牛生肖神的云中"飞天"，该飞天昂首平视前方，举左手挥臂于胸前，右手轻扶莲花，身体微弯，服饰与长飘带飞舞空中。编号 115 号为虎生肖神的云中坐佛"飞天"，该飞天头戴法冠（与帝王冠相近），目视前方，举左手挥臂于鼻前，上身挺直，神气十足地打坐于正反莲花台神座上，该飞天莲花座的花瓣较多，正反两面各为八大瓣，共 16 大瓣，这是我们在佛玉璋研究中看到的莲花瓣较多的佛座，这似乎在展示该"飞天"的地位比一般飞天佛的地位高。当然在飞天佛边璋中，还有正反莲花瓣一共多达 18 大瓣的佛座。编号 116 号为兔生肖神的下凡"飞天"，该飞天昂首曲身，跣足高高翘于头部，并头戴法冠，头后有圆光，颈部佩戴璎珞，双眼俯视凡间，两臂向左右两方伸开，双手各轻扶小莲花，两莲花的位置平行，中间飘夹有四朵彩云，该飞天服饰端庄，系有腰带，长带上飘近脚部，看上去美丽动人。编号 117 号为龙生肖神的"飞天"，该玉璋上左侧面，浮雕了栩栩如生的一翼龙，然后刻绘了一太空行走的"飞天"形象，那飞天头后有圆光，身着长袍装，穿戴整齐，长带蜿蜒曲飘，脚上已非跣足，左手轻托莲花，轻盈舒缓的模样。编号 118 号为蛇生肖神的"飞天"，该玉璋上的生肖神，雕于左侧面，以较为抽象的手法浮雕了一昂头翼蛇，而空中"飞天"曲身浮游、向后翻飞于天空，此时让人想起蜀裔诗仙李白的一首赞叹仙女的诗句："素手把芙蓉，虚步蹑太清；霓裳曳广带，飘拂升飞行。"相比之下，上古蜀国的"飞天"意境与美感，更是一首难以言表的有形诗篇。编号 119 号为马生肖神的"飞天"，该玉璋上的生肖马神，浮雕于古佛玉璋顶端，玉璋上刻绘一大耳佛飞天，在飞天的额头印堂穴位还刻绘一个古蜀国的文字"H"，四川的学者和相关藏家中有人把"H"读成"风"。而彝族认为"H"字，读音为"葩"，意为："①祖，②先祖，③祖灵"等意思；该文字出现在这里有可能有"祖灵神佛"之意。该玉璋上的飞天向上扬升，而头身呈"后空翻"的优美姿势，并呈现出云动带飘的美感。编号120号为羊生肖神"飞天"，该玉璋的侧面浮雕有生肖羊神，紧接浮雕羊神的下方，刻绘一大耳佛"飞天"的下凡动状，该飞天昂首下视，身躯弯曲，形成脚高头低的飘逸状态。编号121号为猴生肖神"飞天"，该玉璋的侧面浮雕有生肖猴神，玉璋中间刻绘的飞天目视前方，吹奏着长笛，使神乐传遍世间，其衣带在空中飘逸，使在旁边的生肖猴神也如醉如痴。编号122号为鸡生肖神"飞天"，该玉璋的顶端浮雕有生肖鸡神，在玉璋的上半部刻绘了一大耳飞天，该飞天双手捧着神灵法罐，疾驰于云彩中，观之犹如要事在身一般。编号123号为狗生肖神"飞天"，该玉璋的顶端浮雕有生肖狗神，也是在玉璋的上半部刻绘了一大耳飞天，该双手展开，各扶莲花遨游太空。编号124号为猪生肖神"飞天"，该玉璋的侧面浮雕有生肖猪神，玉璋上刻绘了一尊冲冲下凡而来的戴冠飞天，该飞天双手平展，微微弯曲，如神鸟飞翔。

以上飞天在内容上不重复，且丰富多彩，每一张玉璋都保存完好，背面都有12个左右的古蜀国文字，这些文字多数还没破译，少数玉璋的古文字我们请彝族毕摩、彝族古文字专家解读过，他们说多数为祈福、求平安和谐的内容；与其他古蜀国佛像上的古文字内容大同小异。不过，我们相信在不久的将来，彝族毕摩和古文字专家们会逐步破译这些古文字，届时的信息会更多。

二、古蜀国时期古佛"飞天"的价值

从相关古佛玉璋来看，说明古蜀国时期已有了较为丰富的古佛乐文化，而且这些古佛伎乐的飘动空间很广阔，古佛飞天们在天空自由地飞翔，她们快乐地吹奏着古佛乐。此外，我们对数百张古佛玉璋的图纹进行研究和分析后初步认为，5000年多前的上古蜀国，古佛（飞天）文化已很盛行和成熟，他（她）们遨游于象征东方极乐世界的蔚蓝太空，太空成为古蜀国众"飞天"翱翔的领域，他（她）们有的脚踏彩云，徐徐下凡人间；有的奔腾自如，凌空回首；有的手捧法器，疾速地直升云霄；有的手扶莲瓣，缓缓漫游长空；有的挥臂昂首，犹如在大海里潜游；有的挥舞长飘带，时而腾空飞起，时而飘飘下凡。这和谐而美妙的情境，犹如唐朝诗人韦渠牟在《步虚词》中描写仙女的那样："飘飘九霄外，下视望仙宫。"这和谐而美妙的情境，也使我们动情地朗诵出一首顺口溜：

> 古蜀有奇事，飞天五千年；丝裳曳绸带，飘逸出宫来。

古蜀国的飞天文化，内容丰富多彩，它反映的可能是5000余年前早期梵天，或佛圣们的生动写照。从古佛玉璋、边璋上的图纹看，除有单身"飞天"独自遨游外，还出现了成双成对的"飞天"，他（她）们有的一上一下，各奔一方，他（她）们有的互相追赶，有序形成一些疾速旋转的半圆形状；有的伴随光头大耳坐佛，仿佛并肩从碧空徐徐降落与前行；有的一个在前面飞，做出举手祈福状，回首呼应，另一个在后的、带圆光的飞天佛，他（她）们身佩古蜀国的丝绸彩带，随风长飘于身后，真让人如睹佛圣们云游追逐，同悦嬉戏，悠悠升降的感觉。

古蜀国的"飞天"，已形成一系列永远飞升和旋律优美的宗教文化。其动作雅美轻迅，她是上古蜀国各部族（氏族）祭祀舞蹈发展到一定阶段的艺术升华，是古蜀国当时人间舞蹈在古佛文化里的折射。古蜀国的人们以当时舞蹈动作中各式舞姿所展现的美为创造蓝本和基础，形成了那些颇具艺术魅力的"飞天"动作。在大型经诵场景中，那些与空中的"飞天"相呼应的地面乐舞行列，更直接形象地描绘出了古蜀国早期人们的音乐舞蹈场面。古蜀国的"飞天"形象，有的动作疾驰矫健，有的轻盈舒缓，有的跳跃，有的旋转，在这些千姿百态、异彩纷呈的姿势中，已表现出温婉娴雅的神情，妩媚动人的风韵。柔曼的手臂，扭摆的腰肢，勾脚的动作，都贯穿着"飞天"所特有的柔媚多姿的体态。

古蜀国时期已经有丰富多彩的古佛乐文化，而且有了各种乐器，甚至可能都出现了古佛乐队。因为我们从所见到的古玉俑乐队的乐器看，弹奏和吹奏的乐器有琵琶、横长笛、排箫、笙、竽、箜篌、小钹、腰鼓、鼓等，这些乐器早在古蜀国时期宗教活动中已经存在和广泛使用。另外，这些古佛乐演奏者们（乐俑）的神态和乐队的排列方式，都十分讲究了，可以说，他

（她）们的形象真实地反映了古蜀国大型组合乐队的表演盛况。在我国敦煌变文中的《维摩诘经讲经文》有"无限乾挞婆，争捻乐器行。琵琶弘上急，羯鼓杖头忙。并吹箫兼笛，齐奏笙与簧"等优美诗句，相比之下，石窟画面给人的艺术感染力就更强烈了。也正是这些伎乐们的表演，给庄严的极乐国土增添了无限的欢乐气氛。可是又有谁知晓敦煌中伎乐们使用的乐器在古蜀国时期就已经存在，它们不是从国外传进来的，它们的文化根脉本身就在中华。

古蜀国时期的古佛"飞天"，他（她）们的飞动已具美感，并富有变幻。比如古佛"飞天"们常常在空中扬升、翻飞、缓降、后翻、浮游、悬游、跳跃，还有冉冉上升，舒展自如等各种各样优美动势。古蜀国的"飞天"还有特别的表现和特点，他（她）们在升腾和俯冲的姿势上，有的双臂展开，像神鸟从高空俯冲直下，有的则斜掠疾扫，翩然回翔，飞翔姿势看似惊险，却又有稳健优美之感觉。就古佛"飞天"的价值而言，我们认为它不仅具有很高的历史价值，文化价值；还具有很高的民族学价值、宗教价值、美学价值、绘画艺术价值和经济价值。

三、中印两国的"飞天"文化与西方的"天使"存在文化渊源

古蜀国的古佛"飞天"，我们在前面作了概述，并认为它属于古佛文化的艺术源头，一直在延续，发展，变异，影响了后来的佛教文化艺术。不仅如此，我们现在还认为西方基督教世界里的"天使"形象，那些各式各样的金发裸体童子们，虽然塑造得非常可爱，身体上有一双羽翼，用来飞翔。这样的"天使"像，有学者研究后认为是受中华文化影响的结果。比如：著名学者流波所著《源——人类文明中华源流考》一书的第十四章《圣经的中华溯源》，就用了一个大的章节专门论述了"从糯到夷进而分化成百濮百越再加上白民黑民的形成，地中海沿岸浸润着伏羲神糯炎黄的文明文化历史，这一切又深深地渗透于《圣经》的方方面面"。他认为"中华传统意识贯穿于西方教义的始终"。他同时还认为，"《圣经》本身就是4000年前左右西迁中东的有邰氏家族、在本已纷繁复杂的地中海沿岸扎根奋斗的历史并宗教发展史，它的最早的旧约时代也已经是黄帝入主中央之后且主要是中华文明文化基本定型成熟的夏、商、周三代信息史，因此，其无论从哲学思考、传统文化、伦理道德等方面都浸润着古老中华文明，特别是黄帝以来至三代的文化意识。

公元2世纪后成书的《约翰福音》开篇说'太初有道，道与神同在，道就是神'，这不就是借老子《道德经》的旨意宣誓么。"① 在黄帝后的几千年的统治征服中，在对中央黄帝权威的树立过程中，"上帝"诞生了，是至高无上的造物主：上帝、帝、（昊）天。而"帝喾"则成为后来西方的"God"。有学者考证，中国古籍中，提到上帝近180次之多。汉朝学者郑玄在《史记》注解中指出："上帝者，天之别名也。神无二主。"而在《圣经》中，亦有多处用"天"来表示上帝。所以，我们认为，中方的"飞天"与西方"天使"，这两种文化是同源异流的关系，她们的文化根脉都在中华。中国的相关学者研究后也认为，古蜀国的文化通过"南丝绸之路"传到身毒（印度），并使身毒（印度）信仰文化逐步繁荣起来，这种文化繁荣使西方人非常羡慕，他们先后派人到印度学习后才有了各种神话传说，才有了《圣经》的诞生。关于这一点在2014年6月23日的《成都商报》第6版是要闻版，登载李克强总理访问希腊，向希腊的伊拉克利翁博物馆赠送三星堆出土文物复制品，在《千年续缘三星堆"千里眼"成国礼》一文中，也谈到"北纬30度希腊三星堆缘分不浅。三星堆是有着相对独立起源和发展脉络，并且高度发展的区域性文明，应该放在更大的文化范围内来看"。"三星堆与希腊之间有着不解之缘，……希腊罗马古文献关于赛里斯和长寿者的记载来源于中国西南古蜀地区传说的流传，它们曲折地反映了古蜀国人传说的文化西传，应是古希腊作家根据他们在中亚和印度时的耳闻所做的记述，表明当时已有从中国西南至印度和中亚的通道存在"。

在《山海经》中早有"翼人"形象出现，在古蜀国的各个时期中，也有玉质"翼人"的出现，而且这些实物至今能在"蜀玉馆"见到。我国敦煌石窟中的飞天，龟兹地区克孜尔石窟、森木塞姆石窟、库木吐喇石窟，等等百余石窟中都绘有各式各样的飞天，这些众多的"飞天"们没能长出两只翅膀，但是人们看后都相信她们是与生俱来的飞翔神。汉唐以来，我国的画匠们为了表现出众飞天有飞行动感，特意在"飞天"的衣裙与飘带方面，天空的流云方面下了功夫，他们在"飞天"的动感和衣饰、飘带、云气、飞花方面，塑造出了和谐的飞行韵律。除此外，似乎是"飞天"的动势导致了衣带的飘动，清风飘扬又使飞花随意飘浮；同时让人深感风吹云动，才使飞天的衣带

---

① 流波著《源——人类文明中华源流考》235—236页，湖南人民出版社，2008年。

古蜀国泛三星堆区域古佛文化之"飞天"研究

飘举,云动带飘又推动着"飞天"的翱翔。

然而,这种将有形的人、带、云、花、乐和无形的风互相渗透影响,形成一系列永远飞升和统一旋律的宗教文化艺术,学界与相关人士认为这样的佛文化艺术是从印度传来的。但是,这种宗教文化艺术早在5000年前的古蜀国就已存在。首先,我们见到的上千件玉器不是孤证,少数玉器上的古蜀国文字已被相关专家破译,这些古文字比殷墟出土的3200年前的甲骨文早多了;而且,我们所见这些实物中,有古蜀国的玉文册、玉板书、甲骨文、鼍壳文、鳖壳文、贝壳文、兽牙文、铜皮书、金璧文、树皮文、竹简文等,由于这些古蜀国文字多数比中原出土的文字早,是能记载和反映出当时情况的。其次,古蜀国的"飞天"佛玉璋、"飞天"佛玉像上都有古蜀国的文字,这些古文字的年代据相关矿物学家测定距今已有5000—9200年;除少数玉器上的古文字被专家破译外,绝大部分还需要组织团队破译,只是目前缺少科研经费,无力组织和召集相关专家来成都开展此项工作。

古蜀国的古佛乐文化,在古蜀国的早期就开始传向境外,它传播出去的形式有三种:一是通过印度的《薄伽梵往世书》等文献佐证,距今5000年左右时,"身毒"的各部落联盟邀请中华西南的国家(古蜀国),派兵援助他们,在古代的战争援助过程中,军中的大祭师(巫师、天象师、占卜师)等,盛大宗教仪式的重要人物是不可缺少的,他们是关键性的人物,而且地位很高,享受高级军官以上的待遇,他们的任务和在军中发挥的作用是十分明确的,那就是传播这种古老的宗教信仰文化。二是自上古蜀国以来,历代宗教大师、祭师把这种古老的信仰文化传播到了亚洲地区、中东地区、非洲相关地区、欧洲相关国家和地区的。如奥地利考古发现的"奥茨冰人"距今5500年,他就是典型的古夷族群"大巫师或大祭师"的模样和装束。三是距今3500—3700年前后,由当时生活在中国金沙江流域、雅砻江流域的彝族古文献称为"白人"或"白民"的雅利安先民外迁时带走了这一早期的宗教文化。雅利安人的早期先民生活在中华相关区域是有考古资料可证实的。他们约在3500年期间进入到身毒(印度),后在那里继承和发扬了古蜀国的宗教文化,随后他们便发展了"吠陀教""婆罗门教""古印度";时光运转至公元前566—前486年[①]期间才由释迦牟尼名悉达多,姓乔达摩,继承性的创立

---

① 黄颂一主编《佛教200题》第5页,四川人民出版社,2005年。

"佛教"，过去和今天的印度人根本不信这种"佛教"，他们只信仰古印度教。

　　综上所述，古蜀国飞天伎乐在古佛国世界中的地位，显然没有光头大耳佛的地位高，他（她）们在古蜀国各种宗教文化活动中，可能只担任配角起辅助作用。但我们谁也不能否认，他（她）们在古佛国诸神世界中应该算最美丽的，因为古蜀国的玉雕工匠们在塑造他们的艺术形象时，还没有把他（她）们塑造为人世间最美丽的女性飞天形象，因而使人不好从五官上区分性别，然而从服装、长飘带等方面看，又具有女性的特点；这也是古蜀国飞天形象的又一特殊的地方。可以看出古蜀国玉雕工匠们倾注着内心深处的爱。古蜀国飞天的神情与风采，现世后使当今众生普遍赞美，古蜀国这些飞天美神，充满着强大的艺术生命力；毫不夸张地说，正是古蜀国的这些飞天佛、飞天美神、飞天乐神开创了5000年前的美好艺术。古蜀国的古佛飞天，是中华民族古代美学的结晶，这些飞天文化艺术随着早期的"迁徙走廊""文化走廊"，以及后来的"南方丝绸之路"传到身毒（印度），经过两千多年的变迁、弘扬和发展，又从身毒（天竺）的另一通道传到我国的龟兹地区，传到敦煌。所以，我们说古蜀国时期"飞天"早已在中华"天府之国"上空俯瞰飞翔是有历史依据的，是经过长期研究后得出的成果。

（贾银忠　西南民族大学教授）

· 窗外的风景 ·

《走近中国》文化译丛总序

钱林森

《走近中国》书系,是我在 20 世纪初主持编译的欧洲人"游走中国""观看中国"的小型文化译丛。这套文化译丛的酝酿、构想,始于 19 世纪末与 20 世纪之交,而促成其创设、实施的机缘,却源于遐迩闻名的山东画报出版社一位素未谋面的年轻编辑曹凌志先生的一次造访。2002 年 10 月的一天,曹先生手持一部大清帝国时代的法文原版书来宁见我,他一见我,便开门见山地介绍道,这是他们山东画报出版社从西南四川等地,经多处辗转而得手的一部图文并茂的法语原著,社里领导很想将此书翻译成中文正式面市,但不知它写的什么内容,值不值得翻译出版刊行? 所以要请专家评估一下。曹先生庄重地申言:"我们曾先咨询过北京中国社科院外文所法国文学大家柳鸣九先生的高见,是柳鸣九先生建议我们来宁登门拜访您的。"——不由分说,便把他手持的法文原版书递过来。受益于权威学者的举荐,岂容怠慢? 我就连忙接过这部珍稀读物,认真地翻阅开来,方知这原是 19 世纪法国一位匿名游记作家老尼克(OLDE Ni CK)所撰,并由同时期法国著名画家、旅游家奥古斯特·博尔热(Auguste Borget)插图的图文并茂的"游记"①,是西人"游"中国、"看"中国、想象中国、认识中国的时兴文体,内中虽不无作者舞笔弄文的杜撰,其历史文献的意义,却是显而易见的,加之书内附有大清帝国时期罕见的栩栩如生的写生图,其珍稀文化赞赏价值和收藏价值,也毋庸置疑,因此,它就被顺理成章地收进了敝人《走近中国》的文化译丛书系。

《走近中国》文化译丛最初的构想,是想编选"域外人""游"中国、

---

① [法] 老尼克(OLDE Ni CK)著,奥古斯特·博尔热(Auguste Borget,1808-1877)插图《开放的中华——一个番鬼在大清国》。

"看"中国的大型文化游记书系,而域外的中国游记,浩如烟海,受制于个人精力、能力和出版诸因素,编选者最终只能取一瓢饮。选择的标准有二:一是该文本的跨世纪影响力,即这些文本迄今为止还时不时地影响着西方人对中国的看法,是西人眼里的经典。二是该文本的文学、历史价值,即这些文本不仅有较强的可读性,且有重要的历史价值和文化意义。首辑仅选法、英两国 10 部长短不等的中国游记,即:[法] 老尼克(OLDE Ni CK)的《开放的中华——一个番鬼在大清国》、[法] 格莱特(Thomas-Simon Gueullete, 1683—1766)的《达官冯皇的奇遇——中国故事集》(*Les Aventures merveilleuses du Mandarin Fum-Hoam, contes chinois*, 1723)、[法] 奥古斯特·波尔热(Auguste Borget1, 808—1877)的《中国和中国人》(*La Chine et les Chinois*, 1842)、[法] 绿蒂(Pierre Loti, 1850—1923)的《在北京最后的日子里》(*Les Derniers jours de Pekin*, 1901)、[法] 维克多·谢阁兰(Victor Segalen, 1878—1919)的《中国书简》(*Lettres de Chine*, 1967)、[法] 考狄(Henri Cordier, 1849—1925)的《18 世纪法国视野里的中国》(*La Chine en France au XVIIIe Siecle*, 1908)、[法] 亚历山塔丽雅—大卫—妮尔(Alexandra David-Néel, 1868—1969)的《巴黎女子拉萨漫记》(*Voyage d'une Parisienne à Lhassa*, 1927)、[英] 曼德维尔的《曼德维尔游记》(*The Travel of Sir John Mandeville*, 约 1357 年)、[英] 毛姆(William Somerset Maugham, 1874—1965)的《在中国的屏风上》(*On a Chinese Screen*, 1922)、[英] 奥登(Wystan Hugh Auden, 1907—1973)和衣修伍德(Christopher Isherwwood, 1904—1986)的《战地行》(*Journey to a War*, 1939),组成一套小型书系,于新世纪头 10 年,分别由山东画报出版社、上海书店出版社和江苏人民出版社先后出版。首辑译丛正式面世时,我曾就其编选动因和译丛的创意与宗旨做了如下说明:

  中西文明的发展与相互认知,经历了极其漫长的道路。两者的相识,始于彼此间的接触,亦可以说,始于彼此间的造访、出游。事实上,自人类一出现在地球上,这种察访、出游就开始了,可谓云游四方。"游",是与人类自身文明的生长同步进行的。"游",或漫游、或察访、或远征,不仅可使游者颐养性情、磨砺心志,增添美德和才气,而且能使游者获取新知,是认识自我和他者,认识世界、改变世界的方式。自古以来,人类任何形式的出游、远游,都是基于认知和发现的需要,出于交流和

《走近中国》文化译丛总序

变革的欲望,都是为了追寻更美好的生活。中西方的互识与了解,正开始于这种种形式的出游、往来与接触,处于地球两端的东西(中西)两大文明的相知相识和交流发展,正由此而起步。最初的西方游历家、探险家、商人、传教士和外交使节,则构筑了这种往来交流的桥梁,不论他们以何种机缘、出于何种目的来到中国,都无一例外地在探索新知、寻求交流的欲望下,或者在一种好奇心、想象力的驱动下,写出了种种不同的"游历中国"的记游(包括日记、通讯、报告、回忆等)之类的作品,从而构成了中西方相知相识的历史见证,成为西方人认识自我和他者、认识中国、走近中国的历史文献,在中西交流史上具有无可取代的价值和意义。对这些历史文本作一番梳理、介绍,它本身就是研究"西学"和"中学"不可忽略的一环,是深入探讨中西方文化关系无法回避的重要课题。翻译出版《走近中国》文化译丛最初的动因正在于此。

在中西两大文明进行实质性的接触之初,在西方对东方和中国尚未获得真实的了解和真确的认知之前,西方人——西方旅游家、作家、思想家和传教士,总习惯于将中国视为"天外的版舆",将这个遥远、陌生而神秘的"天朝"看作不同于西方文明的"异类世界",他们在其创作的中国游记,以及有关中国题材的其他著作中,总是按照自己的意愿与想象塑造自己心目中的中国形象——一个迥异于西方文化的永远的"他者"形象。在西方不同时代、数量可观的中国游记中所创造的这种知识与想象、真实与虚构相交织的"中国形象",无疑是中西交通史上一面巨大的镜子,从中显现出的不仅是"中国形象"创造者自身的欲望、理想和西方精神的象征、文化积淀,也是西方视野下色泽斑斓、内涵丰富复杂的"中国面影"。这就决定了,西方的中国游记和相关题材的著作,既是中国学者研究"西学"的重要历史文献,又是西方人研究"中学"的历史文本,其深刻的学术价值,是显而易见的。西方的中国游记对中国的描写和塑造,不仅激发了西方作家、艺术家创作灵感,也为西方哲人提供了哲学思考的丰富素材,启发了他们的思想智慧。一如有些文化史家所指出的,"哲学精神多半形成于旅游家经验的思考之中",[①] 西方早期的中国记游,虽然多半热衷于异乡奇闻趣事的报道而缺乏哲学的思考,

---

① [法]艾田蒲著,许钧、钱林森译《中国之欧洲》(上)第197页,河南人民出版社,1992年。

但它们所提供的中国信息、中国知识和中国想象，却给人以思考，为西方哲人、特别是16世纪以降人文主义、启蒙主义思想家提升自己的哲思，建构自己的学说，提供了绝好的思想资源和东方素材，并且成为他们描述中国、思考中国不可或缺的参照。这样看来，西方的中国记游所蕴含的思想价值和哲学意义，也是不言而喻的。我们还注意到，历代西方的中国游记所传递的中国信息、中国知识，不仅使西方哲人深层次地思考中国认识中国提供了可能，而且也直接地促进西方汉学的生成和发展。西方中国游记和类似的"中国著作"，特别是17、18世纪来华耶稣会士的游记和著述，所展示的中国形象、中国信息、中国知识，直接构成了18世纪欧洲"中国热"主要的煽情材料和思想资源，直接助成了19世纪西方汉学生长和自觉发展的重要契机，其文化意义也毋庸置疑。如是，文化译丛《走近中国》的创意，正基于此。

那么，在难以数计的西方游记和相关著述里，中国在西方视野下究竟呈现着怎样的面貌？这游记、著述又如何推动西方汉学的生成与发展？它们在西方流布，到底在传播着怎样的中国神话、中国信息、中国知识，从而深化西方人对中国的了解和认识，使之一步步走近真实的中国？这便成了本译丛梳理、选择的线索和依据，以此而为读者提供一幅中西方相识相知、对话交流的历史侧影，正是本译丛的编译宗旨。

首辑《走近中国》文化译丛，于2004—2006年间分别由山东画报、上海三联书店、江苏人民三家出版社先后零星推出，没有想到这套不显山不露水、极不显眼的零散、不成体系的微型书系，甫一面世，却意外地受到了读书界的欢迎，获得不少出版家的好评，其大部分编译作品如上海三联书店2006年推出的六部译本，也在20世纪头10年内得以再次重印，广为传播，产生了较好的社会反响。国内有几家出版社对译丛感兴趣，中央编译社领导看中此套书系的文化价值，于2010年春"三八"妇女节那天，先期派出副总编谭洁、总编室主任贾宇琰和责编邓彤三女士一行，专程来南京大学向我约稿，洽谈编选域外中国游记续辑事宜。后经双方紧密友好协商，于5月签订了一份为期5年先行推出10余部译本的翻译出版的合作协议。是年深秋（10月26日），中央编译社时任社长和龑先生还亲自带领责编王忠波先生前来敝人寓所造访，进一步部署、落实相关事宜，域外中国游记续编便正式启动。

《走近中国》文化译丛总序

　　第二辑《走近中国》文化译丛，严格遵循首辑译丛所确立的编译宗旨和编选标准，但在入选作者国别和作品文体、内容方面却有所不同。首辑出版的《走近中国》文化译丛入选作品，主要是英、法的旅游家、作家所撰写的中国游记、信札、日记等文类，而第二辑入选作品，则集中选择法国作家、汉学家（含中国驻法使节、留法学人）所撰写的思考、研究中国文化的著述，除游记、信札、报道类外，还包括散文随笔、传奇、戏剧、哲学对话和学术专论等各类文体在内的著作。这就是说，行将推出的第二辑《走近中国》文化译丛，不止于西人"游走中国"的游记，着重收入的是法、中两国作者所撰著的研究中国文化的著述，包括文学创作和学术研究两类著述，是法、中学人互看互识、对话交流的跨文化学术丛集。《走近中国》文化译丛的编选作这样的变动，实出于编选者能力与知识积累的现实考量，也出于编选者自身研究的实际需要与诉求，因为此时编者也正担负着《中外文学交流史》主编之在研课题。如此面世的文化译丛，必将为源远流长的中西（中法）文化文学关系研究搭建一方坚实、宽阔的跨文化对话平台，也必将为日趋深入拓展的跨文化比较文学研究提供新的学术场域。

　　《走近中国》文化译丛续编，应中央编译社图书出版合同所约，曾于翌年（2011）至2013年间先期交付数部法国作家中国游记定稿译本，但随后由于出版方的领导与责任编辑几经调整、更迭，而未能如期编审刊行；再加之本人此时正忙于多卷《中外文学交流史》超负荷地在研国家社科项目而分身乏术，无奈之下，不得不由双方协商议定，第二辑《走近中国》文化译丛暂搁一旁，缓期实施……岁月如水，转瞬之间，不觉又流去了四个春与秋，直至2015年底至2016年秋，经我与中央编译社原责编邓彤编审几度晤面交涉和友好磋商，得之她的鼎力相助，终于找出了当年出版方签约的出版合同与早已到手的先发文稿，并获得新任领导的首肯与支持，搁浅多年的《走近中国》文化译丛续编又得以重新开张。新编的《走近中国》文化译丛，将以"游记"类和"文库"类两辑，即文学作品之《作家文丛》、学术著述之《学者文库》两辑刊行面世，恪守文化译丛首创宗旨和选择准则，精选自17世纪以降，侧重18世纪至20世纪法国作家、思想家、汉学家（含留法华人学者）研究中国文化有影响力的范作，约近30位作者共30余部著作，即：勒萨日（Alain René Lesage，1668—1747）《中国喜剧》三种，伏尔泰（Voltaire，1694—1778）《中国孤儿》（*L'Orphelin de Chine*，1755），昂热·库达尔（Ange

Coudar, 1708—1791)《中国间谍》(*L'espion chinois, 1773*),瑟南古(Etienne Pivert de Sénancour, 1770—1846)的《中国历史概述》(*Résumé de l'hstoire de la Chine, 1825*)、《道德与宗教传统史概述》(*Résumé de l'hstoire des taditions Morales et religieuses, 1827*),儒勒·凡尔纳(Jules Verne, 1828—1905)的《一个中国人在中国的遭遇》(*Les Tribulation d'un Chinois en Chine, 1879*),朱笛特·戈蒂耶(Judith Gautier, 1845—1917)《玉书》(*Le Livre de Jade*, 1867)、《皇龙》(*Le Dragon impérial*, 1869),欧仁·西蒙(G. -Eugène Simon, 1829—1896)《中国城》(*La Cité chinoise*, 1885),保罗·迪瓦(Paul d'Ivoi, 1856—1915)《蝉在中国》(*Cigale en Chine*, 1901),马赛尔·葛兰言(Marchel Granet, 1884—1940)《中国古代的节庆与歌谣》(*Fêtes et chansons anciennes de la Chine*)、《中国文明》(*La civilisation chinoise*)、《中国思想》(*La pensée chinoise*)、《中国人的宗教》(*La religion des Chinois*),乔治·苏里耶·德·莫朗(George Soulié de Morant, 1878—1955)《慈嬉》(Tseu-hst, Impératrice des Boxers, 1911)、《杨贵妃》(*La passion de Yang Kwé fei. 1924*)、《东方少女的爱情: 12世纪中国爱情小说》(*L'Amoureuse Orienle, jeune fille, roman d'amour chinoise du XIIe S, 1928*)、《论中国文学》(*Essai sur la littérature chinoise. 1912*),克洛德·法莱尔(Claude Farrère, 1876—1957)《远东行记》(*Mes voyages, La promenade d'Extrême-Orient*, 1924),路易·拉卢瓦(Louis Laloy, 1874—1944)《中华镜》(*Miroir de la Chine*: *Présages, Images, Mirage*, 1933),克洛代尔(Paul Claudel, 1868—1955)《认识东方》(*La connaissance de l'Orient*, 1900),圣一琼·佩斯(Saint-John Perse, 1887—1975)《亚洲信札》(*Lettres D'Asie*,),亨利·米修(Henri Michuaux, 1899—1985)《一个野蛮人在亚洲和中国》(*Un barbare en Asie et en Chine*),西蒙娜·德·波伏瓦(Simone de Beayvoir, 1908—200?)《长征》(*La longue marche*, 1957),艾田蒲(René Etiemble, 1909—2002)《东游记》(或《新的朝圣》)(*Le Nouveau Singe Pelerin*, Paris, Gallimard, 1958),阿兰·佩尔菲特(Alain Peyrefitte, 1925—1999)《当中国醒来……世界将震撼》(*Quand la Chine s'eveillera⋯le monde tremblera*, 1973),桀溺(J-P. Dieny)《牧女与蚕娘》(*Pastourelles et magnanarelles-Essai, sur un, thème litteraire chinoise*, 1977),程艾兰(Anne Cheng)《中国思想史》(*histoire de la pensée chinoise*, 1997),白吉尔(Marie-Claire Bergète)、安必诺(Angel Pino)主编《东方语

《走近中国》文化译丛总序

言学院百年汉语教学》(*Un siècle d'enseignement du chinois à l'école des langues orientales*, 1840—1945, 1995), 伊万—达尼埃尔 (Yvan Daniel) 的《法国文学与中国文化》(*Littérature française et culture chinoise*, 2000), 雷米·马修 (Rémi Mathieu)《牡丹之辉：我们如何理解中国》('*Eclat de la pivoine: comment entendre la Chine*, 2012), 王瑜 (Yu Wang)《法国诗人对中国古典诗歌的接受》(*La Réception des anthologies de poésie chinoise classique par les poètes français 1735—2008*, 2016) 等 30 余部文学作品和研究著述, 由这些作品和著述集成独立而互补的两种文体译本, 分别收进"走近中国"文化译丛续编, 名为"'窗外的风景'作家文丛""学者文库"两辑书系, 每种文本皆有译本序言导读, 且尽可能的附有精美插图, 以图文并茂的新风貌展现于世, 敬献于广大读者、就正于海内外方家, 并以此告慰于一直与编者一起携手共耕的译者朋友们, 告慰于始终默默地关注着、支持着文化译丛续编的亲朋挚友和学界同仁们。

《走近中国》文化译丛续编选载的上述作品, 皆属 18—20 世纪法国作家、汉学家"游走中国""观看中国""认识中国"、思考和研究中国的各类不同文体的优秀之作, 是法国作者, 一代接一代, 瞭望中国、想象中国、描写中国的色泽斑斓、琳琅满目的集锦荟萃, 堪称法兰西文苑的奇花异草, 构成了一道靓丽的风景线。这些作品的作者们, 之所以一代又一代心仪"他乡""远方""别处", 不断地瞭望中国、关注中国、描述中国, 并不总是出于一种对异国情调和东方主义的"痴迷", 实出于认知"他者"和反观"自我"的内心需要。"在中国模子中, 我只是摆进了我所要表达的思想。"——20 世纪法国作家谢阁兰的这句话最好不过地表达了这一代法国作者关注中国、了解中国、描写中国的真实愿望, 旨在借中国这面镜子来反观自己, 确立自身的形象。他们之所以一往情深地渴望远方, 寻找"他者", 恰恰反映了他们对自己认识的深层需求, 一种"时而感受到被倾听的需求, 时而（抑或同时）产生倾诉、学习和理解的需求", 一种杂糅了自我抒发与理解他者的"必要"。克洛岱尔将处于地球东西两端的法中两个不同民族, 不同文明之间的这种相互瞭望、相互寻找、互证互识的双向运动比作"海洋潮汐"[①]。从这个意义上说, 他们"瞭望"东方、"游走"中国、"寻找"他者, 也许正是另一种方式

---

① Paul Claudel, *La Poésie française et l'Extrême-Orient* (1937), in *Œuvres en prose*, Paris, Gallimard, coll.《Bibliothèque de La Pléiade》, 1965, p. 1036.

的寻找自我，或者说，是寻找另一个自我的方式；他者向我们揭示的也许正是我们自身的未知身份，是我们自身的相异性。他者吸引我们走出自我，也有可能帮助我们回归到自我，发现另一个自我。由此可见，即将面世的《走近中国》文化译丛续编——"窗外的风景"，呈现于读者诸君面前的这些作品的作者们，之所以如此一代接一代地渴望东方，远眺中国，寻找他者，如此情有所钟地"醉心"于中国风景，采撷中国题材，一部接一部地不断描写中国，抒发中国情怀，认知中国，正是他们认知自身的需要，他们"看"中国，正是返观自己、回归自己的一种需求，一种方式和途径。如此，从跨文化研究的方法论学理层面看，《走近中国》文化译丛续编所提出的课题，不仅涉及这些法国作家在事实上接受中国文化哪些影响和怎样接受这些影响的实证研究，还应涉及他们如何在自己的心目中构想和重塑中国形象的文化和心理的考察，研究他们的想象和创造；不仅要探讨他们究竟对中国有何看法，持何种态度，还要探讨他们如何"看"，以何种方式、从什么角度"看"中国，涉及互看、互识、互证、误读、变形等这一系列的跨文化对话的理论和实践的话题，是关涉中外（中法）文化和文学交流史研究的基础性工程，其学术价值和意义，毋庸置疑。

采撷域外风景，载运他乡之石，是当年创设《走近中国》文化译丛之动因、初衷，同理同道，广揽域外风景，汇编成集，呈现于国人，不是为了推崇异国情调，追寻异国主义，而是为了向读者诸君推开一扇窗户，进一步眺望远方，一览窗外的风景，旨在借助外来的镜像来反观自己，认识自己，从而确立自身的形象。众所周知，他山之石，可以攻玉，打开室内窗户，直面窗外景象，一览无余，我们自身的面貌也就清晰地被浮现出来，一如有学者所言，在天主教"三王来朝"的时候，在我们的对面肯定会有一张毫无掩饰的面孔出现："在面孔中所反映出来的他人，从某种意义上恰恰揭示了他本人的造型特征。就像一个人在打开窗户的时候，他的形象也同时被勾画了出来"[1]。我们编译出版"窗外的风景"——《走近中国》文化译丛，希望读者诸君看到17世纪以降至20世纪西方（法国）的中国，看到这一时代映现在西方人（法国人）眼中的中国，这个时代西方人（法国人）注视中国、想象中国、创造中国的"尤利西斯式"目光。那目光可能不时流露出傲慢与偏

---

[1] ［法］埃马纽埃尔·勒维那斯《他人的人道主义》第51页，1972年。

《走近中国》文化译丛总序

见,但其中表现在知识与想象的大格局上的宏阔渊深、细微处的敏锐灵动,无不令人钦佩、击节、甚至震撼。总之,读者诸君倘能闲来翻书,读到《走近中国》文化译丛续编,击节称奇,从中感到阅读欢愉,发出会心的微笑,那便是对我们的勉励,倘能借助这面互证的镜像,打开"窗外的风景",反观自己,审视自己,掩卷长思,从中受到教育,那便是对我们最大的奖励。

(钱林森 南京大学教授,《跨文化对话》执行主编)

·魏柳南专栏·

伊斯兰关键词的源流及误用[*]

[法] 魏柳南（Lionel Varion） 著　柳博赟 译

　　世界正面临前所未有的恐怖主义时期，这是多种原因交织所导致的，其中包括宗教来源、政治关切，民族主义诉求和社会条件恶化，而这在许多国家都是如此。恐怖主义本身并不是一个新现象。在19世纪欧洲出现无政府主义运动的时候，人们见识到了恐怖主义。而早在几个世纪以前，在伊斯兰世界遭受阿萨辛派（Assassin sect）袭击的时候，穆斯林就早已面临了这个问题。要知道，"故意实施的谋杀行为"（assassinate）一词正是因其而得名。这个11世纪的伊斯兰教派起源于叙利亚。在全盛时期，他们是由神秘的"山中老人"拉希德丁·锡南（Rachid ad-Din Sinan）所领导。锡南将杀戮当作一种政治工具，他甚至在公共场所实施自杀式袭击，来除掉他们教派的敌人。

　　在21世纪初出现了一场新的恐怖主义浪潮。这时冷战刚刚结束，自由主义大获全胜，"第三世界发展"这一观念消失了。取而代之的是，在世界金融机构——自由主义派——的支持下，经济领域乃至教育领域中都实行了私有化政策。这扩大了世界上最贫穷和最富有的国家之间的差距，还将多个国家的大量人口推向了社会边缘。罗纳德·里根和玛格丽特·撒切尔在20世纪80年代的政策导致了两国贫困人口的急剧增加。在撒切尔主政时代，贫困人口比例从13.4%上升到了22.2%。许多欧洲国家随后也或多或少陷入了这一境况。即使这些国家不愿意完全开放经济，不愿意使自由市场规则主导经济，

---

* 本译文为北京语言大学院级科研项目（中央高校基本科研业务专项资金资助），项目编号为18YJ020011。[The essay is a result of the scientific research project funded by Beijing Language and Culture University (Special Funding for Basic Scientific Research in High Education Institutions). Project No: 18YJ020011.]

他们的贫困人口比例也仍然在增加。

然而，如果将现在的伊斯兰恐怖主义与贫困人口增长联系起来，说恐怖主义完全是出于经济动因，这是非常错误的。由于个人主义泛滥，社会、宗教和民族社群主义抬头，家庭观念的瓦解等原因，西方社会变得越发混乱，人们也感到迷茫。这一现象影响了大多数移民家庭比较传统的年轻人，也影响了保守基督教家庭的年轻人。这种迷茫感也与阿拉伯国家的年轻人和中老年人的无所适从感交织在一起。在这些国家，民众几十年来一直受到专制政府和自我标榜为世俗政权的政府的压迫。其中许多人唯一的避难所是伊斯兰教运动，因为伊斯兰教运动提供了社会援助和教育，当然，还有宗教指导。

在伊斯兰世界里，最近发生的所有极端主义运动都被统而言之地称为"吉哈德"（Jihad）。这个词语在大部分情况下都被等同于"圣战"（Holy War），但二者并不应当等量齐观。在全世界人们的想象中，"吉哈德"已经成为粗野暴力、不宽容、宗教战争等的同义词。实际上，如果这种想象仍然存在，哪怕是为数不多的人怀有这样的想法，我们也需要了解更多的事实情况。只有这样，我们才能领会"吉哈德"这一概念，并将其与《古兰经》和圣训（hadiths）最早提到的"吉哈德"区分开来。这一概念已经被激进分子工具化了。这些激进分子大多不具备对伊斯兰教的深刻认识，或者仅仅依赖某些伊斯兰教领导人比如奥萨马·本·拉登（Osama Ben Laden）或一些早期的伊斯兰思想家的诠释，将自己的嗜血和报复欲合理化。

因此，我们首先要澄清"吉哈德"概念的一些要点，然后介绍一些伊斯兰教的主要思想家。激进分子现在正在利用这些思想家来为自己的行为做辩护。对于目睹了当前世界动荡局势和恐怖主义运动的人而言，这可以帮助他们了解这些激进分子的真实本质，并与真正的穆斯林进行对话，以创造一个更加和谐的世界。

一、吉哈德的概念

我们首先需要思考并理清一些相关问题。

正如基督徒的《圣经》或犹太人的塔木德经一样，《古兰经》的每位读者都可以基于自己的情绪、环境以及想要看到的信息，来提出各种不同的解读。穆斯林可以真正诚实地完全摒弃"吉哈德是战争的代名词"的想法，但他无法否认这个概念的存在。例如，有些人多次提到《古兰经》第 5 章 32 节，这节经文是这样说的："因此，我对以色列的后裔以此为定制：除因复仇或平乱外，凡枉杀一人的，如杀众人；凡救活一人的，如救活众人。"但他们总是忘了提接下去的第 33 节经文，这节经文是这样说的："敌对真主和使者，而且扰乱地方的人，他们的报酬，只是处以死刑，或钉死在十字架上，或把手脚交互着割去，或驱逐出境。"我们可以在《古兰经》中找到其他类似的经文，比如第 9 章 5 节："当禁月逝去的时候，你们在哪里发现以物配主者，就在那里杀戮他们，俘虏他们，围攻他们，在各个要隘侦候他们。如果他们悔过自新，谨守拜功，完纳天课，你们就放走他们。真主确是至赦的，确是至慈的。"

但接下来的经文（9：6）中也写道："以物配主者当中如果有人求你保护，你应当保护他，直到他听到真主的言语，然后把他送到安全的地方。这是因为他们是无知的民众。"此外，也有一些针对非信徒的经文（8：39）："你们要与他们战斗，直到迫害消除，一切宗教全为真主。"

我们需要补充一点，在其他宗教中也可以找到"圣战"这个概念（这不是《古兰经》中吉哈德唯一的含义）。在所有天启宗教中，也都有同样令人难以接受的言论。例如在《圣经》中，《撒母耳记上》（15：3）这样提到毁灭亚玛力人："现在你要去击打亚玛力人，灭尽他们所有的，不可怜惜他们，将男女、孩童、吃奶的，并牛、羊、骆驼、和驴，尽行杀死。"《马太福音》（10：34—35）："你们不要想我来，是叫地上太平。我来，并不是叫地上太平，乃是叫地上动刀兵。因为我来，是叫人与父亲生疏，女儿与母亲生疏，媳妇与婆婆生疏。"《申命记》（13：16—18）："你从那城里所夺的财物都要堆积在街市上，用火将城和其内所夺的财物，都在耶和华你上帝面前烧尽。那城就永为荒堆，不可再建造。"《约书亚记》（6：21）："又将城中所有的，不拘男女、老少、牛羊、和驴，都用刀杀尽。"

"伊斯兰"这个词的意思是"顺从真主"，就连穆斯林兄弟会的创始人哈桑·班纳（Hassan el-Banna）在 1948 年也这样写道："伊斯兰教完全是和平的法律，完全是怜悯的宗教。只有对伊斯兰的教诲无知的人，只有对其体制充满敌意，或者极为傲慢而不接受这些证据的人，才会反驳这一事实。'伊斯兰'本身就源自'和平'一词。"在这一问题上，《古兰经》第 2 章第 256 节说得非常清楚："对于宗教，绝无强迫；因为正邪确已分明了。"大多数伊斯兰经学家将这节经文称为"停经"（abrogating verse，废除性经节），意思是它废除了《古兰经》中一切具有侵略性或战争意味的经文。

因此，伊斯兰教占主导地位的经学倾向是从这些道德原则出发。吉哈德也不例外，也需要遵守这些道德原则。显然，如果我们以近年来黎巴嫩或北爱尔兰的内战为例来思考过去的历史，那么并不是所有的基督徒都按照"对《圣经》的现代解释"来行事。基督徒、犹太人中间都存在着"排他性思维"，而穆斯林也是如此。

实际上，对"吉哈德"这一概念有许多不同的理解方式。例如，在突尼斯，第一任总统哈比卜·布尔吉巴（Habib Bourguiba）曾经使用"吉哈德"一词来描述为突尼斯经济发展而努力。苏非主义者（Sufis）则在和"战争"相反的含义上使用这个词，他们号召大家退出这个世界，与个人的低级本能做斗争，追求神圣和灵性的知识。在印度，有的穆斯林在网站上表达了自己的强烈愿望："发动吉哈德来对抗无知、文盲、贫困和疾病，而不是对抗国家。"与西方普遍的理解不同，"吉哈德"并不是指"战争"，更不是"圣战"，而是"奋斗""努力"。在法律—宗教语言中，这意味着在真主的事业中发挥自己的一切能力。为了自卫，"吉哈德"可以是暴力的，但也可以是和平的。许多伊斯兰经学家和政治家都向对立一方发出诘问，让他们自己在《古兰经》或可靠的圣训中找出用"吉哈德"一词来表示"圣战"的例子。事实上，"吉哈德"与西方所称的"正义战争"完全是同义词。"正义战争"承认战争是应受谴责的，但在某些情况下参与战争是有正当缘由的。本·拉登使用了"刀剑"经文（9∶5）为自己的行为辩护，并借此发动跨国袭击，号称要实现真理和正义。但这节经文是极端分子可以真正用来为自己辩护的唯一一句经文。

在《古兰经》中，我们可以找到35个与"吉哈德"相关的单词，但是只在四节经文中，"吉哈德"的衍生词有明显的战争含义，或者可以在上下文中解释为有明显的战争含义。与此形成对比的是，有11节经文明显是在和平的意义上使用这个词。在20节经文中，用这两种意义来解释都说得通。而且，激进分子经常使用某些经文来证明，他们袭击非穆斯林并建立哈里发国家（Caliphate）是正当的。但是这些经文总是被断章取义，特别是第2章194节，这节经文说信士（穆斯林）必须报复侵犯者，但在战斗中他们要避免犯下暴行，比如杀死非战斗人员。其中从未提到过"要么皈依伊斯兰，要么去死"。

二、"吉哈德"的来源

我们可以认为,有五位主要思想家在不同层面上影响了当代激进伊斯兰主义者。这些激进分子从中世纪伊斯兰思想家的著作中获取了教义资源,比如伊本·泰米亚(Ibn Taimiyah, 1268—1328),此外还有18世纪的穆罕默德·伊本·阿卜杜勒-瓦哈卜(Muhammad Ibn Abd al-Wahhab)和20世纪的阿布杜尔·阿拉·毛杜迪(Sayyid Abul A'la Mawdudi, 1903—1979)、哈桑·班纳(Hassan al-Banna, 1906—1949)、赛义德·库特布(Sayyid Qutb, 1906—1966)。我们必须要了解今日的伊斯兰世界,才能理清这些思想家的一些概念,以便揭示伊斯兰激进分子是如何滥用伊斯兰传统的,并且将世界上绝大多数穆斯林与这些激进分子区分开来,因为在这些近代出现的激进分子之中,大部分人完全不知道伊斯兰教真正的教义和实践是什么。

基地组织和所谓的"伊斯兰国"及其众多外围组织都在援引这些思想家,为他们的政策和罪行辩护,在大部分情况下,他们都是在歪曲这些思想家的著作和思想。比如伊本·泰米亚,他出身于伊斯兰教最保守的教法学派罕百里学派(Hanbali),这一学派认为"吉哈德"仅仅是在自卫状态下的穆斯林的义务。他的思想是有其历史背景的:公元1258年,中东的阿拔斯王朝(Abbasside Caliphate)被蒙古人击败,首都巴格达——当时代表了伊斯兰世界最为璀璨的光明——被征服并摧毁了。这一重大事件在全世界造成了非常深远的变革。伊本·泰米亚出了法特瓦(fatwa),呼吁对入侵者发动"吉哈德"。但他也是一位非常保守的思想家,他总是在他的著作中谴责反抗伊斯兰统治者的人,并且写道:"若有人攻击你,你就要在真主的道路上攻击他,但不要侵略,真主不喜欢侵略者。"一般来说,在他的作品中,"吉哈德"的概念指的是正义战争,只有在穆斯林的安全受到威胁时,才能发动这样的战争。即使是瓦哈比教派所推崇的穆罕默德·伊本·阿卜杜勒·瓦哈卜——他的教派在今天被视为最保守、最原教旨的教派——在其著作中也一直强调教育和对话的重要性,而不是用刀剑来强迫别人皈依。对他来说,"吉哈德"是防御性的。他并没有美化殉教。他明确强调,救护人的生命应当是统领性的原则,而刻意寻求殉教应当被谴责。问题是,在他去世后,他的追随者完全背离了这些教义。瓦哈比教派的教徒从1802年开始便大肆屠杀什叶派,1805年又一次屠杀了什叶派的男人、妇女和儿童,并决定谴责圣人崇拜。他们于1806年摧毁了麦加,除掉了伟大的伊斯兰学者拱北上的所有饰物,就连先知穆罕默德本人的陵墓也难逃一劫。

奥萨马·本·拉登为了证明其行为是正当的,也号召发动一场防御性的"吉哈德"。他认为西方正在全世界范围内侵犯穆斯林,因此需要发动这样的"吉哈德"。他利用苏联军队入侵阿富汗、2003年美英两国入侵伊拉克、利比亚战争、对以色列攻击巴勒斯坦人的无条件支持作为借口,来为其立场辩护。但是,伊斯兰世界的大多数乌理玛(Ulema)援引了伊本·泰米亚的思想,认为决定宗教之间关系的应当是共识,而不是强制。伊本·泰米亚并没有把什叶派和其他伊斯兰教法学派视为不信道的人。《古兰经》(5:32)也明确指出,在最后的审判中,那些不公正地伤害别人的人将受到严厉的审判。这意味着,除非穆斯林确实受到了侵犯,否则对非穆斯林使用暴力就是不合法的。

自封哈里发的艾布·伯克尔·巴格达迪(Abu Bakr al-Baghdadi)总是宣称自己走在这些思想家的道路上,但他显然没有仔细阅读伊本·塔米耶的著作。伊本·塔米耶明确地指出,《古兰经》和圣行(Sunnah,逊奈)中没有任何证据来支持传统的哈里发理论或什叶派伊玛目制度的神圣理论。

在伊斯兰激进主义运动中,最有影响力的伊斯兰思想家当属印度的阿布杜尔·阿拉·毛杜迪。对他来说,"吉哈德"必然是一场全世界范围内的革命,因为伊斯兰教没有边界。除了他的思想体系之外,不应存在其他任何思想体系。他的主张遭到了大多数伊斯兰教经学家和历史学家的猛烈批评,但他现在对某些极端组织仍然非常有影响力。埃及的哈桑·班纳是穆斯林兄弟会的创始人。和毛杜迪相比,他对推翻非伊斯兰政权并不是那么热衷。哈桑·班纳推崇的是萨拉菲(Salafi)运动,这一运动致力于追根溯源,使伊斯兰教恢复到虔信先祖之纯粹的初始信仰。他认为良善的基本原则是灵魂纯洁、心地纯洁、工作、禁欲、爱真主,以及追求美好。起初,他主张通过对话解决冲突,并且反对宗教战争。他认为"吉哈德"对于穆斯林来说是永恒的义务,在"通向真主的道路"上,殉教是最高的美德。赛义德·库特布是20世纪最具影响力的伊斯兰思想家之一。在加麦尔·阿卜杜勒·纳赛尔(Gamal Abdel Nasser)执政时期(1954—1964),他度过了11年的监禁生活,而这对他的思想起到了决定性的影响。最开始的时候,他所讨论、描述的是人类的基本权利和永久权利,其中不存在宗教之间的差异。但是,随着他受到迫害,他的思想改变了。他把"吉哈德"解释为反对不公、反对压迫、反对缺少信仰的革命斗争。简而言之，他反对的是所谓"蒙昧时代"（Jahiliyah）。对他来说，每一片不在伊斯兰教法治下的土地都是"战争之地"（Dar al-Harb，不信者之境），所有与他的意识形态相矛盾的政府都应该被消灭。他的思想系统显然既不是多元化的，也不是宽容的。

和哈桑·班纳、毛杜迪一样，库特布认为西方在历史上就是伊斯兰教和穆斯林的敌人。十字军东征、欧洲殖民主义和冷战便是证据。显然，殖民主义刺激了穆斯林发起自卫战争，并引发了几次大规模的冲突。例如，19世纪在非洲发生了苏丹马赫迪"吉哈德"运动，同一时期在印度也发生了反抗英国的"吉哈德"运动，18世纪下半叶在中亚发生了屠杀汉人的阿古柏叛乱，1882年埃及再次反抗英国人，1912年利比亚反抗意大利人等。但使"吉哈德"能够动员起来的终极因素，显然是苏联军队对阿富汗的入侵。成千上万的伊斯兰武装分子与阿富汗人一同作战，在很多年间都受到了瓦哈比主义讲经人的影响。这塑造了他们的萨拉菲—吉哈德身份，在阿富汗战争结束后，他们将极端思想带回了自己的国家。这些武装分子日后流向中东地区，并深深地改变了巴勒斯坦局势。起初，巴勒斯坦人发动的是民族主义斗争，他们联合盟友反对以色列，寻求获得属于自己的领土。如今，它却变成了伊斯兰激进主义、吉哈德主义的国际性斗争，他们敌视非穆斯林和什叶派，因为什叶派也被视为非穆斯林。实际上，这种吉哈德主义乃是诞生在阿拉伯民族主义的废墟之上。1967年6月的六日战争以阿拉伯人失败、以色列胜利告终，这时阿拉伯民族主义就已经宣告死亡了。

但我们现在需要强调的是，绝大多数穆斯林经学家和领导人明确谴责所谓"伊斯兰国"等组织的意识形态和行为，指责那自称"哈里发"的人全然背离了真正的宗教。他们明确表示，这一组织的行为不代表伊斯兰教的教义和美德。2014年，126名伊玛目和经学家写了一封致巴格达迪的公开信，告诉他："你错误地将伊斯兰教解释为暴力、残忍、酷刑和谋杀的宗教……这是对伊斯兰教、对穆斯林、对整个世界犯下的重大罪孽和恶行。"

三、结　论

如果我们认真仔细地研究伊斯兰教思想一直到今天的历史，那么我们就可以理解，现在的伊斯兰极端主义运动只会将宗教工具化，而这与宗教教义相去甚远。有些人不被社会所认可，于是他们想要报复。而在索马里、尼日利亚等国，人们抗议的是腐败、不公和压迫。有的时候，比如那自称"哈里发"的人，他所关心的是一己之私利，他所表现出来的是对权力和名望的贪恋。加入极端组织的很多人都心怀极大不满，这是因为在他们的国家，民众贫困不堪，而高层领导人非常腐败，并不关心经济和社会发展。他们真的相信这些组织可以带来更多的正义，并建立一个理想的国家。但成千上万的人最终离开了所谓的"伊斯兰国"和基地组织，因为他们意识到自己的梦想是幼稚的，在这些地方掌权的人并不是虔诚的，他们甚至没有接受过宗教教育。他们只是想要掌控和滥用权力，来为自己谋求利益。

这种情况以及世界上几乎所有地区都在发生的恐怖主义活动，使人们对世界各地的穆斯林群体都产生了不满。这造成了彼此误解，导致了紧张局势，引发了暴力袭击，而暴力袭击正是激进分子的一个主要目的。如果在非伊斯兰国家采取防范穆斯林的安保措施，对穆斯林进行报复，严格控制穆斯林的活动，这只会让更多的人站到他们一边，形成"袭击—弹压—更频繁的袭击"的恶性循环。现在，"吉哈德"已经成了恐怖的代名词。但显而易见的是，一方面，我们有必要毫不妥协地对抗恐怖分子及其组织，另一方面，与真正的穆斯林进行对话也是必不可少的，尤其是当他们感觉受到压迫或不安的时候。我们必须一起解决这些问题，而不是妖魔化伊斯兰教和穆斯林。

（魏柳南　法国汉学家；
译者：柳博赟　北京语言大学副教授）

·张西平专栏·

中西文化交流与汉字在西方早期的传播初探

张西平

摘　要：汉字在西方传播的历史是研究西方汉学史的基础性问题，长期以来对这个问题缺乏系统性研究。本文立足中西文化交流史的历史展开，梳理了清中期以前汉字西传的历史过程，揭示出汉字西传的结果与西方汉学兴起之间的关系。

关键词：汉字　西方汉学　中西文化交流史

在中国文化西传的过程，汉字的西传是一个重要的方面。西方人的汉语学习和研究也首先从认识汉字开始，而后逐步进入对汉语语法的研究。大航海后，[①] 西方人对汉字的认识是在中西文化交流史的大背景下所发生的一种文化相遇。对西方人这一认识过程我们应放在中西文化交流史这个大背景下考虑。东亚汉字文化圈由来已久，葡萄牙人越过印度洋来到澳门，西班牙人跨越太平洋后首先到菲律宾，尽管只是后来才进入中国，但西人已经进入汉字文化圈，西班牙人开始在菲律宾刻印中文书籍，耶稣会则首先进入日本。这

---

① 在大航海以前蒙元时期来到中国的马可波罗和方济各会的传教士懂中国文字也有过简略的报道。意大利人柏朗·嘉宾到达蒙古大汗均都城哈喇和林，居住4个月后启程返欧，著《蒙古史录》介绍契丹（Kathay）第9章有一句，谓契丹国有一部（指南宋）"自有文字"；1253年，法国国王圣路易派教士卢白鲁克出使蒙古，其中《纪行书》中亦有一章提及中国文字及书写方法："其人写字用毛刷（即毛笔），犹之吾国画工所用之刷也。每一字合数字而成全字。"《马可波罗行纪》第2卷第28章一笔带过说："蛮子省（Manji，指中国南部）流行一种普遍通用的语言，一种统一的书法。但是在不同地区，仍然有自己不同的方言。"参阅张星烺《中西交通史料汇编》（第一册）第186—189页，中华书局，1977年；参阅［法］伯希和撰，冯承钧译《蒙古与教廷》；冯承钧译《马可波罗行纪》，上海书店，2001年。

样我们对西人的汉字认识历史进行考察时应将眼光扩展到整个东亚。"相对封闭而单一的传统研究模式不足以获得对于历史的完整认识与理解。……决不能自囿于国境线以内的有限范围，而应当置于远东、亚洲乃至整个世界的大背景下加以考察并相互印证。"①

笔者认为，汉字西传经历了三个阶段，第一个阶段是对汉字的描述阶段。最早来到东亚的传教士们见到汉字，开始在书信中向欧洲介绍和描述汉字，从而为今后在欧洲呈现汉字字形打下基础；第二个阶段是汉字的呈现阶段，在欧洲介绍东方的书籍中开始出现汉字，由简到繁，由少到多，从而使欧洲人在书本中看到真正的汉字，为其后来的研究汉字打下了基础；第三个阶段是对汉字的研究阶段，在欧洲开始有了较为系统的研究汉字的文章和著作。

本文以17世纪汉字西传历史为线索，对这一时期西方对汉字的研究暂时不做展开，笔者将另撰论文研究，本文的中心是要历史地再现出汉字在17世纪欧洲的出版物中是如何呈现的。只有摸清这段历史，才可以为今后的进一步研究打下基础。目前学术界对此也有一定的研究，但大多不系统，疏漏较多，本文试图做一次系统的梳理。

一、欧洲人早期对汉字的描述

欧洲人对汉字的认识是从对日语的认识开始的，因为耶稣会首先进入了日本，自然开始知道了日语，并由此接触到了汉字。最早在信件中向欧洲介绍汉字的应是首先来到东方的耶稣会士沙勿略（St. Francois Xavier，1506—1552）。1548年，他在科钦写给罗马一位耶稣会士的信中，简要提到了自己从葡萄牙商人那里听到的关于日本僧侣使用汉字，中日之间用汉字进行笔会的情况。同时，他也从果阿神学院院长那里得知了一个皈依天主教的日本武士所介绍的日本汉字的情况，进一步知道了汉字在东亚的使用类似于拉丁语在欧洲的使用。1549年沙勿略在科钦写给会祖罗耀拉（Ignaciode Loyola），介绍了他和这位日本武士谈话后所了解的汉字特点。他写道："（他们的文字）与我们的文字不大相同，是从上往下写的。我曾问保罗（日本武士弥次郎——译者注），为什么不与我们一样，从左往右写？他反问道（你们）为什么不像

---

① 戚印平《远东耶稣会史研究》第8页，中华书局，2007年。

我们那样写字呢?人的头在上,脚在下,所以书写时必须从上向下写。关于日本岛和日本人的习惯,送给你的报告书是值得信赖的保罗告诉我的。据保罗说,日本的书籍很难理解。我想这与我们理解拉丁文颇为困难是相同的。"①

1549年,沙勿略进入日本后,对日本的语言和汉字有了直接的感受,1552年1月29日,在给罗耀拉的信中再次介绍了日本汉字的特点,日本汉字与中国汉字之间的关系。他说:"日本人认识中国文字,汉字在日本的大学中被教授。而且认识汉字的僧侣被作为学者而受到人们的尊敬。……日本坂东有一所很大的大学,大批僧侣为学习某种宗教而去那里。如前所述,这些宗派来自中国,那些书籍都是用中国文字写成的。日本的文字与中国文字有很大的差别,所以(日本人必须重新学习)。""值得注意的是,中国人与日本人的口头语言有很大不同,所以说话不能相通。认识中国文字的日本人可以理解中国人的书面文字,但不能说。……中国汉字有许多种类,每一个字意为一个事物。所以,日本人学习汉字时,在写完中国文字后,还要添补这个词语的意思。"②

和沙勿略一样,随后前来日本的耶稣会士们在掌握日本语言上仍存在困难。胡安·费尔南德斯(Juan Femandez)曾是沙勿略的一个同伴,沙勿略认为他在讲日语和理解日语方面是"我们中最好的"。在学习中,他对日语有了一定的理解,知道了中国文字在日本是有学问人的书写语言,也知道了日语对汉字做了适应性的改革,以汉字草书体表示一般性的音节文字,这被称为平假名。在此之后,他找到了对语言问题的解决方案。例如,加戈知道了汉字经常传达不止单一的含义③。

沙勿略和他的同事们虽然最终没能进入中国大陆,但他们在日本通过对日语的学习开始接触到汉字,并对汉字已经有了初步的认识。这表现在:(1)汉字不是拼音文字;(2)汉字书写时是从上向下;(3)汉字是表意文字,一个字代表一个事物;(4)汉字是中国和日本之间的通用语言,书写相

---

① 《沙勿略全书简》第353—354页,转引自戚印平《远东耶稣会史研究》第170页,关于沙勿略和弥次郎的研究参见[美]唐纳德·F·拉赫著,周云龙等译《欧洲形成中的亚洲》第一卷,《发现的世纪》(第二册)第200—204页,人民出版社,2013年。

② 《沙勿略全书简》第555页,转引自戚印平《远东耶稣会史研究》第134—135,173页。

③ 《欧洲形成中的亚洲》第一卷,《发现的世纪》(第二册)第219页。

同,发音相迥。①

另有一些来到中国附近的国家并短期进入中国的传教士或者商人,他们也描述了自己所知道的汉字。1548 年,一篇写于果阿的佚名手稿《中国报道》(Informaçâo da China Anónimo)发表,尽管这篇手稿的作者存在争议②,但手稿中涉及中国教育制度的框架和内容,涉及中国文字的类型,涉及中国印刷术等,它被认为是西方最早描述和认识汉字的重要文献之一。在谈到中国的教育制度时他说:"关于您问在中国的土地上有否教读书和写字的学校,有否像我们国家里那样的法律学校、医务学校或其他艺术学校,我的中国情报员说,在中国的许多城市都开办有学校,统治者们在那里学习国家的各种法律。"谈到中国文字时他说:"他们使用的文字是摩尔文,他说他去过暹罗,他把这些人的文字带到那里去,居住在暹罗的摩尔人都会读。"③ 把中文说成摩尔文字,这显然是分不清中国文化和其他文化之区别。

来过中国的葡萄牙多明我修士加斯帕·达·克路士(Gaspar da Cruz)于 1569 年出版了《中国志》(Tracdo em que scecōtam muito por estao as causas da China),这是 16 世纪欧洲人所能看到的关于中国的全面报道和观察。他在书中介绍和描述了中国的语言和文字特点,他说:"中国人的书写没有字母,他

---

① 关于天主教在日本的研究,参阅 John W. Witek, S. J., *Japan and China in ComparisonJ 1543-1644. Rejlections on a Signfcant Theme*; Ignatia Kataoka Rumiko, *The Adaptation of the Christian Liturgy and Sacraments to Japanese Culture during the Christian Era in Japan*, M. Antoni J. Üçerler, S. J., (edited) *Christianity and cultures*: *Japan & China in comparison*, 1543-1644, Institutum historicum Societatis Iesu, 2009.

② 葡萄牙汉学家洛瑞罗在编辑这篇文献时认为,"《中国报道》这篇无名氏作品写于 1548 年,尽管并没有太大的根据,但人们一般认为它的作者是圣方济各·沙勿略神父(Francisco Xavier, 1506—1552)。……如果您细心阅读这篇记叙文章便不难发现,作者的整个写作过程都是相当精心的。首先,沙勿略亲手交给他的一位与其有着密切关系的商人绅士的那份原始调查表,可能就是他本人亲自起草的。紧接着,这位商人绅士便一方面利用他本人在远东的生活经历,另一方面又依靠一位中国情报员(肯定也是他的一位贸易伙伴)的帮助,竭力地去为沙勿略教士提出的各种问题寻求答案。他努力的结果,即我们今天所看到的这篇《中国报道》,很可能就是他交给方济各·沙勿略神父的。……著名历史学家热奥格·舒哈梅尔(Georg Schurhammer)认为这篇作品是阿丰索·更蒂尔(Afonso Gentil)撰写的;这是一位有着丰富的东方经历的葡萄牙绅士,他起初在马六甲(Malaca)和马鲁古(Molucas)群岛担任过官职,然后在 1529—1533 年间足迹遍布中国的南海,从事商业贸易活动。"澳门文化司编《十六和十七世纪伊比利亚文学视野里的中国景观》第 28—29 页,大象出版社,2003 年。

③ 澳门文化司编《十六和十七世纪伊比利亚文学视野里的中国景观》第 30、34 页。

们写的都是字，用字组成词，因此他们有大量的字，以一个字表示一件事物，以致只用一个字表示'天'，另一个表示'地'，另一个表示'人'，以此类推。"在谈到汉字在东亚的作用时，他说，汉字在东亚被广泛使用，"他们的文字跟中国的一样，语言各异，他们互通文字，但彼此不懂对方的话。不要认为我在骗人，中国因语言有多种，以致很多人彼此不懂对方的话，但确认得对方的文字，日本岛的居民也一样，他们认识文字，语言则不同"①。

与明军联合剿匪而从菲律宾进入中国的奥古斯丁会修士马丁·德·拉达（Mardin de Rada）在 1575 年访问福建后写下了《记大明的中国事情》（*Relación de las cosas de China que proprianente Se Ilama Taybin*），他在书中说："谈到他们的纸，他们说那是用茎的内芯制成。它很薄，你不易在上面书写，因为墨要浸透。他们把墨制成小条出售，用水润湿后拿去写字。他们用小毛刷当笔用。就已知的说他们文字是最不开化的和最难的，因为那是字体而不是文字。每个词或每件事物都有不同字体，一个人哪怕识得一万个字，仍不能什么都读懂。所以谁识得最多，谁就是他们当中最聪明的人。我们得到各种出版的学术书籍，既有占星学也有天文学的，还有相术、手相术、算学、法律、医学、剑术，各种游戏，以及谈论他们的神的。""各省有不同方言，但都很相似——犹如葡萄牙的方言，瓦伦西亚语（Valencia）和卡斯特勒语（Castile）彼此相似。中国文书有这样一个特点，因所用不是文字而是字体，所以用中国各种方言都能阅读同一份文件，尽管我看到用官话和用福建话写的文件有所不同。不管怎样，用这两种话都能读一种文体和另一种文体。"②

从以上介绍可以看到，此时无论是东来的传教士还是商人、在日本传教的耶稣会士还是从福建进入中国的多明我会士，他们或者通过日语，或者通过与中国人接触了解中国。他们对汉字和汉语的认识还处在朦胧时期，有了初步的认识，知道了汉字不是拼音文字，知道了汉字在整个东亚是通用文字，有着像欧洲的拉丁语一样的功能。但同时又隔雾看花，对汉字有些很奇怪的

---

① 参阅 Boxer, *South China in the Sixteenth Century*, Bangkok：Orchid Press, 2004；克路士《中国志》，载博克舍编，何高济译《十六世纪中国南部行纪》第 111—112、第 51 页，中华书局，1990 年。

② 参阅 Boxer, *South China in the Sixteenth Century*, Bangkok：Orchid Press 2004。拉达《记大明中国事情》，载博克舍编，何高济译《十六世纪中国南部行纪》第 211、212 页。

评论,认为汉字和伊斯兰的文字一样,发音和日耳曼人的方言一样。① 认识一种语言就是认识一种文化,欧洲早期对汉字的这些认识和描述正是中西初识的一个自然结果。

二、汉字在欧洲的书籍最早的呈现

16世纪欧洲已经看到数量不少的中国古籍,拉达返回欧洲时带了数量可观的汉籍。门多萨在《中华帝国史》中第17章列出了这些古籍的类别,范围之广令人吃惊。② 尽管也有个别的欧洲文化人在罗马看到了这批书籍,但没有

---

① 葡萄牙人费尔南·洛佩斯·德·卡斯塔内达1553年在他的《葡萄牙人发现和征服印度史》中说:"中国人有独特的语言,而发音像德语。无论是男还是女都那么纯洁和神态自若。他们中间有诸熟各种学科的文人,都在出版许多好书的公立学校念过书。这些中国人无论在文科方面还是在机械方面都具有独到的聪明才智,在那里不乏制造各种手工杰作的能工巧匠。"博克舍编,何高济译《十六世纪中国南部行纪》第45页。

② 门多萨说:"他们带回来的书籍数量很大,这是我们在前面已经指出了的,涉及各个领域,这(从下面列出的单子中)可以看出。1)描写整个中华帝国,其十五个省份各自的位置;每个省份的长度与宽度;与其接壤的各个王国。2)皇帝收到的赋贡与岁入,皇宫内的秩序,皇帝发给的日常俸禄;皇室所有各官员的姓名,每个官员的职权范围。3)每个省份的纳贡者,[附有]免纳贡者的人数;缴纳贡税的季节与次序。4)各种造船的方法,航行的指引,并有各港口的纬度以及每个港口的质量。5)中华帝国的年代与久远程度,世界的开始,由何人于何时开始。6)该帝国的历代帝皇及其如何继承,如何统治,及每一帝皇的生活与习惯。7)他们对其奉为神明的偶像如何献祭,各偶像的名字及其起源,以及应献祭的时节。8)他们对灵魂不灭、对天堂与地狱的看法,他们如何埋葬死者以及举行葬礼的方式,每人按其同死者的亲属关系而应戴的孝。9)该帝国的法律,其制订的时代与制订的人,违反法律时应施加的惩罚,以及同治国有关的许多其他事项。10)许多草药书,以及草药如何使用以治愈疾病。11)其他许多由该帝国古代与现代作者编著的医药书,并有病人为了治愈疾病或防止疾病而应遵守的规则。12)关于各种石与金属以及本身有某种用处的自然物的性质,以及关于珍珠、黄金、白银及其他金属如何应用于人类生活,其各种用途的相互比较。13)关于各层天穹运动及天穹数目,关于行星与恒星以及关于它们的作用与特殊影响。14)关于已知的所有各个王国与民族以及它们各自知的特殊事物。15)关于他们奉为圣人的人物的生平,这些人的生平是在何处度过的,在何处去世,葬于何处。16)关于如何下棋,关于如何变戏法与演木偶戏。17)关于音乐与歌唱,并有作者名字。18)关于数学与算账以及关于如何精通数学与算账的规则。19)关于胎儿在母腹中造成的影响,以及每个月胎儿的情况,如何保胎,胎儿出生时辰的好坏。20)关于建筑以及各种制作工艺;一座建筑物要比例匀称应有的宽度与长度。21)土壤好坏的性质,辨别好坏的标志;以及在每种土壤上应种植的作物。22)关于自然占星学与审案占星学,以及其学习规则;以及如何算卦预卜未来。23)关于手相术与面相术及其他算命术,以及各种的意义。24)关于信札的用语及对每个人依其地位与身份的高低而应该采用的称呼。25)关于如何养马以及如何训练马奔跑与行走。26)关于出门远行或要开始做件吉凶未卜的事时如何圆梦以及如何求签。27)关于帝国一切人等应穿着的衣饰,从皇帝及执政者的徽号起。28)如何制造武器及战斗用具,以及如何组成兵团。"

能认识书中的汉字，读懂这些书。汉字第一次出现在欧洲的印刷出版物中是在日本传教的耶稣会士巴尔塔萨·加戈（Balthasar Gago，1515—1583）神父1555年9月23日从平户［Firando (Hirado)］所写的一封信，信中有六个中、日文字的样本（图3）。在此之前沙勿略也向欧洲寄去了入教的弥次郎书写的样本，拉赫认为沙勿略这些信"在欧洲16世纪50至60年代的四个耶稣会书信集出版，但缺少字符。"① 而加戈神父的这封信在欧洲出版，因此成为"在欧洲获得出版的第一批中文和日文书写样字"②（图1）。加戈1555年的信，1565年第一次刊印在科英布布拉的《信札复本》（Copia de las Cartas）中（图2），并在几个其他后来的文集中被刊印。③ 耶稣会在欧洲出版介绍日本的书籍

图1　　　　　　　图2

---

① 《欧洲形成中的亚洲》第一卷，《发现的世纪》（第二册）第280页，人民出版社，2013年。

② 《欧洲形成中的亚洲》第一卷，《发现的世纪》（第二册）第220页。这两组字也出现在16世纪其他文集中。进一步的资料见：O. Nachod, "Die ersten Kenntnisse chincsischer Schriftzeichen im Abendlande", *Asia Major*, I (1923), 235-273。

③ 上面这些页面出自于《来自日本和中国的信札》，埃武拉，1598年。

中西文化交流与汉字在西方早期的传播初探

中会有对日文的介绍，涉及汉字，这样的书籍还有一些。①

在欧洲出版的关于中国的第一本书是上面提到的克路士的《中国志》，第二本是贝尔纳尔迪诺·德·埃斯卡兰特（Bernardino de Escalante）的《葡萄牙人到东方各王国及省份远航记及有关中华帝国的消息》（*Discurso de la navegacion que los Portugueses hazen à los Reinos y Provincias del Oriente, y de la notica q se tiene de las grandezas del Reino de la China*）。关于埃斯卡兰特，金国平对他的身世做了介绍，关于他的这本书的价值，拉赫还是给予了肯定，认为他并非是简单抄袭克路士的书，而是他在里斯本时见到了不少从中国和东方返航回来的人，而且他看到了在那里的中国人，这样他结合巴罗斯的书和克路士的书，结合其他材料写成了这本书。如拉赫所说："埃斯卡兰特的书有时被认为仅仅是对克路士著作的改述，因而不被重视。事实并非如此，对于埃斯卡兰特来说，虽然他承认得益于克路士，但他特别表示了对巴罗斯的感激。总之，埃斯卡兰特总共十六章的著作遵循着巴罗斯的编排结构模式。此外他还指出了克路士和巴罗斯对中国人'在他们学校除了王国的法律外'是否讲授科学的叙述上存在的矛盾。就这个争议点，埃斯卡兰特选择了遵循巴罗斯的说法，不仅如此，克路士仅仅列举中国的十三省，而埃斯卡兰特列出的是十五省，且他的省名音译几乎与巴罗斯所列举的那些名字一致。埃斯卡兰特证实他亲眼见过一个中国人写字，他的书包括了一组三个扑样字，这几个字被门多萨和制图师路易·乔治·德·巴尔布达（Luis Jorgede Barbuda）复制。埃斯卡兰特也使用了其他资料，比如说他能搞到手的官方报告。埃斯卡兰特的西班牙语著述远非对克路士的单纯改述，他的研究仍是一个欧洲人综合分析了所有可利用的关于中国的资料，并以叙述形式呈现它们的第一个成果。"②

本文所关心的是书中出现的三个汉字和他对汉字的介绍。在书中的第十一章：关于中国人的文字及其一般学习中，他说："中国人是没有一定数目的字母的，因为他们所写的全是象形（文字）'天'读成 guant（Vontai），由一个字形表示，即'穹'（图3①），'国王'读成 hontai，字形（图3②）。地、海及其他事物与名称亦是如此，使用了五千个以上的方块字，十分方便自如

---

① Ernest Mason Satow, *The Jesuit Mission Press in Japan* 1591-1610, Privately Printed, 1888.
② 《欧洲形成中的亚洲》第一卷，《发现的世纪》（第二册）第306页。

地表达了这些事物。我曾请一位中国人写一些字，就看到他写得十分挥洒自如。(他)对我说，他们使用的数字，理解起来毫无困难，他们任何一个数目或加或减，都同我们一样方便。他们写字是自上至下，十分整齐，但左右方向同我们相反。他们印的(书)也是采取这个顺序，他们早在欧洲人之前很多年就使用印刷的书了。他们那些讲述历史的书，有两本现仍存在葡萄牙至静王后迦大琳的藏书之中。更使人惊奇的是：在多数省份，都各自操不同的方言，互相听不懂，犹如巴斯克人同巴伦西亚人语言不通一样，但大家可以通过文字沟通，因为同一个方块字，对所有人来说都表示同一事物即使各说各的，大家都理解这是同一件东西。如果大家看到表示'城市'的'城'(图3③)这个符号，虽然有人读成 ieombi (ieomsi 城市)有人读成 fu (府)但大家都明白这指的是'城市'。所有其他名称也都是这样。日本人和 Léuios 人，以及交趾支那人，也是通过文字同他们沟通的，但他们嘴上讲的却互相听不懂。"①

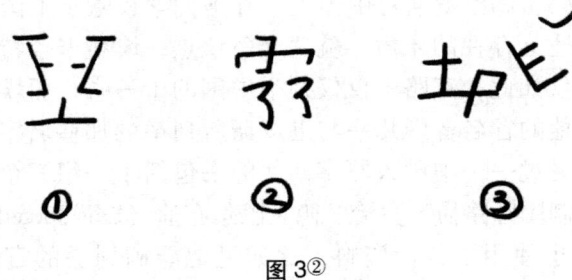

图3②

这里需要讨论的有两个问题，第一，这里公布的汉字是否是欧洲历史上第一次在出版物中公布的汉字，这是一个历史事实问题；第二个是他对汉字的论述的特点。

---

① 澳门文化司编《十六和十七世纪伊比利亚文学视野里的中国景观》第111页，大象出版社，2003年。

② 本图是根据埃斯卡兰特书中的所记录的汉字所绘。

中西文化交流与汉字在西方早期的传播初探

一些学者认为埃斯卡兰特这本书是"西方汉字印刷之始"①，葡萄牙著名的澳门历史学家洛瑞罗（Ruin Manuel Loureiro）认为："欧洲最早印刷的汉字，出现在1570年耶稣会士在科英布拉出版的书信集中。因此埃斯卡兰特所描述的方块字，已经是第二次了。"② 显然，这是两种意见。一些学者认为1570年耶稣会书信集中出现的是日语，这样他自然认为埃斯卡兰特所描的方块字应是"西方汉字印刷之始"。但上面我们所举出的实例说明加戈神父1555年9月23日的信中已经出现了中、日文字的样本，1565年第一次刊印在科英布拉的《信札复本》中已经在出版物中出现了六个日语字。这六个字自然是日语不是汉语，但由于这六个字是由六个汉字和平假名共同构成，无论在日语中还是在汉语中这六个汉字都称为汉字，只是在日语中发音和汉语完全不同了。从汉字在西方印刷物中的出现来说，第一次出现应该是上面提到的1565年的在科英布拉的《信札复本》，而不是埃斯卡兰特的这本书，笔者认为，葡萄牙历史学家洛瑞罗的观点是正确的。

我们再看埃斯卡兰特书中的汉字观。埃斯卡兰特在他的书中对以往的汉字知识加以了总结，他认为：（1）汉字是书写文字，不是拼音文字；（2）汉字书写的方法是自上而下；（3）中文印刷术早于欧洲；（4）在中国书同文，但不同音；（5）汉字是东亚的通用语。他提供的三个字看起来很奇怪，说明欧洲当时无法很好地印刷汉字。

金国平和吴志良认为，guant可能是"皇"的对音，Vontai，可能是"皇天"的对音。③ 1585年，在罗马出版的门多萨《中华帝国史》中也出现了两个汉字，但这是从埃斯卡兰特书抄录下来的两个字，并未提供新的汉字字形。

进入17世纪后，在欧洲出版物中首先出现汉字的书籍是金尼阁（Nicolas Trigault，1577—1629）所翻译的利玛窦的《基督教进入中国史》，这是金尼阁在返回欧洲的旅途中将利玛窦的意大利手稿翻译为拉丁文，并补写了利玛窦去世后的几章。1615年，这本书在欧洲出版后引起了巨大的反响。"除了对

---

① 董海樱《16世纪至19世纪初西人汉语研究》第113页，商务印书馆；金国平、吴志良《西方汉字印刷之始：简论西班牙早期汉学的非学术性质》，载《世界汉学》2005年第3期。

② 澳门文化司编《十六和十七世纪伊比利亚文学视野里的中国景观》第111页注释1，大象出版社，2003年。

③ 金国平、吴志良《西方汉字印刷之始：简论西班牙早期汉学的非学术性质》，载《世界汉学》2005年第1期。

汉学家和中国史的研究者而外,金尼阁的书比较不大为人所知,然而它对欧洲的文学和科学,哲学和宗教等生活方面的影响,可能超过任何其他 17 世纪的历史著述。它把孔夫子介绍给欧洲,把哥白尼和欧几里得介绍给中国。它开启了一个新世界,显示了一个新的民族……"① 《基督教进入中国史》的英文译者在序言中认为,这本书在 1615 年拉丁第一版后,先后又出版了 1616 年版、1617 年版、1623 年版和 1648 年版四种拉丁文本。同时还有三种法文本,先后刊行于 1616 年、1617 年、1618 年;1617 年出了德文本,1621 年同时出版了西班牙文本和意大利文本。② 但笔者发现英文版译者没有注意到 1623 年的拉丁文版(Trigaulr, Niklaas*Regni chinensis descriptio Ex, ariis authoribus Lugd Barav*:Elze \ ier A, IDCXXXIX),这一版的学术意义在于这本书的封面上出现了四个汉字"平沙落雁"(图 4),这是 17 世纪在欧洲出版史上首次出现汉字。

图 4　金尼阁整理的利玛窦书,1623 年

---

① 何高济等译《利玛窦中国札记》,1978 年法文版序言,中华书局,1983 年。
② 《利玛窦中国札记》,1978 年法文版序言。

这样我们看到在17世纪初的十余年中，在欧洲的出版物中只是零星地出现了几个汉字，数量很少，却开启了汉字西传的历史。

三、汉字的西传

如果说17世纪只有几个汉字在欧洲书籍中出现，那么到了17世纪下半叶，汉字开始大规模出现，欧洲人真正认识汉字时代开始了。17世纪下半叶，推动在欧洲出版的书籍中呈现出汉字的最重要人物是阿塔纳修斯·基歇尔（Athanasius Kircher，1602—1680），他是欧洲17世纪著名的学者、耶稣会士。1602年5月2日，基歇尔出生于德国的富尔达（Fulda），1618年（16岁），加入了耶稣会，以后在德国维尔茨堡（Wurzburg）任数学教授和哲学教授。在德国30年的战争中，他迁居到罗马生活。在罗马公学教授数学和荷兰语。他兴趣广泛，知识渊博，仅用拉丁文出版的著作就有40多部。有人说他是"自然科学家、物理学家、天文学家、机械学家、哲学家、建筑学家、数学家、历史学家、地理学家、东方学家、音乐学家、作曲家、诗人"，"被称为最后的一个文艺复兴人物"。[①]

由于他在耶稣会的罗马公学教书，因此和来华耶稣会士有着多重的关系，当时返回欧洲的来华耶稣会士几乎都和他见过面，如曾德昭（Alvaro Semedo，1585—1658）、卜弥格、卫匡国、白乃心等。基歇尔是一个兴趣极为广泛的人，他是欧洲埃及学的奠基人之一，他对埃及古代的象形文字很感兴趣，也是最早展开对埃及古文字研究的欧洲学者，因此，他对中国的象形文字自然也很感兴趣，是17世纪在欧洲出版物中呈现汉字最多的学者，对汉字西传起到了重要的作用。

波兰来华耶稣会士卜弥格被南明永历皇帝任命为中国使臣，前往罗马汇报中国情况，以求得到罗马对南明朝的支持。1650年11月25日，卜弥格作为南明王朝的使臣，带着两名中国助手返回欧洲。卜弥格返回罗马后何时与基歇尔见面，目前找不到文献记载，但基歇尔对卜弥格的到来极为感兴趣，特别是他带来的有关中国文字的材料，1652年，也就是两年后基歇尔在他的《埃及的奥狄浦斯》里公布了卜弥格的一首歌颂孔子的诗歌，两篇介绍自己使

[①] G. J. Rasen Dranz, *Ars dem leben des Jesuite Athanasius leich er 1602-1680*, 1850, Vol. 1, p. 8.

命的短文，同时也公布了卜弥格带回的一些中文字。

在《埃及的奥狄浦斯》中，卜弥格作了一首歌颂孔子的诗（图5）①：

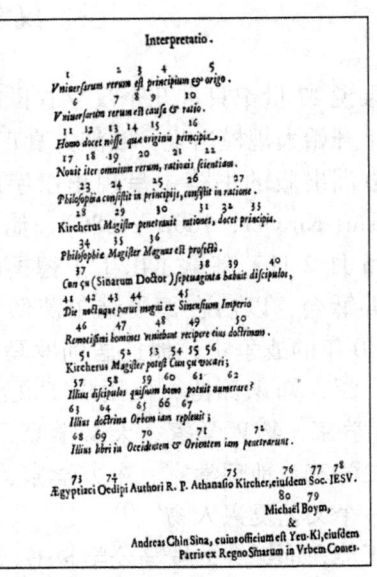

图5 中文—拉丁文对照翻译图片②

在这首诗同一页有卜弥格的一封信：

Ægiptiaci Oedipi Colossus

Ægiptii Regni monumentorum symbolicos characteres, quos tam ex antiquis, quàm modernis, nec unus homo valuit explicare, Agustissimae voluntatis

---

① 我查阅了《埃及的奥狄浦斯》一书，只发现了一首卜弥格歌颂孔子的诗歌，但卡伊丹斯基认为"1652 年，阿塔纳修斯·基歇尔在阿姆斯特丹发表的著作（埃及的奥狄浦斯）中，就收进了他写的 2 篇赞美中国的诗，其中一篇的旁边，还有拉丁文翻译。"见［波］爱德华·卡伊丹斯基著，张振辉译《中国使臣卜弥格》第 122 页，大象出版社。

② 这是这首诗的拉丁文对照翻译，这或许是欧洲第一份拉汉对照辞典，这点在今后的欧洲早期汉语词典研究中专门展开。

obsecutus mandato, receptis beneficiis &liberalissimis impensis, Magister Kichcrus felici ausu aggressus, explicuit, ex planavitque. FERDINANDI Augustissimi Imperatoris magnum nomen futura saecula infitita depraedicabunt. Aegyptiorum Regum fama in rudium impolitorumque lapidum erit Colossis; Symbolicas figuras homines mille annis quas ignorabant, Romana iam Urbs legit, & intelligit. Augustissimi Imperatoris heroica facta universi Orbis populi aeternum in codicibus conservabunt, suspicient, reverebunturque. Augusta Maiestas virtutibus coelum terris univit, referavit beneficiis salutis opera, & rebus est auxiliatus pulcherrimo incremento; conciliavit polos Mundi robore invicto, composuit quatuor maria, stitit furentium bellorum pulverem; Universo pacem restituit; Centum barbaris dedit leges & praecepta; Pietati Liberalitatem, & Clementiam coniuxit Maiestati. Perpendens ego Societatem IESU sub umbra Augustissimae Maiestatis commorari, & connumerari inter popolos qui sequuntur Caesareum currum. die noctuq; sollicitus cum reverentia incendo odores Coelorum Domino, supplicando medullitus, ut Augustissimae Maiestatis personam una cum Imperii Domo in decem millenos annos conservet longaeuam. Quia vero fruimur Augustissimae Maiestatis plurimis beneficiis, & gaudet terra pacis felicitate; ego tenuissimae formicae instar in animi grati significationem, Aegiptios inter explicatos Colossos, erigo Sinica lingua hoc florentissimum monumentum, praeconium perennis felicitatis

E Societate IESV

埃及的俄狄浦斯之柱

没有人能够解释埃及王国古迹上的无论是古代的还是现今的象形文字，由至圣的旨意所派遣，并且由于获得了资助，基歇尔神父大胆地尝试解释和厘清这些文字。世世代代都将称颂至高无上的皇帝费迪南（Ferdinando）尊名。古埃及皇帝的美名蕴藏于破损的和未经加工的石柱中。那些曾不为人理解的图形符号，在古罗马时代已经能够认读和理解。世界各地的人们要将那些至高无上的皇帝们的英雄事迹永远地保存在文献中，瞻仰它们，崇拜它们。崇高的陛下以美德将天和地结合了起来，进行施恩和拯救，帮助不断增加的美好事物；他以不可战胜的力量调和了世界的各极，沟通了四海，止息了愤怒的战争的硝烟；将和平还给了世界；为众多蛮族带来了法规和戒律；将仁爱与崇高结合，让怜悯与宽宏结合。我作为一名耶稣会士，想要留在那些跟随着恺撒战车的人们中间，日夜不息；（我）以不平静的、尊敬的心情为天主燃香，诚心地祈求他保佑至高无上的陛下与帝国万寿无疆。因为我们从陛下那里得到了很多好处，疆土享受着和平的幸福；如同小蚂蚁般的我为了表达我的感激，在这些已经整理好的埃及石柱中间竖起这块光辉的汉语石碑，它传达着永恒幸福的信息。

自耶稣会
卜弥格

基歇尔的这本书是献给费迪南多三世皇帝的，书的首页上有费迪南多三世皇帝画像。卜弥格也附和了他，用中文来表示对费迪南多三世皇帝的敬仰：

厄日多篆开意碑记
厄日多国碑篆字。古今一人无解可者。
圣旨顺意。蒙恩给赐廪饩。吉师幸敢著述也。
福尔提安督皇帝大名。世世称赞不极。厄日
多皇王声顿石在砬。篆字人千年所不通。
罗玛京诏读知意耳。
天子大德。万方万姓生灵存心。钦仰敬沥欸。
朝德合天地。开货生成。物资美利，统极武肃
四海。止沸定尘。六合还平。百蛮取则道。仁
以作施赐谷来威。臣念
耶稣会久霑。
圣化节系荤毂臣民。朝夕虔恭焚香
天主祈恩。
圣穹①并国家万万岁寿。既享
天朝恩。乐土太平之福。臣毕蚁蝼报效
之诚。厄日多篆中建莘玉文丰碑。颂元吉矣。

---

① 穹在这里不同，应是错字，应为"躬"。

耶稣会卜弥格尔

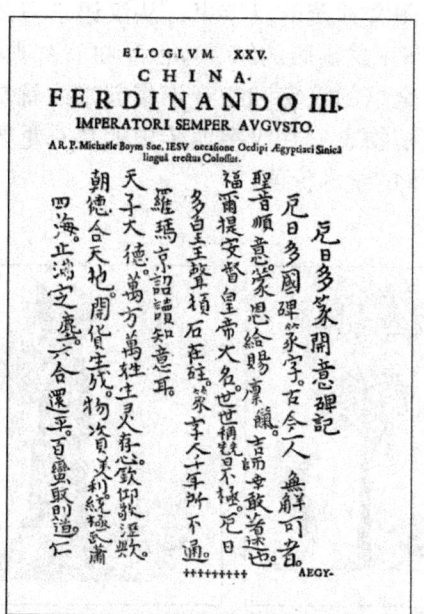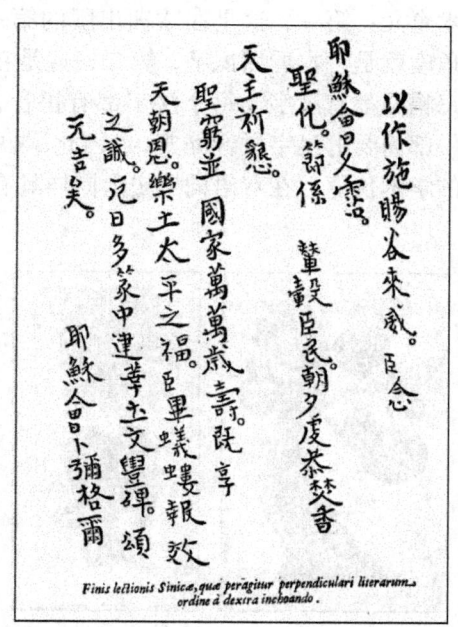

图6 卜弥格用中文表示对费迪南多三世皇帝的敬仰

这两份文献,歌颂孔子的诗歌100字,歌颂费迪南多三世皇帝的短文212个字,一共312个字。这是欧洲出版史上首次公布如此多的字,因此,基歇尔的《埃及的奥狄浦斯》一书在汉字西传历史上是一个重要的转折点。

卜弥格在欧洲公开出版的唯一本书是《中国植物志》,这是卜弥格的重要汉学著作。"这是欧洲发表的第一部关于远东和东南亚大自然的著作。……是欧洲将近一百年来人们所知道的关于中国动植的仅有的一份资料。"① 有学者甚至认为卜弥格使用"植物志"这一概念比林奈(Linné)还要早。以往的

---

① [波]爱德华·卡伊丹斯基著,张振辉译《中国使臣卜弥格》第203页,大象出版社,2001年。

《中国植物志》研究者都忽视了这本书在汉字西传历史的作用。我们首先看一下这本书的图和字。

从下面四幅图我们可以看到卜弥格的《中国植物志》在汉字西传上的学术意义：第一，这是在欧洲出版的第一本图文并茂的汉字书，从汉语学习的角度就是一本看图识字；第二，这是在欧洲正式出版的第一本汉字拼音辞典，每幅图都有汉字，每个汉字都有拼音，将全书的汉字和拼音汇集起来，就是一部简要的汉字拼音辞典。① 因此，《中国植物志》在汉字西传史上具有重要的学术价值，在双语词典史上同样具有重要的学术价值。

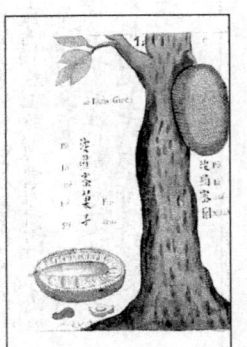

图7 《中国植物志》图片

卜弥格是一个多产作家，他有些作品完成，但一直没有出版，例如他的《中国地图册》，在西方汉学历史上具有重要价值，它是继罗明坚后传教士所绘制的第二幅中国分省地图，每副地图都有用中文标注的地名、物产和绘图。这份地图并未公开出版，深藏在梵蒂冈图书馆中，至今学术界尚未对这幅地图做深入研究，更未有人从汉字西传角度展开研究。② 继卜弥格的《中国植物

---

① 不久笔者将统计出全书的汉字数量，并根据每页提供的资料，将全书的汉字和拼音汇总，那时，这本书的汉字拼音辞典的功能可以更明显体现出来。

② 因本文篇幅所限，无法逐一展示地图，在日后笔者将统计出卜弥格《中国地图册》的全部汉字。

志》以后，在欧洲正式出版物上呈现出汉字的，是卫匡国 1659 年出版的《中国上古史》(Sinicae historiae decas prima res a gentis origine ad Christum natum in extrema Asia, sive Magno Sinarum Imperio gestas complexa)。

1660 年，安特卫普出版了德国历史学家斯皮哲理 (Theophili Spitzelii)《中国文献注释》(De re Literaria Sinensium Commentaries, in qua Scriptur e Partier ac Philosophie Sinica Specimina Exhibentur, et euro Aliarum Gentium, Prxsertim Iegyptiorum' Gracorum, et Indorum Reliquorum Literis qtque Placitis Conferuntur, Lugd)，书中出现了五个汉字。

在 17 世纪汉字西传中影响最大，并对西方汉学发展产生重大影响的是基歇尔 (Athanasius Kircher, 1602—1680) 的《中国图说》(China monumentis qua sacris profanes, nec non variis naturae & artis spectaculis, aliarumque rerum memorabilium argumentis illustrata, 全书名可以翻译为《中国：通过其神圣的、异教的碑刻、自然事物、技艺及其他方面来说明》)。

该书 1667 年初版，1670 年出版了第二版，以后以多种语言再版。由于基歇尔在书中汇集了他所见到的多名来华耶稣会士返回罗马后送给他的各类材料，并且在书中刊出了多幅关于中国的绘画，因此，这本书在西方极受欢迎，成为欧洲人认识中国知识链条上的重要一环。孟德卫说：这本书"17 世纪 60 年代后期和 70 年代，在欧洲人形成中国这个概念过程中最有影响力的著作之一"。[①] 关于这本书，笔者在《欧洲早期汉学史：中西文化交流与西方汉学的兴起》[②] 一书中已经做了初步的介绍，因此不再赘述。这里仅从基歇尔在《中国图说》中对中国语言文字的翻译和介绍做一初步探索。

在这方面，基歇尔有三个重要的贡献：

第一，他首次在《中国图说》中公布了《大秦景教流行中国碑》的中文全文，并做出欧洲第一个汉字与罗马字母读音对照，从而大大推动了欧洲的

[①] [美] 孟德卫著，陈怡译《奇异的国度：耶稣会适应政策及汉学的起源》，大象出版社，2010 年，第 131 页。

[②] 张西平《欧洲早期汉学史：中西文化交流与西方汉学的兴起》第十六章，中华书局，2010 年。Walravens, Hartmut, *China illustrata. Das europäische Chinaverständnis im Spiegel des 16. bis 18. Jahrhunderts* (Ausstel-lungskatalog der Herzog August Bibliothek Nr. 55), Weinheim: Acta Humaniora VCH, 1987. It includes partial transla-tions of Flora Sinensis.

汉语学习与研究。在卜弥格到达罗马之前，虽然卫匡国已经将碑文的拓本带到了罗马，但在出版物中从未公布过碑文的中文全文。正是在卜弥格到罗马后，他将手写的大秦景教碑的碑文给了基歇尔，基歇尔在《中国图说》中全文发表。① 这是当时在欧洲第一次发表这样长的中文文献，所以，法国汉学家雷慕沙说，基歇尔所公布的卜弥格的这个碑文全文"迄今为兹，是为欧洲刊行的最长汉文文字，非深通汉文者不足以辩之"②。这些中文文字对当时欧洲对中文的了解和认识产生了长期的影响。对大秦景教碑碑文的注音和释义是《中国图说》中另一个让当时欧洲人关注的方面，这个工作完全是卜弥格和他的助手陈安德做的。基歇尔在书中也说得很清楚："最后到来的是卜弥格神父，他把这个纪念碑最准确的说明带给我，他纠正了我中文手稿中的所有的错误。在我面前，他对碑文又做了新的、详细而且精确的直译，这得益于他的同伴中国人陈安德（Andre Don Sin）③ 的帮助，陈安德精通他本国的语言。他也在下面的'读者前言'中对整个事情留下一个报道，这个报道恰当地叙述了事件经过和发生的值得注意的每个细节。获得了卜弥格的允许，我认为在这里应把它包括进去，作为永久性的、内容丰富的证明。"④ 卜弥格的做法是将碑文的中文全文从左到右一共分为 29 行，每一行从上到下按字的顺序标出序号，每行中有 45—60 个不等的汉字。碑文共有 1561 个汉字。这样碑文中的中文就全部都有了具体的位置（行数）和具体的编号（在每行中的从上至下的编号）。在完成这些分行和编号以后，卜弥格用三种方法对景教碑文做

---

① 笔者认为这份《大秦景教流行中国碑》的抄写本是卜弥格带到罗马的中国助手陈安德。
② 冯承钧译《西域南海史地考证译丛》（第三卷）第 159 页，商务印书馆，1999 年。
③ 费赖之说，卜弥格前往罗马时"天寿遣其左右二人随行，一人名罗若瑟，一名陈安德。冯承钧先生认为罗若瑟原作 JOSEPHKO，陈安德原作 ANDRESIN, KIN，兹从伯希和考证之名改正，而假定其汉名为罗为沈"。参阅费赖之《在华耶稣会士列传及书目》，上册，中华书局 1995 年版，第 275 页。此处有误，伯希和认为"此信札题卜弥格名，并题华人陈安德与别一华人玛窦（Mathieu）之名。安德吾人识其为弥格之伴侣，玛窦有人误识其为卜弥格之另一同伴罗若瑟。惟若瑟因病未果成行，此玛窦应另属一人。"伯希和认为，在这封信署名时只有卜弥格一个人名，陈安德和玛窦是基歇尔在出版时加上去的人名，他认为 1653 年时陈安德不在罗马，因此，这个碑文不是陈安德所写，而是玛窦，即 Mathieu 所写，此人不是别人，正是白乃心返回欧洲时所带的中国人。（参阅伯希和《卜弥格补正》，载冯承钧译《西域南海史地考证译丛》第三卷，第 203 页。）我认为，伯希和这个结论值得商榷，因为在卜弥格这封信中已经明确指出，碑文的中文是他的助手陈安德所写。
④ Paula Findlen（ed.），*Athanasius Kircher the last Man who knew Every*，Routledge, 2004, p. 6.

了研究。这个问题涉及语音和辞典问题与本文主题关系不大，在此不做展开，笔者将另有专文研究。

  第二，《中国图说》对中国文字的介绍。① 基歇尔的中国语言观仍是 17 世纪的基督教语言观，在这方面他未有任何创造，他在谈到中国的文字时说："我曾说过，在洪水泛滥约三百年后，当时诺亚的后代统治着陆地，把他们的帝国扩展到整个版图。中国文字的第一个发明者是皇帝伏羲，我毫不怀疑伏羲是从诺亚的后代那里学到的。在我的《埃迪帕斯》（Oedipus）第一卷中，我讲到殷商人（Cham）是怎样从埃及到波斯，以及后来怎样在巴克特利亚（Bactria）开发殖民地的。我们知道他和佐罗阿斯（Zoroaster），巴克特利亚人的国王经历相同。巴克特利亚是波斯人最远的王国，同莫卧儿或印度帝国接壤，其位置使得它有机会进行殖民，而中国是世界上最后一个被殖民者占领的地方。与此同时，汉字的基础由殷商人（Cham）的祖先和 Mercury Trismegistos（Nasraimus 之子）奠定了。虽然他们学得不完全，但他们把它们带到了中国。古老的中国文字是最有力的证明，因为它们完全模仿象形文字。第一，中国人根据世界上的事物造字。史书是这样说的，字的形体也充分证明这一看法，同埃及人一样，他们由兽类、鸟类、爬行类、鱼类、草类、树木、绳、线、方位等图画构成文字，而后演变成更简洁的文字系统，并一直用到现在。汉字的数量到如今是如此之多，以至每个有学问的人至少要认识 8 万个字。事实上，一个人知道的字越多，他就被认为更有学问。其实认识一万个字就足以应付日常谈话了。而且，汉字不像其他国家的语言那样按字母排列，它们也不是用字母和音节来拼写的。一个字代表一个音节或发音，每一个字都有它自己的音和意义。因而，人们想表达多少概念，就有多少字。如有人想把《卡莱皮纽姆》（Calepinum）译成他们的语言，书中有多少字，翻译时就要使用同样多的中国字。中国字没有词性变化和动词变化，这些都隐含在它们的字中了。因此，如果一个人想得具有中等知识的话，他必须要有很强的记忆力。中国博学的人的确花费了很多时间，勤学苦学而成的，因而他们被选拔到帝国政府机关的最高层中。"这里他的语言观是很清楚的。

---

  ① 张西平主编《西方人早期汉语学习调查》，中国大百科全书出版社，2003 年。

第三,"第一个在欧洲介绍中国书写文字的就是基歇尔。"① 在《中国图说》中他介绍了中国 16 种古代的文字,分别是:1."伏羲氏龙书(Fòhi xi lùm xù)";2."穗书神农作(Chum xu xim Nûm Ço)";3."凤书少昊作(Fum Xù xan hoam Ço)";4."蝌蚪颛顼作(Li teù chuen kim Ço)";5."庆云黄帝篆(Kim yun hoam ty chuen)";6."仓颉鸟迹字(Choam ham miào cye chi)";7."尧因龟出作(Yao yn quey Ço)";8."史为鸟雀篆(Su guey nia cyò chuen)";9."蔡邕飞帛字(Cha yè fi mien Ço)";10."作氏笏记文(Ço xi'ho ki ven)";11."子韦星宿篆(Çu guey sym so chuen)";12."符篆秦文之(Fu chuen tay venchi)";13."游造至剪刀(Yeu Çau chi eyen tao)";14."安乐知思幽明心为(Ngan lochi su yeu min sym quei)";15."暖江锦鳞聚(Ngum kiam mien lien cyeù)";16."金错两制也"②。

基歇尔对中国文字的介绍,在今天看起来十分浅薄,但在当时的欧洲却是前所未有的关于中国文字和语言的知识。实际上正是基歇尔在《中国图说》中所介绍的这些关于中国语言和文字的知识,特别是他和卜弥格所介绍的大秦景教碑碑文的中文,对以后的欧洲本土汉学的产生了根本性的影响,18 世纪,无论是在门采尔那里,在巴耶那里,还是在以后的法国汉学家雷慕莎那里,《中国图说》中所介绍的中国语言和文字的材料都成为他们走向汉学研究之路的基础。③

---

① 孟德卫主编《中西文化交流史:1500—1800》(英文版)第 5 页,1983 年。在欧洲出版物中出现汉字有一个很漫长的历史,欧洲人对汉字的认识和理解也有一个很漫长的历史,欧洲人对汉字的认识已经并不仅仅是一个文字学或语言学的问题,这里包含着文化间相遇后的文化理解和自身文化的变迁与外部文化的关系问题。这方面中外学者也都有了一些研究,参阅孟德卫《奇异的国度:耶稣会的适应政策基汉学的起源》第六章"早期汉学及 17 世纪欧洲人对普遍语言的寻求";姚小平《西方语言史》第五章"走出欧洲",第六章"启蒙时期:寻根溯源",外语教学与研究出版社,2011 年;卫匡国著(意译)、白佐良(中译)、白桦《中国文法》,华东师范大学出版社,2012 年;董海樱《16—19 世纪初西人汉语研究》,第三章"西人对汉字的解读及相关论争",商务印书馆,2011 年;计翔翔《十七世纪中期汉学著作研究:以曾德昭〈大中国志〉和安文思的〈中国新史〉为中心》,上海古籍出版社,2002 年。

② 这些文字主要来自中国的《万宝全书》。

③ [德]阿塔纳修斯·基歇尔著,张西平、杨慧玲等译《中国图说》,大象出版社,2009 年;参阅 Paula Findlen (edited), *Athanasius Kircher the last Man who knew Every*, Routledge, 2004;张西平《欧洲早期汉学史》,中华书局,2010 年;董海樱《16 世纪至 19 世纪初西人汉语研究》;John Webb, *An Historical Essay, Endeavouring a Probability that the Language of the Empire of China is the Primitive Imguage Spoken Through the Whole World Before the Confusion of Babel*, London,1669.

中西文化交流与汉字在西方早期的传播初探

何大化（Antoine de Gouvep，1592—1677）的《无罪获胜》（*Innocentia Victrix Siue Sententia Comitiorum Imperii Sinici Pro Innocentia Christianae Religionis*），是一份耶稣会士在清初厉狱的斗争中获胜后所做的一份文件。关于清初厉狱的研究是中西文化交流史的大事件，这方面研究很多，① 这里主要从汉字西传的角度展开研究。②

这份文献有十二种：（1）康熙八年五月初五日利类思安文思南怀仁奏控杨光先并请昭雪汤若望呈文；（2）礼部等衙门为详查利类思等呈控各由题本；（3）康熙八年七月二十六日上谕议政王贝勒大臣九卿科道会同再详议具奏；（4）议政王大臣等复议月日昭雪汤若望、许缵曾、李祖白等，并请将杨光先处斩、妻子流徙宁古塔题本；（5）上谕免杨光先死，并免其妻子流徙，天主教除南怀仁等照常丰行外，仍禁立堂；（6）康熙帝赐祭汤若望文；（7）康熙九年十一月二十日利类思安文思南怀仁等奏请赦免栗安当等二十余人题本；（8）康熙九年十一月二十八日上谕礼部将利类思等所奏之本确议具奏；（9）礼部会议恐栗安当等各处归本堂日久复立堂传教，因儗将利类思等具题之处无庸再议题本；（10）礼部议羁留广东之栗安当等二十余人内有十余人通晓历法，可俱取来京城与南怀仁等一同居住题本；（11）康熙九年十二月二十一日上谕，准羁留广东之栗安当等二十余人内通晓历法者来京与南怀仁等同居，其不晓历法者各归本堂，但仍禁止直隶各省一应人等入教；（12）看下十年正月十八日兵部行咨各省总督抚院查明栗安当等二十五人内有通晓历法者几名即行起送来京。其不治历法者即令各归本堂文。

这 12 份文献共有 2696 个汉字，666 个不同的汉字，447 个不同的汉语语音。③ 罗常培和陈辉主要从语音学的角度对这份文献的学术价值做了探讨，鉴

---

① 李天纲《中国礼仪之争：历史·文献和意义》，上海古籍出版社，1998 年；吴伯娅《康雍乾三帝与西学》，宗教文化出版社，2003 年。

② 国内学术界首次研究此文献的是罗常培先生，他在《耶稣会士在音韵学上的贡献》一文就是专门研究此文献的音韵问题的，罗先生这篇文章原准备发表在北京大学《国学季刊》上，后他发现了问题就将稿件撤出，只做了内部用的抽印本，注明"请勿外传"，因此，这份文献极为难寻。此文献藏在欧洲多个图书馆，罗常培先生所用的是藏在大英博物馆（British Museum, 20 MY, 98）由向达先生复制回来的。1999 年，葡萄牙里斯本重新出版了这份文献，在复印原文献的同时，对文中的拉丁文做了重新转写整理。

③ 参阅罗常培《耶稣会士在音韵学上的贡献》，陈辉《〈无罪获胜〉语言学探微》，载《浙江大学学报（人文社会科学版）》2009 年第 1 期。

于本文的主体，我们主要从汉字西传的角度对这份文献的学术价值做一分析。首先，这份文献是继《中国图说》后在欧洲出版的汉字最多的出版物，《中国图说》公布了"大秦景教流行中国碑"的1561个汉字，这里公布了2696个汉字，从汉字西传历史来看，这是17世纪在欧洲出版物中汉字最多的一份文献；其次，《无罪获胜》的汉字字体也很有特色，12份文档中字体并非完全一致，而是用楷书书写的有8篇，用草书书写的有2篇，用篆书书写的有1篇，用篆书书写的有1篇，这样中文书写的四种主要问题都有了。而且在内容和文体的选配上传教士们也很用心，凡是公文等用楷体，例如"诉状""题请"以及"奏疏"，而礼部大臣的议事记录用草体，康熙御祭汤若望的墓志则用篆书。这样通过字体的不同，告诉了西方读者中文书写的基本字体是"隶、篆、真、草"四种。

相对于基歇尔在《中国图说》中公布的16种中文文体，《无罪获胜》则显得更为真实，基歇尔的有猎奇的感觉，而《无罪获胜》则是用于国内传教士的汉语学习，这样在汉字字体的表现上更为平实。①

图8 《无罪获胜》书影及内容摘录

四、小　结

根据上面的研究，我们从历史的角度梳理了17世纪汉字在欧洲传播的历

---

① 陈辉《〈无罪获胜〉语言学探微》，载《浙江大学学报（人文社会科学版）》2009年第1期。

史，17 世纪汉字在欧洲呈现出的每一个环节。这样我们知道欧洲人对汉字的认识经历了从最初的描述性认识到实际的呈现性认识。在这个过程中，基歇尔的《中国图说》和何大化的《无罪获胜》使 17 世纪汉字在欧洲的传播达到了高潮，从而为 18 世纪欧洲早期汉学的发展打下了一个基础。对 17 世纪的欧洲人来说，汉字在他们面前不仅仅是一个文字的符号，也是一种文化的符号，由于汉字的传入，欧洲在讨论汉字的过程中其文字观念和语言观念都发生了较大的变化，这点笔者将在另一篇文章详加阐述。

（张西平　北京外国语大学比较文明与人文交流高等研究院院长、中国文化走出去协同创新中心主任、《国际汉学》主编、国际儒联副会长）

·汉学家访谈·

韩大伟教授谈他的《中国经学史》

唐光荣

采访对象：韩大伟（David B. Honey），汉学家、美国杨百翰大学中文系教授

时间：2017年12月22日下午

地点：美国犹他州普若佛市鹿苑（Deer Haven, Provo, Utah）韩教授家

唐：首先，恭喜您，您的大作《中国经学史》已经完成四分之三，前面三卷都已杀青准备出版，这是一件盛事。今天，很高兴您能抽出宝贵的时间来接受我的采访。我设定的主题是关于"中国经学史"写作的，应该如何写中国经学史。您的《中国经学史》已经完成三卷，又写过《西方经学史概论》（上海：华东师范大学出版社，2012年出版。采访者注），您对西方学界怎么写西方经学史，中国学界怎么写中国经学史比较熟悉，因为您横跨两个领域，如果您能对中西方经学史的写作模式作一些比较，中国国内学界会非常感兴趣。我的第一个问题是，您和中国经学史的缘分，您大概是在什么时候对中国经学史感兴趣的，您在这个领域从事研究有多长时间了？中国经学史研究在您的整个学术生涯中会占一个什么样的位置？

韩：首先要欢迎您，光荣，到我的舍下。我一开始去香港传教，做了两年的业余传教。被教会派去香港，不是自己选择的，是我们教会的规定（韩教授一家世代都信奉耶稣后期圣徒教，俗称摩门教，按教规，年满18岁的男教徒必须外出传教两年，期间生活费自理，另外，传教地点由教会指定，不能任意选择。采访者注）。回来以后，觉得如果我不主修中文，没办法和我的朋友继续维持联系，因为逐渐会忘掉广东话对不对。所以，我决定改我的主修，从小提琴改为中文，因为可以用业余的时间拉拉琴，但是不能业余主修

韩大伟教授谈他的《中国经学史》

中文，尤其是古代汉语。

唐：打断一下，在香港传教是哪一年？

韩：1974年到1976年，足足两年，7月份去，先花两个月在夏威夷学广东话，剩下的差不多两年都在香港。后来我跑到UCLA，加州大学洛杉矶分校主修中文，然后跑到伯克利分校攻读硕士跟博士，一连上12年，因为我去传教以前没有上大学，我存钱来支持自己传教，传教是自费，又花了一些钱来买一把比较好的小提琴。我一到了柏克莱，觉得我很喜欢西方的经学，从荷马开始，所以觉得不如跟当地的大教授Jeffrey Riegel博士（汉文名王安国。采访者注）学《三礼》，因为他专长礼学，还有《诗经》学。在伯克利花了八年的时间，从1980年开始攻读硕士，到了1988年才争取的博士学位。可是我1987年跑到BYU，杨百翰大学开始任教。我先花7年在伯克利，拿硕士还有差不多把博士学完，来BYU在一年之内把已经写到5章的博士论文再写两章写完，然后毕业。那个时候我选择博士论文的主题，我考虑，我喜好明清时代的广东诗人，可是我觉得离我受过的训练太远，不会很快地把它写完，觉得经学呢，我的造诣不够深，所以我决定跟着我的硕士论文的主题走，就是十六国春秋，十六国五胡乱中华那个时代。因为在伯克利大学这是一个良好的历史传统，不是历史系，是我们中文系，我们把有关游牧民族的历史文献译成英文加以注解。我选择刘渊跟石勒的传记，出自《晋书》的《载记》，是节录《十六国春秋》写成，翻译了两篇，写了许多前言，介绍汉化的过程，游牧民族的社会等。所以只有两章是翻译，头五章是介绍。我喜欢游牧民族，毕竟自己是老外，所以我的第一个自认感是西戎，因为翻译南匈奴的东西，在写岭南文学时又变为南蛮，后来回归到老外的身份，洋鬼子，写《西方汉学史》（在治中国经学史以前，韩教授的学术有三个里程碑，第一个是治十六国时期的北方游牧民族史，代表作有《中世纪匈奴的中兴：刘渊晋书的传记》，*Papers on Inner Asia*，No. 15，1990年出版；第二个是治明清岭南文学，代表作是《南园诗社：文人文化与社会记忆传授》，香港：香港中文大学出版社，2013年出版；第三个是治西方汉学史，代表作是《祭坛前的香火：西方汉学史》，费城：美国东方协会，2001年出版。采访者注）。后来觉得不要那么边缘化，不如自己汉化，所以才决定写经学。可是我头二十年，是花在西方汉学、岭南文学和少数民族、游牧民族的历史记载。花了二十年才敢跳苦海，研究中国经学史，因为我知道自己的底子不够深，所以慢慢收集书，慢慢研究，慢慢看。近十年为止，全力以赴搞朴学，或者经学史。朴学很少，我偶尔投稿子。《中国经学史》这前三卷大概每一卷都是花三年时间编纂的。

唐：您自认为您的中国经学史研究在您的学术生涯当中大概会占一个什么样的分量？

韩：最重要的位置。因为我早就知道我喜欢这个领域，也早知道我没有资格做，可是我设立一个目标，慢慢来。

唐：虽然中国经学史的研究是近十年的事，但实际上您和它的缘分很早就开始了，从在柏克莱学习《三礼》……

韩：其实主要学的是《仪礼》。美国的博士制度比较怪，你会选几个领域或几个文本，深入地研究，可是不是广泛的阅读。学过怎么研究，可是不一定花很多时间去研究。我认为一个证书，一个文凭，只是证明你懂得怎么去研究，不证明你学到什么。如果你有原动力，你可以自己学，是你自己的事，不是你恩师的事。我第一年去杨百翰来了一个牛津大学的大师，他花了一个星期待下来开一个座谈会。他名叫 Hugh Lloyd-Jones（休·劳埃德—琼斯。采访者注）。他花了一个小时带我们讨论荷马的两部史诗。那个时候，因为我早已开始看他的著作，他写过很多书评，介绍过很多书的内容，还有作者的长处、短处。那些主要搞古希腊文献的大儒，不是大儒，是大荷马人，尤其是德国学者，逃避纳粹，逃到英国，与他是同时代的人。所以，我每次跟他用午餐，在一个大桌，我问这些人，我知道历史，不知道个性，所以问他们关于这些人的个性，他启发我很多，使我受益匪浅。非常棒的机会，跟他讨论一周的时间。他也推动我快点准备去搞中国的经学。他不是恩师，我自称是他的私淑弟子。所以从那个时候起，我收集了很多他的书。他有一些专门的学术论文，都是校勘方面的，小笔记，好比《日知录》，小小篇，可是很多，有两巨册。他还翻译古悲剧、喜剧，还有其他的研究。他又能诠释文学，批评欣赏文学，又能整理、校勘，是一个很好的榜样，一般的人不会两方面都兼备，对吗？他是牛津大学的 Regius Professor of Greek（希腊语钦定讲座教授，采访者注），这是亨利八世设定的教席。很奇怪，当时有很多学拉丁、古希腊语的古典学系的学者与会，他们都没有问什么问题，他们没有这种背景。他们可以问文学问题，不能像我这样问起经学史的问题。

唐：我们现在进入第二个大问题。我想问一下，根据您的了解，在美国的汉学界，中国经学史研究的现状怎么样，有哪些成就突出的代表学者和代

韩大伟教授谈他的《中国经学史》

表著作？

韩：看哪方面，因为中国经学太悠久。专门研究新出土的文献，芝加哥大学的 Edward L. Shaughnessy（中文名夏含夷。采访者注）很突出。他甚至写了一部书谈怎么分析新出土的文献（New Sources of Early Chinese History: An Introduction to the Reading of Inscriptions and Manuscripts, Berkeley: University of California Press, 1997；该书中文参考译名《中国古代新史料：阅读铭文与写本的指南》。采访者注），而且他把《礼记》里的字义，跟新出土的版本比较起来，一步一步介绍该怎样进行考察。他既能教导我们，又能启发我们怎样去研究。他有很多著作，他也研究经文。他的大范围是《周易》《尚书》《诗经》这三个。有太多人的研究很有意思，可是像我这样研究经学史的不多。英国有个学者，他写了一部《唐朝教育史》（指剑桥大学的大卫·麦克马伦（David McMullen）所写 State and Scholars in T'ang China 剑桥大学出版社，1988年。采访者注），其中一部分是谈到经学。现在最活跃的是研究清朝的 Benjamin Elman（本杰明·艾尔曼），他写了两三部书，一部是《从哲学到小学》（From Philosophy To Philology: Intellectual and Social Aspects of Change in Late Imperial China, Cambridge, Mass.: Council on East Asian Studies, Harvard University, 1984；该书中文参考译名《从理学到朴学：中华帝国晚期思想与社会变化面面观》。采访者注），主要是谈考证、考据的研究方法的演变和发展。一部关于常州学派的演变（Classicism, Politics, and Kinship: the Ch'ang-chou School of New Text Confucianism in Late Imperial China, Berkeley: University of California Press, 1990年；该书中文参考译名《经学、政治和宗族：中华帝国晚期常州今文学派研究》。采访者注）。他是正统的历史系，所以除了谈起研究方法，他也把这些主人翁设定在社会、政治、经济的环境里，他是纯粹的历史家。他很好，他大概比我大五岁。可是在校勘方法、文献整理的方面，不够细，因为他不是主要介绍它们，他是要借此谈学派的发展。还有一部书是学界的家谱系统（指 A Cultural History of Civil Examinations in Late Imperial China, Berkeley: University of California Press, 2000年；该书中文参考译名《晚期中华帝国科举文化史》。采访者注），有点类似社会学。他创办了美国的这个学科。当然，早已有很多人研究宋朝的经学，可是他们研究的是思想史、理学。很多人喜欢宋朝的理学是不是，道学、心学这一类。杜维明他先研究的是王阳明。可是思想史、哲学史，甚至神学，我不感兴趣。这是为什么我写到唐初,再跳到清初。

唐:是的,我读您的经学史有这样一个感受,比较注意从小学的角度、经学传承的角度来写经学史,对政治、思想史的变迁谈得比较少。

韩:你说政治环境吗?

唐:您的意思是说,政治环境您还是谈了不少,对吗?

韩:我提供很多背景,可是我不研究经学跟政治,或者跟经济和社会的关系,不是我感兴趣的范围,而且没有分析思想的那种脑袋。其实,你知道西方的历史研究框架有三个阶段,最早的是借鉴学,你可以往历史学什么,反面教育或者正面教育,叫作 exemplar historiography(典范史学。采访者注)。第二个框架是叙事史,叙述一个故事。现在最后的框架是研究一个问题。扬州学派是一个大问题,你要研究扬州学派的师承问题,还是他们共同的研究方法,要强调他们的社会关系还是研究方法,你可以根据个人喜好挑选,我自己挑选的是研究方法。为什么呢?因为如果要把西方经学跟中国经学比较,有什么共同点吗?只有研究方法,因为各自的内容不一样。例如中国的经学提供正统论,透过儒家思想,西方的经学跟正统没有关系,因为西方早已经有基督教可作正统论的基础。在西方,经学是文学典范课本,与正统论没有关系。所以不能把内容来比较,要比较研究方法,如何整理传下来的写本,或者字典编纂,写作风格什么的。

唐:那您在《中国经学史》写作的过程中,是不是有意识地进行中西方经学研究方法的比较?

韩:我跑到山东高密开会的时候(指 2009 年 10 月在山东高密举行的中国历史文献研究会第 30 届年会。采访者注),刚好在南京带留学团,教一门中西经学比较课,所以我在大会上发言的主题是中西比较。当时,上海华东师范大学出版社编辑听得津津有味:西方有经学吗?我没有听过。所以我应他的邀编一部小作,《西方经学史概论》,介绍我们西方真的有经学,经学不是中国独有的。这是林庆彰的名言,经学是我们中国独有。那个时候我不是系统地把它们两个作比较,只是偶尔提出相似的地方。

唐:您比较愿意谈中西方经学相似的地方吗?

韩:偶尔,不是系统地。

唐:对于相异的地方,也就是差别的地方也谈吗?

韩:不多。

唐：您不怎么愿意谈是吗？

韩：篇幅不够，而且这只是随便写。那本书我基本上是在台湾写的。请假一年，半年在台湾写成，只剩下两章，回到这里写，很快就完。不是什么有创意的，炒别人的冷饭。那不是我的领域。

唐：那我还是想问您，既然您已经写了《西方经学史概论》，在里面也有一些虽然不是很系统的中西比较，尤其是谈到中西方经学相似的……

韩：每个时代的，它的出发点是按时代。我把孔圣人跟荷马比较，一个是诗人，靠诗兴来写史诗，一个是教育家、礼仪专家。西方经学从亚历山大时代正式开始，因为那个时候不是有一个很大的图书馆吗？很多人跑到哪里，说我想借什么卷子来看荷马。因为它搜集了二十多种版本，那些图书馆人员要挑选版本，后来自然而然看看版本的佳劣，哪个好。而且不但要想版本的优劣，还要想怎么分类，想到分类法，这比刘向早一百年。

唐：您是说卡里马库斯（生于公元前305至240年左右。采访者注）编的目录？

韩：对。

唐：我还想问，在您《中国经学史》的写作过程中，您是不是比较有意识地采用一些西方的研究视角、叙述策略？

韩：有。我近两三年来，去中国国内演讲多次，我讲的是"井底之蛙：我的《经学史》"，介绍我要写的书，我所写过的书，和向西方经学史借鉴的一些重点。比方说有人强调，不能以大人物为框架，因为有太多从古时候传下来的写本，不知道是谁写的。然而，中国不一样，中国基本上透过正史你知道是谁写的，即使他们的大作已经遗失了，起码知道那些大作的一个框架，因为历史文献那么丰富，跟西方不一样，所以我还是选以大人物为主。我是以大人物为经，以研究方法为纬。还有一个学者 Wilson（N. G. 威尔逊，牛津大学古希腊语教授。采访者注），他写过一部《拜占庭的学者》(*Scholars of Byzantium*, London: Duckworth, 1983年。采访者注)。他提出五法则来评价一个人，对于校勘学的贡献，对于诠释文学的贡献，研究方法有没有什么贡献，他欣赏文学的态度或者方法是不是有影响力等。我也是借用这个评价法，不是系统的，可是一定会谈起这些问题。还有类似的具体的校勘方法。早在亚历山大时代已经谈起校勘学的原则，还有标音、标注，这是异体字，这句话是个错简，要挪到这里，他们理出一个系统，符号系统，在我的书里我也拿来稍微对比一下。

唐：您的第二卷是献给德国伟大的经学家维拉莫威兹的，第三卷是献给还在世的普林斯顿大学的格拉夫顿的，为什么他们俩的著作，或者他们俩的思想对您写《中国经学史》有特别的启发吗？

韩：我喜欢维拉莫威兹，他好比西方汉学的沙畹（1865—1918。采访者注）一样的重要，或者说更重要。沙畹是法国早期的汉学家，翻译了大部分《史记》，是伯希和的老师。维拉莫威兹，他是经学家中最后一个既精通校勘学，又会文学批评、翻译的人，在他以后的经学家都不能兼顾。他既精通研究方法，又有一个比较敏感的翻译法和写作法，还有敏感的欣赏力。休·劳埃德—琼斯写过一个简短的序，介绍他的经学史。格拉夫顿，我之所以喜欢他，因为他研究一个新的领域，他是第一个系统地分析中世纪的人文科学家。我第一本书献给费佛，你知道费佛（Rudolf·Pfeiffer，1889—1979，德国古典学家，代表作为多卷本 History of Classical Scholarship，北京大学出版社 2015 年出有中译本，书名《古典学术史》。采访者注）吗？

唐：我知道，他写过一部经学历史，很长。

韩：对，可是他也跳过黑暗时代。他说那时没有什么经学，只有教育、神学，没有经学。他的定义，经学就是整理、隶定、翻译、传授古文献。

唐：费佛的观点和您的很相近。费佛省略了黑暗时代，您也省略了宋元明。

韩：他省略太多，他从荷马开始，不对，他从那些吟诵史诗者开始，他说他们是第一批经学家，因为他们要挑选文本，接下来就是记录文本。可是他正式从亚历山大时代开始，整个的第一卷都围绕亚历山大时代，没有进入罗马。他的第二卷直接从彼得拉克开始，中间他省略太多了。我的那本《西方经学史概论》，每个时代都谈到，解释了为什么罗马没有经学，因为他们局限于法学经典和文法教导。黑暗时代也只教文法，在修道院附属的小学里教文法，不算是什么经学。以教育维持经学，可是不是什么经学。拜占庭有真正的经学，可是他们比较喜欢集注，大型的集注。他们也有一些深入者，可是一般出发点是批评文风，或者解释，用集注体。你看六朝创造了集注体，应该注意西方早一百年在拜占庭也有发明，稍微对比一下，不讲谁佳谁劣，只是稍微提一下。我也跳跃很多，省略了盛唐直到明末，这中间当然有个别的文献学家，我喜欢朱熹，以前也写了些关于他校勘学的文章。还有郑樵、王应麟、焦竑等。

唐：虽然您喜欢朱熹、郑樵等，您还是把他们跳过了。

韩：每个朝代也可选一些代表，我注意到有《明朝的校勘学》《宋朝的校勘学》，所以可以写。可是我已经老了，我要把我的精力分配好，趁我脑袋还比较清醒。从《史通》开始，到了宋元明道学、心学，甚至到六经注我，离开文本越来越远，成了诠释学。诠释学是一个独立的学科，可以研究，可是他们有意误读经典。你要研究他们怎么把经典适应于他们所处的时代，所面对的问题，这也可，可这是哲学，不是经学。我对经学的理解很狭窄，是怎么整理、诠释，依照它的原意诠释经书。比方说，王阳明说《中庸》，或者宋朝的学者说《中庸》，意思是保持一个平衡，可是古代的中庸是说内部的修身，跟打坐有关。这是原意，说中庸是一个哲学，这是后人的附会。中庸作为哲学，值得研究，我也喜欢看王阳明，通过杜维明的分析。即使它有独立存在的价值，可是不是经学，他们是借题发挥。

唐：我理解，在我读了您的《中国经学史》后，我总的感觉是，如果中国经学史分派的话，古文经学、今文经学、汉学、宋学，您好像更偏爱古文经学和汉学。

韩：对对对，扎实。国内的学者，有两个我特别喜欢。一个是虞万里，他在诠释新出土文献时，比较依靠宋朝的宋学，他说他们比较会体会思想。当他整理这些新出土文献的时候，当然用传统汉学的训诂，可是他诠释它的内容、意思，他很喜欢参考《通志堂经解》里的宋儒著作，觉得他们能体会精髓，汉学、宋学两个都得用。我看了他的很多著作，他很喜欢朴学、新出土的文献，可是他不腼腆，愿意去诠释。为什么他那么成功？我认为，他花了十多年当《汉语大词典》的编委，还编了很多的字典，他的文献学很强，他的字词训诂很强。很喜欢他的著作，很扎实。他的基础太妙，思维很清晰。另一个特别喜欢的模范学者是王素，他在故宫博物院工作，他已邀请我三次进宫演讲，请我去御膳房吃饭。他喜欢整理新出土文献，尤其是吐鲁番文书。你看《儒藏》那么多有权威的定本，其中有他整理的《论语郑氏注》。

唐：我知道您很欣赏虞万里、王素这两位先生的学问，但是从您写作《中国经学史》而言，您参考最多的国内学者的著作大概是哪些？

韩：我举几个例子。焦桂美的《南北朝经学史》（上海古籍出版社，2009年。采访者注），她提供很好的历史背景。她是传统的做法，想法很新鲜，查了很多文献，非常详细。问题是什么，她忽略了中国虽然没有，但日本有藏的唐朝写本。她有非常棒的贡献，可是她局限于传统的框架。我很喜欢华喆这个人，他说，没有办法看到六朝义疏体的原貌，孔颖达把它们吸收入他的正义时，已修改了义疏的原貌，所以，即使是最好的学者，也没有人知道义疏的原貌。可是唐朝的时候有人抄皇侃，流传下来的写本藏在日本，他看到里面的义疏体是用问答的，还有所谓的科段。所以他说，原来的义疏体分得比较清楚：微观上分的是问答，宏观上分的是科段（华喆《汉唐间经典阐释变迁史论》，北京大学博士研究生学位论文，2011 年 5 月。采访者注）。所以不能只看传统流传下来的文献，要增广你的视野，日本留下来的也是很重要。我也是这样，我出版的我认为是我最好的文章，将司马迁跟《汉书》里头的《匈奴传》作对比，我也用了日本藏的写本，真的有价值。

唐：精通多门外语，对写中国经学史很有帮助。

韩：华喆既用了传统传下来的版本，又拓展视野注意到日本的。南京大学的童岭，他也注意到这点，他写了一篇论文，关于皇侃的写本，不是《礼记义疏》，是《礼记子本》，没有人知道这本书，除非你涉及日本经学界（童岭，六朝旧抄本礼记子本疏义研究史略——兼论讲疏、义疏之别，《中国典籍与文化论丛》，第 15 卷，2013。采访者注）。在南京大学童岭也教一门课，是写本怎么研究，我想请假去跟他学，但没有时间。这些学者，张大眼睛，不局限于传统的视野。我喜欢深厚的学问底子，也喜欢新的诠释法，好比格拉夫顿，他写了一本书，《注脚趣史》（中译本；北京大学出版社，2014 年。采访者注），很丰富，他研究人文主义者，又学他们传授知识的方法，写得有趣，你看他的措辞可以学好英文。

唐：我查找了格拉夫顿的好多本书，分布在杨百翰大学图书馆不同的地方，不同的学科分类，他是一个跨学科的很广博的一个学者。

韩：我为什么崇拜他？因为他什么学科都涉及。他研究荷马 18 世纪新兴的研究风，借鉴《旧约》的研究方法，在他看来这两个学科有互动，互相影响。只有他愿意看同时代的即使是另外一个学科里的情形，我书里应该也提到了这点。

唐：国内的学界，特别是老一辈的学者，对西方汉学家有些偏见，他们可能会很欣赏中国台湾的一些学者的经学史著作，也可能会很欣赏日本学者所写的一些相关著作，但是对西方学者则有些偏见。

韩：因为不会看英文。

唐：除了这个，他们觉得西方学者写的文章难懂，新理论、新名词多，难懂。我想问一下，在您的书里面，您有没有采用一些当代西方比较流行的理论，流行的思想来写《中国经学史》？

韩：有。可是我着重于西方经学界已经采纳的理论，比方说礼仪理论。大陆或者台湾的学者，长大养育在那个环境里，精通原始史料。我很惊讶年轻一代的学者，他们把《四书》《五经》读得很好，虽然没仿照乾嘉学派都背起来。这是我们西方学者缺乏的。比方说我最近写一篇文章关于《仪礼》，主要根据一篇《射礼》。我懂什么，我懂怎么研究。大陆或者台湾，尤其大陆学者，他们的基础太强，崇拜他们。台湾的学者会加一点西方的理论，年轻的大陆学者也会加。台湾有点过火，他们会加太多后现代的术语，看不懂。那个休·劳埃德—琼斯，在跟他长谈时，他也抱怨后现代看不懂。这其实是学宋朝的空谈，你的主题不是这本书，是你自己的感觉、猜测。但我觉得在掌握中国原始史料的基础上，加上西方那些诠释理论，最好。要开阔眼界，不能局限于传统的小学法。

唐：那么除了礼仪理论，在书中还有没有引用其他一些理论？

韩：这是我批评西方汉学的地方，他们到处找新的理论，最怪的是把一些后现代的文学批评方法放在中国诗歌里。中国人的诗根本没有这个意思，他们的出发点不是在这里，可能用现在的后现代的文学批评去批评它们，很好玩，可是这是你把他们的诗歌用在自己的目的上，不是中国传统里的目的，所以有趣虽有趣，不是很容易赞同，而且不是很容易看懂。我对西方汉学最大的批评是，觉得好玩，把理论去乱放。你又没有精通当时的文学，或诗人的著作，你怎么能够确定你的诠释理论适不适合，因为你不精通当时的文献、原始史料。我不太喜欢参加西方的年会，因为他们讲出来的东西有趣，但很难相信，因为我不相信他们的底子。我喜欢去中国，可以向他们学习，中国经学界的很多人都是我的长辈，即使那么年轻的研究生都是我的长辈，人人都是我学习的榜样。

唐：我再问一个具体的问题。您的前面三卷经学史都特别看重正史里的《儒林传》，您对《儒林传》有什么特别的心得吗？

韩：我为什么喜欢？因为它荟萃。传统记载的儒家经学发展的故事，不一定正确，但它是中国人的传统故事。夏含夷曾对我说，你写周代经学史，很快就过时了，因为陆陆续续有新出土的文献。我说不是这个问题，我不是写真正的周朝的情况，我是在回顾中国人的传统，看它的传统，即使不对，即使你有新出土的文献可以修正我们传统的认识，可是对于几千年的儒家大儒的想法而言，这就是他们的故事，我要写他们的故事。我不要分析批评说这个不对，那个不对，要先叙述它的历史，然后慢慢回去批评、修改，如果没有人写它传统的故事，怎么能回去批评呢？陈鸿森写了一部《汉魏六朝经学史》，我没有看他的书稿，可是看了他发表的几篇相关文章。他说，一般的理解是北学给南学吞并了，为什么，因为唐初比较喜欢南方，比较偏向于玄学。可能对。可是你忽略《儒林传》里写的东西，你没有理出它的系统，你没有看它的评价。北方学者当时除了那几个大师，其余人写的东西很烂，你看都没有传下来，不值得传，而且北方的图书馆藏书匮乏。单单从《艺文志》《经籍志》，你可以看出他们自认不够好，而且他们局限于训诂学，他们写的东西不值得传下来。他们原本的故事证明，有很多北方人不值得看。看《儒林传》，因为这是传统的看法，传统的数据，因为可以很快地综合很多资料。我不要为每一个小儒编一个故事，不值得，我做了一个表。大儒，我们都知道。凡是有《儒林传》，南朝也好，北朝也好，把传中提及的经学家都摘录出来，制成一个表格，就为了省事。除非是刘炫、陆德明那样的大人物，值得另写一章，其他的都很短。我读《儒林传》，了解他们的故事。我觉得我们从今天的角度应该回顾看传统的故事，建立一个基础，然后你慢慢回去修正。修正是你的事，不是我的事。当然，有人可能说这样那样不对，可是我的出发点是要写那个故事，只是要写他们的故事。很多人批评皮锡瑞，可是难道我们不要管皮锡瑞吗？当然我们可以叙述他的论点，他的结论，如果你不同意，可以，但起码要先说他的故事。

唐：您的意思是说，先把当时经学家所认为的经学的样子写下来。

韩：这种历史框架就是前面提到的叙述写法（tell the story）。

唐：最后一个问题，关于第四卷的，您现在有写作提纲了吗？大概第四卷是从什么时代写到什么时代，大概分几个部分？

韩：我本来要分三卷，第一卷校勘学，第二卷道学，利用道学的框架来写经学史，包括常州学派，文学为修身什么的。第三卷源自清华大学顾涛先生的建议。他也是个年轻有为的学者，他对我说，你不能忽略张之洞那一类的教育家，他们是用经学来提供教育，虽然他们没有写什么经学方面的著作。

唐：校勘学、道学，那张之洞这卷叫什么呢？

韩：济世。可是我没有那么多篇幅，我太喜欢民国的经学家，一定要写章太炎。你看第二个书架，黄侃旁边，几乎每本都是和他有关的，还有那上边靠右紫色的书是他的全集。我还想写梁启超，把他的《三百年学术史》与钱穆的作比较。

唐：那第四卷就是从清代初年，一直写到民国初年吗？

韩：可是我觉得不行，我要另外写第五卷，第五卷民国。你没有看我的详细书目，我真的列了很好的历史背景，汉背景、南北朝背景等，我起码提到到哪里去查最权威的历史介绍。在这方面不学费佛，他一点历史背景都不讲。如果写给经学家，当然不须要很多历史背景，可是我写给美国人、外国人，一定要稍微谈一下。可是我的意思不是写历史。我喜欢的学者，李学勤，他是以考古证明文献，我办公室有很多他的书，他利用新出土文献诠释《周易》《尚书》《诗经》等，还有《晏子春秋》。但我没办法写这种经学，他不是经学家，他是一个历史家。我是以文献学写经学史，一定要围绕着我的专业。费佛的书比较难，他跳来跳去，他没有写到什么历史连接环节，因为他不是历史家。他是德国人，他的书先是用英文写的，有条有理，回德国后他又把它写成德文，文笔较好。我还会学我以前的做法，以大儒为中心，先介绍顾炎武、戴震，再写他的门生和私淑弟子。问题是，除了戴震以外，段玉裁、王念孙、王引之也是很重要。还有其他的搞音韵史的江永、朱骏声等，也值得写。写不完。

唐：清代的大儒太多。尤其是如果你偏好汉学，从朴学的角度来写经学史，清代的许多学者都很重要。

韩：我一定会涉及音韵学的演变，可是不一定把凡是有贡献的都写进去，会提到，但不会为他们设独立的章节。我的座右铭是活到老，学到老，沮丧到老。我现在写文章全是用文言文，也是学习，英文我不写文章，我只写书。我发现一些老先生，大概20%，可能会写文言文。曾国藩有封家书说，学习的妙计首先在于早起，第二广泛地阅读，第三多多地写作。所以我多多写作。原本我一星期拉三次小提琴，现在只拉两次，我迫不及待要开始写我的第四卷《经学史》。谢谢登门造访。

唐：您为我这次采访准备了这么多，非常感动，谢谢。

（采访者：唐光荣　西南大学汉语言文献研究所副教授，
北京师范大学中国古典文献学博士）

无关岁月　逐梦前行[*]

——魏查理教授访谈录

陈　晶

魏查理教授（Charles Willemen）是比利时皇家科学院终身院士，世界著名的汉学家、藏学家和佛学家。

魏查理教授是比利时根特大学博士，美国哈佛大学博士后，在比利时根特大学获得博士学位后，他留校任教，在母校继续他的学术道路，不断产出高水平的学术成果，在佛教研究领域有着重要影响。魏查理教授的博士导师是美国汉学家艾惟廉教授（William Acker），他还负责校对过艾惟廉教授的艺术史名作《唐及唐以前的绘画文献》(*Some T'ang and Pre-T'ang Texts on Chinese Painting*)[①]，对中国美术也颇有研究。魏查理教授曾任比利时根特大学东亚系主任、文学院副院长，于 1997 年任比利时皇家科学院海外科终身院士，历任华东师范大学顾问教授、北京语言大学客座教授、西安交通大学客座教授、印度瓦拉那西大学客座教授、印度西孟加拉省国际大学客座教授、加拿大卡尔加里大学客座教授、泰国国际佛教大学副校长、日本东京国际佛教学大学院大学客座教授等，现为泰国国际佛教大学校长、中国社会科学院东方文化研究中心特聘研究员、北京外国语大学客座教授、《国际汉学》外籍编委、深圳大学饶宗颐文化研究院客座教授、印度 Samvidya 学院名誉研究员等。

20 世纪 80 年代起，魏查理教授开始关注中国文化，至今已经 40 多年，取得了丰硕的成果。他的研究领域涉及佛学与佛教文献、艺术史、美术理论

---

[*] 本成果受北京语言大学院级项目资助（中央高校基本科研业务费专项资金）（项目批准号：18YJ010013）。

[①] William Acker, *Some T'ang and Pre-T'ang Texts on Chinese Painting*, Leiden: E. J. Brill, Vol. Ⅰ, 1954; Vol. Ⅱ, 1974.

和印度语言与文化等，著有《〈法集要颂经〉：〈法集要颂经〉（梵语）、〈法集要颂经〉（巴利语）和中国的〈法集要颂经〉》(*Dharmapada*：*A Concordance to Udānavarga*，*Dhammapada*，*and the Chinese Dharmapada Literature*)①、《〈法集要颂经〉汉梵索引》(*Udānavarga*：*Chinese-Sanskrit Glossary*)②、《不净观的九想：马克思·艾尔斯坎普遗留的日本绘画》(*De Negen Overdenkingen over de Onreinheid van het Lichaam*：*Japanse schilderingen uit het legaat Max Elskamp*)③、《中国公元前5000年到公元900年的艺术珍品：中华人民共和国新的考古发现》(*Kunstschatten uit China. 5000 v. Chr. tot 900 n. Chr.*：*Nieuwe archeologische vondsten uit de Volksrepubliek China*)④、《中文喜金刚仪轨》(*The Chinese Hevajratantra*：*The Scriptural Text of the Ritual of the Great King of the Teaching*)⑤、《汉译〈佛所行赞〉：完整英汉字典》(*The Chinese Buddhacarita*：*Complete Chinese-English Dictionary*)⑥、《古典中国幽默》(*Classical Chinese Humour*)⑦、《思维略要法》(*Outlining the Way to Reflect*)⑧、《汉文〈法集要颂经〉》(*The Chinese Udānavarga*：*A Collection of Important Odes of the Law*)⑨ 等，翻译了《杂宝藏经》(*The Storehouse of Sundry Valuables*)⑩、《法句譬喻经》

---

① Charles Willemen, *Dharmapada*：*A Concordance to Udānavarga*，*Dhammapada*，*and the Chinese Dharmapada Literature*, Brussels：Institut Belge des Hautes Études Bouddhiques, Série Études et Textes 3, 1974.

② Charles Willemen, *Udānavarga*：*Chinese-Sanskrit Glossary*, Tokyo：The Hokuseido Press, 1975.

③ Charles Willemen, *De Negen Overdenkingen over de Onreinheid van het Lichaam*：*Japanse schilderingen uithet legaat Max Elskamp*, Antwerpen：Verhandelingen van het Etnografisch Museum 3, Samenwerking met Christian Berg. 1975.

④ Charles Willemen, *Kunstschatten uit China. 5000 v. Chr. tot 900 n. Chr.*：*Nieuwe archeologische vondsten uit deVolksrepubliek China*, Brussel：Paleis voor Schone Kunsten, 1982.

⑤ Charles Willemen, *The Chinese Hevajratantra*：*The Scriptural Text of the Ritual of the Great King of the Teaching*, Delhi：Motilal Banarsidass, 2004.

⑥ Charles Willemen, *The Chinese Buddhacarita*：*Complete Chinese-English Dictionary*, Delhi：Buddhist World Press, 2009.

⑦ Charles Willemen, *Classical Chinese Humour*, Varanasi：Mahavir Press, 2011.

⑧ Charles Willemen, *Outlining the Way to Reflect*, Mumbai：Somaiya Publications, 2012.

⑨ Charles Willemen, *The Chinese Udānavarga*：*A Collection of Important Odes of the Law*, Berkeley：Institute of Buddhist Studies and BDK America, 2013.

⑩ Charles Willemen, *The Storehouse of Sundry Valuables*, Berkeley：Numata Center for Buddhist Translation and Research, 1994.

(*The Scriptural Text: Verses of the Doctrine, with Parables*)①、《彰所知论》(*The Treatise on the Elucidation of the Knowable*)②、《阿毗昙心论》(*The Essence of Scholasticism: Abhidharmahṛdaya*)③、《造像量度经》(*Defining the Image: Measurements in Image-Making*)④、《佛所行赞》(*Buddhacarita: In Praise of Buddha's Acts*)⑤等。魏查理教授还和他的学生,比利时根特大学巴德胜(Dessein Bart)教授合作了《说一切有部经院佛学》(*Sarvāstivāda Buddhist Scholasticism*)⑥,并发表了《中国的〈般若波罗蜜多心经〉》(*The Chinese Prajñāpāramitāhṛdayasūtra*)⑦、《密宗〈心经〉》(A Tantric "Heart-Sūtra")⑧、《〈说一切有部〉阿毗达磨的新思想和意见》(New Ideas about Sarvāstivāda Abhidharma)⑨、《中国的印度佛教背景》(The Indian Background of Buddhism in China: Some Facts and Remarks)⑩、《〈说一切有部〉在印度西北及中国的发展》(*Sarvāstivāda Developments in Northwestern India and in China*)⑪、《作为偈

---

① Charles Willemen, *The Scriptural Text: Verses of the Doctrine, with Parables*, Berkeley: Numata Center for Buddhist Translation and Research, 1999.

② Charles Willemen, *The Treatise on the Elucidation of the Knowable*, Berkeley: Numata Center for Buddhist Translation and Research, 2004.

③ Charles Willemen, *The Essence of Scholasticism: Abhidharmahṛdaya*, Delhi: Motilal Banarsidass, 2006.

④ Charles Willemen, *Defining the Image: Measurements in Image-Making*, Delhi: Sri Satguru Publications, 2006.

⑤ Charles Willemen, *Buddhacarita: In Praise of Buddha's Acts*, Berkeley: Numata Center for Buddhist Translation and Research, 2009.

⑥ Charles Willemen and Bart Dessein, *Sarvāstivāda Buddhist Scholasticism*, Leiden: Brill, 1998.

⑦ Charles Willemen, "The Chinese *Prajñāpāramitāhṛdayasūtra*", *Samādhi*, Vol. 6 (1972) pp. 14-22; pp. 102-115; pp. 152-166.

⑧ Charles Willemen, "A Tantric 'Heart-Sūtra'", *Samādhi*, Vol. 7 (1973), pp. 2-11.

⑨ Charles Willemen, "New Ideas about Sarvāstivāda Abidharma", *The Indian Journal of Buddhist Studies*, Vol. 1-2 (1998), pp. 82-94.

⑩ Charles Willemen, "The Indian Background of Buddhism in China: Some Facts and Remarks", *The Indian International Journal of Buddhist Studies*, Vol. 1 (1999-2000), pp. 45-49.

⑪ Charles Willemen, "Sarvāstivāda Developments in Northwestern India and in China", *The Indian International Journal of Buddhist Studies*, Vol. 2 (2001), pp. 163-169.

颂的绘画六法》①、《〈造像量度经〉研究综述》②、《诃梨跋摩〈成实论〉的梵文标题》(The Sanskrit Title of Harivarman's *Chengshi lun*)③、《〈出三藏记集〉和〈佛所行赞〉》④、《绘画"六法"中"二法"的印度来源》⑤等多篇学术论文。

春光明媚，暖意融融，2018年3月，魏查理教授又踏上了中国的土地，笔者在北京外国语大学对其做了一次访谈，后又经多次邮件往来对文字进行审定而定稿。

陈畠：魏查理教授您好，很荣幸在北京见到您，您是比利时皇家科学院的终身院士，学问高深，在佛教研究和美术研究领域都颇有建树，但中国有关您本人和您的学术成果的介绍却非常少见，我想和您做一个访谈，让中国的研究者们对您和您的学术成果有所了解。

魏查理：谢谢你，陈女士，我非常乐意！

陈畠：魏查理教授，首先想请您介绍下您的求学经历，谈谈您是如何跟中国文化结缘的。

魏查理：我1941年10月出生在比利时的尼乌波特（Nieuwpoort），那是一个靠近北海，风景美丽的地方。我十七八岁的时候上了大学，在比利时的根特大学。我本科的专业是希腊文拉丁文专业。这是欧洲的传统文化，是现代西方精神文明的源头，所以我愿意学习和了解。有了希腊文拉丁文的基础，就能更好地了解欧洲的历史、欧洲的语言和欧洲的文化。我一直学习希腊文拉丁文，1963年就获得了根特大学的希腊文拉丁文学士学位。我一开始学习的是欧洲语言文化，但我知道，这个世界比欧洲地区广大，既要了解欧洲，更要了解东方，才能更好地了解整个世界的不同文化。我又继续读东亚学专业的硕士，那时候，我就已经开始做和中国文化相关的研究。我硕士论文写

---

① [比] 魏查理著、毕斐译《作为偈颂的绘画六法》，载《新美术》2006年第1期。
② [比] 魏查理著、罗文华译《〈造像量度经〉研究综述》，载《故宫博物院院刊》2004年第2期。
③ Charles Willemen, "The Sanskrit Title of Harivarman's *Chengshi lun*", *Journal of Buddhist Studies*, Vol. 4 (2006), pp. 244-249.
④ [比] 魏查理《〈出三藏记集〉和〈佛所行赞〉》，载《北京大学中国古文献研究中心集刊·第七辑》第313—315页，北京大学出版社，2008年。
⑤ Charles Willemen, "The Indian Origin of Two of the Six Chinese Rules of Painting", *Jñāna-Pravāha Research Journal* Vol. 15 (2011-2012), pp. 30-33.

的是语言学的论文,汉语里有个字叫作"所",汉语中有"所见""所说"这样的用法,用英语来说就是"what you see""what you say"。在古希腊语中,"所"的用法有很多,有一些用法是汉语中没有的。汉语和古希腊语是两种不一样的语言,我就想知道这些"所"的用法应该如何翻译成汉语,于是我做了语言和翻译的对比研究。得到硕士学位后,我更关注东亚文化,不仅仅是翻译,我对梵文很有兴趣,花了很多时间来学习。我20岁的时候开始学习梵文。我有两位梵文老师,一位是阿德里安·斯卡尔贝教授(Adrian Scharpé),另一位是沃尔特·库夫勒尔教授(Walter Couvreur)。我上了梵文的语言课程和文学课程,沃尔特·库夫勒尔教授教我经典的梵文,我学到了很多。后来艾惟廉教授来到比利时,当了根特大学的教授,我就跟着他学习,成了他的博士生。1971年的时候,我获得了根特大学东方学的博士学位。1972年,我还去了日本的东京大学,跟着中村元教授做东亚文化和佛教的相关研究。中村元教授是古代印度哲学、佛教思想史的专家,跟着他学习,收获很大。1974年,在艾惟廉教授的推荐下,我又到了美国哈佛大学的东方语言与文明系,跟着海陶玮教授(J. R. Hightower)做博士后研究。1976年,我在根特大学获得了专业博士(Special Doctorate)学位,博士论文是《阿毗昙心论》。

陈晶:从您的求学经历来看,您是在读硕士的时候,就对中国文化产生兴趣,首先是从语言学的角度来进行研究的?

魏查理:实际上,我对中国文化产生兴趣要更早一些。我15岁的时候,身体好,当了柔道运动员。柔道是日本文化的一种,因为学习柔道,我特别愿意了解日本文化。但我还知道有这样一种说法,说柔道是从中国来的。我想追寻柔道文化的源头,就更想了解中国文化。我在大学的时候,就开始学习古希腊语、拉丁语、梵文、文言文。古希腊语和拉丁语是欧洲文化的核心语言,我发现罗马帝国兴盛的时候,时间上对应的正是中国的汉代。我就对东亚文化更感兴趣了,但是我对中国文化的兴趣并不在于汉语的口语,我不愿意说话,而是愿意阅读,于是我就开始阅读一些文言文的作品。

陈晶:在学习一门外国语言的过程中,听、说、读、写四种能力都很重要,为什么您特别重视阅读这种能力呢?

魏查理:当然,听、说、读、写四种能力都很重要。我来到中国,要和别人说话,要问路,要点菜,要喝咖啡,都要说话。但是这是生活方面的,在研究方面,我更愿意阅读。文言文的发音是什么,我不知道。但是我知道这是中国的传统文化，我愿意了解和研究，于是我就喜欢阅读文言文作品，而不是现代汉语的作品。我更希望知道中国古代的文化是怎么样的，它们和欧洲文化有什么不一样的地方，所以我更喜欢和重视阅读。

陈晶：您都是从阅读哪些文言文作品开始的呢？有哪些作品给您留下深刻印象呢？

魏查理：我最先开始读的是《论语》和《孟子》，就是儒家文化的作品。我特别喜欢《孟子》，孟子的语言有很多智慧。我最喜欢的篇章是《孟子·梁惠王上》和《孟子·梁惠王下》，这些篇章中的词汇、语法特别清楚，我了解了孟子关于仁德统一天下的思想。我还喜欢《庄子·秋水》，河神和海神的对话也给我很多启发。在没有看到大海之前，河神认为河很大，但是看到一望无际的大海，河就显得很小。这告诉我们在比较中，我们可以发现事物的相对性。不要轻易说一个东西很大或者很小，而是要看这个东西是和什么进行比较，所以比较是非常重要的。

陈晶：我明白了，我发现您的著作、论文中也很注重中西文化的比较。

魏查理：是的，我学到了庄子的智慧。

陈晶：您学习了古希腊语、拉丁语、梵文，能阅读文言文的作品，打下了良好的语言基础，这些对您后来的研究提供了重要的支撑，那么您又是如何确定了自己的研究方向，致力于佛教研究和美术研究的呢？

魏查理：我觉得一方面是受到老师的影响，一方面是我自己的兴趣决定的。我一直对东方语言和东方文化很有兴趣，还学习了梵文和汉语。但我在读硕士的时候，还是更注意语言的翻译和比较，那时候我的研究还没有佛教，还没有美术。后来艾惟廉教授来了，他的课程非常有趣，我很感兴趣，就当了他的博士生，在他的影响下，开始美术相关的研究。

陈晶：艾惟廉教授是美国著名汉学家，在艺术史研究领域享有盛名，能否谈谈他是如何影响您的呢？

魏查理：艾惟廉教授是美国人，他曾经在荷兰莱顿大学汉学研究院学习汉语。20世纪30年代，他到日本京都留学。第二次世界大战的时候，因为艾惟廉教授会汉语，就到了中国的重庆。战争结束后，艾惟廉教授又到了荷兰莱顿大学的图书馆。后来，他又从荷兰来到了比利时，当了根特大学的教授。他是我读硕士的时候来到根特大学的，他的课程很有趣，大家都很喜欢，我也很喜欢，就愿意继续跟着他学习，他是我的博士导师。艾惟廉教授在比利时根特大学开了一门课,课程的名字叫作文化史。但是课程的内容没有书法、没有建筑、没有音乐等,只有美术。艾惟廉教授一直在做艺术史相关的研究,他的课主要讲的是他的《历代名画记》的翻译和相关研究。艾惟廉教授不会德语,他会汉语、日语和英语,他的课程就是用英语讲授的。他用投影仪给我们看一些绘画作品,然后告诉我们应该如何分析。还有,艾惟廉教授展示一些他收集到的绘画相关的文献材料,给我们解读,这些材料都很珍贵,我们也受到很多启发。主要是他的学问好,我想知道他怎么办怎么想怎么写文章,就特别愿意和他学习。

陈畠:是的,作为艾惟廉教授的博士生,您还帮助艾惟廉教授校对过《唐及唐以前的绘画文献》,这本书至今还是西方世界有关中国古代绘画艺术的最重要的著作之一。这难得的经历是否让您对中国美术有了更浓厚的兴趣呢?

魏查理:艾惟廉教授1974年就去世了,他在比利时根特大学只有两个博士生。一个是我,另一个是一个荷兰人,可惜的是,这个荷兰人,拿到博士学位以后,没有从事教学科研的工作。我在艾惟廉教授去世以后,接手了他在比利时根特大学的教学工作。《唐及唐以前的绘画文献》这本书非常重要,因为唐代的绘画相关文献非常少,张彦远的《历代名画记》就显得特别重要。如果没有这本书,我们不知道宋代以前,中国古代绘画是怎么样的。但是《历代名画记》很长,一共有十卷。艾惟廉教授花了很多时间来翻译这本书,这么大的工作量要很长的时间才能完成。艾惟廉教授会汉语、日语和英语,这样他就能看到中国学者、日本学者和欧美学者怎么研究《历代名画记》,他的书也用了很多汉语、日语和英语的文献材料。1954年,《唐及唐以前的绘画文献》第一册出版了,内容主要是《古画品录》《续画品》和《历代名画记》前三卷的翻译和校注。当然,那个时候,我还不认识他。《唐及唐以前的绘画文献》的第一册中谈到了谢赫的"六法",艾惟廉教授把"六法"的前两个字分为一组,后两个字分为一组来翻译。这也对我很有启发。《唐及唐以前的绘画文献》第二册是在1974年出版的,那时候我负责校对这一册书。在校对的过程中,我读他的文章,了解他的观点,学习到了很多。这一册书收入了《历代名画记》的后七卷,艾惟廉教授选了于安澜《画史丛书》中的《历代名画记》点校本,翻译和校注了《历代名画记》。这样我们就能知道唐代和唐代以前,有哪些画家,有哪些绘画作品,对我们很有帮助。

陈畠：据我了解，谢赫的"六法"很受海外汉学家的重视，关于谢赫"六法"的翻译和讨论，也有丰富的成果。早在1897年，德国汉学家夏德的《中国绘画史基本文献》一书中，用德语翻译了谢赫"六法"。1903年，日本汉学家冈仓天心在《东方的理想》中介绍了谢赫的"六法"，还用英文翻译了"气韵生动"和"骨法用笔"。1905年，英国汉学家瞿理斯的《中国绘画艺术史导论》中把谢赫"六法"全部翻译为英文。1910年，法国汉学家佩初慈的《远东艺术中的自然哲学》中把谢赫"六法"翻译成了法语。此后，英国汉学家波西尔、英国汉学家宾庸、英国汉学家魏理、美国汉学家福开森、瑞典汉学家喜龙仁等都先后翻译过谢赫"六法"。艾惟廉教授的《唐及唐以前的绘画文献》中，关于"六法"的翻译和研究也非常具有代表性。您的《作为偈颂的绘画六法》中，也谈到了谢赫"六法"的翻译，可以和我们具体介绍一下吗？

魏查理：好的。有很多人关注谢赫的"六法"。除了你提到的瞿理斯、佩初慈、波西尔、宾庸、魏理等，还有很多。美国的索珀翻译过谢赫"六法"，说"六法"是动宾结构，"气韵生动"就是"通过气韵得到生动"，"骨法用笔"就是"通过用笔得到骨法"。但是艾惟廉教授的翻译是"气韵"一组、"生动"一组，"骨法"一组、"用笔"一组。高居翰认为，从语义学角度，艾惟廉教授的翻译不正确，索珀的翻译才正确。方闻说"气韵生动"是"活力、和谐的方式与活力"，也赞同索珀的翻译。还有李雪曼，他也同意索珀的翻译。我在哈佛大学做博士后研究时，也在想谢赫"六法"的问题。哈佛大学的图书馆里有很多资料，我看不同的学者对谢赫"六法"有不同的意见，每个人有自己的翻译，自己的说明。我想谢赫的"六法"应该不会那么复杂吧，也许更简单一些。

我就从语言学的角度来分析，谢赫"六法"的前四句，"气韵生动""骨法用笔""应物象形""随类赋彩"，这前四句的语法是一致，都是第三个字是动词。比如"气韵生动"，我的翻译是"As the consonance of the vital spirit produces movement"，就是"气的协调产生运动"，"生"是动词。其余三句也是这样，"骨法用笔"的"骨"是动词，"应物象形"的"象"也是动词，"随类赋彩"的"赋"还是动词。所以我觉得这四法就是四个字的偈颂，语法结构是相似的。但是"六法"的后两句很不一样，"经营位置"的"经营"是"安排构图"，"位置"是"放置、确定位置"，"传移模写"的"传移"

是"传播","模写"是"临摹"。"六法"的后两句是联合词,第三个字不是动词了,和前四句完全不一样了。从内容来说,人们在实际绘画的时候,更希望了解"六法"的最后两句。所以我觉得"六法"实际上是前"四法"加上后"二法",可能前"四法"是原来有的,后"二法"是后来的。佛教的偈颂经常是六个句子组成的,每个句子有四个字,我想,也许"六法"和印度诗歌有关系,也许可以看作早在汉代末年就形成的偈颂。

陈晶:是的,这样看来,"六法"的前"四法"和后"二法"很不一样,您是怎么具体理解的呢?

魏查理:我觉得"六法"中的前"四法"可能和道教有关系。"气韵生动"的"气"看起来像一个道教术语。三国时的曹丕,写了《论文》,里面有和"气"有关的研究,曹丕说文章是以"气"为主导的,还提到了音乐。"韵"是佚书《韵集》的标题。陆机的《文赋》中说,"短韵"是作诗需要避免的五项之一,这可能和器乐,就是琴有关系。"应物象形"的"应物"来自庄子,是"与事物相谐,与物性相适"的意思。就是道家的说法。"骨法用笔"的"骨法"让我想到王充,《论衡》中谈到了"骨法",我觉得"骨法"和人的骨架结构,还有个人性格有关系。如果你看到汉代的绘画,你会发现,很多画像砖上画的人物,他们的骨架很突出,头很大。"应物象形"的"象",意思是"相像、人像或神像"。"随类赋彩"的"赋",意思是"给予",就是我画一幅画,我用适当的色彩给这幅画涂上颜色。所以我觉得,"四法"是有道教背景的,和文学、音乐、五行、五彩有关。但是后"二法"完全不一样,它们具有佛教背景。

第五法是"经营位置","经营"是个建筑用语,就是怎么设计建筑的结构,怎么规划建筑的结构。"经"就是经度的子午线、垂直线,"营"就是圆圈、弧形。这样"经营位置"就和量度有关。佛教的文献中,也有一些自己的量度学经典,规定了画佛像的方法。在印度,人们画画的时候,会先画一个草稿。画人像的时候,先在人像的中间画一条垂直线,这就是"经"。然后,在垂直线的上面和下面画出弧线,这就是"营"。这个草稿是几何形的,是按照比例的。人的上身的宽度是固定的,有个测量的单位,汉语叫作"磔"。一磔是十二指宽。人的上身固定是五磔那么宽。"经营"就是绘画实践,在墙上确立人像的位置,画出草稿,这不需要什么技巧,是工匠就能做的,而不是画家的工作。也许是这样,中国古代的文献,没有很多提到"经营位置"的。也可能这是从印度来的，比较晚才出现，所以人们不太重视。第六法"传移模写"和时间有关。印度在绘制佛像的时候，除了人的上身的宽度是固定的，用什么样的颜色也是固定的。中国和印度都非常重视传统，在画上用固定的颜色，也有可能是从印度传到中国的，当然这和印度的佛像画有关系。所以我说第五法和第六法是具有佛教背景的。

陈畠：谢谢魏查理教授，您的观点非常新颖，您有关"六法"为什么要按"四法"和"二法"来理解的分析非常到位，我受益匪浅。这样看来，"六法"似乎不是一个人的创作。

魏查理：是的，我觉得"六法"就是"四法"加上"二法"。但是"四法"是有道教背景的，可能写"四法"的是一个和道教有关系的人，后来，有佛教背景的"二法"加入了，它们共同被整理成了"六法"。什么时候，在哪里，谁写下了"四法"，又是谁把"四法"拓展成了"六法"。这是非常值得思考的问题。可以说直到现在，我也没有办法得出满意的结论。从"气韵生动"的"气"看来，可以追溯到曹丕的时代。所以"四法"可以上溯到晋初，后来在佛教的影响下演变成了"六法"。那么谁和"六法"有关呢，我有几个猜想，可能是东晋时期的道安，道安是西域佛教佛图澄的弟子，翻译过很多佛经，又对绘画很感兴趣。佛图澄的其他弟子也有可能和"六法"有关。还有竺法护的弟子，也可能成为"六法"的作者。戴逵来自南方，懂绘画、雕塑和音乐，他也有可能写下"六法"。还有画家卫协。其实我还有很多猜想，画过佛教题材绘画的王廙、研究《诗经》的周续之、谢灵运的朋友昙隆，还有通晓"六法"的宗炳、建安七子之一的徐干等。也可能这些人，都不是"六法"的作者。我最后得出一个结论，在3世纪或者4世纪，有一位不知名的工匠，他是工匠，不是画家，记录下了"四法"，后来，人们受到了佛教人物画的启发，在魏晋时期形成了"六法"，谢赫记录了这"六法"。我认为"六法"的意思就是：一、需要天赋，才能，才会开始绘画（人物画）。二、骨，轮廓。三、皱法。四、颜色，染，绘画过程结束。五、注意量度（地点）。六、注意传统（时候）。

陈畠：所以，"六法"不是一个人的作品，而是逐步形成的，只是被谢赫记录了，人们才得以了解，并进行诠释，指导后世的绘画？

魏查理：我想是这样的。关于"六法"的讨论很多。我一直在思考这个问题，也看了很多相关文献，有中文的、日语的，广泛了解了很多人的观点。

在谢赫以后，荆浩的"六要"就和"六法"有关系。中国古代也有很多人对"六法"进行诠释。现当代的研究者，比如齐歇尔、德邦、弗罗德萨姆、高居翰、德米耶维尔、卜寿珊等，他们也有很多精彩的论述。我的导师艾惟廉教授也诠释过"六法"，但是他的研究没有获得公认，很有价值的是高居翰关于"六法"的英译。我在意大利用英文写下这篇文章，后来我的中国朋友把它翻译成中文发表。《作为偈颂的绘画六法》，主要是从源头上对"六法"进行讨论。研究"六法"的角度很多，我也一直在关注着"六法"，我还写了谢赫"六法"和佛教美术、佛教造像、道教文化的关系等文章，我感觉这样关于"六法"的研究总能发现一些新东西。当然，别的学者也可以有别的诠释，我觉得从某种意义上来说，所有的诠释都是可取的，都很有价值。

陈晶：通过您的介绍，我们可以一窥您在美术研究领域的成就。尤其是您对谢赫"六法"的诠释，也是在不断地丰富和拓展中。您的博士导师是艾惟廉教授，那么您的博士论文也是和美术相关的？

魏查理：有趣的是，我的博士论文不是美术相关的，而是佛教相关的。我的博士论文叫作《〈法集要颂经〉的研究》。《法集要颂经》是梵文"Udānavarga"的汉译，985年，在汴梁的译经院，天息灾把《法集要颂经》翻译成汉语。这是一本很重要的经文，讲了爱欲、贪、放欲、爱乐、持戒、善行、语言、业、正信等。从梵语到汉语，很多词有不同的翻译，不同的用法。我学习了梵语，又学习了汉语，就想做一个索引，把《法集要颂经》的词摘录下来，标明出处、页码，和汉语对照，方便查阅。

陈晶：那这应该算是您佛教领域研究的成果之一。

魏查理：是的，说到我的佛教研究，就要提到我的另外一位老师。在比利时根特大学学习的时候，有一位研究中亚佛教的老师，是沃尔特·库夫勒尔教授（Walter Couvreur）。他的课既有土火罗语课，又有梵语课。他的梵语特别好，课也讲得非常好，文章也写得好，我也学习他分析问题思考问题的方法。还有我学了梵语，很多佛教文献呢都是用梵语写的，我可以阅读，就能通过文献了解到很多佛教相关的情况。就是这样对佛教越来越感兴趣，然后进行研究。

陈晶：从您的专著和论文来看，您佛教研究的成果更为丰富，不但有《阿毗昙心论》《彰所知论》《造像量度经》《佛所行赞》等佛学经典的译注研究，也有鸠摩罗什、玄奘等佛学家的相关研究，还有净土宗、化地部、上座部等部派佛教研究等。也请您介绍一下。

  魏查理：当然，因为我是泰国国际佛教大学的校长，也有人管我叫"查理和尚"。我在根特大学的时候，也是讲和佛教有关的课程，不讲美术相关的课程。我在其他的国家上课、做讲座，也是讲佛教比较多，讲美术比较少，可能是研究佛教的学者比较多吧。在佛教研究中，我觉得文献非常重要，经典文献比较具体，也比较可靠，阅读文献然后分析，这是我的做法。很多佛学经典都是用梵语写的，我能阅读梵语，先从翻译开始，把梵语翻译成英语，把汉语翻译成英语，再看别人的翻译，别人是怎么理解的，我写下我的理解，可能和别人不一样，但是这些是我自己的想法。佛教经典的翻译，很早就开始了。有些是梵文的文献，翻译成别的语言，再由别的语言翻译成汉语的。如果能直接从梵语翻译成汉语，可能会有不同的理解，我就这样做了。我把梵语文献和汉语文献翻译成英语，可以用英语写文章，表达自己的观点。鸠摩罗什、玄奘等，他们都是佛教发展史上的重要人物，关于他们，可以从很多角度进行研究。鸠摩罗什在中国的影响非常大，比玄奘还要大。我写过鸠摩罗什和《妙法莲花经》、鸠摩罗什与观音的名字、鸠摩罗什的一位弟子说观音等论文。我还写过玄奘说观自在、玄奘翻译《说一切有部》正教的阿毗达磨的论文等。谈到佛教的传播，就要说到罽宾（Kaśmīra）。问题是罽宾到底在哪儿？我的研究是罽宾的地理位置大概在卡菲里斯坦至喀布尔河中下游之间的河谷平原。罽宾可能是犍陀罗文化地区，现在的阿富汗北部（古老的大夏）和巴基斯坦。公元200年之后，迦湿弥罗也是罽宾的一部分。汉代的时候，罽宾和中国就有往来。根据文献记载，张骞出使乌孙，派副使至罽宾。罽宾在丝绸之路上，当时很多商人、僧侣通过丝绸之路往来，佛教文化也沿着丝绸之路传播。罽宾是印度佛教的说一切有部的中心地，说一切有部的教义是正统。传统罽宾的西部，就是大夏，是印度佛教的说一切有部的中心地。公元200年左右在迦湿弥罗有了说一切有部的教义的新正统派。鸠摩罗什就是在部派佛教，尤其是说一切有部占绝对主导地位的环境中成长起来的。但是，鸠摩罗什的信仰是有变化的，他原来是说一切有部的佛教信徒，后来信仰大乘佛教龙树中观派。鸠摩罗什是一位伟大的翻译家，他的翻译，系统介绍了大乘佛教龙树中观派学说，也涉及了其他部派佛教。鸠摩罗什在中国的译经为佛教的传播做出了突出贡献，他刚来到中国的时候，发现人们喜欢坐禅，他就翻译了《坐禅三昧经》。他又翻译了说一切有部的经典《阿弥陀经》。因为他信仰了大乘佛教，也致力于大乘佛教经典的翻译，他宣讲并翻译了大乘中观学派的主要论书《大智度论》。鸠摩罗什是知识渊博，精通大乘佛教和小乘佛教的经典。他翻译的经论对中国的佛教宗派形成有极大的影响。其中，鸠摩罗什翻译的《中论》《百论》《十二门论》是三论宗的主要依据；《成实论》是成实学派的主要依据，里面提出了"人法二空"的思想；《法华经》和《阿弥陀经》分别是天台宗与净土宗所依据的主要经典。所以，鸠摩罗什翻译的经论对中国佛教的贡献是巨大的。鸠摩罗什精通梵文、汉语，和玄奘、不空、真谛并称中国佛教四大译经家。鸠摩罗什翻译的经论文字简练流畅，他翻译的《法华经》《维摩诘所说经》等有着很强的文学性，非常生动，对中国的语言文学也有深远的影响。我还讨论过鸠摩罗什和《妙法莲华经》的关系，鸠摩罗什说他自己"垢生莲花"，意思是他持戒不严，可能正是因为他这样评价了他自己，他才翻译了《妙法莲华经》。

陈晶：佛教研究浩如烟海，里面有很多值得发掘的问题。佛教是沿着丝绸之路传入中国的，作为一种外来文化，佛教对中国的诗歌绘画舞蹈雕塑等都有影响，最终成为中国文化的一个重要组成部分。其实您关于谢赫"六法"的研究就是一个很好的例子。您提到，"六法"中的第五法和第六法是受到印度绘画影响后增加了，具有佛教背景的第五法和第六法，进入了中国的绘画理论并且指导着以后的绘画实践。这体现了外来文化对中国文化的影响，在您的佛教研究中，还有类似的例子吗？

魏查理：这样的例子还有。丝绸之路是一条中外文化的交流之路，有趣的是，丝绸之路这个名字是外国人发现的。佛教传入中国，也有很多外国人作了很大贡献。安世高就是一个很重要的人。安世高原来是安息国的王太子，他来过中国，把印度小乘佛教的佛经翻译成汉文。安世高（2世纪）是最早期的一个翻译佛经的学者，他翻译了佛经，人们才更了解佛教。关于安世高的翻译，也有很有意思的问题。安世高好像不会汉语，那他是怎么把印度的佛经翻译成汉文的呢？当时在中国有一些人，他们去过印度地区，会一点梵文，也会一些印度地区的语言。安世高可能是和这些人交流，和他们合作一起翻译佛经。还有一种可能，就是不需要说话。菩提达摩有一种无言说教的方式，就是不需要说话，佛祖的心意已经通过默默无言的方式让你领会。可能求那跋陀罗（跋陀）的楞伽经用无言说教的方法来翻译汉文，他写下文献，然后中国人（宝云）看文献然后翻译，不需要说话。现在中国人看到古代人的观点,也是一种无言说教吧,你已经看不到古代人,也没有办法和他交流,你只能看他写的东西,然后把文言文翻译成现代汉语,然后理解。

陈晶:是的,我们现在多是通过文献和出土材料,来遥想古代人的生活风貌的。我觉得您一直都有新观点新思路,总能敏锐地发现问题。还想请您给我们介绍下您最近的佛教研究。

魏查理:我最近关注的,和女性观世音、无量寿佛、阿弥陀佛有关系。佛教从印度到中国,在文献中,印度的阿弥陀佛变成了中国的无量寿佛。观世音在印度是一个男性英雄的形象,但是到了中国,变成了女性。这一变化,是5世纪,就是魏晋南北朝时期,在中国南部发生的。我看了很多印度文文献,写了一篇文章。今年发表在印度浦那(Pune)班达卡(Bhandarkar)学院的杂志上。佛教汉译文献有古、旧、新三个时代,汉译佛教经典的原来的印度语是口语,大部分是犍陀罗语,从5世纪开始,印度国内的最流行的印度语言就是梵文。鸠摩罗什在翻译经论的时候,把梵文翻译成汉语。鸠摩罗什的弟子说过观音。现在中国大部分学者认为观音的名字和历史有关系。观音好像是一个法师的名字。玄奘翻译经论时,用了观自在的表述,但是现在大家还是用鸠摩罗什的术语,就是观世音。在玄奘的时代,就是中国7世纪的唐朝,佛像、文献里面,观世音已经变成了一个女性形象,玄奘翻译成观自在。可是玄奘应该知道,在印度,观世音不是女性,而是一个男性英雄的形象,他把观世音翻译为观自在。无量寿佛也和女性观世音有关系。南北朝的时候,在中国的南方,有了无量寿佛、有了女性观世音这样的表述,隋唐统一中国后,在7世纪,中国北方也出现了这样的用法。江南道教流行宣传西王母这样的长寿女性的形象,女性观世音和无量寿如来的名字就是受到道教的影响。

陈晶:这样的变化确实很有意思。在您的研究成果中,也有一部分体现了佛教和美术的融合。

魏查理:我既研究佛教,又研究美术。我喜欢荆浩、郭熙、北宋的绘画等。我自己最有兴趣的,就是佛教美术研究。我翻译过《造像量度经》,这是一部和"梵式"佛教绘画和造像的比例有关系的经典,这些经典实际上来源于一个习见的婆罗门教传统。这部经文告诉我们,应该如何绘画和造像。为什么说和佛教有关系呢?是因为梵文版的《造像量度经》前面有引言,引言中提到了佛陀和舍利弗对话,舍利弗问佛陀,在佛灭以后,应该要怎么造佛像，于是佛陀解释了造像的量度。藏文版《造像量度经》的汉译中，对话还是发生在舍利弗和佛陀之间，但是地点变成了舍卫城。在《根本说一切有部毗奈耶》的三个《譬喻》之中，舍利弗是一位艺术家。汉文版的《根本说一切有部毗奈耶》的《杂事》中，说佛陀将升至忉利天，在舍卫城谈话。佛陀看见远近的婆罗门徒和工匠到这里来依佛出家。这样，工匠应该怎么造佛像就和舍利弗还有佛陀都联系在一起了。汉文版《造像度量经》是从藏文版翻译过来的，翻译可能受到说一切有部的影响，属于说一切有部的传统。《造像量度经》原来是用梵文写的，藏人扎巴坚赞和印度班智达达磨多罗把它翻译成了藏文，在乾隆的时代，1741年，蒙古贵族工布查布把《造像量度经》翻译成汉语。根据文献记载，18世纪的时候，就已经有了梵文版、蒙文版、满文版和藏文版的《三藏经》。现在我们依然可以看到《造像量度经》的梵文本，所以我用了原来的梵文本，还有参考了藏语的翻译。蒙古贵族工布查布不会梵文，只会汉语和藏语，用了《造像度量经》的藏译作了汉译。我是直接把《造像量度经》从梵语翻译成了汉语。我不但翻译了《造像量度经》，我还做了相关研究。但是我发现，中国学者对这个问题的关注不多。我就写了一个《造像量度经》的研究综述，介绍了世界主要的学者是怎么看《造像量度经》的。《造像量度经》引起了世界上很多学者的兴趣。榊亮三郎介绍过梵文本的《造像量度经》，还把梵文本的《造像量度经》翻译成了日文。巴纳尔吉编辑和翻译了一个纽瓦尔的梵文写卷。然后是密特罗，他编辑了另外一个纽瓦尔的梵文写卷。密特罗编辑的这个写卷，原本可能是一个笈多体写本，不晚于10世纪。阿底峡曾经把《造像量度经》翻译成了藏文。扎巴坚赞和达磨多罗把《造像量度经》的一个梵文的注疏，翻译成了藏文，就是我们现在说的《佛说造像量度经解》。《造像量度经》有很多版本，参考了藏文本的《造像量度经》的中文注疏里，就提到了三个译本和一个注疏本。2000年，蔡金芬又根据《造像量度经》的汉语版，把这本经文全文翻译成了英文。还有我介绍了罗斯、森信、本道尔、酒井紫郎、逸见梅荣、李鼎霞等关于这个问题的研究。

陈晶：感谢您的介绍，通过您的介绍，我们了解了您在美术研究和佛教研究方面的一些代表性观点和最新研究的动态。那么还想就如何做学问这一方面来请教您的意见。

魏查理：怎么做学问，我觉得有一个因素就是坚持。我经常发现，有一些学者，他们得到博士学位，他们在大学里面教书，他们发表文章。这些文章主要是和他们的博士论文有关系的。可是他们不能一直提他们的博士论文，他们和博士论文有关的文章有一天会发完。到了55岁的时候，很多学者，好像就结束了，他们没有新题目。但是另外一些学者，他们发现了新题目，就继续做研究。我觉得很多学者学问好，博士论文很有价值，可能他们就觉得有了博士论文，就很满意。但是他们在做完和博士论文有关的研究后，完全可以再找一个新的题目，继续做研究，如果对研究有兴趣，他们可以继续写文章，继续做学问。我1972年拿到博士学位，也写了一些和博士论文有关的论文，但是我觉得还有很多别的东西可以研究。我看谢赫的"六法"，国外的学者关注得很多，反而中国学者关注得少，是大家觉得太难了吗？我觉得谢赫的"六法"的前"四法"特别具体，可以教别人怎么画画。"气韵生动"讲的是人要有能够与自然生命力达成一致的才能。"骨法用笔"就是说描绘轮廓时要有骨骼结，画好了结构，需要用皴法，表现出一定的形象。"随类赋彩"是染上颜色，有些画只用黑色，但是黑色和黑色也有不同的。有的没有加水，比较黑，有的加了水，就没有那么黑了。用了染，绘画过程就结束了。这么具体，但是没有别人发现，大家都觉得这么深、这么难。但我觉得应该把关注点放在怎么画画上来看，谢赫的时代是人物画流行的时代。我觉得无论是人物画、山水画还是别的绘画，画画的办法一样的，用的材料也是一样的。这样谢赫的"六法"不但可以用在人物画上，还可以用在山水画上，山水画也可以是黑色的，也可以是有颜色的。谢赫只是告诉了大家画画要怎么做。他说的有道理、有用，人们就学着做。1996年和2012年我都写过和谢赫"六法"有关的文章。谢赫的"六法"可能还和刘勰的"六观"有联系。但我后来又发现，还有一个"六要"。"六要"是荆浩提出来的，记录在《笔法记》里面。后来，韩拙在《山水纯全集》里面提到了"六要"，但是他进行了变更。刘道醇的《宋朝名画评》的序言里，也提出了一个"六要"，刘道醇的"六要"和谢赫"六法"类似，前面"四要"是一个整体，后面"二要"是另外的。"六要"的最后一句是"师学舍短"，最后一个字是"短"，为此，刘道醇又提出了需要追求的六件事情，就是"六长"。谢赫的"六法"提出后，其他人学习，受到影响，然后提出一些和"六法"有关系的观点。这样我一直关注"六法"，又发现了一些新的东西。我现在还有一个思考，就是"六法""六要""六长"，都是"六"，为什么不是"五"，不是"八"，而是"六"呢？这些和什么有关系呢？也许这也可以进一步研究。我就一直坚持做研究。我退休以后，也一直在做佛教研究和美术研究。一直坚持是很重要的。可能随着时间的变化，现在的你会不同意原来你自己的观点。艾惟廉教授的《唐及唐以前的绘画文献》很有名，1954年出版了第一卷。艾惟廉教授在书中说，"六法"可能和印度美术有关系，现在也有很多学者在引用他的观点。但20世纪70年代，他来到我的办公室，告诉我说他1954年的意见也许不正确，可能是因为他太喜欢印度美术了。可惜艾惟廉教授没有来得及把他的最新的意见写下来就去世了，所以我觉得，你坚持做研究，可能会发现很多新的东西。

还有一个因素就是有和你做一样研究的人。原来在美国，有很多做艺术史的人，像高居翰、方闻、卜寿珊、石守谦、宗像清彦等。很多时候是老师带着学生，像石守谦和宗像清彦，他们都是方闻的博士。还有高居翰，他是罗樾的学生。高居翰也有很多学生，罗浩、文以诚、魏玛莎等，他们毕业了也在大学里教书，他们又有他们的学生，这样研究艺术史的人就越来越多。还有很多研究艺术史的人，他们和美术馆有联系，还有的在美术馆工作。但我的研究不一样，我的研究和美术馆没有关系，和其他的人没有关系。我只是自己读文献，然后研究。原来研究艺术史的人，好多都比我年纪大，也有很多人都去世了，现在美国研究艺术史的人越来越少了，但是现在研究佛学的人越来越多了。也可能是这样，我做了更多的佛教研究，因为我能看到的文献越来越多。现在中国大陆研究佛教的人也越来越多了，我还记得我第一次来中国，那应该是1980年左右，中国佛教协会在法源寺，我就到了法源寺，那时候研究佛教的人还不多，只有北京大学的季羡林教授、王维邦教授、黄心川教授、任继愈教授等，特别少。相关的材料也不多，我还记得我搜集了很多录音带，那些都是宝贵的资料。现在中国大陆研究佛教的人越来越多了，社科院，复旦大学，厦门也有一些人在研究，但是他们的研究可能还没有达到日本、欧美的水平。也有可能是语言的原因，中国人很少会梵文，中国学者用日文材料的也不多，很多人可能只限于汉语材料来研究。但是佛教是外来文化，如果能用别的语言的材料来研究，可能会更好。欧美和日本也有很多佛教研究的成果，但是你要会英文、日文。不过，中国越来越多的人开始佛教研究了，我也很高兴看到这一变化。

陈晶：您刚才的介绍让我想到，如果研究道路上有着志同道合的伙伴，就会有更多的成果，甚至能推动整个学科的发展。还有一个问题向您请教，在学术研究中，中西方学者可能因为文化背景的不同，有着不同的研究方法和价值取向。比如在中国传统的绘画理论中，中国人的观念是"诗画一律"。这种观点以北宋的苏东坡为代表，一直影响着中国的绘画理论以及相关的艺术创作。但在西方学术界，莱辛的《拉奥孔》影响很大，《拉奥孔》的主要观点是诗歌和绘画是完全不同的两个东西，他们之间有着种种差异。这样中西方学者如果面对同样的研究材料，比如中国绘画，可能会采用不同的研究角度，我想听听您是如何看待这个问题的。

  魏查理：我觉得你这个问题非常好。第一，我自己是不太喜欢东方、西方这样的表述的。每个地区，每种文化都是不一样的。东方、西方这样的表述太模糊了。我在夏威夷，那么，新西兰是东方还是西方呢？地球是圆的，我从加州一直往西，就可以到达日本，但是按原来的理解，日本应该算是东方。这样的表述是很不清楚的，我更愿意用中国和外国来区分。有中国文化，有外国文化，有中国人，有研究中国文化的外国人。第二，我知道，每种文化都一样，每种文化都很优秀，它们有着自己的特色。中国人研究中国文化，外国人研究外国文化。但是中国人也可以研究外国文化，外国人也可以研究中国文化。中国人可以研究莱辛，外国人也可以研究苏东坡，苏东坡的竹子画也很有名。至于具体的绘画作品的理解，我觉得中国人也可以理解欧洲中世纪的绘画，外国人也可以理解中国传统的绘画。我们都是平等的人，都有研究的自由。我们可以互相学习，我们接受的教育不一样，我们看的文献材料不一样，我们的兴趣爱好不一样，但是我们可以研究一样的东西。文化与文化之间，有不一样的地方，也有一些共通的地方。而且我还觉得外国人研究中国文化有一个优势，就是外国人是在外面，向里面看的。中国人研究中国文化，置身其中，就是在里面，你的观点可能就局限在里面了，但是你如果从外面往里面看，可以以一个更广大的视角来看问题，你知道中国古代的人觉得诗歌和绘画有着很多共同性，它们是类似的东西。你还会知道，莱辛觉得诗歌和绘画有着那么多的不同，它们是不一样的东西。里面的人和外面的人应该进行合作，这样会得出更真实的观点。还有不要局限于一个观点，不要去想诗歌和绘画到底能不能作为一个东西来看，而是可以有不同的观点。中国人可以向外国人学习，外国人也可以向中国人学习，中国人从里面看，得到的观点也很有用，外国人从外面看，得到的观点也有用，如果愿意合作，要双方在一起。这样观点就会越来越多，也会有更多有意思的问题被发现。

陈晶：是的，我们身处不同的文化地区，应该通过合作，可以更立体全面地来研究问题。我看过您 2011 年在同济大学演讲的新闻，您当时冷静地指出，现在欧美很多汉学研究和中国研究过于注重形式，研究中国的语言、文化、政治、经济，忽略更深层次的文化内涵。请问您现在是如何看欧美的汉学研究热的呢？

魏查理：我觉得首先应该把汉学和中国学区分开来。汉学是"sinology"，是和传统文化有关系的，研究的是文言文、文化、文明，汉学家可能不会说汉语，但是他们能阅读文言文。中国学是"Chinese Studies"，是 20 世纪 40 年代出现在美国的，那时候有很多人想要了解中国的政治、经济、社会文化等，研究中国学的人他们的汉语很好，他们想要更多地了解中国。中国学非常实用，可以说话、吃饭、逛街、做生意。北京语言大学里就有很多学习汉语的人，但是他们很多都是研究中国学的，说汉语对他们找工作、做生意有帮助，但是他们可能对绘画理论这样的传统文化不感兴趣。但是无论是汉学家还是中国学家，他们都更愿意被叫作汉学家，可能是汉学家听起来比较高级。在实际的研究中，还是需要把汉学家和中国学家区分开来，他们的研究对象是不一样的。第二是现在研究汉学的人越来越多了，汉学家的影响力也是越来越大。在中国，也有越来越多的中国学者开始看汉学家的研究，参考汉学家的成果。像我研究印度文化、中国文化，我一直感兴趣，就一直做研究，我可以一辈子研究。同时我也明白，需要中国学家，人们需要做生意，需要说话，需要对中国有更多的了解。我 30 岁的时候，汉学家不多，但是中国学家更少。但是现在，汉学家的数量可能也有变化，可能比以前多，但是中国学家越来越多了，现在是中国学家是大部分，汉学家是小部分。很多人就把汉学家和中国学家混为一谈了。但是我发现，如果一个汉学家去世了，他的文章他的观点，还是持续地在学术界有影响。可能 50 年以后，我们还在参考他的文章，参考他的观点。但是一个中国学家去世了，可能就没有那么大的影响，人们很快就忘记了。

陈晶：诚如您所说，汉学家去世后，他的影响一直在持续着。今年 3 月，法国著名汉学家谢和耐去世了，我也相信，他的著作是永恒的，还会有人继续阅读他的著作。感谢您接受我的采访，感谢您使我能分享您的学术经历和您的学术精神。祝愿您在中国一切顺利！

（陈晶　北京语言大学中华文化研究院）

论《史记》在西方的传播与研究
——美国汉学家侯格睿教授访谈录

魏 泓

魏泓：您好，非常荣幸您能接受我的访谈！您是教授中国历史的美国汉学家，请问您和中国历史的缘分是怎么建立起来的？您为什么对早期的中国历史更感兴趣呢？

侯格睿（Grant Hardy）：当我开始上大学的时候，我修了两个学期的古希腊语，因为我对古代的世界和思想史感兴趣。在上完大一后，我自愿为耶稣基督后期圣徒教会（Church of Jesus Christ of Latter-day Saints）服务两年。你不能自己选择要去哪里服务，于是有一天我收到了一封信告诉我将要学习汉语普通话、去台湾服务。在这之前我对中国没有什么感觉，但在台湾服务期间，我开始对中国的语言、文化、历史着迷起来。这个历史悠久又深奥复杂的国家对希腊与罗马一无所知。我不再觉得自己是位伟大的传教士，我已经被中国深深改变了。在返回到美国之后，我继续学习汉语，同时还继续学习希腊语。但当我读研究生的时候，我完全倾情于汉语了。我获得了中国语言与文学的博士学位，博士论文是关于司马迁《史记》的。毕业之后，我开始教授中国历史的课程，也就完全转向了中国历史。

我对西方的作家，例如荷马（Homer）、柏拉图（Plato）、亚里士多德（Aristotle）、希罗多德（Herodotus）和修昔底德（Thucydides）等很早就产生了兴趣，这个兴趣吸引了我去研究同样伟大的哲学家如孔子、老子与司马迁，并进行人物比较。我喜欢他们开辟新的学术研究领域的方式，他们分析和阐述了特定的世界观，而且他们看待世界的方式几千年来具有无与伦比的巨大影响力。再者，我发现他们的作品感人而鲜活，启迪着我的个人生活。此外，我也对孔子经典在中国历史中所起的作用觉得好奇，因为它和西方的圣经有些类似。

魏泓：您喜欢历史，中国历史悠久、引人入胜，所以您最后转向学习中国历史。您更热爱中国早期历史，而您在对中国早期历史的研究中，更热衷于《史记》的研究。请问您是怎么接触到中国典籍《史记》、并逐渐对《史记》产生了特别兴趣的？

侯格睿：我于1980—1982年居住在台湾的时候，我读了狄百瑞（Wm. Theodore de Bary）、陈荣捷（Wing-tsit Chan）与华兹生（Burton Watson）共同编撰的《中国经典选集》（*Sources of Chinese Traditions*）一书。这是一个关于中国古典文本的开创性选集，它向整整一代美国人介绍了中国文明的范围和丰富内容。我被其中华兹生所介绍与翻译的司马迁的《报任安书》一文吸引住了，它引导我去读华兹生两卷本的《史记》翻译，我发现我热爱《史记》。但是，关于中国历史的这个巨作却很少有英文的学术研究，这让我感到惊讶，于是我决定《史记》就是我想要研究的内容。

魏泓：您首先是通过文学史的介绍与华兹生的翻译而开始接触到《史记》的，于是，您与《史记》结下了不解之缘。翻译是《史记》传播的重要方式，它在西方已有几个英文节译本，您愿意评论一下《史记》英译本在美国、在西方的传播与接受情况吗？

侯格睿：《史记》的英文翻译主要有三个。一是华兹生于1961年出版的 *Records of the Grand Historian of China*，这个书名让《史记》听起来有点像小说，但也具有质朴流畅的语言与很强的汉学研究精确性。这是我所喜欢的翻译，对新学者来说它是个理想的入门译本。不幸的是，它省略了周朝和秦朝的许多篇章。华兹生后来增补了秦朝翻译内容，于1993年重印出版，并把所有的名字改用拼音来表述。第二个主要的翻译是杨宪益与戴乃迭的 *Records of the Historian*（1974）。这个译作不似华兹生的翻译明快与审慎，但它拥有自己的优势，它含有华兹生所漏掉的几个篇章的翻译，比如伍子胥、孔子与孟子的传记。自从1994年以来，倪豪士和他的合作者们翻译与注释了多卷《史记》（*The Grand Scribe's Records*）。比起华兹生流畅的翻译，它们较难以阅读，但是它们提供了更多的信息，对那些需要特别了解历史细节的历史学学生非常有益。我不确定是否有读者会对这些译本一见钟情，但是它们对通过华兹生而逐渐认识司马迁与《史记》的读者提供了更为有用的后续版本。对于两者的关系，就像我在一篇书评中所说的：两个翻译很不相同，但却奇妙得互补①；华译本的读者可能会更多，但是，被华译吸引的读者可能会去读倪译，进而再去读原著；华兹生优雅的翻译会继续发挥作用，特别是对那些主要兴趣是把《史记》作为文学作品阅读的读者而言②。

　　魏泓：《史记》的翻译与文学史的选编大幅度促进了它在西方的传播、阅读与接受。西方背景下的读者对《史记》往往有着不同的解读。作为汉学家的您对《史记》有着中西结合的独到阐释。您认为中国古代的历史学家司马迁的多重叙事法对现代西方理论能起到启示作用。您在专著《青铜与竹简的世界：司马迁对历史的征服》提出了一个创新而富有挑战性的审视，您以比较视域透视了中西历史写作异同，详尽分析与论述了司马迁撰写历史的方法，认为司马迁以自身的遁形达成了较客观的叙述，让读者自己阐释，从而构建了一个再现世界的小宇宙。您能再综合阐述一下您的见解吗？您愿意综述一下《史记》在西方的研究吗？

　　侯格睿：《史记》一直被西方历史学家用作中国早期历史重建的主要来源，也是中国早期文学散文的一个重要范例。20 世纪的大部分时间里，司马迁的《史记》也曾被誉为"剪贴式"（"cut-as-paste"）的历史；有些西方学者认为这是一种比西方传统历史写作模式更为客观而公正的撰史方式。也就是说，历史学家通过将自己的观点和判断保持在叙述之外、而只简单地再现他对史料来源的摘录，从而对过去提出了相对客观的看法。我自己的作品认为：司马迁更善于通过积极的编辑来塑造他的材料，以突出意识形态的诠释、道德评判以及他对历史人物的深切同情。在更多最近的作品中，西方学者通过《史记》文本来寻求政治合法性的识见、中国文化和文化身份的构建、历史自我意识的起源以及文学叙事形式的发展等内容。

　　魏泓：我发现《史记》研究于 20 世纪 90 年代卓有成效、论作迭出。您愿意特别介绍一下 90 年代以来、特别是新世纪以来《史记》在西方的研究情况及趋势吗？

　　侯格睿：在我写《青铜与竹简的世界：司马迁对历史的征服》（1999）一书之前，杜润德（Stephen Durrant）已经出版了一部专门研究司马迁的论著

---

① Hardy, Grant. His Honor the Grand Scribe Says, *Chinese Literature*：*Essays*，*Articles*，*Reviews*，Vol. 18，1996：146.

② Hardy, Grant. His Honor the Grand Scribe Says, *Chinese Literature*：*Essays*，*Articles*，*Reviews*，Vol. 18，1996：151.

《模糊的镜子：司马迁写作中的压力与冲突》（*The Cloudy Mirror: Tension and Conflict in the Writings of Sima Qian*, 1995），还有好几篇重要期刊出版的文章是关于《史记》的。我不认为新世纪以来西方学者们对《史记》失去了兴趣，还可能会有增强的趋势，因为倪豪士始终在翻译《史记》，这让学者们对中国早期历史中《史记》之前与之后的典籍有了更为广阔的研究视野。史嘉柏（David Schaberg）的著作《模式化的过去：中国古代史学的形式和思想》（*A Patterned Past: Form and Thought in Early Chinese Historiography*, 2002）与李惠仪（Wai-yee Li）的著作《早期中国历史学的可读性》（*Readability of the Past in Early Chinese Historiography*, 2008）论述了《左传》与《国语》的内容。最近，奥伯丁（Garret Olberding）的著作《模糊的事实：早期中国历史学的证据》（*Dubious Facts: The Evidence of Early Chinese Historiography*, 2012）是从《汉书》中取材。但在这些书中，《史记》经常作为背景而浮现，成为比较的依据。我也应提及杜润德、李惠仪、戴梅可（Michael Nylan）与叶翰（Hans van Ess）所撰写的著作《司马迁的〈报任安书〉》（*The letter to Ren An & Sima Qian's legacy*, 2016），这个也是新的研究。

  魏泓：新世纪以来，西方对中国历史的研究呈现出更为广阔的视野。我发现西方学者的论作中往往渗透着比较精神。他们对中国传统历史叙事颇感兴趣，常把中国历史叙事与西方历史叙事相比较。更常把司马迁和希罗多德的叙事进行比较论述，如，华兹生的专著《司马迁：中国伟大的历史学家》（*Ssu-ma Ch'ien, Grand Historian of China*）（1958）、Thomas R. Martin 的专著《希罗多德和司马迁——第一位希腊的和中国的伟大历史学家》（*Herodotus and Sima Qian: The First Great Historians of Greece and China*）（2009）和您的专著《青铜与竹简的世界：司马迁对历史的征服》（1999），等等。您有些论作是从叙事学角度来研究《史记》的。那么，您认为《史记》叙事与西方历史叙事有什么不同吗，您能整体上介绍一下中西方历史叙事的区别吗？

  侯格睿：西方的历史叙事受到希罗多德和修昔底德的影响，他们的作品往往突出一位专家解说员，这位主要叙事者以线性方式来引导读者阅读历史（虽然偶尔会有分支叙事）。西方读者会一直意识到作者的存在，他在讲故事、在提供判断。历史不是过去的自我再现，而是作者对过去概念的再现。西方历史的主导模式就是全知叙事者的真实叙事，统一的行为按照时间顺序安排。《左传》更像《圣经》的历史部分，它大致按照时间顺序展现出更为开放的叙事集合体。《史记》把历史分割成无数的重叠章节，虽然有名义上的编者司马迁，但他很少以自己的声音说话。他宁愿给读者这样的印象：这些故事在为他们自己说话。对于西方读者而言，《史记》最惊人的特点是叙事者的自我遁形，没有统一的叙事声音（司马迁经常拒绝以自己的声音进行解释）；没有始终的连贯性与流畅性，缺乏明确的叙事结构。《史记》在中国的"标准历史"中极具影响力，但是在西方历史学中却没有像编年——纪传体那样的形式。简言之，中国历史叙事（特别是《史记》叙事）与西方叙事相比有几个主要的不同之处：缀段式而不是统一性的叙事，非个人的而不是有个叙事者自始至终的叙述；主要引用历史而不是自我解读的叙事。

魏泓：《史记》博大精深、魅力非凡，除《史记》外，您还觉得中国别的什么历史典籍富有吸引力与影响力？

侯格睿：《左传》也是非凡的历史著作，杜润德、李惠仪、史嘉柏新的《左传》翻译于2016年出版，让人深感振奋。直到现在，英语读者一直在读理雅各（James Legge）1872年所全译的《左传》，当然这个翻译年代久远、需要更新。我希望新的翻译会让更多的读者接触到这部伟大的作品、并能深入了解它。

魏泓：美国去年新推出的《左传》译本必将大力促进它在西方的传播与接受。您能否谈一谈现阶段中国历史典籍在西方的传播以什么样的翻译方式最为合适，为什么呢？

侯格睿：对于想感知早期中国历史典籍的辉煌与精彩之处的西方人来说，我仍然认为华兹生的翻译风格最为合适。名字和复杂的叙事对西方读者有时来说非常困难，所以译本中有些注解颇为有益。例如，华兹生把《史记》130章中的总结内容分离出来，并把相关的部分附加到每个对应的翻译章节中去，这是一个非常好的决定。我怀疑西方读者更可能把历史作品作为文学而不是作为详细的历史信息来源来阅读，因此对于希望畅销的翻译来说，表达生动的文字与故事效果是必不可少的。

魏泓：华兹生生动且可读性强的翻译激发起您对《史记》的浓厚兴趣，您在专著《青铜与竹简的世界》的开篇"致谢"中特别表示："我对从未谋面的华兹生是多么感谢！"[1]《史记》翻译家倪豪士教授也高度称颂华译《史

---

[1] Hardy, Grant. *Worlds of Bronze and Bamboo: Sima Qian's Conquest of History*. New York: Columbia University Press, 1999: ix.

记》:"毫不夸张地说,许多后来的美国学生就是通过华兹生的翻译而开始接触《史记》文本的,当然我也不例外。"① 华译《史记》颇受欢迎、影响深远,对《史记》在西方的传播与接受起着至关重要的作用。另外,您能谈谈中国历史典籍在西方的整体传播与接受情况吗?

侯格睿:西方人常对中国历史感兴趣,因为就政治、经济与文化而言,中国是世界的重要组成部分。不过,西方人通常对现代的中国历史更感兴趣(中国在过去的一个半世纪里奋斗与发展的故事是世界历史中最伟大的故事之一)。不过你或许指的是关于早期中国的历史,对许多美国人而言,他们的兴趣始于电影,例如,像张艺谋的电影《英雄》会让学生们接触到《史记》。我的许多学生们对三国时代感兴趣,这让我觉得惊讶,主要原因在于他们熟知《三国演义》的电视剧,还有吴宇森导演的电影《赤壁》。

魏泓:最后,关于中国历史典籍在美国、在西方的传播,您还有什么话想跟读者分享吗?

侯格睿:我能在美国教授中国历史真是非常荣幸!我的一些学生接触到中国历史这个领域,因为他们通常对中国文化感兴趣,他们也经常对中国哲学或中国武术感兴趣。最近我发现我越来越多的学生在中学已经修过汉学普通话课程。我的学生们都能认识到在几十年之后中国在他们的生活中将会是多么重要!作为一名教授,我尽力鼓励学生的兴趣,特别是当我在世界历史或人文课堂上讨论中国的时候。当学生们能够选择研究中国历史的课程时,我会让他们去阅读中国历史课本,并将其作为主要的信息来源。我总是对优秀的译作充满了感激,希望能涌现出越来越多的优秀译作。

结 语

侯格睿教授由于历史机缘而渐渐倾情于中国的历史文化,并最终走上了教授与研究中国历史的道路。他深入浅出地谈论了《史记》典籍在西方的传播问题。他本人是通过狄百瑞、陈荣捷与华兹生共同编撰的《中国经典选集》而开始接触到《史记》的,被其中华兹生所译的《史记》内容深深吸引。他

---

① Nienhauser, W. H. Jr. *A Century (1895-1995) of Shih Chi Studies in the West*Asian Culture Quarterly, 1996 (1): 9.

认为华兹生、杨宪益与戴乃迭、倪豪士团队的《史记》英译本最为重要,三者之间各不相同,而又互相补充。《史记》研究在20世纪90年代论作迭出,新世纪以来有了更广阔的研究视野,而且倪豪士教授多年来持续的《史记》翻译引发了西方学者对《史记》之前与之后的中国典籍的研究兴趣。侯格睿教授综述了包括自己在内的西方学者对《史记》的认识与研究,总结了中西方传统历史叙事的不同之处。他认为华兹生流畅生动的《史记》译本是当前比较受欢迎的翻译形式,尤其对于初学者来说。电影也是激发学生兴趣、传播中国历史文化的一种有效途径。他预见中国将会在国际舞台中扮演越来越重要的角色,并着意引导学生去学习中国的历史文化。侯格睿教授言简意赅,但词约意丰,富含启示意义,能予《史记》的翻译与研究以及中国典籍的对外传播提供参考与借鉴。最后,补充一句,这篇文章是笔者英文访谈后再译成中文的,并得到了受访者的最后确认。

(魏泓　北京外国语大学博士生,淮北师范大学副教授,美国威斯康星麦迪逊大学访问学者)

·法国汉学研究·

法国汉学家白乐日及其国际视野（下）

耿 昇

摘 要：法国汉学家白乐日具有令人羡慕的学术背景、广泛的人脉关系和浓厚的学术功底。在他短暂的一生中，在汉学研究中取得了不菲的学术成果，开创了法国乃至整欧洲汉学研究的新领域。由于各种原因，他在中国长期处于被"埋没"之中，值得我们作一番简单研究。

关键词：白乐日 汉学 宋史研究计划 中社会经济史

四、白乐日与布罗代尔

有关白乐日与布罗代尔的关系，笔者于上文也已断断续续地有所触及。对于他们二人之间的关系，有三个问题必须澄清。

第一个问题是在白乐日于1955年3月20日被选入法国高等实验学院第6系前后，他们二人的关系究竟如何。同一天，负责审查候选人的委员会也一致同意推荐了雅克·贝克（Jacques Berqne）、路易·杜蒙（Louis Dumont）、叶理世夫、谢诺和谢和耐。这6个人的任职从1955年4月1日起生效。他们是由教育部高教司列入1955年预算而设计的教席。吕西安·费夫尔于一次会议上重提了教育部对高等实验学院第六系的承诺：实施"一系列针对中东与远东的现状和历史的全新教育"。这些招募符合在第六系内设置多个研究世界大文化区域的研究中心的逻辑。白乐日于其中负责创建并主持中国研究中心。

第二个问题是明确的文化交流，这也是同样的史料得以使众人窥视到的情况：布罗代尔通过阅读白乐日的著作，而向他提出的问题和做出的答案、研究的信息和方向。白乐日也从相反的方向帮助布罗代尔。

最后，学者们都在一个更加广泛的领域，提出白乐日对布罗代尔著作的影响问题，尤其是在布罗代尔的《物质文明、经济和资本主义》一书的写作过程中更为如此。这部著作是分两个时段先后出版的，而且其第 1 卷是单独出版的①。但这部书中既没有注释，也缺少参考资料，被列入到了《世界命运丛书》。这套丛书首先是由吕西安·费夫尔推出和其后由布罗代尔亲自主持出版。其他 3 卷的最终文本，只是在 12 年之后的 1979 年才出版，它们已经不再被列入那套丛书之内了。布罗代尔于 1979 年版本的导言中，承认了他们欠白乐日的多种文债。作为史学家，他决定将其视野扩大到分别在伊斯兰国家（10 年在阿尔及利亚）和美洲（4 年在巴西）的居留与学习，对其创作大有裨益。但只是布罗代尔通塞尔日·叶理世夫（Serge Elisseeff）的解释和施教才认识了日本；由于白乐日、谢和耐和龙巴尔（Denys Lombard）等人的协助，他才得以认识中国。

为了具体解释白乐日与布罗代尔之间的私人关系，有一种资料便是他们之间的通信，它们是由自第 6 系历史研究中心创建以来，历任布罗代尔的秘书们保存下来的。它们主要是由布罗代尔收到的书信以及他口授的复写信件组成件，主要是介于 1949—1985 年间的，先由布罗代尔夫人保存，后收藏于汉学研究所，对外开放。白乐日的档案共包括 14 封信，介于 1954 年 10 月 31 日到 1962 年 11 月 16 日，再加上继其最后一年的 1963 年 11 月 29 日的白乐日讣告。其中还包括布罗代尔致白乐日的两封很正规的打字本书信，有 8 封信是白乐日致布罗代尔的。其他 3 封信是由白乐日书写或由他寄出书信的抄件。他认为它们非常重要，而必须向布罗代尔通报。其中的最后一种文献，是由戴密微起草的，系白乐日在第 6 系任职候选人的报告。此外还有布罗代尔与其夫人致白乐日的 4 封书信，介于 1958 年 1 月 21 日至 1962 年 2 月 5 日之间②。白乐日致布罗代尔的第一封打字本的书信，一开始就讲到了白乐日于其所做的学术报告《中国城市、行政和司法制度史》，后于 1954 年发表于让·博丹（Jean Bodin）学会的《文集》中。这封书信的第 2 段讲到了他对中国宋史研究计划的欢迎："戴密微先生非常正面的欢迎我的《宋史研究计划》，他

---

① 布罗代尔《物质文明与资本主义》，巴黎：阿尔芒·科兰出版社，1967 年。
② 莫里斯·埃玛尔（Maurice Aymard）《白乐日与布罗代尔》，载《白乐日的活动》第 37 页以下，巴黎，2010 年。

也非常高兴地看到我受到您的热情接待。"白乐日信中最后表露了其目的，即为法国国立科研中心中国近代史专业的候选人、中国秘密会社和义和团运动研究专家，在汉学研究所讲座的听众中占据着重要的位置。

1955年3月20日，白乐日被选入法国高等实验学院第6系。因为他当时正负责巴黎大学汉学研究所的中国历史讲座。他自1949年起便任法国国立科研中心的助教，自1954年便临时负责第6系的讲座，部分地取代了正在日本出差的路易·勒努（Louis Renou）。戴密微在会上强烈地支持候选人谢诺，而布罗代尔则支持白乐日。在这一年于第6系举办的有关中国的学术报告会中，出席者有白乐日、谢和耐与谢诺、李嘉乐；在1956—1957年间，又增加了叶理世夫[1]。

白乐日与布罗代尔的交往，主要是由克莱芒·哈勒牵头安排的。[2] 因为正是他继戴密微之后，向白乐日宣布了选举结果以及选举中的具体情节。投票人共有29人。雅克·贝格和路易·杜蒙各自获28票，叶理世夫和谢诺各自26票，白乐日25票，谢和耐24票。[3]

五、白乐日对布罗代尔的影响

布罗代尔以他自己的方式阅读和诠释白乐日的著作，并将其精华吸收到自己的著作中。一项调查证明，布罗代尔对白乐日著作的强占远远多于忠实的征引。布罗代尔曾公开地承认过这种影响，无论是在其著述中，还是在口

---

[1] 请参阅《法国高等实验学院第6系年鉴》中有关年份的综合报道。

[2] 克莱芒·哈勒（Clément Haller）在卸任他亲自创建的奥地利萨尔茨堡（Salzburg）讲座的教席（1946—1948）之后，便定居在巴黎。他是哈佛大学的博士生，于1950年左右进入布罗代尔与费夫尔的亲信圈子。他从1952年起，便在第6系主持讲座，并参与有关中世纪信贷史的教学。哈勒于1955年4月14日取代了被当时的法国总统孟代斯—佛朗斯（Pierre-Mendès-France）任命为驻阿尔及利亚总督的苏斯泰尔（Jacques Soustelle）。他作为奥地利血统和取得美国国籍的学者，却以其与美国学术机构和基金会的联系，以及以他组织科研的想法，而在法国高等实验学院第6系树立了其权威。他组织了布罗代尔于1955年10月的赴美旅行。他于1955年春天，将集中了同年选出的研究导师们的讲演纳入到了布罗代尔的教学范畴中，特别是主持莫里斯·龙巴尔有关印度洋中的伊斯兰世界与中华世界之间关系的讲座。他在创建文化圈（中国、印度、俄苏社会等）的研究中心中扮演了重要角色，并于1957年被任命为第6系的秘书处和文化圈研究的协调处工作。

[3] 见高等实验学院1955年3月20日星期天会议纪要。

头中均如此。但这种做法却受到了马克·埃尔文（Mark Elvin）的严厉批评①。她用一种几近于"推翻偶像"的言辞，既提示了白乐日对于布罗代尔过分夸大的影响，同时又揭示了布罗代尔继白乐日逝世后，是怎样作为特殊的灵感启发者和信息提供者而取代他的，无法将使他随时获取有关中国史研究的最新成果的年轻汉学家们吸引到他身边。因此，布罗代尔可能犯有双重过失：首先是过分地相信白乐日，其次是过分执着于一种自19世纪60年代末已经变得过时陈旧的资料。他可能盲目地接受了白乐日有关中国官制和国家长期对社会监护造成的瘫痪性影响的观点。其实，正是这种影响遏制了中国制经济发展和社会变迁，而本来可以平等地与国家政权对话的中国资本主义的出现，是可以促进这些发展与变迁的。布罗代尔对于李约瑟（Needham）有关中国科学与技术的著作根本不知道，至少是他从20世纪60年代末修订其有关中国历史和经济的著作时，尚未阅读过下述汉学家们的著作：郝若贝（Robert Hartwell）、周藤吉之（1907—1987）、施坚雅（William Skinner）及其合作者，甚至是埃尔文本人的著作。但布罗代尔手中至少掌握有白乐日对李约瑟于1956年发表的《科学思想史》第2卷《科学与中国文明》的书评。既然布罗代尔没有明确地指出其具体参照之处，却又装出一副大权威理论对话家的姿态，于其1963年的教科书中，分三次概括和讨论了中国思想。他首先讨论了中国以及人们记录下的中国知识发展迅速，特别是中国的财富早熟，甚至是中国科学的现代性。但埃尔文似乎忘记了，白乐日有关资本主义的3卷著作是集中在14—18世纪的，而白乐日计划中却只有宋代。布罗代尔除了支持白乐日的宋史研究计划之外，还特别强调宋代的成就：农业、人口、航海技术、纸张和火药的发明等。

　　对于布罗代尔来说，没有任何规则不受特例之破损，而且还是有许多特例。如在灌溉问题上，它必然会突出社会的秩序和农民依附性之间的关系。

　　我们今天可以看到，布罗代尔从白乐日著作的阅读中以及与之交谈中，所获得的内容，我们也可以看到布罗代尔是怎样形成其某种中国形象的，这可以使他于其书中采纳适当的言辞，并且使他得以回答向白乐日提出的问题。

　　在布罗代尔与白乐日会见期间，布罗代尔实际上正在同时主持两项完全

---

① 马克·埃尔文《布罗代尔与中国》，载由马利诺主编的《早期近代史与历史科学》第225—254页，特鲁曼州立大学出版社，2002年。

不同的工程：一方面是准备其《地中海》一书的第 2 版（1966 年）；另一方面是撰写一部《前工业化时代欧洲的经济史》，这是费夫尔于 1952 年委托给他的，其第 1 卷于 1967 年出版，经过大幅度修改后而于 1979 年出版了其 3 卷本。他有关现时史的著作《现今世界》，恰于白乐日逝世那年初版，后被译成多种版本。

  布罗代尔在撰写其 14—13 世纪之间欧洲经济史时，才在中国问题上动用了白乐日的知识与建议。当布罗代尔于 1979 年出版其 3 卷本的《物质文明、经济和资本主义》时，仍于其序言中感谢白乐日向他提供有关中国的知识。布罗代尔于其 1963 年的教科书中，第 1 章是有关"古典中国"的问题（宗教、政治、社会和经济），第 2 章是有关"今天和昨天中国"的问题。这几段文字（总共 47 页）对于今天来说，则具有三重意义。首先是布罗代尔于著作中，敢于全面地，而不是在与欧洲相比较的范畴内，来论述原模原样地表现出来的中国历史和文明。这是他为中学最后一个年级的学生，至少是为其教师而撰写的教科书，以一种通俗的和缜密连贯的形式而推出其思想，但它们却并不因此而成为通俗作品。布罗代尔正是在这些作品中，以最明确和最强有力的方式欠下了白乐日的文债。他们之间于 1962 年 1—3 月间的来往书信表明，白乐日不仅仅向布罗代尔奉献了两篇文章，而且还有一篇总结性的定稿文章。白乐日不仅将这些文章送给了布罗代尔，而且还送给了谢和耐与龙巴尔，这些文章后来被收入到《物质文明、经济和资本主义》一书中了。布罗代尔认为，中国文明至少已经持续有 4000 多年的历史了。它有 4 种长持续。第 1 种长持续是"大大早于三大宗教的儒释道的宗教生活持续之久，因为三大宗教均是在古老宗教之水中游泳……最后都彻底在那里沉没了"。这是布罗代尔从阅读葛兰言的著作中获取的灵感，他将自己有关一种很古老的宗教生活的观点运用到中国了。第 2 个"长期持续"是从公元前 221 年到公元 1911—1912 年，共持续 2000 多年，其标志是"君主专制，"它与一支官吏文仕队伍并存。中国在蒙古人于 13 世纪统一中国后，"近代"意义上的"中国"才出现，从而赋予了"中国的新主人"在其整个国土上的力量。正是在白乐日资料的帮助下，布罗代尔才写道："初看起来，现今的中国特别脱离常轨和完全崭新的面貌，却与一部令人骄傲的历史相联系，而在共产主义制之前的悲惨世纪（1840—1949 年）却大大地伤害了这部历史。"

  在布罗代尔的《物质文明》一书中，有 150 多页的文字带有明显的白乐日影响的痕迹，它们充分地说明了他们之间学术交流的性质。他于其书第2章的最后3页文字中，公开承认概述了白乐日的观点。他还于其有关古代中国的第1章第224—238页中，在论述中国官吏时，曾两次提到白乐日的名字。他于全书中加引号引证了许多有关中国的论述，这或者是直接借鉴白乐日的文章，或者是由白乐日于1962年1月中旬寄给布罗代尔的札记。它们大都是白乐日于1962年发表的《历史中国与新中国，连续性与断裂性》中的观点。布罗代尔特别是利用了白乐日的两篇文章：《中国官僚社会的持久性》（1959年）和《资本主义在中国的诞生》（1960年）。布罗代尔特别使用了其他汉学家们的研究成果，如葛兰言、马伯乐和戴密微的著作。此外，布罗代尔还按照白乐日的建议，在有关中国城市问题上，参阅了西方旅行家们的著作，如蒙特高雄诺（Fra·Giovanni de Montegovino）① 或德·拉·科斯特（A. de La Coste）② 神父的游记。

在布罗代尔构思其未来10—15年的研究方向的时候，白乐日已经进入了他的学术与人事氛围。布罗代尔当时不仅仅需要准备其《地中海》一书的第2版，而且还要为他刚刚着手的费夫尔著作进行设计与撰写，此书直到1979年才完成。布罗代尔还要为高等实验学院第6系选择方向，他当时正任该系的秘书，招募人员以创建文化圈研究中心，并且还要主持他亲自创建并领导的历史研究中心的工作。布罗代尔于1954年8月4日致信瓦迪姆·叶理世夫："历史研究中心决定从事有关欧亚历史的比较研究，并开始出版一种季刊、几卷文献和译著。我强烈希望您能帮助我们完成这项计划，特别是利用您的日本之行，建立交流关系并寻找合作者。"次年2月5日，叶理世夫便要求白乐日"安排紧急会见"。由此可见，布罗代尔在几部传世名著中，均接受了白乐日某种程度的帮助和影响。

布罗代尔在与白乐日交流中并在他的帮助下，便亲自确定了一种中国观。它在不只一点上背离了当时汉学家中的观点，但它很符合布罗代尔为其书确定的新方向，也就是在欧洲与世界上其他大文明之间的比较，从而权衡它们各自的落后与先进程度，并对欧洲在14—18世纪这一特定时期所取得的决

---

① 蒙特高维诺（1247—1328）是意大利人。他于1289年被教皇英诺森四世（Innocent IV）派往中国元代的汗八里（北京），蒙古汗同意他在中国创建一个传教区，他于此后又任北京大主教。

② 德·拉·科斯特（1578—1629）是西班牙耶稣会士。他于1625年在广东海岸遇海难，后往返于广州、肇庆及梅州地区，著有《中国游记》（1626—1629年之间）。

性优势。中国在使用犁铧的农业文明于欧亚大陆另一极,扮演着重要角色。

今天,根据中国经济史研究所取得的巨大进展,学者们对布罗代尔的这些观点会提出质疑。因为布罗代尔1979年著作出版时,它所依靠的信息已经过时了。尽管布罗代尔做出了力所能及努力,但他时还是屈服于"西方民族主义"。正是这种主义,才将史学家从科学和技术的立场推向了否认或缩小了欧洲向中国所借鉴的内容境地。埃尔文认为随着比他小三岁的白乐日的去世,布罗代尔失去了能为他提供最重要信息的人,也失去了一个可向他请教的高水平的专家。实际上,继白乐日之后,布罗代尔还不断请教叶理世夫、贾永吉(Michel Cartier)和龙巴尔(Denys Lombard)等人。

20世纪50年代初至60年代,出自布罗代尔与白乐日的交流的那些文章,都属于上述研究范畴。布罗代尔于1963年出版的有关现今世界的教科书,比《物质文明》一书更加标志着他们合作的巅峰,它标志着布罗代尔著作的转折期。《物质文明》一书于白乐日逝世四年之后出版。其书于第1卷《日常生活的构成》中,便有160处引证"中国"(再加上有关"中国人"的引证36处);由于第2卷(《交流的规则》)中,有67处提到了"中国";在第3卷(《世界的时间》)中,仅有48次提到中国。如果白乐日还活着的话,那么他就会帮助布罗代尔在举中国与印度的例证时保持平衡。这两个人也会互相对照他们各自的预见。布罗代尔的预见是他于其1982年协调组织的著作中提出来的:"纽约的世纪尚很年轻,它是否会于现今的危机中消失呢?今天的权杖掌握在那些庞然大物手中。然而,神奇的日本将来最多也只是一个英国。中国正陷入其神话般的落后境地中,就如同印度一样……所以,在缺乏最佳者的情况下,美国似乎是要继承他自己。"① 白乐日的预见则是比较长期的,他是早于1954年提出来的,这仅仅是在中国共产党人取得胜利的5年之后。他说:"一个中国的21世纪,即将继承我们的俄国—美国世纪。"②这种预言在半个世纪之后的今天,显得更加现实了。在这两位历史学家中,白乐日(中国史专家)可能比那位欧洲史专家(布罗代尔)看得更加久远。我们也可以认为,这两种预见并不处于同一平面,也不属于同一思想体系。白乐日是以经济发展和军事势力的言辞来思考问题的;布罗代尔于1982年是以"经济

---

① 布罗代尔《欧洲》第150页,巴黎漫画艺术与工艺出版社,1982年。
② 戴密微为《天朝官吏制》所写的序言,第9页。

界"的观点想问题的,他认为这种"经济"在今天是需要一种或多种中心的。

六、白乐日为《宋史研究计划》而与日本学者合作

对于白乐日推出的中国《宋史研究计划》,戴密微先生曾于其报告中写道:继去年在英国举办的一次汉学家大会之后,他(白乐日)便着手在与全世界专家们的合作下,落实一套《宋史研究手册》,就如同我们逐渐需要中国历史上所有时代的丛书那样。这项国际事业的中心就在这里,人们非常希望提供一处办公地点和一支科研队伍供白乐日使用。在这位先驱的推动下,这支队伍正在迅速地形成。

1955年6—7月间,白乐日的一系列信件证明,日本、德国和意大利的学者应聘介入该项计划。叶理世夫于1955年2月5日,曾给白乐日寄去了致羽田明一封信的草稿,它是布罗代尔要求他准备的。布罗代尔要求叶理世夫从有关《宋史研究计划》的段落中,增加某些补充资料。白乐日还将榎一雄的一封英文信转交给布罗代尔,此信于6月15日自东京的东洋文库寄出。信中告知白乐日,日本学者于6月4日在东京的"学士会馆"召开了一次会议,由京都大学的宫崎市定教授主持,以讨论他们与《宋史研究计划》的合作方式。共有10位日本教授参加了这次会,如青山定雄和田野开三郎等宋史研究名流。

这次会议决定,日本与法国《宋史研究计划》合作委员会的中心设立在东洋文库,由榎一雄教授负责主持。它在京都的分支机构由羽田明负责。该委员会所包括研究人员,除了已经接到了白乐日通讯的人(即已经参加过东京会议的人)之外,还有新近被任命的7位成员。在这17名教授中,有8名被布罗代尔登录在他为白乐日的《10世纪末的一幅中国商业中心图》所写的序言中了[①]。此后,又有3名新加入的日本学者:东京的周藤吉之(1907—1989年)、京都的冢本善隆和仙台的曾我部静雄(1808—1988年)。白乐日从此直接给他们邮寄其通讯。这份长长的名单中包括战后日本汉学界的一代名流,它可以使人考量当时日本对于中国中世纪研究中的分量。这种联系导致

---

① 白乐日《10世纪末的一幅中国商业中心图》,载《经济、社会和文明年鉴》第587—593页,1957年第4期。

了白乐日于 1957 年的赴日旅行，这是他一生中唯一一次赴远东的旅行，而他正是在此期间首次心脏病发作。

有关《宋史研究计划》学术工作展开的三项决定，正是在这次会议上决定的：准备一本日本科研人员发表的著作与论文的目录，并附有内容概述；向白乐日寄去大量论文的抽印本或对《方案》有益的资料；如果白乐日同意的话，由他转达从事宋史研究的日本科研人员对《计划》的意见。

七、白乐日为《宋史研究计划》而与意大利和德国学者的合作

继日本之后，白乐日于 1955 年 6 月意大利应罗马大学中东与远东研究所所长图齐（Giuseppe Tucci，1894—1984）教授的邀请赴罗马。图齐答应白乐日，每年向《宋史研究计划》捐助 100 万法郎（时价）的分担额，其唯一条件是在《宋史研究计划》的所有出版物中都标注由中东与远东研究所资助。白乐日于其自意大利返回时，向布罗代尔描述了意大利中东和远东研究所的多项活动以及它所拥有的手段：展览、会议、接待、"坚强的财政基础"。它还分别在那不勒斯、米兰和威尼斯设在分支机构，在印度设立"意大利会所"，其行政人员就有近一打（12 名）。总之，白乐日认为意大利中东和远东研究所，是"在钱币中游泳"。事实上，意大利于 1955 年夏季在战后 10 年时，返归了欧洲大国之例，于 8 月末在罗马举办世界博览会，并且举办了战后第 2 届国际历史科学大会。这是继巴黎于 1950 年举办第一届大会之后五年的事情了，它标志着意大利史学家们已经恢复了与国际史学界的交流。

白乐日也向布罗代尔通报了给予两名德国科研人员经费，以使他们参与《宋史研究计划》的合作。这里很可能是德国科学家联盟。它于 1949 年在伯恩重建。白乐日向布罗代尔建议，邀请意大利学者图齐赴巴黎，以使之宣布，中东和远东研究所能赞助将于 9 月初在莱敦举办的"青年汉学家"大会。布罗代尔也于 11 月间亲自赴美国，以与该国的学者们建立联系，特别是希望获得洛克菲尔基金会的支持。

但白乐日寄托于该基金会的希望落空了。1957 年 8 月 14 日，本人便是东方学家的法斯（Charles B·Fahs）是该基金会人文学科的负责人。他致信吉尔巴特里克（Gilpatric）：《宋史研究计划》是一项国际计划，本基金会决定不介入，打消了赞助它的念头。这并非是因为该计划没有意义，而是由于它不

太急需。它尚处于空想的酝酿中,不是发展科研的要素①。这封信充分反映了美国基金会领导机构对于《宋史研究计划》的不理解程度,而布罗代尔和白乐日等人的意愿,本来就是在文化圈的中心里,密切地将历史与现实密切地结合起来。

布罗代尔经常讲的一句话是"历史解释现在"。我们可以将这句话与白乐日表示同意的"中国历史编纂的古老程式"相比较。戴密微先生又认为"历史是挂在现时面前的一面镜子"②。

意大利图齐与白乐日的交流共有 15 封书信和一封电报,其时间为 1953 年 8 月 14 日—1959 年 1 月 8 日;廖内洛(Lionello Lanciotti)的书信却只有 5 封,从 1957 年 1 月 17 日至 1958 年 12 月 16 日。它们证明了白乐日与意大利中东与远东研究所之间的密切合作。甚至是在白乐日被选入法国高等实验学院第 6 系的导师之前。白乐日将其《〈隋书·食货志〉译注本》(1953 年于布里尔出版社版)和《〈隋书·刑法志〉译注本》(1954 年版)寄给了图齐。图齐首先于 8 月 14 日许诺,将在《东方与西方》中作一篇书评,然后又于 10 月 12 日感谢他参加罗马的汉学家大会,并邀请他于来年在庆祝马可·波罗诞生 700 周年的框架内作一次报告。一封同样的邀请函也寄给了戴密微,白乐日说服他积极参加。白乐日提交的论文是有关"中国集市"问题的,后于 1953 年发表在《让·博丹学会文集》第 5 集中。1954 年的前几个月落实了白乐日赴罗马的时间,其论文为《马可·波罗在中国首都》,后由远东研究所发表。纪念马可·波罗的会议最终定于 1954 年 4 月 6 日。

在 1955 年,共有 3 封涉及白乐日与意大利《东方与西方》杂志合作的书信,因为图齐想将这份杂志改版成一部"科研工具书"。此外,白乐日于当年与图齐交换的信件还涉及了与图齐的互访。意大利中东和远东研究所于 1958 年向法国高等实验学院第 6 系输入 100 万法郎(后推迟到 1959 年)以赞助《宋史研究计划》,以及白乐日于 1957 年于《经济、社会和文明年鉴》中发表《中国的一幅地图》等论文的问题。

白乐日于 1957—1958 年与廖内洛(图齐委托他与布萨利共同主编《东方与

---

① 朱利亚纳·热梅利(Giuliana Gemelli)《布罗代尔与整个欧洲》,威尼斯,1990 年。
② 戴密微、白乐日文集《天官志,传统中国的经济与社会研究》所作的序,第 9 页,加利玛尔出版社,1968 年。

西方》杂志）的通信，涉及了在罗马继 1956 年在巴黎举行的国际青年汉学家大会之后，下一届会议的组织问题（因为下一次会议的举行地点，一直在布拉格与威尼斯之间犹豫不决。最终选择在威尼斯和帕多瓦，但白乐日将拒绝参加）。信中还涉及了日本《宋史研究计划》委员会寄去的《宋代研究著述总目》两册①。该委员会还于 1959 年末给白乐日寄去两套在台湾负责印制的《宋史》。

白乐日的这种活动能力，证明了第 6 系选中他的正确性。戴密微称他"目光远大，也是一位实践者"。他能够指导一项国际计划，故而于 20 世纪 50 年代被选入由布罗代尔倡议组建并受到费夫尔支持的年轻的第 6 系，也不仅吸收了在巴黎大学和法兰西学院占据着重要职位的学术界人士，而且还聘任了具有国际名望和往往是外国血统的学者。他们之中既有西方学者，也有东方学者，这实际上就是美国式的"文化圈中心"的法国版。这种影响很大，在 20 世纪 50 年代之后，法国建立的任何科研机构都处于一种竞争的环境中，并且都与已经存在的科研机构有别。但当时在法国，只有国立科研中心才有权招募非法国国籍的科研人员。

白乐日的这种向世界的开放精神，也正好符合布罗代尔在这几年中的个人需要。他在准备其《菲利普二世时代的地中海与地中海世界》的第 2 版时，主要是依靠他亲自创建和主持的历史研究中心。他后来将该中心委托给了鲁杰罗·罗马诺（Ruggiero Romano）和勒鲁瓦·拉杜里（Le Roy Ladurie）主持。布罗代尔确实自 1952 年起，应费夫尔的要求，准备一部有关《前工业时代欧洲的经济史》，此书在其原计划的基础上扩大为《物质文明、经济和资本主义》。它不是一部世界史，而是一部在不同层次上（物质文明、商品交换、资本主义的出现）将欧洲与瓜分了世界的诸大文明作了比较。这是一项长期计划，因为它直到 1979 年才最终竣工。它后来被加入了一部供法国中学最后年级使用的教科书，布罗代尔游说法国国民教育部选择了它，这就是《现今世界，历史与文明》②。这部教科书的发行量很小，因为它被认为过分革命化了，而且很快就在历史学总监的压力下被放弃了。布罗代尔亲自撰写了其中的主要部分，并于 1987 年单独再版了他自己撰写的篇幅《文明的基本原理》③。

---

① 《宋代研究》，由东京的东洋文库发表，它还应该有两卷，分别于 1959 年和 1970 年出版。
② 《现今世界、历史与文明》，巴黎贝兰出版社，1963 年。
③ 白乐日的这部教科书于 1966 年被译成意大利语，于 1971 年被译成西班牙语。《文明的基本原理》于 1987 年在巴黎阿尔托出版社出版，于 1994 年和 1995 年被译成英文。它还被译成了国际上的重要语言。

布罗代尔正是在这样的背景下，于 1960 年 6 月致信白乐日，以向他索求一份有关中国城市志的目录（他也向叶理世夫提出了同样的要求）。正在汉堡讲学的白乐日于 6 月 21 日回答了布罗代尔，只列举了数量很小的一份城市志目录，系他匆忙和以现有手段编制而成的。因为布罗代尔的教科书第 2 节《伊斯兰教与穆斯林世界》中，主要是论述非欧洲文明的。布罗代尔于 1962 年 2 月 5 日致信白乐日表示感谢。白乐日致布罗代尔的最后一封信写于 1962 年 11 月 16 日，是邀请布罗代尔夫妇赴于 11 月 22 日星期四下午 7 点半赴家中吃晚饭。这仅仅是在白乐日逝世的 7 天之前。这也证实了布罗代尔的预感。因为他于 1958 年 1 月 21 日就曾致信白乐日："亲爱的朋友，学院的利益希望您健康是您主要和唯一的关注之处。"①

白乐日的早逝也过早地中断了他与布罗代尔持续了 10 多年的直接关系。尽管这二人之间有 3 年的年龄差距，这种关系也未完全抹去将他们分隔开的地位与学术成就方面的差异。布罗代尔称呼白乐日"亲爱的朋友"与白乐日称呼布罗代尔"亲爱的先生"或"亲爱的布罗代尔先生"的做法完全相符合。我们通过这种差异，还完全可以看到，使这两个相差 10 多岁的人接近的因素，这是有关属于经济社会史的一种共同的赌博，以打开通向一种从其悠久性理解的文明的比较历史，研究过去史是为了理解现在。

结束语

法国著名汉学家白乐日（Etienne Balazs，1905—1963）的一生是短暂的，仅仅活了 58 岁。其学术生涯更为有限，仅有 15 年。但他的成绩却是巨大的，成果丰硕，影响到了欧、亚、美三大洲。他打破了法国汉学界在欧洲以老大自居和故步自封的传统，力主并亲自践行国际合作，而且还取得了令人难以想象的成绩。他以自己的学识，开辟了法国汉学界的多个全新领域，特别是有关中国社会经济史和中国历史分期诸问题。他特别是率领部分法国汉学家，投入到了以费夫尔和布罗代尔首创并长期主持的法国史学界著名的年鉴派学者的陈营，适应了当时汉学发展的潮流，更推进了中国文化在世界范围内的全面传播。

---

① 莫理斯·埃玛尔《白乐日与布罗代尔》，载《白乐日的学术活动》第 47—49 页。

白乐日的一生命运多舛。他是匈牙利的共产党人,却在匈牙利建立社会主义政权后被拒绝入境,因为他被错误地打成了"托派"。他最早投在德国古旧派汉学家和近代德国汉学的创始人福兰阁门下学习汉学,成为福兰阁的弟子,却又由于纳粹的关系以及不同政见,使他与其师及其德国的同事之间心怀芥蒂。他在二战期间,参与了对法西斯的抵抗运动,却又未因此而成为"英雄人物"。他最终定居于法国并加入到法国汉学家的行列。又与法国汉学家们的研究方向不完全契合。他在德国和法国,都先后成为世界汉学界以及整个学术界的泰斗级人物(福兰阁、马伯乐、韩百诗、戴密微、谢和耐、鄂法兰、图齐、青山定雄、费夫尔、布罗代尔和芮沃寿)交往甚密,却又未能跻身于世界最大汉学家之列(早逝的后果)。白乐日是一位全心全意投入中国研究的汉学家,可是由于中国的长时间坚持批判"托派",从而使他终生无缘访问中国,无法与中国学术界直接交流,对他的工作和学术成果译介甚少,故而使中国学术界对他也特别陌生。他是一位著名的东方学家,但他终生只有一次于1957年10月赴日本参加学术讨论会,而正是在这次学术讨论会上,他心脏病发作,最终导致他因心脏病早逝。

白乐日作为一名汉学家,对中国是很有感情的,他将自己的一生奉献给了中外文化交流大业,为中华文化走向世界做出宝贵的贡献,值得我们永远纪念。

附录:白乐日的主要汉学著作

1. *Chinese Civilization and Bureaucracy*:*Variations on a Theme*, New Haven、London:Yale University Press, 1964, 309 p.《中国的文明与官制,论题的多样性》,纽黑文、伦敦,耶鲁大学出版社,1964年,共309页。此书先后被译作西班牙文本(1966年)、匈牙利文本(1976年)和中文(1992年)。

2. *La bureaucratie céleste. Recherches sur l'économie et la société de la Chine traditionnelle*, Paris:Gallimard, Bibliothèque des Sciences humaines, 1968, 346 p. Rééd. Gallimard, Tel, 1988, 346p.《天朝官吏制,传统中国的经济和社会研究》,巴黎:加利玛尔出版社,1968年,收入了《人文科学文库》,共346页。此书先后被译成意大利文本(1971年)、西班牙文本(1974年)、日文本(1971年)、加利玛尔出版社1988年再版,共346页。

以上两部均为白乐日的遗作集。

3. *Beiträge zur Wirtschaftsgeschichte der T'ang-Zeit*（618—906），Mitteilungen des Seminars für Orientalische Sprachen，XXXIV，1931，pp. 1—92；XXXV，1932，p. 93165；XXXVI，1933，pp. 1—61.《唐代经济史稿》，载《东方语言讲座论稿》，1931—1933年连载。

4. "Der Philosoph Fan Dschen und sein Traktat gegen den Buddhismus"，*Sinica*，VII，1932，pp. 220—234.《哲学家范大成及其辟佛》，载《汉学研究》第7卷，1932年，第220—234页（后被译成英文）。

5. "Ein Verlaüfer von Wang An-schï"，*Sinica*，VIII，1933，pp. 165—171.《论王安石的先躯》，载《汉学研究》第8卷，1933年，第165—171页。

6. "Die Inschriften der Sammlung Baron Eduard von der Heydt"，*Ostasia-tische Zeitschrift*，20 Jahrgang，1934，pp. 80—96.《由男爵Eduard vunder Heydt搜集到的碑铭文献集》，载《东方文献集》，1934年，第22年度，第80—96页。

7. "Ts ao Ts'ao: zwei Lieder"，*Monumenta Serica*，II，1937，pp. 410—420.《曹操的两首歌》，载《华裔学志》1937年第2卷，第410—420页（此文已被译作英文）。

8. "Zeitraffer China"，*Neue Zürcher Zeitung*，27 février 1947.《中国的历史分期》，载《新报》1947年2月27日。

9. Pseud. P. -L. TOMORI，"Qui succédera au capitalisme?: du paradoxe tragique de Lénine àl'ére des organisateurs"，Paris：Spartacus，juin 1947，38 p. 以P. -L. Tomori的笔名发表《谁将继承资本主义，从列宁的悲剧性反论到"组织体的时代"》，巴黎：斯巴达克出版社，1947年，共38页。

10. "Entre révolte nihiliste et évasion mystique. Les courants intellectuels en China au IIIe siècle de notre ère"，*Études asiatiques*，II，1948，pp. 27—55.《虚无主义者的反叛与神秘者的逃避，中国公元3世纪的文化潮流》，载《亚洲研究》1948年第2卷，第27—55页（此文是作者于1948年3月17日在巴黎大学汉学研究所的讲座稿，它已被译成英文发表）。

11. "La crise sociale et la philosophie politique à la fin des Han"，*T'oung Pao*，XXXIX，1949，pp. 83—131.《汉末的社会危机与政治哲学》，载《通报》1949年第39卷，第83—131页（此文已被译作英文发表）。

12. -Jacques Gernet，in *Revue bibliographique de sinologie*，11，1965，pp. 125—126. "Les aspects significatifs de la société chinoise"，*Études asiatiques*，VI，

1952, pp. 77—87.《中国社会的象征表象》，载《汉学书评杂志》由谢和耐作，载 1952 年第 2 卷，第 77—87 页（此文已被译作英文和匈牙利文发表）。

13. "Études sur la société et l'économie de la Chine médiévale I: Le Traité économique du Souei-chou", T'oung pao, XLII, 3—4, 1953, pp. 113—327. [Prix Stanislas Julien, 1954; également publié en tire à part, Leiden: Brill, 1953, 217p.]《纪中国中世纪的社会与经济研究》，《隋书·食货志译注》，载《通报》1953 年第 3—4 期第 42 卷，（此文曾出单行本，并获儒莲奖）。它也曾出版单行本，莱敦：布里尔出版社，1953 年，共 217 页。

14. "Transformation du rgime de la propriété dans la Chine tartare et dans la Chine chinoise aux IVe-Ve siècles A. D", Cahiers d'histoire mondiale, I, 2, 1953, pp. 417—426.《公元 3—5 世纪中国中原与北方民族土地制度的变迁》，载《世界历史丛书》1953 年第 2 期第 1 卷，第 417—426 页（此文曾被译成英文发表）。

15. "Les foires en Chine", Recueils de la Société Jean Bodin, V, 1953, pp. 77—88.《中国的集市》，载《让·博丹学会文集》1953 年第 5 卷，第 77—88 页（此文曾被译作英文发表）。

16. "Études sur la société et l'économie de la Chine Médiévale" II: Le Traité juridique du《Souei-chou》, Leiden: E. J. Brill（Bibliothèque de l'Institut des Hautes Études Chinoises, Volume IX）, 1954, 227p.《中世纪中国的社会与经济研究》II,《（隋书·刑法志）译注》（收入《汉学研究所文库》第 9 卷），莱敦：布里尔出版社，1954 年，共 227 页。

17. "Le régime de la propriété en Chine du IVe au XIVe siècle. État de la question", Cahiers d'histoire mondiale, I, 3, 1954, p. 669678.《公元 4—14 世纪的地产制度问题的状况》，载《中世纪丛书》1954 年第 3 期第 1 卷，第 669—678 页（此文被译英文发表）。

18. "Les villes chinoises. Histoire des institutions administratives et judiciaires", Recueils de la Socit Jean Bodin, VI, 1954, pp. 225—239.《中国的城市，行政与司法制度史》，载《让·博丹学会文集》1954 年第 6 卷，第 225—239 页（此文曾被译作英文发表）。

19. "Tradition et révolution en Chine", Politique étrangère, XIX, 3, 1954, pp. 291—308.《中国的传统与革命》，载《外国政治》1954 年第 3 期第 19

卷，第291—308页（此文曾被译作英文发表）。

20. "La propriété foncière en Chine", in *Atti del Primo convegno internazionale di diritto agrario*, Milan：Dott A. Giuffrè, 1955, vol. 2, pp. 35—67.《中国的土地产权》，载《第1届农业法国际会议文集》第2卷，米兰：Dott A. Giuffrè, 1955年，第35—67页。

21. "Économie et société des Song", in *L'art de la Chine des Song*, Vill de Paris：Musée Cernuschi, 1956, pp. 9—11《宋代的经济与社会》，载《宋代的中国艺术》，巴黎：塞尔努斯博物馆，1956年，第9—11页。

22. "La Chine", in DE MONZIE, Anatole（dir.）et al., *Encyclopédie française*, tome XI (La vie internationale), Paris：1957, P. 34. 3—34. 9.《中国》，载阿纳托尔等人主编《法国百科全书》第11卷（从国际生活卷），巴黎，1957年，第34. 3—34. 9条。

23. "Marco Polo dans la capitale de la Chine", in *Oriente Poliano*：studi e conferenze tenute all Is. M. E. O. in occasione del VII centenario della nascita di Marco Polo, 1254—1954, Rome：Istituto Italiano per il Medio en Estremo Oriente, 1957, pp. 133—154.《马可·波罗在中国首都》，载《意大利东方学报》（意大利中东和远东研究所利用马可·波罗诞生700周年（1254—1954）的机会而举办的学术讨论会文集），罗马：意大利中东和远东研究所，1957年，第133—154页。

24. "Une carte des centres commerciaux de Chine à fin du XIe siècle", Annales：Économies, Sociétés, Civilisations, 1957, 4, pp. 588—593.《11世纪末的一幅中国商业中心图》，载《经济、社会和文明年鉴》1957年第4期，第588—593页。

25. "Chinesische Geschichtswerke als Wegweiser zur Praxis der Bürokratie. Die Monographien, Enzyklopädien und Urkundensammlungen", *Saecu-lum*, VIII, 1957, pp. 210—223.《做为居官指南的中国史书》（专集、类书、文集），载《时代》杂志1957年第8卷，第210—223页。

26. ［Avec PATTE, Colette］, *Table des Matières*：*Song Houei-yao. Sections économique, administrative, juridique, géographique*, Rome：EPHE, Istituto Italiano per il Medio ed Estremo Oriente, 1958, 63+21pp.（白乐日与科莱特·帕特合作）《〈宋会要〉目录》（食货、职官、刑法、地理部），罗马，1958年，

共 63+21 页，打字文本，另加手写体汉字。

27. "La pérennité de la société bureaucratique en Chine", in JAPANESE NATIONAL COMMISSION FOR UNESCO（éd.），*International Symposium on History of Eastern and Western Cultural Contacts*. Collection of Papers Presented，Tokyo，Kyoto：1959，pp. 31—39.《中国官僚社会的持久性》，由联合国科技文组日本国家委员会编《东西方文化交流史国际学术讨论会论文集》，东京、京都，1959 年，第 31—39 页（此文已被译作英文发表）。

28. *Contributions à Aspects de la Chine* I，"Langue，histoire，religions，philosophie，littérature，arts"，Causeries faites à la radiodiffusion française dans le cadre de l'heure de culture française du 29 novembre 1954 au 25 juil-let 1955，Paris：Presses Universitaires de France，1959.《中国面面观》I，《语言、历史、宗教、哲学、文学、艺术》，1954 年 11 月 29—1955 年 7 月 25 日在法国电台《法国文化时刻》节目中的采访录，巴黎：法国大学出版社，1959 年。

29. "The Birth of Capitalism in China"，*Journal of the Economic and Social History of the Orient*，III，2，1960，pp. 196—216.《资本主义在中国的出现》，载《东方经济与社会史学报》1960 年第 3 卷第 2 期，第 196—216 页。（此篇英文文章已被译作法文发表）。

30. "L'Histoire comme guide de la pratique bureaucratique（les monographies，les encyclopdies，les recueils de statuts）"，in BEASLEY，W. G. et PULLEYBLANK，E. G.（d），*Historians of China and Japan*，Londres：Oxford University Press，1961，pp. 78—91.《做为居官指南的中国史书》（单行本），收入由狄百瑞和蒲立本主编的《中国与日本的历史》，伦敦：牛津大学出版社，1961 年，第 78—94 页（此文是上引第 23 条的再版本，已被译作英文发表）。

31. "Avant propos"，in LATTIMORE，Owen，Studies in Frontier History. Collected Papers，1928—1958，Paris，La Haye：Mouton & Co.，1962，pp. 7—9. 为拉铁摩尔《中国边疆史研究》所作的《序言》，1928—1958 年的全部档案，巴黎、海牙：Mouton & Co.，1962 年，第 7—9 页。

32. "Chine historique et Chine nouvelle. Continuité et rupture"，in *Aspects de la Chine* III. Causeries faites à la radiodiffusion-télévision française dans le cadre de l'heure de culture française du 12 septembre au 31 oc-tohre 1960，Paris：Presses Universitaires de France，1962，pp. 636—41.《历史中国与新中国，连续与断裂》

载上引《中国面面观》III。巴黎：法国大学出版社，1962年，第636—641页。

33. "Choix de sujets sinologiques", in *Hommage à Étienne Balzs* (1905—1963), Bordeaux：1964, pp. 13—22.《汉学主题选》，载《白乐日（1905—1963年）纪念文集》，波尔多，1964年，第13—22页。

34. "Les institutions de la Chine impérial", in *Hommage à Étienne Balazs*, 1964, pp. 8—12.《中华帝国制度》，载《白乐日（1905—1963）纪念文集》，1964年，第8—12页。

35. *Political Theory and Administrative Reality in Traditional China*, Londres：School of Oriental and African Studies, 1965, 80 p.《传统中国的政治理论与治国实践》，伦敦：东方非洲研究学院，1965年，共80页。（此文已被译作日文发表）。

36. ［Avec MASPERO, Henri］, *Histoire et institutions de la Chine ancienne, des, origines au XIIe siècle après J.-C.*, Paris：Presses Universitaires de France (Annales du Musée Guimet, Bibliothèque d'études, 73), 1967. 白乐日与马伯乐合作：《12世纪之前古代中国的历史与制度》，巴黎：法国大学出版社，1967年，共309页（由戴密微主持修订版）。

37. 《La monarchie bureaucratique en Chine》, in La burequcratie céleste, 1968, pp. 25—32. 《中国的官僚君主制国家》，收入《中国天朝官吏制》，1968年版，第25—32页（未刊本遗作）。

38. *A Sung Bibliography I Bibliorgraphie des Song*, initated by Étienne BALAZS, dedited by Yves HERVOUET, Hong Kong：Chines University Press, 1978, XXXVI+598 p.《宋史研究书目》，由白乐日首倡，由吴德明主编，香港中文大学，1978年，共XXXVI+598页。

39. "Projet d'un manuel de l'histoire des Song", in BALAZS et HERVOUET (éd), *A Sung Bibliography*, 1978, pp. xxi—xxiii.《一部宋史教科书的计划》，载白乐日与吴德明主编《宋代书目》，1978年，第XXIII页。

至于白乐日发表的大量书评、读书笔记与来往书信以及世界各国学者对白乐日著作的评论，本文就不再一一列举了。

（耿昇　1944—2017，原中国社会科学院历史所研究员，法国汉学研究学者）

杜诗全集第二部《安史之乱》序

[法] 郁白（Nicolas Chapuis）著　李　真　孙兆原　译

　　杜甫诗作全集的第二卷包含 109 首诗，编号从 94 到 202，时间上覆盖 755 年初冬到 759 年初春。① 此卷所辑诗作均完整译自仇兆鳌版本卷之四、五、六，只在数量上与之相差一首。

　　与前一卷不同，本卷对杜甫的理解得益于两部伟大的著作：2014 年 4 月，新的中文评注版在北京出版；2016 年 1 月，杜诗全集第一个英文全译本在美国出版，译者为宇文所安教授（Stephen Owen）。

　　新的中文版本历经 36 年，对 12 个世纪以来相关评论的文本资料和批评辑录进行了大量的核实工作。该项目负责人是萧涤非先生（1907—1991），1978 年组建校注小组时已有 71 岁高龄。这个小组里不乏杜甫研究大家，他们多为 20 世纪中国的教授和专家：廖仲安、张忠纲、李华、郑庆笃、朱宝清、焦裕银、殷孟伦、王利器、舒芜、叶嘉莹、王佩增。2011 年，在山东大学张忠纲的领导下，小组补充进了一批山东大学的年轻博士：宋开玉、赵睿才、綦维、孙微。2013 年 12 月 29 日，12 卷的《杜甫全集校注》手稿（共 7209 页）交付出版社；2014 年 4 月，第一版印刷 4000 册，受到了热烈欢迎，不负编者们非凡的博学、对中国古典研究所做出的贡献。《全集》对清代杜诗评论和多种文本进行了整合，成为研究杜甫不可或缺的一部参考文本，取代了三个世纪前仇兆鳌所著的《杜诗详注》。

---

① 新版的杜甫诗全集以作于安史之乱前的三首诗（94，95 和 96）开篇，顺序不同于仇兆鳌的版本（《杜诗详注》卷之一第 36 首、第 37 首和卷之二第 11 首）。考虑到协调的问题，我把这三首诗放在这一卷的开头，再从诗 97 开始遵守萧涤非版本的时间顺序。相对地，仇氏版本中收于安史之乱前的两首，在萧氏版本中被归入更晚的时期，此卷中未重译这两首，它们被收录在卷一中，分别是诗 18 重提郑氏东亭（《杜诗详注》卷之五第 24 首）和诗 59 奉陪郑驸马韦曲二首（《杜诗详注》卷之四第 29 首）。

宇文所安的全译本名为《杜甫诗集》（*The Poetry of Du Fu*），分为六卷，它的出版终止了全面了解杜甫作品是否有意义的讨论①：这位哈佛大学的名誉教授一生都在研究、教授中国中世纪诗歌，他在《诗集》序中写道：

> 如果翻译这些诗应该有某种目的的话，可能就是除了追忆"伟大事情"之外，能够加深我们对处理通俗主题的理解。杜甫的视角是全面的，在他讽刺的眼光看来，日常生活充满意义，因此，阅读杜甫全集比杜甫缩略本更能令人得到满足。

对宇文所安来说，杜甫之所以是中国最伟大的诗人，并不是因为他有几本著作，而是因为他是唯一一位将全部的现实转化为诗歌的诗人。② 英译本历经 8 年完成（2008—2015），仅对西方读者无法理解的影射进行了注释，顺序上完全遵照仇兆鳌的时间排序。宇文所安吐露过，这项时而令人灰心的工作"占据"了他的所有："我不停工作；不是因为懒惰，而是意识到要耕耘的土地有多广阔：一片田还没耕完，就要开始另一片了。"③ 因为熟谙杜甫所查考的诗作，宇文所安的译作高度精准，即使偶尔可能对某一晦涩段落产生怀疑：前辈文人皆如此，杜甫并无大不同。

2014 年及之后出版的杜甫诗作法语译本中，有两本引人注意：胡若诗（Florence Hu-Sterk）的《中国诗选》（*Anthologie de la poésie chinoise*）和安德烈·马尔科维兹（André Markowicz）在《中国阴影》（*Ombres de Chine*）中的重新解释。④ 能注意到的是，新版杜甫诗选在诗作选择上"更具系统性、精确性和多样性"，Markowicz 认为，应意识到"第二次世界大战前，世界历史上最大规模的屠杀……处在杜甫诗作的中心位置"，故他的作品在法国不应继续

---

① 参见 Introduction à Du Fu, *Œuvre poétique I*, p. XIII-XVIII。
② Stephen Owen（宇文所安），*The Poetry of Du Fu*（《杜甫诗集》），6 vol., Red. Ding Xiang Wafner & Paul Kroll, De Gruyter, "Library of Chinese Humanities", 2016, 2962 pages. 参见：崔莹《宇文所安：杜甫在中国文学史上独一无二》，腾讯，2016 年 5 月 17 日。
③ 参见 Jill Radsken, "Translating nine pounds of poetry", *Havard Gazette*, 11 avril 2016.
④ *Anthologie de la poésie chinoise*, sous la dir. de Rémi Mathieu, Paris：Gallimard, coll.《Bibliothèque de la Pléiade》, 2015. André Markowicz, *Ombres de Chine*, Paris：Editions Inculte, 2015. 亦可见 Cheng Wing fun 和 Hervé Collet 二人译本的再版，*Tu Fu：dieux et diables pleurent*, Millemont, Moundarren, 2014.

受此冷遇①。

一、杜甫，见证世界末日

　　本卷开篇的三年覆盖了唐代内战的第一阶段，先由安禄山带领、后由其子安庆绪带领的叛军相对的是忠于皇室的唐军。在此期间，洛阳和长安两座都城都被叛军所占领、洗劫，前者在756年1月战争开始就陷落了，后者则于同年7月失守。近18个月后，唐军才收复两京：757年11月收复长安，次月收复洛阳。然而收复战的代价非常沉重，人口上如此（大约几百万人死亡），政治上亦如此：玄宗让位，新帝肃宗君侧不安稳，唐朝廷越来越依赖边军，中国中部（关中，即关口之内，今陕西省和河南省西端）重归唐军，中国北部（河北、山东）则落入叛军之手。

　　三年时间，中国从天堂跌入地狱：这创伤令几代中国政治、军事领导都感到惊恐不已。因为形势的偶然性也好，出于对所见证灾难的意识也罢，杜甫是众多见证者中对这次倾覆感知最深的那个、吟唱世界末日的那个，而他本身又完全融入这个世界里。战争伊始，杜甫就因为饥饿和寒冷失去了小儿子；他本人在756年9月至757年5月被俘；重返朝廷，终于取得梦想三十多年的职位，却在758年7月被贬；被任命华山脚下地方官员一年后辞去官职，再没涉足关中。可以说，他亲身经历了战争的创伤、黎民流离失所、朝廷乱党斗争、战略的冲突、友谊的脆弱、权力的专横。当然，李白、王维、高适等其他众多同时代诗人也被卷入了混乱，但只有杜甫在这乾坤颠倒、惊天动地中看到了作诗的素材，日复一日用诗句锻造一幅幅图景，这些图景异常激烈，常以写实扣人心弦，表达上一如既往震撼人心。

　　这三年间创作的很多诗作都渐渐变成了可与莎士比亚最美悲剧相媲美、与雨果的《世纪传说》相抗衡的名胜、史诗，尤以下列诗作为代表：756年所作的《自京赴奉先县咏怀五百字》（诗105），《悲陈陶》（诗112），《哀王孙》（诗119）；757年所作的《北征》（诗149）；759年所作的《洗兵马》

---

① 参见 Christophe Mescolini,《Anthologie de la poésie chinoise》, compte rendu critique, cahier critique de poésie, 25 septembre 2015；Frédérique Roussel,《Entretien avec André Markowicz》, Libération, 6 novembre 2015.

（诗 202）。

二、756 年 1—7 月：都城失陷，玄宗出逃，杜甫流离

755 年 11 月，杜甫被任命为李亨（未来的肃宗）太子府右卫率府胄曹参军[①]，次月，他告假回奉先（今陕西省蒲城）省亲。就在此时，安禄山在中国北方号令驻军发起暴动，酝酿数月的政治危机即将失控。

安禄山与朝廷的关系是在 755 年逐渐恶化的，主要原因是针对契丹的将领部署问题。宰相杨国忠没能说服玄宗相信安禄山构成的威胁，便试图撤除安禄山北方三个军事重地（平卢、范阳、河东）的领导权，仍未成功。

诗 104 中，杜甫讥讽玄宗看不到安禄山的野心："坡陀金虾蟆，出见盖有由。至尊顾之笑，王母不肯收。复归虚无底，化作长黄虬。"

从长安到奉先的那首著名游记中（诗 105），记录有君侧因恶习而不可避免地面临失势："朱门酒肉臭，路有冻死骨。荣枯咫尺异，惆怅难再述。"

755 年 12 月 16 日，安禄山发动战争，他声称奉有玄宗密诏、要铲除宰相，向河北和河南两省发兵逾 15 万人。四天后，当叛乱的消息传到玄宗过冬的华清池时，无人相信；杨国忠确信安禄山得不到北方将领的支持："不出十天，一定有人将安禄山的人头献给陛下。"[②]

杜甫在其第二组诗《后出塞五首》（诗 103）中，描绘了安禄山军队内部的紧张气氛：年轻军官渴望征战契丹获得功勋，全然不顾背叛皇命的耻辱。

作为应对，玄宗调动了三支军队：安西节度使封常清率 6 万人 10 天内赶往洛阳；任命郭子仪为朔方节度使，驻地甘肃灵武，控制陕西北部；任命高仙芝率 11 万部下东征反击。同时，皇帝在 12 月 18 日处决了安禄山之子安庆宗，当时安庆宗留居长安，任太仆卿，其妻荣义郡主被赐自尽。

天家报复无疑更加坚定了安禄山与唐朝了断的决心，1 月 11 日陈留（今开封）驻军造反时，安氏便处决了当地将领、河南节度使张介然及其部下 1 万人。

[①] 正八品下官职；太子府分三曹：仓（军需和财政）、兵（军旅人员）、胄（甲胄和兵器）；杜甫时任胄曹三位主事官员之一，其友岑参仕途伊始时亦任此职。参见陈贻焮，p. 193。

[②] 参见 Lin Lu-tche（林旅芝），Le règne de l'Empereur Hiuan-tsong (713-756)，p. 308.

756年1月18日，也就是战争开始一个月后，洛阳陷入叛军之手：封长清部队告败，西撤至潼关，与高仙芝集结在此保卫长安的部队会合。安禄山的队伍在山西太原前的井陉关为郭子仪部队所阻。另外，唐军组织起抵抗：河北由恒州刺史颜杲卿领导唐军，山东由其侄颜真卿在平原（今德州）领导。安禄山被迫一座座攻城，以确保军需补给线不断。

　　756年1月22日，得知洛阳失守后，玄宗宣告大臣称要亲征逆胡，委托太子监国。杨国忠担心玄宗发现自己和家族把控朝政的事实，于是要求从妹杨贵妃制止了玄宗①。杨国相又说服皇帝惩处将领，封长清和高仙芝被判兵败有责，于1月27日公开处斩。之后，玄宗任命哥舒翰为元帅，尽管后者身体状况不佳。在御史中丞行军司马田良丘的指挥下，援军急速赶往潼关。

　　春节（756年2月5日）期间，杜甫在奉先与家人过年。此时，为巩固自己在洛阳的力量，安禄山称帝，国号大燕，年号圣武，称雄武皇帝。他任命达奚珣（前河南尹，将洛阳交付叛军）为左丞相，张通儒为右丞相（761年卒）。

　　国号"燕"字面意思是"燕子"，可能源于暴动初期的一首童谣，后被视作预言："燕燕飞上天，天上女儿铺白毡，毡上一贯钱。②"

　　其中，第二句是对"安"字的解读，"上天庇佑一个女孩儿"；白毡，指隆冬之日攻下洛阳，大雪盈尺；一贯钱即一千枚铜钱，指安禄山的朝代不过持续一千天。实际上，他的朝代从756年2月5日到759年4月5日（其子安庆绪亡），持续了1136天。因此，还可以这样翻译这首童谣："大燕将升天，白毡为安铺，只等一千天。"

　　对于杜甫来说，世界已经颠倒（诗107）："威凤高其翔，长鲸吞九洲。地轴为之翻，百川皆乱流。"

　　756年第一季度，唐军的抗击给河北和山东的叛军带来严重挫败，安禄山也毫不留情：2月12日攻占恒州后，将刺史颜杲卿押至洛阳公开处决，当场凌迟、生啖其肉。据《新唐书》记述，颜杲卿最后对安禄山说道："汝营州牧羊羯奴耳，窃荷恩宠，天子负汝何事，而乃反乎？我世唐臣，守忠义，恨不斩汝以谢上，乃从尔反耶③？"

---

① 陈贻焮，p. 293.
② Robert des Rotours, *Histoire de Ngan Lou-Chan*, p. 224-225.
③ 参见 Lin Lu-tche（林旅芝），*Le règne de l'Empereur Hiuan-tsong*（《唐明皇评传》），p. 317; Robert des Rotours, *Histoire de Ngan Lou-Chan*, p. 218.

长安这边，杨国忠在朝中的位子愈加不稳，阴谋败露，有大臣请哥舒翰介入，废其丞相之位。但是因为对皇帝的忠心，哥舒翰拒绝了。

唐朝廷的高位官员立场动摇：难道不该归附新的政权吗？杜甫回到长安岗位之后，提醒"途穷见交态"，并劝人"莫作翻云鹘，闻呼向禽急"（诗108）。

756年6月，叛军逼近长安，百姓纷纷逃散。奉先家人安全不保，杜甫匆匆离开京城，冒着滂沱大雨取北道赶至彭衙（诗147）。他长途跋涉径白水、华原、三川，终于在7月到达鄜州，将妻儿安置在羌村。逃难初期有诗记录（诗109）：

> 人生半哀乐，天地有顺逆。
> 慨彼万国夫，休明备征狄。
> 猛将纷填委，庙谋蓄长策。
> 东郊何时开，带甲且来释。

玄宗在宰相的催促下，下令哥舒翰元帅改守为攻。后者在756年7月5日接到出征命令。7月8日，军队行至黄河与山区之间，在河南灵宝落入埋伏，18万大军惨遭屠戮，几乎全军覆没，仅有极少数存活者。7月9日，哥舒翰被一反叛部下俘虏，带至洛阳，投降安禄山（"陛下为拨乱之主"），同意传令唐军将领停止抵抗。"诸将报书，皆让翰不死节。"① 从756年7月到757年12月处决，哥舒翰被软禁在洛阳。

7月9日，叛军在崔乾佑的指挥下攻占潼关。得知前一天哥舒翰落败，杨国忠催促玄宗离开京城，往四川避难。百姓持续逃离长安，玄宗也在13日晚，在禁军将军陈玄礼为首的一小队骑兵护卫下离京，随行只有太子，杨氏几人，包括高力士在内的几个太监，还有几位重臣，包括韦见素韦谔父子、御史大夫魏方进。

次日早上，玄宗逃至望贤宫（距长安25公里，在咸阳城东），第一次发表言辞：

---

① *Le règne de l'Empereur Hiuan-tsong*（《唐明皇评传》），p. 257.

朕之作后，无负黎元，今朔胡负恩，宗庙失守，竟无一人勤王者。朕负宗社，敢不自勉！唯尔知我，更复何言。①

756 年 7 月 15 日，玄宗行至长安西 74 公里处的马嵬驿，遭遇吐蕃数骑索要粮食银两，供返乡之用。随之而来的谈判引起了护卫队伍的反叛，杨国忠被认作安禄山造反的原因而立即被杀死，陈玄礼要求玄宗处死杨贵妃。"玄宗皇帝策杖呆立，久未抉择②。"他最终顺从了最坏的结果，下令高力士带杨贵妃到相连的小佛堂里自缢。她卒年 37 岁，就地埋葬。几天后，其余逃脱的杨氏族人在陈仓被围捕处决③。

在马嵬，是否继续向西南行进的争辩结束后，玄宗决定仍去四川，但太子李亨（未来的肃宗）需往灵武与郭子仪军队汇合、指挥反击战。

756 年 7 月 18 日，叛军在孙孝哲的带领下驱入长安，大索三日后而止。安禄山特别派人搜寻御用的大象和犀牛，再带到洛阳，后又因它们无法跳舞而将其宰杀。

杜甫得知长安失陷，在诗中将叛军比作劫掠陕西北部的山洪，给人末日之感，"阴气不黪黩"："应沈数州没，如听万室哭。……普天无川梁，欲济愿水缩。"（诗 110）

这是杜甫就此时所作的唯一一篇，次年才又作《北征》（诗 149）描写逃亡生活。家庭生活条件困苦至极，我们轻易可以想见，杜甫为此烦忧，756 年的夏天一诗未作。

留守在长安的朝廷重臣遭到追杀、株连。因为处死安禄山之子，包括玄宗妹妹霍国公主在内的皇室宗亲一百余人也被报复性杀死，"血流满了长街"。7 月长安遭焚劫，导致宫内文库档案起火④。

---

① *Le règne de l'Empereur Hiuan-tsong*（《唐明皇评传》），p. 264。

② *Le règne de l'Empereur Hiuan-tsong*（《唐明皇评传》），p. 326；Robert des Rotours, *Histoire de Ngan Lou-Chan*, p. 269.

③ 杨贵妃之死的小说叙述，见 George Soulié de Morant（乔治·苏利耶德莫朗），*la passion de Yang-Kwé-Féi, favorite imperial*（《杨贵妃的爱情悲剧》），Paris: L'Edition d'Art, 1924, chapitre 23.

④ *Le règne de l'Empereur Hiuan-tsong*（《唐明皇评传》），p. 328。

三、756 年 8—12 月：肃宗自行登基，杜甫被叛军俘

肃宗在两千骑兵的护送下，经三月于 8 月 9 日从马嵬抵达灵武（宁夏），与朔方留后杜鸿渐汇合。三天之后（756 年 8 月 12 日），在众将坚持下自行登基，肇起新元，是为"至德"（正式开始于 756 年 8 月 1 日）。肃宗年近 45，拜杜鸿渐和裴冕为宰相，主要谋士为李泌，是肃宗儿时好友，杨国忠主事时他出仕归隐，为了新帝再度入仕。李泌谢绝了中书令的职位，最终接任太傅之位，辅导李俶和李倓，他们分别是肃宗长子、天下兵马元帅，肃宗的小儿子、御林军护卫统领。李泌还要应对张良娣和太监李辅国的阴谋，李辅国官职相当于今天的内阁大臣，所有谏疏都经他手过滤。流亡中的朝廷在新权力上产生了分歧：李泌主张优先打击叛军，内廷则集中力量对付李俶。肃宗不置可否，将战时的兵器运输交由宦官李辅国管理，令人感到含混。

8 月 30 日，郭子仪率五万军队抵达朝廷，升任兵部尚书，同时负责守卫灵武；另一将军李光弼升任户部尚书，同时戍卫北方。9 月，肃宗和他的新政府准备防守反击：郭子仪疾驰至黄河北，抗击在鄂尔多斯的党项族部落，三个多月后平定（756 年 9—12 月）；一位皇子领命向西前往回鹘，获取增援。

756 年 8 月 28 日，玄宗抵达成都，随行不足 1300 人。三天后即 31 日，肃宗的密使也到了。获悉儿子已经登基，玄宗自愿退位，接受了上皇之位（上皇即退休的皇帝）①，两周后（756 年 9 月 17 日）派宰相房琯携玉玺至灵武，由韦见素护送。

9 月初，杜甫离开家人所在的鄜州，归附流亡新廷，却在途中行至延安附近时被叛军俘获，押至长安监禁。756 年 9 月 13 日中秋节夜里，杜甫因思念妻儿，重拿起笔（诗 111，《月夜》）。756 年到 757 年的冬天，杜甫一直被幽禁长安。

李泌谏言，凤翔是更利于收复两京的军事基地，于是 10 月 15 日，肃宗从灵武启程前往凤翔。行至顺化时，遇到返程的房琯一行。肃宗本就尊敬房

---

① Wieger（戴遂良）建议的翻译（*Textes Historiques*, II. a, p1436）。William Hung 译为 "*emperor emeritus*"，其他人称 "*retired emperor*"。我认为法语 "*empereur suprême*" 相较于 "*empereur honoraire*" 与上皇更为贴近。

氏（时年60），见继位之事如此顺利，心下甚慰，即刻将行在事务委托于他。10月30日，唐廷冬季定驻彭原。

756年11月，肃宗许房琯发起反攻、收复两京之请，指派王思礼将军为副，其他参佐可自由选择。于是房氏选用了一些没有任何军事经验的书生友人。部队人数共计五万，差不多是当时可用的全部兵力。房琯将其分成三支军队：杨希文率第一军南军，刘贵哲率第二军（中军），李光进率第三军（北军）。三军与安守忠部队在渭水以北的陈陶（也作陈涛）展开战斗，咸阳到长安的道路在此处绕过一片沼泽，这场仗打了三天（756年11月17日—19日）。唐军惨败：四万将士在陈陶丧命，其余的在青坂营地遭到突袭。新帝继位后，唐军第一次出战，就遭受如此规模的溃败（诗112、113）。①

肃宗于是整顿西北防卫，派李光弼将军率5000人赶赴太原，防备叛军逼近皇家阵地。李氏据城迎击史思明和蔡希德率领的十万大军，奋勇抵挡20倍数量的叛军。生死存亡之际，郭子仪率军赶到，为肃宗取得了至关重要的胜利：太原城前，消灭叛军七万。

四、757年1—7月：安禄山被暗杀，流亡朝廷密谋，杜甫归顺被责

安禄山有病在身、视力渐昏，长子安庆绪担心权位旁落父亲爱妾幼子，于是唆使下人于757年1月29日在洛阳将安禄山暗杀。

同月，肃宗朝廷自安顿在彭原起就不断发酵的阴谋到达临界点：张淑妃和宦官李辅国受到李倓的质疑与日俱增，二人便向肃宗进谗言称他准备发动政变，肃宗不顾李泌和李俶阻拦，赐李倓自尽。这件事在彭原掀起轩然大波，据洪业推测，杜甫写于次年秋天的《月》（诗136）就是对杀害幼子事件的影射，即使他当时无权审理此案。

还是1月，史思明率领的叛军与高秀岩所率叛军汇合，准备袭击山西太原，然后西行逼近皇家驻地。杜甫请求朝廷尽快反击（诗117）。

诗人仍被困长安，对所见劫掠深感不安，写下了三篇佳作（诗118—120）。

757年3月4日，唐廷离开彭原，前往长安以西百里处的凤翔。

---

① 参见 David A Graff, "Fang Guan's chariots: Scholarship, War and Character Assassination in the middle Tang", *Asia Major* (3rd Series), vol. 22/1, 2009, p. 105-130.

5月，杜甫逃出京城，赶至流亡朝廷（诗129）；次月初，被任命为两省六拾遗之一（负责进谏皇帝遗漏之事），这也是他此生获得的最高职位。任命的告身是这样写的：

> 襄阳杜甫，尔之才德，朕深知之。今特命为宣义郎（从七品下，散官官称）、行在左拾遗（从八品上，职事官官称）。授职之后，宜勤是职，毋怠。命中书侍郎平章事张镐赍符告谕。故敕。
> 至德二载五月十六日（757年6月7日）。①

新职务的俸禄与之前相比几乎没有提高，但在杜甫的职业生涯中，第一次有了直达天听的机会，这是他垂涎已久的。

757年春天，郭子仪部队在回纥部落的支持下，持续重创叛军，平定了陕西，后在长安附近大败（757年5月28日）。

6月1日，作为乱党争斗的牺牲品，房琯因指挥战事失利、不以职事为意而被肃宗以小事为由罢免。杜甫依职上疏、批评这个决定："罪细，不宜免大臣。"他即刻被捕，直到在宰相张镐以秘书监魏徵为鉴（"甫若抵罪，绝言者路。"），才在6月21日被释。帝乃解。杜甫弥补道，房琯的一些行为确实应该受到责罚，但圣上懂得宽宥也很重要，劝告皇帝"弃细录大"②。到了夏天，杜甫复职，继续上疏（主要举荐朋友岑参至秘书省任职）③、作诗。诗作明显流露出对朝廷的幻灭，"终身愧耻"的情感，和回归羌村老家的愈来愈烈的渴望④。杜甫对房琯的忠心给他招来了叛乱和政治意识缺失的名声，这名声一直伴他终了。

五、757年8—12月：收复长安和洛阳

757年9月18日，杜甫终于获准返乡探家。从凤翔到鄜州，他用两周时间，跋涉两百多里；名诗《北征》（诗149）的创作灵感便源自这次旅程。

---

① 引自陈贻焮，p. 357。
② 见附录杜甫757年6月21日呈肃宗恩疏的译文。
③ 757年7月2日的联名上疏由杜甫执笔。参见DFQJ（杜诗详注），pp. 6392—6395。
④ 参见陈贻焮，pp. 362—363。

10月末，肃宗期盼了一年之久的回纥援军在叶护①的率领下抵达凤翔；太子李俶，即后来的代宗（727—779），集结十五万大军。10月29日，大军向京师发起进攻，11月13日，在沣水之东的香积寺以北展开决战。6万叛军横尸战场，战亡人数超过兵力的三分之二。11月14日，长安收复，12月3日，洛阳收复，安庆绪向北撤退，临行前，将哥舒翰等被俘虏的唐朝将领一并处决。回纥援军听从李俶的建议，放弃长安，待至洛阳后可抢掠三日。

11月16日，即长安收复的两日后，肃宗颁布诏书，庆祝胜利，向战死沙场的士兵致哀，并宣布12月4日京师由凤翔迁回长安。

> 圣人有作，弧矢爰兴，历代以来，征伐靡废。自逆胡已死，馀孽犹存。所在蕃人，多以利合，亦有因事，便被胁从。朕誓雪国耻，馀无所问，中夜痛愤，志安苍生。其假息偷生，披城自守，池鱼幕燕，何以喻兹。广平王及诸将，分隧夹攻，迎军破败，横尸遍野，积甲如山，二十里内，可知多少？其中逼迫，同被杀伤。言念于兹，良深悯悼。今兵马乘胜，便取东京，平卢节度使兼领奚契丹五万，又收河北，天下之事，计日可平，缘京城初收，要在安百姓，又洒扫宫阙，奉迎上皇，以今月十九日还京，应缘供顿，务须减省，岂忘艰弊，当别优赏。宣示百姓，令知朕意。②

杜甫在鄜州正是读了这篇诏文，才决定携家人立刻返回凤翔；在他以收复长安为主题的诗中曾引用此文（诗151）。

太子太师韦见素随即被派往成都，迎接玄宗回长安。

肃宗一行浩浩荡荡，于12月4日从凤翔出发，12月7日抵达咸阳望贤宫③，收到洛阳克复的捷报。12月8日，肃宗进入长安，百姓出城门外来迎

---

① "叶护"一词是古突厥语 yabgu（法语中有时写作 yabghu、jabgou，见沙畹《西突厥史料》）的汉字音译，王族封号，指副首领，一般是可汗的儿子或弟弟。744年，可汗国建立后，回纥人从西突厥人那里承袭了这个称呼。

② 参考《全唐文》卷四十二《还京减省供顿诏》。《旧唐书》本纪第十（《肃宗》）中也有简短节录。

③ 据戴和都（《玄宗皇帝的统治》）考证，望贤宫"应为皇帝前往咸阳皇陵时所用"。李商隐曾以此宫为题，作律诗一首（诗89，《思贤顿》）。望贤宫距长安20余里，可作驿站；756年7月，肃宗自京师出幸后，第一次在此休息。洪业将此宫描述为"皇家的旅行酒店"。

接，一路不绝。杜甫也在随行队伍之列，而他的好友李泌则再三请求皇帝准许他辞官，归隐衡山；李泌向肃宗提及李辅国和张良娣谋害李俶一事，并力荐皇长子李俶。

宣布在太庙遗址（太庙被叛军烧毁）举行三日祭祖前，肃宗令受过叛军官爵的人都"脱巾徒跣"立于含元殿（大明宫第一正殿）前，"搏膺顿首请罪"，并让百官在台上观看。之后的近两个月，朝廷一直忙于如何给官员们定罪，直到758年2月11日，方才宣判。①

12月14日，肃宗在祭祖后宴请洛阳凯旋的将领和回纥叶护，封其为"忠义王"，每年赏赐两万匹丝织品，可随意进出皇家沙苑马场的马厩。作为回报，回纥部队待休整后，继续肃清黄河以北的叛军。史学家们总是责备肃宗在克复洛阳后没有乘胜追击，然而，官军在经历长达三个月的冬季战斗后已疲惫不堪，肃宗也必须稳定长安的朝政，安庆绪正是利用休战，重整旗鼓：758年春，三百骑兵和千余人逃离洛阳，安庆绪重建了一支六万人的部队。

12月16日，农历十一月初一，肃宗登丹凤门（丹凤楼）②，宣布对接受过叛军官爵和俸禄的人开展调查，并大赦"因战被虏，或不得已与贼往来者"③。诏书收录在《全唐文》④肃宗纪卷首，全文如下：

> 我国家出震乘乾，立极开统。讴歌历数，启圣千龄；文物声名，握图六叶。
>
> 安禄山夷羯贱类，顽凶残慢，顷以扞边有功，专制方面。同人者貌，谓报效恩私；异人者心，乃包藏逆乱。以为中原无备，干戈可动，而毒深流祸，变起仓卒，涂炭万姓，兴言痛愤。朝市之内，忽肆凶残；衣冠之中，咸被点污。
>
> 朕作人父母，志雪国雠，是用中夜奋发，提戈问罪。自灵武聚一旅

---

① 罪重的十八人于"城西南的独柳树下"斩首；七人自杀于大理寺（法院）；又于京兆府门棍打那些应受此刑的人。是日，郑虔被贬官，离开京师。杜甫的好友、张说之子张垍免于死罪，但玄宗明确要求治其兄张均死罪。

② 丹凤楼踞于丹凤门之上，是大明宫正南门；丹凤楼是皇家宣诏的重要场所。参考戴和都《玄宗皇帝的统治》。

③ 参见《资治通鉴》，第二百二十卷。

④ 参见《全唐文》卷四十二《丹凤楼大赦制》。

之众，至凤翔合百万之师，亲总元戎，扫清群孽。出师之日，仍下宽令，歼厥渠魁，馀无所问。有能翻然归顺，自缚军门，复其官爵，仍加优赏。将士等以大军一举，玉石俱焚，元恶就诛，凶残并戮，僵尸遍野，匹马不遗。今西土罢兵，咸以宁辑；河积氛祲，一朝翦除。

广平王俶，受委元帅，能振天声。左仆射子仪，决胜无前，克成大业。复有回纥叶护，及云南子弟，并诸蕃兵马等，皆竭诚向化，力战贾勇，事同破竹，易若摧枯。朕入城之日，百姓咸思戴商，复喜睹汉。烟风云景，皆是祥光；里巷欢呼，惟闻相庆。

朕早承圣训，尝读礼经，义切奉先，恐不负荷。今复宗庙于函雒，迎上皇于巴蜀，导銮舆而反正，朝寝门而问安，寰宇载宁，朕愿毕矣。且复人将有主，敢当天地之心；兴岂在予，实凭社稷之佑。京城僧道耆老百姓等，比者时谷翔贵，薪刍不给，困穷之极，朕常系心。缘初收京城，仓库未积，待国用稍足，岂忘施惠。

其诸色行人因阵没，并坊市百姓，及诸色蕃胡召募，并元恶凶党，昨因破败，所在潜藏，并仰于府县及御史台陈首，一切原其罪。如有被人言告捉获者，并从军令。其京城内外文武官：有受贼补署，蟊其心腹，处祖及父，皆承国恩，就逆背顺，顿忘臣节；或有守旧官者，请俸料为贼判官；或判官之际，中间得替；并有摄贼伪官，兼知职掌；其中有京官及私白身，皆受擢用；其中有隐迹不出，固辞疾病。色类既广，人数又多，宜令御史台宪部大理三司据状勘责，条件闻奏。其外官充使，及先有职掌，并事故及隔绝未赴任在京者，亦三司勘责奏闻。

又贼中台府坊市所縣人等，比与逆贼追捕，造事之端，损害忠良，仍夺财物，为蠹尤甚，情不可容。宜令崔光远禁身，切加推勘，一一状奏，勿令漏网。

其内侍省及左右龙武羽林军，并闲厩飞龙诸武官，应先合从驾人等，其中临行潜避，遂受贼驱使，并使各委本司使括责，量情状轻重奏闻。

其隐盗仓库，及偷劫逆贼家钱物，或受贼寄附，并与贼请料禄等，因此隐没者，并限敕到十日内，于所縣陈首。其物便准数送纳，本色并还，不须科罪。虑已有破用，征纳艰辛，仍十分放三，以示宏贷。

其近日逆人及隔绝人庄宅，宜即括责，一切官收。又闻人家子女，多被侵逼，且非本情，宜一切不须寻问，或与逆贼居住邻近，及作义故往来，情非切害，一时之事，有殊逆党，亦宜释放。

其有受贼伪度人，宜令所司括责，并勒还俗，其僧及道士各收本色，所在寺观，勿许居止。

今两京无虞，三灵通庆，何以昭事，宜在覃恩。待上皇到日，当更处分。咨尔有众，知朕意焉。

六、758年1—6月：复国

12月末，玄宗一行从成都启程，1月16日抵达咸阳，其子在望贤宫迎接。父子重逢，不胜感慨。玄宗感谢儿子说："天数、人心皆归于汝，使朕得保养余齿，汝之孝也！"① 第二日，在去往京师的路上，玄宗让上位与其子，以显谦卑"吾为天子五十年，未为贵；今为天子父，乃贵耳！"

但是，玄宗并没有隐退大明宫的内庭，而是居住到当朝皇帝的专属府邸兴庆宫；父子同居一处，反倒在一定时期内限制了后宫干政，特别是在分配官爵和俸禄的敏感时期。

1月28日，全国下制大赦，以此鼓励叛军投降，并给诸皇子封爵（封李俶为楚王，其余9位皇子皆获相应封号）。立张良娣为淑妃。指挥长安和洛阳战斗的两位将军也得到晋封：擢升郭子仪为司徒，李光弼为司空，两个封号承袭自汉朝的"三公"。

史思明趁大赦之机，率自己所辖的十三郡及八万兵士归降朝廷；2月4日，他被封为"归义王"、范阳节度使。安庆绪屯兵邺城（今安阳），史思明请缨讨伐。

2月3日，肃宗在宣政殿受玺，皇权正式移交，弥补了去年夏天在灵武的紧急即位之憾。玄宗依旧躬亲政务，接见要臣，主持宴会，在2月11日的宣判中强迫肃宗接受他的观点。

也许是受到宠妃和宦官的影响，肃宗决定颁布新年号，纪念复国：3月14日启用新年号"乾元"，随后又大赦天下，册封李辅国为太仆卿，位居从三品。

一个月后，4月14日，李俶改封成王，4月18日，宠妃张淑妃被立为皇

---

① 参见《资治通鉴》，第二百二十卷。

后。诗人王维曾投效洛阳叛军，但因其弟王缙平反有功请求消籍为兄赎罪，王维才得宽宥，降为太子中允。杜甫作诗称赞王缙（诗156）。

五月下半月，肃宗在修建后的太庙主持典礼，下令大赦，这是他回长安后的第三次大赦。杜甫也出席了仪式。

758年6月29日，皇帝犹豫再三后，终于确定继任者：李俶被封太子，"成王长，且有功"。

整个春天，杜甫度过了他一生中最平和的时期，官复左拾遗，作诗赞誉同僚和朝廷；但他的诗句经常另有深意，向郑虔等迫于叛军压力而妥协，在2月11日被判贬官的同僚们表达深切的同情（诗152）。

七、758年7—12月：房琯被逐出京，杜甫遭贬官

杜甫以诗抒发心中愤懑，他疏救的前任宰相房琯被贬为太子少师，与房琯同一阵营的大臣们都被贬出京，在外省担任次要职务，杜甫也受到牵连。肃宗指责房琯玩忽职守，称病不肯上朝，却在家中招纳宾客，其亲党又在朝中大肆为其辩护。肃宗也怀疑这场围绕前宰相掀起的风波或许与父亲玄宗的干涉有关。房琯7月末被贬为邠州（今陕西彬县，位于西安西北，近甘肃）刺史；与杜甫交情深厚的严武，原任京兆尹，被贬巴州（在今四川）。杜甫调任华州（今陕西华县，位于西安以东），任司功参军。758年的后半年，他一直居住在华州，仅在秋天前往王维位于长安附近的蓝田别墅短住。

758年8月，杜甫到任不久，就向上级华州刺史递交一篇《进灭残寇形势图状》，建议在叛军利用秋季重整兵力前，向安庆绪发起总攻。① 作品反映出诗人对军事的关注和战略眼光，但也显现出他极度缺乏政治智慧：他不但正面否定了肃宗"不战而胜"的决定，而且他刚被贬官，如何以为自己的言论会有人听？

759年12月或759年1月，杜甫负责组织华州的进士考试；考生论述的五个考题被记录在案：我们能够看出，诗人对唐军后勤支援等军事问题和可能影响百姓拥护复辟大业的经济问题的担忧。②

---

① 参见《全唐文》，第三百六十卷。
② 参见《全唐文》，第三百五十九卷。

八、759 年 1—3 月：叛军被围困，杜甫返洛阳

759 年 1 月，春节临近，杜甫告假前往洛阳附近的家中。此次返乡，心情忧郁，对个人的变化充满疑虑。杜甫既心系长安的朋友，又自责无法营救远在山东受叛军所困的弟弟杜颖（诗 191、197 和 198）。

自 758 年 12 月起，唐军便包围安庆绪于邺城，整个冬天未冲破叛军防守；20 万官兵苦于供给不足，九位节度使意见不合。情急之下，安庆绪以王位为酬，成功说服在范阳（在今北京附近）大本营的史思明前来救援。史思明再次背叛大唐，集结 13 万兵力，截断唐军在河北的粮运。杜甫认为此次突围至关重要，敦促朝廷重用郭子仪，自肃宗灵武即位以来唯一一位能牵制住叛军的将领（诗 202）。

759 年 4 月 7 日，双方在安阳河北岸决战，60 万唐军对史思明率领的五万叛军；战斗激烈。一场暴雨引发混乱，郭子仪的战车乱阵，两军溃散。郭子仪退至洛阳，史思明进入邺城，处斩了安庆绪及其将领。他留下儿子史朝义驻守，回到自己的地盘范阳，自立燕国，称应天皇帝。消灭安氏，标志着内战第一阶段结束，但直到四年后，唐军才制服史思明和他的儿子史朝义。

九、杜甫诗作的继承与创新

在中国古典诗歌的历史上，杜甫对同古诗相对的近体诗的形成贡献卓越[①]。

宇文所安（Stephen Owen）曾指出，即使形式不足以定义诗歌，也没有无韵律的诗[②]。与所有语言一样，中文的韵律包含三个要素：格律、顿挫和韵脚。这便是古诗的特点，无论是抒情诗还是乐府诗。然而，自 5 世纪末，中国诗人又加入了新的限制：平仄和对仗，由此诞生了格律要求非常严格的

---

① 近体诗的简介参见 François Martin（弗朗索瓦·马丁），"Système et Prosodie"（《系统与韵律》），*Extreme-Orient Extreme Occident*, vol 10, n°10, 1998, p. 95-107。

② 参见 Stephen Owen（宇文所安），*Traditional Chineses Poetry and Poetics*（《中国传统诗歌与诗学》），Madison（麦迪逊），University of Wisconsim Press（威斯康辛大学出版社），1985, p. 103。

"律诗"。杜甫通过他天才的创作，展现出新体诗在意与美上的表现力①，完成了这次新旧转变。

平仄是指与汉语语音结构相关的韵律规则。汉语的四种声调分为两类：平声为"平"，其余三声为"仄"。显然，这种声调的调节无法翻译成无声调的语言；但应当谨记，诗歌工整的音律不仅是作者和听众痴迷的源泉，也是一项不断更新的语言成就。杜甫在此"规则"的模式下创作有时超过十几行的诗，令读者叹服。

对仗要求诗人以押韵的诗联为单位，做成对偶的语句，由此创作出有乐感的对位形式，每两行诗逐字在词汇和语法上对应。古汉语的单音节特点使严格的对仗成为可能，但也使得诗句几乎无法翻译；译者能够也应该注意在自己的语言形态中重建这种对位。杜甫擅长对仗，无论何种主题，他总能小心避免重复或对称，找到思想的关联或互补，延伸词语外的含义。就像刘勰所说，

> 言对为易，事对为难；反对为优，正对为劣。……必使理圆事密，联璧其章。迭用奇偶，节以杂佩，乃其贵耳②。

本诗集的倒数第二首诗"独立"最能体现杜甫的对仗功力，诗中的对仗极具张力，使诗联成为"逆时艺术"，引用宇文所安的名言：正是由于对仗，诗联产生一种缺席的威胁③。

在杜甫的格律诗中，语义单位通常是诗联，无论律诗与绝句，也无论七言或五言。在排律诗中，诗的篇幅更长，平仄和对仗的双重效果带来交响乐

---

① 杜甫各韵级的加注诗例，请参考：Ray Brownrigg（雷布·朗格），*The Translation of Chinese Poetry*（《中国诗歌的翻译》），Victoria University of Wellington（New Zeland），2007。

② 参见 François Julien（弗朗索瓦·于连）《Théorie du paraléllisme littéraire, d'après Liu Xie》（《刘勰的文学对仗理论》），*Extreme-Orient Extreme-Occident*, vol. 11, n°11, 1989, p. 99-108. 另见同文集收录：François Martin, "Les vers couplés de la poésie chinoise classique"（"中国古代诗文的对偶句"），p. 81-98.

③ 参见 Owen, Traditional Chinese Poetry and Poetics, p. 106-107: "The couplet is an art against time. [...] With its pairings and repetitions, the couplet opposes a second threat-a vision of something standing alone." 见诗 201 的翻译和赏析。

般的感受。

很多含糊、暧昧的表达必须通过对诗联镜面效果的仔细品味方能理解：诗歌的接受先是线性或顺序的，进而借助诗联内部的纵向交织，丰富含义。由于翻译倾向打破对位，重建基本的旋律线，过程艰难而颇多损失，译者应当努力向非汉语读者打开通往原作和谐"潜能"的入口。鉴于中法文的语言差异，本书翻译并未尝试营造诗律的假象，但译文尽量保留共鸣和节奏，以免使作品流于平淡，甚至不知所云。

2014年4月—2016年9月，默东—渥太华

（郁白　法国汉学家、欧盟驻中国大使；
译者：李真　济南大学教师；孙兆原　上海外国语学院博士）

法国国家图书馆藏七种稀见中国古籍述略

王域铖

摘 要：法国国家图书馆是世界藏书最丰富的图书馆之一。其所藏中国古籍中有一部分为国内罕见甚至不见之书（版本）。选取其中较稀见之书（版本）《简心斋稿》《国语读本·国策读本》《靖海氛记》《世德堂古文典义解世系图》《指月录》《遗史儒臣传》《熙朝定案》等七种进行论述。

关键词：法国国家图书馆　稀见　中国古籍

法国国家图书馆（以下简称法图）是世界藏书最丰富的图书馆之一。其所藏中国古籍，除敦煌卷子享誉全球外，另有部分珍稀古籍为国内罕见甚至不见之书（版本）。虽然 Maurice Courant 及王重民等先生对法图所藏部分中国古籍进行了编目，但内容比较简单，且由于各种原因，流传不广，故国内学界对法图所藏中国古籍了解不多。笔者曾在法图从事中国古籍编目工作，今选取其中较稀见之书（版本）共七种，略作论述，供读者参考。

Chinois 638

《简心斋稿》不分卷，不题撰人。稿本。半页九行，字数不等，四周单边，白口，单黑鱼尾。版心上镌"简心斋稿"。框高20厘米，宽12.2厘米。

原书无书名，现书名据版心暂拟。此书为编年体史书，起东晋咸安壬申（372），迄清康熙甲子（1684）。每年先题甲子，部分年另题年号，下录当年大事，尤重天文地理异象，然所记极简，往往仅数字至十数字，如乙巳（隋开皇五年，585）录："正月朔日食。隋筑长城。"较多者亦不过数十字，如丙子（南宋德祐二年，1276）录："二月日中有黑子。元兵入临安。浙江潮三日不至。元兵以帝与太后等北去。五月陈宜中立益王于福州。"部分年无记事。

部分年有西人文字，当为后人所写。所列年份止于清康熙甲子（1684），记事则止于清康熙己未（1679），记"吴三桂死"。【按：此条误记，吴三桂卒于康熙戊午年（1678）。】疑此稿本成于1680年前后。作者不知何人，"简心斋"应为其斋名。

此稿本未见其他目录著录。

Chinois 686

《国语读本》不分卷《国策读本》二卷，清鲍蘅编辑。清康熙三十年（1691）金阊学耕堂刻本。上下双栏，上栏半页十八行五字，下栏半页九行二十四字，四周单边，白口，单黑鱼尾。《国语读本》版心上镌"国语"，中镌小题，下镌页数。《国策读本》版心上镌"国策"，中镌卷次及小题，下镌页数。框高21.2厘米，宽11.7厘米。

书名页题"康熙三十年镌/鲍香屿先生编/国语国策旁训读本/金阊学耕堂梓行"，钤"宝翰楼藏书记"朱文长印、"学耕堂珍赏"朱文方印。《国语读本》卷端题"香屿鲍蘅铨植氏编辑　子开孝一校字"。书前有清康熙二十四年（1685）鲍蘅《国语叙言》，次《国语读本目录》。《国策读本》卷端题"香屿鲍蘅铨植氏编辑　子开孝一校字"。书前有清康熙二十五年（1686）鲍蘅《国策序言》，每卷前有目录。

《国语叙言》云："昔予先大父沉酣古学，老而弥笃，自《左》《国》《史》《汉》而外，无不掇其英华，诠次成帙。予恪遵先志，有《左传读本》行世矣。既而于怀仁署中偶检故箧，得《国语》若干篇，欲授剞劂。适因修理学官，寻以忧居故里，家课揣摩之下，重加校订。甲子岁，服阕待补，拭拂出之，与《内传》合梓，以应坊客之请。《国策》一书，行将次及云。时康熙二十四年乙丑仲春上浣，香屿鲍蘅铨植氏题于慎修草堂。"

《国策序言》云："《内》《外传》告竣，予适有旌德之行，检得先大父手授《国策》若干篇，谓诸生曰……诸生揖而曰：何不邮寄坊客，亟付枣梨，以公同好？予曰诺。删繁补简，得文若干，合之《内》《外传》，共文若干。……时康熙二十五年丙寅仲夏上浣，香屿鲍蘅铨植氏题于旌德学署之仰止堂。"

吴郡宝翰楼为明清间苏州书肆，日本学者笠井直美撰有《吴郡宝翰楼书目》① 及《吴郡宝翰楼初探》② 二文，资料及考论较详。《吴郡宝翰楼书目》著录宝翰楼刻印书籍 123 种，未含此书。据《吴郡宝翰楼书目》，钤"宝翰楼藏书记"或"学耕堂珍赏"印之书有十数种，二印并钤者仅八种。学耕堂与宝翰楼之关系待考。

《中国古籍总目》著录《国语国策旁训读本》三卷，有清康熙三十年香屿鲍氏自刻本，北大藏③。笔者见此北大藏本，与法图藏本为同版，但书名页仅钤"宝翰楼藏书记"印，无"学耕堂珍赏"印。所谓"鲍氏自刻本"，不知何据。《中国古籍总目》另著录《国语读本》不分卷，有清康熙三年香屿鲍氏自刻本（北大）及清刻本（大连）④。据上引《国语叙言》可知此书最早刻于康熙二十四年。"康熙三年"当为"康熙三十年"之误。

Chinois 719

《靖海氛记》二卷，清袁永纶纂。清道光十年（1830）刻道光十七年（1837）续刻本，碧萝山房藏板。半页七行十六字，四周单边，白口，单黑鱼尾。版心上镌书名，中镌卷次，下镌页数。

书名页题"道光十年夏月镌/羊城上苑堂发兑/靖海氛记/碧萝山房藏板"。卷端题"顺德袁永纶瀛仙纂"。书前有清道光十年（1830）苏应亨《叙》，次清道光十年（1830）何敬中《序》，次《凡例》，署"瀛仙谨识"。书后有《海寇劫玗溚外纪》，署"番邑廪贡生周瑞生谨缉。道光十五年岁次乙未闰六月初五吉旦"。

此书为 18 世纪末、19 世纪初华南地区海盗问题的重要史料，相关研究极少，唯《田野与文献》第 46 期（2017 年 1 月）《（清）袁永纶〈靖海氛记〉笺注专号》（以下简称《笺注专号》）言之较详。《靖海氛记》海内未见藏本，海外亦极罕见，《笺注专号》云："此书初版刊行于 1830 年，仅一年后，在伦敦就出版了其英译本。清朝广东地方志提及华南海盗问题时，无不大量引用此书内容。可惜，不知何故，《靖海氛记》在中国流通极少。1971 年，

---

① 《东洋文化研究所纪要》（第 164 册）第 256—316 页，东京大学东洋文化研究所，2013 年。
② 《古今论衡》（第 27 期）第 101—134 页，"中央研究院"历史语言研究所，2015 年。
③ 中国古籍总目编纂委员会《中国古籍总目·史部》第 229 页，上海古籍出版社，2009 年。
④ 《中国古籍总目·史部》第 219 页。

叶灵凤以叶林丰之名,撰《张保仔的传说和真相》一书,可说是张保仔研究的早期佳作,叶深以不见此书为憾。据我们所知,目前只位于英国伦敦的大英图书馆有一本……"① 此法图藏本可谓"养在深闺人未识"。法图藏本与大英图书馆藏本完全相同,唯书名页小异,大英图书馆藏本"碧萝山房藏板"之上多"丁酉年新续"五字。

Chinois 919

《世德堂古文典义解世系图》六卷,清章懋勋撰。清章懋勋世德堂刻本。半页行字不等,四周双边,白口,单黑鱼尾。版心上镌"古文典义解",中镌卷次及"帝王世系"(卷二为"列国世系"),下镌页数及"世德堂"。

原书无书名,不题撰人,现书名据内容暂拟,著者详后。全书内容如下:

卷1:商世系图、周世系图

卷2:吴世家谱系图、齐世家谱系图、鲁世家谱系图、燕世家谱系图、蔡世家谱系图、曹世家谱系图、陈世家谱系图、杞世家谱系图、卫世家谱系图、宋世家谱系图、晋世家谱系图、楚世家谱系图、越世家谱系图、郑世家谱系图、赵世家谱系图、魏世家谱系图、韩世家谱系图、齐世家谱系图

卷3:秦世系图

卷4:汉世系图

卷5:晋世系图、五代宋世系图、五代齐世系图、五代梁世系图、五代陈世系图、五代隋世系图、唐世系图、后五代世系图

卷6:宋世系图、元世系图、明世系图

此书未见国内目录著录。唯德国柏林国立图书馆(Staatsbibliothek zu Berlin)藏《世德堂古文典义解》六卷,与法图藏本有关。

柏林藏本《世德堂古文典义解》六卷为古文选本,收录先秦至明代散文,清章懋勋选评。清康熙二十六年(1687)章懋勋世德堂刻本。半页九行二十二字,小字双行同,四周双边,白口,单黑鱼尾。版心上镌"古文典义解",中镌卷次及篇名,下镌页数及"世德堂"。卷端题"古越章懋勋禹功氏选评"。书前有清康熙二十六年(1687)章懋勋《序》,次徐云鹏《序》,次《凡例》,次《世德堂古文典义解总目》。

---

① 萧国健、卜永坚《(清)袁永纶〈靖海氛记〉笺注专号》,载《田野与文献》2007年第1期。

章懋勋,生平不详,选评有《古文析观解》(《古文析观详解》)六卷等。

《世德堂古文典义解·凡例》云:"是集凡历代帝王创业禅位、让国分封、在位年号、政治得失、虽人人习知而不能尽知者谅亦不少,余今起自三皇、五帝、夏、商、周及列国以至明末,历代帝王世谱系图,略为详载,某王孙某帝之后,某国始自某帝分封,后为某国某王所灭,庶读者易知。"则书中应有各朝世系图,然柏林藏本《世德堂古文典义解》无此部分,法图藏本正可补其缺,合此二本,方为全璧。

吴慰祖校订《四库采进书目》补遗有《武英殿二次书目》,其中著录"《古文典义解》六本"①,应即此《世德堂古文典义解》。吴氏于《武英殿书目》前有按语,云:"原目卷数、撰人亦并阙,今仍前采进书目校注之例,酌为校补。其所不知,则付阙如。"②可知吴氏对《古文典义解》之详情不甚了了。此书极罕见,除《武英殿书目》及柏林国立图书馆外,未见著录,故全录此书之序以见其概。

章懋勋《序》云:

读古者非好学深思、默会古人之心而不能读,读而不能解其义者,斯亦不大负古人之心,而古人亦何乐于后人读而解之也?是故读其书,知其人,知其世,知其身所历之境,知其心所言知故,并知其所欲言而不能言之隐。夫心所欲言而不能言,又终不能已于斯言者,无非国家之典型、政教之得失。或谏争时弊而规正将来,或慨慕夙昔而讽切当今,或忠孝激烈而遭诛夷灭,或节义奋发而反受极刑,或幸壁谗间而祸萌帷闼,或放归林泉而惓顾不忘,或意切于此而言击于彼,或霞举高飞而逸乐山林。则时事之升沉、世道是兴衰,一一郁结于胸中,发为天地间不可磨灭之文者,诚莫如《左氏春秋》、公羊、穀梁之传,以及老、庄、荀、列、申、韩之书,屈原、宋玉之骚赋,两司马、董仲舒、刘向、杨雄、韩、柳、欧、苏、王、曾诸篇,灿若星辉,光烛古今,而发之性情者真也。况古文篇法不一,皆有神理、结穴、提起、卸脱,或照应埋伏,

---

① 吴慰祖《四库采进书目》第 201 页,商务印书馆,1960 年。
② 《四库采进书目》第 187 页。

或散整收缩，或突然起止，然其练句劲字、变幻错综，莫不有气脉贯串、体势连络于其间也。近来学者套取数语，敷入八股，以为制艺，学古有得，日月逝矣，岁不我与，诚深惜之。余自束发，塾师受书肆业，即嗜古文、时艺，必取诸坊本训诂，口传心受，揣摩神情，逐字逐句，分析段落，究心参悟，反复涵泳，顿然会心，实历其语，愈觉古人落笔神情、呼吸秘幻、开承阖辟、变幻错综、连络句段、散整收纵、起提结穴、照应埋伏、劲炼字句，种种题神，亦莫不有一段气脉贯串、体式连络于其间也。而读者往往旁求于大略之间，抑何见其言之易而不知其言之难，知其言之难而不知其所以难者，皆古人精神所注，一毫不走。庶知因言以见事，由事一考行，愈知古人之学力而发之性情者真也。盖古人有真性情而后有真学术，有真学术而后有真文章，即千百世以来，令人诵之，欲歌欲泣。得其言而无疑者，不啻与古人朝夕亲炙，其口各出其所欲言之故，而析义以相告也。因是选绎斯集，凡通篇血脉、转关、窍妙、结穴、神情、奇正、相生、段落、字句，及历代典故事迹、列国谱系，即一字之精工，靡不细加注释。或从前坊本挂漏谬误者，今悉皆驳正，亦可以为好学深思者一助尔。倘世之君子谓余不深于甚解者，是真知我耶？康熙丁卯岁仲春望日，古越章懋勋禹功氏漫题于世德堂。

徐云鹏《序》云：

自古之学，皆所以明心学、辨性理、究道原而始谓之学。盖圣人固以学之不讲为忧，然讲学之议，莫若解前任所未解之义，搜罗古今，博取经济、理学之文，点定选著，阐发奇幻，以见所志所学。若禹功章先生者，生而爽朗，英奇宕漾，然其操履端洁，慷慨尚义，不阿权贵，不慕声势，交见事之乖于义者，必正色争之。以直道不偶，负学南归，不耽情逸乐，不忧违，澹泊不役役富贵为心，惟孔孟学术、伊周功业为事，是其性情有大过人者。故能著作为文，自运机轴，不屑屑随人步趋，而自与古人心神相洽，法度准绳，纤毫不爽。再如诗词倡和、文翰歌咏，无不可观可风而兴起于学者。一日间，偶过禹功先生斋头，见诸作盈案，随得披咏，余潜心静观，选绎《古文典义解》《四书秘旨》《五经标目》《治河管见》《秘集八种》《青云必读》诸集，皆经国宜民、修身理性之要旨。考定典故、析义经术、段落章句、分解注释，无不发明渊默，悉贯古人之心，不留一字之窦，及一切坊本浮饰晦僻之语，尽皆驳正。是前人所未解者，而先生注解之；义之所未能析者，而先生分析之；历代之典故未能发明者，而先生发明之：故曰"古文典义解"。愈知先生学之有本，粹然一归于正，以见其素志云。岂非性情有大过人者也？且以余独深知先生之学识，其自得性分中，几不可涯量耳。今朝廷表章正学，崇雅黜浮，将造天下之士为有用之才。凡训诂咕哔之子，莫不从事理学之文，而先生之选绎著作，在今日不啻寒者衣、饥者食，使天下学者读先生之书、寻先生之履，将体之心而验诸身、宣之言而征诸事，靡不观感而兴起矣。诚今之学者之要旨、济世之津梁也，曷可忽乎哉？因以援笔漫为之序。年家眷弟徐云鹏天就氏拜题于世德堂之梅轩。

Chinois 986—988

《指月录》三十二卷，明瞿汝稷集。清乾隆十年（1745）广州海幢寺刻本。半页十一行二十一字，小字双行同，四周单边，白口，无鱼尾。版心上镌书名，中镌卷次及小题，下镌页数及字数。框高 21.6 厘米，宽 15.6 厘米。

卷端题"那罗延窟学人瞿汝稷盘谈集/吴郡天池山人严澄道澈甫较/云门道人弘礼重梓/云门学人济义上澜照宗、上临永道寂熙仝订"。书前有清释弘礼《重刻水月斋指月录叙》，次明万历三十年（1602）瞿汝稷《水月斋指月录原序》，次明万历二十九年（1601）严澄《刻指月录发愿偈》，次《指月录总目》。卷三十二末题"海幢常住募各山师僧同捐衣钵重梓，时乾隆十年岁次乙丑自恣日，板藏本山经坊"。后附《助刻师僧名目》。

瞿汝稷（1548—1610），字符立，号洞观，常熟（今属江苏）人。以父荫补官，三迁至刑部主事，历任黄州知府、长芦盐运使等职，以太仆少卿致仕。著有《兵略纂要》等。《明史》卷二百一十六有传。

弘礼《重刻水月斋指月录叙》云："兹录刻板，初藏本家，学者构之或艰。及破山和尚镌之嘉禾，而江南学者人置一帙于行縢间矣。江北独未之或见。余乃命禅者较雠其讹，而重镌之天宁，用惠大江以北有志此事者。"清聂先《续指月录·凡例》云："虞山瞿幻寄先生《指月录》一书，先是严天池先生水月斋初刻，为禅林秘宝，海内盛行，板经数易。后破山禅师翻刻东塔禅堂，具德禅师两镌天宁、灵隐，甚至斗大茅庵，亦皆供奉，腰包衲子，无不肩携。……严天池水月斋原刻瞿本，每叶用十一行二十一字，海内翻本无不宗之。惟扬之天宁、杭之灵隐工刻，俱有句读小圈，读之甚便。且每叶板心，注每师名号三小字，更便查阅。"① 此海幢寺刻本乃据弘礼天宁寺刻本翻刻。

海幢寺为清代广东著名佛寺，因其曾是两广总督外事接待庭园，以及清政府规定外国人游玩之地，因此在中外交流史上具有重要地位。同时，海幢寺刻印了大量书籍，不仅国内多见，更流传海外。关于海幢寺刻印书籍，冼玉清、林子雄等学者有过直接或间接的研究和论述。目前，对海幢寺刻印书籍最全面的统计，当属张淑琼先生《清代广州海幢寺经坊刻书及藏版述略》一文，该文在前人统计的基础上，以《马礼逊藏书书目》为中心，并结合在网上检索的中外21家图书馆（不包括法图）的书目，统计出海幢寺刻书44种，藏板82种。② 法图藏海幢寺刻印书籍60种左右，其中数种不见于《清代广州海幢寺经坊刻书及藏版述略》，此书即其中之一。

《中国古籍总目》著录此书版本甚多，然无此清乾隆十年海幢寺刻本，而有清乾隆十年刻光绪六年广州海幢寺修印本，上海藏③。《全国古籍普查登记基本数据库》著录徐州市图书馆藏清乾隆十年（1745）释弘礼刻光绪六年（1880）广州海幢寺重修本。弘礼为明末清初僧人，乾隆十年已圆寂，焉得刻书。徐州市图书馆藏本应同上海图书馆藏本。

Chinois 1062

《遗史儒臣传》卷数不详，存卷二十八第四页后半页至卷三十一第三十二页，不题撰人。版本不详。半页九行二十字，四周单边，白口，单黑鱼尾。版心上镌"儒臣传"，中镌卷次，下镌页数。（卷二十九首页）框高23.2厘米，宽14.9厘米。

此书为历代儒臣传记，按时代先后排列，皆常见材料，无甚可观。有圈点，行间有小字评语。著者不详，卷二十八《主父偃》篇后有："逸叟曰：此汉武英雄语。然主父知绝贫时宾客，而不知贵时客亦犹是也。"未知此"逸叟"是否即此书著者。此书"校""玄"等字不避讳，结合字体观之，似是明天启前刻本。

---

① 聂先《续指月录》，《凡例》第1—4页，巴蜀书社，2005年。
② 张淑琼《清代广州海幢寺经坊刻书及藏版述略》，载《岭南文史》2012年第2期。
③ 中国古籍总目编纂委员会《中国古籍总目·子部》第3369页，上海古籍出版社，2010年。

此书极罕见，《中国古籍善本书目》《中国古籍总目》均未著录。据笔者所查，仅重庆市万州区图书馆藏清刻本卷三十一至三十二①，陕西省图书馆藏明刻本卷二十八至三十②。

Chinois 1246

《熙朝定案》不分卷，不题撰人。清刻本。半页九行二十字，四周双边，白口，单黑鱼尾，版心上镌"熙朝定案"，下镌页数。框高19.3厘米，宽14.1厘米。

《熙朝定案》主要记载清康熙间与传教士、钦天监等有关的上谕、奏书、纪事等。该书版本非常复杂，且国内较罕见。韩琦、吴旻校注《熙朝崇正集 熙朝定案（外三种）》对此书辑录较全。其前言对《熙朝定案》的内容、流传、收藏，不同版本的情况做了比较细致的介绍，文繁不录。其又云："本书校注主要根据徐家汇藏书楼、巴黎法国国家图书馆（Chinois 1329—1331）、罗马耶稣会档案馆（Jap. Sin. II 67II、Jap. Sin. II 68、Jap. Sin. II 73、Jap. Sin. II 67. 2）等版本，并参照梵蒂冈教廷图书馆、罗马意大利国家图书馆的各种版本，和黄一农所辑的百衲本、上述三种影印本，辑录了一个迄今为止最为全面的版本。"③但该书漏收此法图藏本。其后，韩琦《从版本脚注看天主教史文献的源与流》一文补录此本④。此法图藏本未见其他目录著录。

此书记录清康熙四十四年（1705）三月初九、四月初三、初九、初十康熙接待传教士之事，其末云"伏念輗等西陬鄙儒……谨将巅末敬刊方册"，且记事处处突出蒙輗，可知全文为蒙輗所记。蒙輗（Francois de Montigny，1669—1742），法国传教士，康熙四十年（1701）来华，康熙四十六年（1707）清政府将未领执照的传教士解送澳门，驱逐出境，蒙輗因此返回法国。此书刊刻当在康熙四十四年至四十六年之间。

法图另有 Chinois 1248—1267，皆为此本复本。

（王域铖　山东大学儒学高等研究院博士生，江西省图书馆馆员）

---

① 《重庆市三十三家收藏单位古籍普查登记目录》第59页，国家图书馆出版社，2014年。
② 《陕西省图书馆古籍普查登记目录》第401页，国家图书馆出版社，2014年。
③ 韩琦，吴旻《熙朝崇正集 熙朝定案（外三种）》，《前言》第12页，中华书局，2006年。
④ 韩琦《从版本脚注看天主教史文献的源与流》，载《书品》2007年第3期。

·俄罗斯汉学研究·

俄国汉学的形成与发展

[俄] В. 米亚斯尼科夫（В. С. Мясников） 著 宋绍香 译

要确定一系列包括汉学在内的地理学科的发生时间，是一项非常繁难的任务。问题在于，要创建直接认识某个国家和人民的历史、文化、社会—经济关系、政治结构、语言和风俗习惯的先决条件时，对这个国家的地理发现和描述时期，往往先于专家们对该国的研究时期。这一时期的长短，取决于诸多因素，可能，因条件不同而不同。譬如，作为一门学科的俄国汉学形成的特点之一就是，它是在早期的俄国旅行家和在华外交官100多年间的著述的基础上形成的；这些早期的旅行家和外交人员为俄国同其17世纪的远东邻居建立正式的政治与商贸关系，竭尽全力，功不可没。

俄国汉学，和世界汉学一样，其形成的另一个特点是，研究对象国经历了国家最复杂的历史时期：17世纪中叶，中国沦为满族封建主掠夺政治的牺牲品，在此基础上建立了东方最后一个强大专制国家——清朝帝国。所以，研究中国本身的制度，必须克服异族王朝统治给其添加的许多掩饰本真的覆盖物。

终于，像其他所有学科一样，俄国汉学从实际需要中诞生了。国际关系的发展，中俄边界不同地段的形成，商贸往来等，这一切都需要许多专业知识和专门人才。俄国与清朝帝国外交关系的每一个历史时期，都赋有本时期的政治、经济和文化因子，而人文知识领域和社会思想发展的全过程，在革命前的俄国一直影响着汉学的发展，并确立了它的品格。

沙皇政府派往北京与中国建立外交和商务关系的大使馆和传教团的各种工作报告，是俄国关于中国的最早的历史资料。它们中最有学术价值的资料是：И. 彼特林（1618—1619）的《一览》，Ф. И. 巴伊科夫（1654—1657）和 Н. Г. 斯帕法里（1675—1677）的《实录》以及 И. 伊杰斯、А. 勃兰德

（1692—1695）等人的日记①等。这些已成为外交史文献的文件，包涵着关于中国和许多邻国的，关于清帝国政治状况的各种各样的信息。具有重大历史意义的发现——从欧洲经过西伯利亚、蒙古、满洲通往中国之路的开辟②，大大丰富了世界地理科学。俄国对中国及通往它的这条路线的最早描述，具有十分重大的意义。还在17世纪，这些著作就先后被译成英文、德文、法文、拉丁文，在大多数欧洲国家的首都不止一次地出版和再版③。

因此，就在这一时期，俄国政府急需吸纳一些具有"东方问题"丰富知识的人，首先是懂汉语和满语的人才参与工作。由于缺乏翻译人员，那些从北京带回来的印刷品的内容，往往搁置几十年仍然无人知晓；而俄国的大使们为了与清朝的外交官谈判，经受了难以想象的困难，为了克服语言障碍，不得不去求教于中介人——蒙语译员和传教士的仆人④。

俄国17世纪对待"中国事情"的独特方式，在一定程度上，一直保持到18世纪最初的几十年。然而，真正浸入俄国人生活各个层面的彼得大帝（Петр I）的改革，才开始触及东方学领域。这一改革为俄国汉学奠定了坚实的学术和组织基础⑤。彼得大帝1724年1月28日的"上谕"书——《关于

---

① 参见，Н. Ф. 杰米多娃、В. С. 米亚斯尼科夫《早期在中国的俄国外交官》，莫斯科：1966年；《17世纪俄中关系，资料与文件（1608—1683）》，第1卷，莫斯科，1969年；伊兹勃兰特·伊杰斯、阿达姆·勃兰特《回忆录，俄国大使馆在中国（1692—1695）》，领衔文章、注释，М. И. 卡扎宁。莫斯科，1967年。

② В. В. 巴尔托利德《欧洲与俄国的东方研究史》，列宁格勒，1925年，第184—196页；Д. М. 列别杰夫、В. А. 叶萨科夫《俄国的地理发现与研究（古代—1917年）》，莫斯科，1971年。

③ 关于外国出版的俄国汉学著作，请参阅注1中所提及的著作的相关章节。

④ Н. Г. 斯帕法里给沙皇写信说，尽管他在托鲍利斯克、谢连金斯克和涅尔钦斯克挑选了最好的翻译人员，"然而，据说，中国上层权贵很难了解，我们中人都这么说"，因为，这些翻译员"是些不识字、业务不熟练的人。是的，伟大的国王，他们没大派上用场……所以，我们只好用力揣测加以理解和翻译"。（《17世纪俄中关系》第1卷，第511页）签定尼布楚条约时使用的官方语言是拉丁语。"这个巧妙的过程，法国历史学家 Г. 卡恩指出，给耶稣教徒们提供了一个不可替代的翻译家的地位，并使他们成为国家重要机密的保存者。" *Some early Russo-Chinise relations by Gaston Cahen.* Shanghy，1939，p. 8.

⑤ 参阅 Д. Е. 别尔捷利斯为集体著作《亚洲博物馆——苏联科学院东方研究所列宁格勒分所》撰写的序言，莫斯科，1972年，第6—7页；1700年6月18日，彼得大帝发出的第一道命令就是《俄国政府关于俄国人学习东方语言的决定》，决定派"二至三位会说、会写汉语、蒙语的优秀的僧人学者到托鲍利斯克去"。В. В. 巴尔托利德《欧洲与俄国东方研究史》，列宁格勒，1925年，第196—197页；《命令》全文载于《俄国法学全集》，第4卷，№800；参见本书，Г. В. 叶菲莫夫《走近俄国东方学源头》，载《列宁格勒大学学报》1973年第20期。

创建俄国科学院问题》，在这方面起了很大作用。1725年，特邀德国东方学家、语文学家拜耶尔为俄国科学院第一位汉学家院士。拜耶尔是欧洲第一本汉语语法书的作者，他在彼得堡完成了许多研究中国的著述，然而，他"没有完成自己的尝试：生活在俄国人中间、研究俄语和培养自己的接班人，尽管科学院章程责成全体院士做好此事"①。

  北京传教团对俄国汉学学派的形成产生了巨大影响，它的工作是1727年签订的恰克图条约第5条所正式规定的。按条约规定，俄国除了派宗教界人士外，还能派"在京学艺之学生四名，通晓俄罗斯、拉替奴字话之二人"，到北京学习汉语或满语②。

  直到1860年，大约有120年，北京俄国传教团一直是俄国人学习汉语和满语的特殊教学中心。在这期间，传教团里来了六十多位大学生、医生、艺术家和大约一百多位神职人员③。在这种情况下，学习语言的方法几乎是一成不变的：跟汉人或满人"先生"学习功课获得基本知识，手写的汉语—拉丁词典（直到后期才有了汉—俄词典和满—俄词典）是教科书。"在街上、在商店、在市场经常与北京市民交往，充分表现出已经掌握了汉语口语。"④ 俄国传教士的职责之一，就是在1725年清政府公布的圣务院（内阁俄罗斯馆）附属俄语学校教俄语。

  中国闭关政策的忠实捍卫者——清朝的高官们，竭力以怀疑态度对待传教团，不让俄国学生们广泛、全面地了解中国。于是，上述俄语学校校长何清（音译）检察官于1737年给乾隆皇帝上了一道奏折，强调指出："不应让在京城留学的俄国学生随意出入，因为这样会走漏帝国机密。国家地图册及其他禁物等一律不得出售给他们。"⑤

  尽管有各种各样的困难，然而，从北京传教团里却走出了俄国第一批汉学家，他们中的 И. К. 罗索欣和 А. Л. 列昂季耶夫理应称为18世纪最大的汉

---

① П. Е. 斯卡奇科夫《17—18世纪俄国中国研究史（纲要）》，载《17—18世纪俄国国际关系》第163页，莫斯科，1966年。

② 《1689—1916年俄中关系·官方文件》第19—20页，莫斯科，1958年。

③ 《17—18世纪俄国中国研究史（纲要）》，载《17—18世纪俄国国际关系》第163页。

④ 《17—18世纪俄国中国研究史（纲要）》，载《17—18世纪俄国国际关系》第163页。

⑤ Fu Lo-chu. *The Documentry Chronicle of Sino-Western Relations*. The Unicercity of Arizona Press, Tucson, 1966, Vol. 1, pp. 169-170.

学家。1740 年，И. К. 罗索欣从北京回到俄国，按照外交事务委员会指示，他被分派到科学院等候安排——1741 年 3 月 22 日，正式任命为科学院在编人员，"从事汉语、满语翻译和教学工作"。

起初，И. К. 罗索欣独立工作，后来，在 Г. Ф. 米列尔院士的领导下，他完成了大约 30 部汉语译著，主要是历史著作译著。这里可列出其中的三大部著作：《中国可汗康熙征服鞑靼游牧民族史》①《资治通鉴纲目》② 和其他著作。科学院图书馆的汉语基金教育是与 И. К. 罗索欣的名字连在一起的，他从个人藏书中向科学院图书馆捐赠了 100 多部书。③

1757 年，А. Л. 列昂季耶夫也调入科学院向 И. К. 罗索欣"会合"。俄国早期的俄文译著："四书"中的《大学》和《中庸》④ 俄译本和其他历史译著，皆出自 А. Л. 列昂季耶夫的手笔。

И. К. 罗索欣和 А. Л. 列昂季耶夫合作的主要著作是，他们合作翻译、科学院出资于 1784 年出版的，有极大学术价值的 16 卷本的《八旗通志》。他们选择翻译这部书不是偶然的：俄国学术通过满族人的历史起源研究，试图回答使了解中国近百年历史的人们激动不已的问题：这么小的一个少数民族满人，怎么能够征服中国，并在其基础上建立起一个强大帝国？

为了阐释满人的来历问题，И. К. 罗索欣在《详细记述…》⑤ 最后一卷的"注释"中，专门撰写了一篇论文；为完成这篇论文，他搜集和利用了大量关于满人部族起源的资料。在该著中也援引了大量其他历史资料，阐述了 17—18 世纪时期满人中的社会派别和集团。该书中还包含了许多关于其他民族人民，满人和汉人邻邦的很有价值的信息，譬如，在第 16 卷中就有关于藏人及其物质、精神文化生活的最早的简短的民族志的记述。

---

① Н. П. 沙斯季纳《И. К. 罗索欣译，17 世纪末蒙古历史起源》，载《东方研究所学者回忆录》1953 年第 6 卷，第 200—211 页，莫斯科。

② ГИМ, Ф. Уварова, д. 114-118, 202-206, 1328-1332. Всего 2900 стр.

③ Л. Н. 缅希科夫、Л. И. 丘古耶夫斯基《汉学》，载《亚洲博物馆——苏联科学院东方研究所列宁格勒分所》第 81—82 页，莫斯科，1972 年。

④ 《四书解义》，就是带有注释的《四书》。《四书》是中国第一位哲学家孔子编著的书。《四书集义》俄文版本，由七品文官阿列克谢伊·列昂季耶夫从汉语和满语译出。圣彼得堡，1780 年。《中庸》，是不可改变的规律。选自中国哲学家孔子整理的传说故事。俄文版本，由外事委员会办公室文官阿列克谢伊·列昂季耶夫译自汉语和满语。圣彼得堡，1784 年。

⑤ И. К. 罗索欣、А. Л. 列昂季耶夫《详细记述满、汉字全部注释》共 323 页。

尽管 И. К. 罗索欣和 А. Л. 列昂季耶夫的译著具有无可争议的学术价值，但是它没有引起最高级研究者们应有的注意。甚至，В. В. 巴尔托利德在其关于东方研究史的讲义中既没有提到 И. К. 罗索欣，也没有提及 А. Л. 列昂季耶夫①。只有苏联的研究家们 В. П. 塔拉诺维奇、А. В. 斯特列尼娜和 П. Е. 斯卡奇科夫才为俄国汉学恢复了 И. К. 罗索欣和 А. Л. 列昂季耶夫的名誉②。

一般认为，大约在 18 世纪中期，俄国开始进行汉语和满语教学。俄国的第一所满语学校是 1739 年在莫斯科创办的，学校的学生是从斯拉夫语—希腊语—拉丁语学院的旁听生中招收的，教师是中国人周戈（音译）③。这所学校存在了总共两年；它的 4 名学生经过满语初级培养后，作为传教团的大学生，被派往北京，他们中就有阿列克谢伊·列昂季耶夫。与此同时，科学院在彼得堡也创办了一所汉语和满语学校，И. К. 罗索欣任校长，共办了 10 年（1741—1751）。1762 年，学校完成了一项整顿汉语和满语教学的新尝试：此次，委任 А. Л. 列昂季耶夫为校长。

18 世纪俄国出版和发表的关于中国问题的 120 部书籍和论文，就是俄国社会对中国极感兴趣的有力证明④。

因此，经过 17 世纪至 18 世纪前 25 年对中国信息的积累和对其地理与政治状况的描述时期，18 世纪 30 年代科学院的成立以及表明中俄关系进入一个新阶段"恰克图条约"签订后，俄国汉学开始形成一门独立学科。俄国汉学家们，在紧张地翻译中国和满族起源历史资料的基础上，又完成了新的尝试：研究中国人、满族人和并入大清帝国版图的其他各族人民的历史、语言和精神文化。

19 世纪上半叶，俄国封建农奴制瓦解，新的资本主义生产关系在沙皇俄国形成，在这种形势下，俄国汉学的发展开始了一个崭新阶段。社会经济的

---

① В. В. 巴尔托利德《欧洲与俄国的东方研究史》，列宁格勒，1925 年。
② В. П. 塔拉诺维奇《伊拉里昂·罗索欣及其汉学著作》，载《苏联东方学》1945 年第 3 期；А. В. 斯特列尼纳《走近俄国和世界汉学发祥地》，载《苏联民族志学》1950 年第 1 期；П. Е. 斯卡奇科夫《17—18 世纪俄国中国研究史（纲要）》，载《17—18 世纪俄国国际关系》第 164—173 页，莫斯科，1966 年。
③ П. Е. 斯卡奇科夫《俄国第一位汉语和满语教师》，载《东方学问题》1960 年第 3 期。
④ 《17—18 世纪俄国中国研究史（纲要）》，载《17—18 世纪俄国国际关系》第 173 页。

进展推动了科学的发展。在论及影响未来汉学研究积极性的诸多大事中,应该提到1803年通过的新的《科学院工作细则》①和俄国大学将东方学列为一门学科的第一个"章程"(1804年)。就在这一年,以Ю. А. 戈洛夫金为首的大使团被派往中国②,科学考察团也列为大使的随员,在这些随员中就有科学院特邀的著名法国汉学家Г. Ю. 克拉普罗特。

众所周知,Ю. А. 戈洛夫金使团和接下来的乌尔加使团都未能去成,因为清廷让传教团成员只能轮流到北京去。这一次,由Н. Я. 比丘林主持传教团的工作。由于他的天才和勤奋,俄国汉学形成了一门独立学科,站在了世界汉学的制高点。

Н. Я. 比丘林的著作播下的种子,在19世纪初的欧洲和俄国生根、发芽,他的学术见解已经深入人心;著名航海家克鲁金什捷尔恩在描写自己在中国游泳时,非常精确地阐明了这一观点:"关于中国问题,他(比丘林)写了这么多,以致,别人很难再写出什么新东西了。"③

Н. Я. 比丘林在北京的14年,把自己的一切都献给了中国语言、历史、地理、风俗习惯的研究。在这一时期,他写完了其全部主要著作,后来,这些著作在俄国出版了,为后人留下了一份极为详尽的研究资料。

1818年,当Н. Я. 比丘林还在北京时,发生了一件在科学院东方学研究史上非常有意义的大事:科学院亚洲博物馆建立了。这是集收藏、图书馆和东方学术研究于一体的第一个专业机构。④

Н. Я. 比丘林工作的基本目的是描绘中国及其远东和中亚邻国的最真实而丰满的图画。"坦率地说,我习惯于用简短的语言描写一个精悍的东西。"Н. Я. 比丘林在谈到自己的写作方法时这样说⑤。Н. Я. 比丘林的第一部著作成为俄国汉学史上一个优质新阶段的证明。苏联史学家、汉学家В. Н. 尼基福罗夫公正地强调指出:"Н. Я. 比丘林1828年出版的著作《蒙古笔记》,即

---

① 《苏联科学院史》(第2卷)第663—686页,莫斯科、列宁格勒,1964年。
② 《远东国际关系》(第1卷)第41—42页,莫斯科,1973年;《远东国际关系》(第2卷)第338页,圣彼得堡,1810年。
③ И. Ф. 克鲁津什捷尔恩《在1803年—1806年乘"希望"和"涅瓦"号航船遨游世界》11篇章,第338页,圣彼得堡,1810年。
④ 《亚洲博物馆——苏联科学院东方研究所列宁格勒分所》,莫斯科,1972年。
⑤ 载《莫斯科人》1848年第9期。

使用当代的观点来看，也是一部真正的学术专著。Н. Я. 比丘林在其著作中提出的问题是蒙古人和中亚其他民族人民的起源、'鞑靼人'名字的来历等，这些问题至今仍在讨论着；在这些讨论中仍然可以听到 Н. Я. 比丘林的声音。Н. Я. 比丘林的第一部书使他跻入了世界最大汉学家的行列。"①

科学院高度评价 Н. Я. 比丘林的著作：在《蒙古笔记》问世的那一年，它的作者 Н. Я. 比丘林被选为科学院通讯院士②。为了回答科学院发给的证书，Н. Я. 比丘林给科学院秘书富斯院士写了封信，信中写道："……我有幸获得俄国皇家科学院给我颁发的证书，授予我通讯院士称号。科学院对我从事的中国文学研究如此关注，表明对我著作价值的肯定。在这方面，我接受科学院给我的荣誉，我要继续努力从事我的研究工作，表明我是一个称职的通讯院士。另外，附上一份北京平面图（在那些日子赶印出来的），它使用俄文和法文两种文字描绘了当时的北京——请仁慈的国王，把我的誓言的这份'信物'推荐给科学院吧！"③

Н. Я. 比丘林在其人生最后的 25 年光荣地完成了自己的誓言。首先，他向俄国和欧洲社会各界介绍了中国边疆地区各族人民的历史，先后出版了《成吉思汗家系前四汗史》（1829）、《15 世纪至现在沃伊洛特人或卡尔梅克人历史评述》（1834）、《西藏和胡胡诺尔历史（公元前 2282—1227）》（1833）、《古代中亚各族人民历史资料汇编》（1851）。后来，又出版了《中国风俗习惯》（1840）、《用统计学方法记述中国帝国》（1842），Н. Я. 比丘林多年的研究成果都是研究中国起源，《中国农学》（1844）、《中国百姓及道德风貌》（1848），详细阐明了中国本身的历史和近代状况。Н. Я. 比丘林的著作曾 4 次荣获科学院最高奖：杰米多夫斯基奖金④。

---

① В. Н. 尼基福罗夫《苏联研究中国问题的历史学家》第 6 页，莫斯科，1970 年。《蒙古笔记》（1828）出版前，Н. Я. 比丘林发表了《西藏记述》（译自汉语），其中补充了详细注释，但不像其第一部个人著作那样，带有研究特点。

② "科学院通讯院士"职称，是俄国科学院于 1759 年 1 月建立的。这个荣誉称号是授予那些对科学院做出突出贡献的学者和旅行家们的。

③ 苏联科学院档案 ф. 1, оп. 2, §96, 1840 年。《北京记述》，译自 1788 年出版的汉语原版，所译资料精致、翔实、可信，并提供了 Н. Я. 比丘林个人绘制的北京城市平面图，最早的北京平面图是耶稣传教士们于 1705 年按康熙皇帝要求绘制的。

④ А. Н. 别尔恩什塔姆《Н. Я. 比丘林 (Иакинф) 及其著作〈古代中亚人民信息集〉》，载于著作《Н. Я. 比丘林 (Иакинф)〈古代中亚人民信息集〉》（第 1 卷）第 9 页，莫斯科—列宁格勒，1950 年。

Н. Я. 比丘林是作为国家社会生活优秀形象的第一位汉学家。他的作品在尼古拉耶夫斯基反动时期就在流布。尼古拉一世不让他离开僧侣生活,他的个人生活不再受到那么多限制。所以,Н. Я. 比丘林仍然努力与彼得堡的进步文学家和学者保持交往;30 年代在恰克图,他同进步刊物协作创办了汉语学校,同被流放的十二月党人保持联系,他在自己的著作中捍卫了俄国科学的利益,批判盲目崇拜外国学者,热情宣传关于中国和中亚各族人民的知识。

大家都很熟悉 Н. Я. 比丘林和普希金的友谊,普希金高度评价"穿着僧侣长袍的自由思想者","他的深刻的认识和真挚的著作散发着我们与东方关系的鲜艳的光彩"①。给 Н. Я. 比丘林著作以应得回敬的是另一位他的同时代人:В. Г. 别林斯基。

同时,还应该指出,Н. Я. 比丘林笔下的中国太理想化了。他在《中国:平民及其道德风貌》中对中国的描绘,在某种意义上代表了 Н. Я. 比丘林"中国"系列作品的总结,为了让读者关注中国法律,他写道:"……他们通过四千年的经验锤炼,逐渐走近人民政体的真正开端,甚至,国家受过良好教育的人,都受到重用。"② 所以,В. Г. 别林斯基并非偶然地在指出"伊阿金夫的尊敬的父亲的书是学者们丰富自己重要因素的真正法宝"之后,毫不留情地粉碎了这个虚幻的中国形象——据说,那里的人民在完备的法律保护下安居乐业,于是,他写道:"但是,哦!仔细一瞧,这只是一个漫天飞舞的泡影!"这位大批评家感叹道:"这就是那个政治强国——中国的泡影……所有这些法律和保障都是在纸上写得好,而实际上是为受贿者发财和为榨取行贿者服务的。"③

Н. Я. 比丘林的名字是俄国汉学史的整个时期的象征。但是,他没有遮蔽我们的优秀汉学家中的一代杰出人才——他的同时代人和学生。П. 卡缅斯基(从 1819 年任科学院通讯院士)、С. В. 利波夫采夫、З. Ф. 列昂季耶夫斯基、Г. М. 罗佐夫在汉、满语言学研究和中国及其邻国历史研究方面做出了重要的贡献,他们都是在北京传教团受过培养的资深的中国通。

---

① А. С. 普希金《普加切夫历史》文集,第 8 卷,第 287 页,莫斯科,1949 年。
② 伊阿金夫. 比丘林《中国国民道德状况》(第 1 部)第 2—3 页,圣彼得堡,1848 年。
③ 《В. Г. 别林斯基全集》(第 11 卷)第 155、157 页,圣彼得堡,1917 年。

19 世纪中叶，那些命中注定要为俄国汉学增光并使其发展更好的人都在北京传教团学习过，Н. Я. 比丘林的著作为他们奠定了坚实的基础：А. 切斯特诺伊、В. В. 戈尔斯基、К. А. 斯卡奇科夫、Э. В. 勃列特什涅伊杰尔、П. 卡法罗夫、И. И. 扎哈罗夫、В. П. 瓦西里耶夫等，他们仅是同时工作在汉学各个领域的汉学家中的一部分金光闪耀的星座①，大概，世界上从来不曾有过这样一个民族汉学学派。

尽管汉学教学在 1837 年就以汉语讲座在喀山大学开讲而进入俄国高等学校，然而，传教团在此后几乎四分之一世纪里仍然是培养汉学家的基本学校，许多受过高等教育的人都到那里去学习汉语。

在传教团里会遇到很多困难。未来的汉学家们，需多年居住在北京，被迫在极为不利的条件下生活和工作在那里。一个传教士曾这样描写那里的学生生活："学生住的房间狭窄而拥挤，上课很不方便，冬天身体难保。天寒不能依墙，否则，潮气与寒气就会浸透全身骨髓，患上风湿病，这都是很平常的，难以避免的事……在冬季，两只脚往往热了难受，而肩膀和脊背则因潮湿和寒冷而疼痛。"② 营养不良和气候异常使学生和传教士成员经常闹病和高额死亡。③

但是，决心献身于汉学的人们的勤劳与勇敢帮助他们克服了难关，获得了辉煌的业绩。19 世纪 30 年代主持传教团事业的阿瓦库姆·切斯特诺伊，在其一份报告中，这样评价了当时学习汉语的学生成绩："描写准噶尔人和东土耳其斯坦的这本书，被认为是伊阿金夫最好的译作。但是，我斗胆相信亚洲司：这本为译者提供了文学语言的书，我们每个人都能在北京的第三年或最多在第四年把它翻译完，如果译得不太好，那么，也不会比他译得差。"④

19 世纪中叶，传教团历尽千辛万苦，终于培养出了一批汉学干部。历届政府提出了许多东方学教学改革方案。1854 年 10 月，终于出台了创建彼得堡大学东方系的指令，由精通中国历史、社会思想、语言和风俗习惯的卓越汉学家瓦西里·巴甫罗维奇·瓦西里耶夫出任领导。

---

① 关于东方临近地区的俄国汉学研究，请参见，М. П. 沃勒科瓦《满学》；М. И. 沃拉比耶瓦·杰夏托夫斯卡娅、Л. С. 萨维茨基《藏学》，《亚洲博物馆——苏联科学院东方研究所列宁格勒分所》，莫斯科，1972 年。
② К. А. 斯卡奇科夫《太平天国时期的北京》第 15 页，莫斯科，1958 年。
③ 《太平天国时期的北京》第 16 页。
④ РО ГБЛ, ф. 273, ед. хр. 13, карт. 25, л. 325.

于是，19 世纪上半叶，尽管培养汉学家的旧制度还基本上保存着，然而，已经出现了以俄国社会发展为前提的汉学与俄国民主、进步派别的交流，大学的汉学教学开张了，俄国汉学在学术方面达到了世界汉学水平。

19 世纪下半叶初期进入汉学界的汉学家，他们在北京学习期间正赶上太平天国农民战争对殖民列强进行的第一次反击。他们清楚地看见了清朝帝国的腐败和清廷上层管理国家的无能。这些直接的印象促进了由比丘林奠定的俄国汉学民主思想基础的发展，促进了汉学传统的发展：同情中国人民，同情他们反抗满人压迫和外国列强的斗争。同时，俄国汉学史的下一阶段与 20 世纪 60 年代至 90 年代中期有关，那时俄国资本主义的发展，推动沙皇专制紧跟西方资本主义列强，在远东实行殖民政策。国际关系的迅速扩张，外交和商贸关系的加剧紧张，迫切需要引进培养汉学家的新方法，这就为汉学领域的学术研究提出了特殊的任务。

19 世纪下半叶，在俄国汉学家中，П. 卡法罗夫、И. И. 扎哈罗夫、В. П. 瓦西里耶夫占有特殊地位，他们每个人都为俄国汉学引进了新的知识，并且站到了世界东方学所取得的关于中国综合知识的制高点。也就是说，他们的著述为俄国汉学的分科，为中国经济史、思想史的专门研究，为创建一门综合性的语文学科，奠定了坚实的基础。

П. 卡法罗夫在北京时，带领两位传教士工作。他的学术兴趣非常广泛。今天每个汉学家都知道 П. 卡法罗夫的《汉俄词典》，它已成为 19 世纪下半叶关于中国语文学的经典样板著作。他的关于蒙古历史的研究著述，是在对中国起源的深入研究基础上[①]，同时也是在 1847 年和 1859 年路过蒙古时亲自考察的基础上完成的[②]，其学术价值非同小可。П. 卡法罗夫是到过乌苏里地区、并能讲解其古代历史的第一位汉学家[③]。

佛教历史和中国伊斯兰文学引起了 П. 卡法罗夫的注意。他在探讨欧洲人的中国研究史方面做出了极其重要的贡献[④]。П. 卡法罗夫是俄国革命前的第

[①] Б. Я. 弗拉季米尔佐夫院士认为 П. 卡法罗夫是"研究蒙古历史起源的敏锐、能干的专家"。Б. Я. 弗拉季米尔佐夫《蒙古社会制度，蒙古游牧封建主义》第 9 页，列宁格勒，1934 年。

[②]《巴拉第修士大司祭 1847 年和 1859 年去蒙古的路标》，圣彼得堡，1892 年。

[③] В. Е. 拉里切夫《东方异国旅行记》，新西伯利亚，1973 年。

[④] П. 卡法罗夫《哥萨克人佩特利纳中国旅行记》，《ЗВОРАО》（第 6 卷）第 305—308 页，1892 年；《巴拉第修士大司祭论马可波罗华北旅行》，《ИРГО》（第 38 卷）第 1—14 页，1902 年。

一本，也是唯一的一本定期刊物《著作集》的创刊人；《著作集》，是北京传教团成员研究中国问题的学术著作集①，而且，其第 4 集就是由 П. 卡法罗夫本人的著作编辑而成的。这本刊物，不但对俄国汉学，而且对欧洲汉学都起了很大作用，最初的两卷已于 1858 年译成德语在柏林出版了。

И. И. 扎哈罗夫主要以极其完美的《满俄大词典》和满语语法的作者而著名②。但是，他还是俄国和欧洲进行中国土地特性研究的第一位汉学家③。И. И. 扎哈罗夫关于中国历史人口学的研究著述也有重大学术价值④。В. Н. 尼基福罗夫公正地指出："实际上，И. И. 扎哈罗夫在俄国最早从事中国历史研究，是朝鲜社会经济问题专门研究的创始人。"⑤ И. И. 扎哈罗夫将其一生的数十年都献给了对中国的外交工作和彼得堡大学的满语教学工作，他是彼得堡大学的著名教授。

1968 年，苏联东方学界纪念 В. П. 瓦西里耶夫 150 周年诞辰⑥。杰出的汉学家不仅是汉学领域，而且是东方学许多新领域的开拓者。他的著作，一方面填补了我国汉学领域的许多空白，另一方面，奠定了俄国的中国佛学、中国文学史、中国史料学研究的坚实基础。

В. П. 瓦西里耶夫学术道路的主要阶段是与彼得堡大学密切相连的⑦，他在那里工作的许多年间，不仅是教授许多东方学科的教授，而且还是东方系的系主任。繁重的教学负担在某种程度上影响了他的学术研究，他来不及完成他起初拟定的许多提纲。

然而，В. П. 瓦西里耶夫给我们留下的学术遗产是非常丰厚的。他的汉、满、蒙、藏语和梵语的渊博学识，确定了他不仅研究领域宽广，而且他的著

---

① 《俄国传教士著作在北京》，第 1—4 卷，圣彼得堡，1852—1866 年；第 2 版，北京，1909—1910 年。

② И. 扎哈罗夫《满俄大词典》，圣彼得堡，1875 年；第 2 版，北京，1939 年；И. 扎哈罗夫《满语语法》，圣彼得堡，1875 年。

③ И. 扎哈罗夫《中国土地特性》，载《俄国传教士著作集》（第 2 卷）第 1—96 页，1853 年。

④ И. 扎哈罗夫《具有历史意义的中国人口评论》，载《俄国传教士著作集》（第 1 卷）第 247—360 页，1852 年。

⑤ В. Н. 尼基福罗夫《苏联研究中国问题的历史学家》第 9 页，莫斯科，1970 年。

⑥ 参见《中国历史和文化》，莫斯科，1974 年。

⑦ 有 20 多部著作论及了 В. П. 瓦西里耶夫的传记和著述。参见 П. Е. 斯卡奇科夫《中国传记》，第 18510—18530 号；А. Н. 霍赫洛夫发表于上述文集《中国历史和文化》中的部分文章。莫斯科，1974 年。

述的史料学基础也是独一无二的。

　　В. П. 瓦西里耶夫著作的独特品格是对文献资料的批判态度,对所获资料来源力求再思考。В. П. 瓦西里耶夫在其《自传》中指出,还在喀山大学读书时 О. М. 卡瓦列夫斯基教授就说过:"在探寻真理时不要崇拜权威,对已经完成或说出真相的'sine ira et studio'要批判地接受,不要设想本世纪解决的问题没问题。这些话深深地铭刻在我的心中,成为我的一切好感或反感的指导者。"①

　　50 年代末至 60 年代初,В. П. 瓦西里耶夫编写了一系列汉语、满语教材。他出版的第一部《汉俄词典》,在世界上最早探讨了中国汉字的字体体系,这一体系为后来很多辞书所接受。在这一时期,В. П. 瓦西里耶夫发表了关于中国及其邻国历史的基础研究系列作品,将其编入了《10 至 13 世纪中亚东部历史和古代史》(1859)、《关于元、明时期满人的报告》(1863)、《论中国伊斯兰教运动》(1867)、《大清帝国初期臣服蒙古人》(1868)②。

　　В. П. 瓦西里耶夫于 1873 年出版的著作《东方宗教:儒教、佛教、道教》是作者在北京传教团做学生时写的一些初始研究成果的结集。下面这部《中国文学纲要》是一部总结性的著作,1880 年出版。В. П. 瓦西里耶夫早年在欧洲读过的那些关于中国和满族文学史的课程,为这部书的准备起了很重要的作用。③

　　В. П. 瓦西里耶夫在汉学领域紧张工作几乎半个世纪,使他不仅在俄国汉学界,而且在世界东方学界都赢得了应得的赞许。当 1876 年 8 月 20 日,第 3 次国际东方学家会议在彼得堡召开时,В. П. 瓦西里耶夫被选为大会第一分会主席,他在大会上的发言引起了极大的注意④。第 5 次国际东方学家会议于 1881 年在柏林召开,В. П. 瓦西里耶夫作为俄国代表团成员出席了大会,在会上他被选为远东分会的副会长。

　　后来的研究者对 В. П. 瓦西里耶夫个人和著作的评价,是多层面的和自

---

　　① С. А. 文格罗夫《俄国作家、学者传略词典》(第 4 卷,第 2 册)第 150 页。
　　② 《В. П. 瓦西里耶夫论历史著作在俄国中国历史学研究中的意义》,参见 В. Н. 尼基福罗夫《苏联研究中国问题的历史学家》第 11—14 页,莫斯科,1970 年。
　　③ Л. З. 艾德林《纪念第一本〈中国文学史纲要〉问世 90 周年》,载《东方国家与人民》1970 年第 2 版,莫斯科。
　　④ 《第三届东方学家论文集》(第 1 卷)第 24—35 页,圣彼得堡,1879—1880 年。

相矛盾的。我们可以看出，В. П. 瓦西里耶夫作为一个人和学者的命运，是与俄国学术的共同情况密切相关的，当时处于俄国沙皇时代，天才的发展与献身不符合"常规"，成为"另类"。① 在这方面，我们将回忆起 В. П. 瓦西里耶夫的学生 В. М. 阿列克谢耶夫的充满担忧与痛苦的话，这些话以惊人之力描绘了当时俄国汉学的情况，这就是"45 位俄国汉学晚辈的导师"的悲剧："俄国汉学的一切往事都是繁难而痛苦的。破坏性的力量总是影响正确的建设性的工作。所以，要痛苦地看着人家的脸色去行事。我们的十分出类拔萃的天才们：伊阿金夫·比丘林，他善于在缺乏资料的情况下认识一个国家，并就一些基本问题给出各种回答；帕拉季·卡法罗夫、В. П. 瓦西里耶夫及其学生伊瓦诺夫斯基和格奥尔基耶夫斯基——所有这些人，他们终生都被许多重大难题所困扰，他们一分钟都不敢怠慢，但是，我们的俄国的现实社会还要驱逐他们，伤害他们。他们，首先，都很穷，以至于不能个人出资出版自己的著作，而学校也弄不到多少资金。瓦西里耶夫院士需要的只是用最差的汉语印刷符号，在最次的纸上印出汉语课文。这已是 19 世纪末！所以，大多数学者命中注定要写书、编教材，只是为了以后科学院能收购这些'守活寡妇人'的书，或埋葬于亚洲博物馆里……瓦西里耶夫失去了出版自己多卷本的第一流佛学研究资料的希望后，把它们都整齐地放到了自己的办公室里，而他的女仆不经他知道，就用这些长长的纸片生火炉。这是多么愚蠢而又可怕的悲剧！"②

　　任何一门学术的自我认知，都是其成熟的一种标志。俄国汉学家在 19—20 世纪内表现出了深度关注俄国汉学的命运，这并不是偶然的，他们试图确立未来俄国汉学的发展道路。在这方面，名列前茅者当属 В. П. 瓦西里耶夫的学生们：С. М. 格奥尔基耶夫斯基、С. Ф. 奥利坚布尔格、В. М. 阿列克谢耶夫。

　　彼得堡大学东方系教授、以其中国古代史研究著作而驰名的 С. М. 格奥尔基耶夫斯基，试图诠释俄国汉学学术的实际目的。他强调指出，俄国汉学家应该帮助社会对中国居民产生一种新的观点，"很多世纪以来，数百万幸福地生活在各部落和各族人民中间的中国人与我们友好相处，结下了深厚的友

---

① В. Н. 尼基福罗夫《苏联研究中国问题的历史学家》第 14—16 页，莫斯科，1970 年。
② В. М. 阿列克谢耶夫《在旧中国》第 287—288 页，莫斯科，1958 年。

谊，这种友谊能使未来的世界和平得到保证"①。

然而，С. М. 格奥尔基耶夫斯基认为，无论俄国汉学还是欧洲汉学的现状，显然都不能适应推进生活的任务。"作为一门独立学科的汉学，现在尚不存在。"他以纯粹的"瓦西里耶夫的"怀疑主义断定："汉学还没有确立自己的目标、奠定自己的基础、形成自己的研究方法；汉学还混同于一般的翻译，混同于能将汉语翻译成这种或另一种欧洲语言。"② С. М. 格奥尔基耶夫斯基认为，在这种情况下出路在于汉学分科。他写道："汉学（现在概念极为模糊不清）中，当然，应该不能只是一门单一的学科，而是众多学科的总和。"③

革命前汉学发展的最后阶段（1895—1917）落入了那种年代：沙皇政府追逐在华列强的侵略政策，在瓜分中国的尖锐斗争中，沙皇政府在日俄战争中惨遭失败。义和团运动和辛亥革命的爆发、清朝帝国的衰弱，引起了全世界的极大关注，这就迫使我们要用新的方式观察中国。1905 年俄国上空飞驰而过的革命风暴，对东方国家和中国局部地区的民族解放斗争产生了重大影响。

这些因素的出现，一方面引起了汉学任务的急剧增加，而另一方面，又制约了高质量的中国研究著述的出现：中国的社会现实已成为马克思列宁主义社会科学研究的对象。

为了满足远东问题专家们的实际需要，1899 年在符拉迪沃斯托克成立了东方学院，广泛开展汉语、日语、朝语、蒙语、满语的教学与研究。著名的蒙古学家 А. М. 波兹德涅耶夫主持学院工作，特邀 П. П. 什米德、А. В. 格列宾希科夫和 А. В. 鲁达科夫教授汉学课程。后来，Г. 齐比科夫和 Н. В. 丘涅尔也来这里教授这门课程。

东方学院开展了中国问题的研究工作；这一工作的进展主要在两个方面：一是对满族的研究，二是搜集整理提供当代中国知识的各种文献资料。П. П. 什米德出版了汉语和满语教材，在这些教材中，毫无疑问，理应关注汉语语法④。在 А. В. 鲁达科夫的许多著述中，应该特别关注《吉林省中国文化历史资料》（1909），同时，也要注意《义和团及其在远东近年事件中的意义》

---

① С. М. 格奥尔基耶夫斯基《研究中国的重要性》第 271 页，圣彼得堡，1890 年。
② С. М. 格奥尔基耶夫斯基《托尔斯泰伯爵与"中国生活原则"》第 6 页，圣彼得堡，1889 年。
③ 《托尔斯泰伯爵与"中国生活原则"》第 6 页。
④ П. 什米德特《附有练习题的官方语法尝试》，北京口语教学参考书，符拉迪沃斯托克，1902 年；第 2 版，符拉迪沃斯托克，1915 年。

（1901）。Н. В. 丘涅尔在符拉迪沃斯托克的工作成绩卓著，他完成了中国古代、近代史、远东诸国地理、中国与西方国家关系史等教材。他的很有学术价值的著作《西藏记》①，是关于中亚地区学术研究成果积累的汇编。

在20世纪的第一个10年，在彼得堡大学东方系，П. С. 波波夫、А. И. 伊瓦诺夫、А. Е. 柳比莫夫、В. Л. 科特维奇工作得很出色，В. М. 阿列克谢耶夫开始了自己的著述道路。在这一时期，俄国汉学在中国及清帝国边疆的地理学、民族志学和考古学研究方面做出了巨大贡献。Н. М. 普尔热瓦利斯基、Г. Н. 波塔宁、Н. М. 亚德林采夫、П. К. 科兹洛夫、В. И. 罗勃罗夫斯基、Д. А. 克列缅茨的考察工作，为俄国汉学学术在历史和现时悲剧性研究方面开辟了一个广阔的中亚世界。

无论汉学领域的扩展还是世界地理学和考古学的发现，仍然不能克服俄国汉学内部的危机，这一危机还在19世纪就已出现，产生这一危机的原因，不只是在汉学界，而是在整个俄国社会。在俄国、在中国已经感觉到了这种革命的气味。"重新评价一切（价值）的时刻即将来临！激浪之声可闻，那新生活的激浪！" В. М. 阿列克谢耶夫在其1907年的日记②中感叹道。但是，这纯属职业汉学家著作中反映出来的对社会现实的一种热情洋溢的感知，决非自由派的激进观点。

然而，正是在俄国，马克思主义思想为新的汉学奠定了很好的方法论基础，回答了中国社会发展的根本问题。未来的俄国汉学将具有十分有利的条件，在列宁著作中将会找到自己的开端。列宁的一般著作（超过80种）中，都直接涉及中国问题，其中有50多种著作写于革命前。

В. И. 列宁的著作，诸如《中国战争》《世界的政治燃料》《中国的民主和民粹运动》《中国共和国的巨大成绩》《落后的欧洲和先进的亚洲》《亚洲的觉醒》等，都痛斥了在华资本主义强国和沙俄的帝国主义政策，阐释了中国人民的民族解放运动与俄国和世界无产者的相互关系，阐明了中国社会经济发展的中心问题③。

---

① H. B. 丘涅尔《西藏记述》，符拉迪沃斯托克，第1部，1907年；第2部，1908年。
② B. M. 阿列克谢耶夫《在旧中国》第192页，莫斯科，1958年。
③ 《列宁与当代中国问题》，莫斯科，1971年；В. Н. 尼基福罗夫《В. И. 列宁著作中的中国问题》，载《苏联历史学家论中国问题》第46—64页，莫斯科；В. Н. 尼基福罗夫《В. И. 列宁著作中的中国问题》，载《历史问题》1970年第12期。

因此，主要以语文学研究和历史文献分析为根基的俄国古典汉学还在革命前夜就表现出了：它不能成为研究中国的一门能揭示中国问题本质的综合学科，不能清楚表达中国社会发展的规律性，不能将中国研究积累的知识储备运用于当代的实际工作中。但是，就在这一时期，已经诞生了马克思列宁主义的新汉学，它的发展当时是与旧汉学的迅速成长平行进行的。

只有伟大的十月社会主义革命才能弥合这一缺口，十月革命后俄国汉学成了苏联学术的一个组成部分。

＊　　＊　　＊

苏联汉学，作为一种新型的汉学，经历了自己发展的若干阶段①。第一阶段（20世纪20年代中期前），是以马克思列宁主义汉学的确立与其学术骨干的形成为其标志的。应该指出，绝大多数的老汉学家，作为自己国家的爱国主义者，忠诚地对待苏维埃政权②。但是，旧汉学的一切知识缺陷，毫无疑问，肯定会影响他们的新汉学之路的探索。由于这个原因，我们曾经援引过 В. М. 阿列克谢耶夫的观点。我们要指出的是，С. Ф. 奥利坚布尔格完全同意阿氏的观点，他在1918年评论解放前俄国东方学的状况时，写道："那些从事俄国学术史研究的人会产生一种可怕的感觉：那些'勇敢的创举''深刻的思维''少有的天才''闪光的智慧'，甚至什么'细心而顽强的劳动'等，所有这些评价都有些过分；在此只好指出，这一切似乎都应降下来：那一长串后无来者的'第一流'的卷本和'第一流'的出版，那僵死得就像含混不清的半截话的'开阔性思维'，只是一堆未出版的、未写完的手稿。这是一个不可完成的创举和无法实现的理想的巨大坟墓。"③ 所以，尽管在初期一些旧汉学的代表人物仍然继续运用旧的方法论原理来关注古代中国，然而，俄国汉学发展的经验迫使他们必须积极参与创建苏联汉学学派的工作。

那些把自己的生命和革命实践都专注于东方各族人民的解放运动问题，

---

① 苏联汉学发展的历史分期问题，在 Р. В. 维亚特金和 Л. И. 杜曼的论文《汉学》，莫斯科，1969年，第12卷，第889—890页；В. Н. 尼基福罗夫的著作《苏联历史学家论中国问题》中，都有精心研究。在这些著作中，俄国汉学发展第一时期分期问题的某些分歧，在 Р. В. 维亚特金的最后著作《汉学》中都得到了统一。我利用了作者手稿的资料，请作者接受我由衷的谢忱！

② 参见 В. Н. 尼基福罗夫《苏联历史学家论中国问题》第76—77页。

③ С. Ф. 奥利坚布尔格《纪念瓦西里·巴甫洛维奇·瓦西里耶夫及其佛学著作，1818—1918》，载《伊朗》第531页，1918年。

专注于中国革命问题的人，譬如，年轻的苏维埃共和国的那些从事远东外交工作的干部和新闻工作者们、卫国战争时期东方战线的政治工作者们，他们才是我国新汉学的创始人。列宁对这些问题的经常关注，对苏联汉学教学中心的形成和研究工作的开展起了重大作用。

按照列宁的指示，1920年在彼得堡和莫斯科开始创建东方研究所。列宁认为必须在全国范围内组织关于东方和中国的学术研究工作。按列宁的想法，其目的就是在1921年成立全俄东方学家协会。М. П. 帕夫洛维奇和В. А. 古尔科·克里亚任在协会中做了大量的实际工作。

党在东方学领域的组织工作的成果很快就表现了出来。东方学刊物横空出世：《新东方》（莫斯科）、《新远东》（符拉迪沃斯托克）、《东方》（列宁格勒）等期刊相继出刊了，发表了第一批以马克思主义方法论研究中国问题的学术成果，诸如：В. Д. 维连斯基·西比里亚科夫的《中国与苏维埃俄国》（1919）、《中国的政治集团》（1922），А. Е. 霍多罗夫《世界帝国主义与中国》（1922），Г. Н. 沃伊京斯基的一系列论文等。在使广大群众了解中国方面，许多参考读物起了重要作用：诸如Н. М. 波波夫·塔季瓦的《中国：经济评述》（1925），В. С. 科洛科洛夫和И. К. 马马耶夫合写的《中国：国家、民众、历史》（1924）等。

苏联新东方学及其组成部分新汉学的特点之一，就是它引进了使殖民地和附属国人民的解放斗争与发达国家工人阶级的社会主义革命运动相融合的思想，它服务于俄国和东方劳动人民的国际主义教育与相互亲近的事业。苏维埃国家的许多文件，诸如《和平决定》、呼吁书《致俄国和东方的全体穆斯林劳动人民》《俄罗斯苏维埃联邦社会主义共和国政府致北、南中国人民和政府的呼吁书》等，这些政府文件，就是苏维埃国家对东方的新政策的有力证明，在亚洲得到了最广泛的响应。1921年11月，Г. В. 奇切林强调指出："东方各民族人民十分清楚地意识到，苏俄是无条件地同情和支持他们巩固和发展自己独立自主的政治和经济生活的大公无私的朋友。"[①] 苏联汉学家们，不仅在出版物的书页上，而且在苏维埃政权的外交机关的实际工作中，同时还作为共产国际驻中国的代表和孙中山政府顾问的身份，完成了自己的国际义务，从而促进了中国人民的解放斗争。

---

① Г. В. 奇切林《国际政治问题论文与讲话集》第203页，莫斯科，1961年。

苏联汉学发展的第二个时期，包括20年代下半期至40年代初，直到伟大的卫国战争前夕。这一时期，始终充满了许多重大事件，正如我国生活中发生的那些大事一样，中国也如此。世界上第一个社会主义国家的不断成长与发展，苏联改造国民经济的宏伟计划的实现，文化革命的进行，苏联为争取世界和平而进行的积极的毫不妥协的斗争——所有这些因素，都决定了苏联学术的繁荣，都正面地影响着苏联汉学的发展。与此同时，中国共产党的成长与发展，中国学者论述中国问题的马克思主义论著的出现，中国发生的1925—1927年的大革命，这些都向苏联汉学工作提出了新的更为复杂的要求。

1925年庆祝科学院建院200周年时，苏联科学院通讯院士В. М. 阿列克谢耶夫所组织的苏联汉学成果展览，成了很有代表性的中国图书史领域的亚洲博物馆的陈列馆。就在这一年，莫斯科成立了孙中山大学（后改为孙中山中国劳动人民共产主义大学，简称КУТК）。在该大学汉学研究室的基础上，3年后组建了中国研究所；该研究所成了苏联汉学中心基地之一。①

中国革命问题、中国历史和经济、中国的社会制度等，在下列著作中都得到了广泛阐释：《中国问题资料集》（1925）、《中国问题》（1929—1935）、《革命的东方》（1927）、《关于殖民地问题资料》。苏联汉学的马克思主义方法论，通过党同学术界就中国革命的现实问题的积极、毫不妥协的交换意见得到了加强。这样，孙文主义和陈独秀主义的阶级实质、太平天国运动的性质、中国社会制度和"亚洲的领导方法"② 等迫切问题，都得到了广泛的讨论。这是一个"大辩论"的时代，"辩论"的结果，使马克思列宁主义关于社会结构的学说为未来的汉学研究奠定了坚实的基础。③

М. 沃林、Л. И. 马季亚尔、А. 伊文、П. А. 米夫、М. Д. 科京、Г. К. 帕帕扬、В. Н. 库丘莫夫、Г. С. 卡拉·穆尔扎在这一时期的汉学领域起了积极的作用。1930年，在列宁格勒组建成立了苏联科学院东方研究所，刚刚庆祝学术活动25周年的В. М. 阿列克谢耶夫被苏联科学院正式成员推举为东方研究所中国分所的领导者④。这一时期的特征是出版了大量的学术研究专著，

---

① В. Н. 尼基福罗夫《苏联研究中国问题的历史学家》第126—127页，莫斯科，1970年。
② В. Н. 尼基福罗夫《苏联研究中国问题的历史学家》第126—270页。
③ 《苏联研究中国问题的历史学家》第268页。
④ 《В. М. 阿列克谢耶夫（自编）生活与学术活动年表》，载莫斯科《中国文学与文化，纪念В. М. 阿列克谢耶夫院士90诞辰论文集》第156页，1972年。

主要是中国现代史领域的学术专著。①

战前，苏联汉学出现了一种对中国、中国历史、文化、外交、语文学等进行综合研究的倾向。В. М. 阿列克谢耶夫、Н. И. 康拉德、Ю. К. 休茨基、А. А. 什图金、В. М. 什捷伊恩、О. С. 塔尔哈诺夫、Е. С. 伊奥尔克、А. Я. 坎托罗维奇、Н. А. 涅夫斯基、А. А. 彼特罗夫及其他学者的学术著作，组成了苏联汉学的一条黄金线，确立了苏联汉学在世界汉学的地位。为了更好地继承俄国东方学的传统，苏联汉学家对中国历史上的邻国和各族人民也给予了极大的关注。譬如，Н. А. 涅夫斯基在唐古特人语文学方面的很有价值的研究著述具有世界意义；为此，他死后于1962年荣获列宁奖金。

В. М. 阿列克谢耶夫、Л. И. 杜曼、А. А. 彼特罗夫主编的，1940年出版的大型文集《中国：历史、经济、文化、争取民族独立的英勇斗争》，是汉学领域的独具特色的总结性著作。В. М. 阿列克谢耶夫称这部书是"关于中国现代历史的第一本用俄文写的教科书"。这部大部头的著作是汉学各领域的百科全书，它不仅表明了每位著者的高超的鉴赏力，而且还表明了通过庞大的创作集体的共同努力能够解决摆在汉学面前的重大课题；这样的课题，单个的汉学家是不能胜任的。

法西斯的进攻给苏联汉学带来了重大损失。在卫国战争前线、在列宁格勒保卫战中、在粉碎日本军国主义时，Ю. В. 布纳科夫、А. В. 格列宾希科夫、Г. С. 卡拉·穆尔扎、К. Н. 拉祖莫夫斯基、Л. Г. 鲁多夫、К. К. 弗卢格等汉学家牺牲了。这一时期的教学与研究工作是在红军军事外语学院进行的。绝大部分老一代汉学家是在撤退、疏散中工作。В. М. 阿列克谢耶夫在自己的自传中指出："1941—1944年，在撤退中写好了100篇报告和论文，为一系列中国散文和古诗（《文选》《古文珍宝》《唐诗选》等）的艺术而准确的翻译奠定了基础。这些报告、论文和翻译，先后于1942年、1943年、1944年及近年都已经发表。"②

战前奠定的汉学基础、战时也没有停止教学与学术研究，这些都使苏联汉学较快地恢复了自己的元气，并为战后时期的发展开辟了广阔的研究战线。

---

① П. Е. 斯卡奇科夫《中国图书索引》相关章节（莫斯科，1960），第1版，30年代初（1932年）。

② 《В. М. 阿列克谢耶夫（自编）生活与学术活动年表》，载《中国文学与文化，纪念 В. М. 阿列克谢耶夫院士90诞辰论文集》第158页，莫斯科，1972年。

苏联人民在社会主义各条战线上的大规模的创造性劳动，党克服了个人崇拜的不良后果，苏联共产党和苏联政府对巩固与亚非拉国家的友谊与合作的教训，这一切，都对汉学干部的成长、扩展实际工作和学术研究产生了良好的影响。亚洲形势的根本转变，帝国主义殖民制度的破产，中华人民共和国的建立，无与伦比地扩大了汉学专家的活动天地，对汉学提出了原则性的新课题。

苏联东方学动员一切力量，解决了这些课题。如果说从1917年至1949年出版了大约有100部关于中国的各种书籍，那么，只在从1950年至1957年的8年间这个数字就增至447部，印数高达2300万册，而最近两年又新出版增加了242部图书①。许多大部头的中国文学作品也被译成了俄文出版，然后又被译成苏联28种少数民族文字出版，印数超过2000万册。②

这一时期，出版了 Г. В. 叶菲莫夫著《中国近现代史纲》（1951）、В. А. 马斯连尼科夫著《中华人民共和国的经济制度》（1958）、Г. В. 阿斯塔菲耶夫著《美国对中国的干涉及其失败》（1958）、А. С. 佩列维尔泰洛、В. И. 格卢宁、К. В. 库库什金、В. Н. 尼基福罗夫合编校《中国现代史纲》（1959）、费德林著《中国文学》（1958）、С. Л. 季赫文斯基著《中国改革运动与康有为》（1959）、М. С. 卡皮查著《苏中关系》（1958）、И. М. 奥沙宁编校《汉俄词典》（1952、1955）、М. И. 斯拉德科夫斯基著《苏中经济关系概论》（1957），再版了 П. Е. 斯卡奇科夫著《中国图书索引》（1960）。

1950—1953年，Н. Я. 比丘林再版了装帧精美的著作《古代中亚各族人民信息集》第Ⅰ、Ⅱ卷（1950）、第Ⅲ卷（1953）。

莫斯科东方研究所中国分所、莫斯科大学与列宁格勒大学的相应系科都扩大了招生名额；塔什干大学的许多系的研究所都开设了汉学教学学科。学术研究工作在列宁格勒东方研究所、莫斯科太平洋研究所、莫斯科东方研究所、莫斯科汉学研究所等单位迅速开展起来。出刊了学术专业刊物《苏联中国学》（1958），科学院的其他学术刊物，首先是《东方学问题》，也给中国研究辟出了许多版面。许多加盟共和国的科学院也都相继建立了汉学研究室、

---

① Р. В. 维亚特金《汉学》第20页（手稿）。
② Р. В. 维亚特金、Л. И. 杜曼《汉学》（第12卷）第890页，莫斯科：苏联经济出版社，1969年。

研究组、研究部等。

苏联汉学,为了使苏联和世界人民了解中国人民的精神和物质文化,广泛宣传中国社会主义建设所取得的伟大成就,巩固了中国在国际舞台上的地位。为了真诚地履行自己的国际主义义务,许多苏联汉学家都直接参与实现苏联共产党和苏联政府在学术、政治、经济诸领域与中国密切合作的列宁政策。

同时,在这一时期的许多关于中国的研究和政论著作中出现了一种不正确的倾向。М. И. 斯拉德科夫斯基指出:"在我们许多历史的、政治的和其他文献中的缺陷是,不能批判地评价中国革命的历史经验,常常追求中国官方的历史编纂学,促使了对领袖个人崇拜的传播,没有客观地阐明许多历史事件,对发生在中国共产党、中国革命运动中的图解矛盾过程的事实却保持缄默。"①

50年代末,中国领导人不配合国际共产主义和工人运动的路线,苏中关系表现出了复杂态势……加之后来搞的"文化大革命","四人帮"反对传统文化,否定世界文化,伪造中国历史和与邻国的关系史,歪曲中国革命史、中国共产党史、苏中关系史。②

在这种条件下,摆在苏联汉学面前的任务和问题,从来都没有这么复杂和严重。苏共党的代表大会和苏共中央全会的适时召开是汉学领域一切工作的基础。国家继续组织并加强了汉学研究机构:远东国立大学、莫斯科大学重新组建的东方语言研究所、奇京地区师范学院等高校都恢复了汉学家培训工作;苏联科学院成立了远东研究所,同时,在苏联科学院东方研究所及其列宁格勒分所、苏联科学院社会主义制度研究所、社会科学信息研究所、国际工人运动研究所、民族志学研究所、世界文学研究所、新西伯利亚和符拉迪沃斯托克研究中心、伏龙芝、阿尔玛—阿塔和塔什干研究中心等,都在研究中国问题。从教于莫斯科大学和列宁格勒大学的汉学家集体对中国问题的学术研究做出了重要贡献。在苏联汉学的这一发展阶段,积极进行研究工作的汉学家有:Н. И. 康拉德院士(1970年前)、费德林通讯院士、С. Л. 季

---

① М. И. 斯拉德科夫斯基《苏联汉学当代状况与任务》,载《苏联汉学问题》第9页,莫斯科,1973年。

② О. Б. 鲍里索夫、Б. Т. 科洛斯科夫《1945—1970年苏中关系》,莫斯科,1971年;М. С. 卡皮查《中华人民共和国,两个20年——两种政治》,莫斯科,1969年。

赫文斯基、М. И. 斯拉德科夫斯基、优秀的中国专家 В. С. 科洛科洛夫和 Б. И. 潘克拉托夫教授,大约有五十多位博士和数百位副博士。苏联汉学形成了一支最庞大的马克思主义学术队伍,他们从事中国问题研究,并在研究中反击帝国主义,捍卫了汉学研究中的马克思主义立场。苏联汉学家与社会主义兄弟国家的汉学家的合作是该阶段俄国汉学发展的一个新因子。

这些年,苏联不断扩大汉学文献的出版,仅在 1960—1965 年出版的关于中国问题的图书又增加了 325 种①。在许多综合性的百科全书式的著作《普及历史》《哲学史》《苏联大百科全书》《东亚各族人民》中,也发表了许多研究中国的长篇章节。

为了克服过去著作中的缺陷,苏联汉学家们善于精心研究当代中国的学术概念。在这方面,他们以党的指示原则为指南;这一原则,Л. И. 勃列日涅夫在 1969 年在莫斯科召开的国际共产党、工人党代表大会上的发言中已经说过,在这里,苏联共产党总书记强调指出:"我们不能把当今中国领导人的言论和行动同中国人民的希望和追求、同真正意义上的中国共产党、同全中国人民混为一谈。我们深信,中国的民族复兴和社会主义发展,不是在反对苏联和其他社会主义国家、反对整个共产主义运动的道路上,而是在同他们联合、合作的道路上才能达到。"②

苏联共产党中央委员会 1967 年通过的决议《关于今后发展社会科学并提高其在共产主义建设中的作用的办法》,确定了反对错误思想的具体任务,对汉学研究具有重大的意义。1971 年 11 月 29 日至 12 月 1 日在莫斯科召开了第一届全苏汉学家代表大会,会议讨论了苏联汉学的迫切问题,协调了今后中国研究在全苏范围内的工作。

苏联汉学的最重要的任务是深入研究中国的内外政策,以便最大限度地帮助我们党和国家,在苏联和中国人民之间建立相互理解的睦邻关系。要完成这一任务,不能不广泛发展所有的汉学学科。

所以,苏联汉学在达到高水平的分科研究后,现在已变成多分支学科的综合性学科,从事这些分支学科研究的有历史学家、经济学家、语文学家、哲学家、文艺理论家、国际关系专家、民族志学家、考古学家、法学界代表

---

① Р. В. 维亚特金《汉学》第 20 页(手稿)。
② 《共产党与工人党国际会议》第 73 页,文件与资料,莫斯科,1969 年。

人物。而且，为了推进学科的发展，在每一个分支学科中，照例，还需要更加细密的专业化。汉学家们充分利用了各种研究方法，利用了许多社会学科的成果，首先是苏联共产党和国际工人、共产主义运动历史、苏联历史、俄国通史、社会主义政治经济学、苏联文艺理论、马克思主义关于国家和政权的理论等。同样，汉学对世界历史问题的精心研究、世界民族解放运动历史的研究、东方问题研究，对世界文学、国际关系的研究，总而言之，不仅对东方问题，而且对人类所有知识领域的研究都做出了重大贡献。苏联汉学积极反对欧洲中心主义，同样也反对以中国中心主义的态度观察问题。

近年，苏联汉学在中国历史研究方面取得了毫无疑义的成绩：对"历史上事实存在"的各朝各代的历史，都毫无例外地进行了研究；对中国古代、近代、现代史中的重大问题也都有精心的学术研究，完成了一系列教学参考书和研究各历史时期的综合性著作，并非常关注西方、中国和苏联历史文献的翻译和出版①。所以，尽管还有足够多的问题等待解决，对一系列问题看法，也还存在重大分歧，然而毫无疑问，大部头的集体著作（1972年出版的《中国近代史》《中国现代史》，1974年出版的教学参考书《中国历史：古代至当代》）的出版证明了，这支庞大的史学家—汉学家队伍的创作成熟期已经到来。

近年，中国对外政策的历史和现状分析已成为一个独立的研究方向②。这方面出版的许多集体著作，诸如《中国与邻国》（1970）、《远东国际关系》（1973）、《中华人民共和国的对外政策与国际关系》（1974），再现了中国各历史时期外交关系的真实画面，揭露了腐朽的机会主义理论，批判了其资产阶级思想观念。

就是说，近年，苏联汉学家们在中国社会政治思想史和哲学史的研究方面，就其规模和水平而言，做出了极其重要的贡献③。这一研究领域非常广

---

① С. Л. 季赫文斯基、Л. П. 杰柳辛《中国历史研究的某些问题》；Л. С. 佩列洛莫夫《中国古代问题研究》；Л. В. 西莫诺夫斯卡亚《中国近代问题研究在苏联》；Г. Я. 斯莫林《中国近代问题研究》；В. Н. 尼基福罗夫《未解决的中国现代史问题》；Т. Н. 阿卡托瓦《中国工人运动史研究问题和苏联历史学术》，载《苏联汉学问题》，莫斯科，1973年。

② Г. В. 阿斯塔菲耶夫、А. Г. 亚科夫列夫《中华人民共和国外交政策与国际关系问题研究》；В. С. 米亚斯尼科夫《俄中关系史研究的问题与任务》；Р. А. 米罗维茨卡亚《苏联60年代的苏中关系史研究》，载《苏联汉学问题》，莫斯科，1973年。

③ В. Г. 布罗夫、В. А. 克里弗佐夫《中国现当代社会政治思想研究》；Н. Г. 谢宁《中国哲学研究在苏联》，载《苏联汉学问题》，莫斯科，1973年。

泛，从翻译古代文论到深刻分析批判某些理论观点，已有的珍贵的学术专著，无论个人著作还是集体汇编著作都得到了修改和补充。

苏联汉学家们的研究中国社会不同历史时期的经济基础与经济思想的著作，具有最高的学术价值①。这里备受关注的是对中国经济发展特点的研究和对"大跃进""大调整""文化大革命"时期的"极左思想实验"所造成的损失的研究。与此同时，近年还出版了一系列学术研究专著，精心研究了19世纪至20世纪上半叶中国土地关系的各种观点。

研究中国文化、语言、文学的学者们是一支由众多资深学者组成的学术队伍。他们的研究方向和原则，是由 B. M. 阿列克谢耶夫的极具学术价值的著作所奠定的。最近几年，苏联汉学又被中国古代文献和现代作家作品的翻译、研究中国文学史和文学理论的学术专著、研究中国散文、戏剧和诗歌的高度专业化著述而丰富起来。木刻收藏品古文献解读研究，是一种很吃力的工作，也在进行之中。苏联汉学家们积极反对"四人帮"歪曲艺术创作，捍卫了中国人民的民族文化遗产。②

汉语知识永远是汉学学术准备的基础。苏联汉学家—语言学家们在汉语知识方面的著作，在编著词典和教材方面，达到了世界级学术水平③。在这方面，无论在科学院研究所，还是在大学和其他高校的汉学教研室，都在进行着大量的研究工作。

苏联汉学家在国际学术界受到了赞许和尊重。苏联汉学家的著作被翻译成西方语言的数量在日益增加，引起了日本学术界的极大兴趣。从1974年起，用英语和日语出版了广泛阐释当代中国国情的刊物《远东问题》。在国际会晤、学术研讨会和代表大会上，苏联汉学家们发出了保卫中国社会主义的

---

① Г. В. 阿斯塔菲耶夫《论经济研究的一般方向》；Е. А. 科诺瓦洛夫《论中华人民共和国人口问题研究》；Г. Д. 苏哈尔丘克《中华人民共和国建国前苏联的中国经济史研究问题》；М. М. 尼科利斯基《中华人民共和国经济基础的形成与发展问题研究》；В. И. 阿基莫夫、В. И. 奥列霍夫《中华人民共和国生产力发展问题研究》；Л. 康德拉舍瓦《中华人民共和国工业化理论与实践变化研究》，载《苏联汉学问题》，莫斯科，1973年。

② 费德林《中国文学研究的问题与任务》；Л. Н. 孟什科夫《关于中国书面文献研究》；Л. З. 艾德林《中国近代文学研究问题》；В. Ф. 索罗金《中国当代文化研究，成绩与问题》；С. А. 托罗普采夫《论中国电影研究》，载《苏联汉学问题》，莫斯科，1973年。

③ В. М. 索勒恩采夫《苏联汉语研究问题》，载《苏联汉学问题》，莫斯科，1973年。

声音，苏联代表团的发言，反对用"极左思想"掩饰其"客观的"资产阶级汉学观点的方法，来攻击马克思列宁主义学说。①

苏联汉学家们积极参与苏中友好协会的工作，他们非常珍重地保存着对那些优秀的中国文化工作者的记忆，认为他们是把自己的生命献给中国革命事业的英雄，是为中国人民的解放事业而斗争的马克思主义者和国际主义者。苏联汉学家们参加过中国20—30年代的民族解放斗争，深受中国人民的尊重，他们出版的回忆录是苏联汉学文献不可分割的一部分。

在苏联科学院建院250周年的日子里，为了总结汉学工作、确定汉学发展的前景，苏联汉学集体从苏共24大历史决议观点出发，准确地明确了认识过去和今天中国事情的目标。这个目标很高，也很高尚，那就是捍卫马克思列宁主义原则的纯洁性，反对"极左"的伪革命的、主观主义的思想体系，千方百计使苏中关系正常化，恢复苏中两国人民之间的睦邻、友好关系。

(译者：宋绍香　泰山学院教授、汉学研究所所长)

---

①　参见，М. И. 斯拉德科夫斯基《第29届东方学家代表大会，当代中国研讨》，载莫斯科《远东问题》1973年第4期。

苏联汉学家阿理克的中国古典文学翻译思想述评

王 晔

摘 要：俄罗斯对现代意义上的中国文学研究始于阿理克，作为苏联新汉学的奠基人，阿理克对中国古典文学的俄译提出了很多有价值的思想。他的"求异"翻译观、"科学的—艺术的"翻译标准以及"中庸化译法"等在汉语古文的俄译实践中取得了巨大成功，尤其是所译《聊斋志异》更是《聊斋志异》海外译本中的经典。阿理克的翻译思想影响了继他之后几代的汉学家，展现了中国文学俄译的独特面貌。全面梳理阿理克的中国古典文学翻译思想，以历史的、发展的眼光和跨学科、多元化的视角客观总结其理论价值及存在的不足，这对探索当下中国文学向俄译介、推广的新思路，改变中国文学在俄传播不畅的现状以及开展中国古典文学俄译的批评研究都有重要意义。

关键词：阿理克 中国古典文学翻译 "求异" 翻译观 "科学的—艺术的"翻译标准 中庸化译法 《聊斋志异》

阿理克（瓦•米•阿列克谢耶夫，1881—1951，中文名为阿理克）是俄罗斯汉学历史上一位承前启后的里程碑式的人物，他将毕生精力都献给了钟爱的汉学事业。1902 年，阿理克从彼得堡大学东方系毕业后即开始了他的汉学生涯，1916 年，他以一部翻译和研究司空图《诗品》的巨著获硕士学位，1918 年晋升为教授，1923 年当选为苏联科学院通讯院士，1929 年获语文博士学位，同年当选为院士，成为苏联汉学的奠基人，开创了苏联时期汉学研究的新格局。帝俄时期的汉学集中在对中国边疆史地、政治体制、社会经济、

---

* 基金项目：中国博士后科学基金资助项目"中国古典文学俄译本之翻译批评模式研究"，资助编号 2016M601246。

儒释道思想等方面的研究上，中国文学的翻译和研究始终徘徊在汉学边缘。阿理克就此指出："俄国汉学是时候通过科学、负责任的翻译关注汉语、关注汉语写就的文学作品了，尤其是古典文学。这些作品用一个个文字符号造就了宏大的中国文学。"① 阿理克毕生著述 260 余种，几乎在汉学的所有领域都有贡献，但他最看重的是中国文学，尤其在中国古典文学的翻译和研究上倾注了大量心血。

视中国文化、中国文学为世界文化、世界文学不可分割的组成部分，这是阿理克汉学研究的基本思想，据此他提出了改变当时汉学研究的局面而建立一种在比较文学研究基础上的新的研究系统，他强调应该采用比较的阐述方法研究中国文学，以便使它摆脱异国情调化和与世界疏离的状态。在阿理克的汉学研究中，始终贯穿着比较的思想，这成为他借以认识中国文化独特性的重要手段。两个民族文学发生相互关系，往往需要通过媒介来沟通，而首要的媒介就是翻译。中国文学的译介是阿理克汉学研究的重要组成部分，在长期的翻译实践中他形成了自己独具特色而又与汉学思想相辅相成的翻译理念。本文将以阿理克所译《聊斋志异》为例，以多元的视角对阿理克的中国古典文学翻译思想加以梳理、阐释和评价。

一、阿理克的"中国观"和文化意识

19 世纪末、20 世纪初是欧洲中心主义盛行的年代，东方主义者借中国形象反观自我，以中国的封闭落后反衬自我的开明进步，不仅如此，富于创见的俄国人还把中国想象成某种"第二自我"，以此影射自身存在的迫切需要解决的问题。然而，阿理克在汉学研究中却坚决摒弃欧洲中心主义，表现出一种另类的"中国观"，他看到的中国是一个全新的完整的世界，他始终坚持中国文化是世界文化的一个组成部分，"东方的心灵也是我们的心灵……人类共同的大家庭中每一个成员，都创造着共同的文化，而表现为具有独特性的思想和语言的结合，它们乃是世界性的思想的一部分。"②

---

① Алексеев В. М., Новый метод и стиль переводов на русский язык китайских древних классиков//Труды по китайской литературе (книга 2), Москва: Восточная литература, 2003, с. 121.

② 吴泽霖《试论 В. М. 阿列克谢耶夫的汉学研究思想》，载《中国文化研究》2005 年秋之卷。

阿理克的"中国观"缘于"求同"思想,他反对将中国文学"异国情调化"而与世界隔绝,中国文学应是世界文学体系的一部分,中国文学中所展现的一切是全人类共通的,这个共同的基础就是人类对真、善、美的赞美和追求。阿理克批评同时代人对中国文学、文化的认识都是诉诸个人趣味的选择性解读,充满了误解和偏见,"由于我们的不理解和不明白,因而看不到它(中国文学)的珍贵。我的这些论述不知有多少次引起俄罗斯知识分子由衷的惊讶,不知有多少人向我提过这样的疑问:'怎么,难道中国人也写诗?也有韵脚?!'"① 他始终主张,一个汉学家在有条件时,宜多进行实地考察,要多看、多记、多思,而不是戴着有色眼镜或凭道听途说去了解世界。1907年来到中国之后,他被多姿多彩的中国文化震慑住了。"我穿过这个花园国度……我看到了中国的生活,体验了与中国人交往的快乐。这些人仿佛离我们很遥远,但如果你善于与他们接触,就会感到很亲近……我了解到,中国以自身的文化回答了人类智慧为之痛苦的大量问题……这里一切都是新奇的,欧洲没有,俄罗斯也没有,能够牢牢把握这两个世界的人是幸福的。"② 阿理克将这两个伟大的世界融于自身,因此能够真心诚意、满腔热情地为在全人类范围内实现这两个世界的融合而奋斗。

对阿理克而言,汉学不仅是一门冷静的学问,而且是对中国文化价值的深刻理解和认同。"每当我浏览什么东西,总觉得'中国'这两个字鲜红鲜红的,仿佛就是为我所写……这时我的手便会情不自禁地伸向纸和笔。铅笔在纸上迅速移动,我一忽儿义愤填膺,一忽儿欢快异常……我看来是真正爱上了中国。"③ 他对中国文化满怀敬意与善意,尊重与包容,翻译与贯通成为阿理克汉学翻译的初衷和本质,他立志通过严谨的翻译,为汉学研究提供真实可靠的研究资料,同时为俄国读者了解中国文学奉献忠实而优美的译作。

二、"求异"翻译观

就文本层面而言,归化和异化很难在译文中平衡存在,译者往往会有所

---

① [俄]阿列克谢耶夫著,阎国栋译《1907年中国纪行》第287页,云南出版社,2001年。
② 《1907年中国纪行》第23页。
③ 《1907年中国纪行》第297页。

侧重。阿理克是明确反对"归化"式翻译的,他说"翻译的困难导致译者以满足读者为目的的'归化'倾向,译文有多优美,创作的痕迹就有多明显"①;相应的,他反对翻译中使用"类比替换法"(аналогия),用西方文化思想和文学名著来对照解释中国作品,而这是同时期西方汉学家的惯常作法。阿理克尊重中国文化的翻译立场决定了他的翻译策略以"异"为主,显"异"的翻译使读者能够更加贴近原文本,读者在专注于那些千奇百怪的聊斋故事的同时,更有可能看到故事底下更深层的内容。

从文化层面分析,翻译中"异"的选择取决于译者对本国文化传统和异国文化的态度,这其实是一枚硬币的两面,乐黛云曾经从"自我"与"他者"的关系角度阐述翻译的"异"与"同",她说:"关于'异域'和'他者'的研究往往决定于研究者自身及其所在国的处境和条件。当所在国比较强大,研究者对自己的处境较为自满自足的时候,他们在'异域'寻求的往往是与自身相同的东西,以证实自己所认同的事物或原则的正确性和普遍性,也就是将'异域'的一切纳入'本地'的意识形态。当所在国暴露出诸多矛盾,研究者本身也有许多不满时,他们就往往将自己的理想寄托于'异域',把'异域'构造为自己的乌托邦。如果从意识形态到乌托邦联成能够一道光谱,那么,可以说所有'异域'和'他者'的研究都存在于这一光谱的某一层面。"②

社会语言学也认为,在社会制度或社会意识形态发生激烈变动的前后,几乎无一例外地提出了语言问题。这时读者和译者都会感到本族语言(文体)有变革的需要,在这样的形势下,译者自然会在将外语翻译为母语时采取文献性的翻译方法,以期引进新的词汇、表达方式甚至新的思维方式和新的思想,为民族语言、文化注入新鲜血液。阿理克学术活动的高峰正值俄国十月革命前后,他在《汉学的翻译规范》一文中明确说道:"汉语文言作品翻译的难点是无主语、无人称、无连词。鉴于此,翻译时应适当模糊俄语动词的式,多用无人称句,省略主语、人称代词、连词等,要仿照汉语语言形式来传达原文典型的、有张力的内容。(这样做)可能会带来俄语的革新。"③ 而事实

---

① Новый метод и стиль переводов на русский язык китайских древних классиков, с. 126.
② 顾彬《关于"异"的研究·序》第1页,北京大学出版社,1997年。
③ Алексеев В. М., Синологические установки переводчика//Труды по китайской литературе (книга 2), с. 150.

证明他的翻译达到了这样的效果,一位读者在读了《聊斋志异》后说:"在革命胜利七年来虚荣心泛滥、俄语被皮利尼亚克和马雅科夫斯基搅和得过于花里胡哨的这个年头,您的作品对我来说就是凭吊古典作品中深邃的思想和不朽的语言的一座纪念碑……"①

  当然,阿理克希望借助翻译带来的不仅是语言的变革,更是对社会思想的冲击。从《聊斋志异》的题材和写作手法中,阿理克看到蒲松龄是通过选择文言小说形式和鬼狐题材来对抗当时的正统文学,抒发"孤愤"之情。阿理克联系时代背景分析道:"蒲松龄在写作《聊斋》时,环境是很险恶的,有民族正义感的知识分子言辞之间只要影射一下时政就会招来杀身之祸。由此就能明白为什么作者的《自志》乃至所有篇目的语言都是很隐晦的。"② 蒲松龄创作时的心境阿理克颇能理解并感同身受,20世纪20、30年代苏联的大清洗运动使大批知识分子遭到迫害,自由思想横遭钳制,阿理克虽在运动中保全了自己,但接二连三的诋毁、诽谤让汉学家深感恐慌、迷惘和愤怒,他曾在日记中写道:"事情是如此的糟糕和艰难,一塌糊涂,没有一丝光亮,可我并不是为了别的什么,而是为了能在真理的王国里自由地思想而斗争啊!"③ 在严酷的现实面前,阿理克仍乐观地坚持对"美好的人性"的追求。人类文明在进步过程中会面临巨大的困难,而他坚信人类一定会找到适合的方法解决眼前的困难,同时保留人性中美好的东西。阿理克认为幻想即是"人性中美好的东西",它能弥补现实生活中的空白,起着揭露现实和匡复正义的作用。《聊斋志异》这样一部借助鬼狐花妖揭露现实丑陋的文言小说完全契合了阿理克作为俄国知识分子的济世救民情怀和对现行秩序的批判精神,"正如寄情于幻异是聊斋先生在与压抑自己的时代环境做斗争过程中唯一的'王牌',对聊斋中幻异世界的关注也成了令阿列克谢耶夫振奋的精神食粮。假如没有寄情于幻异的权利,无论是蒲松龄还是阿列克谢耶夫都将无法存活下去。"④ 正因为如此阿理克与《聊斋志异》和蒲松龄成为跨越时空的心灵知

---

  ① [俄] 班科夫斯卡娅著,阎国栋、岳巍、王培美译《聊斋的朋友与冤家》(续),载《蒲松龄研究》2003 年第 2 期。

  ② Алексеев В. М., Трагедия конфуцианской личности и мандаринской идеологии в новеллах Ляо Чжая. //Труды по китайской литературе(книга 1), c. 416.

  ③ 《聊斋的朋友与冤家》(续),载《蒲松龄研究》2004 年第 1 期。

  ④ 载《蒲松龄研究》2003 年第 1 期。

音。这亦是他的"求异"翻译观形成的时代背景和个人心理动因。

三、翻译标准：科学的—艺术的翻译

阿理克曾说过他的翻译理想是用最恰当的方式让俄语走近汉语，给汉语披上一层薄薄的俄语轻纱。他甚至能站在中国人的立场上考量翻译标准："翻译中国作品好比用俄式方法酿造中国酒，译者应当让自己的酒桶散发出'中国酒'的醇香，并且这种酒香能获得中国人的广泛认可。"① 归纳而言，阿理克的翻译标准经历了三个进化阶段：

第一阶段：接受度广、文通字顺的"迎合式"翻译，但是很快阿理克就否定了此种翻译标准，他说，一旦译者一味地迎合读者的口味，那么就必然会"使语言变得面目全非，令人懊丧，艺术价值就会消失殆尽"②。

第二阶段：译、注、评相结合的"文献式"翻译，即翻译在大量研究、考据的基础上进行，力图做到有据可依。阿理克从司空图的《诗品》开始实践文献式翻译。他认为辜鸿铭、林语堂的中译英可以做到精确的理解，甚至恰当的表达，却满足不了汉学家的需求。汉学家的翻译应兼具艺术性和学术性。文献式翻译让已经厌倦了杜撰和想象的欧洲汉学家们充满期待，可以接近"中国人眼中的中国"。随着汉学研究的深入，阿理克越来越注重译本的学术价值，在翻译《聊斋》时，他由最初的较倾向于迎合式翻译（如《狐魅集》），转向追求更高准确度的文献式翻译（如《异史集》），中国文学的文献式翻译本质而言就是一种汉学翻译，可以作为可靠的一手文献直接引用，这些翻译资料的积累汇总构成了异域学者构建中国文学史的史料素材，这样的中国文学史在阿理克看来是完整的、夯实的、可信的，他心目中的《中国文学史》就是"一本范文与概论结合、翻译与研究并重的中国文学百科"③。

第三阶段：科学的—艺术的翻译，这是第二阶段的升华，阿理克力图将语言的准确性和汉语的音律节奏和谐地统一起来，这个标准尤其适用于翻译

---

① Новый метод и стиль переводов на русский язык китайских древних классиков, с. 126.

② Алексеев В. М. Принципы художественного перевода с китайского. //Труды по китайской литературе（книга 2），с. 145.

③ 阎国栋《俄罗斯汉学三百年》第 127 页，学苑出版社，2007 年。

诗歌和韵文。在文学作品的诸多层次中，阿理克尤其看重文言古文的节奏，因为"只有充满节奏感的语言是非口语化的，这是文言文译成俄语唯一可行的方法。"① 流畅的俄语诚然可贵，但若抹杀了所有的节奏格律，仍不是成功的翻译。据此阿理克主张翻译文言文不可依据过渡的白话译文，那样原作的节奏会荡然无存，而节奏是体现作品风格的重要因素。

"科学的—艺术的"翻译标准的关键在于如何协调"科学"与"艺术"的关系，阿理克认为科学性和艺术性看似是一对矛盾，但二者却可以以这样的方式共存：科学性强调完整和准确（包括结构上的），这里的"准确"不单是词、句的对应（因为那可能成为掩饰译者对原文理解不到位的借口），还应具有科学严谨性，是译者对原文透彻理解基础上的再表达；而艺术性着眼于文章整体的、和谐的风格，"翻译成功的关键不在形式、也不在内容上，而在风格上。……没有风格的译文是灰暗的、缺乏艺术美感的拙劣表述，会使异国情调更甚。"② 概言之，阿理克翻译中国古典文学，首先关注的是译本的学术价值，用"异"的手法保留原作的体裁特征、文本结构、主题立意、认知功能，通过严谨的考据，借助序跋、注释等手段阐释文本中的文化信息；同时忠实于原作文本中将形式和内容融于一体的言语组织方式——节奏，以达到再现原作艺术风格的目的。

四、中庸化译法

"科学的—艺术的"翻译理念的具体落实就是阿理克提倡并取得成功的"中庸化译法"（средний перевод），即译作语言是既不同于俄语、也不同于汉语的"第三种语言"，翻译旨在"使原文的全部价值在译作中得到完满的反映"，这"全部价值"包括了原文本的学术价值、文化价值及美学价值。"中庸化译法"不是庸俗的中立主义，既不偏向源语也不偏向目的语的翻译只是一种理想，"中庸化译法"以读者的"可懂"为前提，但关键在于译者对"异"的把控，译者的分寸感至关重要，分寸感意味着译者在接受主体可理解范围内尽可能向原作靠拢，做到异域性的最大可能化，这样的文本对研究者

---

① Синологические установки переводчика. с. 150.
② Синологические установки переводчика. с. 152-153.

而言更具学术价值的真实性,对读者而言则是陌生而新奇的阅读体验。

"中庸化译法"本质而言是一种"难化翻译",它有两层含义:一是指通过保留原作中的"异"元素(包括语言层面和超语言层面),增强译本的真实性,同时延长翻译审美接受者的关注时间,增加其感受难度,从而享受到新奇感受带来的审美愉悦,最终使作品的学术研究价值和艺术审美价值都从中得到体现;二是指化"困难"为"再创造动力","中庸化译法"并非为了尽可能向原作靠拢而一味求"异",它更主要的方面体现在译者主体性和创造性的发挥上。譬如,阿理克认为现代俄语无法做到在不改变原作语言形象性的前提下再现汉语文言的雅致、无声,他建议沿用俄国 18 世纪的旧式俄语翻译古汉语,甚至要创造一些"仿词儿"——日常生活中不用且字典中也没收录的词语——这些词不是标新立异,而是努力靠近原著中那难以企及的独特性的一次尝试。例如《聊斋志异·杨大洪》中主人公杨大洪一向自命不凡。一次吃饭时不慎将饭块卡在喉咙里,于是向一道士求助。道士有意度其成仙,试探之后却发现杨大洪尘念难消,为之惋惜。道士趁其不备,使劲拍了一下他的后脑勺,并说道:"唉!你这俗物!"(力拍其项曰:"俗哉!"),硬块应声而落。阿理克的译文为:"сильно ударил его по затылку, сказав при этом: эх ты, <u>пошлота</u>!"Пошлота 即使在最权威的俄语字典里也没有收录,表"庸俗"之意的只有口语词 пошлятина。但"эх, ты, пошлятина"拖沓的语气抹杀了"俗哉"二字掷地有声的节奏感,削弱了言说者的惋惜之情。俄语中类似的俗语词如"ташнота(恶心)""темнота(黑暗)""скукота(无聊)"以及"сволота(败类)"等相同的构词方法可帮助读者轻易推断出 пошлота 的含义,并透过译文感受到原文的文字力度。

五、翻译节奏观

阿理克译本的"科学性"已无须过多论证,准确的翻译、详尽的注释不仅纠正了俄国读者对于中国和中国文化知识层面的错误认识,更修正了他们思想观念上的偏差。而"艺术性"却并非可用通常的"达"或"雅"的概念来解释,阿理克的译文不是流畅地道的俄语,而是模仿古汉语形式特点、偏离俄语常规的"中庸化翻译",读者体验到的是"陌生化"效果带来的新奇之美。诗人、翻译家奈曼说他在《聊斋》译本的字里行间捕捉到了一种他以前从未体验过的美："我还记得那红色的书皮，完美的韵律，充满魔力的声音以及那不知是阿列克谢耶夫自己捕捉到的还是中国人教给他的语调。"① 这种"语调"就是作品的节奏，阿理克视之为艺术风格的灵魂，为了再现文言长短疾徐、抑扬抗坠的声韵特点，他创造性地采用了以下翻译手法：

1. 以骈译骈，以散译散，句子长度以及语序与原文基本保持一致。

对于古文中整齐的对偶句和长短交替的散句，阿理克采用"以骈译骈，以散译散"的策略，体现了他的"翻译节奏观"。对于骈偶句，阿理克采用以音步对汉字、以轻重音交替体现平仄变化的方法再现其声韵跌宕的音乐美和形式对称的和谐美。《聊斋志异》中蒲松龄或创作或引用了大量韵文、诗词和对联，阿理克均尽力译出，现举《聊斋自志》中的首句为例：

披萝带荔，三闾氏感而为《骚》；
牛鬼蛇神，长爪郎吟而成癖。

《В лианы одетый,
Плющом опоясан》,
《Владетель трех родов》, раз вдохновившись им, творил свою 《Тоску》.
《Бык-демон,
бог-змея》 —
их 《с длинными ногтями субминистр》 воспел в стихах: он страстно их любил.

格律图示：

	音步
U—U/U—U/U—U/U—U	4音步抑扬抑格
U—/U—/U—/UU/U—/U—/U—/U—	8音步抑扬格
——/U—/U—	2音步抑扬格
U—/UU/U—/U—/U—/U—/U—/U—/U—	9音步抑扬格

---

① 《聊斋的朋友与冤家》（续），载《蒲松龄研究》2003年第4期。

("—"表示重读音,"∪"表示轻读音,"/"表示音步划分)

原句是对仗的骈偶句,声调呈"平平仄仄 平仄平仄平平仄"式的交替变化,阿理克以音步对汉字,做到句子容量大致相当;同时以双音节的抑扬格和三音节的抑扬抑格的穿插使用体现节奏和声律变化,可惜译者在翻译第三句"牛鬼蛇神"时未仿照第一句的抑扬抑格律,使得译文的节奏不那么完美。在忠实与优美难以两全的情况下,阿理克不会为了形式的美而随意改动原文内容,这也是他一贯坚持的原则。

相较而言,散句的节奏虽然没有骈句那么富有规律,但很多情况下仍是可以感知的,散句节奏的形成在于长、短句的交替搭配以及句与句之间依据意合方式的关联配置。蒲松龄很重视曲折丰富的语言表达形式在读者审美欣赏中的巨大作用,在动作性强或渲染紧张气氛时他多用短句,有时一句甚至只有二、三字;而写景状物的语言大多句式整齐,对仗工整,给人以典雅对称的美感;议论则多用骈散结合的句式,现举例说明:

一日,王偶过,圆羹然来,直中面目。女与婢俱敛迹去,公子犹踊跃奔逐之。王怒,投之以石,始伏而啼。(《聊斋志异·小翠》)

Однажды случайно зашел сам Ван, и вдруг-тррах-мяч влетел и ударил прямо ему в лицо. Молодая вместе со служанкой унесли ноги, а барский сын всё ещё прыгал, скакал и догонял мяч. Ван рассердился, бросил в сына камнем, и тот наконец упал и заплакал.

蒲松龄仅用3句话就完整叙述了一个俏皮欢快的小故事,有起(直中面部)、有承(敛迹去)、有转(犹踊跃奔逐)、有合(伏而啼),节奏紧凑而充满动感,这得益于他对动词的娴熟运用和对叙事节奏的准确把控。阿理克抓住原文以"动"取胜的特点,在翻译时突出动词的中心地位,通过嬉戏情节的再现塑造出古灵精怪的小翠和憨傻呆萌的元丰形象。同时严格按照原文的语序和断句,以意义完整为目的,用一个个句读段按逻辑事理的流动铺排句式,形成以逻辑为序、按心理时间流排列的叙述脉络。

见门内白石砌路,夹道红花,片片堕阶上;曲折而西,又启一关,豆棚花架满庭中。肃客入舍,粉壁光明如镜;窗外海棠枝朵,探入室中。

榻藉几榻，罔不洁泽。(《聊斋志异·婴宁》)

  Видит: во дворе дорога устлана ровным белым камнем, и красныецветы сжимают её с обеих сторон, лепесток за лепестком падая на ступени. Прошли к западу, открыли ещё ворота-весь двор усажен цветами, повсюду парники, куртины. Старуха ввела гостя в дом. Белые стены сверкали, как зеркала. <u>Вокна влезали, словно чего ища, ветви дикой яблони</u>, циновки, столы, сиденья-все блистало, сверкало чистотой.

  这是蒲松龄对婴宁所生活的桃源胜地的生动描写，充溢着浓郁的诗情画意。清新、舒缓的叙述节奏如小河流水般缓缓流淌。阿理克在翻译中没有用华丽的词语，而是坚持简单、简洁的原则，通过细节的描绘渲染出一种与原作类似的古朴雅致的意境，尤其是"探入室内"的创造性翻译"словно чего ища"（海棠枝钻入窗内，似乎在找寻什么）为译文平添了一份活泼、灵气。在语序和断句上译文与原文保持高度一致，同时在句式上沿袭原作的流水短句，间或以长句，长短句的交错使句子显得轻快灵动而错落有致，明快的节奏再现了清丽雅致的文字风格。

  2. 避免使用复杂句、复合句，多用简单句，甚至模仿汉语的流水句。

  不论是保持原文语序还是模仿汉语句型，其实质都是借助汉语文言的思维方式再现其节奏特点，例如：

  视之，美；近之，微笑。招以手，不来亦不去。(《聊斋志异·红玉》)

  两句话仅用了 15 个字，就把一个脉脉含情、落落大方的少女形象勾勒了出来。这其中 11 个字是实词，只有 4 个虚词。词与词之间没有任何附加成分。只靠搭配关系就连缀成句，简练到极点。阿理克和英国汉学家翟理斯的译文分别为：

  Поглядел на неё-хороша. Подошел к ней-улыбнулась. Поманил рукой-не идет, но и не уходит.

  He saw she was very pretty, and as he approached her she began to laugh. He then beckoned to her with his hand; but she did not move either to come or to go away.

  翟理斯的译文共 35 个单词，是原句的两倍还多，译者增加了大量的人称代词和连接词，把汉语的流水式短句改造成英语长句，虽符合译入语习惯但失却了汉语短句所传达出的简洁之美。阿理克的译文实词连同虚词共 16 个单词，与原句字数相当，译者仿效原文省略了主语，突出了动词的地位，这对俄语说来是非同寻常的新做法。但读者从动词词尾的阴、阳性变化上仍可判断出动作的发出者，这样的翻译既照顾到了汉语的句式特点，又发挥了俄语富于形态变化的屈折语优势。

3. 巧用标点实现人称的不断转换，取代连接词和非必要的解释性词语。

省略人称代词和连接词是蒲松龄写作语言的一个突出特点，为了避免过多的添加代词、连词而破坏句子的节奏感，阿理克在译文中大量使用标点符号，减少非必要的加词，依循原文的叙述逻辑，使译文更加凝练。如：

万目攒视，见有勾萌出，渐大；俄成树，枝叶扶苏；倏而花，倏而实，硕大芳馥，累累满树。（《聊斋志异·种梨》）

阿译：

Тысячи глаз так и вонзились… И видят-вот выходит тоненький росток. Вот он все больше и больше-и вдруг это уже дерево, с густыми ветвями и листвой. Вот оно зацвело. Миг-и оно в плодах, громадных, ароматных, чудесных.

Вот они уже свисают с ветвей целыми пуками.

翟译：

andeveryeyewasfixeduponhimwhensproutswereseenshootingup, and gradually growing larger and larger. By-and-by, there was a tree with branches sparsely covered with leaves; then flowers, <u>and last of all fine, large, sweet-smelling pears hanging in great profusion</u>.

原文 9 句，阿译 7 句，翟译 5 句。阿理克借用破折号实现勾、树、花、果等主语的不断转换，并将句子切分为更小的单位，造成短促的叙述节奏，同时使用 вот，вдруг，миг 等语气词对应"俄""倏"表时间之短的副词，加强语气，烘托事物变化之神奇。翟理斯的翻译总体也不错，"then flowers"的表述也是简洁至极。但他按照英语思维习惯调整了句序，将多个小句并作一句（画线部分），相比阿译而言句子不够利落，节奏感欠佳。句子之间用

211

and, by-and-by, then, last of all 等表时间递进的连词连缀,给读者一种按部就班、水到渠成的平淡感,失却了一粒梨核瞬间长成一株茂盛的梨树的出人意表的新奇感。再如:

又细视车上一靶亡,是新凿断者。(《聊斋志异·种梨》)

阿译:Посмотрел внимательнее: у телеги не хватает одной оглобли, и притом только что срубленной.

翟译:Looking more closely at the barrow, he alsofound that one of the handles was missing, evidently having been newly cut off.

"又细视车上一靶亡",翻译成现代汉语为"仔细看,(发现)少了一个车把",这即是翟理斯的译法,增加了"he also found that"作为全句的主干。但阿理克反对借助白话译文翻译古文,因为这样会破坏文言文的行文节奏。他没有增加任何词汇,仅用一个冒号承启下文,巧妙地转换了主语,保留了原句的结构特点。

此外,阿理克在译"……视(睨/窥)之,(见)……"这种句型时已形成固定方法:表"看"的动态动词+(видит)+冒号或破折号+补充成分,冒号或破折号在这里起提示主语转换并代替连接词的作用。而翟理斯通常将其处理成单一主语的、附带分词短语的复杂句,或干脆略去表"看"的部分,将多个小句糅合成一长句,如:

审视之,即上元途中所遇也。心骤喜……(《聊斋志异·婴宁》)

阿译:

Ван пристально всмотрелся: так и есть, что она-та самая, которую он встретил на празднике. Сердце его забилось бешеною радостью,

翟译:

Wang perceived to his intense delight that she was none other than his heroine of the Feast of Lanterns;

再如,"视之,无所见。宛转间,有女子从衣后出……"(《聊斋志异·青梅》)一句,阿理克的译句同时使用了破折号和冒号:Посмотрел-ничего не видать. Обернулся: из-за его одежды выходит какая-то дева. 标点不仅是主语转换的标识，而且冒号后的句子改用现在时，"выходит"的延续性与"обернулся"的瞬时性两相对照，使狐女青梅的出场更具画面感。

4. 扩展性译法。

面对简练的汉语文言文，阿理克会根据需要采用扩展性手法，增加某些必要词汇以保证衔接的自然和叙述的平稳流畅，这同样是出于节奏的考虑。阿理克的译文中普遍存在着逐词逐句翻译的现象，但并没有因此显得支离破碎、生硬直白，失去原著语言的生动典雅。究其原因，他在模仿汉语行文节奏的同时，通过扩展性手法照顾到了译语节奏。需要强调的一点是，阿理克在运用扩展性翻译方法时，绝不会增减原文没有的新内容。例如：

已而主人敛酒具，少一爵，冥搜不得。（《聊斋志异·狐嫁女》）

阿译：Когда они ушли, хозяин стал убирать винные сосуды. Глядь-не хватает одной чаши. Искали, шарили-так и не нашли.

翟译：When they were all gone the old gentleman collected the goblets, one of which was missing, though they hunted high and low to find it.

阿理克添加"глядь"一词，保持了全句主语一致且不出现从句，同时使前后句衔接不显突兀；破折号体现了"敛酒具"与"少一爵"之间暗含的转折关系；"冥搜不得"另起一句，使用两个表示程度递进的近义词"искать"和"шарить"，强调了"搜"的程度。翟理斯的译句是一个带有定语从句和让步状语从句的复合句，全句的语义重心落在动词 collect 上，从句使叙述变得冗长而平淡，关键动词 missing 和 hunt 退居次要地位。叙述节奏的改变随之带来的是语义逻辑重心的转移。

扩展性手法在阿理克的《聊斋》译本中并不鲜见，它们同时还具有渲染氛围、完善人物心理活动等作用。这些词的出现并没有损害小说的内容，反而补足了句子的节奏，保证了叙述的完整性。

从上述四种翻译手法的运用可以看出，阿理克所说的翻译中的"节奏"不仅仅是狭义地对平仄、押韵、停顿等格律因素的再现，而且涉及作者叙述口吻的轻重缓急、整个作品结构的组织安排等。节奏是将作品形式与内容融于一体的艺术表达，是构成话语特殊性的重要因素。所以，阿理克对原作节奏的忠实和翻译涉及的不仅仅是形式上对等,更是文本艺术价值的重构。

六、阿理克翻译思想的不足

阿理克翻译思想的形成距今已近一个世纪了,他作为汉学家从事翻译活动具有的崇高使命感令人敬佩,他对翻译认识的前瞻性即使放到今天仍具有震撼人心的力量:"我们翻译中国经典,是为了解中国人的世界而做准备,这是我们义不容辞的责任。因为东、西方之间的平等互识将是历史的必然,这是人类全面认识自我的必经之路。"① 但与此同时受时代局限阿理克翻译思想中显露出的不足也值得我们反思。指出不足不是为了苛求前人,而是为了完善发展阿理克的中国古典文学翻译思想,使其在今天中国文学的对俄译介和推广中发挥更为积极的作用。

首先,阿理克及阿理克学派汉学研究中的比较文学思想,侧重于中西方文学思想的对比分析即平行研究,而影响研究和接受研究,尤其是中国文学在域外的接受情况和对域外文学的影响鲜有涉猎。其中原因,一方面是受制于中国当时的国际地位和文化实力,中国文学难以对强势的西方文学产生影响,另一方面,阿理克及其弟子作为中国古典文学翻译和研究的拓荒者,中国文学在俄影响和接受情况研究还有待时日和后来者的接续。但现实情况是苏联及当代俄罗斯比较文学专家及翻译研究学者更关注欧美作家和作品。中俄毗邻,交流频繁,但较之丰富而系统的俄、西文学关系研究,中国文学在俄的影响研究却相当匮乏,这是值得中国学人重视和深思的问题。

其次,阿理克注重翻译的科学性,从而在某种程度上否定了文本多重阐释的可能性。他说:"为了避免主观随意的阐释破坏译文的可信度,我尽可能(通过大量考据)向读者证明此处文本不可能有另种解释和另种译法。"② 这个说法在今天看来似乎过于绝对,现代语言学、阐释学、接受美学等早就论证了文本,尤其是文学作品多样化阐释的可能性。任何事情都有两面性,阿理克严谨翔实的注解也有可能限制读者的想象力,读者修养与经历不同,对

---

① Синологические установки переводчика. с. 148, с. 153.
② Алексеев В. М., О некоторых особенностях перевода с китайского//Труды по китайской литературе (книга 2), с. 157.

同一文本总会有不同的理解，正所谓仁者见仁，智者见智。

再者，阿理克早期译作的目标读者是普通大众（如《李白咏景赋》），但后来他改变了这种策略，将译本受众定位为研究型读者："我的译本的价值只在这些读者身上得到体现：他们渴望新知，渴望全身心体验新鲜的人类情感、心境、人物形象以及语言词汇。他们懂得新事物的价值，懂得新的切入点对探索人类心灵秘密的价值。"① 这一连串的"新"表明阿理克对读者的要求不仅仅停留在"阅读"层次上，更要有对古老的中国文化、中国智慧的领悟力和对"异"的包容、接受能力。阿理克对读者提出如此高的要求，是因为他从未将《聊斋》看作是单纯讲述趣闻笑话的消遣性读物，而是将它作为俄国人学习汉语的教材，并要通过它彻底改变民众对中国文学的看法，同时为汉学研究提供中国古典文学作品的真正具有艺术性和严谨科学性的译文。阿理克的受众意识决定了他的译本是经得起推敲和经得起时间考验的经典，可作为学术研究的原始材料。但若从中国文学"走出去"的角度评判，译介效果，尤其是读者接受的广泛度问题是一个不得不考虑的重要因素。为了追求译本的真实性，阿理克有些地方译得过死，如将"碧桃"译作"голубой персик"，将"洞房"译作"глубокая спальня"等，反而不利于读者的理解。"求异"翻译应是一个循序渐进的过程，在中、俄文学互识之初它携带的异质文化因子数量不应过大，但顺利得到目的语认同的那部分文化因子，会为后来的文化因子进入铺垫道路，而两种文化就是在这样的交流过程中相互影响着，并共同向前发展。

七、结　语

从 1922 年《聊斋志异》译本第一卷《狐媚集》出版发行，到 2000 年最新全译本问世，阿理克的《聊斋》在俄罗斯跨越了近一个世纪。这期间，《聊斋志异》和它的译者不断受到一些人的攻击和诋毁，译本再版时也遭到过任意篡改、曲解，甚至是大刀阔斧的改造。但是阿理克并没有屈服，在翻译的原则性问题上毫不退步，正是由于阿理克及其后人"近乎浴血"地维护了译本的忠实性，才有了呈现在我们面前的完整、真实的俄版《聊斋志异》。

---

① Алексеев В. М., Странные Истории из Кабинета Неудачника. Санкт-Петербург: Петербургское Востоковедение, 2000, с. 18.

阿理克的"求异"翻译观和"中庸化译法"凸显了"异"的审美价值和文化价值，体现了译者对文化他者的尊重。对"异"的尊重是翻译的伦理观，是当代翻译研究对翻译的人文价值的评判。正是因为有像阿理克这样对中国文化满怀善意与敬意的汉学家多年的艰苦奋斗，今天在文化上"发现中国"的时代似乎真的到来了。在当今文化全球化与多元化对立统一的关系格局中，探讨中国文学对外译介中的"异"的问题不仅具有翻译学上的学理意义，而且具有文化传播和民族形象建构的战略意义。

　　阿理克尊重差异，客观再现他者文本在意识形态、宗教信仰、生存体验等方面的差异，而非刻意渲染、夸大甚至想象差异。而持欧洲中心主义思想的译者在翻译时语言层面进行"同化"处理，而文化层面或进行意识形态化的改造，或为迎合读者的猎奇趣味而以偏概全的一味放大，"攻其一点，不及其余"。在阿理克看来，"异域风情、打引号的'独特性'只能局限人的智慧，阻碍人顽强地探求知识，促使人过分地追求外在的新奇"。[1] 阿理克"求异"翻译观的最终目的是"求同"，这里的"同"不是"同化"，而是尊重和理解基础上的"认同"。每个民族独具特色的语言和文化都是世界性文化的组成部分，"一个汉学家不应该是一个求异者，而要善于发现、思考、观察，……只有经过研究，所有异己的、不同寻常的、可笑的东西才能变成可以理解的、有前因后果的东西"[2]。阿理克的翻译和研究就要努力使"奇异的事物"不再奇异，将其变成全人类的事物。

　　尽管受时代所限，阿理克翻译思想中个别内容已显过时，但阿理克在译文的体例和遣词造句的锤炼上的专业精神，对语言风格和艺术形象的重视，对作品文化内涵、学术价值的发掘等，足以为今天的研究者提供借鉴。

（王晔　河北大学外国语学院讲师，南开大学外国语学院博士后）

---

[1] 《1907年中国纪行》第293页。
[2] 《1907年中国纪行》第297页。

阿列克谢耶夫"汉学卡片目录柜"初探*

Т. И. 维诺格拉多娃（Виноградова Т. И.） 著

侯海荣 译

摘　要：在汉学研究中，В. М. 阿列克谢耶夫院士创造了自己的"汉学卡片目录柜"。在此"目录柜"中，阿列克谢耶夫为我们留下了大量珍贵的汉学资料。其中最显著的是对蒲松龄《聊斋》故事的翻译和研究资料：有关《聊斋》故事的调查、评论等档案文件，在国内首次得以公开，这是学术界的一件大事，值得庆贺和研究。

关键词：В. М. 阿列克谢耶夫院士　"汉学卡片目录柜"《聊斋》翻译笔记

В. М. 阿列克谢耶夫院士的"汉学卡片目录柜"是由 20 个目录卡片抽屉组成的图书馆空间，含有成千上万张卡片笔记和活页日历纸；这些笔记是由 В. М. 阿列克谢耶夫院士及其学生、助手，尤其夫人 Н. М. 阿列克谢娃记录的。笔记的主题多种多样，半数以上的卡片内容是关于国内和国外汉学或东方学著作的图书索引，小部分是院士在生活和工作中保存下来的文件和资料。院士去世后，Л. Н. 孟列夫和 Л. И. 丘古耶夫斯基将这些卡片从院士家中搬到了东方学研究所亚洲博物馆中国文学目录柜和东方语言文学系。"汉学卡片目录柜"是 В. М. 阿列克谢耶夫院士一生保存下来的独一无二的"目录柜"。目录柜按照栏目分类，即从形式上按主题分科归类。В. М. 阿列克谢耶夫院士创造了给自己的文件加密的独特系统，使用了中国传统的时辰文字和

---

* [基金项目] 本文系中国外文局翻译研究院重点项目"中国传统经典文化对外翻译与国际传播调研报告"（课题编号：2016B02）；吉林省高教学会高教科研重点课题"俄罗斯汉学视域下文学教学资源整合研究"（课题编号：JGJX2017C103）的阶段性成果。译自《远东文学研究》，第七届国际学术研讨会论文集（第二卷），第 105—114 页，圣彼得堡 НП-Принт 出版工作室。

阿拉伯数字的结合（如亥421、12），其目录柜中的目录卡采用了这样的标记方式，在无边无际的研究所档案海洋中显得独特而简洁。在我们多年研究目录柜资料期间，曾根据目录柜中个别栏目的资料撰写并发表过一些研究文章①。

本文将对 В. М. 阿列克谢耶夫院士收录在"文学""聊斋"栏目中的目录卡进行分析，尽管其中有些提及聊斋和蒲松龄的内容来自目录的其他地方。聊斋栏目中的笔记数量比其他栏目中的更多，这一点毫不奇怪，这表明 В. М. 阿列克谢耶夫院士对聊斋的翻译和研究倾注了大量的心血和感情。

В. М. 阿列克谢耶夫的女儿 М. В. 班科夫斯卡娅在最近一本书中用近 40 页的篇幅讲述了《阿列克谢耶夫和他的聊斋》②。玛丽安娜·瓦西里耶夫娜根据父亲的日记和通信完成了这一篇章。目录柜资料大部分是由 В. М. 阿列克谢耶夫自己完成的记录，有时候会对其进行补充，添加一些新的信息。

为方便理解，我们将 В. М. 阿列克谢耶夫的资料按照栏目主题进行了划分，并去掉了对本文意义不大的内容和笔记编号。В. М. 阿列克谢耶夫的笔记用斜体字标出，拼写和标点符号则按原稿刊出。

一、翻译作品

众所周知，В. М. 阿列克谢耶夫早在初次在中国逗留期间（1907），就对蒲松龄的《聊斋》故事产生了浓厚兴趣，回国后便开始翻译，并在其后整个创作生涯中一直坚持下来。Б. Л. 里弗亭在其研究论文中对此有所详尽的描述，目录柜中的笔记使之明确了一些当时未解的问题。

В. М. 阿列克谢耶夫最早翻译的两篇蒲松龄的《聊斋》故事并不是用俄文，而是用白俄罗斯文翻译的。在 В. М. 阿列克谢耶夫的所有图书编目中均可发现当初在立陶宛报纸《我们的涅瓦河》（Наша Нева）1910 年 23—24 号和 28 号刊上发表的这些文章。唯一不解的是，为何会有这些白俄罗斯译文，是何人将其翻译的。报纸上写着，译文是直接由"编外副教授"В. 阿列克谢

---

① Т. И. 维诺格拉多娃《В. М. 阿列克谢耶夫院士——科学院图书馆读者：基于 В. М. 阿列克谢耶夫东方学目录资料》，载《彼得堡图书学派》2015 年第 2 卷第 50 期。

② М. В. 班科夫斯卡娅《阿列克谢耶夫和中国：关于父亲的书》，载《东方文献》，莫斯科，2010 年。

耶夫完成的，未署其他白俄译者的名字。Б. Л. 里弗亭证实，В. М. 阿列克谢耶夫并不懂白俄罗斯语言①。"目录柜"中却发现了以下这些卡片：

Алексеев. Гульня мячам у падводным царстві «Наша ніва»
Алексеев. Даос з гор Лао.

（原文为白俄罗斯文）

以下的文字证实了，所有白俄罗斯文都是由 В. М. 阿列克谢耶夫独立翻译的："《罗叉海市》——白俄罗斯文翻译，未完成，卡尔斯贝格，1910 年夏。"

Б. Л. 里弗亭指出②，俄罗斯科学院档案室圣彼得堡分部的 В. М. 阿列克谢耶夫档案中保存着他这篇未完成的短篇小说白俄译文，不知何故未被译为俄文［В. В. 彼特洛夫译文《罗叉海市》（Морской торг ракшей）③，Ракша——蓝胸佛法僧鸟）］。④

关于 В. М. 阿列克谢耶夫是否懂白俄罗斯文，当然，在他晚年，即 Б. Л. 里弗亭大学时代，他不懂白俄罗斯文。但是我们说的是遥远的 1910 年，显然，这是具有非凡语言才能的年轻人在德国卡尔斯贝格度假休闲的时光。瓦西里·米哈伊洛维奇曾经说过，阿氏在大学时代曾到过明斯克，有一年夏季，在那里甚至住了三个多月。他"在各种各样的家庭里借住过。爱沙尼亚、卢加、斯摩棱斯克省、奥拉宁鲍姆附近、特维尔、明斯克等"。他都住过⑤。

一系列的笔记可以证实这一点，В. М. 阿列克谢耶夫对聊斋各种译文的研究如此多样，他的研究对象绝对不会只局限在俄语译文："我用俗话改写的聊斋和先生标记内容的样本。"

---

① Б. Л. 里弗亭《В. М. 阿列克谢耶夫院士的蒲松龄短篇小说（聊斋）翻译》，载《东方经典文献俄译本》，载《东方文献》第 113—203 页，2008 年。

② 《В. М. 阿列克谢耶夫院士的蒲松龄短篇小说（聊斋）翻译》，载《东方经典文献俄译本》，载《东方文献》第 121 页，2008 年。

③ В. В. 彼特罗夫注释，В. М. 阿列克谢耶夫著《东方学》第 426 页，东方文学总编辑部，1982 年。

④ 译注：俄语将罗叉（罗刹）译为 ракша，发音与罗刹一样，疑为纯音译。实际上 ракша 为一种鸟类。

⑤ В. М. 阿列克谢耶夫《东方学，文章和文件》第 290 页，东方文学总编辑部，1982 年。

显然，笔记是 B. M. 阿列克谢耶夫第一次到中国时所写，当时他第一次知道了聊斋的故事，并与他的中文教师一同阅读，而且还提到了将其改写成中文口语的事。"我的中国故事俄译文磁盘（聊斋，口语改编）——1938 年 3 月 8 日。"

我们当然希望找到磁盘。目录卡上还写了故事名称，然而却没有 B. M. 阿列克谢耶夫的中文（口语改编）语音记录，也无法在此处再现。

我的聊斋音律自说。

崂山道士翻译 1. 音韵跋文；2. 正常字面翻译；3. 新音韵译文样本（第一个样本）；4. 跋文翻译（音韵）；1949 年 3 月 27 日小组报告。

B. M. 阿列克谢耶夫也开始将聊斋进行通俗处理的尝试，以神话形式将其呈现：

B. M. 阿列克谢耶夫。中国神话（用于无线电广播）1. 他怎样种梨。2. 野生虎怎么被劈开。3. 他怎样从天上偷来桃子。

我的崂山道士译文。用于粗俗化翻译/曾推荐给 C. 奥尔登堡作为神话集的一篇，但被淘汰。

二、教学方面

最早从研究所所长 B. П. 瓦西里耶夫院士开始，圣彼得堡大学东方语言文学系中国文学教研组就已开始向学生讲授聊斋故事。随后 A. O. 伊万诺夫斯基和 П. C. 波波夫继承了这一传统，从 1913 年开始，B. M. 阿列克谢耶夫也开始向学生讲授聊斋作品①。从目录柜的笔记中可以明显看出，他为此采用了 10 本聊斋志异文本，编码 B. У. 261。不久前出版的 B. П. 瓦西里耶夫文集中的中文书目录中有这一版本，目录中称具有 20 本这一版本的文本②。

---

① 《东方学》第 426 页。
② E. A. 萨维多夫斯卡娅，Д. И. 马亚茨基《B. П. 瓦西里耶夫院士在国立圣彼得大学科学图书馆东方文学基金会上作出的中国文学书籍描述》第 410 页，圣彼得堡：国立圣彼得堡大学孔子学院；NP-Print 出版工作室，2012 年。

В. М. 阿列克谢耶夫向学生讲授聊斋的踪迹基本都可在 1888 年至 1914 年定期出版的《皇家圣彼得堡大学教学评述》中查到，因此让我们看看别的笔记。院士不仅讲授聊斋，还对它的译文进行了研究，并给学生安排任务，编写特定作品的词典。

学生的聊斋译文观察：
А. А. 德拉古诺夫和 К. И. 斯米尔诺夫聊斋译文观察（有批改）。

《东方学术》的索引中有援引 К. И. 斯米尔诺夫和 К. И. 拉祖莫夫斯基的著述①，但无说明和评论。

聊斋篇目"大人"的单词和词组索引。学生 Н. 库利科夫编成。
聊斋篇目"青梅"词典。学生 Н. 伊奥科编成。

根据 В. М. 阿列克谢耶夫的记录，叶甫盖尼·希基斯姆多维奇·伊奥科（1900—1942），未完成大学课程便跑到中国工作②，随后成了莫斯科中山大学中国科学研究院的学生。

"目录柜"中也有关于"学生哈顿切夫斯基"的记述，他对翻译聊斋有兴趣，与 В. М. 阿列克谢耶夫一同重写聊斋并打算写作关于聊斋书中社会规范的论文：

学生哈顿切夫斯基研究了我的聊斋译文。1949 年寄来了他谈聊斋书中社会规范的论文。
学生哈顿切夫斯基《聊斋志异中的社会要素》：
学生哈顿切夫斯基谈我聊斋志异译文中的角色。

文中并未说明该学生的全名，但明显谈的是格尔曼·亚历山大洛维奇·哈顿切夫斯基（1925—1996）。他系俄罗斯苏维埃联邦社会主义共和国枢密院

---

① 《东方学》第 304 页。
② 《东方学，文章和文件》第 228—229 页。

莫斯科步兵学校克里姆林宫学员。毕业于军事翻译学院东方（中国）系。1941年作为学员大队的一分子参加了莫斯科近郊的战斗，随后返回学校完成学业。以少尉的头衔作为中国军事专家参与了朝鲜战争。曾在苏联国家安全委员会第一总局的中国代表处工作，随后在外交部保护下在驻巴黎和纽约的间谍机关工作。1969年至1974年，成为哈萨克苏维埃社会主义共和国国家安全委员会情报机关少将副主席。[1] 似乎，"学生哈顿切夫斯基"的职业使得他无法完成已开始的聊斋志异研究，但是少将并没有切断和传统东方学的联系：在老舍的俄文译者名单中，就能看到他这个罕见的姓氏。[2]

三、文章报告

B. M. 阿列克谢耶夫在建立聊斋志异目录的工作中，参考了自己《学院学术报告》中的相应著述，对译文出版物、文章和报告文字进行了汇报。

《狐魅。聊斋志异篇目》。参见我的学院学术报告，5。

聊斋志异和聊斋。志异。译自中文。序言和注解。参见我的学院学术报告。20。

《谈聊斋小说口语翻译》（文章）。参见我的学院学术报告，25。

《我是怎样写短篇小说的。我文集中的聊斋》。参见我的学院学术报告，42。

《聊斋。异人传。序言，注解，插图》。参见我的学院学术报告，42。

《绿衣女》。聊斋短篇小说，有序言和注解。译自中文。我的学院学术报告，42。

《论中国古典文学中民主化的历史》（关于聊斋短篇故事）。我的学院学术报告，42、41和45。1934年文章（奥尔登堡选集）。报告（底稿）与文章。

聊斋/译自中文，序言，正文和注解/我的学院学术报告，50。

---

[1] http://www.centrasia.ru/person2.php?news=form&st=1283347146，查阅日期：2016年2月13日。

[2] A. A. 罗季奥诺夫《老舍作品中的中国人国民性格》，圣彼得堡，2001年，http://dissercat.com/content/natsionalnyi-kharakter-kitaisev-v-tvorchestve-lao-she。查阅日期：2016年2月13日。

《聊斋短篇故事的中国美学评价》，我的学院学术报告，55。

《美人》/聊斋摘录/我的学院学术报告，59。

《聊斋。异人传》我的学院学术报告，62。

《中国虚构小说》我的学院学术报告，59、62。

В. М. 阿列克谢耶夫。聊斋及其短篇小说（手稿）。

《聊斋短篇口述版》。我的学院学术报告，65。

我 1934 年 2 月 8 日《聊斋故事中的儒生悲剧与为官思想》会议报告提要（18 版）；

《聊斋故事中的儒生悲剧与为官思想》手稿（未全部使用）；

我的《聊斋故事中的儒生悲剧与为官思想》手稿，1934 年 2 月 11 日；

中国虚构小说。通俗讲稿。文章：从中国幻想作品谈起；

文章（无效）《从中国幻想作品谈起》（聊斋）。选自《东方》，长期不用的稿件。

四、出版物

В. М. 阿列克谢耶夫致力于蒲松龄短篇小说翻译时，自然地专注于这些作品的当代出版物，且写了大量的卡片。他让工作人员为他做了相应的图书索引参考："Ю. К. 休茨基：亚洲博物馆聊斋出版物和日本摘录本的资料。"

笔记主要内容是一些带译文的文件夹：原稿、校对版等。并能看到跟出版商持续不断的冲突：

《神僧》序言，1923 年 4 月因书刊检查被替换；

《药僧》被视为不合格并被剔除出《神僧》短篇集；

С. Ф. 奥尔登堡和 И. Ф. 克拉奇科夫斯基对《神僧》序言（第一序）的意见；

А. Н. 吉洪诺夫索取无补充的《聊斋——异人传》序言（Acad.）；

《狐魅》卷 1 再序，未印刷。

М. В. 班科夫斯卡娅引述了 В. М. 阿列克谢耶夫的日记内容，称 А. Н.

吉洪诺夫因其中的色情内容久久不肯接受《狐魅》，但后来屈服了[①]。"目录柜"中的笔记还证实了，长久不能解决的问题不仅在于正文内容，还包括选集的序言。

与《思想》出版社谈《志异》的合同；
《聊斋——异人传》印刷事宜，1933年1月20日；
Л.А.布拉霍夫斯基关于在乌克兰出版聊斋译文的来信。

列昂尼德·阿尔谢尼耶维奇·布拉霍夫斯基（1888—1961）是杰出的斯拉夫学家，乌克兰苏维埃社会主义共和国科学院院士（1939），乌克兰苏维埃社会主义共和国科学院通讯院士（1946），乌克兰苏维埃社会主义共和国科学院波捷布尼亚语言学院校长（1944—1961）。遗憾的是，卡片上未注明日期。

五、插　图

作为中国民间艺术的专家和收藏家，В.М.阿列克谢耶夫很注意自己书籍中的艺术表现形式：

聊斋《异人传》书籍印刷版插图原件；
《异人传》用照片/有来自符拉迪沃斯托克的手稿/；
婴宁和侠七的民间插画；
聊斋卷4插图（《异人传》）；
В.М.阿列克谢耶夫院士手稿真迹：论我的聊斋短篇新译文（带插图报告）；
《志异》封面表现难看的图片原件。

六、聊斋评价

这部分内容由В.М.阿列克谢耶夫撰写，我们原封不动地将它搬到这里：

[①] 《阿列克谢耶夫和中国：关于父亲的书》，载《东方文献》第323—324页。

我的《狐魅》的评价分类表：
Gaspardone'a 关于我聊斋译文的来信。
埃米尔·加斯帕尔顿（1895—1982），法国越南学、汉学和日本学专家，在法国曾长期作为 В. М. 阿列克谢耶夫的"委托人"。
不知名读者（Н. М. 利沃维奇？）对我聊斋译文的评价：
Journal As. 230 p. 323 上的异人传评论；
/Н. М. 阿列克谢耶夫的通信内容/Gaspardone'a 在 J. As. 1939 313—6 对《异人传》的评论；
《狐魅》的读者调查表和他们的评价（部分）；
康拉德对《狐魅》和《神僧》的评论；
Zach'a 在 1928 年 5 月 28 日信件上对《志异》的意见；
Zach'a 对我聊斋译文的公开评论；
И. Г. 托罗波夫在《世界文学》1928 年 5 号刊中对《志异》的评论；
А. А. 什图金 1928 年 3 月 13 日来信，评论《志异》；
Т. 巴什科夫的批评。聊斋（Б. А. 瓦西里耶夫）和我：
Г. М. 阿列克谢耶夫对我聊斋译文的意见（+信件联络）；
Г. М. 阿列克谢耶夫对我聊斋译文的意见（卷4）；
聊斋译文的评价——工作评价。
А. А. 什图金对我聊斋译文的意见，1937 年 12 月 12 日：
布纳科夫谈聊斋（Ⅳ）目录的错误；
М. В. 沃尔肯施泰因。分子结构（NB）对我聊斋译文的赞许题字。

М. В. 班科夫斯卡娅回忆了这些赠送的题词[①]：

滑稽事，Moscow Daily News 将我译的聊斋（Ⅳ）说成了"Kao-tse"；
读者阿尔多巴列夫斯基关于聊斋给我的来信。异人传；
聊斋（4）第一批分送——全家。

---

① 《阿列克谢耶夫和中国：关于父亲的书》，载《东方文献》第 319 页。

研究生费多连科谈《狐魅》的译文和序言。

Л. 佩尼科夫斯基谈我的聊斋译文和《画学秘诀》，1940 年 12 月 12 日。

显然，这里提到的是列夫·明纳耶维奇·佩尼科夫斯基（1894—1971），诗译者，主要翻译中亚叙事诗。

  什图金对《狐魅》的评价；
  "А. Т." 对《狐魅》的评价（发表的）；
  М. 洛津斯基和 А. 沃伦斯基等对狐魅和神僧的评价；
  什图金对《神僧》的评价；
  Б. 瓦西里耶夫对《神僧》的评价；
  П. 斯卡奇科夫对《神僧》的评价；
  某人（叶卡·瓦西里耶娃？）对《狐魅》的意见 (7) 2. 1923.；
  И. В. 奥布列伊莫夫谈我的聊斋 (4) 翻译；
  И. В. 奥布列伊莫夫。1944 年 9 月 20 日来信对聊斋（卷 4，异人传）高度赞扬。

伊万·瓦西里耶维奇·奥布列伊莫夫（1894—1981），物理学家，苏联科学院院士（1958），哈尔科夫物理技术研究所创办者和校长（1929—1933）。

  Д. И. 米特罗欣。1944 年 12 月 15 日来信，对我的聊斋译文（卷 4 和其他）高度赞扬。

М. В. 班科夫斯卡娅谈到了 В. М. 阿列克谢耶夫和格拉费卡艺术家 Д.И. 米特罗欣（1883—1973）之间的通信①。"汉学卡片目录柜"中多次因各种原因提到了米特罗欣的名字。

  Н. И. 尼吉京。来信评价聊斋卷 4 和序言。

---

① 《阿列克谢耶夫和中国：关于父亲的书》，载《东方文献》第 318—319 页。

М. В. 班科夫斯卡娅同样摘录了化学家 Н. И. 尼吉京此信的内容①。

瑟罗米亚特尼科夫对我聊斋译文的批评。
С. Н. 瑟罗米亚特尼科夫对狐魅的评价。

详细评价内容可见②。

《志异》收货人清单，由我寄出。

七、其他翻译作品

В. М. 阿列克谢耶夫还有许多其他翻译作品。我们没有必要在这里复述他的图书目录笔记，只能说，院士是聊斋欧洲语言和俄语译文的一个标志。"目录柜"中没有对翻译有更多评价。

最后一条值得复述的笔记中可以明显看到，他过去的学生没有让他认识以下这本书："在 О. Л. 菲什曼处看到。Rose Quong（Lin Chifeng?）。Chinese Ghost and love stories. New York：Pantheon，1946. From the German translation."

（塔季扬娜·伊戈列夫娜·维诺格拉多娃　历史学副博士，俄罗斯科学院图书馆圣彼得堡分馆亚非国家文献部主任；
译者：侯海荣　博士，吉林师范大学博达学院副教授）

---

① 《阿列克谢耶夫和中国：关于父亲的书》，载《东方文献》第 319 页。
② 《阿列克谢耶夫和中国：关于父亲的书》，载《东方文献》第 306—307 页。

·美国汉学研究·

论美国现代中国学的发展前景[*]

——以费正清为中心的考察

黄 涛

摘 要：费正清是将美国传统汉学推向区域研究的奠基者，领衔开创了美国现代中国学，为国际中国学事业的发展做出了积极贡献。在长达半个世纪的中国研究中，费正清以哈佛学派为核心的组织规模化研究机制，开启了一个"费正清时代"。美国的中国学研究的高水平基础，也意味着它的现代中国学研究仍存在着一些局限，因此，必须要从欠缺中找到补救、从现有中推向繁荣的不断前进中，才能获得更广阔的发展前景。费正清在1991年逝世后的"费正清时代"不应消失，而应该不断扬弃和高速发展，应该完全规避冷战时期那种敏感的政治雷区和学术禁区，更好地推动中国问题研究在美国乃至世界范围内的新发展。

关键词：费正清 美国现代中国学 从欠缺中找到补救 从现有中推向繁荣 中美和谐关系

在中国学领域，美国学者从事宏观理论研究和思想文化史研究是有相当难度的，除去语言障碍和资料限制，还有难以超越的文化距离。从事中国研究要跨越文化和政治疆界，才可走进研究对象的思想世界。美国的中国学家并非完全忽视从宏观角度研究中国问题，但他们中间的很多人面对众多的理论难题却步，失去了理论兴趣。加上自身缺乏思辨的学术传统，自然就把更多精力投入到实证研究。因而，在美国中国学研究史上，没能留下阐发学术

---

* 本文是国家社会科学基金项目"美国中国学巨擘费正清研究"（项目批准号16BZS065）的阶段性成果之一。

思想的伟大思辨者的足迹，即便是像美国现代中国学的泰斗费正清这样的著名学者，也没有给后人留下阐述自己学术思想的传世之作。这的确是我们研究美国现代中国学所发现的最大遗憾。① 加拿大学者保罗·埃文斯对此有所解释，他说："没有人怀疑费正清是美国中国学的中心人物，但他又是一个难以理解的人物。他的观点常常引起争议，他的著述中的隐喻更容易使人们产生分歧。他并没有声称建立关于中国历史的基本学术理论，在很多地方，他甚至厌恶抽象理论，因此人们无法了解他的学术研究的意义；他强调文化的价值，却又极力避开信仰和意识形态；很少能有人理解他的真实思想，以致人们认为研究'真正的费正清'就如同研究'真正的中国'一样困难，到处充满矛盾。"② 费正清这位学问大家竟然没有自己系统化的学术理论，或许是一件匪夷所思的大事。归根结底，美国的实用主义和全球战略，最终使得依附政府的任何学术研究都有责任维护美国政策的完整性和延续性，造成了绝大多数中国研究学者都不大重视理论，并且对理论抱有戒心。正如日本史专家赖肖尔所说，我们"不承认在历史展开之前就有理论，不能采取预先持有特定的理论体系，以此去解释史实这样一种立场"，应该"采取实证性地观察历史，从中展示理论这样的立场"，在进行历史分析时，"不使自己的立场固定于一种理论视野之上，而是采取尽可能多方位的视角"。③ 因此，在深入考察美国现代中国学的历史进程和学术内蕴时，没有系统理论或是一种过失或是一种特质，在不同风格的学术体例下有着见仁见智的理解。尽管没有中国研究的理论或一种统一的理论，但是，美国中国学研究的理论模式和框架仍是存在的，而且不同阶段有各自突出的理论模式，像费正清、柯文、赛义德、德立克、迈斯纳、黄宗智等一代代学者的著述就是其中的代表。这样的理论取向，虽视阈不一，侧重点各异，却可视为一种理论体系的最初萌芽，或多元化的分支、多面化的层次，每一样或许就是星星之火，在未来的某天就变成了燎原之势的理论体系，令人拭目以待。因此，看待半个多世纪发展的美

---

① 侯且岸《美国现代中国学的泰斗费正清》，载侯且岸著《当代中国的"显学"：中国现代史学理论与思想新论》，第254页，人民出版社，2000年。

② Paul M. Evans, *John Fairbank and the American Understanding of Modern China*, New York: Basil Blackwell Inc., 1988, pp. 5-6.

③ [美] 埃德温·赖肖尔著，卞崇道译《近代日本新观》第120—123页，生活·读书·新知三联书店，1992年。

国中国学研究，应抱着正视、公正而乐观的理性思想从中洞悉有益于美国中国研究事业发展的良性因子、有利于中国学者对本国历史和现实反思的集思广益、有助于促进世界和平事业和现代化建设的人类福祉的进步局面。美国现代中国学的伟大成就是我们吸取的重要财富，也是纵深观照中国学术界的一种参照系，而它的各种研究上的缺陷，即是今后美国现代中国学急待改善的地方，也是国际学界喜闻乐见的发展前景。一句话，美国现代中国学研究是一门方兴未艾的学术事业，正如费正清自信的"一项世界性事业"那样，随着中美关系日益增进与世界和平事业的推进，必将迎来更加举世瞩目的学术成果和非凡的政治、文化价值，具有内涵深厚、形态丰富的发展前途。

一、从欠缺中找到补救

站在人类文明多元性的立场，美国现代中国学显然是具有世界性意义的学术事业，具有"旁观者清"的色彩，局外人的特有优势正是我们中国人"局内人"的短处。我们无法否认美国中国学家在他们研究中提出了我们很多未曾思考过的问题，为我们提供了新的研究视野。通过研究他们的学术著作，我们获得了研究的参照系，学习到不少有益知识和认识方法。但这些优势尽管是主要的方面，依然还有"局外人"无法洞察明晰的异质文化氛围中的某些层面，甚至是一些关键性问题，因此无法用尽善尽美来总体评价美国中国研究的巨大成就，只能说有所发展但仍须深入。究其原因，笔者认为至少有三个因素决定了美国中国学研究迄今为止所存在的欠缺，甚至有些欠缺是僵化不可移转的，需要时间和巨大改进才能突破有意或无意的思想束缚。

（一）文化偏见与政治分歧是造成美国现代中国学研究有效而长期发展的最重要的思想上、组织上和社会意识上的人为障碍因素，也成为推进美国中国学研究事业的首要排除的欠缺，并从中找出具体而现实的解决之道，即包容、欣赏、走进、理解和运用，以期达于文化多元性心态和政治观点弱化的潜意识。对美国学者来说，研究中国就是研究一种异质文化，需要掌握一系列跨文化研究的知识和技能，摆脱西方文化中心主义束缚，走出母文化，深入到对方的文化世界中去。回顾美国现代中国学发展史，很容易发现费正清首创地区研究以来直到中美邦交正常化，乃至到冷战结束，中国研究的主体突出地宣扬了"西方中心论"，带有明显的文化殖民主义和文化霸权主义色彩，使得中国研究几乎完全脱离了中国的文化世界,遭到诸如赛义德"东方学批判"和柯文"中国中心观"之于美国地区研究中西方文化中心主义的强烈抨击,这股学术批判思潮的出现和运作代表了美国现代中国学在中美邦交后正常而正确的发展方向。美国东方学界一部分有识之士提出的"地区研究非殖民化方案"是其中最具批判力度的学术补救工作。① 美国是后起资本主义国家,而且后来居上地成为世界头号强国。这种迅速发展而威望超尊的世界现实,使发源欧洲又超越欧洲文化体系的美国文明,迄今一直拥有凌驾世界其他文明之上的优越感,文化上的"沙文主义自豪感"也日益根深蒂固。有美国学者指出,美国是"所有国家中最优秀的国家",美利坚民族是"最奇异的",这类概念在美国意识形态和公众意识中根深蒂固,"在某种程度上,这种优越感明显地反映了十足的、旧式的种族主义",这是美国对外政策中意识形态因素的最初历史渊源。② 正是以"西方中心"和美国中心为出发点,美国学者的中国研究常常带有先入为主的框架,研究中国的历史起点是西方而不是中国,以致他们的中国研究著作往往给人一种隔靴搔痒、不着边际的感觉。虽然,柯文、赛义德、德立克、黄宗智等后起的一批中国问题专家发起批判思潮,抓住了问题的要害,但要从根本上解决这个问题,却不是容易之事。因为,无论是西方中心观还是中国中心观都不是终结性的理论框架,而是学术前进中递进式的探索方式,具有传承扬弃和更新的方法论意义,因此既看到西方文化特殊性也看到以中国为核心的东方文化独特性,将之相结合并具体问题具体分析地展开在中国研究的特定领域中,才有最大可能地阐明中国史过程和中国现实问题的本源,探索出人类文明不同路径上的共性,并在尊重个性的前提下实现文化并存和相互汲取的文明新创造,为人类共同期冀的幸福生活奠定真正而雄厚的人文科学精神和物质文明建设的思想动力。

(二)美国中国研究学者戒心于理论的束缚,在研究方法注重各学科联姻问题,实现宏观研究与微观研究的结合,却在实际研究中缺乏辩证思维,研究结论具有片面化和绝对化的明显倾向。这种自相矛盾的研究方法论,在强调人文科学与社会科学理论和方法相结合进行中国研究,推动跨学科研究的

---

① Edward W. Said, *Orientalism*, Routledge & Kegan Paul Ltd., 1978, p. 325.
② [美]罗伯特·克里斯托弗著,马泉、孙健龙译《日本精神》第10页,光明日报出版社,1988年。

同时，陷入了不是把跨学科研究当作工具，而是当作偶像。本杰明·施瓦茨曾经警告不要搞跨学科研究的偶像崇拜，无论智慧是否出自方法论都不能孤立看待跨学科研究、机械地运用模式。当然，方法论是重要的，它为研究提供了帮助。对我们来说，"真正的困难并不在于认识经验，而在于探索纯粹的理论"，因为"模式并不是思想或理论，尽管它服务于思想和理论"①。从20世纪80年代中期起，我国史学界曾经掀起过跨学科研究热潮，一时人们大谈特谈新方法论的意义，似乎引进了新方法论、实行了跨学科研究，中国史学将获得最大突破。结果怎样呢？这些对西方科学方法论的鼓吹，脱离了中国的史境，只能是昙花一现。② 美国中国学界将人文科学与社会科学结合进行中国研究的成功范例并不多，柯文分析了这种结合和成功是相当困难的，其中也许最令人却步的难题，是要求史家的大脑能掌握全然不同的许多学科的理论、方法论与策略（这些学科往往超出社会科学范围，涉及数学，乃至自然科学），而这副大脑，如果恰恰装在一位研究中国的美国史家的脑袋里，则已花了大量时间和精力，与世界上最令人生畏的一两种语言苦战多年了。③ 可见，人文科学与社会科学真正的结合，需要相当长的过程，这既是理论和实际相结合的研究过程，又是理论的综合过程。在综合的过程中，两者都必须考虑自身特点，不能为模式而模式，不能搞跨学科研究的偶像崇拜。因此，美国中国研究应该加强与中国学者的联系和交流，学习东方式辩证思维，在中西文化交流和中美人民交往中构筑稳定而包容的心理基础。

（三）中美交往和东西方交流阻绝，使实地考察变得困难重重，甚至不可能，从而使中国研究局限在已有书籍和来源欧洲等区域的所谓调查资料。长期的政治纷争和文化交流断绝，使得美国很多从事中国研究的人缺乏在中国的生活经历，只是凭着在图书馆里接触的中国历史文献，通过强化语言能力、构筑研究模式来研究中国历史和现实文化。其结果是，研究必然脱离中国的史境，是书斋中的纯粹学术活动。香港大学历史系教授杜维运在评论西方汉学家时就认为，西方人"研究中国史学，是一种新学术。新学方兴，远景美

---

① Benjamin Schwartz, "The Fetish of the 'Disciplines'", *Journal of Asia Studies*, Vol. 23, No. 4, August 1964, pp. 537-538.
② 侯且岸《当代美国的"显学"：美国现代中国学研究》第102页，人民出版社，1995年。
③ [美] 柯文著，林同奇译《在中国发现历史：中国中心观在美国的兴起》，第163页，中华书局，1989年。

丽,西方汉学家不惟想藉此沟通相去甚远的中国史学,同时很有野心用西方的一套方法,将中国历史重新整理一番,就像整理希腊罗马史一样。方法论大有助于治学,已为不争之论。国人治史,不重方法,西方汉学家用西方的一套方法,以重建中国历史,藉西哲的精蕴,以发国史之幽光,应是令人兴奋的事。惟中国学问,如天马行空,飘忽无踪,单凭方法,实不足羁系之。方法之外,灵活的运用,直觉的了解,诗意的体会,极为重要。方法易学,直觉的了解,诗意的体会,却不是一蹴可几的。不知中国的社会背景及民族习性,即不足以语此境界,西方汉学家的致命伤在此,西方汉学家重建中国历史的困难以在此"①。除却没有亲赴中国的实地考察外,因政治分歧和意识形态因素,美国学者一般很少参阅来自中国大陆的学术著作,被译成英文的中国学者的著作寥寥无几。以毛泽东研究为例,冷战结束以来我国翻译出版的美国学者撰写的有关毛泽东研究的学术著作已达几十种之多,中央文献研究室编辑的《国外研究毛泽东思想资料选辑》中编入的著作绝大多数出自美国学者之手,而在美国翻译出版的中国学者有关著作相对较少,李锐撰写的《毛泽东同志的初期革命活动》一书在1977年才在美国出版了英译本,而这部书1952年初稿,1953年在《中国青年》杂志连载,1957年7月中国青年出版社正式出版。可见中美学者之间的对应交流是相当贫乏的,值得深思。中美邦交以来,虽然政治藩篱越来越薄弱,但中美交往并没有实现全无政治化的沟通,文化交流和相互学术考察的开放度和自由性仍受到诸多限制,有些甚至是致命的阻碍,国民化待遇仍是需要长期争取的文化成果。

上述欠缺严重阻碍了美国中国学研究的良性发展,对之进行深刻反思和必要排除是中美邦交以来,特别是冷战后时代亟须推行的中国研究之实务,找到切实可行的补救方法,才能持续高效地推进中国研究,使美国学术界的这颗奇葩更加鲜艳夺目和令人心旷神怡。迄今的美国中国学界确实有了新气象,在批评与反批评的不断扬弃中走向新的历史征程。由费正清开创的美国现代中国学事业,经历几代学者的努力逐渐形成了创造和修正并行不悖的学术规则,取得了相当可喜的成果。20世纪80年代以来出版的以评论性为主的中国研究著作,如黄宗智的《30年来美国研究中国近现代史(兼及明清史)

---

① 《史学理论》1988年第1期,第169页,转引自侯且岸《当代美国的"显学"——美国现代中国学研究》,第192页,人民出版社,1995年。

的概况》和《中国经济史中的悖论现象与当前的规范认识危机》（1991年）、德立克的《评美国的现代中国思想研究》、柯文的《在中国发现历史——中国中心观在美国的兴起》、郭泰春、拉蒙·迈尔斯的《认识共产党中国——美国与中华民国对共产党中国的研究》、保罗·埃文斯的《费正清与美国对近代中国的理解》等，都是从欠缺中找到补救的典型实践。学者们普遍认识到，20世纪五六十年代盛行的所谓"极权主义论"研究方法已不能适应80年代以来的要求。毋庸讳言，对于中国革命特别是中国共产主义革命，美国学者总有一种感情上的距离，这完全是政治分歧和意识形态因素所造成的畸形心理。从事美国外交政策研究的美国学者斯帕尼尔在评价战后美国同共产党国家的关系时，就明确分析了美国政治形态的局限，他说，由于"美国缺乏阶级斗争和社会政治的理解"，"特别影响美国同发展中国家关系"，而且"美国诞生时没有经历过真正的社会革命——而只是经历了一场独立战争和接受了创业者们'遗留'给它的一整套制度"。因为这套制度特别适合美国，所以"美国人并不特别同情革命，而且总爱把革命者看成和激进主义一样"。"为了保持'美国生活方式'的纯洁无瑕，把任何背离它的行为都斥为'非美'的和罪恶的企图，要彻底肃清之。……外交政策方面，美国为了对付共产党对美国生活方式的威胁，支持几乎所有的'反共'政权。"这是"典型的美国式绝对主义，它不理解亚洲和中东的更为深刻的社会斗争"[①]。从这种非黑即白的绝对主义出发，美国中国研究学者难免出现政治意识形态下的病态心理。其实，只要敞开美国人的世界眼光和美国总统都可无处不去的胸襟，面向中国，接受中国，研究中国，才是正确的政治远见和社会意识。

有利的一面是，美国是移民社会，华人已经成为美国文明的一支重要建设者。美籍华裔的中美认识水平总体上要高于纯粹美国人对中国的理解能力，华裔汉学家更是如此。美国中国研究学界对中国史籍和实地考察，在回避自身的难谙中国语言和文化底蕴的前提下，与华裔学者的接触和合作，无疑是深入进行中国问题研究的一条捷径。冷战结束以来，美国中国学界的一个可喜的现象时，走向世界的美国中国学事业中出现了一支生力军，美国的华裔汉学家起到了重大的领导和推动作用。华裔学者和本土的美国学者不同，他

[①] [美]约翰·斯帕尼尔著，段若石译《第二次世界大战后美国的外交政策》第173—174页，商务印书馆，1992年。

们受到中西两种文化的熏陶，是文化上的"两栖人"，因文化障碍较少，他们与中国大陆、台湾等中国学者能够很好地沟通。例如，黄宗智在他所主编的《近代中国》刊物上，不断发表来自中国大陆的学者的论文，还在他自己的论著中，对大陆的青年学者寄予厚望，多处引述他们的学术新见，在美国学界倡导了一种"非殖民地化"学术新风。[①] 有理由相信，华裔学者将在今后的美国中国学研究领域发挥更大的建设性作用。当然，也应该看到，中美文化的差异本质和美国文化霸权主义或强或弱的存在，使得要从根本上扭转美国中国学界长期形成的有碍学术发展的偏见，并非仅能依靠黄宗智等几位华裔学者的努力就能成功。缩短中美学者之间的感情距离，是一个长期的过程，或许还有曲折的斗争道路。但是，无论中国学者还是美国学者都会充满希望地等待着这项研究事业一定会取得越来越让人满意的成果。

任何事物都有两面性，美国的中国研究同样遭遇着动力和阻力的互动，在总体上向前发展。美国的中国研究事业的兴起和发展，主要受到两方面影响，一是中国作为其研究对象在一百多年来发生的巨大变化；二是美国及西方政治、经济和文化环境自近代以来的多种变迁。因为中国研究是以中国为对象，中国的变化和中国的学术界变化自然受到美国学者重视，美国中国研究领域中此起彼伏的各种研究"模式"或理论框架，都不同程度反映了中国近现代历史的剧烈变化，特别是中美建交以来，随着中国改革开放的推进，中美之间的学术交流更加频繁，双方沟通变得简易。因此，有理由相信，摒弃冷战思维的 21 世纪将是中美关系的最好时代，也是美国中国学研究的最好时期。当然，也应该看到一股股暗流阻力一时难以消失，美国的中国研究受到美国和西方文化变迁的制约越来越大。美国的中国研究毕竟是美国学术界的一个有机组成部分，即使美国学者希望以"中国为中心"，实际上还是或只能是以美国为中心，因为美国学者研究中国，首先是为了美国政府和社会了解中国，侧重点和兴趣面自然有所不同。而且，美国的中国史研究属于西方史学的一个部分，其缘起和发展又受到西方史学总体发展趋势的影响。因此，消弭"西方中心观"的难度很大，东西文化差异的最后消失是要看两者融合的交合度。在零距离接触、零差别文化的全球一体化的"地球村"到来之前，没有中国人会相信西方的中国研究能没有任何偏见或疏漏，也不能保证中国

---

① 《当代美国的"显学"——美国现代中国学研究》第 194 页。

的西方研究不带上类似的文化偏见或误读。这种显而易见的人文思想，或许早在费正清的《中国：传统与变迁》的结尾中就可找到先见之明。他在肯定中国近百年的变迁是朝着一个更强大、更人道的社会前进后，严肃指出："此时在中国土地上成形的新型国家和社会今后还会使我们为它的革新而惊喜。当然，明显的倒退也可能使我们惊骇。中国社会生活的表层之下就是招之即来的历史。目前中外传统合璧的倾向已经很明显，但是，科学技术，相似的产品和机制，从食品、服装、住房、运输到满足人际交往的各类消费品，都无法消除中美两国在社会结构、政治史和价值观念上的反差，两国在生态人口状况和传统上的差异如此巨大，要同化这两种文化是无法做到的。植根于中国土壤的中国人民将在他们的历史传统下继续他们的生活。"①

二、从现有中推向繁荣

美国现代中国学自诞生之日起到1991年费正清逝世之时，走过非常艰辛而又成果倍出的岁月，给中美两国学者提供了深入研究的历史资源，也彰显了众多有益的历史启迪。在踏进21世纪的中外交流日益频繁的世界背景下，回顾美国中国学研究的辉煌历史，可看到它已达到的现有水平，也看到了从这个现有基础出发而会不断推陈出新的繁荣局面。美国现代中国学具有深重的历史感和走向未来的繁荣前景。

首先，美国现代中国学研究者普遍重视中国研究模式与分析框架，并在接受学术思想批判的基础上促进学科建设的完善发展。自费正清从传统汉学脱离而转向现代中国学研究以来，美国中国学家的学术研究的最大特点就是很注重研究模式和分析框架的建构，尽管他们在自己著作中很少系统地阐发理论，几乎没有专门的理论性分析著作，但他们还是试图寻找"一种研究历史的概括的看法"，以确定"历史变化的现状"。② 这种戒心于理论的做法，与我国一些学者侧重于宏观理论的考察不同，美国学者注重研究分析框架、模式所适应的范围及其自身的涵容量，对理论的考察常常具有折中性质的中观色彩，因而他们的"理论"是具体的而非抽象的，是动态的而非静止的，

---

① ［美］费正清著，张沛译《中国：传统与变迁》第654—655页，世界知识出版社，2002年。
② 《在中国发现历史：中国中心观在美国的兴起》（前言）第5页。

是简单的而非深奥的，是经验的而非理性的。我们很难见到类似我们的有关史学理论的"原理型"著作。① 这种没有"理论"指导的研究模式，正是美国中国学家治学的基本原则，是对为理论而理论、为模式而模式、为研究而研究的学术弊端的一种抨击和一种变革。正如黄宗智所言，应该"力求到最基本的事实中去寻求最重要的概念，再回到事实中去检验。对现存各家各派的理论，争取去误求真，建模式于实际"②。当然，美国学者之戒心于理论，并不是反对理论本身，而是反对预先设定理论的束缚，尤其是从理论出发而进行的纯理论性的史学研究，这样就会将史家的视野局限在一定的历史现实而忽略了另一部分的历史现实。正确的做法是使无论微观研究、中观研究、宏观研究或者是综合性研究，都应该严格而合适地依靠理论，又不迷信理论，做到论从史出又理论指导研究的和谐结合，如同文武之道一张一弛之境界。

值得钦慕的是，在美国中国学界，学术思想批判是一种正常的规范，学者们都自觉遵守，无论是教师和学生之间，还是人们对权威、宗师都不例外，批判和自我批评始终存在于学习、研究和生活之中。费正清对学术批评却持相互学习的态度，以致将之作为自我反省的一种动力。他曾回忆自己教学过程中的一段趣事："1967 和 1968 年交替的那个冬天，我和其他人一样感到在我们研究生中存在着一种强烈的离经叛道，要求思想解放的倾向。这种思想意识需要通过组织和讨论让其表现出来。于是我鼓励学生们发起了关心亚洲问题学者委员会。在该会《简报》中，我受到了学生们的批评，如'华而不实的根子：美国的中国问题观察家们的职业思想意识'，'哈佛论中国问题：为帝国主义辩护'等等，我对此作了答辩：'我们彼此之间相互交换意见，其情景相当热烈'，'我赞成学生们提出的不同意见，因为顺从一种愚蠢的政策而受到自己学生们的公开指责使人感到耳目一新'，'我觉得现在该是我们对美国人那种严重的自大狂好好进行反思的时候了'。"③ 从学术需要砥砺的角度上讲，对自身学术思想批判不仅要关乎外部世界的变化影响，更要关注内部因素的此消彼长，实际上也是一种跨文化的审察和跨学科的透视，而这正是美国现代中国学研究中的一种知己知彼、秀外慧中的全局性文化进化特点，

---

① 《当代美国的"显学"：美国现代中国学研究》第 182 页。
② [美] 黄宗智《长江三角洲小农家庭与乡村发展》（中文版序）第 1 页，中华书局，1992 年。
③ [美] 费正清著，陆惠勤等译《费正清对华回忆录》第 487—488 页，知识出版社，1991 年。

极大地有利于美国汉学和现代中国学的学科建设以及由此引动的相关学科的兴起发展，使人类的人文科学和社会科学益发丰富，夯实人类的知识藏库。

其次，美国现代中国学研究注重组织合力作用和社会科学精细化的研究内容。费正清的脱颖而出和始终如一地推动中国学研究，使得合力传统得以延续，尽管其间某些理论架构的分歧和具体史学观点的差异，都不能抹杀他们之间的学术友谊和集思广益。更重要的是，以美国为主的西方现代中国学的研究，已经在世界范围内造成了欲罢不能而乐意向前发展的良好态势，研究中国、认识中国、结交中国、合作中国的现实主义越来越成为西方世界的共识。这是费正清的一项功绩，也是人类文明进步的特征。在这种坚不可摧的合力惯性下，中国研究的纵深发展和宏观开拓有了更好的发展前景。美国中国学研究是作为东方学的一个重要组成部分，是东亚区域研究的核心部分。自费正清在20世纪40年代在哈佛大学创立地区研究以来，美国的新一代中国学家都必须接受系统的地区研究的训练，因而重视历史研究和社会科学的结合，主张运用跨学科的研究手段从事中国研究，促使这门学科向着专业化、精细化和综合性的方向发展。迄今为止，这种跨学科结合的实际效果尚未得到充分的展现，但有一种方兴未艾的学术前景，因为"在历史研究题目的选择中，一个主要的倾向是以空间而不是以专业来限制研究对象的范围，理想的成果是对一个地方做出综合性的研究，把自然、地理、经济、社会、政治、文化作为一个体系来分析"[①]。例如，美国中国学研究领域中独树一帜的新兴边缘社会学科"农民学"，就取得了明显的效果。自20世纪60年代以来，农民学在西方形成了方兴未艾之势，而且，农民学作为一门科学的地位已经得以奠定。总的来看，当代西方农民学仍然是三股思潮并存，即古典主义（正统的自由派资本主义）、马克思主义和新民粹主义—后现代主义，尤以后者有渐成主流的趋势，这明显地表现在俄国新民粹派的"社会农学"在几乎被人遗忘的几十年后又被重新发现，而且受到异乎寻常的推崇。1966年，西方三个著名农民学家——美国的丹·索尼、法国的B.克布莱与英国的R.史密斯联合整理了恰亚诺夫的代表作《农民经济理论》，"恰亚诺夫主义"因此风行一时。中国农民问题具有特殊性，与西方农民学的发生背景和所担负的功能

[①] [美] 黄宗智《30年来美国研究中国近现代史（兼及明清史）的概况》，载《中国史研究动态》1980年第9期。

完全不同：苦于"现代病"的西方人急于"走出现代化"，而苦于宗法羁绊和不发达状态的中国人则急于"走入现代化"。因此，我们不但不能照搬正统的古典主义或教条的马克思主义农民理论，也不能盲目趋时，附和西方的后现代主义农民观。拥有世界农民人口2/5、正在从事世界上最伟大的农民社会改造工程的中国，应该有自己的农民学理论体系。

最后，美国现代中国学重视学术研究的实用主义原则，密切联系实际，并能冲破传统束缚，确立中国马克思主义研究的现实地位。美国学者不仅强调学术研究要为现实服务，并且在实际的中国研究中确实贯穿了学术为现实服务、为美国国家利益服务的根本原则，像拉铁摩尔、费正清、戴德华等一大批著名学者都曾参加过战时情报工作，并著书研究美国的外交政策，成为事实上的美国政府的智囊人物。余英时在评述费正清学术活动的实用主义贡献时就明确指出："是他推动的中共研究直接冲击到美国的外交政策，因此特别受到国内和国际的注意。他研究中国近代、现代史并不完全是从学术的观点出发，更重要的是他要改变美国的对华政策。"① 实际上，这种学者学术活动与国家利益结合的美国特色的实用主义，并非一厢情愿的单向行为，而是双方相互作用的产物。一方面，美国学者传承美利坚文化，从事学术研究伊始就怀抱强烈的"使命感""学术个性"和"反唯理智论倾向"，因而比较蔑视纯粹学问，更为强调的是实用性知识，"更为明显地同自己以外的社会，即政治家、实业家及其实践家始终保持紧密的联系"，特别是"一个有出息的学者，谁都愿意随时进入政界和实业界，以证明自己真正理解了在教室里所讲授的知识"；另一方面，"社会方面也靠近学者"，"助长知识界与政治接触"，这样，"学者和官吏之间的这种交流，不论是为了政治，还是为了学问都是一件好事。由此，政府得以利用习惯于从广阔视野和高屋建瓴地观察事物的社会上的一个重要的智囊团和思想库"，"学者世界与政治家世界之间不能有界限"。② 在美国，传统的汉学研究、现实问题的研究、中国近现代史的研究几乎是汉学家、政治家、新闻记者等共同课题，最早的系统化的汉学著作《中国总论》就已经把作者卫三畏所亲见的晚清社会研究贯彻书中，可视为学术

---

① [美] 余英时《费正清与中国》，载 [美] 费正清著，黎鸣等译《费正清自传》第603页，天津人民出版社，1993年。
② 《近代日本新观》第165—167、169—170页。

联系实际的滥觞。20世纪30年代末以来的世界局势的动荡不安,特别是太平洋战争以来,美国的地区研究的出现和跨学科研究的兴起,从根本上阻断了传统汉学与现实隔绝的纯学术研究,使美国汉学开始分化,传统汉学和现代中国学成为并驾齐驱的两门中国研究,从而使史学研究经历了一次成功的"学术革命",其结果是学术研究与现实关系的结合更加紧密,经世思想更加突出。这种经世致用的史学研究最突出的事例,当推美国学者对中国马克思主义和中国革命的学术研究,而这本是美国政治的"雷区"。冷战期间,美国中国学界长期排斥共产主义意识形态的马克思主义,不免谈共色变,遑论学术研究和政治接触了,尤其是在麦卡锡主义黑暗时期,更是人人自危。但随着20世纪60年代以来的美苏关系缓和、中苏关系破裂以及越南战争的影响与中美关系改善,美国中国学界对中国研究的历史性反思成为美国学术界的主流。1967年哈佛大学出版社出版了迈斯纳所著的《李大钊与中国马克思主义的起源》一书,作为哈佛东亚研究丛书第27种的学术成果,标志着学术性的马克思主义研究进入美国的中国研究领域,并得到中外学者的好评,英文版出版不久就有日文版,1989年也有了中文版。费正清在1975年出版的《1953年以来日本对近代中国的研究:19世纪和20世纪的历史及社会科学研究书目指南:1953—1969年补编》一书的序言中预言了马克思主义将被更多的美国中国学家所接受。"在这个过程中,马克思主义的政治经济学起过相当大的作用,它促进了各门社会科学的综合",同时它"也使美国第三代的部分学者更注意民众运动的研究,阶级分析和生产方式结构与演变的研究",更注意"在马克思主义的政治学的基础上对过去的学术作出批评",特别是批评"那些只谈人口不谈生产关系的新马尔萨斯学术"。[①] 经过几代中国学家的努力,马克思主义和中国社会主义的学术研究在美国学术界得到了应有的时代尊重,任何排斥、贬低的学术障碍已经不复存在,是美国中国学研究领域中一项极其重要的学术价值的变革。当然,由于东西文化和政治意识形态的不同,美国学者对马克思主义从内容到方法论的研究都不可能没有误解和曲解。但是他们的研究可以为我们提供参照系,启发我们去探索新的领域,回答新的问题,并期望在此基础上,中美两国学者能够努力排除思想文化障碍,通

[①] 《30年来美国研究中国近现代史(兼及明清史)的概况》,载《中国史研究动态》1980年第9期。

过正常的学术交流,加深相互理解,推动研究深入发展。①

到20世纪末,美国中国研究领域里现有成就的总体架构,已经成为一种客观的基础,成为一种学术再研究的对象。对它们的研究要本着实事求是的分析原则,尽量淡化政治意识和文化差异的局限,将之视为人类共同的文明遗产,丰富和发展不同民族的文明。21世纪是一个充满机遇也充满挑战的时代,刚刚过去的十多年,美国的中国研究事业出现了新飞跃的趋势。美国中国研究的产生和发展有着它独特的民族特色,在美国,政府与学术机构的松散关系使美国区别于那些培训和科研资源依赖于中央控制和分配的其他国家。美国高等教育的多样化和灵活性,使得它可以从多种渠道得到支持,国家立法机构和私人机构都积极赞助国内、国际性的研究项目。美国政府出于安全和政治方面的考虑,很早就建立了独立的从事中国问题研究的机构。战后美国加大了对新中国的研究,同时对中国文化的研究和教育、对中国大陆政府的社会和政治经济制度的研究还得到广泛的学术和文化兴趣的支持。到1979年中美正式邦交,尤其冷战结束后,没有了强烈的政治对抗和意识形态的分歧,美国的中国学研究跨越孤立主义的堡垒深入走进中国,迎来了前所未有的学术繁荣时期,因为"当今学者的成果更富于阐释性,也将拥有大量通过实地考察所得到的第一手资料。大多数非华裔的学者都精通汉语,还有一些人熟悉方言,许多学者都在中国的学术刊物上发表过文章,每年都有美国学生在中国的大学学习,美国的学者也在中国本土从事高层次的学术研究,大多数中国问题专家都能够在中国发展。"② 新世纪伊始,美国学界开始关注更广泛的中国,尤其是中国周边地区的研究。虽然对许多美国学者来说,中国仍然是一个复杂而又难度较大的研究课题,但至少它已经不再像以前那样深不可测、遥不可及,学者们也不再只是隔岸观火或雾里看花,而是开始有那么一点儿洞悉烛微了。学者们既把中国视为一种独特的社会形态,也会把中国置于比较环境中去加以研究。中国研究领域不再是政治科学家与政治经济学家们的一统天下,历史学家、人类学家、社会学家、哲学家、心理学家、人口学家、法学家以及文学研究学者们都将成为中心人物。当前,中国无疑已经是东亚地区的核心和主导力量,其经济、军事和地理位置为中国的发展

---

① 《当代美国的"显学":美国现代中国学研究》第188页。
② 王建平、曾华《美国战后中国学》第7页,东北大学出版社,2003年。

提供了良好的环境和机遇，而中国的经济增长、扩大贸易、向市场经济转变以及发展理论的逐步完善都成为世界关注的新事件和新问题。素有全球战略眼光的美国人是不会无视这些中国因素的。更重要的是，全球化中的"地球村"大同化和文化多元化的相互统一，使得世界各国对于异质文明的探索与理解成为一种知识需要，多学科结合的研究趋向也成为不可阻拦的认识手段。各国越来越遭遇全球治理的挑战，比如环境污染治理、暴力跨国犯罪、恐怖主义、资源争夺战、移民浪潮等。从地缘战略和经济全球化的角度看，21世纪不再是美国利用政治强权、经济力量和军事威慑的时代，而是依靠综合国力和文化渗透力的时代，只不过这个时代是全球化的发轫、地球村的创始，任何国家和民族的人都必须正视人类文明的航船已经抵达牵一发而动全身的合作状态，在全球治理的舞台上需要同心协力，才能为人类找到生存的契机和发展的基础。所以，我们有理由相信，在21世纪，美国对中国特别是对当代中国的研究将会取得突破性的进展和前所未有的学术成就，有利于中美两国乃至世界各国更加人性化、科学化的人文环境建设，造福全人类。

简言之，从欠缺中找到补救，从现有中推向繁荣中，都使我们坚信美国现代中国学研究有着广阔的发展前景，它已经不再、也永远不再是冷战时期那种敏感的政治雷区和学术禁区，而是中国历史研究和世界范围内的社会科学研究的大实验室，充满了顽强的生命力。而且，中国将继续对许多国家和不同的国际学术群体产生巨大的吸引力，中国万花筒般变幻的事件、激进的、实验性的社会政治运动及改革、大量的土地和人口引起国外的关注、兴趣和好奇。同时，一些关切国际关系的政府、学者和民众会把中国经验与他们自己和其他民族问题相联系，还有的会把中国研究作为一种智力挑战，甚至还有一些国家，越来越不视中国为冷战时期被诬为具有严重威胁的国家，致使越来越多的外国人，尤其是学者、学生对中国产生兴趣，各学科和各层次的中国研究将成为一种文明的科学实验。我们可以坚信，随着世界各国对人类未来和各民族福祉的关注的日益接近，一切对中国不抱有政治偏见、文化歧视的国外学者，只要有意识地逐步克服学术研究在指导思想上和方法论上的局限性，达成与中国学者的谅解和共识，一个越来越丰富而深刻的中国学研究的事业将取得更大的成功，进而实现中美人民乃至世界各国人民之间的和谐共处、共同发展的"地球村"使命。

（黄涛　博士，江西师范大学副教授）

唐代三大诗人*

[美] 艾米·洛威尔** (Amy Lowell) 著 郑美玲 译

起初,会议举办方建议我讲一讲"中国文学",然而这一话题太大了,一场讲座是讲不完的。很快,我便说服他们把今天下午的演讲内容聚焦为"中国诗歌"。不过,假设我们现在讨论的是英国诗歌,主讲人思维敏捷,但是他可以将乔叟①时期至今的英国诗人简单罗列一遍,在听众的脑海中留下一堆乱七八糟的名字吗?乔叟生活在14世纪后期,而现在是20世纪初期,因此,我们至多只能简单回顾500多年间产生的诗歌作品。而在500年之间,中国历史上又发生过哪些事件呢?公元前2000年的中国诗歌,现在可能还有人在阅读,而且还有可能读的是英文版。从公元前20世纪到现如今的20世纪,跨度整整4000年。在这期间,中国人一直在写诗,而正是这些诗歌奠定了整个中华文明的根基。考虑到这一点,我想大家会认同我的观点:要想展示中国诗歌发展变化的全貌,对于任何人来讲,一个小时是绝对不够的。因此,请允许我进一步缩小范围。我今天要讲的是中国诗歌,重点探讨李白、杜甫和白居易这三位唐朝著名诗人的作品。

然而,我认为我们有必要从了解这三位诗人的背景开始,在具体的历史地理背景和社会环境中去理解其作品。而且,我们也需要简单了解一下中国韵律学的基本技巧,这样才能更好地体会诗人们的写作动机。

---

* 原文注:See A. L. to F. A., May 27, 1922.

** 艾米·洛威尔(Amy Lowell,1874-1925),美国著名意象派诗人,从其诗作《剑刃与罂粟籽》(*Sword Blades and Poppy Seed*)(1914年)开始,她运用"自由韵律散文"和自由诗的形式进行创作,称其为"无韵之韵"。她后期的诗歌作品受到了中国和日本诗歌的影响。继庞德之后译介了大量汉诗,出版了汉语诗歌译集《松花笺》(*Fir-Flower Tablets*)。代表诗集有《男人、女人和鬼魂》(*Men, Women and Ghosts*)、《浮世绘》(*Pictures of the Floating World*)、《东风》(*East Wind*)、《艾米·洛威尔诗选》(*The Complete Poetical Works of Amy Lowell*)。评论集有《法国六诗人》(*Six French Poets*)。

① 杰弗雷·乔叟(Geoffrey Chaucer,1343-1400),英国中世纪著名作家、诗人。主要作品有小说集《坎特伯雷故事集》(*The Canterbury Tales*)。

有时候，探究一个民族的诗歌创作背后的动机是一项有趣的研究。比如，为什么盎格鲁—撒克逊人（Anglo-Saxon）的诗歌以头韵为基础？为什么我们基于韵律和重音？为什么有些民族喜欢押韵，而有些却喜欢采用划分音节的方式？拉丁诗歌的音量①大小仅仅是语言问题吗？希伯来平行体与语言本身之间又有着什么样的关系？这一话题已经引起了某位学者的关注，其著作即将问世，不过，我们今天主要来探讨中国诗歌是如何发展起来的。

诗歌和散文都有表情达意的功能，但前者拥有更明显的模式特征。事实上，正是因为这些特征，才有了诗歌的存在。富有诗意的思想可以通过散文来表达，但是毫无疑问，加入韵律特征则能让人铭记这些思想。有时，人们想把自己的情绪推向高潮，而散文又无法实现，这时，韵律学便应运而生。这便是韵律形式的开端。当然，模式类型由特定语言的言语类型决定。比如，汉语一直是一种单音节语言，因此没有重音和节奏。我们都知道汉语的断音效果，这一属性与汉语的单音节结构有关，散文如此，诗歌亦如此。除了随机组合音节形成诗行之外，韵律特征还受什么因素的影响呢？散文的长度可以不受限制，而诗歌必须时而断句，从而形成韵律模式。韵律意味着重复，因此必须按照指定的长度断句。中国古代诗人就是这样做的：他们把诗歌的每一行控制在一定数量的音节内，一个音节就是一个单词，一个单词就是一个汉字。很快便形成了几字一行的韵律模式。随着时间的推移，人们又发明了更加复杂的模式，后面提到的时候我会进一步阐释。但是，押韵这一基本要素从一开始便存在。中国现存最早的诗歌集中，每行的字数要求不像后来这样严格，但是四言体（后来基本不再使用）比较普遍。

中国人一定在很早以前便偶然发现了音节计数与调节的手段。中国有很多神话故事。其中，有关汉字发明的传说很吸引人。公元前 2700 多年，华夏部落首领黄帝有位史官，名叫仓颉，据说他便是汉字的发明者。传说，仓颉"仰观奎星圆曲之势，俯察龟文鸟羽山川"（引自《说文解字》）②，有一天，

---

① 在语音学、韵律学中音量指元音或音节的长短。——译者注

② 《说文解字·叙》："黄帝之史仓颉，见鸟兽蹄迒之迹，知分理之可相别异也，初造书契，百工以乂，万品以察。"《说文解字·序》又说："仓颉之初作书，盖依类象形，故谓之文；其后形声相益，即谓之字。"纬书《春秋元命苞》中，进一步记载仓颉"龙颜侈侈，四目灵光，实有睿德，生而能书。于是穷天地之变，仰观奎星圆曲之势，俯察龟文鸟羽山川，指掌而创文字，天为雨粟，鬼为夜哭，龙乃潜藏。"——译者注

他终于茅塞顿开，想到自己可以用符号来记事。不管怎么说，可以确定的一点是，中国人在公元前 6 世纪已经掌握一种用于文学创作的书面语言系统。事实上，该系统与现代汉字书写系统相差无几。

恰好也是在公元前 6 世纪，孔子开始着手收集当时流传下来且保存完好的古诗词并将其合并成册，于是便有了著名的《诗经》。

孔子不仅是中国古代伟大的教育家，还是伟大的学者，他一生都在不知疲倦地保存古人散落各地的作品。在编纂《诗经》之前，孔子已经收集各类史料编制完成《尚书》，其中有一小部分是诗歌。《诗经》《尚书》《周易》《礼记》和《春秋》称为五经。直到近代，中国人都要熟背五经才能步入仕途，享受知识分子的特权。在中国，这不是一句空话，后面大家会有所领悟。

《诗经》共收录诗歌 305 首，韵律各异，但基本以四言体为主。有些诗歌最早可能追溯到大约公元前 2000 年，其他则是早于公元前 600 年的某些时候创作的。这些诗歌可分为四类。第一类是各个诸侯国的民间歌谣。各诸侯国的贵族们将歌谣呈送到王宫，在那里歌谣又被转呈给宫廷乐师，乐师们可以通过诗歌判断当地民众的生活状况以及封臣统治者的治理情况，从而为天子建言进策，天子据此对封国采取相应的行动。可见，这类歌谣反映了中国诗歌与政治之间的紧密关系。第二类是日常朝会的乐歌；第三类乐歌用于宫廷君臣宴享等重要场合；第四类用于颂圣、述功和祭祀。

这些诗歌大都简单直接，发人深省，有战争徭役诗、农事诗、爱情诗、怨刺诗。诗歌本该如此，但是一代又一代的中国评论家们却绞尽脑汁将其变为政治寓言。这也是学者们常用的方法。如果文学作品因学者们缺乏保护意识而濒临毁灭，同样也会因为其关注而面临覆灭的危险。学术渊博且鉴赏力极高的人将是最佳人选。可是，奇迹会出现吗？孔子就是这样的一个奇迹，他在《诗经》上倾注了大量的心血。据说，孔子有一次问儿子有没有读《诗经》，儿子回答没有。孔子便告诫他，只有读过《诗经》，才能做一个有知识的人，好好表达自己的思想，适应当时的社会。但是孔子的弟子们毕竟不是大师，他们的眼界和悟性都不够，无法欣赏这些歌谣的美与简，只能接受老师的教诲。他们耐心有佳，努力领悟诗歌中的道德和政治含义。至于领悟是否准确，不得而知，但这已不重要了，《诗经》的魅力足以说明一切。翟理斯（Giles）① 在他的《中国文学史》中有这么一句话，"本国学者们继承了批评家的传统，习惯墨守成规，不过就《诗经》本身而言，相信欧洲学子们能够很好地领会《诗经》的含义。"

接下来给大家读《诗经》中的几首诗歌。其中一首写于公元前1200年，诗中描绘的是更早之前的生活。该诗共有8个诗节，我仅选取2节，英译文选自著名汉学家理雅各（James Legge）② 的《诗经》："七月流火，八月萑苇。蚕月条桑，取彼斧斨。以伐远扬，猗彼女桑。七月鸣鵙，八月载绩。载玄载黄，我朱孔阳，为公子裳。四月秀葽，五月鸣蜩。八月其获，十月陨萚。一之日于貉，取彼狐狸，为公子裘。二之日其同，载缵武功。言私其豵，献豣于公。"

译文（中）：

"七月火星向西落，八月要把芦苇割。三月修剪桑树枝，取来锋利的斧头。砍掉高高长枝条，攀着细枝摘嫩桑。七月伯劳声声叫，八月开始把麻织。染丝有黑又有黄，我的红色更鲜亮，献给贵人做衣裳。四月远志结了籽，五月知了阵阵叫。八月田间收获忙，十月树上叶子落。十一月上山猎貉，猎取狐狸皮毛好，送给贵人做皮袄。十二月猎人会合，继续操练打猎功。打到小猪归自己，猎到大猪献王公。"

第二首是对官员的讽刺，还是选自理雅各的译文："羔裘豹袪，自我人居居！岂无他人？维子之故。羔裘豹袖，自我人究究！岂无他人？维子之好。"

译文（中）：

"身着带有豹纹袖饰的羔皮礼服，竟然对我们如此一脸娇气。难道没有别人可交？只是为你顾念情义。身着带有豹纹袖饰的羔皮礼服，竟然对我们如此傲慢无礼。难道没有别人可交？只是为你顾念旧交。"

第三首是一首哀叹诗。作者不详。不过，古代批评家一致认为是仍叔。他是周宣王（King Hsuan）统治时期（公元前876—公元前781年，共95年）的一位官员。诗中提到一场干旱，至于具体发生于哪一年，专家对此意见不一。但是，按照标准年历表，大概发生在周宣王在位期间的第六年，即公元

---

① 翟理斯（Herbert Allen Giles, 1845-1935）英国著名汉学家，研究领域为中国语言、文化、文学研究及翻译。曾被誉为英国汉学三大星座之一。

② 理雅各（James Legge, 1815-1897）是近代英国著名汉学家。他是第一个系统研究、翻译中国古代经典的人，从1861年到1886年的25年间，将《四书》《五经》等中国主要典籍全部译出，共计28卷。

前821年。译文选自艾思柯夫人（Mrs. Ayscough）① 和我的《松花笺》②（引自："浊河"，《松花笺》，p. 135）。

　　最后一首小诗意境深远，读后久久无法忘怀，一直萦绕在我的脑海里。这首诗大概写于公元前600年。该诗的主人公是魏国的一位公主，她嫁给了宋王，但最后以离婚收场，离开了宋国，从此不得踏入宋国半步。宋王驾崩后，他的儿子继位，成为宋国首领。这位公主无比思念自己的儿子，但是因为离婚，纵使对儿子依恋很深，也不能回去探望，她的余生在郁郁寡欢中度过。国人高度赞扬她的识大体，但她也付出了巨大的代价。（引自："后河"，《松花笺》，p. 147）。

　　中国诗歌的下一个重要时期代表人物是屈原。他生活在公元前3世纪，是中国古代著名的政治家和伟大的爱国诗人。他撰写的浪漫主义政治抒情诗突破了以往诗歌的形式规则，重在表现作者内心情愫。评论家们认为屈原的作品"气势奔放，形式灵活，有起伏回宕的韵致"，这些恰是其情感的自然流露。屈原最著名的代表作是《离骚》。这是一首长篇自传体抒情诗（an autobiographic love poem），抒发其忠而被疏的愤懑之情。诗歌富含典故、史实和神话故事，故晦涩难懂，但尽管如此，它仍然是中国历史上最著名的诗歌之一。

　　下一重要时期的代表人物当属苏武，他生活在公元前1世纪末，代表作品是五言诗（five-character poem）。这些诗歌采用古文体，故称作古诗（Ku-shib or Old Poem）。为了帮助大家理解，我有必要解释一下汉语的韵律学，我会尽量简明扼要。中国人的语言有其独特之处，那就是声调。单音节语言的语音数量极少，如果不想办法增加语音的数量，表达方式将极其有限。而声调的出现解决了这一问题。具体来看，一个拼音结尾处会有升有降，用以强调或断音。每种曲折变化都会改变其意义，因此每个拼音会对应不同的字，这在书写系统中又有不同的汉字与之对应。如果这些曲折变化无法押头

---

　　① 洛伦斯·艾思柯（Florence Ayscough, 1875-1942），美国汉学家。她最大的贡献是对杜甫诗歌的系统翻译。她于1929年出版《杜甫：一个中国诗人的自传》（Tu Fu: The Autobiography of a Chinese Poet），从杜甫的童年一直介绍到他的中年，其中包括大量的杜甫诗译。后来，她在1934年又推出了《一个中国诗人之旅：杜甫，江湖客》（TravelsofaChinesePoet: TuFu, GuestofRiverandLakes），重点介绍杜甫晚年的生活和诗歌，从而完成了英语世界中第一部较为详细、系统的关于杜甫生命历程和诗歌介绍的专著。

　　② 《松花笺》是美国新诗运动时期的一部译诗集，由著名意象派女诗人艾米·洛威尔（Amy Lowell）和女性汉学家弗洛伦斯·艾思柯（Florence Ayscough）合作翻译。

韵，诗歌读起来会绕口，汉语也是如此。不同方言的声调也会存在差异，比如普通话有四个声调，南京话五个，广东话九个。诗歌中主要有两个声调：平声和仄声，其中仄声又可细分为三类（包括上、去、入三声）。早期的中国诗歌几乎不考虑声调，后来才得到高度重视。前面提到苏武的诗歌采用古诗体，是指其未考虑声调这一因素。但是，苏武的五言韵律体同以往盛行的诗歌相比，赋予了诗歌更独特的形式，使得诗歌朝着更有特点的韵律模式发展。几乎与此同时，七言诗诞生。据说最先写七言诗的是汉武帝（公元前140—公元前87年在位）。从那以后，尽管有些诗人在写古诗时偶尔采用其他韵律，但是四言诗和五言诗成为中国古诗的主要形式。

接下来不得不提另外一种特殊文体——赋。赋介于散文和诗之间，句式参差，声律谐协，且大量使用排比这种深受诗人们青睐的手法。它在结构上与"自由韵律散文"极其相似。"自由韵律散文"是一种以诗歌形式写成的块状散文，几乎糅合了所有的诗歌格律要求，比如韵律、节奏、谐元韵、头韵、尾韵和音顿。同样，这些格律形式都在"赋"中得到充分应用，但其使用方式通常与诗歌不同。前几日，一位中国教授给我寄来一份宋代诗人欧阳修的辞赋作品以及对其的评析。该"赋"包含24个尾韵，13个行内韵，9个连续字间行内韵，25个头韵，4个谐元韵。最伟大的词赋家当属公元6世纪中叶的独眼皇帝梁元帝。一首好的赋作应该符合六大原则：第一，形象鲜明生动；第二，文辞秀美，语言精粹；第三，题材恰当，但必须采用诗体或文学体的表现手法；第四，必须抒发情怀与感慨，以求顿悟和升华；第五，必须鼓舞人心，激情澎湃；第六，必须能够激发情感。艾思柯夫人与我的著作中有一部分诗歌作品是赋作。但是我在翻译这些赋作时并未尝试重现其形式，对于其他类诗歌，我也采用了同样的翻译处理方法。后面我会选择其中的一两首来朗读，大家可以从中体会这些赋作是否遵循了上述提到的六大原则。

在唐朝初期武则天（武后）当政时期，出现了"律诗"。它的出现标志着韵律又往标准化的方向迈了一步。律诗的韵律模式非常严谨，诗句字数整齐划一，每行或五个字，或七个字，其韵律与英诗韵律相差无异，但声调模式与韵律不同，声调的抑扬顿挫可能出现在每行的任何一个字上，而非仅在最后一个字。每个字或为平调，或为仄调，每行平仄交错，构成律诗的基本句型。律诗一般每首八行，不过经常增至十六行，甚至可以拓展到任何长度，这时律诗被称为"排律"。据说杜甫就曾经写过200行的排律。还有一种更为简洁的形式——绝句,通常译为 short-stop,将一首八行诗一分为二。这些就是律诗的基本形式。在汉语韵律学允许的范围内,诗人们也会根据自己的喜好创作拗体诗(irregular verse)。

要知道汉语诗律常受一些硬性规则的制约,而且,诗人们很难打破已有的规定,因此我们发现中国诗人们的创作越来越受制于律诗。至于为什么中国没有史诗这一经常被问起的问题,我们也能很快找到答案。他们没有史诗是因为其韵律规则太严格,不灵活,完全排斥长诗的创作。

接下来的六百年间涌现出了许多杰出的诗人,陶潜就是其中一位。陶潜(365—427),早年又名陶渊明,是古今隐逸诗人之宗。儒家思想强调要为社会大众服务,但是中国的另一派哲学思想却予以否定。道家思想起源于老子,它秉承这样的理念:"通过与自然和谐相处",人就可以获得眼前的幸福,也能得到一生一世的安逸。对此,我们暂且不深入探讨……但是,要想读懂中国诗歌,就要理解道家的核心思想,因为诗歌中有许多与"道"(自然规律)有关的典故。在公元3—4世纪,民间掀起了一股反政府浪潮。许多学士们认为,与承担繁重的官场事务相比,归隐于乡村的清贫生活则更能让他们幸福。在这股归隐潮流中,陶潜着实引人注目。陶潜的人生轨迹与所有文人一样,学而优则仕,起初,他成为一名地方官员。但是,他在为官八十多天后便弃职而去。事实证明,他的性格完全不适合混迹官场:有一次,上级来视察,他却反对束带迎接,声称"不愿意为五斗米折腰",说罢辞官回家,从此归隐田园,每日忙于写诗作赋,养花赏菊。他钟爱音乐,宣称仅凭眼观和想象就能听到琴声。平时,他经常带一把无弦琴弹抚。陶潜的思想在《形影神三首》里面得以体现,该诗收录在了韦利先生(Waley)的诗歌集《中国古诗170首》中。这首诗很长,我就不给大家摘引了。不过,他对自然的挚爱则集中体现在了另外一首小诗里,译文请参考艾思柯夫人和我的著作(引自:"归园田居",《松花笺》, p. 132)。

中国诗歌的全盛时期是唐朝,即公元618年到906年。唐朝的诗人们继承了前人的诗歌创作手法并且对其不断加以完善。一位中国现代评论家曾经说道:"诗歌始于'颂',发展于'离骚',盛于唐朝。"事实上,与其他盛世一样,这一时期的盛世也存在缺陷。那些仅仅满足于修改前人作品的诗人,其作品的活力与创造性都要逊色一些。在唐朝这一时期,缺乏原创性主要体现在主题的选取上。诗歌作品一如既往地倾向于追忆往事。比如,战争诗描述的是汉朝的战役，而不是当时的战事。也有一些怀古诗词有感于废墟遗址、朝代的灭亡，表达无限伤感和深深追思。"陈旧的主题"受到诗人们的青睐，常常大量使用。同样受到诗人们追捧的还有典故，韦利先生在其某部作品的序言中指出，典故的使用一直是中国诗歌的一大缺陷。以上种种曾经盛极一时，因此，在后面的诗歌创作中也得以保留传承、呈现欣赏。然而，诗歌需要有感而作，我们期待思想的再次迸发，而这似乎为时不晚。

在这一时期，有两位杰出的诗人摆脱了"律诗"的束缚。最突出的是李太白，他豪迈奔放，追求自我。在那个时代，效仿之风盛行。诚然，这位伟大的诗人也受其影响，不过他向前迈了一步，效仿自己，自成一体。他不拘于声律，才华主要体现在古诗词的创作中。另一位杰出诗人是杜甫，他虽然擅长"律诗"，但是在经历了安史之乱这场夺取了三千万民众性命的内战后，战争的惨状使其深受触动，律诗的种种限制已无法表达他的忧国忧民之情，因此，他创作了一系列的古诗来抒发情怀，这些后来都成了他的杰作。

接下来，我将对所选的这几位诗人展开深入探讨。不过，在此之前，我得先为各位简要描绘一下他们生活和工作的地方——中国。大家都知道，中国幅员辽阔，地理气候条件复杂多样。南部和东部靠海，北面和西面有山脉和干旱的沙漠，两条大河——长江和黄河横穿而过。这些河流又有无数的支流，而且时至今日，这些支流仍是中国的大动脉。河流上，船只来往穿梭，有货运驳船，也有轻便的载人渡船。黄河裹挟沙黄土流过，河面平静，但是长江的河床却建在悬崖峭壁下面，河床陡峭，河谷狭窄，正如古诗里记载的那样，"不尽长江滚滚来"。冬季水位低，但是到了夏季，河水上涨，水灾泛滥，锋利的岩石被淹没，这时江上航行会非常危险，这一危险性在中国古诗里多次提到。长江上游的河面上升会持续几个月的时间，这时人们需要把船只拖上岸边。尽管河岸陡峭，许多乡镇仍沿河而生，依山而建，层楼叠榭，错落有致。诗人们会经常出游，官员们则需要出巡，因此成为这些河流上来来往往的常客。送别友人乘船离开是中国古诗词的常见主题。长江入海时，先经过南京，然后穿过吴国，即现在的江苏。这些地方以及越国和楚国周边的省份（现在的浙江以及湖南、广州、江西的一部分）都曾出现在李太白及同期诗人们笔下那优美壮丽的诗卷上。这是一个富饶的国度；河岸边柳树飘飘，地上铺满了李树花、桃花，地里到处都是油菜和豆类植物……这些就是对中国中部地区的描述。但是，北部和西部主要是山脉，交通不便，即便有

"栈道"这样的壮举工程，穿山越岭还是异常惊险。"剑门山"① 上就设有栈道，而且这是唯一的通道。稍后我会为大家朗读一首相关的诗歌。

长城的另一边是戈壁沙漠，那里住着鞑靼人（Tatar tribe），他们一直是中原人的威胁。中国人也正是为守卫北部边境才建造了长城。我们常在诗中读到的"玉门关"就通往这片沙漠。继续往西北方向走则是一条称为"天山"（Heaven-High Hill）的大山脉。就是这样山高路远的地方，古代将士们前赴后继，许多有去无回。除了描写现实中的地域以外，中国古人还建构出一个虚幻的世界，那就是"西方极乐世界"，据说芸芸众生在那里得到永生。

中国诗歌的地形学主要分为三部分：美丽多样的十八省、玉门关外的荒芜区以及壮观的"西方极乐世界"。

至于诗歌中经常提到的"历史"，我们今天下午将不再深入探讨，但是我认为有必要简单讲一下古代的一些社会架构，否则诗歌也会变得毫无意义。中国的皇帝是最高统治者，被称为"天之骄子"，据说直接传承了来自天帝的权利（君权神授）。皇帝通过不同级别的官员来统治国家，不过官员的选拔方式在我们今天看来有些奇怪。皇帝会不时举办考试，主要考察对文学知识的掌握情况。应试者需要牢记那些经典作品才能通过考试，还要擅长写文章、作诗。考试不合格则无法获得官职。初试仅仅是复试的敲门砖；通过复试后，应试者有权考取低级别的官职；通过第三场考试则可以取得更高级别的官职；第四场考试授予的是荣誉而非学位，通过者将会成为翰林院的一员，这意味着将会拿到终生俸禄，得到朝廷的最高官职。朝廷的官员们不能在家乡做官，因此他们常常被派到更远的地方任职。官员们背井离乡，心中苦闷，抒发思乡之情的诗歌不计其数。

皇帝拥有庞大的后宫，举国上下最漂亮的女子都要被献给他。但是佳丽们通常很难见到皇帝。有时候，多余的后宫女子会被遣散，或者嫁给大臣们。这一传统在一些诗歌中也有所提及。皇帝的正妻只有一个，称为"后"，她拥有自己的宫殿；下面是嫔妃，称为"妃"，通常嫔妃有两位，她们各自拥有自己的宫殿；再下面是"嫔"，一等嫔妃。与皇后和妃子不同，这些嫔妃们共享一个宫殿，一旦她们成为妃子，就不会被遣散了。之前我提到的宫女级别更

---

① 剑门山包括大剑山、小剑山。该地区在古代非常著名，而且曾被李白杜甫在诗中提及。——译者注

低,但是只要她们能够得到皇帝的宠幸,就可能被封为"嫔",甚至是"妃"。那些失宠被贬的妃子们在诗歌中也常常提到。她们不仅仅是诗歌中的主人公,有的还会写诗。唐明皇的梅妃就是这样一位不幸的女子,她被杨贵妃这样一位姿质丰艳却工于心计的妃子所取代。梅妃被贬后,皇帝对她还心存念想,于是偷偷给她送去一些朝廷贡品——珍珠。梅妃则回赠了一首令人心碎的小诗(引自:"谢赐珍珠",《松花笺》,p. 143)。

很抱歉,我总是说不能对某个点展开深入探讨。同样的,虽然各种植物和动物在中国古诗的创作中扮演了很重要的作用,不过我们今天实在是没有时间讨论其象征意义。此外,至于那些超脱轮回、长生不老的神仙,我们也不再详究。艾思柯夫人在《松花笺》的导言部分有提供相关列表,各类有关中国的书籍也提供了更详细的列表。还需要补充的一点是,中国的农历年要比我们晚一个月,一天24小时以两小时为单位划分为12个时辰,每个时辰的名称各不相同。在唐朝,人们用漏壶(a water-clock)或者以一炷香的燃烧时间(evenly burning sticks of measured length)来计时。

毫无疑问,对于英文读者们来说,李太白这个中国诗人的名字是非常陌生的。中国文学的研究者们一再声称李太白是中国最伟大的诗人,但是中国人自己却把他排在了杜甫的后面。我们可以把李太白看作大众化诗人,杜甫看作小众化诗人。李太白是一位伟大的浪漫主义诗人;他的诗豪迈奔放,语言轻快,飘逸洒脱,想象丰富,无人能比。但是,杜甫的诗歌描写深刻,严肃真挚,这让我们理解为何中国的批评家们对他偏爱有加。李太白的诗总能让人感到欣喜;而杜甫的诗总能令人心生钦佩,甚至有些许敬畏。有关两位诗人的译作有很多,足以让大家对二者形成自己的观点。

公元701年,李太白出生于四川青莲乡的一个富裕家庭。李是他的姓,他的母亲因梦到了太白金星而生下他,于是给他取名太白,即金星的俗称(太白金星)。他天资聪颖,少年老成,十岁就能诵读百家经典著作。但是,读书仅是他生活的一部分。李太白自幼习武,痴迷剑术,且好斗心强,后来惹了大麻烦,这让他吃了大苦头(貌似在一次打斗中杀死了几个人)。他不得不远离家乡,隐姓埋名,去侍奉某位官员。然而,在那里,他的才华再一次给他带来了麻烦。有好几次,每当他的主人吟诗忘词时,他却总能出口成章,替代主人继续完成诗作。因为言行失检,他不得不再次离开。后来,他隐居岷山,与一位大师为伴,每日诵读写作,切磋学问。这位大师后来成了他的师父。25 岁时，他与老师道别，开始闯荡天下，也就是中国。在四处漫游期间，他结了婚，安定了一段时间。但是几年后，据他本人说是三年，他还是渴望游历，于是听从内心的召唤，再次出发了。

他从未参加过科举考试，这或许看起来有些奇怪，又或许不足为奇。特立独行之人在立身处世方面更喜欢听从自己的内心。不走科举之路就无法进入官场，但这并未对他造成困扰。后来，他结交了五位年轻的文人，他们意气相投，成为好友。世人后来称他们为"竹溪六逸"。这些才子们在徂徕山下隐居，吟诗作赋，诗思驰荡，纵酒酣歌，举杯邀月。李太白嗜酒，其饮酒诗最有名。他的这一嗜好倒是帮他谋得了一份官职，真可谓是上帝的恩赐。李太白认识了道士吴筠，两人同游古都长安。吴筠十分欣赏李太白，便借机向皇帝推荐了他，称其才华出众，于是皇帝下诏请见李太白。唐明皇一见李太白的诗歌果然名不虚传，两人相谈甚欢，皇帝喜出望外，随即令其供奉翰林，兼任皇帝的私人秘书官。唐明皇在位期间为唐朝的鼎盛时期，李太白对翰林院的生活十分满意。他的职务应该是给皇帝写诏书，但实际上，他的主要任务是赋诗取悦皇帝，陪侍吟诗供其享乐。李被召见时常常喝得醉醺醺，不过没关系，不管喝没喝醉，他总能出口成章，吟诵经典。唐玄宗十分宠幸李太白，不过皇帝的另一个亲信在被李太白取代后，渐渐成了李最大的敌人，这个人就是大太监高乐士。后来，高乐士终于在皇帝的爱妃杨贵妃身上想到了复仇的办法。他挑拨杨贵妃，说李太白在一首诗中故意侮辱她。最终，杨贵妃对此深信不疑，于是便在皇帝面前说李太白的坏话。尽管唐明皇很欣赏李太白，对杨贵妃的含沙射影不为所动，但是毫无疑问，杨贵妃才是他更宠爱的那个人，有两次他想给李太白一个官职，都被贵妃阻拦下来。最后终究是一发不可收，李太白只好辞官回家，并得到皇帝准许。后来，他又结识了一群文士，便归隐山中，这次他们自称"饮中八仙"。

然而，待在朝廷的那些日子始终历历在目，李太白从未停止过对唐明皇的思念。他写了很多首诗，哀叹道，他看不到"太阳"了。在中国人心中，皇帝就是太阳。

同时，前面我所提到的那场内战爆发了。李太白加入了永王李璘的麾下，不经意间卷入了一场注定失败的争斗中。这位永王不听李太白的劝告，欲在动乱中分一杯羹，好为将来做打算。事实上，他成为江淮兵马都督（Emperor South of Yangtze），统领长江以南军务，已经是在未雨绸缪。后来，李璘被捕，部队全军覆没，被抓的还有他那位意见未被采纳的不幸幕僚。李太白被判处死刑，幸而在一位朋友的交涉下，他被长流边疆，发配贵州。据说那里偏僻荒芜，野兽出没，但是在半路上，朝廷大赦，流罪以下全部赦免。李太白重获自由，与族叔一起生活在江西附近的庐山。李太白在那里逝世，享年61岁，生前他将所有诗稿都留给了族叔李阳冰（Lu Yang-ping）。翟理斯在《中国文学史》一书中多次提到李太白是溺水而亡，后经李太白的族叔权威证实，这不过纯属虚构。

有关李太白的作品，我所能做的就是为大家引用一段文字，这段文字来自艾思柯夫人为我俩的著作所做的序言：（引自《松花笺》，p. 1xxvii 至 p. 1xxix, p. 1xxx.）

（请阅读如下诗歌：《蜀道难》，p. 6；《北风行》，p. 22；《玉阶怨》，p. 10；《长门怨》，p. 19；《春思》，p. 32；《行路难》，p. 41；《望鹦鹉洲怀祢衡》，p. 61；《送孟浩然之广陵》，（p. 93）（翟理斯，p. 66）①。《送友人》（翟理斯，p. 65），《金陵酒肆送别》（松花笺，p. 20）。［参考］《从军行》，p. 1；《战城南》，p. 5）

杜甫的人生与李太白大不相同。他于公元713年生于陕西杜陵（Tu Ling in Shenxi），家境贫寒，但是天资聪颖，7岁开始写诗，15岁因诗赋扬名，24岁赴长安参加考试，但因言辞激进，未能得到保守派朝廷元老们的赏识，结果落第。杜甫博学聪慧，却未能考取功名，连上升通道最底层的阶梯都没踏上。杜甫无事可做，便开始游山玩水，体察生活，写诗做赋，日子过得很拮据，也看不到希望。在一次旅行途中，他遇到了李太白，二人从此成为知己。

在杜甫36岁时，长安城举办了一场引人注目的考试，他便前去应考，然而等了四年也没等到官职。后来杜甫进献《三大礼赋》，得到皇帝的赞赏，在集贤院得到一份职位，在此工作了四年，然后又奔赴奉贤就职。但是，一年后，我前面提到的那场叛乱爆发，杜甫便投靠一位家住白泉村的亲戚，暂住在那里。在此期间，唐明皇退位，太子继位，杜甫想到一个主意：去投奔新帝唐肃宗，并想办法在那里谋求一个职位。于是，他启程前往凤翔，不料半路上遇到了强盗，被关了一年之久，最后抵达凤翔之时，衣衫褴褛，瘦得皮

---

① 洛威尔和艾思柯将这首诗的题目译为 "At the Yellow Crane Tower"，翟理斯则译为 "Gone"。

包骨，看起来可怜至极。皇帝准许了他的请求，给了他一个监察（左拾遗）的职位，不过他干的时间不长。忠言直谏是官场的大忌，而他却经常越职言事，在一次上奏之后，皇帝大为恼火，即刻将他贬至陕西某处任一小官。但是，他并未赴任，在经历了这一切之后，他回到了甘肃，与家人团聚。

天才们大都不适合过循规蹈矩的生活，李太白和杜甫的一生就是极佳的例证。诗写得越好越不适合做官。显然书面考试确实能将不同水平的考生区分开来。在知识贫乏的年代，考试或许是选拔人才的最佳方式。尽管在古代，中国每个县的知县、每个省的巡抚都会写诗，但就他们当中的大部分人而言，是真正意义上的诗人？还是仅仅受到一些训练而已？这十分令人怀疑。

杜甫的官场经历我们就说到这里。他还做了两次官，一次一年半，一次六个月，不过他最向往的还是能够潜心研究、自由游历的生活。他一生悲惨，穷困潦倒，几个孩子在饥荒中饿死。他自己则在一次途中被洪水围困，只能到一处破败的庙宇中避难，别人找到他时，他已经饿得奄奄一息，被救后不到一小时就死去了。他一生失望苦闷，饱受痛苦，去世时才55岁。

中国的作家们对李太白和杜甫诗歌风格的比较似乎无休无了。唐朝诗人元稹是白居易的挚友，他曾经写道："李诗如春之花朵，百花齐放，妩媚鲜丽；杜诗如松树，四季常青，不畏严寒。"沈明臣（Shen Ming-chen）曾说："李如春草秋波，无不可爱，然注目易尽耳。至如老杜如堪舆中然，太山乔岳，长河巨海，纤草秾花，怪松古柏，惠风微波，严霜烈日，何所不有。"但是，我最欣赏的当属陶开宇（Tao Kai-yu）的评析，"杜诗如画，如水中树枝的倒影，枝叶寂寂；像迷雾中的村落，若隐若现。"（引自《松花笺》：《茅屋为秋风所破歌》, p. 104;《壮游》, p. 107;《兵车行》, p. 109;《出塞》, p. 112;《春日忆李太白》, p. 114;《月夜》, p. 118）

李太白和杜甫去世后，白居易才出生。李太白死于762年，杜甫死于768年。772年，白居易生于山西太原。800年，他通过了科举考试，一年后定居长安。毫无疑问，白居易已经习惯了官场生活，因为他父亲曾经做过一个小官。白居易内敛拘谨，在喧闹的长安城很难交到朋友。与那时所有人一样，他渴望友谊，也确实交到了一位朋友，就是诗人元稹。五年之后，白居易为其作诗一首（引自韦利，Ⅰ, 161）。

后来，白居易又结交了几位朋友。但是友人去世、频繁的职位调动等因素使其身边总是缺少朋友的陪伴。在元稹因政治错误被贬后，白居易给他写了一首诗,内容令人伤感(引自韦利,Ⅱ,163.)。白居易自己的仕途也并不顺利。起初,他因为两首有关结束战争的纪念诗词而招致同僚的厌恶。后来,丞相遇刺身亡,他上书主张严缉凶手,被认为是越职言事。此外,还有一件在我们看来很荒唐的事。白居易的母亲看花而坠井溺亡,而他曾经著有"赏花"及"新井"诗,因此被认为不守孝道。于是,他被贬至浔阳任司马。三年后,他被任命为忠州刺史,忠州是四川的一处偏远之地。

忠州以美丽的鲜花和奇异的树木著称,对被贬官员来说,这些花草树木是莫大的幸福源泉。后来他在那里遇到元稹,二人曾同游宜昌附近的石洞。

819年,白居易被召回长安任尚书司门员外郎。两年后新皇继位,但因其执政不力,西北地区爆发新的动乱。白居易又上书谏言,再次被贬离长安城,这次是到重镇杭州担任刺史。此时,元稹亦从宰相转任宁波观察使,宁波、杭州相去并非太远,因而二人之间可以不时相见,这减轻了白居易的流放之苦。他在824年调离该职,转而在洛阳的履道里购房居住,那里有鸟儿、歌妓相伴,还有从杭州带去的两只仙鹤,一块天竺石①,后来他又分别担任苏州和河南刺史,再后来回到首都长安做了几任官职。

831年,元稹去世。832年,白居易重建位于洛阳正南几公里处的龙门香山寺,在那里度过了自己的余生,并称自己为"香山居士"。839年,他得了中风。7年后,也就是846年,白居易去世,享年74岁。他生前嘱咐后人葬礼一切从简,遗体葬于香山寺中他最崇敬的一位大师的塔侧。

白居易坚信,诗歌应该遵循一定的道德规范。他更关注诗歌内容,而非技巧,并在诗歌表现方法上提出一系列原则。那些反映政治和社会问题的诗歌,他的确写过;但是令他苦恼的是,反倒是他那些与道德无关的诗歌更为人称道。另一个奇怪的现象是,那些反映道德问题的讽喻诗采用古诗体,而描写闲情逸致的闲适诗则为律诗。他的作品在当时极受欢迎,全国各地的学堂、寺院、甚至船舱内到处都题有他的诗句。总之,他的诗无处不在。从皇帝妃嫔到仆人门房,男女老少都在吟诵他的诗歌。据说有位歌妓以背诵白居易的《长恨歌》而自抬身价。

---

① 原文为"two cranes and a famous 'Indian Rock' from Hangchow."白居易在杭州做了3年刺史,任满离去时,别无他求,仅取两片天竺石。在他的《洛下卜居》一诗中提到"三年典郡归,所得非金帛。天竺石两片,华亭鹤一支。……远从徐杭郭,同到洛阳陌。"(唐)白居易著,朱金城笺校《白居易集笺校》第449页,上海古籍出版社,1988年。——译者注

从许多方面来看，白居易是中古世纪最具有现代意识的诗人。他的许多诗歌对当下的许多作品仍有深刻的启发意义。他的作品里鲜有典故，描述的都是日常事务，通俗易懂。平易简单或许是其作品能够广为流传的原因之一。他的诗歌不如李太白那般奔放，也不如杜甫那般深刻细腻。他对道教持否定态度，他的诗歌也不像其他派别那样既能描写大自然的平静，又能抒发对自然的情怀。但是，众人都崇拜他。他的诗歌直抒心意，浅显易懂。他有博爱心，纯粹、直接、不做作，这一点无人能比。他对周遭生活的描述不会掺杂任何违和的想象，他就是生活的记录者，纯粹且简单，这一点对我们而言弥足珍贵。在这里为大家介绍几首诗，其英译文可以在韦利先生的两本有关中国诗歌的著作中找到。（引自：《早朝》，韦利，Ⅰ，171. VS《松花笺》，p. 122。[引自]《黑潭龙》，韦利，Ⅰ，180；《琵琶行》，韦利，Ⅰ，185；《买花》，韦利，Ⅰ，187；《柘枝妓》，韦利，Ⅰ，178；《钱塘湖春行》，《松花笺》，p. 119)。

中国诗歌就讲到这里。唐朝灭亡后，几朝更替，在此期间，中国诗歌更多地采用仿效和典故等技巧，缺乏变通，因循守旧。当然，后来也出现了一些好诗，但是整体而言，中国诗歌在唐朝达到巅峰。如果诗歌因规则而覆灭，那么中国诗歌就是如此。结果就是人们越来越关注诗歌的形式和韵律而非内容，后人也承认了这一点。一位中国学者曾说道："你看，我先学会背诵古诗，然后才知其义，给我留下深刻印象的是诗歌的韵律。"但是在过去几年间，中国兴起了一场有关诗歌的新运动，其目的是用白话文写诗，而不是过去几百年间使用的那种古文体。乔叟时代的英语与现代英语不同，但是相比之下，唐诗所采用的语言与现代汉语之间的差别更大。既然科举考试制度已经取消，我们有理由相信阅读古代优秀作品的人将会越来越少。中国曾在长达几个世纪的时间里停滞不前，现如今正在打破传统，大踏步向理想的新世界迈进。在我们看来，这样做似乎得不偿失。对中国而言，她似乎正在从沉睡中觉醒。但是，对于我们而言，中国的价值在于其古代那些文学艺术作品，我们应该把她随意丢弃的瑰宝捡起来，珍藏好。

(郑美玲　北京信息科技大学外国语学院讲师，博士)

道德与历史之间

——美国汉学家对《左传》的叙事学研究*

史常力

摘 要: 早在叙事学作为一个学科成立之前,美国的汉学家就开始使用类似的方法对《左传》开展研究工作,关注的重点在于透过《左传》的文本,探寻整体叙事意义,特别关注其中道德评判所起到的独特作用。进入新世纪,李惠仪教授的研究开始使用叙事学的方法,通过形式分析去探寻《左传》思想层面的问题,这又促进了研究方法本身的进步。

关键词:《左传》 美国汉学家 道德 叙事学

一、20世纪的早期探索

叙事学兴起于20世纪六七十年代的西方,一般认为法国的托多罗夫发表于1969年的《〈十日谈〉语法》中第一次正式提出"叙事学"的定义,但实际上在这之前,叙事学的理论架构和分析实践都已经得到了充分发展。叙事学进入到历史学科,被应用到史书研究中之后,更是引发了一场几乎颠覆历史学科的变化。美国学者海登·怀特完成了这种颠覆,他声称:"对于历史学家来说,历史事件只是故事的因素。事件通过压制和贬抑一些因素……通过个性塑造、主题的重复、声音和观点的变化、可供选择的描写策略,等

---

* 本论文为国家社科基金项目:中国早期史书叙事模式的形成及流变(13CZW055);中国博士后科学基金第58批面上资助:文体转变视野下的中国早期史书叙事研究(2015M581380)的阶段性成果。

等——总而言之，通过所有我们一般在小说或戏剧中的情节编织的技巧——才变成了故事。"① 如果说视点、代拟等叙事方式层面的问题是所有历史文本所共有的话，那么中国传统历史文本距离"真实"最大的问题则在于：以道德批判作为历史记载的最高标准，甚至已经达到取代"真实"的程度。中国史书重视道德评判，是否在写作中贯彻了道德评判标准，惩恶扬善功能在史书叙事中是否得到了充分地发挥，在古代中国很早就成为评判一部史书成就的重要标准乃至最高标准。② 中国史书重视道德评判的特点不仅为中国学者所指出，西方汉学家们更是较早发现了此类问题。作为中国早期史书杰出代表的《左传》，就成为这种讨论的核心对象。对于《左传》叙事意义的讨论，不仅推动着本领域的研究前进，甚至在一定程度上促进了研究方法本身的进步。

哥伦比亚大学的华兹生（Burton Watson）教授关注中国早期文学的研究，对于《左传》用力尤深。他在1964年出版过产生了较大影响的《左传》节译本（*The Tso Chuan: Selections from China's Oldest Narrative History*）。他在1962年出版《中国早期文学史》（*Early Chinese Literature*）一书，该书对中国文学史的叙述止于东汉中期。基于对《左传》良好的文本掌握，这本书在介绍《左传》时，就已经开始给予书中劝善惩恶的评判方式以特别关注："《左传》因此可以说是一本道德因果指南，一个预言体系，这个体系不是建立在数字或预兆的基础上的，而是建立在更复杂的、更值得信服的、在实际的人类历史中可察觉的道德模式基础上的。"③ 在此种认识基础上，更进一步得出如下的结论："《左传》基本上不太像是我们所理解的所谓历史，而更像是一篇带有历史外衣的讨论伦理的论文。"④ 可以说，虽然并没有使用叙事学的理论方法，但华兹生教授更早地认识到以《左传》为代表的史书其实并没有"如实"地记录历史，而更加倾向于历史意义——也就是道德评判的表达。从以上论述中可以看出，华兹生教授不仅较早指出《左传》中的道德说教意味浓厚的现象，同时也是这方面观点最为激进的一位学者，甚至认为《左传》缺少史书的基本样貌。作为一种开拓性的学术观点，一定程度上的标新立异无

---

① 张京媛主编《新历史主义与文学批评》第163页，北京大学出版社，1997年。
② 可以参看史常力《中国史书道德评判传统的形成》，载《东北师范大学学报》2017年第3期。
③ Burton Watson, *Early Chinese Literature*, New York: Columbia University Press, 1962, pp. 47-48.
④ *Early Chinese Literature*, p. 53.

疑能够取得更多学术关注，但是将《左传》的性质概括为"一本道德因果指南"并进而抹杀其史书性质，则未免有矫枉过正之嫌。与之相比，加州大学的艾朗诺（Ronald Egan）教授的观点虽然晚出，但相对来讲却稳妥得多。1977 年艾朗诺教授发表了《〈左传〉中的叙事文》（"Narratives in Tso-chuan"），认为《左传》作者在处理历史事件时的最高原则可以归结为：一个有智慧而且为人民谋福利的君主一定发迹，反之则会失败。简单概括就是"好人成功，恶人失败"。①

旅美学者王靖宇在 1974 年发表了《从〈左传〉看中国古代叙事作品》一文，② 按照他自己的说法，"这篇论文最大的特色，就是完全从叙事文和文学的角度来看《左传》"③。作者明确说明，该篇论文受到罗伯特·斯科尔斯（Robert Scholes）与罗伯特·凯洛格（Robert Kellogg）合著的《叙事文的特性》（The Nature of Narrative）一书的影响，该书主张从情节、人物、观点（视角）及意义 4 个要素对叙事文进行分析，这是典型的叙事学理论方法。王靖宇的论文就使用了这种方法，从这 4 个方面入手，对《左传》进行分析。在论到《左传》意义时，他认为《左传》是一部历史，而不是一本说教的寓言（allegory）。书中的一些道德观念只是作者用以解释历史现象的一种方法，而不是作者叙述历史的目的。在学理上，王靖宇更认为历史与虚构故事（fiction）之间，只是程度上的区分，不是类型上的区分。该篇论文在很大程度上对于华兹生教授过于强调《左传》道德评判的观点进行了纠正，更加倾向其史书的根本性质。作为较早明确使用叙事学方法对《左传》加以分析的代表性论文，王靖宇先生虽然运用了文本分析方法，却坚持认可《左传》的史书性质，认为即使在叙事过程中使用了某些文学化的方式，却无法改变全书的根本属性。王靖宇另有多篇关于《左传》的研究论文，例如《历史·小说·叙述——以晋公子重耳出亡为例》《〈左传〉晋楚鄢陵之战析读》《怎样阅读中国叙事文——从〈左传〉文艺欣赏谈起》等。④ 在这些论文中，王靖宇主要运用文本细读的方法解读《左传》的某些段落，强调文学接受过程中的读

---

① 转引自王靖宇《美国的〈左传〉研究》，该文作为附录收入《中国早期叙事文研究》，上海古籍出版社，2003 年。
② 此文后来收入《中国早期叙事文研究》一书，在大陆学界流传较广。
③ 《中国早期叙事文研究》第 225 页。
④ 以上论文均见于王靖宇《中国早期叙事文研究》。

者反馈。特别是在对重耳出亡事件进行分析时,他引用了柯林伍德(R. G. Collingwood)的著名说法:"历史家将事件编制为故事时,对某些事件会加以压抑或使之沦为次要,对某些事件则加以突显,而其所使用的方法则为人物描写、主题重复、语气与观点的变化、不同的描述策略等等——总之,都是平常我们认为小说家或戏剧家在编造情节时才会使用的方法。"这显示着王靖宇在《左传》研究中,始终自觉地使用叙事学的研究方法,并开始显示出逐渐向解构历史文本方向靠拢的倾向,但即使如此,他也严守着《左传》为史书的观点。

二、新世纪的新成就

《剑桥中国文学史》是新世纪以来西方汉学界最为重要的成果之一,由美国学者孙康宜、宇文所安主持编写,汉译本由三联书店于2013年出版。与专论某一问题的学术论文不同,文学史更加重视观点的持平稳重,正如孙康宜在接受采访时所说:"我们的《剑桥中国文学史》却希望给普通的英文读者看,即使是不懂中国文学的西方人读了也会觉得精彩才行。当然这只是我们的理想。我们自然也希望研究中国文学的专家们也会喜欢,所以必须写得深入浅出。"① 该书涉及《左传》的章节见于《战国时期的叙事文学与修辞》一节,由普林斯顿大学的柯马丁(Martin Kern)教授执笔。对于《左传》的叙事意义,该书指出:"在《左传》中,历史是一个道德的、可以预期的世界,是一个社会秩序与礼仪秩序的世界。……成败与蛮力无关,而是取决于道德秩序及其外在呈现出来的礼仪形式在何等程度上被遵循。"② 可以看出,尽管没有使用"道德因果指南"这样令人印象深刻的论述语言,但是对于《左传》的性质,《剑桥中国文学史》更加倾向华兹生教授的观点,即认定《左传》所记载的历史中,道德是一个决定性因素。而且既然历史是"可以预期的",那么也就是一种充满模式化写作方式的书写。本节的名称"叙事文学与修辞",实际上已经说明了研究者在使用文本分析的方法,以更加倾向于看待文学作品的研究眼光来对待《左传》《国语》等战国时期叙事文学,那么得

---

① 见《时代周报》,2009年6月4号。
② 孙康宜、宇文所安主编《剑桥中国文学史》第79页,生活・读书・新知三联书店,2013年。

出以上结论也就是顺理成章的事情了。

哈佛大学东亚语言与文明系李惠仪教授（Wai-yee Li）的新作《〈左传〉的书写与解读》(*The Readability of the Past in Early Chinese Historiography*)① 于2016年由江苏人民出版社翻译出版，是美国汉学界研究《左传》的最新力作。李惠仪教授同时作为主要编写者直接参与了《剑桥中国文学史》的写作，她还负责该部文学史1644年到1723年阶段的写作。除了《〈左传〉的书写与解读》这部学术著作以外，她还与杜润德（Stephen Durrant）、史嘉柏（David Schaberg）合作完成了《左传》的英文全译工作，这是《左传》最新的全译本。考虑到以上因素，可以将这部著作看作美国汉学界关于《左传》研究最新的代表成果。所以这部关于《左传》的研究专著在短时间内收获了较多关注也就毫不奇怪了，比如文韬先生在汉译本出版前就为该书写了书评，他评价说："作者没有停留在表面的字句分析上，而是擅长在长时段的历史语境中发掘某一记录或同一事件不同论说形式背后的现实情境，在文本的裂隙中寻找言说者、解说者、记录者（而不仅仅是对话者之间）的不同立意。无论如何，李惠仪通过她的观点，为我们打开了一个无比丰富与复杂的《左传》思维世界。"②

古今中外撰写史书的作者大概都会遇到以下两个问题：一是如何更好地保存文献，使之不受外来的任何干扰，随着物质条件的进步，这种需要排除的干扰由难以寻找的书写工具、不易保存的文字载体逐渐转变为如何排除世俗权力的影响；二是在整理过往材料的同时，不仅要努力掌握更多的文献材料，更要理解过去所发生的事件，力图将越来越复杂多样的原始材料进行妥当安排，并为之赋予特定的意义。李惠仪与前辈学者们一样注意到，《左传》在意义阐释和历史记载之间更加倾向于前者。这既是《左传》的价值所在，同时也是最难以完全理解的部分。该书重点分析的第一个案例"郑伯克段于鄢"就显示了对于《左传》意义阐释研究的重视。以"郑伯克段于鄢"的分析开篇，显示了李惠仪强大的学术自信——因为这一段文字不仅为《左传》的开篇，更因为从《古文观止》直到现代的文学教材都选择了这段作为整部

---

① 该书曾被译作《早期中国史籍中的过去的可读性》，江苏人民出版社2016年出版汉译本时定名为《〈左传〉的书写与解读》。
② 文韬《李惠仪：〈早期中国史籍中的过去的可读性〉》，载《中国学术》2015年第35期。

《左传》的代表之一,过于熟悉的文字是难以分析出新意的。实际上,该书非常显著的一个特点就是作为《左传》最新英译本的译者之一,李惠仪通过大量且贴切地使用文本——特别是那些比较少被研究者提起的段落——向读者展示了其对于《左传》事无巨细的熟稔。当然,对于文本的熟悉以及细致分析,原本就是运用叙事学方法进行研究的学术著作期待中的特点之一。

"郑伯克段于鄢"的情节并不复杂,而且相似的故事在春秋时期可以说是反复上演:母亲偏爱小儿子,嫡长子则囿于母亲的偏爱,起初对弟弟的某些越轨行为采取放纵的态度,而这又助长了弟弟的气焰,最终当局势眼看就要无法控制时,嫡长子一举击败了弟弟,稳定了局势。在这样一个嫡庶争位的政治斗争中,身为嫡长子又始终表现出隐忍退让的郑庄公理应获得赞扬,但是实际情况却并不如此。当郑庄公面对心急火燎的大臣数次劝谏而表现出对局面掌控胸有成竹时,特别是当其说出"多行不义,必自毙,子姑待之"时,[①]读者确实会陷入理解上的两难:这到底是一个宅心仁厚的好大哥,还是一个冷静残酷的猎手?

根据李惠仪的分析,我们有理由相信,道德评判在《左传》中与其说是评判标准,不如说已经成为某些人实现个人目的的工具甚至是武器——就像郑庄公一样,通过有预谋的退让,最终将充满野心却幼稚的弟弟引入了道德陷阱从而一举铲除。郑庄公那一副"仁兄孝子"的面孔,只不过是在掩饰坐等时机的冷面杀手的冷酷。透过以上分析,会得出这样的结论:《左传》所记载的某些事件中,道德原本就是事件中人物所凭借用来实现目的的一种手段,而并不是《左传》作者有意施加于历史事件之上的意义解读。从这种角度分析,《左传》中那些高喊道德口号的人物似乎是真实的,他们将道德玩于股掌之间,用以实现自己的目的。但是我们在《左传》中却又可以找到相反的例证。

郑庄公在以上故事中的退让很可能并不出于道德考虑,而是一种策略,那么以同样的标准去看待晋文公重耳在城濮之战中的表现,似乎应该可以得出相同的结论。因为晋国在战场上之所以会有"退避三舍"的行为,完全是一种诱敌深入的战术,即使真的如晋文公重要谋臣子犯所言主要从道义方面考虑,也是为了占据道义优势,同样属于战术层面考虑,根本就不是为了信

[①] 杜预注,孔颖达正义《春秋左传正义》,见《十三经注疏》第1716页,中华书局,1980年。

守重耳流亡途中在楚王紧逼之下许下的诺言。但是参照《左传》相关段落,却无法得出类似的结论。因为《左传》作者对于城濮之战的记录从战前晋国和楚国的战争准备开始,就一步步将楚国置于道德亏欠的一方,而将晋国升上道德制高点。也就是说,不同于"郑伯克段于鄢"故事中模棱两可的态度以及欲说还休的遮掩,《左传》作者在这一事件中选择了明确表明态度,并将胜败的原因归结于道德因素。从这两个事件的对比中,我们可以体察到《左传》在叙事中对于道德评判较为明显的断裂:似乎时而高举道德的旗帜来臧否人物,时而又犹豫不决是否该使用道德标准来衡量某个人物。

李惠仪的研究以形式分析为方法,以细读文本为主要手段,却最终指向《左传》的深层思维模式,力图概括出《左传》总体上的思想倾向。在李惠仪的著作中,试图根据所记载时代的不同,将《左传》文本分为前后两个部分,前部分所记载的历史时期在齐桓公、晋文公时代,这一时代的主要特征是意义阐释与历史事件之间的裂缝还没有扩大到无法弥合的阶段,虽然费力但仍可以进行平衡。而后一部分则是春秋后期逾越礼制频发的阶段,意义与事件之间的分裂巨大到无法通过文本将其弥合起来。比如李惠仪敏锐地发现《左传》叙事之中的这种断裂,她举了昭公三年晏婴出使晋国,叔向应对的事件,她发现:"叔向与晏婴之间公开通信,谨守仪礼,表现出对礼俗、社会与政治秩序的一丝不苟。但当他们私下对谈时,却哀叹齐、晋公室日衰,整个社会与政治构架已日渐瓦解。"[1] 也就是说,相同人物在不同场合之中反差巨大的言辞行为,正反映出这种时代巨变之下给予个体的压力,当这种个体的身份又恰好是公卿大夫时,原本单薄的人物言辞就具备了反映历史发展的意义。

通过李惠仪的分析,《左传》文本中存在着较为明显的对于历史意义解释的断裂,但是这种文本中形成的断裂到底该归结于历史事实本身,还是该认为是《左传》作者的主观建构?又或者这来源于研究者自己的解读?因为从实质上李惠仪对于《左传》的研究,并没有完全,甚至基本上没有将《左传》当作史书来看待,这其实符合叙事学的基本原理,也与西方语言学转向后在人文社科领域内的重要研究趋势相吻合。比如她使用了大量的篇幅来分析《左传》当中的征兆类事件,她声称:"但即使我们承认有些占卜的结果和

---

[1] 李惠仪著,文韬、许明德译《〈左传〉的书写与解读》第25页,江苏人民出版社,2016年。

预兆是当时的实录,我依然相信有更多的预言、卦象及其解释都要到了后来撰写史书时,才被编进叙事之中。事实上,占卜的结果越准确,预言及其应验的时间相距就越远,这则记录也就越有可能是后来追溯进去的。"① 可见对于在《左传》中大量存在的这类叙事方式,李惠仪的态度是将其排除在真实历史以外的。也就是说,李惠仪在研究过程中,一方面并未将《左传》完全当作史书看待,但另一方面又将文本中出现的断裂归结于《左传》所反映的历史时期出现断裂的结果,那么这种研究方法以及研究结论本身是否也存在着一定程度的断裂呢?

当然,之所以会出现以上情况,最根本的原因其实在于研究对象本身的复杂性。《左传》如同李惠仪所说,本身就很可能属于层积而成的文本形态,再加上所记录时代本身的复杂性、原始资料的变动模糊、《春秋》原文及评价体系的压力等等原因,共同造成了《左传》主题思想方面的断裂。但是借助于叙事学的研究方法,从《左传》的书写形式出发,讨论整部书的叙事理念,并进而将研究目标伸展到思想理念这一层次,不仅是对于《左传》研究本身的极大推动,而且还为以叙事学为中心的文本形式研究开拓出了全新思维路径。

(史常力 深圳大学师范学院副教授)

---

① 《〈左传〉的书写与解读》第183页。

从《与友书》看《松花笺》的译诗选材

胡婷婷

摘　要：《松花笺》是 20 世纪早期一部重要的中国古典诗歌英译集，由汉学家弗洛伦斯·艾思柯与美国意象派女诗人艾米·洛威尔合作翻译而成。合作期间，两位译者远隔重洋，只能借助信笺进行讨论。《与友书》收录了艾思柯与洛威尔 1917 年至 1925 年间 150 余封通信，让我们得以探寻两位译者的思索过程。本文将以《与友书》为基础集中讨论两位女士译介中国古典诗歌时首先面临的译诗选材问题。

关键词：《松花笺》　《与友书》　译诗选材

1945 年，由美国汉学家、芝加哥大学教授宓亨利（Harley F. MacNair, 1891—1947）编注的《与友书：弗洛伦斯·艾思柯与艾米·洛威尔书信集》（*Florence Ayscough & Amy Lowell*：*Correspondence of a Friendship*）（以下简称《与友书》）一书由芝加哥大学出版社出版。这本书信集收录了汉学家弗洛伦斯·艾思柯（Florence Ayscough，1875—1942）与她的挚友——美国意象派女诗人艾米·洛威尔（Amy Lowell，1874—1925）1917 年至 1925 年间 150 余封通信。信件内容除了互通近况、表达问候之外，主要是讨论二人合作翻译的汉诗英译集《松花笺》（*Fir-Flower Tablets*：*Poems Translated from the Chinese*）的相关问题。

艾思柯与洛威尔合作翻译的《松花笺》是 20 世纪早期一部重要的中国古典诗歌英译集。合作翻译期间，洛威尔在美国，艾思柯大多数时间在中国，所以很多问题的讨论只能借助信笺完成。《松花笺》于 1921 年首次出版，引

---

* 本文系中央高校基本科研业务费专项资金资助"汉诗英译集《松花笺》合译过程研究——基于译者通信的考察"（2018JJ015）的阶段性成果。

起了强烈的反响，之后几年之内又再版。至今仍有出版社对此书热情不减，最近10年就有七个重印版本面世。

目前国内学者对《松花笺》的研究主要围绕《松花笺》的内容、拆字法等翻译策略以及洛威尔受译诗启发所创作的仿中国诗这几个方面展开。虽然有研究者提到过《与友书》中的片言只语，但还未曾见有文章从《与友书》本身来探讨二人合作翻译并出版《松花笺》的过程。两位译者在信件中讨论的问题很多，比如怎样分工、如何决定选篇、遵循怎样的翻译原则、运用什么方法进行翻译等。本文将探讨两位译者首先面临的问题——译诗选材。

《松花笺》的译诗分为两大部分。第一部分有译诗119首，唐诗最多，共109首。译诗不以年代为序，而是根据诗人的名气，李白、杜甫、白居易的诗作为先，其他诗人居后。所选诗歌没有注明出处，艾思柯为《松花笺》撰写的引言中也未提到具体来源。第二部分为字画上的诗歌翻译，共18首，均为明清两代书画名家作品上的诗词。有关这部分诗歌的来源，艾思柯在引言中写道："此书中翻译的字画曾由一位审美品位极佳的先生收藏。"① 由于两位译者在信中只讨论了《松花笺》第一部分的选篇问题，未曾提及第二部分字画诗歌的选择过程，所以本文仅针对第一部分的译诗选篇展开讨论。

中国古典诗歌浩如烟海，译者要向西方译介，如何选择的确是个难题。艾思柯虽然在中国出生，童年大多在上海度过，1898年在美国成婚后又回到上海生活，但她真正开始学习中文是在1905年夏。当时艾思柯家中来了一位客人，是位年长的主教，随身带着一本《学生常用4000字袖珍汉英词典》(*The Student's Four Thousand Tzǔ and General Pocket Dictionary*)。于是艾思柯让他教自己如何使用汉英词典，"由此踏上了学习中文的艰难旅程"②。等到与洛威尔合作翻译《松花笺》的时候，艾思柯的汉语水平仍然有限，无法独立完成翻译选材的任务，有两封信为证。1918年6月30日艾思柯在信中写道："我正在认真学习一套初级课本，共8册，前不久刚出版，是为中国青少年学

---

① Amy Lowell, Florence Ayscough, *Fir-Flower Tablets*, Boston and New York: Houghton Mifflin Company, 1921, p. xciv. 艾思柯提到的这位先生是当时的海派收藏家刘松甫，曾在艾思柯第一任丈夫弗朗西斯·艾思柯（Francis Ayscough, 1859-1933）开办的祥泰洋行（Scott, Harding and Co.）担任买办。

② Florence Wheelock Ayscough, *Firecracker Land*, Boston and New York: Houghton Mifflin Company, 1932, p. 33.

习书面语编写的。"① 从使用的教材来看，艾思柯此时的汉语书面语水平尚处于初级阶段。一年多后，艾思柯在 1919 年 10 月 3 日的信中提到选诗的难处，如果我的中文够好，能够轻松地阅读李白的诗集，把他的诗迅速过一遍再进行选择，那是最好，可惜我水平没那么高。或者，其他的汉诗译者所用的英文题目与原诗内容相符也行，但通常都不相符。如果在译诗中读到一些让人着迷的东西，要找到原诗极为困难，除非合作者对这首诗特别熟悉，能够根据蹩脚的译诗想起其对应的原文。② 从艾思柯这段话可以看出，她既无法依靠阅读中文原诗来选择翻译素材，也无法通过已有的英译汉诗来进行选择，她需要一位谙熟中国古典诗歌的老师帮助她挑选准备收入集子的古诗。英国传教士窦乐安（John Litt Darroch，1865—1941）推荐给艾思柯的农竹先生（Mr. Nung Chu, or Mr. Cultivator-of-Bamboos）正符合这个要求。

据窦乐安介绍，农竹是一位优秀的学者，学过各种各样传统意义上的学者未曾学过的东西。后来胡适看了艾思柯译诗的手稿也说："你的老师一定非常博学，他这里提到的一本书很少有人读过。"③ 能得到胡适先生的肯定，农竹的学问应该还是很深的。而且艾思柯在给洛威尔的信中说，农竹是一位清朝高官的后代。这类家庭出生的人一般都接受过严格的古典文学教育。但农竹并非这位先生的真名，他因不喜家中各种旧派做法而离开家人，自己取名"农竹"。在农竹之前，艾思柯有过几位不同的中文老师，但水平都不如他。实际上，农竹不仅参与了译诗的选材，还在随后的整个翻译过程中发挥了重要的作用，可以说《松花笺》的翻译有他一份功劳。

所以参与选诗的一共有三个人，两位译者和艾思柯的中文老师农竹先生。从往来的书信来看，选诗的过程是先由农竹提供大量原始素材，艾思柯从中选择，然后按字面意思翻译成英文，附上必要的说明，寄给大洋彼岸的洛威尔，洛威尔筛选后再和艾思柯最终确定选篇。不过，整个选篇过程中，起主导作用的是洛威尔。洛威尔虽不懂中文，但她身出名门，家学渊源深厚，翻译《松花笺》时已经出版了 8 本书，又成了美国意象派诗人的主帅。所以，尽管是第一次尝试翻译中国古典诗歌，她也意气风发、自信满满，要为英译

---

① Harley F. MacNair, *Florence Ayscough & Amy Lowell: Correspondence of a Friendship*, Chicago: University of Chicago Press, 1945, p. 39.

② *Florence Ayscough & Amy Lowell: Correspondence of a Friendship*, p. 95.

③ *Florence Ayscough & Amy Lowell: Correspondence of a Friendship*, p. 193.

诗集选材把握方向。相比之下，艾思柯就没有这份自信。她在中国生活多年，对中国的语言、文学、艺术有一定研究，1907 年成为英国皇家亚洲学会北中国分会（The North China Branch of the Royal Asiatic Society）的荣誉图书馆员后为图书馆编纂过书目并且在上海出版，但在美国知道她的人寥寥无几，而且她在英文诗歌方面的造诣远不如洛威尔。因此，艾思柯对洛威尔的选诗建议非常尊重，几乎是完全遵循，即使有时心存疑虑，也依然认为洛威尔的选择是最好的。从书信内容来看，两位译者选诗的原则可以归纳为以下五点：

一、选择出自中国古代大师之手的经典抒情诗

　　洛威尔有关选材的观点主要体现在 1919 年 8 月 16 日写给艾思柯的信中。读了艾思柯寄给她的各类英译材料后，洛威尔为译本的选材定下主基调，即出自中国古代大师之手的经典抒情诗。在她看来，叙事诗太长、太复杂；颂诗也太长，而且没什么意思；译本应该专注于最经典的中国古代抒情诗，出书成功后，可以尝试其他题材的译本。选择大师之作、经典之作的原因显而易见，大师必定名气大，关注的人也多。洛威尔对农竹提供的女性诗歌大多不愿选取，其中一个原因就是"大家对这些中国诗人知之甚少"①。而经典意味着经受了时间考验、长久不衰。对于农竹偏爱的那些不大出名的女性诗歌，洛威尔认为他是自作聪明，殊不知"长远来看，世人（对作品）的评价总是准确的"②。毕竟这是她和艾思柯合作翻译的第一本汉诗英译集，所以"诗集中绝对不能出现二流作品"③。选择抒情诗则是因为"抒情诗里有更多人类共同的情感，更容易理解"④。洛威尔的这一考虑非常合理，中西方巨大的文化差异导致普通读者在阅读诗歌译本的过程中常常面临很多障碍，但无论东西，人们基本的生活体验类似，情感上是共通的，选择抒情诗进行翻译可以减少阅读体验中的文化隔膜。

　　洛威尔将中国古代大师的经典抒情诗作为译本选材的主线还有一个原因——时间。洛威尔发现艾思柯对整个中国古典诗歌都抱有浓厚的兴趣，很难专注于某一个门类。如果不缩小范围，出书将遥遥无期。她在信中说："因为

---

① Florence Ayscough & Amy Lowell: *Correspondence of a Friendship*, p. 75.
② Florence Ayscough & Amy Lowell: *Correspondence of a Friendship*, p. 76.
③ Florence Ayscough & Amy Lowell: *Correspondence of a Friendship*, p. 76.
④ Florence Ayscough & Amy Lowell: *Correspondence of a Friendship*, p. 71.

韦利（Arthur David Waley，1889—1966）①的缘故，现在大家都非常关注中国诗歌，要赶在别人之前出版译诗就必须抓紧时间、拼命翻译。"②而且她认为农竹向艾思柯介绍那些不大有名的中国古代女性创作的诗歌，让艾思柯偏离经典，严重影响出书进度。不过，由于身体有恙，加上手头还有其他的文字工作，而且选诗的标准已经达成一致，几个月后，洛威尔又没那么着急了。她在1920年1月24日的信中写道："我觉得不用特别着急，现在大家对中国诗歌如此有兴趣，好像时刻都有译本出现（你看到韦利最新的译诗集了吗？）。当不了第一，是不是第一百零一就无所谓了。"③

二、选择自己喜欢的诗

为译本选诗是一个带有浓厚主观色彩的过程，与个体的诗歌主张、价值观点和文化背景息息相关。三位合作者各有各的喜好。诗歌的第一收集者农竹先生是位土生土长的中国人，他最初向艾思柯推荐的诗歌并非中国古代大师的经典之作，而是很多未曾公开出版的古代女性诗人的作品。农竹非常鄙视刻意而为、矫揉造作的诗歌，对中国古代女性的诗歌极有兴趣，刚成为艾思柯的老师那段时间，几乎天天给她带一首过去，并且声情并茂地读给她听。农竹认为这些女性诗歌描述的是发自内心的感受，诉说的不幸真真切切，让人信服，而且诗的背后往往都有一个古老的故事。艾思柯认为故事引人入胜，但内容大同小异，无非是受宠的妻妾、弃妇等。不过，艾思柯对这些诗歌应该是非常喜欢的，因为她翻译了不少寄给洛威尔，还提议在集子中留出一小部分专译此类有故事的女性诗歌。但农竹推荐的这些女性诗歌，在洛威尔看来除了卓文君的《白头吟》还不错，少有值得费功夫翻译的。艾思柯原本建议把《白头吟》收入，洛威尔又觉得这首诗没什么意思，不赞成收入。《白头吟》虽然没有入选，《松花笺》付梓时还是保留了8首女性创作的诗歌。

洛威尔对于农竹和艾思柯共同挑选的诗歌再次进行筛选时，个人喜好是

---

① 阿瑟·韦利，20世纪英国最杰出的汉学家、文学翻译家。韦利一生致力于中、日古代典籍的研究与翻译，出版了多部有关中国文学与文化的译著和论著，发表论文近60篇。他翻译的作品译笔流畅、文辞简约，深受西方读者喜爱。
② Florence Ayscough & Amy Lowell: *Correspondence of a Friendship*, p. 76.
③ Florence Ayscough & Amy Lowell: *Correspondence of a Friendship*, p. 109.

其中一个重要的原则。在1920年1月24日的信件末尾她这样写道："尝试翻译极为无趣的东西几乎是徒劳，因为不喜欢的诗极少能译得好，而且如果我不喜欢，（美国）大众可能也不喜欢。"① 而洛威尔最喜欢的是李白的诗歌。她对李白评价非常高，认为在写抒情诗方面世上无人能出其右，说自己"十分乐意大声尖叫，让李白声名远播"②。《松花笺》中李白的作品的确入选最多，共计83首，占比接近百分之七十。对于其他的诗人，洛威尔认为杜甫似乎与李白不相上下，还有好些唐代的诗人也非常出色，但后来的诗人就远不如唐代诗人。所以，《松花笺》第一部分收入的诗歌中唐诗有109首，其他朝代创作的只有10首。后来艾思柯在信中告诉洛威尔，在中国人心目中，杜甫作为诗人比李白更伟大，他的诗歌堪称诗史，可翻译起来难度大得多。艾思柯本人更欣赏杜甫，也翻译了一些杜甫的诗寄给洛威尔，但她依然把选诗的决定权留给洛威尔。最终，《松花笺》中收入杜甫诗13首。

从上述内容来看，三位合作者各有所爱：农竹偏爱中国古代女性创作的诗歌，艾思柯欣赏杜甫，而洛威尔喜欢李白。但由于选诗最终由洛威尔定夺，真正选入《松花笺》的主要是洛威尔自己喜欢的作品。

三、按照西方人的口味进行选择

《松花笺》是一本面向西方读者的汉诗英译集，译诗的选材自然要符合西方人的口味。这一点，洛威尔在1919年8月16日信中提到过好几次。她先说："要翻译中国古代大师的经典抒情诗，这样的诗对于西方人来说极为新颖美妙，不翻译二流作品，无论那样的诗歌在中国本土人士看来多么诱人。"③ 这里的二流作品是指农竹推荐的古代女性诗歌，在洛威尔看来无法与古代大师的经典诗歌相媲美，对西方读者没有吸引力，不值得翻译。接着，洛威尔举了一个例子来说明东西方在诗歌欣赏方面的差异，"也许中国人能从一位给丈夫传话、然后跳墙的女子身上解读到某些东西，但这样的诗对于你我没有任何意义，翻译这样的诗完全是浪费时间"④。与艾思柯不同，洛威尔

---

① *Florence Ayscough & Amy Lowell*：*Correspondence of a Friendship*，p. 110.
② *Florence Ayscough & Amy Lowell*：*Correspondence of a Friendship*，p. 75.
③ *Florence Ayscough & Amy Lowell*：*Correspondence of a Friendship*，p. 76.
④ *Florence Ayscough & Amy Lowell*：*Correspondence of a Friendship*，p. 76.

没有跨越东西文化的生活经历,她完全是从西方人的角度来看待和评价中国诗歌,她的观点在某种程度上代表了多数对东方文化缺乏深入了解的西方人的看法。如果洛威尔从诗歌中无法解读到任何有意义的东西,估计大部分西方读者读起来也是一头雾水。为了确保艾思柯不受农竹影响,在选诗上遵循西方人的喜好,洛威尔在同一封信中叮嘱道:"现在要一心一意翻译抒情诗,翻完两百首再说。如果你老师反对我的说法,告诉他这是西方人的口味,态度要坚决。"① 最后,在信件末尾,洛威尔又嘱咐艾思柯:

> 对老师态度要坚决,紧紧掐住他,别让他偏离经典。别管他对古代女性骑士般的喜爱之情。有句话我不想说,但又不得不说,那些女人的诗歌少有值得费功夫翻译的。一定要让他知道,对他而言老生常谈的东西在我们眼里却如同刚出炉的作品,非常新鲜。②

洛威尔认为农竹选取女性诗歌是因为他对经典的诗歌过于熟悉,有些腻烦,然而他不知道在中国流传千年的古代诗歌却会给西方人耳目一新的感受。洛威尔对农竹的判断不一定准确,但关于当时西方人阅读英译汉诗的感受她说得很对。汉诗的确为美国诗坛吹入了一股新风,成为诗人们学习、模仿的对象。作为新诗运动中意象派的领袖,洛威尔对于西方读者阅读品位的把握相当自信,坚持按照西方人的喜好选取译诗。

四、尽量避开韦利已经翻译过的诗歌

韦利第一本公开发行的译著《中国诗歌 170 首》(*A Hundred and Seventy Chinese Poems*)于 1918 年 7 月出版。几个月后,艾思柯和洛威尔在给对方的信中都提到了韦利这个译本,二人都认为在汉诗英译方面韦利最出色。艾思柯原打算避开韦利译过的诗歌,但读了弗莱契(John Gould Fletcher,1886—1950)为《中国诗歌 170 首》写的书评,发现他特意挑出韦利《归园田居》的译诗进行赏析,艾思柯认为这是韦利译得最不成功的一首。恰好艾思柯和

---

① Florence Ayscough & Amy Lowell: *Correspondence of a Friendship*, p. 77.
② Florence Ayscough & Amy Lowell: *Correspondence of a Friendship*, p. 78.

洛威尔也在翻译这首诗，艾思柯问洛威尔是否将《归园田居》选入译本，向读者展示另一种译法，让他们看看用拆字法处理的译文更好。洛威尔回复说与韦利重合的选诗，艾思柯的译文改进很大，所以部分选诗重合没有关系。

洛威尔对韦利的译文评价极高，她在信中说："想要了解中国诗歌必须读韦利的译本，读其他的译本根本没用。"① 她还说："这样的诗歌以前被人译过五十次也没关系，因为只有韦利的翻译才是佳作。"② 遇上如此强劲的对手，洛威尔在选诗方面还是有些顾虑。而且韦利对艾思柯和洛威尔合作翻译并发表于《诗刊》的一首诗提出了异议，修改建议在 1919 年 4 月的《诗刊》上登出。洛威尔读后觉得自己无力回应，让艾思柯答复。好在洛威尔发现韦利几乎没怎么翻译李白的诗歌，所以她在 1919 年 8 月 16 日的信中写道："要翻译韦利未曾译过的诗歌，如果选诗与韦利的重合，则要译得更为出色。"③

《中国诗歌 170 首》中的确没有收入李白的诗，但在这个集子出版之前，韦利曾于 1916 年自费印制了《中国诗选》（*Chinese Poems*），大约 50 册，送给友人与他们分享译诗的乐趣。这个私人印制本中收入李白诗歌 3 篇。1919 年 10 月，韦利又出了一本《中国诗歌续集》（*More Translations from the Chinese*），其中李白的诗歌有 8 首。紧接着，1919 年底，韦利的《诗人李白》（*The Poet Li Po*）面世，内有李白译诗 24 首。所以，尽管艾思柯和洛威尔都有意想避开韦利已译的诗歌，但其译诗接二连三地出版，选诗重合在所难免。《松花笺》中的译诗有 13 首曾在韦利的译诗集中出现，其中李白诗 8 首，杜甫、白居易、孟郊、陶渊明和汉武帝刘彻的诗各一首。至于重合的译诗是否比韦利的译文更为出色，笔者在此处暂不做探讨。不过，洛威尔在信中提到两首重译诗——陶渊明的《归园田居》和白居易的《闻早莺》，认为都比韦利译得好，尤其是《归园田居》的翻译，照她的说法是"彻底击败韦利"④。

五、避开用典较多的诗歌

韦利在其译著《中国诗歌 170 首》前言中提出了一个观点，即典故是中

---

① Florence Ayscough & Amy Lowell: *Correspondence of a Friendship*, p. 75.
② Florence Ayscough & Amy Lowell: *Correspondence of a Friendship*, p. 77.
③ Florence Ayscough & Amy Lowell: *Correspondence of a Friendship*, p. 75.
④ Florence Ayscough & Amy Lowell: *Correspondence of a Friendship*, p. 66.

国诗歌的一大弊病。艾思柯读后表示完全赞同,她在信中说:"典故让人伤透脑筋。诗人无法用短语和段落进行表达,于是用典,只需一两个字。只有研究古典文学的学者才能意识到诗歌中的典故,所以需要找一位文化程度很高的中国人帮忙。"① 正因为此,艾思柯建议避开用典的诗歌。在这一点上洛威尔与艾思柯观念一致,她读过李白《白头吟》的译文之后曾感叹:"诗里处处都是中国本土的象征手法,翻起来太难,需要大量的脚注进行解释,真是不愿意尝试。"② 洛威尔这里所说的象征手法指的其实是诗中的典故。用典是中国古典诗歌中常见的一种修辞手法,将丰富的历史文化意蕴藏于一两个字中,简洁凝练,能够深化诗歌意境,避免一览无余的直白,还能给读者留下联想和思索的空间。但对于缺乏中国传统文化根底的西方译者,典故的确是一个巨大的障碍。西方译者翻译选材时避开这样的诗歌是根据自己本身的知识积累做出的选择,可以理解,但因为处理起来难度太大,便提出用典是中国诗歌的弊病,这样的评价有失公允。

六、小　结

翻译活动始于翻译选材,译者选材的标准往往受到多种因素的影响,比如翻译的目的、译者自身的文化背景和审美倾向、读者的接受程度等。从上述分析来看,尽管汉学家艾思柯和中国学者农竹参与了选诗,但《松花笺》选材过程中起主导作用的是美国诗人洛威尔。所以,《松花笺》的选材标准主要体现了洛威尔的诗歌品位和美学诉求。作为一名已有 8 本作品出版的诗人,洛威尔深知美国读者的喜好,坚持按照西方人的口味为《松花笺》选诗;同时,为了减少西方读者的阅读障碍,她主张选择典故较少、体现人类共同情感的经典抒情诗;而她提出挑选自己喜欢的诗歌,则是为了保证译诗的质量,因为喜欢意味着有共鸣,这样的诗歌更能激发译者的能动性和创造性。由此看来,洛威尔在《松花笺》的选材过程中充分发挥了译者的主体性,为译诗集的成功打下了基础。

(胡婷婷　北京外国语大学国际中国文化研究院博士研究生)

---

① *Florence Ayscough & Amy Lowell: Correspondence of a Friendship*, pp. 85-86.
② *Florence Ayscough & Amy Lowell: Correspondence of a Friendship*, p. 71.

·德国汉学研究·

18—19世纪德国对中国文学的接受（上）
——以魏汉茂《德国对中国文学的早期认识》为中心的研究[*]

李雪涛

摘　要：作为早期德国汉学史研究者的著名学者魏汉茂（Hartmut Walravens, 1944—）的最新研究成果《18和19世纪翻译成德文的中国戏曲、小说、散文和诗歌：德国对中国文学的早期认识》一书重新钩沉出了21种新文献，并以此说明了中国文学在德国的早期传播情况。本文依据魏汉茂的这部专著，对新发现的中国戏曲、小说、诗歌和哲学—蒙学的新译本的版本、内容、译者等情况做了介绍，从而勾勒出了18—19世纪中国文学在欧洲特别是在德语世界的传播史。

关键词：魏汉茂　德国早期汉学　中国文学翻译

西文中的literature一词（德文为Literatur）是从拉丁文中的littera（意为"字母"，复数形式为litterae）而来，而这一拉丁词早在古代就有"书本知识""文献""信件""博学""科学"的含义。而在法文和英文中，分别用lettres和letters作为"科学"的同义词。德文现代意义上的Literatur（文学）最早是17世纪从法文belles lettres翻译而来，当时翻译成galante Wissenschaften，后来在德文中开始使用schöne Literatur的概念。一直到20世纪初，德文中才去掉schön的形容词，Literatur才有今天"文学"含义。19世纪德国历史学家盖文诺斯（Georg Gottfried Gervinus, 1805—1871）撰写了5卷本的

---

[*] 这里所指的"德国"包括1871年由普鲁士王国统一除奥地利帝国以外的日耳曼各邦国，而建立的德意志帝国，以及之前的德意志各邦国。

《德意志民族诗意文学史》,① 在书名中作者在 Literatur（文学）前用了两个限定语"诗意的"和"民族的"，因此一直到此时"文学"的概念依然是广义的。1854 年，德国东方学家、语言学家绍特（Wilhelm Schott，1802—1889）出版了他于 1850 年在普鲁士科学院宣读的论文《中国文学的描述性纲要》。② 这部文学史实际上是一部中国文化编年史，书中论述了传统的经史子集四个部分。到最后仅用了不到 5 页的篇幅，论述了所谓的"纯文学"（schöne Litteratur）。③ 1902 年著名汉学家格罗贝（又译作：顾路柏、顾威廉，Wilhelm Grube，1855—1908）出版了《中国文学史》，④ 这是一部具有划时代意义的文学史专著，尽管格罗贝的文学史观念同样比较宽泛，但他已经开始运用比较文学的方式，对中国文学进行阐释。而一直到 20 世纪上半叶的中国文学史，实际上仍然是文化史、文献史的书写方式。⑤

德语世界一直到了 19 世纪上半叶才开始比较系统地译介中国文学的作品，德语读者可以通过这些译本窥得中国文学的基本面貌，而这些中国戏曲、小说、散文、诗歌以及哲学文本在当时都属于广义的"文学"的范畴。这些

---

① Georg Gottfried Gervinus, *Geschichte der poetischen National-Literatur der Deutschen*, 5 Bde., 1835-1842.

② Wilhelm Schott, *Entwurf einer Beschreibung der chinesischen Litteratur. Eine in der König. Preuß. Akademie der Wissenschaften am 7. Februar 1850 gelesene Abhandlung*. Von Wilhelm Schott. Berlin：Ferd. Dümmler's Verlagsbuchhandlung 1854. 126 Seiten.

③ *Entwurf einer Beschreibung der chinesischen Litteratur*, S. 114-119. 绍特在第 114 页的注 3 中指出："在这一部分，我特别希望能展开来讲，但由于本书要求简明扼要，想进一步了解中国抒情诗的读者可以参考德庇时的一篇很好的论文：Davis, John Francis. 'On the Poetry of the Chinese'《汉文诗解》. In：*Transactions of the Royal Asiatic Society of Great Britain and Ireland* 2. 1（1829），pp. 393—461. 而有关蒙古人统治时期的历史小说以及舞台戏曲请参考巴赞既详细又引人入胜的论文：'Bazin, Le siècle des Youën, ou tableau historique de la literature chinoise, depuis l'avénement des empereurs Mongols jusqu'à la restauration des Ming'（《元代——从蒙古皇帝的继位到明代的光复这一时期的中国文学历史年表》）. In：*Journal asiatique*, band 16 und 17."

④ Wilhelm Grube, *Geschichte der chinesischen Literatur*, Leipzig 1902/09.

⑤ 相关的论述请参考：Helmut Arntzen, *Der Literaturbegriff. Geschichte, Komplementärbegriffe, Intention. Eine Einführung*（《文学概念导论：历史、补充概念、意向》）. Münster：Aschendorff, 1984, 以及方维规《西方"文学"概念考略及订误》，载《读书》2014 年第 5 期，第 9—15 页。英语世界的"文学"（literature）概念，最初具有非常宽泛的内涵，涵盖了知识、文献、小说、戏曲、传记、诗歌、民间传说、艺术、科学乃至社会科学的文献等。Cf., *The New Webster's International Encyclopedia*. Trident Press, 1998. p. 641.

德文的译文一方面得益于汉学家的努力，不过在当时大量的却是通过法文、英文以及俄文转译成德文的中国文学作品。以法国汉学家、翻译家儒莲（Stanislas Julien，1799—1873）为例，他的译作异常传神，堪称完美。许多被转译成德文的这类戏曲、小说、诗歌和散文如今早已散佚殆尽，这些书名也只是偶尔出现在专业参考书目之中而已。

当时的德语乃至欧洲读者将文学看作文化整体的一部分，通过阅读中国文学作品而认识中国文化的某些特征，是普遍的诉求。这些译自中国文学作品的趣味、表达方式、题材、审美和情感，都是与此前欧洲文学大相径庭的。

此时的欧洲各民族，在强调本民族文学的同时，开始关注异域特别是来自中国的文学作品，从而超越了单向度语境的国别文学或民族文学（national literature）。尽管人类社会千差万别，但人类的基本生活需求、情感、心理和思维结构等都有着许多共通之处，这也使得表现其生活及思想的文学具有了超越时空的相似性。各民族之间文学的分水岭在于语言的差异。19世纪的德语读者对中国文学的接受是通过翻译来实现的，尽管大部分作品不是直接从中文翻译成德文的。作为基督教文化区域的德语读者，对英语、法语等欧洲文学并不陌生，这些文学的形态对他们来讲具有较强的同质性，但如何理解和接受从属于儒家文化系统的中国文学作品的思想内容，从而进入一种多元文化语境的开放状态之中，这些都是需要我们今天予以关注和研究的。

从当时所选择的这些中国文学作品来看，大部分都是很"普通"的戏曲曲目、话本小说篇目，这也反映了最初译者的文学观、价值观乃至趣味爱好。元曲中的《灰阑记》《今古奇观》中的《王娇鸾》等，都不是所谓中国文学中的"名篇"，但前者却影响到布莱希特的创作，而后者却经由了中译英、英译德的迻译过程，而译者绝非等闲之辈。因此，我们可以从中看到文学作品影响的非对称性。欧洲译者对于中国文学作品的思想内容、艺术特征、美学与社会价值的认识，是跟中国传统的看法大相径庭的。

尽管这些译成德文的中国文学作品大都迻译自法文、英文等其他欧洲文字，但其影响却不仅仅限于汉学界。这些译作在当时由于大都发表于比较流行的文学刊物上，如《外国文学知识报》《外国》《韦斯特曼月刊》等，而广为流传。有的经改编而多次搬上舞台：《赵氏孤儿》的伏尔泰改编本，首先在巴黎上演，后又辗转于伦敦、都柏林，乃至在新大陆的费城和纽约上演。

实际上，在接触到零星的中国文学作品之后，歌德已经提出了"世界文学"(Weltliteratur)的概念,在英语世界也有所谓"总体文学"(general literature)的概念,这说明当时的学者已经意识到一个合而为一的文学时代即将到来。正是中国文学的参与,使得文学进入了一个在多元文化的语境下相互比较、转化,不断丰富的时代。作为早期德国汉学史研究者的著名学者魏汉茂(Hartmut Walravens,1944—)的最新研究成果《18和19世纪翻译成德文的中国戏曲、小说、散文和诗歌:德国对中国文学的早期认识》(以下简称《德国对中国文学的早期认识》)因此就显得特别重要。[①] 在本书中重新钩沉出了21种新文本,从而说明了中国文学在德国的早期传播情况。由于他多年来一直在柏林国家图书馆东亚部任职,这些对普通人来讲异常珍贵的文献,他可以信手拈来。他对这些德文译本的版本、内容、译者等都做了介绍。在可能的情况下,作为汉学家的魏汉茂,也告诉读者这些书中人物的原名是什么,并且在书后专门制作了一个有汉字的人名索引。

本文拟就魏汉茂《德国对中国文学的早期认识》所分的四个部分,分别介绍一下他所发现的戏曲、小说、诗歌和哲学—蒙学的新译本。

一、新发现的中国戏曲的德译本

在戏曲(Theater)之下,魏汉茂介绍了8种著作,涉及多种中国古代戏曲的篇目:

(一)《赵氏孤儿》

这部元曲最初是由曾在华的耶稣会士马若瑟(Joseph de Prémare,1666—1736)翻译成法文,后被杜赫德(Jean-Baptiste du Halde,1674—1743)收入了他的《中华帝国全志》(Description de la Chine et de la Tartarie chinoise. P. G. Lemercier, Imprimeur-libraire, Paris 1735. Bd 3, S. 339—378)。此书的德文版于1747—1756年在罗斯托克(Rostock)出版,其中当然也包括了从法文转译成德文的这部纪君祥(13世纪)创作的《赵氏孤儿》。魏汉茂讲述了法文《赵氏孤儿》译本的流传史。马若瑟最初并不想出版这个译本,他在跟当

[①] Chinesische Singspiele, Novellen, Essays und Gedichte in deutscher Sprache im 18. und 19. Jahrhundert. Zur frühen Kenntnis chinesischer Literatur in Deutschland. Herausgegeben von Hartmut Walravens. Asien-und Afrika-Studien 44 der Humboldt-Universität zu Berlin. Wiesbaden:Harrossowitz Verlag, 2016. 此书在正文中的引文直接标明页码。如:S. 16的意思是见本书的第16页。

时的汉学家傅尔蒙（Étienne Fourmont, 1683—1745）的通信中清楚地提到了这一点，他是反对将这个译本发表的；他主要是希望借此译本向耶稣会的高层证明中国是有歌剧，也是有文学的。因此他的译文只是节译，并且局限在有情节的几幕。而其中的"说白"大都被删去了，一些段落也只是用法语作了概括而已。（S. 16）尽管如此，这出元杂剧的译本还是对当时的欧洲文学界产生了很大的影响。魏汉茂根据陈受颐（1899—1978）1936年在《天下月刊》（*T'ien Hsia Monthly*）上发表的有关《中国孤儿》的研究，总结出几种不同的影响方式：将《赵氏孤儿》的素材运用到自己的创作中去，包括伏尔泰（Voltaire, 1694—1778）的《中国孤儿》（*L'Orphelin de la Chine*, 1755）；在英文和德文中根据伏尔泰的创作重又改编的《中国孤儿》（The orphan of China, 1759; *Der goldene Spiegel oder die Könige von Scheschian*, 1772）；《赵氏孤儿》对欧洲文学的影响；最后魏汉茂也提到了雷慕莎（Jean-Pierre Abel-Rémusat, 1788—1832）的弟子和继任者儒莲的全译本（*Tchao-chi-kou-eul ou L'Orphelin de la Chine*, 1834）。（S. 16）接下来魏汉茂附上了从杜赫德《中华帝国全志》德译本中抄录下来的《赵氏孤儿》的整出戏。（S. 17—41）

（二）《灰阑记》

魏汉茂在其中收录了1832年发表在《外国文学杂志》（*Magazin für die Literatur des Auslandes*）上的有关《灰阑记》的德文书评。（S. 44—49）在德文书评之前，魏汉茂详细梳理了《灰阑记》在欧洲的翻译、流传、影响的情况。（S. 43—44）同时也对文学史、词典等文献中对《灰阑记》的评价文字进行了介绍。（S. 44）当然，在德语文学界颇有影响的布莱希特和策姆林斯基（Alexander Zemlinsky, 1871—1942）对《灰阑记》的再创作，魏汉茂也提到了。（S. 43—44）书中还收录了儒莲《灰阑记》的法文译本（*Hoeï-Lan-ki ou l'histoire du cercle de craie. Drame en prose et en vers, traduit du chinois et accompagné de notes. Par Stanislas Julien. London: Printed for the Oriental Translation Fund of Great Britain and Ireland 1832. XXXII, 149 S.*）的扉页。（S. 50）

（三）《西厢记》

书中对《西厢记》的西文（法文、德文和英文）译本情况进行了梳理，并且附了洪涛生（Vincenz Hundhausen, 1878—1955）1926年在北平出版的德文版的《西厢记》（*Das Westzimmer. Ein chinesisches Singspiel in deutscher Sprache. Mit 21 Bildern nach chinesischen Holzschnitten. Peking, Leipzig:*

Pekinger Verlag 1926）的书影。（S. 52）

此剧最早由法国汉学家儒连于1833年译出一部分，发表在他的《文学欧洲》（Si Siang-Ki, ou l'histoire du Pavillon d'Occident. *L'Europe littéraire* 1. 1833, 139—140）上。德文版正是从这一节译本转译而来的（Chinesisches Theater. Si-siang-ki oder die Geschichte des westlichen Pavillons. ［Von Herrn Stanislaus Julien in der Europe littéraire mitgetheilt.］ *Das Ausland* 1833, 617—618, 621, 625—626, 630—631, 634—635）。尽管后来儒连将整本《西厢记》翻译成了法文，寄给了图勒蒂尼（François Turrettini, 1845—1908），希望收入他的系列丛书 *Atsume gusa*（處世訓）之中。但后来并没有出版。一直到儒连去世之后，法文的全译本才得以发表。（Si-siang-ki ou l'Histoire du Pavillon d'Occident. *Atsume Gusa* 1—5（1873—1878）. III, 333 S.）而德文的全译本则是上面提到的洪涛生1926年的译本。

（四）《看钱奴》

这部元杂剧是收录在《元人百种曲》中的第91种，最早由儒连翻译成法文，但并没有发表。他只为诺代（J. Naudet）的古罗马喜剧作家普劳图斯（Plautus, 前254？—184）的法文翻译提供比较的材料而已。之后于1833年发表在《普劳图斯的戏剧》一书中：*Théâtre de Plaute*. Traduction nouvelle, accompagnée de notes par J. Naudet, membre de l'Institut（Inscriptions et Belles-Lettres）. T. 2. Paris：C. L. P. Pankoucke 1833.（418 S.），374—385.

从法文转译的德文部分，发表在1837年的《外国文学知识报》上：Der Geizhals. *Blätter zur Kunde der Literatur des Auslands* 1837, 169—170.（Walravens 2016, S. 63）德文的"Geizhals"的意思是"吝啬鬼""守财奴"的意思。下面是剧情的介绍，而没有整出戏的翻译。（Walravens 2016, S. 63—65）

（五）《窦娥冤》

这部元杂剧系《元人百种曲》中的第86种，最早有法文译本。据达庇时（John Francis Davis, 1795—1890）的《中国手册》（*Chinabuch*）记载：

J. F. Davis, *La Chine ou desription générale des mœurs et des coutumes, du gouvernement, des lois, des religions, des sciences, de la littérature, des productions naturelles, des arts, des manufactures et du commerce de l 'empire chinois*. Ouvrage traduit de l'anglais par A. Pichard; revu et augmenté d'un appendice par Bazin ainé, de la Société asiatique de Paris. T. II. Paris：Paulin

1837，390—?．

《窦娥冤》的法文译本出自汉学家巴赞（Antoine Pierre Louis Bazin，1799—1863）之手。实际上，在此之前多马斯汤东（George Thomas Staunton，1781—1859）就曾将《窦娥冤》的故事情节写成一段故事，题为："《元人百种》中的中国四出戏曲介绍"（Notices of four Chinese plays, which form a collection, entitled Yuen-jin-pe-tchong）收录在他翻译的图里琛《异域录》的英译本附录Ⅱ之中（Tulišen（1667—1741），*Narrative of the Chinese Embassy to the Khan of the Tourgouth Tartars.* London：John Murray 1821）。

巴赞此后也将这部元曲的全本翻译成了法文：《窦娥冤》（Teou-Ngo-Yuen, ou le Ressentiment de Teou-Ngo, drame en quatre actes, composé par Kouan-Han-King），收入在了他的《中国戏曲》（*Théâtre chinois; ou, Choix de pièces de théâtre, composées sous les empereurs mongols, Traduites pour la première fois sur le texte original, précédées d'une introduction et accompagnées de notes.* Paris：Imprimerie royale, 1838. 321—409）之中。

本书所收录的德文译本是发表在1837年的《外国文学知识报》上的《感天动地窦娥冤》的第三折、第四折，从监斩官（Kriminalprokurator）上场开始（S. 67），窦娥被斩（S. 68），一直到窦天章为她申冤。（S. 69—70）

（六）《中国人的戏曲和戏剧》（根据法文版 Revue des deux Mondes）

这是有关中国戏曲的概况性的论文，还特别涉及《元人百种曲》中的《赵氏孤儿》《窦娥冤》以及《㑳梅香》（Intrigen eines Kammermädchens）。《㑳梅香》早在1835年由巴赞翻译成了法文：

Tchao-mei-hiang, ou les intrigues d'une soubrette. Comédie en prose et en vers composée par Tching-Té-hoei. Bazin：*Théâtre chinois*, 1—134.

Tching-Té-hoei（郑德辉）应为郑光祖（1264—?）的号，除了《㑳梅香》外，他还有诸如《周公摄政》《王粲登楼》《翰林风月》《倩女离魂》等著名的杂剧。

除了在巴赞《中国戏曲》中收录的版本外，这个译本也有单行本：

Tchao-mei-hiang, ou les intrigues d'une soubrette. Comédie en prose et en vers, traduite du chinois, précédée d'une préface et accompagnée de notes, par M. Bazin aîné, membre de la Société asiatique de Paris. Paris：Imprimerie royale 1835. XVI, 115S.

而这些内容，巴赞在 1834 年和 1835 年的《亚细亚学报》（*Journal asiatique*）上连载过：

Bazin：Tchao-meï-hiang, ou les intrigues d'un soubrette. *Journal asiatique* 25. 1834，433—469，509—539；27. 1835，70—92，152—187.

《中国人的戏曲和戏剧》一文的作者让—雅克·安培（Jean-Jacques Ampère，1800—1864）是当时法国文学理论家和作家，系著名的物理学家安德烈·玛丽·安培（André-Marie Ampère，1775—1836）之子。让—雅克·安培早年创作过很多的文学作品，主要是一些悲剧。1830 年他到各处旅行之后，便成为了索邦大学的教授，1833 年被聘为法兰西学院（Collège de France）的教授。让—雅克·安培的主要著作有《12 世纪前的法国文学史》（*Histoire littéraire de la France avant le XIIe siècle*. 3 Bände, 1839)、《中世纪文学史：法语的形成》（*Histoire de la littérature au moyen âge. De la formation de la langue française*, 3 Bände, 1841）。1842 年他被选为法兰西铭文与美文学院（Académie des Inscriptions et Belles-lettres）院士，1847 年成为法国国家科学院（Académie française）院士。

德文的这一部分译文刊载在 1837 年的《外国文学知识报》上（*Magazin für die Literatur des Auslandes* 1838，Nr. 138，S. 493—494，499—5000），而让—雅克·安培文章的删节版见《两个世界的评论》[J. J. Ampère：Du théâtre chinois. *Revue des deux mondes* IV, 15（15. Sept.）1838，737—771]。德文的篇幅有 7 页之多（S. 71—78）。

（七）《货郎旦》

四折音乐剧，是汉学家内曼（Karl Friedrich Neumann，1793—1870）教授的德文译本。这是《元人百种曲》中的第 94 出，全名为《风雨象生货郎旦》。巴赞翻译了第一个法文译本，同样收录在他的《中国戏曲》之中：

Ho-lang-tan, ou la chanteuse, drame en quatre actes. Sans nom d'auteur. *Théâtre chinois*；*ou*, *choix de pièces de théâtre*, *composées sous les empereurs mongols*, *traduites pour la première fois sur le texte original*, *précédées d'une introduction et accompagnées de notes*. Paris：Imprimerie royale，1838. 257—320.

尽管巴赞的翻译是在内曼之前，但 20 年后的内曼译本是否参考了这个法译本，依然不得而知。这要经过对两个版本的译本进行比较研究后，才能得出结论。无论如何，巴赞的翻译对于内曼来讲并不陌生。德文译本前面有关中国戏曲的一般性的描述,很可能从巴赞的前言中概括而来。但无论如何,到过澳门、香港和广州的内曼,他也有很多相关的经验。内曼这个译本的特别之处在于,每一部分唱腔他都用韵文的方式翻译出来的。

内曼的四折《货郎旦》德文译文共 26 页(S. 79—105),刊于 1858 年的《韦斯特曼月刊》(Westermanns Monathshefte 1858: 17, 482—495)。《韦斯特曼月刊》创刊于 1856 年 10 月,最初刊名为《韦斯特曼插图版德意志月刊:当代精神生活的整体家谱》(Westermann's illustrirte deutsche Monats-Hefte. Ein Familienbuch für das gesamte geistige Leben der Gegenwart),出版到 1987 年。

(八)《中国人的戏剧》

这是当时柏林大学的汉学家威廉·硕特(Wilhelm Schott,1802—1889)教授的一篇文章,主要处理的是《汉宫秋》和《灰阑记》两部重要的元曲。实际上,早在 1829 年和 1833 年这两出元杂剧的译本就得以发表了,但当时并没有产生什么反响。不过到了 1860 年由于第二次鸦片战争的缘故,欧洲由于铺天盖地的新闻报道而使中国这一主题引起了巨大的轰动效应。这也是一个将非政治性话题纳入到当时刊物之中的好机会。

硕特是 19 世纪德国汉学的主要代表——克拉普罗特(Heinrich Julius Klaproth,1783—1835)于 1835 年在巴黎去世,帕拉特(Johann Heinrich Plath,1802—1874)由于曾被监禁从而断送了在大学里任教的资格,库尔茨(Heinrich Kurz,1805—1873)逃到了瑞士,一直到 1852 年遭解职以前,内曼主要担任近代史的教授。遗憾的是,硕特未能成为大学正式的讲席教授,也未能建立汉学专业。从个人方面来讲,作为教授的硕特在当时生活得非常简朴,为了补贴生活费用他不得不从事一些——诸如撰写通俗读物——与自己身份不符的工作。

有关《汉宫秋》的不同西方语言的译本有:

Han koong tsew, or the Sorrows of Han: a Chinese tragedy, translated from the original, with notes. By John Francis Davis, F. R. S., &c. London: Oriental Translation Fund, J. Murray 1829. VIII, 18 S., 1 Schrifttaf.

亦请参见下面一书的附录:*The fortunate union, a romance. Translated from the Chinese original, with notes and illustrations, to which is added, a Chinese tragedy.* 2. London: Oriental Translation Fund, J. Murray 1829, 214—243.

以及雷慕莎的译本:

Abel Rémusat in *Journal des savants* 1830, 78—89.

Observations critiques sur la traduction anglaise d'un drame chinois, publiée par M. Davis. Par Klaproth. *Nouveau Journal asiatique* 4. 1829, 3—21.

Réponse à quelques passages de la préface du roman chinois intitulé Hao Khiou Tchhouan, traduit par M. J. F. Davis (par J. Klaproth). 48 S. S. (Sonderdruck aus *Nouveau Journal asiatique* 4. 1830, 97—144)

而《灰阑记》的法文和英文的早期译本有:

Hoeï-Lan-Ki, ou l'histoire du Cercle de Craie, drame en prose et en vers, traduit du chinois et accompagné de notes. Par Stanislas Julien. (Vignette: Ex oriente lux) London: Printed for the Oriental Translation Fund of Great Britain and Ireland MDCCCXXXII. XXXII, 149 S.

硕特教授的《中国人的戏剧》译文刊载在1860年的《外国文学知识报》(*Magazin für die Literatur des Auslandes* 1860, 185—187, 201—203) 上。前一部分介绍《汉宫秋》(I. Ein Trauerspiel im kaiserlichen Palast, S. 107—112), 后一部分介绍《灰阑记》(Salomon's Urteil in China, S. 112—116)。

二、新发现的早期话本译本

在第二部分有关"小说"（Novellen）之下，魏汉茂钩沉出了三篇早期话本的译本。

（一）《俞公遇灶神记》（*Ioi gung. jun-i enduri be ucaraha gi bithe*）

这实际上是明朝江西人罗祯的《俞净意公遇灶神记》的德文译本。魏汉茂认为这是一篇道教论文，但作为一个单独的小册子出版并不多见。这一文本最初在欧洲为人所知，并非是由于译本的出现，而是因为满文文本的出版：

Klaproth: *Chrestomathie mandchou ou recueil de textes mandchou*. Paris: Imprimerie royale 1828, 48—62.

这篇文章的最初西文译本是儒莲的法文译本。因为这一故事来源于《太上感应篇》（*Tai śang-ni acabume karulara bithe*），因此被收录在了儒莲的《功过格》的法文译本中：

Le livre des récompenses et des peines, en chinois et en français; accompagné de quatre cent legends, anecdotes et histories, qui font connaître les doctrines, les croyances et les mœurs de la secte des Tao-ssé. Traduit du chinois par Stanislas Julien, membre de l'Institut. Paris: Printed for the Oriental Translation Fund MDCCCXXXV. (XVI, 531 S.), 18—27.

后来儒莲又出版了一个单行本：

Stanislas Julien, membre de l'Institut: La visite du Dieu du Foyer à Iu-kong. Traduit du chinois. *Revue de l'Orient et de l'Algérie* 16. 1854, 267—276.

此外，它也被刊登在：

Les Avadânas. Contes et apologues indiens inconnus jusqu'à ce jour, suivis de fables, de poésies et de nouvelles chinoises. Traduits par M. Stanislas Julien, membre de l'Institut, professeur de langue et de literature chinoise, administrateur du Collège de France, etc. Paris: Benjamin Duprat 1859. II, 193—216.

其后也被刊登在：

Contes et apologues indiens inconnus jusqu'à ce jour. Suivis de fables et des poésies chinoises. Traduction de M. Stanislas Julien, membre de l'Institut, professeur de langue et de littérature chinoise, administrateur du Collège de France, etc. Paris: B. Duprat 1860. （第二卷卷末）

此外，这篇小说还刊载在达庇时的《中国人——中华帝国及其国民概述》巴赞法译本的附录之中：

La visite du dieu du foyer à Yu-kong.

J. F. Davis: *La Chine ou description générale des mœurs et des coutumes, du gouvernement, des lois, des religions, des sciences, de la littérature, des productions naturelles, des arts, des manufactures et du commerce de l'empire chinois*. Ouvrage traduit de l'anglais par A. Pichard; revu et augmenté d'un appendice par Bazin ainé, de la Société asiatique de Paris. T. II. Paris: Paulin 1837, 368—377.

之后的德文版，是从儒莲的《太上感应篇》的法译本转译的，发表在1837年的《外国文学知识报》上（*Blätter zur Kunde der Literatur des Auslandes* 1837, 166—167），共3页（S. 117—119）。

（二）《王娇鸾》

这是明代明抱瓮老人所编40篇白话短篇小说选集《今古奇观》中的第36篇，全名为《王娇鸾百年长恨》，主要选自冯梦龙（1574—1646）的"三言"和凌濛初（1580—1644）的"二拍"。由于《今古奇观》中的故事的结局通常是道德说教，因此耶稣会传教士对这些小说也产生了一定的兴趣。这也是为什么法国巴黎国家图书馆会藏有吴郡宝翰楼刊本的原因。杜哈德（Jean-Baptiste Du Halde，1674—1743）的《中华帝国全志》(*Jean-Baptiste Du Halde*, *Description géographique*, *historique*, *chronologique*, *politique*, *et physique de l'empire de la Chine et de la Tartarie chinoise*, *enrichie des cartes générales et particulieres de ces pays*, *de la carte générale et des cartes particulieres du Thibet*, *& de la Corée*; *& ornée d'un grand nombre de figures & de vignettes gravées en taille-douce*. Paris：J.-B. Mercier, 1735. quatre volumes）中便收录有殷弘绪（François-Xavier Dentrecolles，1664—1741）翻译的 4 篇《今古奇观》的小说，系第三十一卷"吕大郎还金完骨肉"，第二十九卷"怀私怨狠仆告主"，第三十卷"念亲恩孝女藏儿"以及第二十卷"庄子休鼓盆成大道"。① （Du Halde，III. 324—338，以及 Remusat III. 144—197）

另外的早期译本收录在 1826 年雷慕莎的集子中，同样被转译成了德文：

Chinesische Erzählungen. Herausgegeben durch Abel Remusat und deutsch mitgetheilt von *r. Leipzig：Ponthieu, Michelsen & Comp. 1827. 3 Bde.：XVI, 198, 172, 140 S.

以及法国东方学家帕维亚（Théodore Pavie，1811—1896）的《中国新小说选译》：

Choix de contes et nouvelles traduits du chinois par Théodore Pavie. Paris：Benjamin Duprat 1839. VIII, 299 S.

其中至少有 1 篇（其中的第 8 篇）被翻译成了德文：

Adolf Böttger：*Die Pilgerfahrt der Blumengeister*. Leipzig 1851.（?）

《今古奇观》也许是欧洲人最为喜爱的中国小说集了，因此有很多不同文种的译本。下面略举德文中的一二：

Die treulose Witwe. Eine chinesische Novelle und ihre Wanderung durch die Weltliteratur von Eduard Grisebach. Wien：L. Rosner 1873. 137 S. Dritte umgearbeitete Auflage. Stuttgart：A. Kröner 1877, 128 S.

---

① 费赖之（Louis Pfister）在《在华耶稣会士列传及书目》（冯承钧译，中华书局，1995 年）中对曾在景德镇传教的殷弘绪的著作做了梳理："（八）中国故事四篇译文，见上引杜赫德书，卷三，三〇四页以下。钧案第四篇言庄子鼓盆事，疑均出《今古奇观》。"上揭《在华耶稣会士列传及书目》第 552 页。

Chinesische Novellen. -Die seltsame Geliebte, das Juwelenkästchen-deutsch, mit einer bibliographischen Notiz von Eduard Grisebach. Leipzig：Fr. Thiel 1884. 121 S.

格里泽巴赫（Eduard Grisebach，1845—1906）系著名作家，常年在驻外使馆工作。在驻外期间，他不断进行中国话本小说的翻译和创作。

到20世纪80年代，全部的《今古奇观》中的小说都被翻译成了德文：

Altchinesische Erzählungen aus dem Djin-gu tji-gwan. Aus dem Chinesischen übersetzt von Gottfried Rösel. Mit 13 zeitgenössischen Illustrationen. Zürich：Manesse-Verlag (1984). 691 S. (Manesse Bibliothek der Weltliteratur. Corona-Reihe.)

这个译本收录了13篇《今古奇观》的德文翻译，其他27篇小说的德文翻译的出处也都清楚地罗列了出来。

下面所介绍的《王娇鸾》是从英文转译而来的小说。英文译本的信息如下：

Wang Keaou Lwan Pih Neen Chang Hen or The Lasting Resentment of Miss Keaou Lwan Wang, A Chinese Tale：*founded on fact.* Translated from the original by Sloth (R. Thom). The Canton Press Office, 1839. VIII, 66 S., 1 Lithogr.

而转译自英文的德文全译本出版于1846年：

Wang Keaou Lwan Pih Nëen Chang Han oder die blutige Rache einer jungen Frau. Chinesische Erzählung. Nach der in Canton 1839 erschienenen Ausgabe von Sloth, übersetzt von Adolf Böttger. Verlag von Wilhelm Jurany, Leipzig 1846.

有关英文版，早在1839/40年就在英文版的《中国丛报》(*Chinese Repository* 8. 1839/40, S. 34—36)中有相应的书评了。

德译者阿道夫·波特格（Adolf Böttger，1815—1870）是德国诗人、戏剧家、翻译家。他被认为是"浪漫派时代被遗忘的诗人"，英国诗人拜伦（George Gordon Byron，1788—1824）诗的德译就出自他之手。弥尔顿（John Milton，1608—1674）的《失乐园》最早的德译本（*Das verlorene Paradies*：*Ein Gedicht in 12 Gesängen*）也出自波特格之手，这个译本一直到最近还不断重印。① 波特格基本上没有离开过莱比锡，平平淡淡地作为文学家和翻译家在

---

① *Das verlorene Paradies*/John Milton. Dt. von Adolf Böttger. Vorw. von Katharina Maier. Mit dem Bilderzyklus von Gustave Doré. Wiesbaden：Marixverlag, 2008.

这座文化古都度过了一生。1840年他出版了拜伦诗集的德译本，之后多次再版。波特格的诗歌创作在当时备受人们喜爱，据说著名作曲家罗伯特·舒曼（Robert Schumann，1810—1856）的《春天交响曲》（*Frühlingssinfonie*，1841）就是从波特格那热情洋溢的诗歌中获得的灵感。

波特格在《王娇鸾》德译本的后记中对具有异域风格的中国文学和艺术倍加赞赏，他同时提到了1840年英国的战舰游弋于中国南部，并打开了欧洲商业通往中国的一条道路，"也让我们感受到了中国的学术声音，其中并没有一丝一毫鸦片引起的心醉神迷"（第109页）。波特格提到，他的德文译本的底本是1939年在广州出版的由一位笔名为Sloth（懒惰生）的英国人的英译本，当时的英译本只是为了他在那边生活的一些英国朋友印制的，因此数量有限。波特格感谢长期在中国生活的布克哈特（E. S. Burkhardt）先生带来Sloth赠送给他的一本英译本。译后记写于1846年2月27日。从这篇译后记来看，波特格并不知道Sloth是谁。Sloth在当时英语世界的中国颇为知名，除了《王娇鸾》的英译之外，他还给当时的英文刊物《中国丛报》（*Chinese Repository*）写专栏。在1840年的《中国丛报》中《意拾寓言》的书评就已经说明了Sloth就是罗伯聃（Robert Thom，1807—1846）。①

尽管本书的翻译倾向于直译，但是由于德译者本身所具有的文学修养和诗人气质，还是向德语读者展现了一篇情节跌宕起伏而又精致异常的具有异域风格的小说。由于当时西方人对于中国的了解有限，书中有很多英译者所加的注解，对德语读者也同样重要。英译本在很多地方都附上了汉字，可能是因为在广州印制的缘故，而德译本只在书的封面和扉页上有作为装饰用的汉字书名。此外，英译本原来还选有中文原版中的版画，德译本也去掉了。本书当时在德国流传甚广，从今年所能见到的版本来看，1846年当年就出版了2版，1847年又出版了第3版。

这里刊登在《外国》（*Das Ausland* 1840，1391—1392，1395—1396，1399—1400，1403—1404）刊物上的德文译文是删节版，从1840年就开始连载，并没有译者的相关说明。系从罗伯聃的《今古奇观》的英文译文转译的，德文译文共8页（S. 122—130）。

其后的一个译本是格里泽巴赫的德文译本：

---

① *Chinese Repository*. Vol. IX. -August, 1840. -No. 4. pp. 201-210.

Kin-ku Ki-kuan. Neue und alte Novellen der chinesischen 1001 *Nacht*. Deutsch von Eduard Grisebach. Stuttgart：Gebrüder Kröner 1880. XV, 145 S.

其中有"王娇鸾小姐的永久复仇"（Die ewige Rache des Frl. Wang Kiau-luan），就是这一部分。

西方语言中其他的参考文献有：

Chin-ku ch'i-kuan. In：*Kindlers Literatur Lexikon*. Sonderausg. 1970. 1940：Wunderliches aus alter und neuer Zeit. （W. Bauer）

Pelliot：Le *Kin kou k'i kouan*. T'oung Pao 24. 1925/6. 54—60.

A. Waley：Notes on the history of Chinese popular literature. *T'oung Pao* 28. 1931, 346—354.

（三）《滕大尹鬼断家私》

这是《今古奇观》中的第3篇，德文是从儒莲的法文译本转译的：

Hing-lo-thou, ou la peinture mystérieuse; Histoire traduite du chinois par Stanislas Julien, sous-bibliothécaire de l'Institut. *Gazette littéraire*, 9., 16. und 23. Dez. 1830（S. 20—23, 34—37, 50—53）

儒莲将此篇取名"行乐图"是因为整个故事是以倪太守给梅姑和善承留下了一幅亲手绘制的《行乐图》展开的。

此篇也收录在下列的两部戏曲集和小说集中：

Tchao-chi-kou-eul ou L'Orphelin de la Chine, drame en prose et en vers, accompagné des pièces historiques qui en ont fourni le sujet, de nouvelles et de poésies chinoises. Traduit du chinois par Stanislas Julien, membre de l'Institut, professeur de langue chinoise au Collège de France. Paris：Moutardier 1834, 193—262.

Les Avadânas, Conetes et apologues indiens inconnus jusqu'à ce jour suivis de fables, de poésies et de nouvelles chinoises traduits par M. Stanislas Julien, Membre de l'Institut, Professeur de langue et de literature chinoise, Administrateur du Collège de France, etc. Paris：Benjamin Duprat 1859. XX, 240, VIII, 251, 272 S. 附录（III, 62—174. Hing-lo-tou, ou la peinture mystérieuse）。

魏汉茂在这里所选的译自法语的德语译文，好像是第一个德语译本。这个译本显然是从儒莲的《百句譬喻经》后面的附录部分的法文翻译而来。德文译本发表在《芙蕾雅插图家庭报》（*Freya Illustrierte Familien-Blätter*. 1.

1861，82—89）上，发表时并未署译者的姓名，共 13 页（S. 132—145）。

其后的德文译本有：

Paul Kühnel：*Das geheimnisvolle Bild und drei andere Novellen*. Berlin：Steinitz 1902. 191 S.

Das Vermächtnis. In：Kühnel：*Chinesische Novellen*. München：Georg Müller 1914，183—231.

Franz Kuhn：Das geheimnisvolle Bildnis. *Chinesische Blätter für Wissenschaft und Kunst* 1，2. 1926，S. 36—60.

Franz Kuhn：*Chinesische Meisternovellen*. Leipzig：Insel Verlag 1926，30—67.

Franz Kuhn：*Altchinesische Novellen*. Leipzig：Insel Verlag 1979.（887 S.），33—63.

除了翻译之外，高罗佩（Robert Hans van Gulik，1910—1967）也在他的狄仁杰侦探系列小说中用了这一母题：

R. H. van Gulik：*Chinese maze murders*. The Hague：Hoeve 1956. XIII, 322 S.

（李雪涛　北京外国语大学教授，全球史学院院长）

现代中国哲学史研究的一种范式*
——佛尔克的《中国哲学史》

张慕良

摘　要：20 世纪早期，德国汉学家阿弗雷德·佛尔克曾完成三卷本《中国哲学史》。与同时代的其他中国哲学史类著作相比，佛尔克的《中国哲学史》注重对于原始史料的参考，并在此基础之上思考本于中国文化发展自身特征的中国哲学的义理性。佛尔克的《中国哲学史》在汉学及哲学研究中都具有重要的学术价值，其研究范式为中国哲学史学科建设提供有益借鉴。

关键词：佛尔克　中国哲学史　德国汉学　范式

在现代中国哲学史研究的发展过程中，德国学者佛尔克曾完成三卷本《中国哲学史》。这部著作在西方汉学尤其是在德国汉学史中具有重要的地位，汉学家海尼士（Erich Haenisch）称其为"德国研究界对汉学的一大经典贡献，（佛尔克）因此在东方学研究领域名垂青史"[②]。目前国内学术界在涉及德国汉学发展和现代中国哲学史学科建设方面对佛尔克多有提及，但仅限于指出其为 20 世纪早期编写中国哲学史的汉学家之一，而缺少对三卷《中国哲学史》内容的介绍。这样不能说明其与当时其他哲学史类著作的区别，也不能体现出其对汉学发展及对中国哲学史学科建设的积极意义。鉴于此，本文将对佛尔克《中国哲学史》的内容进行概述，并从中国哲学史学科研究范式反思的角度指出其著作对于当前中国哲学史研究的学术价值。

---

* 基金项目：吉林大学基本科研业务费项目（2016BS023），吉林大学基本科研业务费种子基金项目（2016ZZ017）。

② Erich Haenisch, "Alfred Forke", *Zeitschrift der Deutschen Morgenländischen Gesellschaft*. Bd. 99 (1945-1949), p. 6.

阿弗雷德·佛尔克（Alfred Forke，1867—1944），德国著名汉学家。佛尔克早年在柏林和日内瓦大学学习法律，并在此期间在柏林东方语言学院学习中文。1890年，佛尔克以使领馆官员的身份前往中国，在之后的13年中作为翻译为各使领馆工作。1903年回到德国，在柏林东方语言学院担任中文教职。一年后，他又赴美国伯克利大学担任中文教师。1923年，被调入汉堡大学，接任福兰阁（Otto Franke）的席位，讲授汉学至退休，三卷《中国哲学史》即完成于这一时期。佛尔克的《中国哲学史》分为上古、中古、近世三部分：《中国上古哲学史》完成于1927年，《中国中古哲学史》完成于1934年，《中国近世哲学史》完成于1938年，前后跨度达11年，是其一生最重要的著作。三卷哲学史在内容结构的编排上各有不同，而这样的编排是与佛尔克所思考与针对的当时的学术问题相关。

一、以原始史料为依据对已有哲学史著作观点的回应

在《中国上古哲学史》的第一章《中国哲学的概念与时代划分》中，佛尔克首先指出此前一些学者对中国哲学史时期划分认识的不足。鲍狄埃（Jean-Pierre Guillaume Pauthier）将中国哲学分为三个时期：1.《易经》和《尚书》的时期，2. 老子、孔子和孟子的时期，3. 新儒家的时期。佛尔克认为鲍狄埃所处的时代对中国哲学了解较少，不能做出正确的划分。此外还有欧德理（Ernst Johann Eitel）以思想特点概括中国哲学发展各阶段的共九个时期的划分形式：1. 传说中的开始期（伏羲、黄帝）；2. 中国哲学的黎明期（玉子、惠公、管子）；3. 中国哲学的第一个经典时期（老子、孔子）；4. 老子及孔子的学派；5. 第二个经典时期，至庄子及孟子为其顶点；6. 中国哲学的衰弱期（秦、两汉、两晋）；7. 唐代中国哲学的复兴；8. 中国哲学的第三个经典时期，至朱熹为顶点；9. 宋学的追随期（明、清）。佛尔克指出，欧德理的分期方式对上古的学派划分不是很准确；汉代及晋代不能说成是哲学的衰落；而明代的王阳明并不是宋学的追随者。①

在参考已有学者的观点后，佛尔克比较赞同谢无量及胡适的划分方式，

---

① Alfred Forke, Geschichte der Alten Chinesischen Philosophie. Hamburg: CRAM, DE GRUYTER & CO, 1964, p. 4.

即以上古、中古及近世三个时间分期对中国哲学发展的历史进行划分：

上古时期，史前时代至秦代；

中古时期，由汉代到唐朝末期；

近世时期，宋代至现在。

佛尔克认为自秦建立了强有力的中央集权帝国，"哲学性的创造性也随之减少，各种各样的相互对抗的学说体系被唯一认定为正统的儒家所取代。而此后的追随者们并不具有更多创造性，在几百年中只是局限于加工处理先贤留下的文字，直到宋代，新的哲学生命力的出现"。① 这一概括可以看作是其对中国哲学发展进程的基本观点。

在内容章节上，佛尔克的《上古哲学史》划分为以下部分：中国哲学的开端（《尚书》《周易》）；中国文化的历史源头（尧、舜、禹）；八卦：一种自然哲学的尝试；商代的宗教与政治伦理；《洪范》：自然与国家治理研究的基本术语；周代早起的宇宙观；十二家哲学。其中作为全书主要部分的十二家哲学包括：早期关于国家治理的哲学（鬻熊、管仲、晏婴、子产）；儒家（孔子、孔子的弟子、曾子、子思、孟子、荀子）；道家（老子、列子、庄子、管子、文字、无文献保存的道家老莱子、老成子等）；杨朱；墨家（墨子、墨家弟子）；名家辨者（邓析子、尹文子、惠施、公孙龙）；后期国家与法律哲学（李悝、慎到、申不害、商鞅、韩非）；政治哲学（鬼谷子、苏秦、张仪）；自然哲学（计然、邹衍、管子、《月令》和《黄帝素问》）；折中派（尸佼、鹖冠子、吕不韦）；不能按学派分类的哲学家（告不害、宋钘）及具有哲学思维的隐士（接舆、长沮、桀溺、许行、田仲）。

从此书内容所引文献可以看出，佛尔克的这部著作参考了当时已有的几乎所有的关于中国哲学史类的中西文著作。在《序言》中，他指出当时德语学术界关于中国哲学史的著作很少，且都是介绍性的著作而并无新意。佛尔克认为这一问题的根本原因是"缺少对于原始史料的阅读与参考"，所以"总是试着用引文来论证每一个命题"② 成为其解决这一问题的主要方式。首先，在讲到对于先秦哲学家的学派划分时，他谈道："早在汉代前期，学者已经按派别对先秦诸子进行了学派上的分类，但这些学派目前对于汉学家来讲不过

---

① Geschichte der alten chinesischen Philosophie, p. 4.
② Geschichte der alten chinesischen Philosophie, p. VIII.

是一空的框架。而现在这一框架将第一次被填充并按学派归类。"① 因此，在对于先秦诸子的划分中，佛尔克基本赞同刘歆及《汉书·艺文志》的记载，即分为阴阳、儒、墨、法、名、道、纵横、杂、农九家。在此基础上，他认为农家更多是关于农业的书籍，所以删去不论。而法家思想要分为前期法家和后期法家，（前期政治哲学家致力于政治伦理及国家治理，而后期法律及政治哲学家的主要兴趣在于法律的判决，尤其是刑罚。）而在这九家基础之上，佛尔克又列出折中派（die Eklektiker）、不能归类的哲学家及具有哲学思想的隐士三家，共计十二家。而其中最重要的三家是儒家、道家和墨家。同时，佛尔克也指出，并非只有儒墨道三家是系统性的哲学，而其他各家只关注某一哲学问题，其他派别的哲学家也会关注他所在学派外的其他哲学问题。所以，他强调这种划分并不是绝对的，"对思想家的学派划分是困难的，因为他们会针对不同的问题，对此人们产生对其所属派别的思考。因此，不同的学者会有不同的判断与分类"。②

在对各派哲学家的描述中有详略不同，对主要哲学家大体按生平、著作、学术观点及对其思想的评价四部分的模式进行叙述。如讲孔子时，列：a、生平及性格特点；b、对孔子的评价；c、了解孔子思想的资源（论语）；d、孔子的观点：Ⅰ世界观、Ⅱ伦理（A 个人 B 家庭 C 国家）。讲孟子：Ⅰ生平及其思想的重要性；Ⅱ孟子的著作；Ⅲ孟子思想的基本概念（形而上学、心理学、人生而善、伦理学及政治思想）。讲老子：a、性格特征；b、《道德经》；c、老子的理念（Ⅰ形而上学、Ⅱ伦理、Ⅲ政治）；d、对老子的评价。而对于一些对后世影响较小的思想家及文献保存较少的思想家则简略叙述，在章节标题上也并无统一规定，或以人物命名，或以著作名称命名，或以思想观念命名，一般依思想家的实际情况而定。在对各思想家生平、著作、思想内容的具体阐释中，严格坚持以原始史料为参考，并在每段所翻译的文字下以脚注形式给出中文原文供读者参考，且这种模式贯穿于三部著作中。

佛尔克的《中国上古哲学史》出版以后，收到了两方面的声音。赞誉者如伯希和（Paul Pelliot），称其有"很好的哲学系统观念，并且能够清晰的组织内容形式"，这部著作在出版后也成为中国思想研究的重要参考，伯希和针

---

① Geschichte der alten chinesischen Philosophie, p. VIII.

② Geschichte der alten chinesischen Philosophie, p. 60.

对内容中的部分事实性错误予以纠正①；反对者如亚瑟·伟利（Arthur David Waley），在他看来，佛尔克的著作只是引述许多人的观点，但是并没有逻辑性，佛尔克所给出的总结也是显然没有足够的依据；并且，佛尔克的作品缺少对于某些重要资料的引用及中国哲学中重要问题的说明。伟利对佛尔克的著作的总体印象是："佛尔克的作品似乎有意没有一个总体框架，但事实是佛尔克根本没有意识到存在的重要问题。"②

《中国上古哲学史》写作形式上的一个突出特征是：佛尔克在一些主要思想家的评价章节中，详细地列出中国历史上不同学者以及当时各哲学史家对其思想的评价，而后加以自己的观点。但因此而批评佛尔克的哲学史只是对于资料的堆积的观点，似乎并不恰当。从佛尔克所引述的评价中可以看出，对中国古代学者观点的强调，正是其对当时学者对中国思想的争论及某些近乎臆断的观点，在本于史料上的阐释与回应。同时，佛尔克也并非仅以"哲学"的标准来衡量中国思想家地位的高低。如在谈到孔子时，他讲：

> 孔子是否是一位可以和亚里士多德、洛克或是康德具有相似地位的伟大的哲学家？不，他并不是一位伟大的哲学家。作为思想家，孟子、老子、列子、庄子、王充、朱熹以及王阳明都远超于他。一位伟大的哲学家必须具有创造性的头脑以及高深独创的思想，而孔子并不具备这些。他缺乏对于形而上学问题及自我推理的任何建设性思考。他像康德或者实在论者一样拒绝任何形而上学，那么他必须要提出支持他否定理由的详细论证。一种简单的溯古是不够的。孔子也不是像耶稣、佛陀那样的宗教建立者。他缺少理想的热情，坚定的信仰，丰富的情感世界和一种朝向神秘主义的确定倾向。孔子在很大程度上讲是一个非常纯粹的理性主义者。但是，他的伟大之处在哪里？孔子是一位伟大的智者，一位被

---

① 详见：Paul Pelliot, "Reviewed Work: Geschichte der Alten Chinesischen Philosophie by Alfred Forke", *T'oung Pao*. Second Series, Vol. 27, No. 1 (1930), pp. 91-106. 与此观点类似的还有方志彤，他认为佛尔克的著作"取材丰富，叙述流畅"，并纠正了其中一些事实性的错误。见《佛尔克教授与其名著〈中国哲学史〉》，《近代中国域外汉学评论萃编》第338—341页，上海古籍出版社，2014年。

② 详见：A. Waley, "Reviewed Work: Geschichte der Alten Chinesischen Philosophie by Alfred Forke", *Mind*. New Series, Vol. 37, No. 148 (Oct., 1928), pp. 500-505.

他塑造成经典形式的中国古代文化的传承者（Überlieferer）。对于最重要的切身问题，他已经找到了至少在历史长河中被证实是正确的现实具体的解决方法。如果我们想在西方文化中寻找一位可以与之比拟的伟大的人物，那么只有苏格拉底。他有许多与孔子相似的明显特征，作为历史上重要的人物与思想家，他与孔子有完全的同等地位。同样，苏格拉底的学说没有和他的生活分开。像孔子一样，相比于家庭生活，他完全的投入于他的学生与思想之中。他有最高超的交际知识，有在危机之中的勇敢品行，爱好饮酒，并且能够在其中不失去自制和谨慎。像孔子一样，他也依附于古人的信仰与习俗，相信占卜与梦相。他的学说几乎全部局限于伦理、自然哲学及他所轻视的数学中，而几乎没有关于形而上学问题的任何痕迹。他没有任何完整的哲学学说系统，但却引导他的学生和朋友自主地进行哲学性思考。他的一些教导，例如"认识你自己""美德即知识"，在孔子处亦能找到类似的说辞。①

所以，在佛尔克的评价中，孔子并不能够称为哲学家。佛尔克的这种对于孔子形象的描述可以说是针对自18世纪以来，欧洲人普遍认识中国思想家形象的那种无文化背景根据的主观臆断的回应。这种认识按伟利所讲，是一些已经被熟知的中国绘画图景：坐在树下的男子被认为是在进行"哲学性的沉思"，读书的男子被称作"圣人学习经典"等等。另一方面，佛尔克把孔子与苏格拉底相比较，可以看出其对于孔子思想及中国文化的肯定态度。这些上古（先秦诸子）的文化资源本身并没有被以一种哲学性的形式研究与讨论，它丰富的义理性，是在其后的历史发展进程中被不断地再提出并给予新的内涵。

二、对作为上古哲学与新繁荣宋学时代链接的汉唐思想的详细介绍

在佛尔克《中国中古哲学史》之前的哲学史著作中，汉代被认为是中国哲学衰弱期的开始并直至唐代。针对这样的观点，在《中国中古哲学史》的《前言》中，佛尔克指出："周代是中国哲学的第一个辉煌的时期，但是并没

---

① Geschichte der Alten Chinesischen Philosophie, pp. 115-116.

有理由认为其之后缺乏原创思想的汉代是衰落期，只是他们的成就在形式上与古代不同……这种不同表现在，汉代几乎没有纯的儒家或道家，他们大部分是混合儒道两家思想，时而倾向于儒家，时而倾向于道家。墨家、名家、法家等思想亦可在儒家与道家中找到。"①

佛尔克对比西方哲学发展的历史对此进行说明。他认为中国哲学的这一时期类似于欧洲哲学发展进程中的中世纪。"他们都相信对客观真理的占有，一方面是以古希腊的理性思维来论证基督教的教义，另一方面是周代古老的格言，他们不是由一般人说出，而是来自于上天的启示"，② 汉代哲学家眼里的孔子、孟子及老子就像经院哲学家眼里的柏拉图、亚里士多德。二者之间的区别是，"欧洲人是尝试基督—犹太思想及古希腊思想的一个结合，而中国则是延续他们古代的思想。在经院哲学时期，宗教是作为主要，而哲学只是它的附属；但是在中国，宗教并没有扮演任何角色，哲学只是面向于伦理与形而上学。在那里几乎没有教义，宗教仪式也很少被提及。中国中古的哲学家大多数不是神职人员，而是文学家与公职人员"。③ 因为中国哲学家这样的身份，佛尔克强调了中国哲学著作的特点，"中国哲学家也非常注重修辞学的运用，排比、对偶、情境化、比喻、寓言等修辞及表达形式扮演重要的角色。当人们抛掉这些华丽的修辞学去理解文本时，这些文本的思想内涵常常会丢失"。④

在撰写《中古哲学史》的过程中，除参考《十子全书》《子书百家》等古籍，佛尔克也借鉴了许多中国、日本及德国学者的著作，其中包括：谢无量《中国哲学史》、钟泰《中国哲学史》、胡适《中国哲学史大纲》、高濑武次郎《中国哲学史》（赵蘭坪译，1925 年）、渡边秀方《中国哲学史》（刘侃元译，1926 年）、哈克曼（Heinrich Friedrich Hackmann）的《中国哲学》（1927）、岑克尔（Ernst Viktor Zenker）的《中国哲学史》（1926—1927）、卫礼贤（Richard Wilhelm）的《中国哲学》（1929）。在这些著作中，佛尔克认为日本学者的著作是最好的，德国学者的著作关于中古时期的内容非常不全面，因为他们没有参考中国的文献资源。而从中国及日本的著作中，可以了

---

① Geschichte der Mittelalterlichen Chinesischen Philosophie, p. V.
② Geschichte der Mittelalterlichen Chinesischen Philosophie, p. VI.
③ Geschichte der Mittelalterlichen Chinesischen Philosophie, p. VI.
④ Geschichte der Mittelalterlichen Chinesischen Philosophie, p. VII.

解哪些学者被称为哲学家。在总体上,他是赞同这些学者的观点的,但也有一些人物是应该被排除在哲学史之外的。他认为"只提出一些哲学性的想法是不足以称为哲学家的"。在这句话的脚注中,佛尔克列举了这样一些人的名字并加以说明:司马迁只是历史学者,桓宽的著作《盐铁论》是纯经济学的(volkswirtschaftlich)著作,《孔丛子》只是所谓孔子格言的转达,魏伯阳只是炼丹家(Alchimist),韩婴、郑玄只是注释家(Kommentatoren),陶渊明是一位伟大的诗人。除此之外,佛尔克加入了在这些中国及日本学者著作中没有提及的思想家,如班固、金楼子以及唐代的一些道学及佛学作家。①

《中国中古哲学史》在内容结构上分为三部分。一、汉代。涉及人物:陆贾、贾谊、淮南子、董仲舒、刘向、杨雄、恒谭、王充、旬悦、班固、马融、王符、牟子、徐幹、仲长统。二、六朝(三国至隋)。内容包括:改组与退化中的道家、佛教哲学、不同的流派(刘邵、傅玄、葛洪、鲍敬言、裴頠)、渴望儒释道的统一(孙绰、张融、周颙、顾欢、孟景翼、颜之推)、折中派(金楼子、刘书)、关于长生久世的争辩(慧远、罗君章、郑道昭、范缜)、王通。三、唐及五代。包括:儒家(韩愈、李翱、林慎思)、怀疑论者(柳宗元、刘禹锡)、道家(司马承祯、王士元、张志和、无能子、张弧、陈抟、谭峭、关尹子)、佛家(慧能、宗密)。

与当时其他西文哲学史著作相比较,佛尔克的《中国中古哲学史》在内容上可以说是比较全面的,②许多人物亦是第一次呈现给西方读者。而在思想观点上较具争议的,是其对于佛教的看法。他认为"佛教对中国文化影响很大,但是从哲学角度来看,影响甚微",因为"佛教作为宗教在民众中很受欢迎,但是对于哲学家来说是拒绝的"。何可思(Eduard Erkes)在评价佛尔克的著作时曾对这一观点给予解释。他认为:"这看得出来是对另外一位哲学史家哈克曼夸大佛学重要性的回应,因为哈克曼认为佛学就是中国近古的哲学。"③ 而相对于佛尔克和哈克曼较为极端的看法,何可思的观点更能准确表

---

① Geschichte der Mittelalterlichen Chinesischen Philosophie, p. VIII.

② 诚然,如果从目前中国哲学史研究的主流趋势来看,佛尔克的《中古哲学史》在内容结构及人物选择方面是有明显不足的。例如,在其后被学术界所逐渐重视的作为中国哲学发展重要环节的魏晋时期及各思想家,佛尔克的著作中只有极少涉及。

③ Eduard Erkes, "ZuForkes Geschichte der Chinesischen Philosophie", *Artibus Asiae*, Vol. 9, No. 1/3 (1946), p. 192.

达出实际历史发展的情况,"大乘佛教在中国的禅宗和天台宗才达到了真正哲学意义上的高度发展,这在深层次上讲是受到了道家哲学的影响,这些印记可以在佛教的冥想和践行中找到,大乘佛教的繁荣从本质上应该感谢她的中国化(Sinisierung)"。①

三、近世中国思想发展在西方语境下的首次系统性解读

《中国中古哲学史》出版4年后,佛尔克完成了三卷哲学史中的最后一卷——《中国近世哲学史》。他认为:"宋明理学与先秦子学同样重要,甚至可以说更加重要。因为只有在宋明理学时期,中国哲学才真正地展开。古代哲学是基础,但并不是终结,古代儒者的思想被近古的学者所继承。周代是智慧(格言)的时代,而宋明时期才是真正的哲学。古代的方式大多是由直觉产生的格言式并且很少有论证。他们思考一些基本的概念范畴,但是对于此并没有进一步的探究。只有到了近世,这些问题才变得哲学化。最本质的问题被探讨,最本源的解决方式被找到,如果古代学者看到这些,他们一定会感到惊讶。"②由此可以看出,按佛尔克的观点,中国哲学是一直发展到宋代时才开始呈现出如西方哲学的体系性。"对我来说,宋代的地位要比周代高;同样,朱熹比孔子更像是哲学家。直到宋代,中国哲学才被完全展开,最本质,最高级的问题才被讨论,这是先秦哲学家没有察觉的。"③

在当时已有中国哲学思想的著作中,只有少数对这一时期内的思想予以介绍。近世的中国思想被西方学者所忽略。佛尔克在这部著作的写作过程中,除参考前两卷所用的资料,还借鉴了许多中文的学术史著作,如:《性理大全》《性理精义》《理学宗传》《宋元学案》《明儒学案》《学案小识》《清代通史》《清代学术概论》《中国近三百年学术史》《中国近三百年哲学史》《中国近三百年的四个思想家》及《五十年来中国之哲学》。这一部分的内容是三部著作中参考文献最全面的一部,亦是思想原创性最突出的一部。在介绍中国近世思想时,佛尔克开始大量运用西方哲学的术语,如唯心论、二元论等

---

① Eduard Erkes, "ZuForkes Geschichte der Chinesischen Philosophie", *Artibus Asiae*, Vol. 9, No. 1/3 (1946), p. 192.
② Geschichte der Neueren Chinesischen Philosophie, p. VI.
③ Geschichte der Neueren Chinesischen Philosophie, p. 7.

来标示思想家的学派及思想,这些术语在上古、中古两部分中是很少应用的。这样的直接以西方哲学词汇来概括并分类中国思想家的方式,从学理上看一定是牵强与不确切的,但如果考虑到在当时已有的西文著作中,并无系统的研究近世中国学术思想著作的出现,而佛尔克这样的著作又强调近世中国哲学的重要意义且寄希望西方读者能够对那样一个时代的学术思想有一系统性的理解的话,这样的解释方式又确有其积极性的意义。对此,他也解释道:"如果我们应用一些当代西方哲学的概念来解释,对于现代西方读者来说,会能够从整体上把握到这些哲学家的思想。"① 同时佛尔克也提醒读者:"我们用与这些哲学家所谈论问题最接近的西方哲学术语为他们标注派别,但同时应注意,形而上学问题并不是他们的主要问题,像孔子一样,伦理问题仍然是他们关注的重点,并且是他们追求的目标。"② 由此可见,佛尔克虽然以西方哲学术语规定近世中国各思想家特点,但在基本观点上,并未欲脱离他所理解的中国儒家的本质问题及为学方法。中国思想家在著述形式上"像我们中世纪的学者对圣训的研究一样,宋代学者研究五经,编纂四书"。

《中国近世哲学史》在内容结构上也分为三部分。一、宋元时期。北宋:石介、欧阳修、司马光、王安石、邵雍、邵伯温、周敦颐、张载、程颢、程颐、张载及程颢弟子(杨时、谢良佐、吕大临)、其他方向(胡氏③、苏氏④)、其他体系(程本、王蘋、罗从彦、李侗);南宋:朱熹、蔡元定、黄榦、陈淳、真德秀、陈埴、陆九渊、杨简、魏了翁、袁燮;其他方向(张栻、陈亮、吕祖谦、叶适、蔡沉、刘因);元代:许衡、吴澄、陈苑、郑玉、赵偕。二、明代。不同的方向:刘基、方孝孺、吴与弼、薛瑄;一元论者:实在论的一元论者(叶子奇、罗钦顺、吴延翰、王文禄、杨东明)、唯灵论的一元论者(曹端、黄道周)、极端唯心论者(陈献章、湛若水、胡直)、王阳明和阳明学派(胡居仁、王阳明、王艮、徐爱、邹守益、钱德洪、王畿、罗洪先、顾宪成)、杨时的拥护者(高攀龙、刘宗周)、道家哲学(曾慥、吕坤、庄元臣、《胎息经》)。三、清代与民国。17世纪:泛神论者(孙奇逢、赵御众)、不同的方向(气一元论者黄宗羲、传统儒者顾炎武)、朱熹的继承者

---

① Geschichte der Neueren Chinesischen Philosophie, p. 6.
② Geschichte der Neueren Chinesischen Philosophie, p. 7.
③ 包括:胡瑗、胡安国、胡宏、胡寅。
④ 包括:苏洵、苏轼、苏辙。

（王夫之、陆陇其）、王阳明的继承者（唐甄）、站在朱熹与王阳明之间的学者（魏裔介、耿介、李颙）、教育家（陆世仪、张履祥、张而岐、汤斌、颜元、李塨）。18世纪：宋代哲学的反对者（戴震、龚自珍）、儒家的佛学学者（汪缙、罗有高、彭绍升）、怀疑论者（洪亮吉）。19世纪：不同的学派（折中派曾国藩、俞樾）、康有为学派（康有为、梁启超、谭嗣同）、宗教哲学（夏曾佑）、批判主义（王国维）。民国（对欧洲哲学的研究、吴稚晖、中国哲学的现状及对未来的展望）。

  首先，佛尔克对宋代的"性理"学给予高度的评价。他讲："在宋代，哲学发展到一个之前没有过的高度"，"在汉代经典被整理，唐代被哲学化处理，直到宋代开始探求义理及基本原则。宋代哲学家结合他们自己的想法，从简短的经典文本中发挥并得出广泛的结论，从而发扬他们自己的哲学思想。"① 古代思想家只关注于伦理问题，但是宋代思想家却开始研究宇宙、精神，并且探究伦理的本源问题。"原始儒家缺乏形而上学思想，宋代儒者受道家与佛家影响，创立了（schufen）儒家形而上学。太极（Urprinzip）、理（Vernunft）、气（Fluidum）、心（Geist）、性（Menschennatur）概念被从各个不同的方面考察及说明。"② 另一方面，宋学并没有因此脱离对于上古时代儒家思想的继承。如在《中国的世界观念》中，他谈到中国自然哲学的发展时讲："因为宋代哲学是儒家思想的再次繁荣，所以宋代学者的自然哲学观是对原始儒家关于宇宙形状、起源和构造的基础与发展。在这样的尝试过程中，他们尽可能的与原始儒家保持一致，那些基本的概念被保持并只是得到了延伸。"③ 在内容章节设置方面，谈及各思想家的思想体系时，佛尔克将中国哲学"概念"归类于以西方哲学术语为标题的各章节中。如讲朱熹的思想体系，分为：A. 形而上学（理与气、太极、神灵）；B. 自然思想（创造与消亡、天与地、阴和阳、五行）；C. 心理学（心、神鬼、魂魄和物、人性、动物和植物）；D. 伦理学（道、道德教化），并对其德文翻译用词予以说明。在翻译朱熹所讲"理"时，他讲："理的概念非常难于理解，我认为我们的'Vernunft'（理智，理性）概念能够最好地反映出朱熹的意思，其他的翻译

---

① Geschichte der Neueren Chinesischen Philosophie, p. 5.
② Geschichte der Neueren Chinesischen Philosophie, pp. 5-6.
③ Alfred Forke, The World-Conception of the Chinese, London: Late PROBSTHAIN & CO, p. 101.

只表明了对这一复杂概念的一方面理解",① 如 "麦克拉奇盖尔（Thomas McClatchie）翻译为 'Fate'（命运），卜道成（J. Percy Bruce）翻译为 'Law'（规则），贾思达（Stanislas Le Gall）翻译为 'Forme'（形式）继而岑克尔翻译为 'Form' 或 'FormalesPrinzip'，这种亚里士多德式的理解远离了中国思想的原意，岑克尔的语言是错误的。理并没有形式的意义，也同样少有命运或者法律的概念。哈克曼把它解释成世界秩序、世界意志；卫礼贤解释为理性规律。'理'是相对于物质的理性的原则，理智创造并控制着物质世界。"②

在讲到元代哲学时，佛尔克认为其只是对于宋代学术的继承。朱陆两派都有他们各自的继承者，并且也不缺乏欲综合两家学说的学者。元代著名的思想家只有吴澄，他把朱熹的二元实在论进一步发展成为一元论。对于明代早期哲学，佛尔克分为延续朱子的实在论以及反对朱子的唯心论两个主要派别。实在论有罗钦顺、杨东明，唯心论有曹端、黄道周。除此还有杨时的弟子高攀龙，他有类似张载的世界观；王阳明思想的先驱胡居仁，他的一元论和同一论哲学探究心与现象的同一；以及陈献章，一位强调静坐的极端唯心主义者。在评价王阳明时，认为 "他是近古时代朱熹之后最伟大的思想家，同一论哲学家，但是从根本上说他是唯心论者"，并且 "相比于朱熹，王阳明的视野是狭窄的，他只关注于自我修养，良知以及与此相关的问题"。③ 此外，在思想继承性方面，佛尔克认为刘宗周更多与高攀龙相似，并且与杨时、张载的学术接近，而与王阳明并无多少相同之处。在谈及清代学术时，他认为 "清代哲学并没有如宋代和明代那样有创新"，只有戴震和洪亮吉得到了他的肯定。

最后，佛尔克评价了其所处时代的中国哲学研究情况。他讲："在今天的中国，哪种哲学倾向作为主导，很难去说明。中国的，印度的，欧洲的哲学并存。（古代尊崇朱熹，后来又有阳明学，近代又探究印度或者欧洲哲学）不少儒家学者转向佛学，并寻求二者的统一。年轻的学者则重视欧洲哲学，他们选择某种在外国学习的理论系统，就像是政治中人们的不同观点。唯心主义在课程中的位置降低，他们就从其他哲学家，如尼采、奥伊肯（Eucken）、

---

① Geschichte der Neueren Chinesischen Philosophie, p. 171.
② Geschichte der Neueren Chinesischen Philosophie, p. 171.
③ Geschichte der Neueren Chinesischen Philosophie, p. 399.

柏格森等人的思想中获取'营养'。"①

四、《中国哲学史》的写作范式及其学术价值

在佛尔克看来，中国思想并不是停滞的，而是在一种"回溯"的过程中不断前进的。他借指出中国人对于哲学概念的认识而对中国思想的欲扬先抑的评价是这一观点的很好解释，"直到目前，对于中国人来说，纯粹的哲学概念仍然是陌生的。他们没有一种没有先决条件的科学和一种只为追求真理而对真理的探究。他们的普遍观点是，真理已经被知晓并被先圣们所发现，所以没有比追溯古代去掌握先贤们的成果更重要的。从这一方面来看，中国哲学表现出与天主教哲学的切近关系。严格依照这种观点，中国哲学的确几乎没有任何进步。但即使他们在极度的屈从于由神的聪明才智选定的神圣性的权威之下，他们也并没有放弃自己的思考，而是像经院哲学家们一样，重新思考本自于先贤的思想，重新构思并获得新的答案"。② 这种不断追本于先贤，又启发出新的思路的文化发展模式，正如他在阐述中国思想发展过程时所做的比喻："如果我们把中国哲学的发展过程看作一个波形的话，有波峰与波谷的相互交叉。那么，周代处于波峰，到汉代开始下降，唐代到达最低，然后在宋代又是一个高峰，明代这个波形下降，清代到了低点。然而在清代后期又开始了新的上升。"③ 至此，我们能够总结出其整部哲学史的较为明晰的写作范式：以中国哲学自身发展过程中的特点为导向，并严格以原始史料为依托，总结出中国哲学思想自身发展过程中的义理性与逻辑性特征。这种中国文化自身发展历史进程中的义理性在其看来是一种积极性的，并不断由于新的时代问题的出现而呈现出新的义理内涵。而在当下，这种能够开启中国文化原始资源新发展的新方法，正是被中国学者所研究的"西方哲学"。佛尔克在《中国哲学的现状及对未来的展望》一章中提出了这种展望，"对于目前中国的情况来看，并没有真正的哲学家诞生。但是可以肯定的是，在这场来自于不同的国外思想之间的关于世界观的争论之后，将会有新的有影响力的哲

---

① Geschichte der Neueren Chinesischen Philosophie, p. 650.
② Geschichte der Alten Chinesischen Philosophie, p. 1.
③ Geschichte der Neueren Chinesischen Philosophie, pp. 463-464.

学家的诞生"。①

从佛尔克三卷本《中国哲学史》的写作历程可以看出，他始终关注于中国哲学的发展及"中国哲学史"学科建设的发展。在上古部分的写作过程中，佛尔克对以汉语完成的谢无量的《中国哲学史》、胡适的《中国哲学史大纲》进行参考；在写中古部分时，对于当时刚出版不久的钟泰的《中国哲学史》（1929）、哈克曼的《中国哲学》（1927）、卫礼贤的《中国哲学》（1929）也加以借鉴；并且在 1942 年，在已经完成三卷本《中国哲学史》写作的基础上，佛尔克又发表了《当代中国思想家》②一文，其中介绍了孙中山、陈独秀、胡适、李大钊、梁漱溟、张东荪、冯友兰、张申府、郭沫若及林语堂的思想，亦可以看作是其对《中国哲学史》发展内容的补充。由此可见，佛尔克对中国思想的关注并不是局限于向西方读者介绍中国思想，而是在与整个中国哲学史研究领域相关联及对现代中国哲学发展情况的密切关注下来思考"中国哲学史"学科建设问题的。所以，应在整个中国哲学史学科建设的历史发展过程中看到其著作的学术价值；在中国哲学研究范式反思的基础之上，思考其写作"范式"对于目前中国哲学研究在方法上的启发性作用；并对于其由于所处时代背景而间有的错误理解及内容上的遗漏，给予客观的评价。诚如何可思曾讲道："人们意图通过寻找一些个别的错误，或者通过诋毁一些可争辩的观点，抑或指责书中偶尔出现的他所反对的中国古代哲学家的观点而对佛尔克这部作品重要性的否定是不公正且不知感谢的行为，因为这部著作说到底并不是出自一个中国人，而是一个后维多利亚时代的欧洲人。这样的（否定）对于评定这部著作的价值是微不足道的。更重要的是认识到它对于促进汉学及哲学研究的作用，它已经完成的工作和后继者们需要继续进行的工作，以及首要的是，开始着手那些它所呼吁的课题。"③

（张慕良　吉林大学哲学社会学院，讲师，
德国耶拿大学神学院博士后）

---

① Geschichte der Neueren Chinesischen Philosophie, p. 650.
② Alfred Forke, "Moderne Chinesische Denker", *Zeitschrift der Deutschen Morgenländischen Gesellschaft.* Vol. 96, No. 2 (1942), pp. 208-260.
③ Eduard Erkes, "ZuForkes Geschichte der Chinesischen Philosophie", ArtibusAsiae, Vol. 9, No. 1/3 (1946), p. 183.

·波兰汉学研究·

论所谓的"中华连锁推理"（上）*

［波兰］雅努什·赫梅莱夫斯基（Janusz Chmielewski）著
钱　爽　译

以早期中华推理最为典型的形式之一而对早期中华推理（early Chinese reasoning）加以分析的最初之认真尝试，要算保罗·马森乌瑟尔（Paul Masson-Oursel）刊于 Revue de Métaphysique et de Morale（《形上学与道德评论》）第 XX 期，1912 年（巴黎），第 810—824 页的《连锁推理比较理论概述》（Esquisse d'une théorie compare du sorite）一文［亦可另参见其刊于 Revue de l'Histoire des Religions（《宗教史评论》）第 LXVII 期，1913 年，第 49—54 页的《儒家的论证——关于佛教以前的中华逻辑札记》（La demonstration confucéenne-Note sur la logique chinoise prébouddhique）一文，该文事实上复制了《概述》一文之首章"中华连锁推理"（Le sorite chinois）］。这里所说到的形式的一个漂亮而又比较简短的例证，就比如说是《老子》第五十九章："重积德则无不克，无不克则莫知其极，莫知其极［则］可以有国。"【作者英译："If one repeatedly agglomerates one's Virtue, there is nothing one cannot overcome; if there is nothing one cannot overcome, one knows no bounds; if one knows no bounds, one is able to keep the kingdom."大意即："如果一个人不断地凝聚自己的美德，那么他就没有什么是无法克服的；如果他没有什么是无法克服的，

---

* 本文是原文出处为"Notes on Early Chinese Logic（Ⅱ）"，*Rocznik Orientalistyczny*, XXVI: 2, 1963, pp. 91-105 之节译。

那么他就知道没有界限;如果他知道没有界限,那么他就可以保有王国。"】① 马森乌瑟尔,正如从他那篇研究的标题所见,把该形式定义为连锁推理(sorites),尽管他评论道:"它不是,或者至少在本质上不是所涉及的诸理念之间的一种关系;这些概念的延伸或理解不是,或者至少不是这些论证所支配的唯一原则;相反,它们是由注意诸客观条件之间的诸关系组成的。"② 此外,在认为该形式是儒家学派之典型的同时,马森乌瑟尔还更具体地把它描述为"儒家连锁推理"(Confucian *sorites*),并表示所说到的这种形式是:"每当一个论证变得是必然的,并且……是唯一介入进来的推理类型的时候"便加以使用③。他还根据"推理的中枢就在于条件关系是具有条件性,反之亦然",从而区分了连锁推理的两种子形式——"前进式"(the progressive)和"后退式"(the regressive)④。这些区别是以从儒家经典中提取出来的诸实例为例的,并表示连锁推理中的"前进式"这一子形式要比"后退式"更频繁出现。后者通过三个例证进行了试探性的说明,但是作者表示它们中有两个"推理是混合的,依次是后退式和前进式"。因此,事实上,

---

① 须注意的是,中华哲学文本之翻译(包括最佳翻译在内)常常抹去了具有逻辑兴味的诸文段的形式方面,还须注意的是因而任何一种中华推理的逻辑分析都不可避免地应当建立在它们原始用词的基础之上。对于刚才所援引的《老子》文段,参见例如 A. Waley, *The Way and its Power*, p. 213。从文学的角度来看,韦利(A. Waley)对这一文段的迻译当然要比我的更通顺流畅,但是在中文原文中分明体现出来的该推理的形式方面,却在他的翻译中几乎消失殆尽。

② Paul Masson-Oursel, "Esquisse d'une théorie compare du sorite", in *Revue de Métaphysique et de Morale*, 1912(10), p. 810.

③ "Esquisse d'une théorie compare du sorite", in *Revue de Métaphysique et de Morale*, p. 811.

④ 【译注】在西洋形式逻辑中,后退式连锁推理又称亚里士多德连锁推理(Aristotelian *sorites*),其公式是:

所有甲是乙;
所有乙是丙;
所有丙是丁;
所以,所有甲是丁

前进式连锁推理又称郭克兰纽连锁推理(Golenian *sorites*),其公式是

所有丙是丁;
所有乙是丙;
所有甲是乙;
所以,所有甲是丁

我们有三种子类别——"前进式""混合式"（the 'mixed'）和"后退式"——后者根据马森乌瑟尔本人所言减少至单个实例①。在马氏之后②，值得一提的对我们这个问题做出了唯一贡献者就是卜德（D. Bodde）的研究"李斯推理的类型"（Types of Reasoning in Li Ssŭ），这构成了他专书《中国首位统一论者》（China's First Unifier, Leiden, 1938）的一部分③。卜氏——独立于他的法国前辈之外，他似乎忽略了他的法国前辈们的文章——在"李斯列传"（《史记》八十七章）中发现了我们此处所说到的形式，并把它描述为一种"连锁三段论（chain-syllogism）或连锁推理（sorites）"，还做出了强烈的评判："中华连锁推理……确切地说根本不是一种逻辑论证的形式，因为它包含有逻辑谬误在其中，而它试图用一种吸引人的风格来掩盖之。"④ 现在，所有这些马森乌瑟尔和卜德所做出的陈述，都亟须重新考虑。

　　首先，不难看出，把我们此处所说到的推理形式归结于儒家学派并没有切中要害。马森乌瑟尔本人表示，在最"儒家"的文本中，例如在《论语》中，这种形式只出现了一次（《论语·子路》第三条），而在他的第二个研究版本（La demonstration confucéenne, p. 49, 脚注 1）中，他又谈到《老子》一书中也呈现出了这样的连锁推理（亦可另参见前文所援引之例证, p. 91）。卜德在"李斯列传"中发现了这种连锁推理，我们也可以补充说它还出现在诸如《韩非子》《系辞》等文本中。因此，我们必须处理一种绝不局限于儒家学派并且似乎是一般意义上早期中华哲学思维特征的推理形式，而不去计较特定的文本被认为所属的思潮（或学派）为何。其次，正如马森乌瑟尔所说，所谓的连锁推理是中华思想者们在进行论证时为他们所用的唯一形式，这并不正确。撇开在早期中华哲学文本中我们一般与说服而不是与论证相干的这个别外重要的事实⑤，让我们回忆一下在《公孙龙子》中我们已经发现

---

① "Esquisse d'une théorie compare du sorite", in *Revue de Métaphysique et de Morale*, pp. 812-813.

② H. Maspero, "Notes sur la logique de Mo-tseu et de son école", *T'oung Pao*, XXV, 1928, p. 1 以及 Kou Pao-koh, *Deus sophistes chinois*, p. 125. 似乎在关于"儒家连锁推理"方面与马森乌瑟尔的主要意见是一致的。

③ 卜德（D. Bodde）《中国首位统一论者》（*China's First Unifier*），Leiden, 1938, pp. 223-237.

④ 《中国首位统一论者》（*China's First Unifier*），p. 232.

⑤ 在早期中文文本中查明在严格的词项（term）意义上与何为论证相对应的推理实例实属不易。我怀疑这些实例是否存在于《公孙龙子·白马论》之外，在《白马论》这一篇章中却并没有使用连锁推理。

了非常具体的推理形式,它完全不同于我们此处所说到的所谓连锁推理①。此外,为了拭目以待本研究下一章中将要展示的内容,我们必须说逻辑分析是能够发现中文文本中其他具体的推理形式的,它不同于迄今为止所说到的那些推理形式。因此,与马森乌瑟尔相反,我们有权表示早期中华哲学家有相当多的形式方法可供他们支配,而且他们实际上使用了各式各样的推理类型。所谓的连锁推理,其本身既重要而且又具有典型性,远不是早期中华哲学思维中所遇到的唯一逻辑形式。为此,亦可另参见 Maspero, *Notes*, p. 3 以及 Bodde, *Types of Reasoning* 各处——尽管马伯乐(H. Maspero)解决问题的方法以及卜德的分类标准与我的有很大不同。在对所宣称的"中华连锁推理"的两个子形式("前进式"与"后退式")所具有之区别以及卜德对该形式在整体上的批评进行考察之前,有必要从现代形式逻辑的立场上来分析一下该形式本身。经过更为仔细地检查,所宣称的"中华连锁推理"可以被证明是属于命题演算(propositional calculus)的(也就是说,用整体命题或命题变量来运算的逻辑部分并没有被分解成比命题还小的构件),结果就是建立在这种演算的有效式的基础之上。另一方面,连锁推理这样的观念在关于正在讨论中的形式方面是不适当且具有误导性的。

现在,连锁推理的观念是与三段论传统严格联系起来的。在传统逻辑中,该形式被定义为有"甲是乙,乙是丙,丙是丁;故甲是丁"或"丙是丁,乙是丙,甲是乙;故甲是丁"形态的删节了的复合三段论(polysyllogism)②。将上述定义与任何先前被描述为连锁推理的中华推理进行比较,这就足够了——让它作为从《老子》一书中提取出来并在前文加以援引的例证——来看待这样一种条件限制的不足之处。独立于所有会对所说到的《老子》推理提出反对的诸反对意见之外(诸反对意见与那些由卜德做出的关于李斯推理的反对意见相似,我们稍后还必须要回到它们上来),人们清楚地看到没有涉及诸词项之间的诸关系,并看到推理可以被看作是与命题单位紧密相连的。事实上,该文段由三个分子命题(molecular propositions)组成,其中每一个分子命题反过来又由两个未在推理过程中加以分析的原子命题(atomic propo-

---

① 另参见本论文的第一部分,*Rocznik Orientalistyczny*, XXVI: 1, 1962, pp. 9-14.

② 例如,参见 A. Lalande (ed.), *Vocabulaire technique et critique de la philosophie*, 5th ed., Paris, 1947, *s. v. Polysyllogism*, p. 768 以及 *Sorite*, pp. 990-992. 就我所知,连锁推理观念既没有在古代逻辑中,也没有在传统逻辑中发挥任何重大作用,而且它根本就没有出现在现代数理逻辑中。

sitions）组成。诸分子命题与由逻辑积（logical product）符号组成的一个三构件之整体息息相关（连词"和"，等同于逻辑记号的符号"·"），这——在中文里是常有的事——虽然没有被表达出来，却能被清楚地加以理解，而诸原子命题则与由助词"则"组成的分子命题息息相关。另外一个要点就是，四个原子命题中有两个涉及一个以上的分子命题，如下面的公式所示（甲、乙、丙、丁代表了所说到的原子命题）：

$$（甲则乙）·（乙则丙）·（丙则丁）$$

当然，助词"则"在这里具有条件合取（the conditional conjunction）的价值，等同于英语的"if…, then…"①，并使诸分子命题成为条件句（conditional sentences），在这种条件句中，作为组成部分的原子命题分别与前件（the antecedent/*protasis*）和后件（the consequent/*apodosis*）对应。此外，鉴于"如果甲，那么乙"（"if *p*, [then] *q*"）类型的诸分子结构之间的密切联系以及所谓的形式逻辑中的蕴涵②（implication in formal logic），助词"则"在这里事实上就是与蕴涵算符相对应的语言符号，这在逻辑记号中一般写作"⊃"。因此，正在讨论中的文段在逻辑上构成了三个蕴涵的连锁，或者更佳的说法是三个特殊蕴涵的逻辑积：

$$（甲⊃乙）·（乙⊃丙）·（丙⊃丁）$$

就我所知，到现在为止还没有人揭示出双命题的分子结构（bipropositional molecular structures）在早期中文文本中的作用及频率，它与在词项的逻辑意义上的蕴涵（implication）相对应。也要强调的是，这样的诸结构之重要性到目前为止并不局限于正在讨论中的所谓连锁推理——尽管中华思想者们似乎正是在这种形式的范围之内最充分地开发了这一蕴涵。事实上，蕴涵是所有命题间关系之最根本者，并且实际上呈现在任何的推理形式之中。另一方面，有一些与这种关系的

---

① 【译注】"如果……，那么……"
② 【译注】"蕴涵"（implication）这个概念在现代西洋演绎逻辑中通常表示这样一种关系，即一种复合命题（条件命题或假言命题）前件与后件之间的关系。条件命题"如果甲，那么乙"就是一个蕴涵式，称为"甲蕴涵乙"，写作"甲⊃乙"或"甲→乙"。如果"甲蕴涵乙"是真的，则说明甲与乙具有蕴涵关系。"如果……，那么……"（或⊃、→）被称为蕴涵词。

诠释相关联的具体困难——这些困难已经在斯多噶—麦加拉学派（Stoic-Megaric school）中加以讨论了，并且被现代逻辑学家称为"蕴涵怪论"（"paradoxes of impli-cation"）——因此，似乎有必要对蕴涵本身及其在中文里的语言表达说上几句话。

现代逻辑中最为广泛接受的诠释就是外延性的诠释，这可以回溯到麦加拉的斐洛（Philo of Megara）。在这种诠释中，蕴涵的有效性只依赖于除了前件和后件在甲真乙假这样的情形——且仅针对这样的情形——之外分子结构"甲⊃乙"仍然有效的这个意义上的逻辑值（"真"或"假"）。这样设想的话，蕴涵的有效性是独立于作为构成部分的原子命题的语义内容（the semantic content）之外的，并且在前件中所描述的诸事物的状态和在后件中所谈到的诸事物的状态二者之间并不需要有必然的联系。但是在斯多噶—麦加拉学派内部，却已然还有其他对蕴涵的诸诠释，其中一个就对中文蕴涵的问题有着特殊的兴趣。① 我

---

① 【译注】最早提出蕴涵的基本定义并充分研究了蕴涵问题的，就是古希腊的斯多噶—麦加拉学派。麦加拉学派的第奥多鲁（Diodorus）同他的弟子斐洛（Philo）是在争论条件命题（假言命题）联结词"如果……，那么……"的真值问题时提出蕴涵问题的；后来，斯多噶学派继续讨论了这个问题，并加以扩展。联结词"如果……，那么……"表明，后件是由前件逻辑地推出的。就这一点而言，麦加拉学派和斯多噶学派的意见是一致的。但是，他们在对于条件命题的真假问题上争论很大。在这些争论中产生了四种不同的蕴涵式：斐洛蕴涵式（Philoician implication）、第奥多鲁蕴涵式（Diodorean implication）、联结蕴涵式（connective implication）、包含蕴涵式（inclusive implication）。

斐洛蕴涵式。斐洛认为，一个条件命题是真的，当且仅当该命题没有真的前件和假的后件，也就是指一个用联结词"如果……那么……"（"if…then…"）所组成的条件句或条件命题"如果甲，那么乙"是真的，当且仅当它不是甲（前件）真乙（后件）假。斐洛提出的蕴涵被称为"斐洛蕴涵式"，它已经有了完整的蕴涵语句真值表，这与后来皮尔士（Charles S. Peirce）所说的"实质蕴涵"（material implication）的真值表是一致的。

第奥多鲁蕴涵式。第奥多鲁认为，一个条件命题是真的，只要它现在不可能、过去也不曾可能有一个真的前件和假的后件。也即当一个条件命题以真的前件开始，并且过去不能、现在也不能以假的后件结束的时候，该命题是真的。但是这却是与斐洛蕴涵式不相容的。例如，当天在下雨并且我在说话的时候，陈述"如果天在下雨，那么我在说话"这一条件命题，在斐洛看来就是真的，因为"天在下雨"这一前件真，并且"我在说话"这一后件也真；但是第奥多鲁就会认为这个条件命题是假的，因为对于某个时间里，假如我陷入了沉默而没有说话，那么对于"天在下雨"这一前件依然是真的，而"我在说话"这一后件就是假的了。第奥多鲁蕴涵式和斐洛蕴涵式的主要区别有以下两点：第一，斐洛蕴涵式讨论的条件命题前件和后件都是一个命题，而且斐洛蕴涵式实际上就是后来的实质蕴涵，而第奥多鲁蕴涵式讨论的前件和后件却是一个命题函项，因此第奥多鲁蕴涵式实际上是后来形式蕴涵的一种特殊类型，它隐含着一个自由时间变元 t，因此第奥多鲁蕴涵式本身并无真假可言，其真值取决于时间变元 t 的某一具体取值。第二，斐洛蕴涵式认为，一个条件命题是真的，当且仅当该命题非前件真而后件假；实际上第奥多鲁蕴涵式也是支持这个观点的，只是其条件命题的前件和后件隐含着一个自由时间变元 t，t 在这里可以自由取值，即无论 t 取过去、现在、将来的某一个值时，斐洛蕴涵式都是真的。

联结蕴涵式。联结蕴涵式通常被认为是克里西普斯（Chrysippos）提出来的，因而又被称为"克里西普斯蕴涵式"。这种蕴涵式指的是，一个条件命题如果其后件的否定与其前件不相容，则它是真的；一个条件命题如果其后件的否定与其前件相容，则它是假的。例如条件命题"如果这是白天，那么天是黑的"，因为"天是黑的"这一后件的否定"天不是黑的"与前件"这是黑夜"不相容，所以这个条件命题是真的；条件命题"如果这是白天，那么张三在看书"，因为"张三在看书"这一后件的否定"张三不在看书"与前件"这是白天"相容，所以这个条件命题是假的。这里的"不相容"（incompatibility）如果理解为"并非"，那么这种蕴涵式实质上与斐洛蕴涵式无异；但如果把"不相容"理解为"不可能"，则这种蕴涵式就与斐洛蕴涵式区别开来了。联结蕴涵式与刘易斯（Clarence I. Lewis）的"严格蕴涵"（strict implication）基本一致的。

包含蕴涵式。包含蕴涵式指的是，如果被蕴涵的命题是潜在地被包含在第一个命题中，那么这个蕴涵是真的。也就是说，如果一个条件命题的后件潜在地包含在它的前件之中，那么这个条件命题就是真的。

的意思是非外延的"联结"（connective）诠释，它与现代逻辑中刘易斯（C. I. Lewis）的"严格蕴涵"（strict implication）相对应，并由梅茨（B. Mates）博士在早期希腊逻辑学家中加以发现。① 这种更为狭隘的（显然也是更具常识性的）诠释，也更接近于普通语言中条件序列的实际使用，它不仅需要与外延蕴涵情况相同的矩阵，而且还需要在"甲⊃乙"（"如果甲，那么乙"）这样的结构与"甲且非乙是不可能的"／"不可能甲且非乙"相等同的这个意义上前件与后件之间的特定联系。不难发现，中文的蕴涵意味着后一种意义。即便是连词"则"和通常用来指代蕴涵的其他一些简单的连词（例如"苟"："苟甲，乙"）② 在这方面并不是很有启发性，但那些经常与道德作为蕴涵算符的更为复杂之语言表达却毫不含糊："甲则不可不乙""甲不可以不乙""甲不可不乙"（"如果甲，那么非乙是不可能的""如果甲，那么不可能非乙"）或"甲必乙"（"如果甲，那么必然乙"）——这近乎于"甲且非乙是不可能的""不可能甲且非乙"。因此，中文的蕴涵是非外延的，因此它建立起了——或者更佳的说法是它声称建立起了——其前件和其后件之间的必然联系。把这些限制记在心上——不过它们却阻止不了我们依据数理逻辑中常见的蕴涵的外延观念来诠释中华推理——我们现在就可以转向对所谓的"中华连锁推理"作出进一步的分析，并询问其最完整可靠的逻辑公式究竟是什么样的。

我们把本身正在讨论中的《老子》推理加以简化而得到的三构件的蕴涵连锁，是另一个蕴涵的前件，它的后件虽然没有被表达出来，但却能被清楚地加以理解。蕴涵的关系（无论是在外延意义上还是在联结词的意义上）是一种可递的关系，而且根据蕴涵传递律（the law of the transitivity of implication），形式上作为一个整体的逻辑积［（甲⊃乙）·（乙⊃丙）·（丙⊃丁）］蕴含了命题（甲⊃丁）：

$$[（甲⊃乙）·（乙⊃丙）·（丙⊃丁）] ⊃ （甲⊃丁）$$

---

① 另参见 Bocheński, *Ancient Formal Logic*, pp. 90-91.
② 须注意的是，迄今为止所产生的中文语法描述从来没有考虑到作为蕴涵算符的"则"的逻辑作用。这也涉及其他既简单又复杂的表达，它们发生在相同的功能中。

上述公式是一个漂亮的命题演算（the calculus of propositions）之重言式（tautology），也就是说，无论代替甲、乙、丙、丁的碰巧被替代了的原子命题的真值是什么，它总是真的。另一方面，正在讨论中的《老子》文段——正如我们所知，与［（甲⊃乙）·（乙⊃丙）·（丙⊃丁）］相对应——所想要表达的言下之意显然是这个："重积德（甲），则可以有国（乙）。"自不待言的是，最后的后件从《老子》文段中省略（也从这一类推理的所有其他实例中省略）是因为这样的事实，即后件显然被认为是由实际表达出来的特殊蕴涵的连锁所蕴含着的。因此，该公式似乎充分翻译出了所宣称的连锁推理的逻辑性质，因而它后来证明是一个属于命题演算的有效定理的很好应用——虽然它委婉地说是不完整的。① 为了更严格地表达它，虽然有一点儿拙劣，但所宣称的"中华连锁推理"却是一些特殊蕴涵构成的一种特殊的逻辑积，其中任何一个在前面蕴涵中的前件都表现为后面蕴涵中的后件，并且从整体上来看，

---

① 为了防止专业的逻辑学家可能提出异议，我想强调一下我意识到了逻辑定理（logical theorem）（我已经把讨论中的《老子》推理加以简化所得）和何为实际的推理（inference）之间的区别所在。大多数正在讨论中的可能是中华哲学的这一类型的推理，在目前情况下可以用以下图式框架来表达：

$$[（甲⊃乙）·（乙⊃丙）·（丙⊃丁）] ⊃ （甲⊃丁）$$
$$\underline{[（甲⊃乙）·（乙⊃丙）·（丙⊃丁）]}$$
$$（甲⊃丁）$$

在这一图式框架中，前两行构成了前提（the premises）而第三行则通过推理过程（the inferential procedure）从而给出了所要得出的结论（the conclusion）。在该图式框架的全部之中，正如我们所知，只有［（甲⊃乙）·（乙⊃丙）·（丙⊃丁）］被实际表达了出来，而第一个（"大"）前提和结论本身则是有待去理解的。另一方面，这类推理程序遵循的是被称为"假言推理肯定前件论式"（modus ponens）的规则，如果依据相应的定理（被称作"蕴涵推理"［'inferential implication'］）它被非元逻辑地陈述出来的话，那么它会在我们的案例中给出一个相当冗长而且笨拙的公式。为了使之方便，我们可以给它在形式上加以删节：

$$[（子⊃丑）·子] ⊃ 丑$$

不过在这里，"子"代表的是［（甲⊃乙）·（乙⊃丙）·（丙⊃丁）］，"丑"代表的是（甲⊃丁）。我们现在可以更清楚地看到所谓连锁推理所具有的暗指且又省略的特质——实际上局限于纯粹的一串诸特殊蕴涵的连锁——它至少被认为是孕育着更大的蕴涵，而它是这个更大的蕴涵的前件，或者更佳的说法是倘若它不是孕育着整个推理程序的话，那么它就被认为是孕育着与之相对应的假言推理。然而，自不待言的是，中华思想家们从来就没有任何刚才谈到的诸区别之观念（也从来没有任何不同于这种现在被称为逻辑定理或者特别是被称为推理替代物的陈述的推理之观念）。因此，我不认为有必要通过把这些区别引入到我的分析之中而使问题复杂化。相反，我更倾向于把我自己限制在把"中华连锁推理"简化为比较简单的定理［（甲⊃乙）·（乙⊃丙）·（丙⊃丁）］ ⊃ （甲⊃丁）上，中华连锁推理与之直接对应，而且这一定理当然也正是所说到的推理之基础，无论对它更恰当的逻辑诠释是什么。当然，这些言论还涉及"中华连锁推理"的一般公式，正如在上文脚注中所给出的，另参见下文脚注。

它表示出了蕴含有第一个特殊蕴涵的前件蕴含了最后一个特殊蕴含的后件的意思。后一个蕴涵是整个连锁的后件，它从推理中被省略过去。由于构成连锁的特殊蕴涵的数量在理论上是没有限制的，因此推理的一般公式可如下所示：

$$[(甲_1 \supset 甲_2) \cdot (甲_2 \supset 甲_3) \cdots (甲_{某前} \supset 甲_某)] \supset (甲_1 \supset 甲_某)$$

然而，其中实际被表达出来的部分只是中括号里的那部分。须再度注意的是，上述公式又是一个逻辑重言式（logical tautology），并且无论放在$甲_1 \cdots 甲_某$位置上的诸特殊原子命题是什么，也无论位于公式左侧构成连锁的可推导出结果的诸特殊蕴涵之真值是什么，它总是真的。例如，倘若诸特殊蕴涵都是真的（真值"—"），并且因此左侧的积（由真因子组成）也是真的（"—"）的话，那么右侧的蕴涵（$甲_1 \supset 甲_某$）当然就是真的（"—"）；因此，整个公式都是真的："— ⊃ — = —"。然而倘若有一个或者更多的特殊蕴涵是假的（真值"--"），那么左侧中括号里的连锁（作为有着假因子的一个逻辑积）就是假的（"--"）了，但是不计右侧蕴涵的真值的话则整个结构是真的，无论右侧蕴涵是真的（它更有可能如此）抑或是假的，因为一个有着假前件的蕴涵总是真的："-- ⊃ — = —"，"-- ⊃ -- = —"。主要的蕴涵会是假的的唯一情形（"— ⊃ -- = --"）是不包括在内的，故由此可得正在讨论中的中华推理建基于诸有效的命题演算之重言式，就它这个意义上而言从形式上看是好的，① 还可得出（如果推理性诠释被承认的话）它会遵循推理的诸正确规则。记住这一点，我们现在就准备好了转向卜德对"中华连锁推理"提出的诸反对意见（另参见前文）。不难看出这些反对意见它们必定关注该问题形式以外（逻辑以外）的诸方面。

（雅努什·赫梅莱夫斯基（1916—1998）波兰华沙大学东方学院中文系（时为波兰华沙大学东方研究所）教授；
译者：钱爽 比利时根特大学汉学博士研究生、
荷兰莱顿大学哲学博士研究生）

---

① 把中华连锁推理（chain-reasoning）诠释为一种具体的假言推理肯定前件论式的这种"更强有力"的诠释得出了已经在上文脚注中给出了的公式，即$[(子 \supset 丑) \cdot 子] \supset 丑$（不过这其中，"子"代表的是$[(甲_1 \supset 甲_2) \cdot (甲_2 \supset 甲_3) \cdots (甲_{某前} \supset 甲_某)]$，"丑"代表的是$(甲_1 \supset 甲_某)$，这又是一个重言式。

·新西兰汉学研究·

大洋洲人文共同体中的新西兰汉学

熊文华

摘　要：中新两国之间有文字记录的交往可追溯到 18 世纪 70 年代，1869 年 2000 多名华工远赴新西兰淘金。长期以来，新西兰政界在承认华人移民给新西兰社会、政治和经济带来深远影响的同时，也散布一些对华人移民的偏见和传言。1969 年，奥克兰大学率先在政治系设立了汉学研究教席，后来历史系也聘任了一位中国历史学家开课，威灵顿维多利亚大学也设置了包括汉学在内的亚洲研究课程。在过去几十年，中新两国在经贸、教育和旅游等方面得到了快速发展，新西兰的汉学界也涌现了一批专家学者，在大洋洲学术界有其独特的作用和地位。

关键词：淘金　怀唐伊条约　文化交流　华人移民法案　人头税

被称为"长白云之乡"（The Land of the Long White Cloud）的新西兰位于太平洋西南部，由北岛（North Island）和南岛（South Island）以及其他数百个大小岛屿组成，西隔塔斯曼海和澳大利亚相望，北邻汤加、斐济和新喀里多尼亚，国土面积约为 26.8 万平方公里，人口 469 万（2016 年统计数）。

一亿年前新西兰从冈瓦纳古陆（Gondwanaland）分离出来，在史前 5000 万年漫长的历史中当地动植物便繁衍生息于那孤立的环境中。据考证，公元 10 世纪库克群岛和塔希蒂的波利尼西亚航海家曾乘坐独木舟前往新西兰，在此后的 200 多年中开始出现了一些定居点（Settlement）。1642 年 12 月 13 日，荷兰航海家阿贝尔·扬松·塔斯曼（Abel Janszoon Tasman，1603—1659）在寻找"失去的南方大陆"探险中进入了新西兰的西海岸水域，因毛利人围堵而逃离。后来他以荷兰一个区域的名字把这片土地命名为"新西兰"（Nieuw Zeeland），并绘制了部分西海岸地形图，给世人留下了这片待开发土地的线索和希望。

从 1350 年起毛利人开始定居于新西兰。1769 年至 1777 年英国皇家船长詹姆斯·库克（James Cook，1728—1779）先后 5 次到访此地，随后捕捞海豹和鲸鱼的渔民和传教士也纷纷加入开发团队，在各方势力的竞争中英国正式宣布对新西兰的占领。

1840 年新西兰的土著人口约为 10 万，还有大约 2000 名欧洲人散居于沿海地区。当时新西兰没有统一的行政机构和组织，毛利人和白人团体希望得到英国当局的保护，并为维护社会秩序制订出相关法律。同年 2 月 6 日，英国王室官员和毛利人代表在岛屿湾的怀唐伊镇签署了《怀唐伊条约》（Waitangi Treaty），承认土著毛利人有权继续拥有自己的土地、森林和渔场，西方开拓者可定居于新西兰，新西兰人可享有英国公民的权利。1856 年成为英国的自治殖民地。

学术界在研究新西兰早期居民的来源问题时首先关注到南太平洋 25000 个岛屿上的生物种群和移民的来源问题，澳大利亚国立大学考古学家彼得·贝伍（Peter Bellwoo）认为早期大洋洲的航海者可能主要来自中国大陆和台湾省。他的依据是：已发现的拉皮塔文化遗存（Lapita Cultural Remains）中的陶器、黑曜岩和贝壳饰物在地理空间上的分布均属于 6000 年前华南和台湾农耕文化的衍生物；从语言学方面考察，正如夏威夷大学语言学家罗伯特·布鲁斯特（Robert Blust）发现的那样，若把南岛语系的 1200 种语言归结为 10 个语族就会发现，其中 9 个语族都与台湾土著语言有惊人相似之处，这一亲缘关系一直延伸到台湾和大洋洲原始南岛语言（Proto-Austronesian）区；从遗传学角度追索，90%—95% 的波利尼西亚人都有一种曾广泛存在于东南亚居民身上但现今已消失的遗传。

新西兰的第一批移民是毛利人，他们的语言属于马来-波利尼西亚（南岛）语系，是大航海时代分布最广的语系，范围东达南美的复活节岛，西至东非外海的马达加斯加，南及新西兰，北到台湾和夏威夷。据记载当年麦哲伦（Ferdinand Magellan，1840—1521）船队环球航行时曾从伊比利亚半岛启航，在菲律宾群岛遇上一群土著人，便派不久前从苏门答腊买来的一个名叫亨利的仆人上岛了解情况，令他吃惊的是彼此竟能用口语进行交流。200 年后荷兰船长库克团队中见多识广的能人揭开了其中奥秘：太平洋地区的波利尼西亚语与东南亚的印度尼西亚语以及非洲马达加斯加语能相互沟通的原因是它们同属南岛语系。2006年新西兰外交部长温斯顿·彼得斯（Winston Peters）在一次东盟首脑会议上深思熟虑的断言："新西兰的早期移民毛利人就是中国人。"

英国退休海军军官凯文·孟希斯（Gavin Menzis, 1937—）凭借一张1424年绘制的海图进行了长达15年的研究，撰写出《1421年：中国发现了世界》（1421：The Year China Discovered the World）一书，确认明成祖永乐十九年（1421）2月5日郑和曾带领三万将士从中国东海出发，先后横穿太平洋、大西洋和印度洋，经过麦哲伦海峡、南极洲、新西兰和澳大利亚，在两年时间内为"宣德化而柔远人"遍游地球一周。历史的纵横关系链把南太平洋的澳大利亚和新西兰连接在一起。

加德士石油公司退休海事工程师塞德里克·贝尔（Cedric Bell），根据《1421年：中国发现了世界》提供的信息，曾于2003年利用两次到新西兰看望儿子的机会顺访了他日思夜想的历史古迹。他坚信2000年前就有中国海船到访过新西兰，1000多年前新西兰南岛的基督城植物公园就已出现一个居民多达4000人的中国城。

中新两国之间有详细文字记录的交往至少可追溯到18世纪70年代。19世纪初的广州和澳门曾经是新西兰倒爷的第一个国际豹皮市场，1842年有一位名叫黄鹤廷的广东人自南岛北部登岸尼尔森。1860年华人移民新西兰，除了那里的肥沃可耕地外，在奥塔戈（Otago）和西海岸的金矿开采也是吸引他们的因素。1864年新西兰南岛奥塔戈省从中国招募矿工，当时正值太平天国运动，中国社会动荡，很多人为避战乱选择了应募前往。5年后共有2000多名华工远赴新西兰，其中多半来自广东。

19世纪60年代一批广东农民前往新西兰南岛奥塔戈淘金。由于路途遥远，交通闭塞，他们无法与国内亲人联系。一些新西兰传教士出于对华工的同情，为他们办班学习圣经和英语，设法帮助他们传递家书。从19世纪90年代起新西兰长老会传道团先后派遣了20人到广州传教。1896年牧师亚历山大·唐（Alexander Tang）等人在江村建医院办学校，为村民提供医疗服务，受到欢迎。抗日战争爆发后他们与广州民众同甘苦共患难。

1884年安妮·伊莎贝尔·詹姆斯（Annie Isabella James，中文名泽国）出生于新西兰奥塔戈的奥特坡普（Otepopo）的一个农民家庭，有兄弟姐妹6人。因为家境清贫，6岁时她就开始干农活。9岁时母亲去世后她离家到达尼丁市打工，后加入了当地长老会青年团。1910—1911 年她在长老会妇女培训学校学习教会史，1912 年 9 月被按立为执事。广州乡村传道团牧师亚历山大·唐和麦沾恩帮助她学习中文，为她后来到广州江村传教做准备。1914 年她回新西兰治病期间学习了助产护理培训课程，结业后重返广州。第二年江村的普惠医院（The Hospital of Universal Love）建成，她被安排在女子学校工作，在向当地妇女儿童传教的同时提供医疗服务。1921 年她再次回国进修妇产科课程，获得助产士资格证书后返回江村。

1929 年她在墨尔本学习了两个月的儿童福利专业课程，回广州后应邀到偏僻的小县城从化开办普惠医院街口分院，负责产科、巡回医疗和护士培训工作，同时还承担了主日学校和儿童日托服务。她用广州口语编写了一套婴儿哺育护理手册，自己还收养了 5 个被遗弃的幼儿。

1935—1936 年她在养女梁贝蒂（Betty Leung）陪伴下回新西兰休假，不久再次返回广州。1937 年 10 月日军轰炸并入侵街口，她不得不在一座寺庙另设一处医疗站。1942 年情况有所好转，她返回街口诊所，在几名护士助理的帮助下不断为从化平民送医送药。

1946—1947 年她回新西兰治病，同时为重建街口医院寻求社会援助。1951 年 5 月 13 日她离开广州到香港，在一处难童之家工作直到 1953 年 3 月退休，1965 年 2 月 6 日病逝于奥克兰。在社会动荡战火弥漫的艰难岁月，她在中国的穷乡僻壤献出了自己的青春年华。新西兰与中国之间的友好关系的建立，包含着许多像安妮这样的普通人的奉献。

约瑟夫·英斯（Joseph Ings,？—1906）也是一位新西兰与中国文化交流事业的参与者和见证人。他是达尼丁浸信会一位牧师之子，在兄弟姐妹中排行第五。年青时，他对住家附近的华工生活和境遇非常同情，曾在家为他们开班讲授圣经和英语，同时也跟他们学习粤语。

1897 年，他随新西兰长老会华南传教团的牧师亚历山大·唐以及美国、日本和英国的传教士到广州进行了为期三个月的考察，决心在中国传教。

他曾连续 3 年慷慨资助达尼丁市华人教会。1898 年 5 月他就读于一所专科学校，两年后通过了医学预科考试。1900 年 3 月他转学爱丁堡大学攻读医科，1905 年 7 月获得硕士学位。回新西兰后他与一位临床经验丰富的苏格兰女子杰西·威尔逊（Jessie Wilson）相识相恋，结婚成家，并一起加入了新西兰长老会的广州传道团。1905 年 12 月 29 日他携新婚妻子到达广州，在江村普惠医院工作,同事和患者都热情地称呼他为"伍医生"。1906年8月16日他因感染痢疾不幸去世。他的妻子在寡居中坚守岗位,1907年曾担任当地医疗传道协会(Medical Missionary Assocication)的护士长,一直工作到1923年。

许多新西兰华工移民在归期无望的岁月中,申请加入了当地的慈善互助机构昌盛堂并定期缴纳会费。昌盛堂的首任会长为中国商人徐肇开。1883年他曾将长眠奥塔戈的230具矿工遗骸送还家乡,被认为是件功德无量的善事。1902年,载着499名华人矿工遗骨的轮船"文特诺"号从新西兰首都惠灵顿出发前往香港。船上除了船员外,还有几位华人老者获准同行照管亡故华工的棺木。"文特诺"号离开惠灵顿的第二天不幸在塔拉纳基海岸附近触礁,行驶到赫基昂加港时船体开始下沉。后来4艘前往营救的救生艇载着船上的人员逃生,其中3艘平安靠岸,但是最后一艘却失联。几年后有33具华人棺木在风浪中被冲上了出事地点的海滩,当地毛利人将棺木埋葬在一座山下。长期以来在毛利人中流传着有关这一海难的一些奇闻逸事,许多华人呼吁把"文特诺"号打捞上岸,让那些亡灵回归故土。

2012年12月,新西兰独立制片人约翰·艾伯特(John Albert)的文特诺项目团队在赫基昂加港150米深的海底找到了"文特诺"号的残骸。这一海难虽然令人心酸,但也是中国和新西兰两国人民交往的重要史证,华工对新西兰早期贡献的文化和价值举世认同。

南岛皇后区附近有一个箭竹镇(Arrow Town)是早期华人的定居点,1886—1906年共有25名男性华工在那里采金。后来欧洲矿工加入矿工行列,人数逐年激增,仅箭竹镇矿工协会(Arrow Miners'Association)名册就登录会员超过百人,与华工冲突时有发生。他们上书新西兰国会要求颁令禁止华人涌入,签名的欧洲矿工共2400多人。据重返旧地的游客报告如今那里已经看不到任何华人,只有流淌的小河和矮小的窝棚以及华工曾经使用过的各种工具,向祭奠者诉说早年华人移民的艰辛。1983年当地行政管理当局按照资料记载和老人的记忆恢复了原来的样貌。

如同澳大利亚的情况一样,新西兰华人移民的不同文化和生活方式曾经成为当地排华势力制造事端的借口。1881年约翰·赫尔(John Hall)政府通过了限制华人入境的《华人移民法案》(Chinese Immigration Act),规定每名华人入境者需缴纳10英镑人头税(Poll Tax),靠港船只每10吨货物携同上岸华人不得超过一人。1896年理查德·瑟登（Richard Seddon）政府更将每名华工缴费标准提高到100英镑，每200吨货物才允许携带一名华人。据估计，大约先后有4500名华人缴纳了30万英镑的人头税，直到1944年该法案才被撤销。

第一次世界大战新西兰随英国参战，承担的主要任务是运送兵员、食品和毛织物等军需品，占领德属西萨摩亚，加入国际联盟后成为一个主权国家。1931年英国议会通过了《威斯敏斯特法案》，正式承认新西兰自治领对内对外政策的独立。

第二次世界大战后，新西兰作为《澳新美安全条约》（Australia, New Zealand and the United States Pacific Security Treaty）签字国与《华沙条约》（Warsaw Treaty Organization）成员国及与其结盟的亚洲共产主义国家在政治上相互对抗，曾派出了一个团的军队，在朝鲜战争上与中国人民志愿军和朝鲜人民军作战。在当年新闻媒体中中国的影响常被描述成"黄祸"威胁，两国之间除少数民间往来外，官方联系基本上被切断。

长期以来，新西兰政界在承认华人移民给新西兰社会、政治和经济带来深远影响的同时，也散布一些对华人移民的偏见和传言。他们把华人视为"神秘莫测"和"不可接受"的移民，把新西兰社会一些弊端（如吸毒、嫖娼和赌博）的发生归咎于华人，甚至把就业艰辛、房价上涨、供应紧缺等社会问题都跟华工移民相联系。居民文化习俗的差异在民族主义肆虐地区往往与各类排华势力形成合力。

20世纪50年代以前，新西兰的中小学没有正式开设汉语课程，少数学校因为华裔家长担心自己的孩子不懂母语而由华人社团创办汉语和中国文化课程，直到1992年新西兰教育部才批准开设华语班。1994年新西兰教育部与中国国家教育委员会签订了《在新西兰学校开设汉语课程的合作协议》，规定将标准现代华文引入新西兰中小学的教学。1999年以后华文被正式纳入了新西兰高中毕业会考科目，两年后纳入了初中毕业会考科目，72所新西兰中小学开始教授汉语。

大学的情况有所不同。1969年奥克兰大学率先在政治系设立了汉学研究教席，后来历史系也聘任了一位中国历史学家开课，威灵顿维多利亚大学紧跟其后也设置了包括汉学在内的亚洲研究课程，但是未引起足够重视。其中原因主要是中新两国人文往来有限，英美等国家在外交、政治和经济方面干扰，加之新西兰学术界的中国研究人才紧缺，关心并参与研究的人员多半为华人，学术上沿袭欧美模式成为倾向，因而汉学发展缓慢。早期撰写汉学研究文章的人员有记者、学者、官员和观光客，研究选题一般仅限于中国语言、历史、文学、文化、习俗等方面，后来才扩大到贸易、经济、商务、教育、藏学、政治和国际关系等领域。研究成果部分以专题报告形式送交相关机构，更多的则刊发于广义的亚洲研究会刊。

20 世纪 80 年代亚洲经济腾飞，促使新西兰政府把经济发展重点转向亚太贸易，逐渐放宽移民政策后为中国大陆、香港和台湾的投资者以及留学生的入境提供便利。根据市场的需求新西兰各大学纷纷开设汉语课。北岛的梅西大学于 1989 年开设了汉语函授教学，翌年卡图大学也设立了汉语学位课程。进入 90 年代之后，南岛的奥塔戈大学和坎特伯雷大学也先后设置了汉语学士和硕士课程。目前新西兰已有 6 所大学设立了汉语专业，培养出博士、硕士、学士多名。90 年代中期以来，维多利亚大学宗教研究系聘任了三名中国问题家。

1972 年 12 月 22 日新西兰与中华人民共和国建立了外交关系。1987 年以后华人移民新西兰逐年递增，除了来自于中国香港、澳门、台湾的华人移民外，也有许多来自中国内地各省和世界各地的华人移民。在 2001 年新西兰全国人口统计中，华人人口总数为 10 万多人，占新西兰人口总数的 3%。从 1986—2001 年的 15 年中，华人移民增长了 8.5 万多人，其中不少人为科技、教育、医学等方面的精英。早先华人移民主要集中在北岛，第三次华人移民高潮（1987 年）后华人移民开始在奥克兰东区和北岸等新城镇汇聚，惠灵顿（Wellington）、基督城（Christchurch）和哈密尔顿（Hamilton）等地逐渐形成华人的新聚居点。实行改革开放政策后中国经济实力和国际地位增强，新西兰华人群体因此不断得到重视，参政议政的人数逐渐增加。1999 年新西兰举办了首次大学汉语入学资格会考（Bursary Examination）。

政治家海伦·伊丽莎白·克拉克（Helen Elizabeth Clark，1950—）长期关心中国与新西兰两国友好关系的发展，曾在许多场合提出"在世界事务中中国的影响举足轻重"的观点。1985 年她出任新西兰外交事务委员会主席时曾对中新关系进行过专题研究。当时尽管两国之间每年都有高层官员互访，也有一些新西兰商人进入了中国市场，但是规模和接触面还很有限。在一次对北京为期三天的访问中，她曾在商界午餐会和新西兰中国同学网的成立仪式上分别发表了重要讲话。2002年新西兰政府专门为新西兰华人华侨举办农历新年酒会,克拉克以总理身份就该国历史上向华人征收人头税一事表示道歉。2005年6月4日她在日本爱知世博会举办期间曾兴致勃勃地参观了中国馆,还为当天爱知世博会的海南周剪彩。2006年农历春节她在议会厅用汉语向数百位华侨华人祝贺新年。2006年4月温家宝总理访问新西兰期间她在多次讲话中表示新西兰政府将恪守一个中国的政策,从战略高度看待中新关系,真诚希望成为中国全方位的合作伙伴,坚信中新合作符合新西兰的利益,有利于亚太地区的和平与发展。沟通和了解进一步促进了双方的文化合作和学术开拓。

媒体数字显示:新西兰是第一个完成中国入世双边谈判、承认中国完全市场经济地位、与中国达成自贸协定的发达国家,也是第一个加入亚投行的西方发达国家。

在中国实行改革开放政策的几十年中两国关系变化巨大,在经贸、教育和旅游等方面往来不断,2011年中国已经超越美国成为新西兰第二出口和进口贸易国。主客观条件的改善为新西兰的汉学发展提供了良好条件,使其成为社会科学领域中的主流研究。

新西兰汉学研究力度逐年加大,涌现了一批专家学者,课题范围不断扩大,在大洋洲学术界有其独特的作用和地位。目前新西兰已分别在奥克兰大学、坎特伯雷大学和惠灵顿维多利亚大学分别建成了一所孔子学院。

新西兰从事包括汉学研究在内的亚洲研究机构共有9所:新西兰亚洲研究学会(New Zealand Asian Studies Society)、奥克兰理工大学国际中心(International Centre, Auckland University of Technology)、坎特伯雷大学亚洲研究系(Department of Asian Studies, University of Canterbury)、奥克兰大学亚洲研究学院(School of Asian Studies, University of Aucland)、新西兰亚洲研究所(New Zealand Asia Institute)、奥塔戈大学语言、文学与表演艺术学院(School of Language, Literature and Performing Arts, University of Otago)、怀卡托大学中国研究计划(Chinese Programme, University of Waikato)、维多利亚大学亚洲和欧洲语言与文化学院(School of Asian & European Languages & Cultures of Victoria University)、维多利亚大学亚洲研究所(Asian Studies Institute of Victoria University)。

2009年4月14日新西兰当代中国研究中心(The New Zealand

Contemporary China Research Centre）在惠灵顿维多利亚大学（Victoria University of Wellington），黄晓明教授被推举为主任。

它是新西兰第一个当代中国研究中心，中国语言、文化、政治、教育和军事等都是其研究的领域。中心定期在奥克兰、惠灵顿、基督城、达尼丁（Dunedin）等地的地区召开专题研讨会，就与中新两国有重大影响的政策和事件展开研讨。

该中心与奥塔戈大学（University of Otago）、坎特伯雷大学（University of Canterbury）、奥克兰理工大学（Auckland University of Technology）等著名学府建立了合作伙伴关系，先后建立了市场和商业、政治经济学、法律、国际关系、文化和社会等校际研究组。

为促进与中国相关的教学与研究在新西兰的发展，该中心每年都组织并举办"惠灵顿当代中国学术会议"（The Wellington Conferences on Contemporary China），邀请海内外研究中国的学者参会。中心已与中国社会科学院、上海社会科学院、中国政法大学、中国人民大学、对外经济贸易大学、厦门大学等建立了合作关系。中心还为交换生、访问学者、学术交流项目设立奖学金和基金，邀请中国学者和专业人士到新西兰进行短期访问。

新西兰和中国的联系非常紧密，除了外交、经贸、政治和文化方面的交流，还有旅游、教育、科技和艺术等领域的往来，新西兰是中国经济全球化过程中的重要支点。媒体信息显示：

新西兰是第一个完成中国入世双边谈判的西方发达国家（1997年8月）；

新西兰是第一个承认中国完全市场经济地位的西方发达国家（2004年4月）；

新西兰是第一个同中国启动双边自由贸易协定谈判的西方发达国家（2004年12月）；

新西兰是第一个同中国签署自贸协定的西方发达国家（2008年4月）；

新西兰是第一个加入亚投行的西方发达国家（2015年6月）；

新西兰也是第一个与中国签署"一带一路"合作协议的西方发达国家（2017年3月）。

从以上六个"第一"可以看出，多年来新西兰一直对推进泛太平洋与全球经济一体化持积极态度。新西兰经济与中国经济高度互补，中国对新西兰出口的主要商品为服装、轻工和机电，从新西兰进口的商品为乳制品、纸浆、羊毛和生牛皮。此外，新西兰的教育、旅游和文化交流也赢得了中国的多方合作。1972年中新建交时两国贸易额仅为700万新元，但是2012年10月至2013年9月中新两国贸易额就达到了165.3亿新元（相当于134亿美元）。2014年11月19日至21日习近平主席访问新西兰期间两国签署了涉及经贸、金融、电信、林业、食品安全、教育、科技、旅游、气候和南极等领域的多项双边合作文件。

随着中国经济的发达中新关系一步步密切，西方一些国家极少数人对于中新走近持有不满或怀疑的情绪，编造了所谓的"中国影响力渗透论"和"中国威胁论"。在这种情况下，如果两国之间发生摩擦或误会，就可能导致难分难解的是非。

2012年5月恒天然集团一家生产的乳清蛋白粉检出了肉毒杆菌，经中新双方核查，初步确定有4家中国境内进口商购进了受到肉毒杆菌污染的新西兰恒天然集团产品，随后中国停止了所有新西兰和澳大利亚奶粉的进口，新西兰当局在全球召回1000吨可能遭到污染的乳制品，仅在中国就召回了200多吨。但是后来发现那是一起错误警报。2014年3月18日至20日新西兰总理约翰·基访华向中国高级官员通报了此事，并通过媒体向中国消费者做出了解释。

2015年3月5日，《新西兰先驱报》公布了据信由美国"棱镜门"爆料人爱德华·斯诺登（Edward Snowden，1983—）提供的文件显示：新西兰情报机构政府通信安全局在"五只眼"情报监听联盟（Five Eyes Intelligence Alliance）中负责搜集南太平洋地区国家的情报，并把相关信息与美国、加拿大、英国和澳大利亚分享。此次公开的文件是一份日期标注为2009年7月的"最高机密"档案。该文件显示，新西兰政府通信安全局在南太平洋地区多个国家搜集情报信息，并与"五只眼"盟友分享。根据这份报告，新西兰情报机构在太平洋地区的"目标国家"包括所罗门群岛、斐济、基里巴斯、汤加、瓦努阿图、瑙鲁和萨摩亚。

2015年4月19日《新西兰先驱报》公布一份爱德华·斯诺登泄露的绝密文件称，新西兰通信安全局与美国国家安全局合作，对中国驻新西兰奥克兰的总领事馆进行监控。中国位于被监控名单的首位。中国驻奥克兰总领馆位于格林勒区的领馆驻地和签证中心之间有一条用于外交通信的数据线路。新西兰情报机构2013年曾制订计划，试图通过接入该线路获取中国外交系统的情报。

据 2017 年 9 月的《新西兰先驱报》和《新闻编辑室》报道，威尔逊中心全球研究员、《极地期刊》执行编辑兼坎特伯雷大学教授安琳在发表政策报告时宣称她的一个"重要发现"：中国的"统一战线"已经控制了新西兰华人社团和媒体，并且严重影响了本地公民的言论、结社和宗教信仰自由，现在是新西兰新一届工党、绿党和优先党联合政府另起炉灶的时候，呼吁政府各部门调查并抵制中国影响力的扩张。

《新西兰先驱报》进而发表评论称，该行为表现出新西兰与中国关系的"两面性"：经过 3 年 15 轮的谈判，中新于 2008 年签署中国与发达国家的首个自由贸易协定，至今两国保持着每年 200 亿新西兰元（约合人民币 1000 亿元）的贸易额；同时，两国关系也显示出"脆弱的一面"——2013 年恒天然奶粉疑似受污染被召回事件让两国关系受到考验；近期中国与澳大利亚签署的自由贸易协定也将为中新贸易带来新的挑战。

2018 年 1 月 26 日中国外交部副部长孔铉佑在公布一份北极政策白皮书时说，中国在地缘上是近北极国家，是陆上最接近北极圈的国家之一。对此，安琳回应说："这不是一个战略文件，不是那种有助于缓解大家对中国北极圈意图的担忧的战略。"

当今中新两国关系进入了发展的黄金时期，会不会因为潜在的博弈前景而成为政界的一项历史性选择？如果一方推高了安全和利益的对立，在美国"重返亚太战略"有可能走向终止经济全球性发展的重要节点，以及南海上空地缘政治魅影来回盘旋的关键时刻，就有可能造成冲突失控的危险局面。

令人欣慰的是中新两国的政治家和广大受众对相干事件的处理表示理解和支持。事件暴露之后新西兰政府成立了一个有资深专家组成的调查组，恒天然集团也进行了自我调查，都以一种开放和透明方式在两国之间进行沟通。2014 年 3 月 18 日至 20 日新西兰总理约翰·基来华工作访问取得完满成功，双方领导人一致同意进一步推进两国之间互利共赢的全面合作关系，达成了人民币与新元的直接交易、进一步扩大贸易和人文交流的协议。

一个时代或者一个国家的汉学研究发展并不限制于研究者的选题范围、数据开发、视域广度和论证方法之类的问题，实际上它是中国崛起背景下的一种必然产物和倾向。了解中国可以缩小彼此之间的认知差异，良好的中新关系在政治上对于双方都意义重大，在学术上也是如此。

（熊文华　北京语言大学教授）

·日本汉学（中国学）研究·

日本东洋史学方法论刍议
——以宫崎市定中国史研究方法论为例*

王广生

摘　要：日本近代学术史上形成的"东洋史学"，是日本近代中国学体系内最重要的组成部分。但国内学者对其演变历史的研究尚显不足。本文拟在方法论的视角下，尝试对东洋史学予以思想史层面的梳理与回顾，并以代表性学者宫崎市定的史学方法论为例进行具体分析。

关键词：方法论　日本东洋史学　宫崎市定

一、所谓"方法论"

在人文学术研究领域内，"方法论"（Methodology）本身就是一个变动不居的概念，截至目前，学界尚未有统一的意见，也不可能产生最终固定的答案。现代西方哲学各流派对此亦是纷纭已见，但通观众说，却也存在以下的共通性，即都认为"方法论"不仅包含了"方法"与"价值观"的统一，同时还具有不同层次性和内在的丰富性。

所谓"方法"与"价值观"的统一，是指由构成"方法"的分析过程和路径、运用手段及方式等与观念前提、目的指向、内在立场和价值观层面的统一和互动。众所周知，这个世界上不存在分裂于方法论之外的世界观，也不存在分裂于世界观之外的方法论，两者在哲学意义上是相互联系、既有区

---

* 本文为国家哲学社科基金青年项目"日本'东洋史学'研究"（编号：14CSS018）阶段性成果之一。

别亦有统一的关系。

本文所述"方法论"所具有的不同层次性则是指,"方法论"从概念上理解它是关于人们认识和改造世界的"方法"的理论,所以,它不仅有哲学意义上的"方法论",还有一般的、具体科学的"方法论",甚至每个生活着的个体,在有意识和无意识之间的行为举止抑或瞬间即逝的意念都可归属于自己的方法论。哲学层面的方法论,无疑是指关于人类认识世界和改造世界的方法理论,而且还是各门科学方法论的抽象与概括,并对一般的、具体的科学方法论存在着指导性意义。另外,"方法论"内在的丰富性还与"不同层次性"相关联,这一点主要是指方法论在不同层次上具有的普遍性与特殊性的统一。另外,有的学者也主张"方法论"可以划分为一般意义上的方法论和具有特殊性的方法论。这一普遍与特殊的统一,既表现在哲学方法论与具体学科方法论之间的不同,又表现在具体学科内部方法论在实践层面所显现出来的个性化差异。[①]

回到本题,本文要面对和解决的是宫崎市定的方法论,而其方法论从不同的视角出发,又有着不一样的状态和风貌。[②] 在下文中,笔者将主要在日本近代中国学研究的视域下,在梳理日本东洋史学方法论的整体思想特质的前提下,就宫崎市定的方法论问题进行梳理和研讨。

二、日本东洋史学的方法论及其思想特质

与古典对立,继承了所谓的伟大的古希腊罗马的历史遗产,与他者对立,又比照于停滞落后的东方,并切断之间的联系,以如此的操作方式,在纵横立体的维度上,确认了西方的近代(现代),随之而来的是近代性(现代性)在认识论层面的确立。[③]

---

① 郑书义《方法论在翻译学中的应用》,载《理论界》2008年第2期。
② 若从其研究的对象即以中国历史文化为主要研究对象的事实来看,对于宫崎市定方法论的研讨,我们可以从日本近代中国学的方法论立场上进行考察。但在另外一个角度上,即在其所属学科领域的分类上来看,其研究无可争议的属于东洋史学的范畴。
③ 现代性,就其基本的含义而言,现代意味着新的、当代的,但是它还有特定的历史意义。例如,在18世纪转折期的欧洲,有关"古代与现代"的争论中,现代意味着笃信下述可能性,即在知识和美学方面,当下的文明可能等同或者甚至超过古希腊古罗马的成就。此处现代的含义与古典的相对,而不是与传统对立。然而,这种争论并没有摧毁下述信仰,即欧洲的成就是继承古希腊罗马遗产的直接产物。这一点很重要,正如我将论证的,因为他消弭了欧洲与亚非洲之间长期的联系,并且奠定了后来日益加剧的帝国扩张阶段进行更为尖锐的对比的基础,即一方是欧洲的现代性,另一方是世界其他地区所谓的"落后性"。

与上述西方的"近代性"的确立相似，于西力东渐的历史事实中，在欧美直接刺激下产生了"近代"意识的日本，① 为了完成其"近代"的确立，也由被动变为主动，仿效西方的操作方式，在纵横的立体维度上，努力确立日本的"近代"的位置。换言之，日本近代中国学②——这一从属于近代日本自我建构历史使命和任务的历史载体——在方法论上讲，即在何种观念的前提下，运用何种方式、手段，实施怎样的操作路径和过程，以实现其"确立日本的近代"抑或"确立近代的日本"这一目的，而日本的东洋史学则无疑是日本近代中国学最重要的组成之一。

　　日本近代中国学，是指在近代文化运动中从世界文化的研究中独立而形成的对中国文化的近代性研究，它并不是明治时代之前的传统的"汉学"的自然的衍生。由于构成近代中国学的经济的政治的文化的基础与传统"汉学"已经有了重大的差异，尽管它们都是以中国文化作为研究对象，但是，作为一门近代性的学术，它在学术观念与方法论上，都与"汉学"不同，有其新的内容和新的形式。实际上，日本近代中国学与传统汉学之间，是以前者否定后者的形式互相联结在一起的。日本近代中国学由汉学转向近代学术的过程，即是原本籍于自身内部作为学问、知识和教养的汉学的中国，转变为异于自身之外的可被观察和研究的作为他者的国度之过程，在西方学术的刺激下，所发生的日本知识阶层上述观察立场与视角的变化，这也就必然伴随着其方法论的蜕变。

　　若站在学科的框架内考察，则会发现日本近代中国学在学术体系及其方法论上的确立在哲学、文学和史学三大领域内有着相应的方法论层面的体现和表征。哲学与文学暂不提及，就史学领域而言：

　　当"日本汉学"的主体——儒学，向"中国哲学"逐渐蜕变时，原本依附于儒教经学的史学和文学，也都开始挣脱其奴仆的地位，追求其学术的独立性。但是，日本中国学中对中国历史文化的研究成为一门近代科学，并非直接从传统汉学中承袭蜕变的，而是在欧洲史学直接启蒙中，另起炉灶而造

---

① 历史的书写，一般而言少有包含失去话语权的普通大众，而主要聚焦于国家体制内的意识形态生产和传播以及与此相关的知识阶层的著述与论说。故，这句话的主语"日本"仅仅指向于有意识构建近代日本的参与者，尤其是精英知识阶层。

② 这样的称谓带有自我意识投射的片面性，即研究对象本身的自觉必定不同于"日本近代中国学"这样的定位和判断。在研究中，这样的错位虽不可避免，但需要时刻自警。

就成的。① 其转换的另一个主要标志，就是日本学术思想界在甲午战争为背景的条件下创造出了日本特有的东洋史学及其方法论。其方法论，在核心层面与文学、哲学领域内的路径和手段一致，学习西学学术体系和思想，将原本置身于其内的、作为知识和学问乃至世界观的"汉学"② 置换为外在于自身的可被观察的、作为他者的"中国"，即便是与中国关系紧密的所谓"京都学派"亦是如此。③

日本学者沟口雄三在《作为方法的中国》④（『方法としての中国』東京大学出版会，1989）一书中，对于近代以来日本的中国学方法和路径做了整体性的归纳和批判。⑤ 这样的著作目前为止，在国内外学界依然相当少见，当时也引起了中日学界乃至韩国学界的重视和热议。

在沟口雄三看来，无论是战前以津田左右吉等学者为代表的"落后——先进"模式，还是战后以竹内好为代表的"反欧洲模式"⑥，都是有问题的。日本战后的中国学研究整体上依然没有找到真正的方法论，从而也就没有出现真正意义的中国学。那么，什么是真正的中国学呢？怎样才能做到真正的中国学呢？

沟口在该书中再三表达了实现这一目标的方法论即"以中国为方法，以世界为目的"，通过实践这一方法论，可以把中国特殊化同时，也把欧洲相对化和特殊化，在这样集合多元特殊化的前提下建构"世界"的图景，如此"以中国为媒介而将欧洲的标准相对化，实现世界认识的多元化"的操作过程

---

① 严绍璗《日本中国学史稿》第212页，学苑出版社，2009年。
② 即便近代之前出现的作为"汉学"对立面的"国学"，其构成依然是以"汉学"为知识架构和前提视野的。
③ 当然，日本的东洋史学抑或东洋学的创立与日本近代思想史相吻合，也存在借此与西方争长短之意识。
④ [日]沟口雄三著，孙军悦译《作为方法的中国》，生活·读书·新知三联书店，2011年。
⑤ 石之瑜等之文《日本近代中国学：知识可否解放身份》也多取材于此。
⑥ 在该书的第五章"作为方法的中国"之中，沟口将之视为基于"进化"或"革命"的复权运动两种模式和方法：其中一方法是依据来源于欧洲的进化论史观——无论是黑格尔式的还是马克思式的——把中国的进化列于"世界"史的普遍性当中；另外一种尝试则是把经过了革命洗礼的"新"中国的形象和欧洲的近现代相对峙，肯定其具有和欧洲同质对等或异质对等、甚至超越欧洲的价值。详见[日]沟口雄三著，孙军悦译《作为方法的中国》第126页，生活·读书·新知三联书店，2011年。

中也就实现了真正的中国学。① 这样的观念背后，无疑是日本近代中国学在作为异质的他者之立场的当代版本，并没有脱离以上我们对于日本近代中国学在方法论立场上所看到的基本思想特征，反而是沟口先生所坚持的近乎静止而永恒的"多元特殊论"遭到了一些学者的批评。②

不过，沟口雄三虽然对于日本近代中国学的方法论做了整体性的批判和指摘，但对宫崎市定的中国研究之方法论，却给予了非常高的肯定。③

那么，何为宫崎市定的学术研究方法论呢？

三、以宫崎市定的中国历史研究方法论为例

若将宫崎市定学术方法论看成一个完整的体系，则这一体系，也至少包含了以下主要组成：世界史观、方法与路径、价值与立场这三个部分。具体而言，站在方法论自身的丰富和多层次性的立场上看，宫崎市定的（史学）方法论体系，既有观察、处理和解决问题的内容和过程，也有作为前提并贯穿其间的世界史观和意识形态；既有具体的技术性和导向性的方法和手段，亦有手段和方法背后的或称观察、处理和解决问题的立场和目的。

概而述之，将宫崎市定的史学方法论看成一个完整的体系的前提下，我们注意到其方法论体系主要由以下几个相互联系的方面构成的有机整体：④

---

① 在《作为方法的中国》的第五章"作为方法的中国"一章节中，沟口对于这一方法论还有这样的表述：我们的中国学以中国为方法，就是要用这种连同日本一起相对化的眼光来看待中国，并通过中国来进一步充实我们对其他世界的多元性的认识。而以世界为目的就是要在被相对化了的多元性的原理之上，创造出更高层次的世界图景。

② 顾乃忠《论文化的普遍性和特殊性（上）——兼评孔汉思的"普遍伦理"和沟口雄三的"作为方法的中国学"》，载《浙江社会科学》2002年第5期。

③ [日]沟口雄三《中国思想和思想史研究的视角》，载《文史哲》2002年第3期（总第270期）。

④ 宫崎市定本人在历史学的认识论和方法论等多个方面，也均有相当精辟的论述。如在《历史与盐》的文章中，宫崎市定曾讲到，若要寻求中国社会的特征，就必须做到：其一，在认识上明白"在人类缔造的庞大的社会里，不可能有那种和其他地区截然不同的特殊性。更不会有那种特殊发展的道路。东洋和西洋中间夹着伊斯兰世界，彼此接壤，长期互相往来，互相影响，因此它们社会的发展只不过是有时落后些，有时领先些罢了"；其二，具体实践方法上，在上述"交流互动"的"世界史体系"框架和视野下进行通论式的综合的"比较研究"："我们就必须把中国从原始社会一直发展到今天的整个过程作为问题加以探讨。拿中国社会同西洋社会相比较，那也得把中国社会发展的方式与西洋社会发展的方式全部进行比较，才有可能找出中国社会的特殊性。"

1. 理论和观念前提：世界史观（世界文化起源一元论等）。

宫崎市定的世界史观作为其方法论体系的重要组成部分，是为其方法论的理论和观念的前提，指导着其具体研究的方法与手段，规定着其具体思考的方式与路径，并与具体的方法和路径之背后的立场与价值联系在一起。

宫崎基于上述世界文明（起源）一元论的假说，引入文明之起源地的"西亚"，将之看成一个独立的文化圈，进而将世界古代文化划分为：西欧（欧罗巴）、西亚和东洋。西亚，在古代保持着世界文化的领先位置，主要以物质的青铜器和社会组织的都市国家为主要标志，并通过历史上的交通和交流，向西影响着西洋的社会进程，向东影响着东洋社会。并最先由中世纪进入近世，促成东洋和西欧的近世社会之形成；而进入近世的东洋的文化达到世界先进水平，反过来影响西亚和西欧，并促成西欧近世的形成；直至最近世，西欧吸取西亚和东洋的文化崛起而最先进入最近世，完成产业革命，推行殖民，进而形成以欧美为中心的世界体系。①

2. 基于"交通史观"和"比较研究"的学术观念和方法，并由此建立起来的具有方法学意义的研究思维和路径，主要体现为以下实践过程：在"世界史体系"核心观念的视野与架构下，运用实证主义、历史阐释学等多种方法和理念对于"东洋""西亚"和"欧洲"② 三大地区基于"交通"的历史联系和相互影响研究③以及在"时代区分论"之下的综合比较研究；两者共同作用于在历史实证和逻辑分析层面完成其"世界史（体系）"的建构。

3. 上述研究过程、路径和方法背后的价值、目的及立场，主要表现为：其史学的民族主义与"近代"的价值与立场。

宫崎史学的价值与立场，作为宫崎史学方法论体系的三大组成部分之一，

---

① ［日］宫崎市定《東風西雅》第434页，東京：岩波書店，1978年。原文：それは今迄でおわかりのように大体西アジアの文化が他よりもずっと進んでおる。東アジアがその後をついて居るというのぶその実情でありましたが、今度は宋の時代になり富すと、宋の方が文化ボ進んで居る。そこで東アジアの文化がどんどん西へ流れ出す。そういう風に変わるのであります。唐の時代まではまだ大体西の方からの影響が強かった。

② 按照历史事实来讲，"西欧"最为贴切，东部欧洲一度属于西亚文化的影响和政治势力范围。参见何新《希腊伪史考》第78页，同心出版社，2013年。

③ 在宫崎市定的历史研究内，"东洋""西亚"和"欧洲"三者的联系，部分基于历史事实（具体考证），部分则基于推论和想象，又这涉及其史学的其他特征，此处不再赘述。

潜在于其具体研究的方法与手段以及路径与过程之内，往往被人所忽略和轻视。①

就其民族主义而言，宫崎市定的民族主义亦包含了民族主义一般意义上所具有的国民主义、国家主义和民族情感与认可等多个层面的内容，而且按照时间阶段的划分，可以将之划分为战前和战后两个时期，即战前日本侵略政策纠结的民族主义（宫崎市定方法论的开始）和战后日本文化民族主义史学的延续这两个部分。第一个时期的特点在国家意识形态直接影响下的文化民族主义立场和观念，第二个时期的特点则为更多基于学术架构下的民族主义立场和观念。两者的产生与发展都基于宫崎市定对于日本民族主义文化的体认和基于这种体认对于现实日本这一民族主义国家的关注。此外，宫崎市定民族主义史学立场关注的核心是近代日本的历史评价问题，该问题又集中于第二次世界大战之于日本的历史位置。

宫崎市定观察、研究东洋史（中国历史文化）目的与立场，在民族主义立场之外，尚有一个"近代"的立场。本质上讲宫崎市定的"近代"史学观念是在西方语境中催生出来的一种进化论的文化史观。不过，宫崎市定在世界史的框架和视野下，将西方和中国分别放置在特殊的位置，试图从中找到普遍意义的"近代"和价值，发掘中国历史"内在的先进性"，这一点无疑值得我们注意和肯定。因为，在这样的方法论之下，至少在宫崎市定看来，中国宋代以后的历史发展，有着与欧洲的"近代性"不同的发展方向。②

四、小　结

在粗略论及方法论及日本东洋史学之方法论思想特质的基础上，我们又以宫崎市定中国史研究的方法论为例，着重分析了其方法论的架构即世界史

---

① 张西平先生也曾在《在世界范围展开中国文化研究之我见》（载《国际汉学》2010 年第十九辑）一文中，强调世界各国对中国文化的研究应从知识论和方法论两个视角加以把握之观点。此文还特别提到运用比较文化的研究方法，揭示出隐藏在其"客观知识"背后的方法论，正是我们展开国际中国文化研究者的基本任务。

② 宫崎市定早就认识到西方的近代性的确立除了接受东洋和西亚的文化和思想刺激促使其人的觉醒和文艺复兴之外，其真正意义的近代则是从工业革命开始的，而且亦是以包括东方诸多国家和地区作为其殖民地为历史前提的。这也是宫崎市定等人为东洋的近代与西方的近代有所不同的历史原因。

观和方法路径以及内在价值目的构成的统一。宫崎市定的学术方法论，既彰显了其学术的个性也具有时代共通的特质。如其民族主义立场及其变化就明显具有站在日本本土立场上的时代感，且与整个日本的学术氛围相关联。而其世界史的视野与框架，即有其个人的学术体验和思想，亦与日本海外扩张之实践有着千丝万缕的联系。故宫崎市定的学术方法论之举例，其实也正是给予对于日本近代中国学整体之变异的判断；而对于如宫崎市定等学术方法论之个体研讨，也让我们可以在宏观之外，对于学术思想的内在机制有着更为准确的认知与把握，至少，在观察和思考日本中国学抑或东洋史学的时候，其具体的观点和主张之外，对于其方法论的深入关注，理应成为今后国内学人努力的方向之一。

（王广生　文学博士，首都师范大学外国语学院）

论林罗山的中国小说藏书

周健强

摘　要：林罗山是江户初期中国小说传播史上重要的一环，他的藏书可能在3000部以上、1万余卷，生前收藏的中国小说可达百余部。他处于近世和刊汉典与长崎商舶载籍方兴之时，并和藤原惺窝、松平忠房等当时名家之间传抄代购，更曾掌管骏府文库、借阅红叶山藏书，大大不同于此前的私人藏书。他的小说收藏呈现出两个特色，即文言志怪小说多、白话小说少且半数为抄本。不同于此前功利性、教化性的阅读，他将目光集中在怪谈本身的结构与"作意好奇"的趣味中。江户初期文人学者缺乏足够的白话阅读能力，直到享保九年商舶载来的中国小说方由文言为主转向白话为主。

关键词：林罗山　小说藏书　江户初期　小说目录

无论就儒学、汉诗还是出版、教育来讲，林罗山都是江户初期重要的存在。他生于德川开府前20年，接受五山僧侣教育，后来成为德川家康侍从，侍奉四代将军。目前从思想史、汉诗史角度研究林罗山的论著已不胜枚举，但他在江户初期中国小说传播中承上启下的作用却还没有引起足够的关注。日本国立公文书馆保存着林罗山的大量汉籍藏书，其中小说数量颇为可观，本文试图考察林罗山小说藏书的数量、种类、来源和特色，并探讨林罗山在私人藏书和中国小说接受史上的地位。

目前学术界对江户时期中日书籍交流的研究，大都以唐船持渡书、《舶载书目》等长崎港的档案数据以及《唐本目录》《书籍目录》等贩卖或和刻目录来探究中国小说的传播与受容，很少看到从私人藏书和文集入手展开的研究，尤其是江户初期。在笔者有限的视野中，只有中村幸彦利用了《罗山林先生年谱》庆长九年所附的《既读书目》与林罗山撰《梅村载笔》中的汉籍目录，不过他的着眼点是白话小说，这两种目录并不以白话小说见长，仅有《西游记》《列国传》《三国志演义》《全相汉传》4 种，罗山藏书及其文集中引用的小说文献并未引起中村幸彦的足够关注。目前对林罗山藏书的研究较少，笔者仅注意到岩仓规夫《苦心集书的爱书人林罗山的藏书》[①] 与福井保《林罗山杂考》[②] 两篇简短的介绍性文章，尚未看到较为详细的调查研究。

长崎的书物检查主要是出于禁教目的，德川家康统一日本之前书籍交易很少登记备案，大庭修整理的长崎档案中最早的《商舶载来书目》也已到了元禄六年（1693），《唐本目录》最早为元禄元年（1688），《御文库目录》最早为宽永十六年（1639），无论哪种目录起始年代都比较晚，很难据此推测江户初期中国小说的流传情况。如果主要根据既成目录，不考虑典籍收藏、阅读与引用的具体情况，可能会错估中国小说传入日本的时间。从文录到宽永的 50 年间，大量汉籍尤其是文言小说传入日本，对整个江户时期影响深远，但具体的汉籍目录甚为罕见，作为江户初期最有代表性的文人，林罗山留下的资料恰好弥补了这一缺憾。

一、林罗山收藏、阅读的中国小说

林罗山天正十一年（1583）生于京都，明历三年（1657）殁。江户前期儒学家，名信胜，又名忠，剃发后号道春，字子信，通称又三郎，别号罗洞、浮山、罗山子、胡蝶洞等。13 岁入京都五山之一的建仁寺读书，后来从学于藤原惺窝。庆长十年（1605）成为德川家康侍从，历任四代将军侍从；曾经掌管家康的骏府文库，并主持刊刻《大藏一览》《群书治要》，即著名的骏河铜活字本。林罗山三子鹅峰在《罗山林先生年谱》中称他"十二岁既通国字，读演史小说，粗窥见中华之书记"[③]，22 岁既读汉籍已达 440 余部，其中包括《通俗演义三国志》《博物志》《酉阳杂俎》《列仙传》《长恨歌传》《剪灯新话》等 20 多种汉文小说。

林罗山酷爱典籍，生前藏书颇丰，但多数毁于明历三年（1657）的江户

---

① ［日］岩倉規夫『集書に苦心した愛書家林羅山の蔵書』，載『出版ニュース』1957 年第 395 期。
② ［日］福井保『內閣文庫書誌の研究』第 155—160 页，東京：青裘堂書店，1980 年。
③ ［日］京都史蹟会編纂『羅山先生詩集』下冊 4 页，京都：平安考古学会，1921 年。

大火，他在悲痛"多年之精力尽于一时"①之余猝然卧病，不到1年就含恨辞世。宽永七年（1630）林罗山在上野忍冈开办私塾，元禄三年（1690）五代将军德川纲吉将其移至汤岛圣堂，宽政九年（1797）改组为幕府官学，称为昌平坂学问所，林家藏书约两万册尽数由学问所收管，其中大部分是林罗山与林鹅峰父子的收藏②；明治维新后政府改组，1884年根据太政官令第11号设立太政官文库，作为各官厅的中央图书馆，1885年内阁制度创始，改称内阁文库，接管了昌平坂学问所藏书，1971年由国立公文书馆接管了内阁文库藏书③，明历大火之后幸存的林罗山藏书大部分就保存在国立公文书馆。

公文书馆现存林罗山藏书多有"江云渭树"印，个别藏书无此印章但有林氏识语。土屋裕史曾整理公文书馆的林罗山藏书④，计有437部、4385册。《罗山先生诗集》卷三十二有《丙申春点检藏书作一绝示向阳》⑤，丙申即明历二年（1656），正好是明历三年书库烧毁前一年。诗序中称：

> 我家藏书一万卷，或誊写，或中华、朝鲜本，或日本开板本，或抄纂，或墨点朱句，共是六十余年间所畜收也。尝分授向阳（按：即林罗山三子鹅峰）、函三（按：即林罗山四子读耕斋）者一千五六百部许，在我手者居多。

林罗山分授鹅峰、读耕斋的一千五六百部典籍只是藏书中的小部分，即便授子与自留的典籍各占一半，林罗山的藏书总数也有3000余部，而公文书馆现存的437部只占原来1/7，明历大火中损失的典籍数量仍相当庞大。

笔者根据《内阁文库汉籍分类目录》与土屋裕史的文章，将林氏藏书中的小说49种单独整理出来：

1.《春渚纪闻》，江户初写本

---

① 『羅山先生詩集』下附录第33页。
② ［日］国立公文書館编集『內閣文庫百年史』第31页，東京：汲古書院，1986年。
③ 『內閣文庫百年史』第1—24页。
④ ［日］土屋裕史『当館所藏林罗山旧藏書（漢籍）解題1』，載『北の丸：国立公文書館報』2015年第47期。
⑤ 『羅山先生詩集』上第361页。

2.《南村辍耕录》,江户初写、林罗山手校手跋本
3.《鼎刻江湖歷览杜骗新书》,明张怀耿刊、林罗山手校、江户初写本
4.《狐媚丛谈》,明草玄居刊、林罗山手校、江户初写本
5.《李卓吾先生批点四书笑》,江户初写、林罗山手校本
6.《搜神秘览》,江户初写本
7.《棠阴比事》,朝鲜刊、林罗山手校手跋、元和五年写本
8.《童婉争奇》,江户初写、林罗山手校本
9.《疑狱集》,江户初写、林罗山手校本
10.《新刊皇明诸司廉明奇判公案》,江户初写、林罗山手校本
11.《冷斋夜话》,宽永二十年刊古活字本
12.《列仙传》,宽永刊古活字本
13.《唐才子传》,室町刊本
14.《剪灯新话句解》,朝鲜刊、林罗山手校手跋本
15.《百川学海》,明刊本
16.《新刊官板批评正百将传》,明万历序刊本
17.《稗海》,明刊本
18.《初潭集》,明万历刊本、後印
19.《新刻耳谈》,明万历三十年余泗泉刊本、后印
20.《新刻续耳谈》,明万历三十一年序刊本
21.《新镌弧树裒谈》,明万历二十九年宗文书舍刊本
22.《古今说海》,明嘉靖二十三年序俨山书院刊本
23.《广百川学海》,明刊本
24.《广列仙传》,明万历十一年序刊本
25.《广谐史》,明万历四十三年序刊本
26.《花鸟争奇》,明萃庆堂刊本
27.《剪灯余话》,明成化二十三年双桂堂刊本
28.《开卷一笑》,明刊本
29.《琅邪代醉编》,明万历二十五序刊、林罗山手校手跋本
30.《蓬窗日录》,明万历十八年序刊
31.《群谭采余》,明万历二十年序刊

32.《新镌徽郡原板校正绘像注释便览兴贤日记故事》，明万历三十九年黄正甫刊本

33.《山海经》，明万历二十八年格古斋刊本

34.《山水争奇》，明萃庆堂刊本

35.《说类》，明刊本

36.《新刻出像增补搜神记》，明唐氏富春堂刊本

37.《太平广记》，明刊、林罗山手校本

38.《五朝小说》，明刊本（两部，分别存唐人百家小说与宋人百家小说）

39.《五杂俎》，明刊本

40.《西湖游览志》，明万历序刊本

41.《小窗自纪》，明刊本

42.《续百川学海》，明刊本

43.《新镌全像一见赏心编》，明萃庆堂刊本

44.《新编分类夷坚志》，明嘉靖二十五年序清平山堂刊本

45.《桯史》，明刊本

46.《玉堂丛语》，明万历四十六年序曼山馆刊本

47.《新刊八仙出处东游记》，明余文台刊本

48.《新镌陈眉公先生批评春秋列国志传》，明龚绍山刊本

49.《新刻名公神断明镜公案》，明王氏三槐堂刊本

除此之外，笔者另行查考了《罗山先生文集》《罗山先生诗集》《徒然草野槌》《童观抄》《化女集》《狐媚抄》《怪谈全书》等林氏著作对中国小说的引用，除去与公文书馆藏书的重复，另外整理出29种：

1.《异苑》，见于《怪谈全书·元绪》，注出《艺苑》
2.《续仙传》，见于《罗山林先生年谱》庆长九年既读书目
3.《通俗演义三国志》，见于《罗山林先生年谱》庆长九年既读书目
4.《艳异编》，见于《罗山林先生年谱》庆长九年既读书目
5.《张文成游仙窟》，见于《罗山林先生年谱》庆长九年既读书目
6.《璅语》，见于《梅村载笔》天卷

7.《梦溪笔谈》，见于《梅村载笔》人卷
8.《剿闯小说》，见于《林罗山诗集》卷三十二《读剿闯小说》
9.《挥麈新谈》，见于《童观抄》
10.《侯鲭录》，见于《徒然草野槌》上之二
11.《续齐谐记》，见于《徒然草野槌》上之二
12.《类说》，见于《徒然草野槌》上之三
13.《湖海新闻》，见于《徒然草野槌》下之一
14.《世说新语》，见于《林罗山文集》卷五十四《世说跋》，江户御文库藏，有金泽文库印
15.《开元天宝遗事》，见于《林罗山文集》卷五十四《题开天遗事后》，和刻，林罗山手校
16.《说郛》，见于《林罗山文集》卷五十四《题说郛七十三卷东谷所见后》，水户黄门君藏，林罗山以之校对家藏本
17.《酉阳杂组》，见于《林罗山文集》卷五十四《题酉阳杂俎后》，水户黄门君藏，林罗山以之校对家藏本
18.《续说郛》，见于《林罗山文集》卷五十四《续说郛跋》，林罗山手校
19.《后山谈丛》，见于《林罗山文集》卷六十五随笔一
20.《坦斋笔衡》，见于《林罗山文集》卷六十六随笔二
21.《前锁篇》，见于《林罗山文集》卷七十随笔六称《前锁篇》《后锁篇》二者为新到书，共六册，类似《百川学海》等，"聚小部之稗说，然未见总目"。
22.《长恨歌传》，见于《林罗山文集》卷七十随笔六
23.《博物志》，见于《林罗山文集》卷七十一随笔七
24.《朝野佥载》，见于《林罗山文集》卷七十一随笔七
25.《神仙传》，见于《林罗山文集》卷七十一随笔七
26.《拾遗记》，见于《林罗山文集》卷七十一随笔七
27.《湖海搜奇》，见于《林罗山文集》卷七十二随笔八
28.《杂纂》，见于《林罗山文集》卷七十二随笔八

即便不考虑明历大火与藏书散佚，林罗山生平接触的中国小说至少也将

近 80 种。公文书馆现存林罗山藏书仅占林氏藏书总量的 1/7 左右，那么林罗山实际收藏的中国小说也可能有百余种甚至数百种。

二、林罗山搜求典籍的方式

林罗山在当时属于极其幸运的少数，他是成长于室町时期的最后一代人，少年入京都五山之一的建仁寺读内外经典，青年结交藤原惺窝、菅得庵、松平忠房、榊原忠次等藏书丰富、酷爱小说的良师益友，20 余岁成为德川家康的侍从，掌管骏府文库，饱览珍本古籍。对当时人来说，这种经历是可遇而不可求的，接下来就逐一讨论他接触汉籍的过程。

（一）读书建仁寺

首先，是京都建仁禅寺的读书经历。京都与镰仓的五山禅寺曾是室町时期中国典籍与文化的集中地，熟习汉文的禅僧常被足利将军聘为政治顾问，幕府的外交文书多由其执笔，直到江户初期入禅寺读书仍是通行的晋身之阶，与林罗山同为德川家康侍从顾问的三要元佶、西笑承兑均为临济禅僧。据《罗山林先生年谱》记载，林罗山在 13 岁元服成人后，"登东山，入建仁禅寺大统庵古涧慈稽长老室读书……十如院永雄长老者，大通庵接邻也，先生时时往游。雄多藏书，先生粗就观之"①。

五山禅寺多置书库，而建仁寺两足院藏书更是京都五山中的佼佼者，"应仁之乱后京都争乱，文库多被烧毁，一时亲王、公卿家多将累代文书相寄，求得安稳"②。五山寺院不仅是修禅之所，更是讲读诗文、陶冶性情之地。《罗山林先生年谱》庆长元年丙申条记载："今兹永雄讲《南华口义》，其所援用，屡请先生校出之。雄又讲白氏《长恨歌》《琵琶行》，先生校雄所藏诸书，作之注钞入，人皆称奇才"③，可见建仁寺不同塔头间常有切磋问讯或典籍借阅之事。林罗山自称庆长九年（22 岁）之前已读汉籍 440 部（包括小说 20 余部），此时距其离开建仁寺刚满 7 年，他除了 20 岁时曾在长崎逗留月余外，似乎未有其他机遇大量阅览汉籍，甚至离寺后仍向永雄长老借阅典籍，

---

① 『羅山先生詩集』下附录第 2 页。
② ［日］小野则秋『日本文庫史研究』上卷第 678 页，東京：臨川書店，1979 年。
③ 『羅山先生詩集』下附录第 2 页。

"顷年借《文选》六臣注于永雄,每日读一卷,六旬而毕。又借前后《汉书》于永雄,数日一周览之"①。

庆应义塾大学斯道文库藏有《建仁寺两足院藏书胶片目录初编》②,其中除禅门语录与传记外,另有《春秋经传集解》《周易注疏》《四书章句集注》等儒家经典、《国语》《史记》《汉书》《十八史略》等史部典籍、《庄子鬳斋口义》《鹖冠子》《淮南子》《郁离子》等子部著作、《楚辞集注》《六臣注文选》《杜工部七言律诗》《东坡集》等诗文集。尤其值得关注的是,目录中还有《山海经》《李卓吾批点世说新语补》《世说解》《棠阴比事》《剪灯新话句解》等文言小说以及《三国志传》《水浒传译解》等白话小说典籍,和林罗山 22 岁前已读的 400 余种汉籍多有重合,尤其是《山海经》《剪灯新话》《三国志传》等,建仁寺可能是他接触汉文小说的开始。两足院目录中还收有《罗山百五十韵和并鲜人诗等》《梅村载笔》等林罗山的著作,可以想见建仁寺在林罗山的汉籍阅读中扮演着重要角色。

(二) 与当世名家的书物往来

其次,是与藤原惺窝、菅得庵、松平忠房、榊原忠次等人的书物往来。离开建仁寺丰富的藏书之后,林罗山只能着意于个人搜求典籍,《行状》称其:"然后遍读四库之书,由来不为藏书之家,而世上板行甚稀矣,故借请于处处,而见之写之。偶阅于市铺而求之,盖得一书,则不换万金,读之终编则天下至乐也。"③

林罗山早闻藤原惺窝之名,久欲一见,起初只能通过角仓素庵与惺窝保持书信交往④,直到庆长九年(1604 年)初次会面,此后往来密切。《惺窝先生文集》中收录了很多林罗山借阅典籍的书信,如卷十一庆长十年诸多名为《与林道春》的书简:"《敬轩札记》全册还来","《文宗》首卷还纳","《说苑》二册达几前。《程墨》三、《及第文》二、李沧溟三策,共盛瓿以还之。

---

① 『羅山先生詩集』下附录第 3 页。
② 『庆應義塾大學附屬研究所斯道文庫攝影建仁寺両足院藏書マイクロフィルム目録初編』,载『斯道文庫論集』2010 年第 45 期
③ 『羅山先生詩集』下附录第 36 页。
④ 『羅山先生文集』卷二中有『寄田玄之三篇』,田玄之即角仓素庵,本姓吉田,江户初期京都豪商,从学于藤原惺窝,刊行了近世出版史上著名的"嵯峨版",『羅山先生文集』上第 12—23 页,京都:平安考古学会,1918 年。

见未见之书，悉出厚意，甚慰"，"《天命图》还了"，"昨《刘子》还来，今朝《法言》亦还之"，"《宋播芳》四册还了"，"《公羊传》六册遣之"等。① 林罗山自称早年书札少留副本，《罗山先生文集》中收录的基本都是二人论学的文字，涉及典籍借阅传抄的信函比较少，仅有零星信息透露出来，如《罗山林先生年谱》庆长十一年丙午记载"今岁惺窝赴南纪，先生饯之惜别，惺窝手自执《延平答问》以授之"②，卷七十随笔六中提道："余尝见《参同契》诸家注，又借惺窝所藏邹诉注盛瓿，后惺窝亦殁。既而万方求之未得焉。于朝鲜、于大明商舶觅之不来。"③ 对照《惺窝先生文集》中的书信以情理度之，林罗山借自藤原惺窝的汉籍当不在少数。

菅得庵学儒于藤原惺窝，酷爱典籍，林罗山称："其家富，嗜书，或市或写。每岁蕃舶载来群书及魁本乃至倭语书等，大抵搜索而聚之，殆及数千万卷。寅酉从事于书绕，兹兹不倦。"④ 由于在爱书上趣味相投，林罗山常请菅得庵留意舶来典籍，《罗山先生诗集》里也保存着数首唱和诗。《罗山先生文集》卷五在"示菅玄东"（按：原文如此）标题下，收录了14封书信⑤，有的涉及书籍借还，"《晋书》五册还璧，欲无瑕"；有的则是指责对方过于小气、不肯借书，"奈何足下之于此书，如登徒之于色、如酷吏之逮捕有罪、如明君之侧席幽人乎？此书到，必待告报，事事附享信"；有的是嘱其代为搜购珍稀典籍，"今兹漳船到于萨肥之间，载来书册数笼，诸商已买得来于京否？足下想劳搜索之意，珍简奇帙，若有之，则毋令落它人之手里"。菅得庵惨遭横死后，林罗山写下情真意切的《菅玄同碑铭》，回顾两人20余年的君子之交，因好友的陨落黯然涕下。

除了藤原惺窝、菅得庵等儒学师友，林罗山还与雅好藏书、耽读小说的大名们诗酒唱和，其中典型的是以藏书闻名的岛原藩主松平忠房与姬路藩主榊原忠次，两家大名均设有文库而且藏书目录保存至今。松平忠房与林罗山及其三子鹅峰、四子读耕斋等均交往密切，并从师于林鹅峰。《罗山先生诗

---

① ［日］公文书馆藏『惺窩先生文集』卷十一，享保二年序刊本。
② 『羅山先生詩集』下附录第15页。
③ 『羅山先生文集』下第429页。
④ 『羅山先生文集』下第67页。
⑤ 『羅山先生文集』上第48—56页。

集》卷九有《松平主殿头忠房亭四景》①，鹅峰《国史馆日录》宽文五年九月二十三日记载"灯下寂寥，作《水月琵琶记》，是松平忠房所求，彼归城之时恳请，所约诺也"②，宽文五年十月三日称："风吹殊寒，自巳半至未前，在馆，使安成读《增补信长记》改正之，是松忠房辑诸本所编也，余尝作之序，其趣在序中。"③ 两人多有书物往还，松平忠房的著述还常请鹅峰或读耕斋撰序，如《本朝武家歌仙集》前有读耕斋万治三年（1660）序，称"尚舍君武门之世族，且嗜书籍，玩六艺之词花者有年矣"④，《增补信长记》前有林鹅峰宽文二年（1662）序，称：

    尚舍奉御源忠房，素好本朝故事，每求旧记小说、演史草子，无不缮畜焉。顷岁在丹州采邑，抚民施令之暇，合考两部，订正异同，且据我先人罗山子所编信长谱，以叙其前后。⑤

  癸卯仲冬（1663），林鹅峰还为松平忠房祖父松平家忠的日记撰序，称"余与忠房交际年久，忠冬（按：即松平忠房堂弟）亦相知"⑥。贞享五年（1688）松平忠房七十寿诞，林鹅峰有《忠房公七十贺寿词》，称述两家交谊，"余世交不渝，宿缘惟深。或谈经义，或递觞咏"⑦。松平文库大量收藏林罗山著作的抄本，《肥前岛原松平文库藏书目录》中有《童观抄》《多识编》《罗山先生文集》《棠阴比事谚解》等林罗山的二十余部著作。⑧

  林罗山父子也与榊原忠次频繁往来，罗山诗文集中与榊原忠次的交往唱和非常之多，如《罗山先生诗集》卷九《松平式部大辅忠次别墅十景》（按：榊原忠次本姓松平）、卷十一的《正旦试毫》《罗山先生文集》卷二十《西山

---

① 『羅山先生詩集』上第 117 頁。
② ［日］林鵞峰『国史館日録』第 1 卷第 127 頁，東京：続群書類従完成会，1997 年。
③ 『国史館日録』第 1 卷第 132 頁。
④ ［日］松平忠房『本朝武家歌仙集』，岛原松平文库藏写本。
⑤ ［日］松平忠房『増補信長記』，岛原松平文库藏写本，另收入［日］林鵞峰『鵞峰林学士文集』第 276 頁，東京：ぺりかん社，1997 年。二者文字全同。
⑥ 『鵞峰林学士文集』第 281—282 頁。
⑦ ［日］林鵞峰『忠房公七十贺寿词』，岛原松平文库藏写本。
⑧ ［日］島原公民館図書部編著『肥前島原松平文庫目録』，島原：島原公民館，1961 年。

石记》《分水岭记》结尾注明"右二记松平式部大辅忠次求之"。与此同时，林罗山的著作屡见于《榊原家御书物虫曝账》，如《春鉴抄》《童观抄》《卮言抄》①《野槌》② 等。林鹅峰称松平忠房"素好本朝故事，每求旧记小说、演史草子，无不缮畜焉"，榊原家也喜欢收藏中国小说，见于目录的就有《夷坚志》《西湖志》《剪灯新话》《列仙传》（以上见于《榊原家御书物虫曝账》）《世说新语补》《通俗三国志》《说郛》《游仙窟》（以上见于《榊原家（姬路·高田）书物目录》）除《世说新语补》外，这些小说也均见于林罗山阅读与收藏书目。松平家与榊原家数代交好，《福知山藩日记》中多次提及榊原家，榊原家《江户日记》也多次提到松平忠房③。《榊原家御书物虫曝账》中有《家忠日记》④《松平氏系图》⑤ 等与松平家相关的文书资料，《榊原家（姬路·高田）书物目录》中有松平忠房编纂的《本朝武家歌仙集》⑥，可以想见林罗山与松平家、榊原家的书物往来。

（三）掌管幕府官库

最后是执掌德川家的骏府文库。庆长十三年（1608），林罗山成为德川家康侍从，执掌骏府书库，是年《罗山林先生年谱》称："先生二十六岁，赴骏府，日夜侍御前，读《论语》《三略》等，赐宅地并土木料及年俸，且掌御书库管钥，纵观官本。"⑦ 对读书人来说，这已经是莫大的鼓舞，林罗山在给菅得庵的信中称："方今我辈下书库藏书数万本，授银钥于吾侪……吾辈下许吾侪已有不斩异书之惠，则吾侪岂不念护书之戒哉？"⑧

骏府文库起始于庆长七年（1602），据近藤正斋《好书故事》，"庆长七年于六月江户城南富士见亭建御文库，廿四日收储金泽文库等图书，是为江户御文库之始"，庆长十二年（1607）家康隐退骏府之后，又在该地建立新文

---

① ［日］浅仓有子、岩本笃志编『高田藩榊原家書目史料集成』第 1 卷第 61—62 页，東京：ゆまに書房，2011 年。
② 『高田藩榊原家書目史料集成』第 1 卷第 143 页。
③ ［日］竹下喜九男『好文大名榊原忠次の交友』，载『鷹陵史学』1991 年第 17 期。
④ 『高田藩榊原家書目史料集成』第 1 卷第 110 页。
⑤ 『高田藩榊原家書目史料集成』第 1 卷第 311 页。
⑥ 『高田藩榊原家書目史料集成』第 2 卷第 238 页。
⑦ 『羅山先生詩集』下附录第 15 页。
⑧ 『羅山先生文集』上第 53 页。

库,"(宽永)十六年乙卯七月八日,于红叶山建御书物藏"①。从庆长十三年（1608）到宽永九年（1633）,骏府书库由林罗山掌管、富士见亭文库由林罗山母弟信胜掌管②。宽永十年（1634）幕府开始设立书物奉行一职,转由四位幕臣担任文库管理员,此时林罗山已经执掌文库26年。他管理的汉籍经史子集八百余部,再加上骏府城内"草子仓"的日本国书,至元和二年（1616）德川家康去世时骏府文库藏书约有1000余部,1万余册③;根据《御文库始末记》,正德年间（1711—1716）藏书量增至4万多册④,百年间翻了两番。

  查林罗山文集,经常看到阅读"骏府""秘府"典籍的记载,如《罗山先生文集》卷五十四《诗经跋》称"先年余在骏府时点《朱子诗传》"⑤,《题狐媚丛谈后》称"《狐媚丛谈》全部五卷藏在秘府"⑥,卷五十五《世说跋》称"江户御文库有古本《世说新语》一部,其印曰金泽文库,道春见之"⑦,其中的喜悦溢于言表。

  林罗山还曾用各种版本校对手中典籍,如《罗山先生文集》卷五十四《五臣注文选跋》称"此本近岁米泽黄门景胜陪臣直江山城守某开板于要法寺,余请秋元但马守泰朝,而后泰朝告景胜而得之……后再借唐本加改正"⑧,《题后汉书后》称"元和八年壬戌三月,借称名院家本"⑨,《题说郛七十三卷东谷所见后》称"水户黄门君有《说郛》一部,与拙本校异"⑩,《棠阴比事跋》称"右《棠阴比事》上中下,以朝鲜板本而写焉"⑪,《寒山集跋》称

---

① ［日］近藤正斎『近藤正斎全集第三』第262頁,東京:国書刊行会,1906年。
② ［日］福井保『紅葉山文庫:江戸幕府の参考図書館』第18頁,東京:郷学舎,1980年。
③ ［日］福井保『内閣文庫本考証』第14頁,東京:青裳堂書店,2016年。
④ 轉引自『紅葉山文庫:江戸幕府の参考図書館』第32頁。
⑤ 『羅山先生文集』下第184頁。
⑥ 『羅山先生文集』下第199頁。
⑦ 『羅山先生文集』下第195頁。按:原书卷五十四与五十五页码较为混乱,本文各处引用均照录原页码。
⑧ 『羅山先生文集』下第185頁。
⑨ 『羅山先生文集』下第189頁。
⑩ 『羅山先生文集』下第197頁。
⑪ 『羅山先生文集』下第198頁。

"壬子腊月,借长啸子本以誊写"①。以上的"称名院"为镰仓时期北条实时设立的金泽文库所在地,德川家康曾将其部分藏书纳入骏府文库;直江山城守即直江兼续,兼通文武,庆长十二年(1607)在京都要法寺以木活字刊行《六臣注文选》;水户黄门即水户藩主德川光国,主持编撰《大日本史》,御三家之一,德川家康临终前曾将骏府藏书在尾张、纪伊、水户三家中分配,由林罗山督办;长啸子即木下长啸子,江户初期著名歌人。此时林罗山搜书的对象均是江户初期卓有成就的文人学者。读书于建仁寺,交游于藤原惺窝、菅得庵、松平忠房,掌管骏府文库,林罗山接触到的汉籍不断增加,终成江户初期开风气之先的知识精英。如果将目光投向纵深处,那么他可以说是承上启下的过渡文人。

德川家康去世前骏府文库藏书 1000 余部,而明历二年(1656)林罗山的私人藏书已达 1 万卷、至少 3000 部,远远超出骏府文库,约为后者的 3 倍。德川家康去世前,将骏府文库部分典籍分授尾张、纪伊、水户御三家,剩余典籍被送至江户,并新建红叶山文库,成为幕府最大的官库。根据东北大学狩野文库藏《御文库目录》的著录,宽永十五年(1638)前红叶山文库的汉籍为 737 部,仍远远低于明历二年林罗山的私人收藏。

在笔者有限的视野中,除去公家与僧侣的机构收藏,此前很少有多达三千种、上万卷的私人汉籍藏书。日本现存较早的私人藏书目录是平安后期藤原通宪的《通宪入道藏书目录》②,原本著录典籍 170 柜,现存 82 柜,其中包含汉籍 185 种。如果按比例推算,目录著录的汉籍总量当在 380 种左右,据估计仅为林罗山藏书的七分之一;现存目录中有中国小说 5 种,分别是《魏文贞故事》《西京杂记》《十洲记》《搜神后记》《游仙窟》,与林罗山的收藏更是不可同日而语。镰仓时期禅僧圆尔辨圆于 1235 年入宋师事无准师范,1241 年返日,他在华期间所得图书见于东福寺《普门院经论章疏语录儒书目录》,其中著录汉籍内外典仅 387 种③,同样与林罗山相差甚远。而林罗山之后私人藏书家屡见不鲜,荻生徂徕、伊藤东涯、大田南亩、曲亭马琴、柳亭种彦等各种文化人身后都有藏书目录,所收典籍动辄上千部,《南亩全集》中

---

① 『羅山先生文集』下第 198 頁。
② [日] 塙保己一等编『群書類従』第 28 辑第 545—555 頁,東京:続群書類従完成會,1959 年。
③ 许红霞《〈普门院经论章疏语录儒书等目录〉中所载书籍传入日本的时间之辨疑》,载《普门学报》2006 年第 33 期。

收录了大田南亩的 4 种藏书目录，其中一类甚至是专门的"稗史目录"①。林罗山庞大的藏书量，或许能在一定程度上代表江户初期私人藏书风气的转变。

三、林罗山小说藏书的特点

从幕府文库及私人藏书等种种资料可以看出，江户初期已有大量汉籍传入日本，而林罗山生逢其时，又得窥五山禅寺、当世名家与骏府文库的藏书，成为汉籍传播史上承上启下的一环。如果进一步横向考察，将同时期传入日本的小说纳入视野范围，那么林罗山小说藏书的个人特色就会更加鲜明。

如前所述，江户初期并无商船载来汉籍的目录，现存舶载资料最早为元禄六年（1693），即林罗山去世后 30 余年，只能通过其他途径考察林罗山在世时传入日本的汉籍。在笔者有限的视野中，可以借助东北大学狩野文库藏《御文库目录》②《日光山天海藏主要古书解题》③《骏河御让本目录》④ 和《宽文书籍目录》⑤ 4 份资料，再加上林罗山藏书目录，间接追溯宽文 6 年（1666）之前载入日本的汉籍。其中《御文库目录》逐年著录幕府红叶山文库享保七年（1722）之前的新增典籍，《日光山天海藏主要古书解题》是德川家康侍从、天台僧天海的部分藏书目录，"骏河御让本"是元和二年（1616）德川家康去世后分赐尾張、纪伊、水户御三家和德川家康之子秀忠的

---

① ［日］大田南畝『大田南畝全集』第 19 卷，收录的四种目录分别是『南畝文庫藏書目』『杏園稗史目錄』『杏花園叢書目』『叢書細目』，東京：岩波書店，1989 年。

② ［日］大庭脩『東北大学狩野文庫架藏の〔旧幕府〕御文庫目錄』，載『関西大学東西学術研究所紀要』1970 年第 3 期。

③ ［日］長沢規矩也『日光山「天海藏」主要古書解題』，日光：日光山輪王寺，1976 年。

④ ［日］川瀬一馬『日本書誌学之研究』第 572—674 頁，東京：大日本雄弁会講談社，1943 年。

⑤ ［日］庆應義塾大学附屬研究所斯道文庫編『江戶時代書林出版書籍目錄集成一』，東京：井上書房，1962 年。

骏府藏书①,《宽文书籍目录》大约是宽文六年（1666）之前日本书林的刊刻目录。各份目录详细的著录情况笔者另文讨论,根据这几份目录,宽文六年之前传入日本的中国小说已达 177 种（去除重复著录）,其中文言小说 141 种,白话小说 36 种。林罗山藏有这些小说中的 49 种,其中文言小说 45 种,白话小说 4 种,就私人藏书来说,已经相当可观。与宽文六年前传入日本的中国小说总量相比,林罗山藏书呈现出两个鲜明的特点。

（一）大量收藏志怪小说

虽然林罗山收藏的文言小说不到宽文六年之前传入总量的 1/3,但见于其他目录的文言志怪小说如《耳谈》《列仙传》《广列仙传》《狐媚丛谈》《剪灯新话》《剪灯余话》《山海经》《搜神记》《太平广记》《夷坚志》等大都被其收入囊中,遗漏的仅有《冥通记》《拾遗记》《仙佛奇踪》《雪窗谈异》《酉阳杂俎》《虞初志》数种,其中除《酉阳杂俎》外均仅见于《御文库目录》,而《酉阳杂俎》仅见于《骏河御让本目录》,二者俱为官库藏书,幕府对新渡唐本优先采购,林罗山不能与之相争。且《罗山先生文集》卷七十一随笔七引《拾遗记》卷六任末好学之事②,卷五十四《题酉阳杂俎后》③ 称其曾见明李云鹄校本《酉阳杂俎》,则此二书已经眼。此外,《罗山先生文集》卷七十一随笔七引用《神仙传》④,其注释《徒然草》的《野槌》上卷之二引《续齐谐记》牵牛织女故事⑤,《林罗山年谱》庆长九年既见书目中有《续仙传》⑥,他编译的《怪谈》卷一《元绪》篇注出《艺苑》⑦,藏书中有白话小说《东游记》,随笔《梅村载笔》地卷"杂"类书目中有《八仙传》《西游

---

① 日本书志学用语中的"骏河御让本"一般仅指分赐尾張、纪伊、水户三家的典籍,实际上主持其事的林罗山将大量珍籍送往江户,分赐御三家的只是部分骏府藏书,但由于德川家康去世后骏府文库移至江户,后为红叶山文库,后者承继了主体的骏府文库,因此习惯上并不将移至江户的典籍纳入"骏河御让本"中,笔者为便于追溯整体的骏府藏书,把秀赖继承的骏府藏书一并考虑在内,因此与通行概念有异,特此说明,并恳请读者谅解。
② 『羅山先生文集』下第 889 页。
③ 『羅山先生文集』下第 640 页。
④ 『羅山先生文集』下第 890 页。
⑤ 『国文註釈全書』卷 14 第 33 页,東京：国学院大学出版部,1909 年。
⑥ 『羅山先生詩集』下附录第 10 页。
⑦ 『假名草子集成』第 12 卷『怪談全書』第 15 页,東京：東京堂出版,1991 年。

记》①，总而言之，林罗山经眼的志怪小说已涵盖了传入日本的多数。

江户时期以前，传统的怪谈故事往往被纳入因果报应、本地垂迹的神佛信仰中，或者通过宠辱幻化、人生无常宣扬某种出世之思。心无挂碍地品味一则怪异故事，这种态度在江户之前似乎很少见，而林罗山虽然未曾宣之于口，却通过实际的阅读、翻译与再创作，展现出不同以往的怪谈小说观。国文学研究资料馆藏《狐媚抄》写本末尾有识语"右一册依钧命抄出献之，夕颜巷"，《编著目录》里《怪谈》下附注"怪谈二卷，宽永末年幕府御不例时应教献之，为被慰御病心也"②，《禁中故事》下附注"宽永年中，廷臣来江户，时屡访之。闻其所谈，有可以为证，则笔记之"③，这些近似小说的著作，大都是在亲朋好友契阔谈燕，或主君有恙宽慰病心之际完成，随机而作，没有计划性，未在鬼狐之中暗寓寄托，这样反而将目光集中在怪谈本身的结构与"作意好奇"的趣味中。

（二）以文言小说为主，白话小说较少

公文书馆现存林罗山所藏小说中，白话小说仅有《东游记》《春秋列国志传》《廉明公案》和《明镜公案》4种，不足文言小说1/10，《廉明公案》和《明镜公案》为林罗山手校本，显然他确曾读过这两部小说。然而与频繁引用文言小说相比，他很少在诗文撰著中留下阅读白话小说的痕迹，笔者仅找到一条记载，即《罗山先生诗集》卷三十二中提到阅读《剿闯小说》的记载，称"余读剿闯小说，惊明室之大乱，虽似杞天之忧、不关吾事，然作律诗一首以叹之，且命向阳、考槃二子并书其尾"④。文中所谓"向阳"即林罗山三子鹅峰，"考槃"即四子读耕斋。《御文库目录》正保二年（1645）条有《剿闯小说》二册，公文书馆现存《剿闯小说》明刊本1部，原为红叶山文库藏本，另存抄本1部，有"弘文学士院"朱印，则该抄本为林罗山三子鹅峰旧藏，很可能是从红叶山文库本抄出。另外，《罗山林先生年谱》庆长九年既见书目中有《通俗演义三国志》⑤，林氏撰随笔《梅村载笔》地卷所附书目中有《西游记》《列国传》《三国志演义》《全相汉书》

---

① 『日本随筆大成』第1期第1卷『梅村載筆』第38頁，東京：吉川弘文館，1975年。
② 『羅山先生詩集』下附録第58頁。
③ 『羅山先生詩集』下附録第62頁。
④ 『羅山先生詩集』上第360頁。
⑤ 『羅山先生詩集』下附録第7頁。

《唐书演义》5 种白话小说。

相形之下，《御文库目录》中有《封神演义》《金瓶梅》《平妖传》《水浒全传》《英烈传》《清平山堂》《拍案惊奇》《醒世恒言》等长、短篇白话小说 27 种，《日光山天海藏主要古书解题》著录小说 15 种，其中 11 种是白话小说，文言小说仅有 4 种，可见当时白话小说并非罕见，而公文书馆现存林罗山藏书中仅有 4 种，不同于官库与天海僧的收藏，这恐怕既是出自个人趣味，又与当时文人学者"白话"能力的不足有关。

江户初期精通汉学的文人学者大多不通汉语白话，林罗山也不例外，正德年间荻生徂徕组织"译社"学习唐话，还需向唐通事及黄檗宗僧人请教，雨森芳洲在《橘窗茶话》中称"我东人欲学唐话，除小说无下手处"①。直到江户中期的正德、享保年间，荻生徂徕的萱园和伊藤东涯古义堂门下涌现出冈岛冠山、松室松峡、朝枝玖珂、陶山南涛等稗官大家，唐话之风在江户、京都两地普及，文人培养出白话阅读能力之后，白话小说才能广为传布。笔者据《舶载书目》著录指出，自享保九年（1724）开始载入日本的小说典籍发生逆转，之前以文言小说为主，此后则以白话小说为主，时值冈岛冠山由江户萱园返洛，伊藤东涯为其著作撰序，由此唐话风气自江户转移到京坂间，稗官五大家大多进入白话小说翻译或讲授的活跃期，此处不再赘述。

四、总　结

林罗山在江户时期中国小说的传播中发挥着承上启下的作用，他的私人藏书可能在 3000 部以上，达 1 万余卷，生前收藏的中国小说可能有百余部，甚至超出德川家康临终前的骏府官府藏书，展现出江户时期私人藏书的新纪元。他既承续了室町时代以来读书五山禅寺的传统，又处于近世和刊汉典与长崎商舶载籍方兴之时，并和藤原惺窝、菅得庵、松平忠房、榊原忠次等当时名家之间传抄代购，更曾掌管骏府文库、借阅红叶山藏书，积累起庞大的汉籍典藏，不同于此前的私家藏书，打开了中国小说流播日本的新局面。此后荻生徂徕、伊藤东涯、都贺庭钟、大田南亩、曲亭马琴、柳亭种彦等文人学者均大量收藏中国小说，"新渡唐本"和"稗史戏作"成为文人间交相传诵的话题。

---

① 『日本随筆大成』第 2 期第 7 卷『橘窗茶話』第 365 页，東京：吉川弘文館，1994 年。

综观宽文六年输入日本的汉文小说，林罗山的小说收藏呈现出两个特色，即文言志怪小说多、白话小说少且半数为抄本。除去仅见于幕府官库的数种小说，他将见于其他目录中的志怪小说大都纳入私人收藏。不同于此前功利性、教化性的阅读，他将目光集中在怪谈本身的结构与"作意好奇"的趣味中。林罗山生活的江户初期，文人学者缺乏足够的白话阅读能力，当时通"唐话"、读小说者可能主要为唐通事，此后荻生徂徕的"萱园"、伊藤东涯的古义堂分别在江户、京都两地宣讲唐话稗史，直到冈岛冠山由江户返洛的享保九年（1724），商舶载来的中国小说方由文言为主转向白话为主。

（周健强　北京大学中文系博士）

江户后期汉诗坛对性灵诗派的受容

——以清水长孺《蜃烟焦余集》为例

陈慧慧

摘 要：本文考察在江户后期尤其是宽政异学之禁后，日本汉诗坛对中国明清时的性灵诗派之受容。主要是以清水长孺的《蜃烟焦余集》内的序文与跋文为研究材料进行分析。通过对18世纪后半期汉诗诗风与诗观之变化的分析，来考察为何江户的汉诗人会受容明清时代的性灵诗派。众所周知，1783年山本北山的《作诗志彀》一问世后，汉诗坛开始呈现从格调派走向宋诗风·性灵诗风的变化。而江湖诗社的盟主市河宽斋在1813年于长崎获得袁枚的《小仓山房诗集》后将其编为《随园诗钞》出版后，更是对当时的汉诗坛影响重大。因此，在1824年出版的《蜃烟焦余集》极有可能受到了袁宏道与袁枚的性灵诗派的影响，以此为考察材料恰好可以看到江户汉诗坛对性灵派受容的具体之貌。其次，清水长孺虽然在历史上不为大众所知，但从《蜃烟焦余集》中可知，其人是与社会上各个阶层都有所往来的儒者。同时，他也是一位被藩所驱逐后流居京都，充满个性的在野文人。因其诗集中的序文与跋文是来自当时社会各个阶层的人所作，所以可以看到当时汉诗坛对性灵诗派受容的多样性，同时本文还想联系当时复杂的社会状况，就性灵诗派受容的必然性与偶然性进行探讨。

关键词：清水长孺 蜃烟焦余集 江户后期 汉诗 性灵诗派

日本近世随着儒学的兴起，也使得汉诗得到了飞速发展。汉诗最初受制于儒学、作为末技被日本知识分子所不屑，[①]后伊藤仁斋提出"诗三百主在抒发人情"来肯定汉诗的文学性，提高了汉诗的地位，但依然是作为儒家道德

---

① [日]日野龍夫《儒学と文学》，载日野龍夫、諏訪春雄編『江戸文学と中国』第217页。

教育的手段。直到狄生徂徕的古文辞派的出现掀起了汉诗创作的风潮，其自由开明的学园风气则培养了服部南郭和高野兰亭这样放荡不羁不专注儒学只以汉诗为生的职业诗人，由此日本汉诗在很大程度上脱离了儒学，得以相对自由发展。但是徂徕派以"文必秦汉、诗必高唐"这种强调诗歌格调的创作意识来进行汉诗创作，尤其是极力推崇明七子的李攀龙和王世贞的拟古诗文，因李与王的仿古诗极像高唐，所以徂徕认为要想写出如唐诗般"高华雄壮、古雅悲壮"的古典诗来就必须向李王效仿。但是这种拟古效仿的做法很容易导致汉诗文陷入抹杀个性、千篇一律的形式主义中。18世纪的后期，渐渐地出现了批判的声音。尤其到了文化文政时代前后，此时日本商业经济繁荣，逐渐便利的交通使得人们能够自由移动，由此带来了文化的蓬勃自由发展，而这也就更加激起日本汉诗人想要打破以往徂徕格调派拟古主义的窠臼，创造汉诗坛的新局面。天明三年（1783）素有"儒中之侠"称号的山本北山以《作诗志彀》发出了批判格调诗的第一声，其中大力推赞明朝公安派袁宏道的诗风。随后市河宽斋创立江湖诗社，继承北山之志，以袁宏道袁枚的性灵诗风为旗帜，提倡宋诗的写实，为江户后期的汉诗坛带来了一缕清新之风。随着时代的发展，到了文化繁盛自由的化政时代，清新的性灵诗风似乎已经席卷了整个汉诗坛。而从清水长孺《蜃烟焦余集》的序跋文章中可以看出性灵诗风被各个阶层的人所接受喜爱，上至王公贵族下至在野文人。

本文以1824年出版的《蜃烟焦余集》为文本材料，尤其是诗文集中各个阶层所题的序跋，来分析当时日本社会知识分子对性灵诗风接受喜爱的多样化。并在此基础上结合当时社会状况来探讨为何会受容性灵诗派，以及日本近世汉诗文坛在化政时代对性灵诗派受容的偶然性与必然性。

一、清水长孺与《蜃烟焦余集》

清水长孺（1755—1838）是江户中后期的汉学家。本姓平，字仲和、子正，号雷首、雷冈。尾张藩鸣海下乡氏家，后袭祖先清水姓氏。下乡氏在鸣海为藩儒世家。根据《汉学者总览》与《国书人名辞典》可知：清水早年跟从叔父下乡学海与徂徕学者市川鹤鸣学习，而后游学江户，跟随细井平洲和柴野栗山学习汉学。曾仕供于伊势神户藩，后因为言辞不逊被驱逐，成为在野文人。随后游于伊势白子等地，最后寓居京都，以开私塾为生。

《蜃烟焦余集》是清水唯一留存于世的作品。出版于 1824 年。从诗集的内容看主要是写景抒情的闲暇小作，其间偶有感慨不得志的愤懑，可推测出是其作为在野文人寓居京都或四处游历时的诗作。最值得注意的是从清水的酬和诗中我们看到清水与当时各个阶层的人都有交往，如王公贵族、儒者、僧侣、画家、医生等。清水活跃于 18 世纪末 19 世纪初的文化文政时代，商业经济繁荣，文化自由，各种文人间的沙龙兴起，打破了阶层的限制。而汉诗作为文人雅趣伴随着沙龙聚会广泛普及。清水的《蜃烟焦余集》既是其产物也反映了这样的社会状况。

二、"性灵"及二袁的性灵诗说

　　对于"性灵"的研究论文虽然有一些，但是系统性地追溯渊源并总结的论著较少。其中日本学者松下忠在《江户时代的诗风诗论处——明清诗论及其摄取》①中《袁宏道性灵说》的前言部分系统追溯并概括了中国文学史上的"性灵"。此处对性灵说及二袁的性灵说之差异的考察是建立在松下忠的研究之上的。松下忠认为性灵的意义是沿袭颜氏家训及南朝文学传下来的。"性灵"指的是个人情感尤其是心的灵妙之处。袁宏道为首的公安派就是继承此种意义并发展开来。至于清朝的袁枚提倡性灵说的源头众说纷纭。松下忠认为受到杨万里的影响最深，但也部分摄取了袁宏道的思想论。但袁枚对公安派的态度并没有特别亲近。如《随园诗话·卷一》："前明门户习，不止朝廷也。予诗亦然。当其盛时，高杨张徐、各自成家、毫无门户。传而为七子、再传为钟谭为公安，再传为虞山，率皆攻排诋诃，自树一帜。殊可笑也。凡人各有乖谬处，总要平心静气，存其是而去其非。"由此段话我们可知，袁枚的诗论相对比较宽容温和。并且袁枚在《随园诗话》中多次提到"性情"两字。可以说这两者是袁枚性灵说与袁宏道最不同之处了。
　　较之袁弘道的激烈抨击古文辞派的性灵说，袁枚的性灵中的性情说应该说是比较温和的。这与当时两者诗论形成的社会背景、诗坛状况有关，此处便不作详细解说与分析。

---

① ［日］松下忠『江戸時代の詩文詩論—明清詩論とその摂取』，明治書院，1969 年。

三、《蜃烟焦余集》的序文对性灵诗风的受容

序文共有3篇，分别是由藤原资爱、清原宣明和梅辻春樵。

根据日本《国史大辞典》所述，藤原资爱即为日野资爱（1780—1846），字子博、号南洞，是文章博士日野资业的后裔。日野家是藤原家的支流，所以日野资爱为彰显自己公卿贵族身份，序文中便以藤原资爱自称。藤原资爱当时已经升为一位准大臣的官品。① 当时藤原资爱礼遇文人，深受文人们的尊重和喜爱。② 如狂傲的赖山阳就曾经写到自己狂傲不羁，唯独尊重日野公的宽厚仁慈。而清水长孺的《蜃烟焦余集》中与日野南洞公交游酬和的诗多达6首，可以看出清水长孺与藤原资爱交情颇深。以下为藤原资爱的序文。

> 雷首老人诗集成，自名曰蜃烟焦余以乞序于余。老人旧尾鸣海名族，博学多闻，偏涉经史而又善声诗。①其作无丁豆陈腐之习，而又不落怪诡鄙俚之窟。清新奇警，多出乎人意外。盖②铸陶六经，点化百家，别捏造一种自家宝者也。昔者蔡氏之琴，出于爨余，为当世珍器而名于千载。今老人集名曰蜃曰余，谦之又谦，则经所谓受益尊而光者在焉。兹知是集一出世，不乏击节而照应后世欤。夫焦尾之桐相若者必矣。余喜讬名于不朽不辞以言。
>
> 文政癸未夹钟
藤原资爱

上文画线部分可以看出藤原资爱的诗话评论深受性灵诗派的影响。《敝篋集·序》中提到袁宏道与江盈科讨论诗词"新"的问题时说道："今人之诗，即工乎。然句句字字拾人牙慧，才离笔研，已似旧诗矣。夫唐人千岁而新，今人脱手而旧。岂非流自性灵与出自模拟者，所从来异乎。"可以看到袁宏道非常不满于今人作诗虽工，却拾人牙慧，认为新诗应当流自性灵。袁宏道在答李元善一文中又说："文章新奇无定式，只要发人所不能发。句法字法用

---

① 陳慧慧『賢才を愛し、天下を懐し』，载『霊山歴史館紀要』2016 年第 23 号。
② ［日］高瀬代次郎『佐藤一斎と其門人』第 596 页，南陽堂本店，1922 年。

法，一一从自己胸中流出。此真新奇也。"由此可看出袁宏道提倡诗文应该发人所不能发，从自己心中流出来的新奇。这与上文①画线部分非常相近。①画线部分中，藤原资爱提到"无饤饾之习，清新奇警，出乎意外"，其实就是演化了袁宏道"新奇"的诗论思想。

画线②部分提到了诗与学问的关系，特别是用典。"铸陶六经，点化百家"即认同作好诗需要有学问基础。袁宏道虽被文学史家批判为"无学""学问疏粺"，其本人还是很重视学问的，但袁宏道认为作诗需要学问的最终目的是圣人的学问能得"心性"。如"余谓，文之不正，在于士不知学。圣贤之学，惟心与性……故士当教之知圣学耳，知学则知文矣"。（《袁中郎全集》卷一·叙四子稿）但是藤原此处诗与学问的关系并未提及"心性"，只是说"别捏一种自家宝"似乎更像是受袁枚的影响。袁枚对于诗与学问的关系是辩证看待的。如"余尝谓鱼门云：'世人所以不如古人者，为其胸中书太少。我辈所以不如古人者，谓其胸中书太多'。"（《随园诗话》卷十三）袁枚首先是肯定学问的。《随园诗话·卷七》中讲到"诗难其真也。有性情而后真。否则敷衍成文矣。诗难其雅也，有学问而后雅。否则俚鄙率意矣"。这里袁枚认为学问能使诗雅。但是这里可以明确看到袁枚追求的是"真雅"，就是在真的基础上要雅。不能抛书袋、一个劲儿地引经据典，这样会使文章失真。而藤原在序文中写的"铸陶六经，点化百家，别捏造一种自家宝"。正好捕捉到袁枚这种诗与学问的辩证关系。"别捏造一种自家宝"就是讲要抒发自己的意见和情感，就是所谓的"真""真性情"。至于"别捏自家宝"，袁枚曾数次提到与之相近的"自成一家"之类的。如"北魏祖莹云，文章当出机杼，成一家风骨。不可寄人篱下"（《随园诗话·卷七》）"我辈宜兼收而立著之，到落笔时相题行事，方不囿于一偏。迨至真积力久，神明变通之后，其中又有我在焉。自成一家，令人莫测"（《小仓山房尺牍》卷五·与梅衷源）。

由此可以看出藤原资爱十分认同袁宏道与袁枚的诗论中的"清新"与"真"，并且对二袁诗话中诗与学问的辩证思考甚是注意与理解。

第二篇的序文也是一位王公贵族所题。序末题名为清原宣明，经过个人考证，此人应为伏原宣明。伏原宣明（1790—1863），本姓清原，名宣明，字愚休，号葵亭。修理权大夫伏原宣武的子嗣。文政二年（1819）为明经博士，文政六年（1823）升为从三品。为《蚤烟焦余集》所题的序也写于1823年，但署名依然是明经博士，可推测可能写于授三品官位之前。

平仲和者尾之产也。近来居于京，性真淑平粹，一时文人雅士皆慕之。余亦为袂契焉。仲和好作诗，而①其作不事矩步范驰，言所欲言，为所欲为而别自成一家，其言曰②诗无常师，山云海霞，从时异态，渔父村童，因地异趣。所以资兴供吟哦也。今兹因朋辑其作以上梓以请一言。余曰诗岂易言乎哉。进于质者则失于野，依于华者则过于浮，欲专精粹者则必流乎迟×，欲恣纵横者必陷乎杂乱。其格正而趣雅者虽古人所不易寻得也。仲和性真淑平粹，③故其诗亦无矫饰之弊，其致似无味而有味者岂由此欤。读者勿为草率看也。于时文政葵未岁春三月

明经博士清原宣明

　　上文就是清原宣明所赠的序文。画线部分的内容很明显是受到袁宏道和袁枚两人的性灵论所影响。画线①部分"言所欲言，为所欲为而别自成一家"突出了诗讲求"真"。袁宏道曾说："真者精诚之至。不精不诚，不能动人。……夫惟有真人而后有真言。真言识地绝高，才情既富，言人之所欲言，言人之所不能言，言人之所不敢言。"(《潇碧堂集》序) 与清原的"言所欲言、为所欲为"十分类似。袁宏道在原句中的"言人之所欲言"是服务于"真"这个主题概念。即要真。所谓的"真"就是能抒发自己的情感即为"别自成一家之言"。不管是袁宏道还是袁枚，两人都很多次提到过"一家之言""自成一家"之类的，与清原所说的都是同出一轨的。

　　画线②部分"诗无常师"也是源于袁宏道之论："故善画者，师物不师人。善学者，师心不师道。善为诗者，师森罗万象，不师先辈。"袁宏道认为善于作诗的人没有固定效仿的事物，应当森罗万象。由此看出清原的"诗无常物"是取自袁宏道之说。袁宏道在这句之后又说道："法李唐者，岂谓其机格与字句哉。法其不为汉、不为魏、不为六朝之心而已。是真法者。"也就是说师法李唐不是学习死气沉沉的机格与字句，而是学习"心"，这里的"心"应该是灵动的、鲜活的情感，能够随事物变化而变化。终归到底仍是求"真"。所以②处，清原在赞扬清水作诗无常师的背后，隐藏着他对性灵说中"真"的重视。

　　画线③部分提到清水的诗无矫饰之弊，这正是二袁两人都提倡的诗学。二袁提倡性灵说就是为了批判当时文坛的格调模仿之弊端。画线后半部分提到"似有味而无味"，以味来论诗在受袁枚的诗话论中有出现。比如袁枚在《随园诗话·卷六》中讲道："司空表论诗，贵得味外之味。余谓今作诗者，

味内味尚不能得，况味外味乎。要之以出新意，去陈言为第一者。"此处，袁枚提到作诗首先要去陈言出新意之后再谈味外味。也就是说诗文的"味外味"是建立在"新"之上的更高境界。但是清原所写的是"看似无味实则有味"则是以"无味"比喻诗文去了矫饰的"真"，即与前文的"仲和性真"相对应。所以清原赞扬的是诗歌无味之真。

由此我们可以看到清原最关注的是性灵诗派里所讲求的"真"。

第三篇序文是梅辻春樵所题赠。梅辻春樵（1776—1857），也姓琴，名希声，字延调、子琴，号春樵、无弦。春樵的家族历代为近江坂本日吉神社的神官，他在1897年将神社交于弟弟，自己闲居京都，与汉学家文人、王公贵族交游，以汉诗闻名。春樵为清水题的这篇序文很长，字数多达千字左右。大致先介绍了清水的生平经历，譬如出身名门后弃官从文、闲居京都与公卿相交，随后赞扬清水的诗作特点，以及自己对他的欣赏敬佩之意。全文洋洋洒洒、饱含深情，可以看出其与清水交情匪浅。他在序文中对清水诗作的评价也能够发现春樵本人了解性灵诗风并给予一定的认同。比如文中写道：

①……诗笔纵横，或能杂谐谑，谈穷年兀兀何。时女嫁男婚，春日迟迟，自分烟痼霞疾。交游不乏泾渭之流，可混真率无双，湖海之气磨尽，有文兼质。

②……今翻其稿而读其诗，不知渊源之为谁，休咎格调之反，已比较前辈则所作皆新，赠投时彦则所评各异，并皆社侣，固可同病相怜。

①②两处部分明显可以看出是受当时流行的性灵诗风所影响。①处重点强调清水诗风变化多端。比如"能杂谐谑"，指诗歌能够自我打趣，其实是"趣"的一种境界。袁枚在《随园诗话》中就提到过"雅谑自佳"之语（《随园诗话》卷十二）。其次强调内容丰富、情真写实。比如"穷年兀兀、女嫁男婚"，这些都是以往格调诗中所不被允许的。尤其是女嫁男婚这类的私人儿女情长。但是二袁的性灵诗风中则是倡导讲真情的，而且不反对女性入诗，并鼓励女性写诗，如袁枚就收了很多的女弟子。再如"真率无双、有文兼质"，袁宏道在《答李子髯》一书中就说道："真者精诚之至。不精不诚、不能动人。……夫惟有真人而后有真言。真言识地绝高、才情既富……"可以看出

袁宏道对"真"的重视。而袁枚亦说"诗难其真也"。可以说"真"是性灵派的核心与重中之重。而"有文兼质"虽是中国传统美学"文质彬彬"的传承,也反映了对性灵派提倡的"雅"的受容。诗歌若是一味讲求真,有可能陷入俗俚。袁枚就注意到这个问题,所以他讲道:"诗难其雅也。有学问而后雅。否则俚鄙率意矣。"由此,我们能够发现春樵和上述的藤原资爱同样都注意到袁枚诗论思想中对真与雅两者间的平衡掌握。②部分处很明显的指出清水的诗词是反对格调的。我们都知道袁宏道提倡性灵派的初衷就是来反抗明后七子的格调派的,而清朝袁枚则是反对沈德潜的格调派。同样,日本文坛在当时也是为了对抗徂徕学派的格调派才发出学习性灵派的声音。此处,我们看到清水的诗吸收了性灵派所追求的"新"。比如袁宏道答李元善一文中说道:"文章新奇无定格式,只要发人所不能发。"(《袁中郎尺牍》卷二十四)袁枚也提倡"新",如《随园诗话·卷一》提道:"不然,一切语古人都已说尽。何以唐宋元明,才子辈出,能各自成家,而光景常新耶。"②部分写道清水的诗文因有着新的特点,时人所评不一,但是春桥无疑是支持认同此种诗风的。所以,神官汉诗人春樵对性灵派的"新"是比较推崇的。并且,春樵也能相对较好地掌握袁枚所强调的真与雅的平衡关系。

四、《蜃烟焦余集》的跋文对性灵诗风的受容

《蜃烟焦余集》中共有4篇跋文。从跋文的署名看,分别是源宠、岛规棕轩、阿波贯及摩岛长弘。首先是第一篇源宠的跋文,如下:

①东坡称王定国厄穷衰老而诗益工。饮酒不衰所作清平丰融。与志得道行者无异。不可及也。今我仲和之度其似于此乎。仲和曩时卓洛不惓,千金挥霍致产业倾坭,既出仕。而又不合,近移京。而年已迈矣。而身志与少壮者无异。驰逐吟哦,毫无萎靡之气象。①盖内有自怡者也。东坡又云,苦定国诗之多,畏定国䌷之敏。余与仲和每周旋于诗酒之席,余虽短韵,沈唫伍回。②而仲和则失口成章。人喜其敏而不厌其多,则又有定国所不能及也。近有刊其集者,②人读而服其工。呜呼,仲和之健,自今以往,其作必与其寿积,有为之续者而出矣。唯余之蒲柳,能及见之乎,可叹也。

大学助源宠

源宠，经过考证应该是北小路宠。北小路宠（1763—1844），本姓为源，京都的儒学家，也是典药寮医管北小路贞隆的养子。名宠，字天爵，号梅庄、竹窗。天明四年是大炊介，宽政九年升为大学助。曾经跟随皆川淇园学习，后自己开私塾、培养弟子。

　　从跋文中可以看到北小路宠对性灵派的受容更多的是受袁枚的影响。比如①处，北小路将清水与王定国作对比，论到王定国的诗是越穷困衰老越工越好，而清水则是没有区别所作的诗歌都是清平丰融，为何呢，因他心里面是自怡的。这个就是袁枚所说的："情从心出。非有一种芬芳悱恻之怀，便不能哀感顽艳。"（《随园诗话·卷六》）又说："人必先有芬芳悱恻之怀，而后有沉郁顿挫之作，……后人无杜之性情，学杜之风俗，抑末也。"（《随园诗话·卷十四》）在此处，袁枚就是说所有情都是从心里面流露出来的。第二句又说好诗首先要有芬芳悱恻其次才是沉郁顿挫，这就是人的性情。有了性情才能作出好诗。而①处则能看到袁枚的这种性情之思想，借此北小路也在暗赞清水是个有性情的人。

　　其次，我们发现①②都提到了"工"。尤其是②处北小路写道"读而服其工"，看出是认同作诗要工的。这与袁宏道的性灵说有些不符甚至是违背。袁宏道讲求"天然的真"，特别追求"自然""天然"。如他说过"夫趣得之自然者深"，甚至写过一首诗"鬼斧凿天真、刻意出新诡"。可以看出袁宏道对"工"的不喜。但是袁枚却并不排斥"工"，甚至比较文章应该需要后天雕刻。这也是第二章中袁枚的性灵较之袁宏道的要温和的原因之一。袁枚在答祝芷塘太史时，先引了孔子圣贤的话"情欲信、词欲巧"后说道"圣人修词尚且不避巧，而况今之写文章者乎"（《小仓山房尺牍》卷十）。

　　由此，我们看到北小路宠受袁枚温和的性灵说更深。

　　其次，第二篇跋文是出自岛规棕轩，即中岛棕轩。根据《日本人名大辞典》可知，中岛棕隐（1779—1855）是京都的儒者和汉诗人。名德规、规，字景宽、士成，号棕轩、因果居士、安穴先生，通称文吉。曾经跟随伴蒿蹊学习儒学；跟随村濑栲亭学习儒学。中岛是一位非常有个性的文人。爱狂诗，19岁便以祇园周边的风流为题材写了《鸭东竹枝》。酷爱"儒中侠"一词，自称好事儒者。一生未出仕，靠卖诗文度日，生活十分贫穷，素有三想而不得之事（酒、食、衣服）。可从《首夏写怀五首其四》诗文中推测出：醉过三春家益穷，卖文日日仰青铜。妻请所与因多债，我问有余皆已空。心倦看云山色底，睡轻凝雨竹声中。残生若逐区区志，种秫欲为田舍翁。(《棕隐轩二集·下卷》) 这样一位有个性的汉诗人是如何看待性灵诗风的呢？从下面的跋文中可以一窥究竟。

  雷首翁①诗出于人意表者多矣。②可知便便经笥，固有余裕。今乃钟奇于一集，属子弟以流芳。飒飒乎似砭群俗之身。③其质也则屈宋陶谢，其华也则李唐朱明之调。其滑稽也则淳于东方之辨才。其解脱也则南华维摩之奥旨。忽而江湖风云，忽而宫阁轩冕。景以情迁，诗随事变，讽咏至此，高矣盛矣。蔑以加焉，而犹烦社友评语者，其意在不喜耿介，异于世乎。翁之豁达可以见耳。聊书数语，以抒钦服之鄙意云。

棕轩岛规

  从画线部分的①②③处便可看到有受到性灵诗风的影响。①处的"出人意表者多矣"与藤原资爱的序文中所说的"多出乎人意外"相似，之后的"今乃钟奇于一集"都影射着受到袁宏道性灵说中"新奇"的影响。而"便便经笥，固有余裕"也与藤原资爱所写的"陶铸六经，点化百家"相似，都受到了袁枚所提到诗与学问、真与雅之间辩证平衡这一诗话论的影响。中岛在②处重点提到了"奇"的概念。袁宏道曾多次提过"奇"，比如"此真新奇也"(《袁中郎尺牍》卷二十四)，其又云："其文有奇气，沛然若瀑之注峡。苏子曰、士以为气为主。献夫之用世，余以气决之，非臆断也。"(《袁中郎全集》卷二·序) 从袁宏道的这句话中可以看出其虽然比较推崇奇气，但这奇气其实是"士气"，读书人之气概，也就是说"奇"的基础还是需要学问。而这与①处的"便便经笥、固有余裕"就可以相对应起来了。所以，①②处内容是理解之上演化二袁性灵说而来的。③处中岛称赞清水的诗文之质像屈原、宋玉、陶渊明、谢安一样，其华丽像唐代明朝诗文一样，像东方朔般有着辩才滑稽，像王维般奥妙洒脱。屈宋开启中国诗词浪漫之先河，陶谢则是隐逸之风，可以看出此处中岛对清水的赞美之高度，可以说中岛认为清水的诗文几乎完美，既浪漫带有隐逸之飘逸，又有着唐明的华丽；既滑稽敏捷，又带有佛性之解脱潇洒。虽然有些夸张，但可以看到这是中岛理想中的诗文。由此我们发现，中岛其实并不反对唐明之华丽的诗文。性灵派虽然反对唐明之格调，但是袁枚却不似袁宏道之激烈，他曾说："前明门户习，不止朝廷也，予诗以然。当其盛时，高杨张徐，各自成家，毫无门户。传而为七子，再传而为钟谭为公安，又再传为虞山，率皆攻排诋呵，自树一帜，殊可笑也。凡人各有乖谬处。总要平心静气，存其是而去其非也。"也就是说袁枚并非完全反古，袁枚主张存是去非。中岛在他的《漫兴十五首·其四》（出自《棕隐轩四集·下卷》）"不必青莲与浣华，采诗六代别成家"一句中明确发现接近上述袁枚的论调。

第三则跋文出自阿波贯名之手。阿波贯名即为贯名海屋。根据《大辞林》可知，贯名海屋（1778—1863）是江户后期有名的书法家和南画画家。被称为幕末三笔之一。出生阿波国，名苞，字为子善，号海屋、菘翁。贯名的跋文篇幅并不长，但讲到清水的人如其诗文"蔼然温藉""和易真率"。可以看到也受到当时汉诗诗坛的性灵说所影响。

最后的跋文是摩岛长弘所书。摩岛长弘（1791—1839）是位医儒。本姓为源，名为长弘、元弘，字子毅，号松南，京都人。摩岛家虽世代从医，但他后来弃医从儒，热心于程朱学。① 梶村高朗所著的《摩岛先生行状》中可知他曾跟随古注派学者猪饲敬所学习儒学。在仁科白谷所撰的《松南文集序》中，松南自我评价道："我恂恂然平生退居人后；我裹足不出都门，兀兀终年。"② 由此，一位温和的儒者形象便跃然于纸上了。以下是他所题写的跋文：

　　一日与客论诗并及今世诗人，余曰雷首翁老于诗者也。①<u>然其人清淡如水，其诗奇警异常</u>。其诗之不似人耶。客曰翁生长海国，目之所瞩，巨漫万顷，鲛浪爽气以资，其变幻之妙。中游关东，讬身于豪华之窟，右花左柳以资其瑰丽之气，终而竭×官途间关世路，然喜交战其气之流×湛渊生波变淡为奇势之使然也。余曰②<u>翁之淡出乎天，非物之所能移也。夫淡则奇也奇则淡也，淡者自然之谓也，自然则其触而发者真机，活泼无往而不奇矣</u>。此翁游大人间皆得其欢心然，昂昂焉不受约束，是一奇也。世之学者善病往往鹤骨如削，翁则健饭兼人眼明耳聪，是一奇也。世之学者多立城府，汉彼楚此，翁则怡然不割鸿沟，是一奇也。是许多③<u>奇气袭而所自性灵流出溢而为诗词，其语惊人者亦真机之发见耳</u>，顷

---

① ［日］梶村高朗『摩岛先生行状』，摩岛松南『摩岛松南遗稿诗文集』卷末，1842年。
② ［日］仁科白谷撰，摩岛松南『摩岛松南遗稿诗文集』"余は则ち恂恂として平生退いて人後に居る，余は则ち足を裹んで都门を出でず、兀兀として年を终ふ"，1842年。

> 翁集蚕烟焦余成示余，求一言因理前足以题之
>
> 摩岛长弘

从摩岛的跋文中我们便可知摩岛是一位性灵诗风者，非常推崇袁宏道的性灵说。首先③中直接提到"性灵"二字。又云"真机""奇气"，这些都是袁宏道所提倡的。①②两处都提及"淡"的概念。这也是袁宏道的性灵说中重要的组成部分。袁宏道曾云："苏子瞻酷嗜陶今诗。<u>贵其淡而适也</u>。几物酿之得甘，炙之得苦。唯淡也不可造也。<u>不可造，是文之真性灵也</u>。浓者不复薄，甘者不复辛。<u>唯淡也无不可造。无不可造，是文之真变态也</u>。"（《袁中郎全集》卷一·序）袁宏道认为适可而止的"淡"是不可造的，即是自然天然的，而这就是文章的真性灵、真变态。我们再看看②处摩岛所言，摩岛认为淡是出乎天非所移，也就是说淡是天然的不可造的，这样的"淡"能够触发"真机"。这与袁宏道所说的没有大的出入。但是，摩岛不同于袁宏道的是他在说"淡"的同时也提及了"奇"，摩岛认为淡就是奇，而从全篇的跋文中我们看到摩岛无不提及"奇"。当然，袁宏道也非常重视"奇"，如"新奇""奇气"，这在上述的几篇序文与跋文中都已经做过分析，此处就不再重复。

由此可知，摩岛松南推从"真机""性灵"的同时，对性灵说中的"淡"与"奇"两个侧面非常看重。此处虽然看到他对袁宏道的推崇，但是他也曾言："明代宋潜溪以规模胜，方逊志以经学胜。李王中起，思苦而词艰，翕然称为复古。然犹塑像衣冠森然率乏神采。下而如王遵岩、袁中郎之美，众芳争发。低红昂紫，美则美矣，然亦浪芷浮花。要非盛世之音也。"从中看到摩岛对袁宏道的批判。但是这段话中既批判了古文辞派和性灵派；也同时肯定了两者的可取之处。可以说摩岛是一种折中的态度，这也很符合他的为人。

五、性灵派的历史及袁枚《随园诗话》的传入

袁宏道的性灵说其实很早就被日本文人所知。元政上人（1659—1662）曾作诗："病来耿不寐，对灯背佳月。卧读袁中郎，欣然摩头发。"看出其对袁宏道的喜爱。他在自己的①《艸山集》中就明确的说自己喜爱袁中郎的灵

---

① ［日］元政上人『艸山集』卷20『送元赟老人十首』"余嘗暇日、與元赟老人其閒近代文士雷何思、鐘伯敬、徐文長集、特愛袁中郎之靈心巧発、不籍古人自為詩為文焉"，上田台嶺，1910年。

心巧发。而他给复南纪澄的书文中写道:"余细读公之此书皆流自性灵,非出自模拟者。所谓有德者必有言,有言者不必有德。盖流自性灵者,有德之言也。出自模拟者,不必有德之言也。"由此可知,元政上人喜爱袁宏道是真正理解了袁之性灵说之内涵的。元政上人之后又有梁田脱岩(1672—1757)和六如上人(1734—1801)相继推崇性灵说,只是并未引起很大的反响,直到18世纪后半山本北山的振臂一呼,才使得性灵诗派走上历史的主流舞台。

所以,我们可知公安派的性灵说早在江户初中期就已被日本汉诗人所知。性灵说一直都隐藏在江户初期文学的地下水脉中,等待着一个能让它大放异彩的时机。18世纪前半日本汉诗文坛主流一直由古文辞派所谓的"文必秦汉,诗必高唐"的格调说主宰。18世纪后期,崇尚性灵的日本文人终于按捺不住,想要打破格调的牢笼,自由翱翔于汉诗的天空。所以此时效仿中国的二袁,提出性灵诗风来抨击当时徂徕派的格调诗是必然的趋势。但到化政时期,日本社会呈现出文化自由繁荣之象,像袁宏道这般激烈抨击格调诗的性灵说相对减弱,此时较袁宏道显得相对温和的袁枚的性情性灵风则更容易被日本文人所广泛接纳。而1813年市河宽斋在长崎得到袁枚的《小仓山房诗集》是性灵诗风风靡的偶然因素,就是所谓的时势造英雄。① 宽斋在《小仓山房诗集》的基础上编写并出版《随园诗抄》,此书一问世更是使得性灵诗派广泛受众人喜爱与接受。由此产生了上至朝廷下至民间的性灵诗风热。所以说,性灵诗派在日本江户后期得到广泛接纳既是必然也是偶然。

六、总 结

以上,从《蜃烟焦余集》的序文和跋文中可以看到江户后期的汉诗坛对二袁性灵说的摄取吸收。不同的人因个人的性格喜好、阶层背景不同,对性灵说吸收的程度和喜爱的侧重点也表现的不同。如公卿藤原资爱就比较重视真新与学问的辩证关系;在野文人中岛规则更看重"奇";至于温和的程朱学者摩岛松南虽推崇袁宏道,却更倾向于折中的性灵说。由此我们便能借以《蜃烟焦余集》的7篇序跋,窥得日本诗坛对性灵说受容的多样性的朦胧面影。

(陈慧慧 日本关西大学东亚文化研究科)

① [日]松浦章『清中期の袁枚「随園詩話」と市河寛斎編「随園詩鈔」』,载『或問』2008年15号。

日本汉学家眼中的《红楼梦》
——以北京方言日译为中心

刘 佳

摘 要：日译《红楼梦》是一则不及终篇的动人佳话，是中日两国人民传统友谊不断发展的一个象征。《红楼梦》是享誉中外的文学名著，更是北京方言的宝库。本文分别从四位日本汉学家"松枝茂夫""飯塚朗""伊藤漱平"和"井波陵一"翻译的全译本《红楼梦》出发，论述了这四种有代表性的日译《红楼梦》中北京方言的日译美化语和敬语变奏。

关键词：日本汉学家 日译《红楼梦》 北京方言 美化语 敬语变奏

日译《红楼梦》是中日文化交流中的一件盛事。乾隆五十八年（1793）冬由"南京船"（指在南京、苏州等地装货，在乍浦、宁波、上海等港口起航到日本长崎港的贸易船只）输入了《红楼梦》9 部 18 套，据翻译家伊藤漱平的考证，版本为乾隆五十七年冬在苏州出版的《绣像红楼梦全传》的可能性较大。①

日语全译《红楼梦》是大正十年至十一年（1921—1922）文教社刊行的"国译汉文大成"丛书中的《红楼梦》上中下三卷，译者署名为幸田露伴·平冈龙城，所依据的底本是有正书局本《原本红楼梦》，但仅译出曹雪芹原作的前八十回，后四十回由幸田露伴写出故事梗概附在下卷末。所以不能算作真正意义上的全译本。截至目前，日本共有 10 种有代表性的日译《红楼梦》全译本，分别为：（一）松枝茂夫译《红楼梦》，东京·岩波书店，1972 年改

---

① ［日］伊藤漱平『「红楼梦」在日本的流行』，载『伊藤漱平著作集』2008 年第三卷。

版；（二）飯塚朗译《红楼梦》，东京·集英社，1980 年初版；（三）伊藤漱平译《红楼梦》，东京·平凡社，1996 年初版；（四）井波陵一译《红楼梦》，东京都·岩波书店，2013 年初版。

20 世纪 80 年代，著名文学评论家吴泰昌先生在《〈红楼梦〉在日本的新镜头》一文中写道：

> 我国古典名著《红楼梦》在东临友邦日本的流传，是一则不及终篇的动人的佳话，是中日两国人民传统友谊不断发展的一个象征。据现有的记载，一七九三年十二月《红楼梦》传入日本。十九世纪末叶，开始有了日译节本。本世纪以来，才有百二十回的全译本，即松枝茂夫译本（1940 年—1951 年岩波书店版）和伊藤漱平译本（1958 年—1960 年平凡社版）。最近，又有一种全译本问世，这就是东京集英社一九八零年一至三月先后出版的飯塚朗译三卷本《红楼梦》。①

在 21 世纪的今天，《红楼梦》新译依然在接力，这就是 2013 年至 2014 年由岩波书店出版的井波陵一《新译红楼梦》（全 7 册）。

吴泰昌先生提到的日本首个《红楼梦》全译本暨松枝茂夫译《红楼梦》，1972 年至 1985 年又由岩波书店出版了改译版，译者在译后记中写道：

> 中国在二战后，特别是人民政府成立以后，发现了很多重要文献。随着《红楼梦》文本整理的进展，中国大陆陆续发表了很多优秀研究成果，甚至达到了应接不暇的程度。我国伊藤漱平先生于昭和三十三年（1958）十二月开始，花费两年的时间，由平凡社出版了全然一新的全译本，又在此后的十年内两度进行修改并出版了改译本。参照先生的译作，对四五十年代出版的拙译中的错误一一做了修正。我对《红楼梦》的读解，同 30 年前相比基本没有什么进步，这次新版的拙译《红楼梦》，很多地方都是参考伊藤先生的新译本而改译的，在这里向伊藤先生表示衷心的感谢。②

---

① 吴泰昌《艺文轶话》第 173 页，安徽人民出版社，1981 年。
② 曹雪芹著，[日] 松枝茂夫译《红楼梦》（第 1 册）第 347 页，东京：岩波书店，1972 年。

可以看出，松枝茂夫的《红楼梦》全2册日译改订本的出版，受到了伊藤漱平译《红楼梦》的影响。

饭塚朗译《红楼梦》，1980年由集英社出版，译者在《解说》中写道：

> 在日本，松枝茂夫译《红楼梦》百二十回全译本于昭和二十六年（1952）由岩波书店出版。昭和四十七年（1972）出版了松枝先生的改订版。昭和三十五年（1960），平凡社出版了伊藤漱平先生翻译的《红楼梦》全译本，昭和四十五年（1970）出版了修订版。松枝先生和伊藤先生对《红楼梦》有着深刻的研究，在译本中都加入了详尽的注释及考证，两位的日译《红楼梦》可谓无懈可击。松枝先生翻译的《红楼梦》是以戚本《原本红楼梦》为底稿，后四十回参照了程乙本；其改订版是以1958年由俞平伯先生校订的《红楼梦八十回校本》一书为底稿，后四十回使用了作为附录的程甲本。松枝先生出版的第三次改订版，前八十回以俞平伯先生1963年出版的《校本》的改订版以及《甲戌本》和各种《脂砚斋本》的影印本为底稿，后四十回参考了程甲本、程乙本、王评本以及其他诸多版本，版本严谨周密。然而，中国自1957年开始了《红楼梦》的整理工作，70年代由人民文学出版社出版发行了整理后的《红楼梦》版本。这一《红楼梦》版本已经成为中国大众普遍阅读的版本，我认为也应该介绍一下该版本《红楼梦》，于是就追随着松枝和伊藤两位先生翻译了《红楼梦》。人民文学出版社出版的《红楼梦》也存在一些不通顺的地方，拙译参考"校本"以及其他版本，对原著进行了个别地方的修改，目的是为了更加忠实原著。人民文学出版社出版的《红楼梦》，为了能够让读者轻松读下去，避免后注而使用当页注释。我在翻译中当遇到中国读者易懂而日本读者理解困难的地方，采取了补充说明的方式加以翻译。拙译虽然是将其作为通俗读物来进行翻译，但铭记《红楼梦》是一部文学巨著，从而追求损伤原著的文学性的翻译目标。①

如前所述，伊藤漱平是继松枝茂夫之后，第二位把全译本《红楼梦》于20世纪五六十年代呈现给日本读者的，但以后又出版了改译本。伊藤漱平新

---

① 曹雪芹著，[日] 饭塚朗译《红楼梦》（第1册）第470页，东京：集英社，1980年

译《红楼梦》全12册,1996年9月由平凡社出版,译者在《告读者》中回顾了自己的翻译历程:

> 拙译《红楼梦》译本,出版于距今约四十年前,昭和三十三年(1958年)至三十五年(1960年),作为平凡社《中国古典文学全集》全三十三卷中的三卷出版。昭和四十四年(1969年)至四十五年(1970年),作为平凡社《中国古典文学大系》全六十五卷中的三卷,出版了拙译《红楼梦》改订本。昭和四十八年(1973年),作为平凡社"奇书系列"之一,出版了第二次改译的拙译《红楼梦》普及版。这次出版的《红楼梦》,是拙译第三次改译本,希望得到专家和读者的评判。①

井波陵一译《新译红楼梦》全7册,2013年9月至2014年3月由岩波书店出版,译者在《译后记》中写道:

> 德国著名思想家,也是《翻译家的课题》一书的作者本杰明(Walter Benjamin)在《杂志"新天使"的预告》一文的末尾写道:"解说本《旧约圣经》中记述,天使每一瞬间成群结队地诞生,在神的面前唱完赞歌,就不存在而融入到了无形中,这一实在才是唯一的真实。我认为这本杂志是本着这一精神而命名的。"(译文见岩波文库《暴力批判论》)这里所说的神和天使的关系,如果用来比拟原作和翻译的话,我的《红楼梦》拙译,也沐浴着在原作面前不时地唱着赞歌的荣誉吧。②

由以上可以看出,这四种译本,尽管有互相学习、先后借鉴之处,但由于译著的时代不同(松枝茂夫改译本为20世纪70年代,飯塚朗译本为20世纪80年代,伊藤漱平第三次改译本为20世纪90年代后期,井波陵一译本为新近的2013年),四位汉学家的翻译观上也不尽相同。松枝茂夫和伊藤漱平是"加入详尽的注释及考证";飯塚朗追求的是"通俗性但不损伤原著"的文学性,而井波陵一则把"原作和翻译"比拟为"神和天使的关系",把自

---

① 曹雪芹著,[日]伊藤漱平译《红楼梦》(第1册)第419页,东京:平凡社,1996年。
② 曹雪芹著,[日]井波陵一译《红楼梦》(第7册)第320页,东京:岩波书店,2014年。

己的翻译比作"为《红楼梦》原作唱赞歌"。

《红楼梦》是享誉中外的文学名著，更是北京方言的宝库。新近几年，北京方言的收集整理成就斐然，先后出版了董树人著《新编北京方言词典》，吕长鸣著《红楼梦里的北京土语》，高艾军、傅民著《北京话词典》。

本文参照这些成果，对《红楼梦》中的北京方言日译进行研究，由此来看四位日本汉学家眼中北京方言的异同。

一、"可巧""料着了""落草"等北京方言中性词语日语翻译的美化语和敬语表现

"可巧"这一北京方言出现在《红楼梦》第三回"贾雨村夤缘复旧职，林黛玉抛父进京都"中：

> 台阶之上坐着几个穿红着绿的丫头，一见他们来了，便忙都笑迎上来说："才刚老太太还念呢，可巧就来了。"①

"可巧"意为"很巧合，恰好"，现读为"可巧儿"。②

松枝茂夫把"可巧就来了"译为："まあまあようこそ"③；饭塚朗译为："ようこそお越しなされました"④；伊藤漱平译为："いい具合にお早いお着きで"⑤；井波陵一译为："よいところへお着きになられました"⑥。

北京方言"可巧（儿）"是一个中性词，"可巧就来了"这句话也并非包含美化语、敬语或谦逊语的成分或含义，但4种日译本却分别呈现出美化语（"ようこそ"：对来访者表示感谢和慰劳的意思）、敬语句式（"お…なさる""お…""お…になる"）。也就是说，"可巧（儿）"这一北京方言日译后，成了美化语及敬语句式表现。

---

① 曹雪芹《红楼梦》（上册）第25页，人民文学出版社，2008年。
② 吕长鸣《红楼梦里的北京土语》第187页，中国书籍出版社，2011年。
③ 《红楼梦》（第1册）第75页。
④ 《红楼梦》（第1册）第35页。
⑤ 《红楼梦》（第1册）第88页。
⑥ 《红楼梦》（第1册）第44页。

这首先是由话语者"几个穿红着绿的丫头"的身份所决定的。《红楼梦》中的敬语人称是"才刚老太太还念呢"的"老太太","可巧(儿)"这一带有儿化音的北京方言是呼应"老太太还念呢"这一上文,把丫头们以"老太太"之"念"而热切地盼望黛玉到来的心情活灵活现地传达了出来。

日译者准确地领悟了《红楼梦》原作的这一贾府丫头们对"老太太"贾母的敬意内涵,分别用日语习以为常的迎客美化语"ようこそ"、敬语句式"お…なさる"和"お…になる"等,把原作中北京方言"可巧(儿)"笑容可掬、躬身相迎的情态语感再现了出来。

"料着了"这一北京方言也出现在《红楼梦》第三回中:

熙凤道:"这倒是我先料着了,知道妹妹不过这两日到的,我已预备下了,等太太回去过了目好送来。"王夫人一笑,点头不语。①

"料着了"在北京方言中是"估计、预测到了的意思"②。

松枝茂夫把"这倒是我先料着了"日译为:"あたくしも前から考えておりました"③;饭塚朗译为:"わたしも考えておりまして"④;伊藤漱平译为:"わたくし、おことばまでもなく気がつきました"⑤;井波陵一译为:"前もって考えつき。"⑥

前二者都采用了动词后接续"ております"这一郑重、礼貌、用心周到的敬语句式,后二者都采用了"考えつき"这一含有"格外用心""好意"的动词。同北京方言中"料着了"的中性语义相比,日译或体现出郑重、礼貌的敬语句式,或体现出用心周到、好意的语义。

《红楼梦》原作中"料着了"这一北京方言的话语者是贾府中八面玲珑、泼辣且颇有心计的王熙凤,是直接承王夫人(荣国府的掌门人贾政的夫人、王熙凤的姑妈)的嘱咐而回答的话语。松枝茂夫和饭塚朗的日译对《红楼梦》

---

① 《红楼梦》(上册)第 41 页。
② 《红楼梦里的北京土语》第 215 页。
③ 《红楼梦》(第 1 册)第 82 页。
④ 《红楼梦》(第 1 册)第 38 页。
⑤ 《红楼梦》(第 1 册)第 96 页。
⑥ 《红楼梦》(第 1 册)第 48 页。

中"夫人"这一尊称（敬语）暨王熙凤作为晚辈对"夫人"这一尊称对象的敬意体现在了"料着了"这一北京方言的郑重、礼貌句式翻译表达上；伊藤漱平和井波陵一日译则把《红楼梦》原作中"料着了"这一北京方言所包含的王熙凤对黛玉格外用心、好意一片的语义贴切地翻译了出来。虽然4种日译本侧重不同，但都把"料着了"这一中性北京方言词汇敬语化或好意化了。

"落草"这一北京方言也出现在《红楼梦》第三回中：

> 黛玉道："姐姐们说的，我记着就是了。究竟不知那玉是怎么个来历，上头还有字迹？"袭人道："连一家子也不知来历，听得说落草时从他口里掏出来的，上头有现成的穿眼。等我拿来你看便知。"①

北京方言"落草"意为"婴儿刚出生"②。

松枝茂夫把"听得说，落草时是从他口里掏出来的"中的北京方言"落草"译为："若さまのお生まれになった时に"③；饭塚朗日译本承《红楼梦》第二回"一落胎胞，嘴里便衔下一块五彩晶莹的玉来"④，把包含"落草"这一北京方言的句子省略了；伊藤漱平把"落草"译为："なんでも若様お誕生の折"⑤；井波陵一译为："なんでもお生まれになった时に。"⑥

在北京方言中，"落草"是一个中性词，但由于《红楼梦》中是袭人回答黛玉问话时所说，袭人是女佣，宝玉是主子，即使话语涉及的对象宝玉不在现场，日语表现也必须把女佣袭人对主子宝玉的尊敬之意，用"お……になる""お（誕生）"这一固定的敬语句式表现出来，于是北京方言"落草"这一中性词日译后，就成了中规中矩的敬语表达了。

---

① 《红楼梦》（上册）第52页。
② 《红楼梦里的北京土语》第222页。
③ 《红楼梦》（第1册）第102页。
④ 《红楼梦》（上册）第28页。
⑤ 《红楼梦》（第1册）第119页。
⑥ 《红楼梦》（第1册）第61页。

二、"腻""不待见""给脸子瞧""编派（排）"等贬义词语日语翻译的美化语和敬语表现

"腻"这一北京方言出现在《红楼梦》第二十一回"贤袭人娇嗔箴宝玉，俏平儿软语救贾琏"中：

> 袭人冷笑道："你问我，我知道？你爱往那里去，就往那里去。从今咱们两个丢开手，省得鸡声鹅斗，叫别人笑。横竖那边腻了过来，这边又有个什么'四儿''五儿'伏侍。我们这起东西，可是白'玷辱了好名好姓'的！"①

"腻"这一北京方言的意思是："赖着不走"②"男女总缠在一起""虽然引起对方的反感，但依然呆在那里不离去"③"一味纠缠""男女之间情意缠绵"④ 等。

显然，上文引用的《红楼梦》第二十一回中袭人话语中的北京方言（土语）"腻"，是含有对宝玉行为的批评即贬义的。

松枝茂夫把"横竖那边腻了过来"这句话日译为："どうせあちらに居飽きてもどっていらしても"⑤；饭塚朗译为："どうせあちらで倦きてもどってらしっても"⑥；伊藤漱平译为："どのみちあちらでお飽きになっておもどりになれば"⑦；井波陵一译为："どのみちあちらに飽いて戻ってこられたとしても。"⑧

四种日译本中对应的北京方言"腻了过来"的"腻"这一含有贬义词汇

---

① 《红楼梦》（上册）第 284 页。
② 《新编北京方言词典》第 335 页。
③ 《红楼梦里的北京土语》第 244 页。
④ 高艾军、傅民《北京话词典》第 651 页，中华书局，2013 年。
⑤ 《红楼梦》（第 3 册）第 26 页。
⑥ 《红楼梦》（第 1 册）第 232 页。
⑦ 《红楼梦》（第 3 册）第 33 页。
⑧ 《红楼梦》（第 2 册）第 94 页。

的日语表达却成了尊敬语句式"……いらしても"（尊敬语："いらす"）、"お……になる"（敬语句式）、"こられた"（尊敬语："こられる"）。这是由于话语者袭人乃女佣，在日语语境中必须对主子宝玉使用尊敬语。

"不待见"这一北京方言也出现在《红楼梦》第二十一回中：

> 平儿在窗外笑道："我浪我的，谁叫你动火了？难道图你受用一回，叫他知道了，又不待见我。"①

"不待见"的意思是："不喜欢"②"不喜欢、厌烦对方"③"厌弃，不喜欢"④等。

松枝茂夫把"又不待见我"日译为："わたくしまでそのままじゃすみませんもの"⑤；饭塚朗译为："もう目をかけてはもらえませんもの"⑥；伊藤漱平译为："このわたくしにもう眼をかけてはくださいませんわ"⑦；井波陵一译为："わたくしまで嫌われてしまうなんてご免蒙ります。"⑧

四种日译本中分别出现了"すみません"（对不起）、"もらえません"（授受动词之一的受取否定态）、"くださいません"（授受动词之一的给予敬语否定态）、"ご免蒙ります"（拒否的郑重表达语句），也就是说，《红楼梦》中"腻"这一北京方言所表示的"不喜欢、厌烦和厌弃"的贬义，在四位日语译者的笔下，或用郑重词语（"すみません"），或用"我受取"这一中性句式，或用"给予"的敬语态，或用拒否的委婉表达方式（"ご免蒙り"）等美化或敬语化了。

"给脸子瞧"这一北京方言出现在《红楼梦》的三十一回中：

---

① 《红楼梦》（上册）第288页。
② 《新编北京方言词典》第35页。
③ 《红楼梦里的北京土语》第27页。
④ 《北京话词典》第65页。
⑤ 《红楼梦》（第3册）第35页。
⑥ 《红楼梦》（第1册）第236页。
⑦ 《红楼梦》（第3册）第43页。
⑧ 《红楼梦》（第2册）第99页。

晴雯冷笑道:"二爷近来气大的很,行动就给脸子瞧。前儿连袭人都打了,今儿又来寻我的不是。要踢要打凭爷去。就是跌了扇子,也是平常的事。"①

"给脸子瞧"这一北京方言的意思是:"因为生气或不喜欢对方,脸色难看,并故意在对方面前表现出来"②"脸上对人显出恼怒的神情"③。

松枝茂夫把"行动就给脸子瞧"这句话日译为:"何とか言えばすぐにいやな顔をお見せになるわ"④;饭塚朗译为:"何か言うといやな顔をなさいますのね"⑤;伊藤漱平译为:"何かいうとすぐ色にお出しになる"⑥;井波陵一译为:"何かにつけてプンプンなさいます。"⑦

四种译本中,除了伊藤漱平译本承上一句"二爷近来气大的很(若様は、近ごろばかに怒りっぽくをなりですこと)",把"行动就给脸子瞧"日译为中性语义的敬语句式"色にお出しになる"(显露出来)外,其他三个日译本都在上一句的基础上,再次强调了"给脸子瞧"即北京方言中包含的"生气、恼怒的神情"("いやな顔をお見せになる""いやな顔をなさいます""プンプンなさいます")。然而,四种日译本都在"行动就给脸子瞧"这句话的翻译上,或采用了敬语句式"お……になる",或尊敬语"なさる"。也就是说,即使女佣晴雯言及主子宝玉行为的话语,"给脸子瞧"这一只是表达"生气、恼怒神情"的北京方言,在日译者们的笔下,也成了敬语句式或含有尊敬语的表现。

"编排"这一北京方言出现在《红楼梦》第四十二回中:

探春"嗳"了一声,笑个不住,说道:"宝姐姐,你还不拧他的嘴?

---

① 《红楼梦》(上册)第418页。
② 《红楼梦里的北京土语》第120页。
③ 《北京话词典》第314页。
④ 《红楼梦》(第4册)第16页。
⑤ 《红楼梦》(第1册)第344页。
⑥ 《红楼梦》(第4册)第21页。
⑦ 《红楼梦》(第2册)第288页。

你问问他编排你的话！"①

"编排"这一北京方言的意思是："夸大或捏造别人的缺点或过失，用来作为笑料"②，"朋友间编造一些故事情节来逗笑、取笑对方"③；又可写作"编派"，"捏造或歪曲、夸饰，描述别人的言行举动、缺欠过失，借以嘲弄讥讽"④。

松枝茂夫把"你问问他编派你的话"日译为："この人、あなたのことをなんとおっしゃったと思います？ 聞いてごらんなさいよ。"⑤ 饭塚朗译为："聞いてごらんなさい、ひどいことをおっしゃってるわよ！"⑥ 伊藤漱平译为："とっちめてあげなさいよ、あなたのことをでっち上げているのですから。"⑦ 井波陵一译为："あなたをダシに何をでっち上げているかお尋ねになって！"⑧

松枝茂夫译本中与北京方言"编派（排）"这一动词相对应的日语表达为："なんとおっしゃった"（疑问副词"なんと"+敬语动词"おっしゃる"）；饭塚朗译本为："ひどいことをおっしゃってる"（贬义形容词"ひどい+敬语动词"おっしゃる"）；伊藤漱平的译本为："でっち上げている"（含有贬义的动词"でっち上げる"）；井波陵一的译本为："ダシに何をでっち上げている"（基本成分为含有贬义的动词"でっち上げる"）。

可以看出，在北京方言"编派（排）"的日译上，出现了敬语动词表现式（松枝茂夫译本和饭塚朗译本）同贬义动词表现式（伊藤漱平译本和井波陵一译本）的区别。前者的翻译实践说明，即使探春、宝钗和黛玉姐妹之间的对话，作为妹妹的话语者探春也有把北京方言"编派（排）"这一含有贬义的词汇敬语化的倾向。这不能不说是日语母语翻译者独特的贬义词汇敬语

---

① 《红楼梦》（上册）第 572 页。
② 《新编北京方言词典》第 28 页。
③ 《红楼梦里的北京土语》第 21 页。
④ 《北京话词典》第 51 页。
⑤ 《红楼梦》（第 5 册）第 68 页。
⑥ 《红楼梦》（第 2 册）第 32 页。
⑦ 《红楼梦》（第 5 册）第 83 页。
⑧ 《新译红楼梦》（第 3 册）第 218 页。

化的汉译日表现方式。

三、北京方言日译美化语和敬语表现的外在
形式基准和内在情愫机制

  以上所分析的《红楼梦》中的北京方言日语翻译的美化语和敬语表现个案首先有一个共同的外在形式基准，就是话语者皆是在身份、地位、年龄等方面处于下位者，这可以说是"可巧""料着了""落草"等中性词汇在日译时生成美化语和敬语的酵母，也是"腻""不待见""给脸子瞧""编派（排）"等含有贬义的词汇在日译时生成美化语和敬语的逆向矢量。这一"酵母"和"逆向矢量"生成机制对于非日语母语译者来说，也许不会发酵或逆向生成，但对于日语母语译者来说，却是一种自然语言生成转换，因为下位话语者对上位话语对象的话语基准中具有一种美化语和敬语自在发酵和逆向生成的功能。2007年2月召开的日本政府文化审议会议第8届国语分科会敬语专业会上，新出台了《敬语五分类法》，即将敬语由原来的三分类——尊敬语、谦让语和郑重语，新分为五类——尊敬语、谦让语（1）、谦让语（2）、一般敬语和美化语①。也就是说，日语翻译者们具有日语语言环境中长期以来的敬语文化浸染，也就具有了把《红楼梦》中北京方言中含有的美化语和敬语成分表现出来的自觉和自然。

  再就是这些北京方言日语翻译的美化语和敬语表现个案中有一个共同的美化语和敬语生成平台，这就是这些北京方言的话语者和话语对象，或是贾府内的丫头女佣同主子，或是有血缘亲属关系的晚辈同长辈、妹妹同姐姐等。正是基于这一"贾府家属"平台，"可巧""料着了"和"落草"等这些北京方言中性词语以及"腻""不待见""给脸子瞧"和"编派（排）"等北京方言含有贬义的词语，都在"贾府家属"的氛围中洋溢着家属般的情愫，这一氛围和情愫，才是日语翻译时生成美化语和敬语的内在机制。

  换句话说，"可巧""料着了""落草"等北京方言中性词语及"腻""不待见""给脸子瞧""编派（排）"等含有贬义的词语，日语翻译时生成美化语和敬语的基准形式是话语者贾府的丫头女佣对话语对象主子的下位对

---

① 载《朝日新闻》2007年2月3日第14版。

上位的外在位相,而"贾府家属"平台则是这些北京方言日语翻译时生成美化语和敬语的内在情愫机制。

四、小 结

　　松枝茂夫、伊藤漱平、飯塚朗和井波陵一四位翻译家同时也是日本红学界的知名汉学家和研究家,在对《红楼梦》中的北京方言的研究理解上,可以说达到了出神入化的境地,毫不夸张地说,也是北京方言研究的行家里手。在"语言层面"的日译上,四位翻译家们各显身手,各有千秋,在语言层面即"真"的日译上可谓上乘。其次,四位日译家都是造诣深厚的汉学家红学家,在《红楼梦》中北京方言熟语的日译上,或直译或对应日语熟语,显示了深厚的日译功底。再次,四位日译家在《红楼梦》的北京方言语感文化层面的日译上虽有无奈之叹,但在敬语美化语的变奏上却突破了这一藩篱,显现了翻译的创造性内在特质。这可以说是创造性的翻译有补偿语感文化层面难译或不可译的翻译文化功能。

(刘佳　国际关系学院外语学院讲师,
首都师范大学文学院博士研究生)

·朝鲜半岛汉学研究·

朝鲜李奎报散文引中国文化典故考论*

王 成

摘 要：李奎报作为高丽时期著名文人，他熟读中国各类典籍，在其散文创作中大量引用中国文化典故，所用典故类型丰富，语典、事典兼具；用典形式灵活多样，如正用、反用、明用、暗用等。典故的运用，使李奎报的散文取得了良好的艺术效果，叙述更为形象、鲜明，议论更具说服力、权威性，文化意蕴浓厚。

关键词：李奎报 散文 中国文化典故 艺术效果

典故就是诗文中引用的古代故事或者有来历出处的词语、句子等，在诗文创作时引用这些古籍中的词句、故事等被称为用典，刘勰概括用典为"据事以类义，援古以证今"②。用典是古代文人写作诗文时常用的艺术手法之一，恰当、合理地运用典故，可以起到"点铁成金""夺胎换骨"的艺术表达效果。李白、杜甫、韩愈、柳宗元、苏轼等都善于用典，朝鲜文人李奎报也是用典的大家。

李奎报（1169—1241），字春卿，号白云居士，高丽时期杰出的文学家、哲学家，有诗文集《东国李相国集》传世，存诗两千多首、散文七百多篇。李奎报熟谙中国传统文化、饱读中国历代文献典籍，"自诗书六经诸子百家史笔之文，至于幽经僻典梵书道家之说，虽不得穷源探奥、钩索深隐，亦莫不

---

* 国家社科基金项目"韩国古典散文与中国文化之关联研究"（项目编号：14CZW038）阶段性成果。

② 刘勰著，周振甫译《文心雕龙今译》，中华书局，1986年。

涉猎游泳、采菁撷华，以为骋词擒藻之具"①。所以他经常引用中国文化典故于其文章中，借以抒情言志、说理议论，典故的运用使他的散文具有丰富而深厚的文化意蕴。

一、引用典故的类型

典故是人类智慧的结晶，有着极其丰富的文化内涵。根据典故的类型，可分为语典、事典两大类。李奎报散文用典频繁、类型多样，有各类语典、事典融于文章中。刘勰《文心雕龙》将用典分为"引成辞以明理""举人事以征义"②，即今天所说的语典、事典。

语典即引用典籍中的原句，这在李奎报散文中使用较多，如《土灵问》："刘梦得曰：'天独阳，不可问。'问于大钧，然则配天尊者后皇，后皇不可问，问于后皇所统五土之灵。"③ 刘梦得即刘禹锡，此句出自刘禹锡《问大钧赋》"天为独阳，高不可问"。李奎报引用此典故是为了引出下面"问于大钧""问于五土之灵"，起到铺垫的作用。再如《天人相胜说》："刘子曰：'人众者胜天，天定亦能胜人。'予早服斯言久矣，今益信之也。"④ 刘子亦指刘禹锡，刘禹锡在《天论》中提出"天人交相胜"的观点，认为自然界（"天"）和人类社会具有各自的规律，它们的职能各不相同，有时候人胜天，有时候天胜人。李奎报开篇引用并肯定刘禹锡的观点，为下文自己的论述确立了理论基调。再如《上闵上侍湜书》："书曰：谦受益，慢招损。语曰：恭近于礼，远耻辱也。此皆自甫学时，未尝不习于耳熏于心者。加之阁下之晓喻若此，固当铭之座右，朝夕鉴戒。"⑤ 李奎报引用经典著作《尚书》《论语》中的经典名句论述人要谦虚好礼，自己将其"铭之座右，朝夕鉴戒"。

通过上面几例可以发现，李奎报引用的语典多为名人言论或者经典著作中语句，《尚书》《论语》等经典著作在朝鲜有着极广泛的影响，渗透到政

---

① 李奎报《东国李相国全集》卷二十六《上赵太尉书》，韩国民族文化促进会编《韩国文集丛刊》（第4辑），1991年。以下所引李奎报诗文，如无特殊说明，均出于此集，不再一一标注。
② 刘勰著，周振甫译《文心雕龙今译》第335页，中华书局，1986年。
③ 《东国李相国全集》卷二十。
④ 《东国李相国全集》卷二十一。
⑤ 《东国李相国全集》卷二十六。

教、文化等多个方面,李奎报语典,有的是作为抛出观点的引子,有的是作为支撑自己观点的例据。

事典指引用神话传说、历史故事、名人逸事等,李奎报散文引用的事典广泛而丰富多彩,犹如一座瑰丽的中国传统文化园林。如《梦悲赋》为了说明美王孙奢靡骄逸的生活状态,李奎报引用了历史故事:"有美王孙,蝉联茂族。邈风流之可爱兮,颜又泽脺兮如玉。出拥高盖,入则华屋。舞如意兮碎珊瑚,曾何蒂兮心曲。"① "舞如意兮碎珊瑚"典出《世说新语·汰侈》,据载:西晋时期的石崇、王恺攀比斗富,两人都用鲜艳华丽的饰物装点车马、服装。王恺的外甥晋武帝常常帮助王恺,"尝以一珊瑚树高二尺许赐恺",这棵珊瑚树枝条繁茂,世上很少有与之相匹者。王恺把珊瑚树拿给石崇看,石崇看后,"以铁如意击之,应手而碎",并且叫手下的人把家里的珊瑚树全都拿出来要赔给王恺,"有三尺四尺、条干绝世,光彩溢目者六七枚,如恺者甚众"。李奎报笔下的"美王孙",挥动如意把珊瑚珠打碎也毫不介意,就如同富可敌国的石崇一样,生活之奢侈,由此可见一斑。

闵湜称赞李奎报有林椿②之才华却不恃才傲物,李奎报认为若以文章自负、凌辱他人,终会招致祸端。他运用名人逸事来说明这个道理:"是以,祢衡傲物,终败身于黄祖。嵇康负气,果见枉于钟会。古之人类此者非一二。布在前史,炯若明镜。"③语段中提到的祢衡,东汉末年名士,有文采辩才但恃才傲物。孔融举荐祢衡予曹操,祢衡击鼓骂曹,触怒曹操,被送至荆州刘表处。又得罪刘表,被刘表送给江夏太守黄祖,祢衡又羞辱黄祖,黄祖恼羞成怒,下令杀了祢衡。嵇康,三国时期著名文学家,"竹林七贤"之一。在政治上拥护曹魏,不满司马氏集团篡权,声言"非汤武而薄周孔"(《与山巨源绝交书》),后遭钟会陷害,被司马昭所杀。李奎报引用祢衡、嵇康的典故,有力地说明恃才傲物终会招致杀身之祸的道理。历史就是一面镜子,要鉴观古人之成败得失而自省。

---

① 《东国李相国全集》卷一。
② 林椿,字耆之,"海左七贤"之一。"文得古文,诗有骚雅之风骨,自海而东,以布衣雄世者一人而已"(李仁老语),有《西河集》传世。
③ 《东国李相国全集》卷二十六。

二、运用典故的方式

典故的运用方式多样,要而言之,可归纳为正用与反用、明用与暗用。李奎报的散文在引用中国文化典故时,为了能取得更好的表达效果,他对正用、反用、明用、暗用等用典方式灵活加以运用。

正用典故即诗文中要表达的意思与典故本身的意义一致,"故事与题事正用者也"(陈绎曾《文说·用事法》)①。李奎报《春望赋》论述了五种不同的"春望",在论述第四种别离之"春望"时说:"故人远游兮送将别,雨浥轻尘兮柳色青。三叠歌阕,别马嘶鸣,登崇丘兮望行色,烟花掩苒兮荡清,此则春望之别恨也。"②"雨浥"句化用了王维《送元二使安西》"渭城朝雨浥轻尘,客舍青青柳色新"诗句。"三叠歌阕"即《阳光三叠》(又名《阳关曲》《渭城曲》),因王维《送元二使安西》而得名,是送别之曲,反复诵唱,谓之三叠。在春雨湿润泥土、柳枝分外青翠的时节,朋友远行,唱起《阳关三叠》。李奎报引用这一典故,贴切地说明了"春望"中的离别之望,这是典故的正用。

李奎报在高丽贞祐七年四月被贬为桂阳守,渡祖江时,有感而发作《祖江赋》,赋中有言:"孟三宿而出昼兮,丘去鲁兮迟迟,贾谊洛阳之才子兮,谪长沙之湿卑。圣贤尚尔,予复何悲。"③ 这段话引用了孟子"三宿出昼"、孔子去鲁、贾谊贬谪长沙等典故。孟子不为齐王所用,离开齐国之时,在齐地逗留三夜才出境,希望齐王仍能任用他。(《孟子·公孙丑下》)后用"三宿出昼"比喻逗留不行,意有所待。孔子在鲁国受到排挤,鲁国举行郊祭,祭祀后按例应分祭肉于大夫们,唯独没有分给孔子,表明季氏已经不再想任用孔子。孔子不得已离开鲁国,开始周游列国。汉文帝贬贾谊为长沙太傅,贾谊听说长沙地势低、湿度大,自认为此去长沙将寿命不长,于是将自己与屈原作比,写下流传千古的《吊屈原赋》。李奎报引用这几个典故类比自己之被贬谪,这也是典故的正用。

---

① 《文津阁四库全书》(影印本)第 496 册第 84 页,商务印书馆,2005 年。
② 《东国李相国全集》卷一。
③ 《东国李相国全集》卷一。

反用典故即取典故所述之人事而反其意用之，"故事与题事反用者也"（陈绎曾《文说·用事法》）①，亦被称为"翻案法"。李奎报认为古人取号分成有因所居而号、因所蓄而号、因所得之实而号等类型，"若王绩之东皋子、杜子美之草堂先生、贺知章之四明狂客、白乐天之香山居士，是则就其所居而号之也。其或陶潜之五柳先生、郑熏之七松处士、欧阳子之六一居士，皆因其所蓄也。张志和之玄真子、元结之漫浪叟，则所得之实也"②。王绩曾因疾罢归河渚间，躬耕于东皋（今宿州五柳风景区），遂自号东皋子。杜甫在成都城西浣花溪畔建草堂，世称杜甫草堂（也称浣花草堂），杜甫也被后人称为草堂先生。贺知章的家乡在四明附近，晚年自号四明狂客。李白有诗《对酒忆贺监二首》："四明有狂客，风流贺季真。"白居易归隐洛阳后，钟爱香山寺的清幽，晚年自号香山居士，死后葬于香山。陶渊明住所旁有五棵柳树，自号五柳先生。据《旧唐书·郑熏传》载，郑熏既老，名所居为隐岩，植松于庭院，号七松处士。欧阳修，晚号六一居士，《六一居士传》阐释了"六一"的由来。张志和，号玄真子，著有《玄真子》。元结，号漫叟、漫郎、浪士等，深受道家思想影响。在李奎报看来，这些古人的取号都有迹可寻，自己的取号则与众人不同，"异于是"。他"萍蓬四方，居无所定，寥乎无一物可蓄，缺然无所得之实"③，居无定所、无一物可蓄、无所得之实，于是自号白云居士。李奎报的取号缘由和原引用典故的寓意不一样，这就是反用典故。

他如《与朴侍御犀书》："夫人之相知，贵相知心。仆平生有所受知于人，名虽为知，其实未相知者有之。其惟转风斤去鼻墁，精神暗契者，独严君尚书而已。"④暗用"垩鼻运斤"之典，《庄子·徐无鬼》："郢人垩慢其鼻端若蝇翼，使匠石斫之。匠石运斤成风听而斫之，尽垩而鼻不伤，郢人立不失容。宋元君闻之，召匠石曰：'尝试为寡人为之。'匠石曰：'臣则尝能斫之。虽然，臣之质死久矣！'自夫子之死也，无无以为质矣，吾无与言之矣！"⑤庄子送葬，经过惠子的墓地时，他回过头来对跟从的人讲了这则故事。李奎报运用"垩鼻运斤"之典要表达的是，朴犀是自己的知己，能够了解自己。典

---

① 《文津阁四库全书》（影印本）第 496 册，第 84 页。
② 《东国李相国全集》卷二十。
③ 《东国李相国全集》卷二十。
④ 《东国李相国全集》卷二十七。
⑤ 方勇译注《庄子》，中华书局，2015 年。

故的原意是痛惜知音难求，慨叹自惠子死后，自己没有可以谈话的知己了。李奎报则抒发的是有了精神契合的知己朴犀。典故的运用和原来的意义发生了转变，这也是典故的反用。

在使用典故时，能从字面一看便知是使用了典故的就是明用典故。有的直接说明用了典故或者指出典故的出处；有的则不做说明，但会有一些提示性的词语，如"古人云""昔者"（"昔"）、"尝闻"等，读者看到这些提示性的词语就知道是运用了典故。李奎报在散文中明引典故的例子很多，如《〈山海经〉疑诘》一文："传曰：子为父隐，父为子隐。论曰：其父攘羊，而子证之，盖恶之也。"① 典出《论语·子路》："叶公语孔子曰：'吾党有直躬者，其父攘羊，而子证之。'孔子曰：'吾党之直者异于是，父为子隐，子为父隐，直在其中矣。'"② "子为父隐"，儿子帮父亲隐瞒恶迹，这是封建纲常礼教所提倡的。李奎报所读《山海经》，"每卷首标之曰大禹制、郭氏传"。李奎报"疑非禹制"，关于原因，他首先引用了上面的典故，说明避讳的道理。"若山海经果是禹制，当讳父之大耻"，就不应该书写"鲧窃帝之息壤""帝令祝融杀鲧于羽郊"，鲧是禹父，不宜直书此事。如果因为是实事而不得不书写，也不应该说"窃"，而应该说"取"。

再如《〈杜牧传〉甑裂事驳》："书曰：牝鸡之晨，惟家之索。夫牝固无司晨之任，牝而晨焉，家之怪，孰大于是。"③ "牝鸡之晨，惟家之索"典出《尚书·牧誓》，意思是母鸡在清晨打鸣，这个家庭就要破败。比喻女性掌权颠倒阴阳，会导致家破国亡。李奎报运用此典故是为了批驳杜牧见甑裂而感觉自己将死一事。再如《又大楼记》开篇云："夫在阳则舒，在阴则惨；处高则快，处卑则郁，是人所以受之天而固常有者也。老子曰：虽有荣观，燕处超然。月令曰：可以居高明处台榭。盖谓是也。"④ 此处引用两处典籍，一为《老子》（第二十六章），一为《礼记·月令》。两处典故的运用，既承上又启下，引出下面的议论。

化用原典故之意而暗用于自己的作品中，不细察则不知为用典，"用故事

---

① 《东国李相国全集》卷二十二。
② 杨伯峻译注《论语译注》，中华书局，2012年。
③ 《东国李相国全集》卷二十二。
④ 《东国李相国全集》卷二十四。

之语意，而不显其名迹"（陈绎曾《文说·用事法》）①，这就是暗用典故。林纾《春觉斋论文·述旨》云："散文用事，当如水中着盐，但存盐味，不见盐质"②，道出暗用典故要做到若出诸己而不露痕迹的道理。李奎报在《送李史馆赴官巨济序》一文中说："夫天欲成就之，必先试艰险，是阴阳之数也。子无罪而谪，此必大福将至之渐也。"③ 这一段话暗用了两个典故，一是《孟子·告子下》："天将降大任于斯人也，必先苦其心志，劳其筋骨，饿其体肤，空乏其身，行拂乱其所为，所以动心忍性，增益其所不能。"④ 二是《老子》（第五十八章）："祸兮福之所倚，福兮祸之所伏。"⑤ 李奎报借用典故想要告诉友人的是，不要因为环境、遭际而心生沮丧，应看到人才的造就需要艰苦的磨炼，并且灾祸有时也是福报的前兆。再如《放蝉赋》："有此网虫之窥窬，居不可久兮。蟷螂在后，以尔谋慎尔去就"⑥，暗用《庄子·山木》"螳螂捕蝉，黄雀在后"之典，比喻只顾眼前而忽视身后隐藏的危险。有学者指出："暗用典故更为可贵，把典故融化在文章里，不知道其中在用典故的读者，也可以理解；知道它在用典故的，更觉得意味深长。"⑦ 李奎报暗用典故的文章即是如此。

三、援引典故的表达效果

李奎报在散文中大量引用中国文化典故，取得了很好的艺术效果。首先，援引中国文化典故使李奎报的散文更具说服力，论理更具权威性。在宣传或者表达自己的主张、见解时，引用经典著作的思想言论、典型故事，无疑会增强文章的说服力、权威性。李奎报的散文经常引用历史故事、神话传说、名人逸事以及以"诗曰""礼曰""书曰""孔子曰""孟子曰"等儒家经典言论来说理、言志。

---

① 《文津阁四库全书》（影印本）第 496 册第 84 页，商务印书馆，2005 年。
② 林纾著，范先渊校点《春觉斋论文》第 44 页，人民文学出版社，1959 年。
③ 《东国李相国全集》卷二十一。
④ 杨伯峻译注《孟子译注》，中华书局，2018 年。
⑤ 陈鼓应《老子注译及评介》（修订增补本），中华书局，2009 年。
⑥ 《东国李相国全集》卷一。
⑦ 周振甫《文章例话》，中国青年出版社，1983 年。

《书司马温公击瓮图后》一文是对"司马光砸缸"故事的议论。李奎报认为司马光能在儿时有如此作为,"非刻励习熟而为之,其渐已见于乳臭中,固受之天者"①。为了证明自己的观点,他举了孔子儿时的故事,"昔孔子为儿时,尝陈俎豆为戏,果兴文教,为万世师"。"俎豆"典出《史记·孔子世家》:"孔子为儿嬉戏,常陈俎豆,设礼容。"② 孔子儿时常常摆起各种祭器做游戏,学做祭祀的礼仪动作。后来果然振兴文教,成为万世宗师。这一典故的运用颇具说服力、权威性,使李奎报的观点——"凡善恶勇怯,仁与不仁,孝与不孝,皆于儿时可略见"③ 显得无懈可击,使人们能够相信儿时的修养对后天的发展有着重要的影响。

《屈原不宜死论》一文的核心观点是屈原之死"死其非所""只以显君之恶"④,为了让人信服自己的观点,李奎报引用比干、伯夷叔齐之死与屈原之死作对比。"古有杀身以成仁,若比干者是已。有杀身以成节者,若伯夷叔齐是已。比干当纣时,其恶不可不谏,谏而被其诛,是死得其所而成其仁也。虎王伐纣,犹有惭德,凡在义士,不可忍视。故孤竹二子扣马而谏,谏而不见听,耻食其粟而死,是亦死得其所而成其节也。"⑤ 比干是商纣王的叔叔,被誉为"亘古第一忠臣"。纣王荒淫无道,残暴凶狠,杀害了很多有功之臣。比干到摘星楼强谏三日不肯离去,纣王大怒,杀比干而剖视其心。伯夷、叔齐在周武王伐纣时,谏阻于武王马前。武王灭商以后,二人不食周粟,饿死于首阳山。李奎报认为比干之死是为了成仁,伯夷叔齐之死是为了成节。比干之死并没有增加纣王的"恶",因为"纣之恶,久已浮于天下",即使比干不死,"未免为独夫而取刺于万世矣"。⑥ 伯夷叔齐虽死,也没有损害到周武王的声誉,"则其德不以二子之死大损",并且"二子非虎王之臣也,乃纣之臣,谏伐其君而死,以成其节也"。⑦ 屈原投汨罗江而死,却死得不得其所,只是彰显了楚怀王作为国君的罪恶。"原如不死,则王之恶,想不大甚。吾故

---

① 《东国李相国全集》卷二十二。
② 司马迁著《史记》,崇文书局,2016年。
③ 《东国李相国全集》卷二十二。
④ 《东国李相国全集》卷二十二。
⑤ 《东国李相国全集》卷二十二。
⑥ 《东国李相国全集》卷二十二。
⑦ 《东国李相国全集》卷二十二。

曰：原死非其所，以显其君之恶耳。"① 李奎报的论述虽是一家之言，但引用比干、伯夷叔齐的典故无疑增加了文章的说服力。

其次，引用中国文化典故增加了李奎报散文的形象性，使其散文表达更鲜明、更生动。如《色喻》列举中国古代历史上多位女子之事来阐释道理，形象而生动："周之褒姒、吴之西子、陈后主之丽华、唐玄宗之杨氏，皆迷君眩主。滋育祸胎，周以之蹶、吴以之颓、陈唐以之崩摧。小则绿珠之娇态败石崇，孙寿之妖妆惑梁冀。"② 褒姒，周幽王的宠妃，"烽火戏诸侯"的故事流传至今。西子即西施，被越王勾践献给吴王夫差，成为夫差最宠爱的妃子，惑乱吴宫。"东施效颦""西施浣纱"等故事成为文学作品频繁引用的经典。张丽华，南朝后主陈叔宝的妃子，淫乱朝政。据说陈叔宝上朝问政，让张丽华坐其膝盖上，一同参议朝政，留有"后庭花"之典。杨氏即杨玉环，唐玄宗李隆基的故事家喻户晓，唐玄宗荒废朝政，终致安史之乱。绿珠，西晋石崇的宠妃，善吹笛、善舞。司马伦见石崇被罢官，遂向石崇索取绿珠，石崇不从。司马伦于是派兵追杀石崇，绿珠坠楼而死。（《晋书·石崇传》）孙寿，东汉权臣梁冀之妻，《后汉书·梁冀传》说孙寿"色美而善为妖态，作愁眉、啼妆、堕马髻、折腰步、龋齿笑，以为媚惑"。李奎报援引这些典故的目的是告诫人们：好色害人害国，"着美色则功落名隳，大则君王，小焉卿士，覆邦丧家，靡不由此"③。这一系列人物及其故事都是大家耳熟能详的，用此来说理，比空泛的议论要鲜明、形象。

再次，运用典故使李奎报的散文典雅而深具文化意蕴。"典雅性效果历来被看作用典的主要修辞效果。"④ 李奎报《畏赋》的用典就体现出典雅化特点，该赋设置了两个虚构人物——独观处士、冲默先生，二人探讨了"何物可畏"的话题。独观处士一直处于无所不畏的生活状态，他认为世上所有的事物都让人产生畏惧，哪怕是小动物鸟、鱼、兔等。他由物及人，指出人黑白颠倒，是非不分，真是"踏地生梗，皆成畏途"⑤。冲默先生则认为独观处士觉得"可畏"的上天、君主、暴客、猛兽等都不可畏，真正可畏的是人之

---

① 《东国李相国全集》卷二十二。
② 《东国李相国全集》卷二十。
③ 《东国李相国全集》卷二十。
④ 罗积勇《用典研究》第277页，武汉大学出版社，2005年。
⑤ 《东国李相国全集》卷一。

口,"唯畏于口""口能覆身,言出祸随"①。独观处士、冲默先生在彼此对话时频繁引用典故来为自己的说理作依据,典故运用多达二十几处,如:"犨麋兮与子都同筵,下慢而凌上,佞近而疏贤。钻皮之谤日炽,射影之毒遐氊。"②这段话多处用典,犨麋,相传为貌丑而有德之人;子都,春秋时期郑国人,春秋第一美男。"钻皮""射影"化用"钻皮出羽"(赵壹《刺世疾邪赋》)、"含沙射影"(干宝《搜神记》)之典。运用这几个典故主要映射的是官场是非不分、沉瀣一气,下慢凌上,佞近疏贤,倾轧争斗等现象。再如:"击六丁以增威,虽周成犹褫魄,皆失匕以罔图,孰倚柱而自若,是上天之威赫赫也。"③这段话运用了刘备与曹操煮酒论英雄时、刘备因惊慌而失匕箸的故事(《三国志·先主传》),以及夏侯玄倚柱读书,霹雳击柱、衣服烧焦,但仍神色无变、读书如常的故事(《世说新语》)。再如:

> 处士曰:若夫贲育之辈,怒而狼顾,一嚏一咋,风激云骛,白日刺人,血流市路,余威未渫,飞扬跋扈。目欲裂兮星迸,发直冲兮棘竖,足踏虎兮截皮。手拉熊兮裂股,小项庄之剑舞,卑蔺生之睨柱,此刺客之强暴也。子亦无畏耶?先生曰:唾面待干,出胯俛就。虚心而行乎世,我不彼忤,彼何自怒哉,此亦无足畏也。④

这一段对话也连用了多处典故,独观处士列举了一系列他觉得可畏的人与事垂问冲默先生,如聂隐娘白日刺人于都市(裴铏《传奇·聂隐娘》)、樊哙"瞋目视项王,头发上指,目眦欲裂"(《史记·项羽本纪》)、项庄舞剑(《史记·项羽本纪》)、蔺相如持璧睨柱(《史记·廉颇蔺相如列传》)等,冲默先生也运用典故来进行回答,如娄师德受唾面之屈而不计较(《新唐书·娄师德传》)、韩信受胯下之辱而不反抗(《史记·淮阴侯列传》)等。这些典故的运用,使文章典雅而有文化意蕴。

最后,中国文化典故的引用,使李奎报的散文委婉含蓄,回味无穷。在无法直接说理、言志时,作家往往采用使用典故委婉地表达出来,尤其是论

---

① 《东国李相国全集》卷一。
② 《东国李相国全集》卷一。
③ 《东国李相国全集》卷一。
④ 《东国李相国全集》卷一。

及政治抱负、针砭时弊等。如李商隐《贾生》一诗托古讽时,借贾谊的遭遇抒写诗人怀才不遇的感慨,含蓄蕴藉。李奎报《接果记》一文叙述自家园内有二株恶梨,父亲请来善于接果者田氏,田氏锯断恶梨,"求世所谓名梨者,斫若干梢,安于断株,以膏泥封之"①。后果然"郁然夏阴茂,蕡然秋实成"②。作者每见梨树,都会想到已经过世多年的父亲,作者写道:"且古之人以召伯韩宣子之故,有勿翦甘棠,封植嘉树者,况父之所尝有而遗之于子者。其恭止之心,何翅勿翦封植而已哉?"③ 这里化用了召公甘棠之典。召公曾在梨树下裁决狱讼、处理政事,人们为了纪念他勤政爱民的事迹,表达对他的爱戴、怀念之情,不愿砍伐他曾坐于其下办公和休憩的甘棠树。《诗经·召南·甘棠》一诗就是怀念召伯之作。鲁昭公曾宴请韩宣子,季武子和韩宣子于席间赋诗言志,"既享,宴于季氏,有嘉树焉,宣子誉之。武子曰:'宿敢不封殖此树,以无忘《角弓》。'遂赋《甘棠》。宣子曰:'起不堪也,无以及召公。'"④ 李奎报借引此典故以抒发对父亲的思念之情,但没有直露其情,点破而不说尽。典故的运用使思父之情的表达含蓄蕴藉,意味无穷。

李奎报"九岁能属文,时号奇童。稍长,经史百家佛书道秩无不遍阅,一览辄记。为诗文,略不蹈古人畦径"(李需《东国李相国文集序》),幼时打下的深厚的文化功底,使他在散文中广泛地引用中国文化典故。李奎报的散文多引用语典、事典来说理、言志,并采用各种用典方式,如正用、反用、明用、暗用等。李奎报散文所引用的典故大多恰切、精当,增强了文章的艺术表达效果,没有给读者带来阅读与理解上的困难,显示了文章大家的风范。

(王成　黑龙江大学文学院副教授,文学博士)

---

① 《东国李相国全集》卷二十三。
② 《东国李相国全集》卷二十三。
③ 《东国李相国全集》卷二十三。
④ 郭丹、程小青、李彬源译注《左传》,中华书局,2016年。

朝鲜文坛对公安派袁宏道文学的接受*
——以《瓶史》与《游盘山记》为中心

韩 东

摘 要：17世纪初，明代公安派袁宏道的文集，随朝天使行人员的书籍购买活动而逐渐传入朝鲜，其后朝鲜文坛对袁宏道文学的认知态度，呈现出两极分化的特点，推崇者喜爱他卓越的才识与创作技艺，而批判者厌恶他离经叛道与漠视传统。然而，朝鲜后期社会舆论对袁宏道的批判虽然激烈，却无法阻止朝鲜文人对其文学作品的喜爱与接受。其中《瓶史》与《游盘山记》这两部作品的知名度颇高，朝鲜文人对其引用、抄录与仿写的现象相当普遍。总的来说，在朝鲜文坛上，《瓶史》的传播与朝鲜后期文坛的插花风尚联系密切，而《游盘山记》的传播则直接激发了文学中"盘山热"现象的产生。

关键词：公安派 袁宏道 朝鲜 接受 《瓶史》《游盘山记》

一、朝鲜文人对袁宏道的认知与接受

袁宏道是明代公安派的领袖，也是明代后期文学革新运动中的代表性人物，正所谓成也革新，败也革新，因袁宏道主张文学创作打破传统的束缚，这导致其身后评价毁誉参半。17世纪初，袁宏道的文集作品随着朝天使行人员的书籍购买活动而逐渐传入朝鲜，袁宏道的文集传入朝鲜后，朝鲜文人对

---

* 江西省社会科学规划青年博士基金项目"清代性灵派对朝鲜后期诗坛的影响研究"（16BJ40）阶段性成果。

其认知态度也呈现出分化的态势，出现了一批忠实的拥护者与坚决的抵制者。① 喜欢他的人对其赞誉"袁中郎才女也"②，并称赞"袁中郎才敏"③；而厌恶他的人又对其辱骂"殆具包天胆浑铁面皮"，并诅咒"曷不舌头生疔"④。总的来说，在朝鲜文坛上，拥护者推崇的是袁宏道的卓越才识，而抵制者批判的是袁宏道的离经叛道。

朝鲜文人申靖夏（1681—1716）在给友人的书札中曾写道："曾见袁中郎短简否？灵心慧窍虽非王、李之比。而大抵是为文之妖，易被浸染，不宜令近眼如有竹，欲巧而反拙，尤无足开眼者尔"⑤，这里申靖夏先是赞赏袁宏道的"灵心慧窍"无人能比，但马上话锋一转骂其为"文妖"，这是虽认可其才识，但更在乎其根底不经的表现。而朝鲜文人赵冕镐（1803—1887）在给友人的书札中又曾写道："尝见袁石公书，曰：'乌纱掷与优人，青袍改作裙裤，角带毁为粪机，但办此心，天下事何为不可为。'口呿而舌举，诚何言也？到今思之，此公虽立脚不经，言论乖戾，而或其见得处之明，果过人远耳。"⑥ 这里赵冕镐一开始虽表达对袁宏道文学不根于儒家的困惑，但是结尾却盛赞袁宏道才识与眼界过人。显然，申靖夏与赵冕镐对袁宏道的治学根底与文艺创作都非常熟悉，只不过由于二人评价袁宏道的立足点不同，就导致了两种不同评价话语的出现。当然，在朝鲜文人群体中批判袁宏道的论调似乎要比赞扬的声调更加高涨。

如朝鲜文人金昌协（1651—1708）曾谈道："今读中郎集，一边说禅谈

---

① 关于朝鲜文人对公安派袁宏道的评价可参看曹春茹、王国彪《朝鲜诗家论明清诗歌》第116—120页，中央编译出版社，2016年。
② ［朝］李德懋《耳目口心书》，《青庄馆全书》（卷49），《韩国文集丛刊》（第258册）第398页，韩国民族文化促进会，2000年。
③ ［朝］李夏坤：《游普门庵记》，《头陀草》（卷12），《韩国文集丛刊》（第191册）第424页，韩国民族文化促进会，1997年。
④ ［朝］赵龟命《书花阵绮言袁中郎序后》，《东溪集》（卷7），《韩国文集丛刊》（第215册）第145页，韩国民族文化促进会，1998年。
⑤ ［朝］申靖夏《答柳默守》，《恕菴集》（卷8），《韩国文集丛刊》（第197册）第316页，韩国民族文化促进会，1997年。
⑥ ［朝］赵冕镐《与海藏书》，《玉垂集》（卷28），《韩国文集丛刊》（续第126册）第170页，韩国古典翻译院，2011年。

佛，一边耽酒恋色，此如屠沽儿诵经，直视可笑。"① 金昌协就完全从袁宏道文章不经的问题着眼，批判了袁宏道文学中的重佛与世俗倾向。如果金昌协的批判还只是停留在文章的思想水准上，那么朝鲜文人徐滢修（1749—1824）就把朝鲜后期文风的"衰败"完全怪罪在袁宏道头上。他在《答李学士》中说道："近日一种俗学，则尤每下焉，掇拾丛书，丐贷杂家。其桀黠也，如侏儒之矜张；其艳冶也，如桃梗之衣冠；其粉饰也，如媒妁之行言；其夸诞也，如巫祝之谈神。其端起于李卓吾，袁中郎辈。而我国则至今日而始盛行矣。"② 正如徐滢修所言，朝鲜后期文坛上出现的一系列文学革新现象，对传统儒家文学传统造成了巨大冲击。但他认为这一切问题的根源就是袁宏道，是袁宏道的文学误导了朝鲜后期文人的创作实践。因此，18世纪末期，朝鲜国王正祖就认为"大体明清之文噍杀、奇诡，实非治世之文，而《袁中郎集》为其最矣"③，并且为改变这一文学风气，正祖极力在文坛上提倡唐宋派的文学。④ 然而，这里必须清醒地认识到朝鲜文坛对袁宏道的批判虽然激烈，但这并不影响朝鲜文人私底下对袁宏道文学作品阅读与喜爱。如朝鲜文人金锡胄（1634—1684）在阅读袁宏道文集后，赋诗道："千秋玉局圣于文，才调中郎足继云。快活心肠飞动语，展来诗卷欲凌云。"⑤ 金锡胄的诗句中体现出对袁宏道文学创作技艺的赞赏之意。又如朝鲜文人申靖夏曾言人生有二友，并阐述道："人袖里有袁中郎游山记述一集是一友，百余年后又得有仙佛气有登临癖，其风味与中郎略同者如执事兼是二友，此二者不可缺一。"⑥ 这里申靖夏又表达了对袁宏道游记作品的喜爱之情。

因此，不论社会舆论对袁宏道偏离儒家正统的行为有多么不满，这都无法阻止喜爱袁宏道的朝鲜文人们对其文学作品的接受。朝鲜文人任埅

---

① ［朝］金昌协《杂识》，《农岩集》2，《韩国文集丛刊》162，韩国民族文化促进会，1996年，第395页。
② ［朝］徐滢修《答李学士》，《明皋集》（卷5），《韩国文集丛刊》（第261册）第101页，韩国民族文化促进会，2001年。
③ 《日省录》，正祖15年11月7日。
④ 详见韩东《朝鲜后期文坛对明代唐宋派文论的接受》，载《中国比较文学》2017年第3期。
⑤ ［朝］金锡胄《读袁中郎集仍用其体却赋二绝》，《息庵遗稿》卷5，《韩国文集丛刊》（第145册）第184页，韩国民族文化促进会，1995年。
⑥ ［朝］申靖夏《与慎敬所兄》，《恕菴集》（卷8），《韩国文集丛刊》（第197册）第325页，韩国民族文化促进会，1997年。

(1640—1724)曾编《石公尺牍》一书,在其序言中他这样写道:

> 亡友赵长卿为余言明袁中郎集可观,余今借得于农岩阅之,其学宗瞿昙氏,其文原庄周氏,大抵非吾儒从六艺中来者也。其谈文盛推欧、苏,于当时斥王、李而许茅、唐,亦自有眼,其匠心铸辞,要自胸中流出,笔端鼓舞,不沿袭故套陈语,往往有脱洒可喜者,盖亦艺苑之一豪也。其中小札短简,虽多傲世玩人漫浪游戏之语,尽奇警无凡笔,可想其为人之出尘,余绝爱之。遂手录一小册,以为欹枕御睡之资,题曰石公尺牍。①

这里任埅虽指出袁宏道的文学创作不根于儒家,佛家、道家气息浓厚的问题,但是他却客观地对袁宏道文学创作的技艺与贡献给予了评价,所以,出于对文学作品的喜爱,他编辑了《石公尺牍》一书供自己赏读。朝鲜文人对袁宏道文学的接受不仅体现在对其作品的整理与编辑上,也体现在对文学作品的引用与抄录上。

如朝鲜文人李德懋曾作《伽倻山记》,其文有曰:"烟霞欲皱,苍壁镌名,令人败兴。袁中郎所谓青山白石,无罪受黥,谅非虚语"②,袁宏道曾在其所作游记《齐云》中写道:"青山白石,有何罪过,无故黥其面,裂其肤?吁,亦不仁矣哉"③,袁宏道对文人在名山中镌名刻字之风颇为不满,他认为文人墨客的这种行为实质上损坏了大自然风貌。李德懋对这种风气也持批评态度,因而在文中引出袁宏道的言论来强调自己的观点。事实上,袁宏道的游记颇得朝鲜文人喜爱,因此,在朝鲜文人的文集中不乏抄录袁宏道游记文字的情况。如活跃于18世纪末至19世纪前期的朝鲜文人李圭景在《画水火辨证说》中如下写道:

---

① [朝]任埅《书石公尺牍卷首》,《水村集》(卷9),《韩国文集丛刊》(第149册)第195页,韩国民族文化促进会,1995年。
② [朝]李德懋《伽倻山记》,《青庄馆全书》(卷68),《韩国文集丛刊》(第259册)第257页,韩国民族文化促进会,2000年。
③ 袁宏道《齐云》,钱伯城笺校《袁宏道笺校》(上)第457—458页,上海古籍出版社,2008年。

> 天下之至文，莫文于水。天下之至变，莫变于水。尽大小之变态，出古今之奇象，或从岩巅挂下，雷奔海立，突然而趋，忽然而折，天回云昏，顷刻千里。细则为罗縠，旋则为虎眼，注则为天绅，立则为山岳。矫而为龙，喷而为雾，吸而为风，怒而为霆，疾徐舒蹙，奔跃万状。或束而为峡，散而为帘，或回而为澜，或鸣而为泉，或放而为海，或狂而为瀑，或汇而为泽。蜿蜒曲折，神惊鬼泣。①

在这段文字中，李圭景对流水的形态进行了惟妙惟肖的描写，给人以栩栩如生之感，这种精湛的文笔无不令人惊叹。但是，这些描写内容并不是李圭景的原创，文中关于水的描写文字实抄自袁宏道。袁宏道曾作《文漪堂记》，其文中有如下描写：

> 居士笑曰：是未既水之实者也。夫天下之物，莫文于水，突然而趋，忽然而折，天回云昏，顷刻不知其几千里。细则为罗縠，旋则为虎眼，注则为天绅，立则为岳玉；喷而为雾，吸而为风，怒而为霆；疾徐舒蹙，奔跃万状。故天下之至奇至变者，水也。……或束而为峡，或回而为澜，或鸣而为泉，或放而为海，或狂而为瀑，或汇而为泽，蜿蜒曲折，无之非水。故余所见之文，皆水也。②

通过比对《画水火辨证说》与《文漪堂记》，可以发现，李圭景杂糅了袁宏道游记的内容，特别是描写流水形态的句子，则完全照搬袁宏道游记中的原句。这说明李圭景对袁宏道文章的欣赏与喜爱，这种"抄袭"也从另一个侧面体现了朝鲜文人对袁宏道游记创作水平的折服。不仅是游记，袁宏道的尺牍也被朝鲜文人大量引用。如李学逵（1770—1835）曾在给友人的信札中写道：

> 袁石公有言曰，山上之色，水中之味，花中之光，女中之态，虽善

---

① ［朝］李圭景《画水火辨证说》，《五洲衍文长笺散稿》，韩国国立中央图书馆藏本。（图书番号：古031—3）
② 袁宏道《文漪堂记》，钱伯城笺校《袁宏道笺校》（中）第685—686页，上海古籍出版社，2008年。

说者不能下一语，惟会心者知之。盖趣者固充然若有得者也，余味在胸中者也，色味光态之不能下一语者也。贤辈见此，想当一笑领会也。①

此段引文的首句抄录了袁宏道《叙陈正甫会心集》中的内容，可见李学逵对于袁宏道有关"趣"的阐述比较认同，同时，在转述袁宏道的话后接着引出"趣在胸中"的论调，李学逵显然有欲借袁宏道之口来表达自己对趣的理解，并期望与友人共勉之意。事实上，对于引用袁宏道的文学作品现象，就连批判袁宏道的朝鲜文人丁若镛（1762—1836）也不能免俗，他也曾在《苕上烟波钓叟之家记》一文中引用了袁宏道的文字。

> 袁宏道欲以千金买一舟，舟中置鼓吹细乐诸凡玩娱之物，以穷心志之所欲，虽由此败落而不悔，此狂夫荡子之所为，非余之志也。余欲以一金买一舟，舟中置鱼网四五张，钓竹一二竿，备鼎铛栖盘诸凡养生之器，为屋一间而炕之。令二儿守家，挈老妻穉子及童一人浮家帆宅，往来于钟山苕水之间。②

袁宏道在《龚惟长先生》一文中曾言人生有五快活，谈到第四快活时说道："千金买一舟，舟中置鼓吹一部，妓妾数人，游闲数人，泛家浮宅，不知老之将至，四快活也。"③ 从上面的引文来看，丁若镛并不认同袁宏道对人生快活方式的理解。但是，毫无疑问的是当丁若镛阐释自我的快活人生时，仍然是套用了袁宏道尺牍中的语气，这说明丁若镛确实熟读袁宏道的文集，虽对其违背儒家传统的行为无法接受，但是在文学生活中仍然摆脱不了引用袁宏道的冲动。其实，对于这种现象的产生的原因不难理解，因为随着袁宏道的文学作品被越来越多的文人所熟知，其文学声名与创作技艺逐渐在朝鲜文坛上引起共鸣，这样一来朝鲜文人们的生活就难免不受其影响。如朝鲜文人

---

① ［朝］李学逵《与尹师赫李思淳》，《洛下生集》（卷15），《韩国文集丛刊》（第290册）第485页，韩国民族文化促进会，2002年。
② ［朝］丁若镛《苕上烟波钓叟之家记》，《茶山诗文集》（卷14），《与犹堂全书》，《韩国文集丛刊》（第281册）第302页，韩国民族文化促进会，2002年。
③ 袁宏道《龚惟长先生》，钱伯城笺校《袁宏道笺校》（上）第205—206页，上海古籍出版社，2008年。

李麟祥在给友人的书札中就曾谈道:"观名山记所载诸篇,概皆王思任、袁中郎一套语,余亦自知其可厌,而却又不免,殆为气机所转移"①,这里李麟祥认识到了自己的游记创作多模仿袁宏道游记的问题,但他却又不得不承认这种习气不可避免。虽然他把这个问题归咎于"气机",然而这其实只是推崇袁宏道文学背景下的一种"文学心理",既然渴望能像袁宏道一样创作出优美的作品,他们的创作中自然就避免不了模仿与引用。随着朝鲜文坛对袁宏道文学的广泛接受,朝鲜文人们沉迷于引用与模仿袁宏道的问题,也引起了一部分朝鲜文人的警觉。如李德懋就曾感叹道:"一中郎虽不可无,近者散作百中郎,无乃太滥耶。"② 李德懋强调袁宏道的文学虽好,但都去模仿又太过盲目了,当然,这也充分说明了袁宏道对朝鲜文坛上文学创作产生了影响,朝鲜文坛上出现了模仿袁宏道的社会风尚。

　　通过上面的考察,可以发现朝鲜文人认知袁宏道确实是从两个层面展开的,无论批判者对袁宏道离经叛道的行为如何进行痛斥,都无法阻止推崇者对袁宏道文学作品的认可与喜爱。朝鲜文人金履万热衷阅读袁宏道的文学作品,他曾说道:"余少时见袁石公瓶花录而爱之,中年读名山记,间多石公所作,颇适于心。每欲得见全集而未果,晚乃托人远购于燕肆,恒置座右,暇则阅之。自是七八年之间,吾眼未尝无袁中郎,中郎有灵,想亦以余为朝暮遇也。"③ 金履万喜爱袁宏道的文学作品,为此还曾托人远赴北京购得袁宏道全集,其后几年之间完全沉浸在阅读袁宏道文集之中,可见金履万对袁宏道的推崇非同一般,堪称得上袁宏道的忠实读者。袁宏道文集中的作品颇多,不同的朝鲜文人对这些作品有着不同的取舍,但是,朝鲜文坛的大部分文人同金履万一样,都对袁宏道的《瓶史》与游记格外充满热情。有鉴于此,下文将从朝鲜文人接受《瓶史》与《游盘山记》这两部作品的情况着手,从一个侧面来具体阐述袁宏道文学在朝鲜文坛的传播情况。

---

① [朝] 李麟祥《答尹子子穆书》,《凌壶集》(卷3),《韩国文集丛刊》(第225册)第504页,韩国民族文化促进会,1999年。
② [朝] 李德懋《耳目口心书》,《青庄馆全书》(卷49),《韩国文集丛刊》(第258册)第443页,韩国民族文化促进会,2000年。
③ [朝] 金履万《题袁中郎集后》,《鹤皋集》(卷8),《韩国文集丛刊》(续第65册)第170页,韩国古典翻译院,2008年。

二、《瓶史》的传入与朝鲜文人的接受

万历二十七年（1599），袁宏道作《瓶史》一书，此书是一部介绍插花知识的著作。据学者考证，《瓶史》最迟在清康熙元年（1662）便已经传入日本，并对日本国内的插花艺术产生巨大影响，日本后世的"宏道流"便是受袁宏道《瓶史》影响而形成的一个花道流派。① 事实上，《瓶史》同样对朝鲜文人的生活产生重大影响，而且其传入朝鲜的时间应比日本更早。朝鲜文人许筠（1569—1618）在1618年春曾编辑《闲情录》一书②，对于此书的编写经过，他在《凡例》中这样写道：

> 甲寅、乙卯两季，因事再赴帝都，斥家货购得书籍几四千余卷，就其中事涉闲情者以浮帖帖其提头处。……今季春，雁谪席藁战悸之中，无以破穷愁，遂去诸书考浮帖写出，更分为十六门而为卷亦十六。……吴宁野《书宪》，袁石公《瓶史》《觞政》，陈眉公《书画金汤》俱是适性戏具，而闲情之不可废者，故附于录末。③

通过许筠的自述可知，1614年、1615年他曾借出使明朝之机，在北京购得数量庞大的图书，而袁宏道的《瓶史》很有可能就是在这两年随着袁宏道文集的流入而被朝鲜人所熟知，且可以肯定的是《瓶史》传入朝鲜的时间一定不会晚于1618年。由此看来，《瓶史》是在袁宏道死后不几年便进入了朝鲜文人的藏书架中。袁宏道曾在《答李元善》中谈道："又著《瓶史》十三篇，《瓶史》者，记花之目与说，如陆羽《茶经》、愚叟《牡丹志》之类，最为醒目，恨无力缮写。"④ 这里袁宏道说出了自己创作《瓶史》的初衷，并且

---

① 欧贻宏《〈瓶史〉东传日本考略》，载《文献》2000年第4期。
② 1610年夏，因病赋闲的许筠编辑了《闲情录》，全书共计10卷，但目前未曾发现流传下来的10卷本《闲情录》。1618年春，因罪被谪的许筠又对《闲情录》进行了增补，内容达到19卷，这其中的第17卷就抄录了袁宏道的《瓶史》，现在我们看到的《闲情录》是1618年春许筠增补后的版本。
③ [朝]许筠《闲情录》，韩国国立中央图书馆藏本（图书番号：古贵1570—11—1）。
④ 袁宏道《答李元善》，钱伯城笺校《袁宏道笺校》（中）第763页，上海古籍出版社，2008年。

还可以确定《瓶史》总计有 13 篇内容。朝鲜人许筠在《闲情录》中全文抄录了袁宏道《瓶史》的引言，以及花目、品第、器具、择水、宜称、屏俗、花崇、洗沐、使令、好事、清赏、监戒，等其他 12 篇目，可见许筠对袁宏道的《瓶史》十分推崇与喜爱。其实在朝鲜文坛上，不乏在自己的文集中抄录袁宏道《瓶史》内容的文人。

如李圭景就曾在《堂花瓶花辨证说》一文中写道："今燕都有百花房，冬月窖藏阴室，如堂花法，雪天百花烂开，买花者踵至云。又有瓶花折枝插瓶，亦能自开自落。公安袁宏道中郎有《瓶史》，十三篇最为醒目，瓶花家案头，不可无此也。"① 李圭景先是介绍了北京社会中流行的"堂花"与"插花"现象，进而讲到在插花界中袁宏道的《瓶史》最令人注目，不仅如此，李圭景还在此文中对《瓶史》中"引言""花目""器具""使令"的内容进行了节录。本文限于篇幅，这里试举其中"器具"与"使令"两例：

《三器具》：皆须形制减少者，方入清供。尝闻古铜器入土年久，受土气深，用以养花，花色鲜明如枝头，开速而谢迟，就瓶结实，陶器亦然。知瓶之宝古者，非独以玩。然寒微之士，无从致此，但得宣、成等窑磁瓶各一二枚，亦可谓乞儿暴富也。冬月花宜用锡管，北地天寒，冻冰能裂铜，不独磁也，水中投硫黄数钱亦得。

《九使令》：花之有使令，犹中宫之有嫔御，闺房之有妾媵也。梅花以迎春、瑞香、山茶为婢，海棠以蘋婆、林禽、丁香为婢，牡丹以玫瑰、蔷薇、木香为婢，芍药以莺粟、蜀葵为婢，石榴以紫薇、大红、千叶木槿为婢，莲花以山矾、玉簪为婢，木犀以芙蓉为婢，菊以秋海棠为婢，腊梅以水仙为婢。②

从这两则内容来看，李圭景对袁宏道《瓶史》中的内容进行了提炼与整合，删除那些并无实际意义的花样文字，着重突出内容的实用性，这显然与他期望以此对朝鲜社会中的插花风俗提供知识支撑的理念有关。所以，李圭

---

① [朝] 李圭景《堂花瓶花辨证说》，《五洲衍文长笺散稿》，韩国国立中央图书馆藏本。（图书番号：古 031—3）

② 《堂花瓶花辨证说》。

景在节录内容的最末处还写道:"《瓶史》亦略撮其要,可行者数则,以为瓶花家典式。陈眉公继儒题《瓶史》曰:'花寄瓶中,与吾曹相对,即不见催于老雨甚风。又不受侮于钝汉粗婢,可以驻颜色保令终。岂古之瓶隐者欤'?"① 这里可以看到李圭景期望《瓶史》能够指导朝鲜文人的插花实践,同时也表达了对其价值的认可与肯定。

事实上,《瓶史》自传入朝鲜之日起,就一直被朝鲜人所热爱,如朝鲜文人柳尚运(1636—1707)曾作诗:"闲看瓶史论清赏,静爱龙眼尽古松。候到黄昏时未烛,不妨高枕睡方浓。"② 由此看来,《瓶史》俨然就是朝鲜人日常生活中的枕边书。当然,对朝鲜人来说,《瓶史》不仅是入睡前的读物,更是陶冶心智的"良药",正所谓"瓶史焚香读,清而去我粗"③,讲的就是这个道理。同时,朝鲜后期社会插花风尚的深入发展与《瓶史》的传播也密切相关。如18世纪后期文学大家朴趾源(1737—1805)曾有言:"花似将归强挽宾,嘱他风雨反逢嗔。自从洞里修瓶史,三百六旬都是春。"④ 季节天气的变化虽然影响到花卉的生命,但是瓶花却不受季节天气的影响,按照朴趾源的话说,这都归功于《瓶史》中传授的插花知识。又如活跃于19世纪文坛的朴允默曾在家中插置瓶莲,并为此赋诗:"移来怳若玉仙迎,分外吾居似许清。何用废塘空烂熳,偏怜特地自生成。出泥万柄虽无染,入室孤标亦有荣。从此光华为我有,中郎瓶史可堪评。"⑤ 从这首诗中不难发现朴允默对《瓶史》的熟悉与运用。正因为朝鲜文人如此喜爱与看重《瓶史》,当他们进行诗歌创作时便会不由自主引用《瓶史》的字句当作典故。

如沈象奎(1766—1838)作《杂咏秋园花卉》:"红靥妆成泪暗垂,柔情凄切强扶持。薄塑泥中酸态好,合与康成作侍儿。"诗后自注曰:"《瓶史》

---

① 《堂花瓶花辨证说》。
② [朝]柳尚运《偶成》,《约斋集》(卷2),《韩国文集丛刊》(续第42册)第457页,韩国古典翻译院,2007年。
③ [朝]赵冕镐《借读舫山瓶史》,《玉垂集》(卷4),《韩国文集丛刊》(续第125册)第130页,韩国古典翻译院,2011年。
④ [朝]朴趾源《潇园八咏》,《燕岩集》(卷4),《韩国文集丛刊》(第252册)第91页,韩国民族文化促进会,2000年。
⑤ [朝]朴允默《瓶莲》,《存斋集》(卷14),《韩国文集丛刊》(第292册)第269页,韩国民族文化促进会,2002年。

秋海棠娇然有酸态，郑康成崔秀才之侍儿也。"① 又如申纬（1769—1845）作《水仙花》，"难与梅矾讲弟兄，人间谪下女星精。帐寒生怕繁风雪，冻折瑶簪梁玉清"，诗后自注曰"《瓶史》水仙神骨清绝，织女之梁玉"②，再如李学逵作《感事三十四章》："行理李水部，仙葩梁玉清。向时余种子，今日遍京城。"诗后自注曰："袁石公《瓶史》水仙比之梁玉清，玉清嫦娥侍女名。"③ 这些文人在作诗时，都不由自主地选择引用袁宏道《瓶史》中的语言作为典故，可想而知《瓶史》对他们的影响何其之大。

不仅如此，朝鲜文人还效仿《瓶史》的框架，创作有关阐释插花知识的文学作品。朝鲜后期文人李裕元（1814—1888）曾作《花史》，他在序言中写道："袁中郎作《觞政》，又作《瓶史》，盖其所云幽人韵士，屏绝声色，其嗜好不得不钟于山水花竹，名之所不在，奔竞之所不至故也。仿其目效其体，以诗代之，揭四时香馆。"④ 从这段序言中可以发现，李裕元曾熟读过袁宏道的《瓶史》，并因此对瓶花艺术有了深刻的体会，于是他参照《瓶史》创作了有关插花的诗歌。

一、花目

寒梅早放首先光，管领春风又海棠。牡丹芍药争榴热，莲菊木犀近臈香。

二、品第

三千第一汉宫姊，俯首蛾眉尤物耻。自诧艳色东邻颦，并驾凡才与吉士。

三、器具

玉环飞燕贮荒茨，阮老嵇仙邀短椽。可怜此等非其地，江制青铜土

---

① ［朝］沈象奎《杂咏秋园花卉》，《斗室存稿》（卷4），《韩国文集丛刊》（第290册）第91页，韩国民族文化促进会，2002年。
② ［朝］申纬《水仙花》，《警修堂全藁》（卷18），《韩国文集丛刊》（第291册）第393页，韩国民族文化促进会，2002年。
③ ［朝］李学逵《感事三十四章》，《洛下生集》（卷18），《韩国文集丛刊》（第290册）第551页，韩国民族文化促进会，2002年。
④ ［朝］李裕元《花史》，《嘉梧藁略》（卷5），《韩国文集丛刊》（第315册）第160—161页，韩国民族文化促进会，2003年。

气宜。

四、择水
瓶水须经风日佳，王妈妈对高粱街。甘而不茂苦尤忌，煤土投沉未没埋。

五、宜称
太繁太瘦自违格，北苑毫端妙入神。李不为拘苏断续，省堺墓表有何新。

六、屏俗
天然几畔一藤床，屏俗中间滑厚良。髹卓描金螺钿具，置而无用四时香。

七、花祟
真香最忌赝香袭，燥气何殊剑刃加。笋中夹肉元非雅，屏祛烟煤护以纱。

八、洗沐
花喜之时花亦怒，澹云薄日过浓寒。欹枝梦断醒光溢，自是花刑香国宽。

九、使令
嫔御媵嫱尔亦然，弄烟惹雨各呈妍。纤巧佞柔难比像，花房何似闺房缘。

十、好事
臭叶莫言辨大小，见根能辨色红黄。单枝亦当千株植，真爱花人真识香。

十一、清赏
茗赏最优谭赏次，禁条酒后恼花神。风日无关地不择，何殊妓舍少高宾。

十二、监戒
戒花条有辱花无，辱岂真情戒岂谡。犯者难逃金谷罚，虚心点检揭书厨。

整体来看，李裕元的《花史》实际上是《瓶史》的诗歌化改版，因此，严格意义上来说，李裕元对插花艺术的深刻体会只不过是对袁宏道《瓶史》

的总结与领悟。

　　《瓶史》自从17世纪初传入朝鲜文坛后,一直到19世纪都深得朝鲜文人的喜爱与推崇,在这两百来年的时间里,不断有朝鲜文人对《瓶史》进行抄录、引用与仿写。朝鲜文人李匡德(1690—1748)曾作《瓶花》,其诗曰:"白磁壶洁晓泉清,拣得长枝插得轻。月下灯前不胜态,风帘雾幌可怜生。"①　赵文命(1680—1732)也曾作《咏瓶花》,其诗曰:"春水盈壶暖欲霞,插来香朵枕边斜。天机不尽生生妙,嫩意无痕日日加。剩是先呈新态色,居然能作小繁华。闲中正验工夫处,物理君须看此花。"②　由此可知,朝鲜后期社会盛行瓶花赏玩之风。袁宏道《瓶史》一书在朝鲜的传播一方面迎合了这种社会风尚的需要,同时,随着袁宏道《瓶史》影响的逐渐深入,无疑又推动了朝鲜后期社会瓶花赏玩风尚的进一步发展。

三、《游盘山记》与朝鲜后期的"盘山"热

　　盘山位于古蓟州城西北部,这里有着优美的自然山水与众多的名胜古迹,一直以来都是文人登临的去处,同时也是墨客游记笔下的"主角"。袁宏道曾于万历二十七年(1599)游览此山,并写下《游盘山记》游记一篇,应该说,袁宏道的《游盘山记》并不是他游记创作的巅峰之作,在中国文坛上也并没有引起足够大的反响。然而,令人惊讶的是在朝鲜文坛上,《游盘山记》却有着令人难以置信的影响力。

　　"袁郎遗集已闻名,百道飞泉万树樱。及到山门行路麓,回鞭直向蓟门城。"③　这是朝鲜人金正中燕行路过盘山时所作的一首小诗。金正中当时并未登览盘山,而是在走马观花式的遥望一番之后,便一骑直奔蓟州。但在这首诗中,没有登临盘山的他却道出了盘山中树木茂密与泉水飞流的盛景,就像首句所呈现的那样,这种感受来自于直接阅读袁宏道文集后的间接体验,准确地说,这种体验就是来自《游盘山记》。在东亚朝贡体系下,朝鲜王朝每年

---

　　① [朝]李匡德《瓶花》,《冠阳集》(卷1),《韩国文集丛刊》(第209册)第339页,韩国民族文化促进会,1998年。

　　② [朝]赵文命《咏瓶花》,《鹤岩集》(卷2),《韩国文集丛刊》(第192册)第433页,韩国民族文化促进会,1997年。

　　③ [朝]金正中《燕行录》,2月1日。

都要向清王朝派遣使臣，而盘山就在燕行使臣进京的必经之路上。在袁宏道的《游盘山记》传入朝鲜之前，朝鲜人很少关注盘山，但在《游盘山记》传入之后，情况发生了翻天覆地的变化，盘山一夜之间成了朝鲜后期社会中最具人气的中国名胜地之一。

1712 年，朝鲜人金昌业（1658—1721）随担任冬至使的亲兄金昌集到达北京，他在日记中曾对盘山这样写道："在路中望见盘山上有寺缥缈，到此问其名云照也。盘山曾见袁宏道游记，称其松石之奇，其去路不远，日势足以往返，顿然忘却，遂差过悔恨无及。"① 又如 1720 年朝鲜人李宜显（1669—1745）燕行路过盘山，日后他在《庚子燕行杂识》中对当日之事记述道："来时金叔大有谓余曰：'蓟州西数十里有山，名盘山，甚奇崛。一统志称盘龙山，曾往燕京时，间岳千山皆能遍踏，此山最近而不免蹉过，至今有遗恨。'仍劝余探历，而曾见袁中郎游记，颇险绝，非老脚所宜行，且忙不得往见，可叹。"② 再如 1780 年，朴趾源跟随从兄出使清朝，在其燕行后所著的《热河日记》中，他写下如下一段文字："宿烟郊堡，蓟州古渔阳，北有盘山，危峰削立，皆上丰下纤，类盘形故名盘山。一名五龙山，尝读袁中郎盘山记，多奇胜必欲一登而无伴游者，势无奈何。"③ 从这些例子可以明确发现，朝鲜人都是因袁宏道《游盘山记》的影响，而对盘山产生向往之情，但以上这些朝鲜人因故终究未能亲临盘山，体验袁宏道游记中所记述的山中美景。因此，可以体会他们因王命在身，过盘山而不能登临的心情是多么的遗憾与不舍。

当然，一些朝鲜文人虽未登临盘山，但这并影响他们对盘山美景的赞美与讲述。1777 年，担任燕行副使的朝鲜人李岬路过盘山，但同样因故未能登临，可是他却能如同身临其境一般对盘山的景致娓娓道来。

> 历一所河，北望十余里，有高城大府，即蓟州也。又其西有盘山，一名盘龙山，一名东五台，概有东西南北中五峰台及上中下三盘，故名。高几千余仞，周百余里，山皆外骨而中肤，故危石峭立，而果木繁盛，

---

① ［朝］金昌业《老稼斋燕行日记》，2 月 17 日。
② ［朝］李宜显《庚子燕行杂识》（上），《陶谷集》（卷 29），《韩国文集丛刊》（第 181 册）第 487 页，韩国民族文化促进会，1997 年。
③ ［朝］朴趾源《关内程史》，《热河日记》，《燕岩集》（卷 12），《韩国文集丛刊》（第 252 册）第 198—199 页，韩国民族文化促进会，2000 年。

燕京果实，多产于此山。石皆锐下而丰上，故有三盘，而亦似飞动云。山之腰，粉墙周遭，殿宇盘亘，即行宫。而多有侍女宦侍，皇帝幸蓟州时，为留宿之所云。虽行过山下，不得登临。亦可恨也。①

袁宏道在《游盘山记》开篇中即说，"盘山外骨而中肤。外骨，故峭石危立，望之若剑戟罴虎之林；中肤，故果木繁"②，显然朝鲜人李岬对盘山景色的认知就是来自《游盘山记》。由此看来，位于僻壤之地的盘山实因袁宏道的《游盘山记》而在朝鲜社会声名远播，朝鲜文人不论登盘山与否，只要路过皆会言及袁宏道及其游记，并留下与盘山相关的景物描述。事实上，袁宏道《游盘山记》的影响力还远不止于此，在朝鲜文人所著的国内名山游记中也有其影子。比如下面两个例子：

> 凡行险者所倚仗惟手足，而目以督之，盖与视为谋而定，然后升则指，降则蹱也。若偕盘山导僧，不知发送几声笑也。袁宏道游盘山，先与导僧约，遇险处当大笑，每闻笑声皆胆掉。（《水落道峰山游记》）③
>
> 尝见袁中郎宏道游盘山记，使一僧前行，遇大险则大笑，小险小笑，盖山之险以石，险之极奇生焉也。癸卯孟夏，余往观清凉，与李学述偕行。学述自言扁其室曰笑石，请余记，余笑不答。遂遍看嵯峨诸石峰，冀兀排空，逞险呈奇，不觉放杖轩渠。出山渡广石津，回视南岸，石壁千尺，双青鹤栖岩间，时时声碌碌，石籁萧萧，爽人衣裾，影落空潭又千尺。（《笑石记》）④

《水落道峰山游记》是朝鲜人郑元容游览道峰山之后所作的游记，《笑石头记》是朝鲜人许熏为友人的居所而作的堂记。就这两部作品记述的对象而

---

① ［朝］李岬《燕行记事》上，12月25日。
② 袁宏道《游盘山记》，钱伯城笺校《袁宏道笺校》（中）第688页，上海古籍出版社，2008年。
③ ［朝］郑元容《水落道峰山游记》，《经山集》（卷12），《韩国文集丛刊》（第300册）第268页，韩国民族文化促进会，2002年。
④ ［朝］许熏《笑石记》，《舫山集》（卷17），《韩国文集丛刊》（第328册）第106页，韩国民族文化促进会，2004年。

言，一个是自然山水的风光，一个是居所附近的山水风景，且就其描述的技巧与重点来看，都着重呈现自然风景的奇与险。有趣的是这两位朝鲜人在写到险与奇时，都不忘谈到袁宏道的《游盘山记》。由于盘山地形非常险峻，所以袁宏道游览盘山时曾招纳一僧人为导游，并相约前方若有险峻之处，以笑声告知，正所谓"先与导僧约，遇绝险处当大笑，每闻笑声皆胆落"。① 郑、许二人将袁宏道《游盘山记》中的这段内容写入自己作品中的现象，反映出他们对袁宏道游记的喜爱与对其创作技巧的接受，同时也说明了《游盘山记》确实是深入到朝鲜文人的生活和文学创作之中。

通过以上这些事例，我们可以了解到朝鲜后期文坛上出现的"盘山热"，确实是一种比较普遍的社会现象，而这导致这种现象产生的最直接原因就是袁宏道文学作品在朝鲜的传播。当然，朝鲜文人的文学创作活动中，不仅仅是满足于引用袁宏道《游盘山记》的只言片语，对于那些亲临盘山一览风景的文人而言，他们还模仿袁宏道《游盘山记》的框架亲自创作盘山游记。比如 1720 年燕行的朝鲜人李器之（1690—1722）曾在游览盘山后，写下了一篇长文《游盘山记》。按韩国学者申翼澈的考证，李器之的《游盘山记》与袁宏道的《游盘山记》内容相似之处颇多，文中言及袁宏道或引用《游盘山记》字句之处总计达八处之多。② 关于具体事例本文不再赘述，这种引用本身就反映了李器之对《游盘山记》的接受以及其对自己创作的影响。不仅如此，通过梳理两人游记的构造，还可以发现李器之的《游盘山记》在构思上与袁宏道也有相似之处。

首先，李器之与袁宏道都重视对奇峰险石的细致描写。应该说，对奇峰险石的细致描写，让读者如有身临其境之感，这是袁宏道《游盘山记》中的一处妙笔。如他写道："悬空石数峰，一壁青削到地，石粘空而立，如有神气性情者。亭负壁临绝涧，涧声上彻，与松韵答。其旁为上方精舍，盘之绝性处也。……乃下，迂而僻，且无石级者，曰天门开。从髻石取道，阔以掌，山石碍右臂，左履虚不见底，大石中绝者数。"③ 袁宏道对奇石与泉水的描写深深影响到李器之对盘山美景的描述。如李器之在其所作《游盘山记》中写

---

① 《游盘山记》，钱伯城笺校《袁宏道笺校》（中）第 689 页。
② [韩] 申翼澈《조선 후기 연행사의 盘山 유람과 원굉도의 游盘山记》，载《汉文教育研究》2014 年第 42 辑。
③ 《游盘山记》，钱伯城笺校《袁宏道笺校》（中）第 688—689 页。

道:"东北石峰,最多奇壮。有侧立如伛偻状,有直立如剑拔笋抽者,有架叠层累若楼阁者。悬空石左右数峰,自地上突起,直出云霄,浑身无一皱纹,莹润如青玉,望之森然动魄。"① 李器之对这些景物的描写非常细腻,这与其他朝鲜文人对盘山的记述仅限于介绍,而缺乏深入而细腻的描述现象不同,这体现了他对袁宏道《游盘山记》创作手法的接受。

其次,李器之与袁宏道的游记中都添加了导僧这一角色。上文已提到袁宏道曾与导僧相约之事,在《游盘山记》中袁宏道还有细写之处。如有言:"一衲攀而登,如猕猴。余不往,谓导僧曰:'上山险在背,肘行可达,下则目不谋足,殆已,将奈何。'僧指其凸曰:'有微径,但一壁峭而油,不受履,过此,虽险,可攀至脊。迂之即山行道也',僧乃跣,蛇矫而登。下布以縆,健儿以手送余足,腹贴石,石腻且外欹,至半,体僵,良久足缩,健儿努以手从,遂上"②,正是袁宏道对导僧言行的记述,才使得整篇文章充满趣意且富于可读性。应该说,这是袁宏道《游盘山记》中的又一处妙笔。在李器之的《游盘山记》中也可以看到导僧的身影,如李器之写道:"出门得导僧,向少林寺,借僧拄杖,步往迤西而上。……邀寺僧,往见红龙池,一人导行,问名则云如云。……遂与云如下,寺前石台,从东边路行。诸僧皆出门相送,行数十步回看,诸僧犹立石台上,望余行矣"③,这里李器之同袁宏道在《游盘山记》中的记述一样,添加了导僧这个角色,这使得原本描绘景物的游记又平添了几分故事性,所以,从增加文章趣味的角度来看,李器之与袁宏道的创作思路也是一脉相承的。

再次,李器之与袁宏道对盘山的描写视角都是由整体到局部。袁宏道在《游盘山记》中对盘山的描述视角一开始便是从整体入手的,如他写道:"盘山外骨而中肤,外骨,故峭石危立,望之若剑戟罴虎之林;中肤,故果木繁。而松之抉石罅出者,欹嵌虬曲,与石争怒,其干压霜雪不得伸,故旁行侧偃,每十余丈。"④ 在这段描述中,袁宏道对盘山的峭石、茂林景致进行了整体性的概括与交代,在其后的记述中他又对这些景色进行了局部的具体描写。朝

---

① [朝]李器之《一菴燕记》,《一菴集》(卷2),《韩国文集丛刊》(续第70册)第286页,韩国古典翻译院,2008年。
② 《游盘山记》,钱伯城笺校《袁宏道笺校》(中)第689页。
③ 《一菴燕记》,《一菴集》(卷2),《韩国文集丛刊》(续第70册)第287页。
④ 《游盘山记》,钱伯城笺校《袁宏道笺校》(中)第688页。

鲜人李器之对盘山的描述也是遵循了这样的视角,如他开篇写道:"过五里桥,水颇深,乃盘山下流。北边山上有庙,而山甚高路盘山脊,……过此弃大路,迤北取小路而行,已望见盘山。诸峰插天,山腰松树间,白塔亭亭,其上又有若石梁者,山顶又有白塔兀立,山高塔小仅如指。行至山底,仰见群峰,丛立竞拔,如禽兽剑戟,上山百余步,梨柿成林,方烂熟多自落。"① 如引文所示,李器之在对盘山各处美景进行局部细致描写之前,对盘山的峰石、果林与白塔也进行了整体性的描述。因此,从描写视角来看,可以说李器之同样受到了袁宏道的影响。

结 语

综上所述,17世纪初袁宏道的文集传入朝鲜后,朝鲜文坛对袁宏道的认知态度呈现出两极分化的特点,推崇者喜爱他卓越的才识与创作技艺,而批判者厌恶他离经叛道与漠视传统。然而,虽然朝鲜后期社会舆论对袁宏道的批判非常激烈,但仍然阻止不了部分朝鲜文人对其文学作品的喜爱与接受。在朝鲜文坛上,袁宏道的《瓶史》与《游盘山记》知名度颇高,朝鲜文人引用、抄录与仿写这两部作品的现象相当普遍,《瓶史》的传播与朝鲜后期文坛的插花风尚联系密切,而《游盘山记》的传播刺激了朝鲜文坛"盘山热"现象的产生。

(韩东　南昌大学人文学院中文系讲师,文学博士)

---

① 《一菴燕记》,《一菴集》(卷2),《韩国文集丛刊》(续第70册)第285页。

韩国高丽"七夕诗"和中国"七夕诗"的关联[*]

尹允镇　钱丽艳

摘　要：中韩两国一衣带水，自古有文化交流，中国的许多传说传到韩国，在那里发展变化，成为韩国古典文学中的一个非常重要的文学形式。"七夕诗"就是其中的一个。"七夕诗"与"七夕节"有密切的关系，而"七夕节"是中国传统的民俗节之一。中国的"七夕节"历来和"牛郎织女"这一美丽的传说联系在一起，给人以无尽的遐想和美丽的联想。韩国人也自古把这一美丽的传说引进到诗歌领域，抒发了自己对美好生活和美丽爱情的追求。很明显，这是中国"七夕诗"的域外延伸，大范围上可以说是"七夕诗"百花园中的一朵绚丽的花卉。它不仅丰富了韩国古典诗歌的内容，也为"七夕诗"百花园增添了绚丽的色彩。显然所有这些和中国文学的强烈辐射有密切关系。

关键词：牛郎织女　七夕故事　韩国七夕诗　中国文化　关系

中国的"七夕传说"何时传到韩国，现在难以考证，但从考古学的研究资料看，"七夕传说"在韩国由来已久，可以追溯到高句丽时期。

朝鲜平安南道大安市德兴里古墓里有高句丽时期的壁画，壁画里有一个牵着牛的男性和一个女性，她后面跟随一条狗，他们之间还有一条细长的河流。很显然，这画的是牛郎和织女分手时的场景。大安里一号古坟壁画里还有戴项链正在织布的女性，她就是织女。[②] 据有关记载，大安市德兴里古墓中

---

[*] 本文为国家社科基金项目《〈东文选〉诗歌与中国文学的关联研究》（14BWW017）的阶段性成果。

[②] 参见李相俊《古代东亚的七夕文化研究：七夕传说的产生和变迁以及享有为中心》，韩国日语日文学会编《日语日文学研究》（第65集，第二卷）第291页。

的这个壁画是公元 408 年画的，那个织布的壁画则是 5 世纪中叶的。这个情况说明牛郎织女的故事最晚在公元 5 世纪传到了韩国。

故事传到韩国后，从高丽时期开始出现"七夕诗"，之后一直延续到朝鲜王朝时期。为了考查韩国古典诗歌中的"七夕诗"以及它在韩国的演变过程，我们在这里就选取高丽诗歌中的"七夕诗"，重点考查它在韩国的演变过程以及它和中国"七夕诗"的关系。相信这对进一步研究中韩"七夕诗"的关系有着重要的意义。

一、中国"七夕诗"和它的传播

牛郎织女的故事是中国妇孺皆知的故事，是中国四大民间传说中传播最广、影响最深的故事。当夏日晴朗的夜晚，仰望天空，人们不难发现隔着浩瀚的银河遥遥相对的两颗星，一颗在河东，一颗在河西。它们就是中国古老传说中的牛郎星和织女星。在一望无际的天空里它们算不上是非常耀眼，但它给人们以一则美丽的传说。毋庸置疑，这个故事自然是虚构的，但她和坚贞不渝的、美丽的爱情结合在一起给人以许多美丽的遐想和美的享受。

在中国，牛郎织女故事何时定型，没有一个统一的说法，但有人推断这个故事成型于汉代。① 也许正是这个原因，到汉代大量出现了与牛郎织女的故事有关的诗歌。《古诗十九首》中的《迢迢牵牛星》就是写牛郎织女故事的。这首诗歌中的牛郎和织女，虽然仍为天上二星，但俨然是绸缪的夫妇，已具有鲜明可触的形象性特征，具备了构成牛郎织女故事的基本框架。后来同类诗歌层出不穷，代有新作。曹丕的《燕歌行》里有"牵牛织女遥相望"句子，庾肩吾、江总和庾信有《七夕》，沈约、谢惠连也有"七夕诗"。他们的诗歌或以叙写故事，或想象他们相会的情形，给这美丽的故事增添了不少浪漫的色彩。隋唐五代之后，牛郎织女故事逐渐进入词的领域，也留下了不少脍炙人口的作品。

韩国的"七夕诗"大体上也是这样。牛郎织女的故事传到韩国后，从高丽时期开始广泛流行，不仅留下了大量的与"七夕"有关的记录和诗歌，而且这些故事和韩国的报恩故事相结合，演绎出了牧童和仙女的故事为代表的

---

① 参见贺学君《中国四大传说》第 20 页，浙江教育出版社，1995 年。

许多类似的故事。

至于"七夕诗"何时传到韩国也难以考证,但《文选》早就传到了韩国。据《三国史记》记载,新罗神文王二年(682),新罗设立"国学",而其"教授之法,以周易、尚书、毛诗、礼记、春秋左氏传、文选分而为之业。"① 这说明最晚七世纪下半期《文选》已经传到韩国,成为他们教书育人的重要工具。《文选》由萧统编撰,成书于6世纪初。虽然对它的文学意义和价值有褒有贬,但"文选烂,秀才半",它历来成为文人写诗作文的范本。尤其是在韩国它成为读书人的必读书,产生了深远的影响。而这《文选》里就收有"古诗十九首"。可见新罗设立"国学"后,包括《迢迢牵牛星》的"古诗十九首"在新罗社会广为流传。另外,《文选》还收有陆机的《拟迢迢牵牛星》和谢惠连的《七月七日夜咏牛女》等诗歌。从《文选》的这种情况看,高丽文人肯定非常熟悉"七夕诗"。

二、高丽时期的"七夕诗"

韩国人何时开始创作"七夕诗",现在也难以考证。但从现存的诗歌来看最早的是高丽时期,高丽时期的许多著名的诗人都写了和"七夕"有关的诗歌。

《韩国岁时风俗资料集成(三国高丽时代篇)》② 里收有 17 首高丽时期的"七夕诗",但这不是全部。除此之外,还有李齐贤、李允用、卞季良等人也写了"七夕诗"。这些诗篇分别收录在《东文选》《西河集》《东国李相国集》《独谷集》《遁村杂咏》《耘谷行录》《牧隐先生文集》《陶隐先生文集》《復斋遗稿》等高丽时期的文献里,成为现在所能看到的高丽时期的"七夕诗"。

从这些资料看,林椿的《七夕三首》是我们现在所能看到的韩国最早的"七夕诗",而后李奎报、李齐贤、李谷、李穑等高丽中后期的诗人陆续写了"七夕诗"。综观韩国高丽时期"七夕诗",我们可以把它分为高丽中期的

---

① 金富轼《三国史记》(二)第 255 页首尔:弘新文化社,1994 年。
② 韩国国立民俗博物馆《韩国岁时风俗资料集成—三国高丽时代篇》第 248—258 页,首尔:国立民俗博物馆,2003 年。

"七夕诗"和高丽后期①的"七夕诗"两个部分来叙述。

(一) 高丽中期的"七夕诗"

高丽中期的"七夕诗"有林椿的《七夕三首》、李奎报的《七夕咏雨》《七月七日雨》《七夕饮友人家》、李齐贤的《七夕》、李谷的《七夕小酌》、李集的《七夕寄敬之》等等。

综观高丽中期的"七夕诗",由于它刚开始流行,大部分诗歌以牛郎和织女"相见"时的情景为主,客观地描述他们历经千辛万苦终归要相见的故事情节,呈现出任何艰难险阻也阻挡不了相亲相爱的人终归要见面的浪漫主义的情调。看一首李奎报的《七夕咏雨》。

> 七夕少不雨,予莫知其故。灵匹将成欢,雨师应自妒。
> 欲教乌鹊侣,霑重落中路。假令桥未成,河水不可渡。
> 宁且泳而归,此夕难虚度。明年若复雨,忍可长怀慕。

这是一首五言古诗,出自《东国李相国后集》,表现的是牛郎和织女千辛万苦要相见的浪漫情调。在这首诗歌中我们首先要关注的是"七夕雨"的问题。这首诗歌是描写"七夕雨"的。据传"七夕"那天经常下雨,有人说这是牛郎织女的"相见"而来的"幸福泪""高兴泪";也有人说这是牛郎织女依依惜别的"分手泪""痛苦泪"。不管怎样,"七夕"天下雨是自古至今的一个非常普遍的自然现象。可以说"雨"是高丽时期"七夕诗"中最常见的一个诗语。诗歌整体上不是采用抒情诗常见的那种述怀的方式,也没有去描绘他们长时间离别而来的深沉的怀念,而只是客观地陈述着雨师、河水也阻止不了相亲相爱的人定要见面的客观事实。无论相见之路何等艰险,相爱的人是终归要见面的,这是高丽时期"七夕诗"的一个调子。换言之,高丽时期"七夕诗"的主要内容还是围绕着中国牛郎织女的相见为主要情节而展开,而且具有任何困难也阻止不了爱情的一种坚定的信念。

再看一首李谷的《七夕小酌》:

---

① 高丽时期的分类有多种,这里所说的高丽后期主要指1388年李成桂"威化岛回军"后到高丽的崩溃这一段时间。

>平生足迹等云浮，万里相逢信有由。
>天上风流牛女夕，人间佳丽帝王州。
>笑谈欸欸樽如海，帘幕深深雨送秋。
>乞巧曝衣非我事，且凭诗句遣闲愁。

在牛郎织女的"相见"的欢乐气氛的描写上，这首诗歌和高丽时期的其他诗歌没什么两样。但在借用牛郎织女的故事来抒发自己的情感方面它则具有高丽后期"七夕诗"的特点。李谷是一个典型的儒学家，一生奔波于元和高丽之间，把一生交与了高丽对元朝的外交，为解决元和高丽之间的许多复杂的现实问题付出了巨大的努力，立下了汗马功劳。诗歌的首联说的就是这种情况。大半辈子在异国他乡的李谷也写了不少思乡诗。综观他的思乡诗字里行间充满着对祖国和家乡以及年老母亲的深深思念。而这首诗歌则描绘"七夕"之夜自己那悠闲自得的情景，对他来说，这是很难得的一个夜晚，是一个难忘的夜晚。所以，他说这是一个"风流"之夜，自己也在"帘幕深深雨送秋"中饮酒作诗，"且凭诗句遣闲愁"。综观诗歌不仅天上的情景极佳，地上的情况也不坏，诗歌在由远及近、由天及地，抒发了作者愉悦的心情。显然这也从另一个侧面说明到这一时期韩国的"七夕诗"由前期的客观转述开始向后期的主观抒发转变，表现出了韩国"七夕诗"的一个历史变化的轨迹。

在韩国的"七夕诗"中，李集的《七夕寄敬之》是在这一时期作品中一首很有特色的作品：

>年年岁岁一回归，天上神仙会有期。
>人间何为离别足，西风又动碧梧枝。

如前所述，高丽中期的"七夕诗"还停留在客观叙述牛郎织女的故事上，而李集的这首诗则不同。它借用牛郎织女的故事转述人间的事情，抒发自己的情感。诗的颈联"人间何为离别足"的句子就是作者借用牛郎织女的故事发出的感慨。很明显，这种情形在高丽中期的"七夕诗"中是比较少见的。诗歌中的"敬之"就是高丽时期的著名文人金九容。李集生性聪慧、性格刚烈，从不同流合污，但一生不得志。这种性格得到了政敌们的嫉恨，差点送了性命。1368年恭愍王十七年辛旽得势，要杀害李集，李集跑到地方，才捡了一条命。1371年辛旽死，他回京，得到了一官半职，但不久辞官回乡，以山水自然为友，度过了凄惨悲凉的一生。诗歌中的"人间何为离别足"的感慨也许就是他的这种悲剧一生中发出的一种感慨。在他的诗歌中地上世界和天上世界决然不同。在这里天界是永恒的，牛郎织女虽然一年见一次，但这种见面是永恒的，而地上的世界则不然。地上世界不仅离别多，而且"碧梧枝"也在秋风中摇动。这个摇动意味着这个"碧梧枝"也即将要掉下来，离梧桐而去。这明显是长久的离别在他心中的一种阴影。可以说这是一个从高丽中期向高丽后期转变的历史现实在作家心里的反映。借用牛郎和织女的故事述说作家的痛苦心理和现实世界的惨淡而来的感慨，这是高丽中期的"七夕诗"向后期的"七夕诗"转变的重要的标志。

（二）高丽后期的"七夕诗"

高丽后期的"七夕诗"主要有李穑的《七夕》二首、元天锡的《七夕》、成石璘的《七夕寄浩亭》、李崇仁的《七夕》等。

高丽后期的"七夕诗"虽然延续着高丽中期"七夕诗"的各种特点，但是随着时代的推移发生一些细微的变化。其中最引人瞩目的变化就是诗人们与其说是客观叙述牛郎织女的相见故事，不如说是借用这个故事抒发自己的情感和现实感慨。先看李穑的《七夕》：

徒闻天女不停梭，大布粗缯两鬓皤。
乞得巧时将底用，弄来成拙取讥多。

不难看出这首诗歌和高丽中期诗歌的不同特点。这一时期的"七夕诗"侧重于抒发自己的情感。这一点已经在前面论述过，不在这里赘述。这首诗歌和其他诗歌相比还有一个鲜明的特点，就是它表现了作家的一种人格品质。众所周知，李穑是高丽著名学者李谷的儿子，是高丽后期最著名的性理学家。他20岁跟随父亲入元，进入国子监，学习朱子性理学，回国后一生致力于性理学研究，取得了卓越的成就。而且他还致力于人才培养，培育出了郑梦周、李崇仁、吉再、郑道传、权近、尹绍宗、河仑等高丽后期的著名才子，甚至金宗直、卞季良也可以说是他的学生。他可谓德高望重，学问高，社会地位也高，但为人诚实，时刻用至上的人格标准来严格要求自己。我们在这首诗上可以读到李穑的这种人格品质。在诗歌中，他说自己"大布粗缯"中虚度了一生，慨叹自己的才识只是"弄来成拙取讥多"。很显然，这是一个智者对自己的深刻反省，其中渗透着一个永不休止、孜孜不倦地追求一个完美人格的进取精神。

再看一首李崇仁的《七夕》：

> 银河清浅鹊桥横，天上仙官此夕行。
> 乞巧从来儿女事，令人笑杀柳先生。
> 天孙岁岁有佳期，胜似人间远离别。
> 回首修门路迢递，不堪秋色上江蓠。

和李穑的诗歌一样，这首诗的目的在于用牛郎织女的故事述说现实的苦楚。作品中的天界是"清浅"的河水和"鹊桥"，非常完美，所以，今晚牛郎和织女没有任何障碍，心安理得地分享相见之欢喜。这里没有一年的分离而来的痛苦，也看不出什么长期的分手和短暂的相逢而来的悲哀。长长的银河水"清浅"，浅得没有"鹊桥"也可以渡过；一年一度的相逢成为一个永久不变的法则，促成牛郎和织女的相逢。但地上的情景完全不同，至少是很不尽人意，要走的路还很长，秋色也带有悲伤的情调。很显然，在这里天上的世界和地上的情形形成鲜明的对比，反衬出地上世界的痛苦。

三、高丽"七夕诗"与中国文化

高丽诗歌深受中国文化的影响，尤其是到中后期深受宋文化的影响。其显著的特点就是诗歌中"用事"比较多。这在"七夕诗"中也有表现。综观高丽"七夕诗"中的与中国文化有关的部分，可以分为"乞巧"风俗、嫦娥和广寒宫、历史人物和典故等几个部分来概括。

（一）高丽"七夕诗"和"乞巧"风俗

在高丽"七夕诗"中，除牛郎织女的故事以外，出现最多的是"乞巧"风俗。看一首五言古诗：

> 人间重此夕，天上会双星。辍杼懽如梦，穿针巧乞灵。
> 鹊桥催晓渡，蛛网缀秋庭。此事诚难料，吾思问浩亭。

这是成石璘的《七夕寄浩亭》，题中的"浩亭"就是在朝鲜王朝的建立中立汗马功劳的河仑。在这里"穿针巧乞灵"的句子就是和当时的"七巧风俗"有关的内容。除此之外，李穑有"乞得巧来称抱拙"的句子；李崇仁也有："乞巧从来儿女事"的诗句。另外，林椿、李谷、元天锡、成石璘、李集、郑摠等人的诗歌里都有"乞巧"有关的内容。据说当年民间还流传读书人在"七夕"那天，以"牛郎织女"为题做诗，可以精通诗文的说法。[①] 所以不管男女老少一到"七夕"就以各种方式"乞巧"，反映了高丽社会的一种积极向上的社会风气。

那么，高丽时期"七夕诗"中为什么常常出现"乞巧"？我们认为，这有两个原因。1. 它和中国有关。在中国"乞巧"风俗和"七夕"紧密联系在一起的，高丽社会流行的"七夕"也好，"乞巧"也罢，事实上就是中国"七夕"的域外延伸，所以，韩国的"七夕"也离不开"乞巧"，可以说"乞巧"在韩国成为"七夕节"的重要内容是一个顺理成章的事；2. 高丽社会有关。高丽时期是中国的牛郎织女的故事刚刚传播到韩国的时期，所以，高丽人还没有来得及彻底消化这个故事，大都直接沿用中国的故事原型。这一点我们把高丽的"七夕诗"和高丽后期，尤其是朝鲜王朝后期的"七夕诗"加以比较，更显明地看出个中的奥秘。换言之，到高丽后期，尤其是朝鲜王朝后期的"七夕诗"不仅涉及牛郎织女的故事的少，而且涉及"乞巧"等中国风俗的更为稀少。高丽"七夕诗"的这种演变说明两个问题：1. "七夕诗"中大量出现"乞巧"风俗是高丽"七夕诗"的特点；2. 韩国的"七夕诗"到后来越来越远离牛郎织女的故事原型以及与之相关的各种风俗，成为他们抒发自己情感的"引子"，起到穿针引线的作用。这一点我们在上面也谈过，不再赘述。

（二）高丽"七夕诗"中的广寒宫

广寒宫来自"嫦娥奔月"，这也是较早传到韩国的传说。综观高丽时期的"七夕诗"，这个传说经常和牛郎织女联在一起，出现在作品里。它的出现频率虽然没有"乞巧"多，但可谓是比较常见的中国传说之一。先看一首李奎报的《七月七日雨》：

[①] 参见金圣培《韩国的民俗》第51页，首尔：集文堂，1980年。

> 银河杳杳碧天外,天上神仙今夕会。
> 龙梭声断夜机空,乌鹊桥边促飞盖。
> 相逢才说别离苦,还道明朝又难驻。
> 双行玉泪洒如泉,一阵金风吹作雨。
> 广寒仙女练帨凉,独宿婆娑桂影傍。
> 妒他灵匹一宵欢,深闭蟾宫不放光。
> 赤龙下湿滑难骑,青鸟低沾凝不飞。
> 天方向晓讫可霁,恐染天孙云锦衣。

李奎报的这首诗歌是在高丽诗歌中最完美地讲述牛郎织女故事的诗歌,最能体现这一时期诗歌特点。诗歌整体就是围绕着牛郎织女的故事而展开,诗歌中出现的"银河""龙梭""喜鹊""鹊桥"等都是沿用牛郎织女故事里的,而且作者真心为他们的相见而欢喜,为他们的漫长离别而惋惜。在作品中,作者是把他们的故事当作人间的一个真实的故事来加以描绘的。唯有不同的是作者在作品中,把牛郎织女的故事和嫦娥的故事连在一起,使诗歌成为广泛具有中国典故的"七夕诗"之一。

再看一首李齐贤的《七夕》:

> 脉脉相望邂逅难,天教此夕一团栾。
> 鹊桥已恨秋波远,鸳枕那堪夜漏残。
> 人世可能无聚散,神仙也自有悲欢。
> 犹胜羿妇偷灵药,万古羁楼守广寒。

和高丽时期的其他诗歌一样,这首诗歌也在客观陈述牛郎织女故事。但有一个不同的是诗歌提到了"嫦娥"的故事。"嫦娥奔月"是中国古代又一则美丽的传说。综观"嫦娥"故事,其版本很多,但故事的基本情节就是偷吃长生不老药,独自跑到月宫,后来感到寂寞,落了个自己孤单一人永远守在月宫等几个模块组成。可见这里也用"嫦娥"故事的原型,体现出高丽汉诗的特征。另一方面,这则故事里"嫦娥"偷吃长生不老药,长生不死,实现了自己的愿望,但她却陷入了孤苦伶仃、孑然一身永远生活在月宫的悲惨的命运。在作品中,作者借用这个故事,述说牛郎织女虽然有痛苦,但毕竟有一年一度的相逢。很明显,这一点和永远不能和心爱人相见的"嫦娥"相比,不知要好多少倍。

高丽时期的有些诗歌不是从牛郎织女的传说到"嫦娥"故事,而是从"嫦娥"的故事再转到牛郎织女故事的。李允用的《游月宫》就是这样一部作品:

> 月驾长风转碧虚,屭出瑠琉作非缀。
> 广寒宫殿千里圆,玉女乘鸾庭下列。
> 天高仙乐咽笙箫,风动霓裳响环玦。
> 白兔捣药经几秋,药成不被姮娥窃。
> ……
> 星河下拍牛郎肩,满掬琼华亲手掇。
> 清都可望不可攀,夜夜赚头心断绝。

诗歌几乎原封不动地传达故事原型,其原因如前所述这个故事刚刚传到韩国,韩国人没有来得及把它全部消化,即没有"己化"。李允用的这个诗歌也是这样。从诗歌看,它没有被韩国人"己化",还带有很多中国故事的基本内容。这说明"嫦娥奔月"的故事也传到韩国不久,刚刚开始出现在文人的作品中。

(三)高丽"七夕诗"中的中国典故和历史人物

高丽时期的"七夕诗"中还经常出现中国的历史人物或典故。先看林椿《七夕三首》中的后两首:

> 坐想豪奢许史门,曝衣楼上绮罗繁。
> 未能免俗聊为尔,高挂中庭犊鼻裈。
>
> 千家肴果竞时新,无限区区乞巧人。
> 独与天孙仍有约,更将愚拙付精神。

这是一生不得志,39岁匆匆离开人世的林椿的诗歌。从他的不幸的人生经历和生活经历看,诗歌应该充满愤懑之情。但是整个诗歌仍然具有高丽时期的"七夕诗"所具有的相见时的欢乐之情。

这首诗中我们还值得注意的是第二首。这一首首联和颔联描写有钱人家"爆衣"的是"绮罗",而我呢"高挂中庭犊鼻裈"。有钱人和没钱人在这里形成鲜明的对比,形成强烈的反差。

为了突出有钱人,在这里作者借用了中国历史人物许伯和史高。首联中的"许史"指的就是许伯和史高,许伯和史高为汉代的人物,是汉宣帝的外戚,历史上常和"金张"一起使用。《汉书》卷77《盖宽饶传》中就说:"上无许史之属,下无金张之托。"这里的"许史"就是许伯和史高;"金张"则是金日磾和张安世。一是汉宣帝的"外戚";另一个是汉时的"显官",唐代的颜师古注《汉书》时曰:"许伯,宣帝皇后父,史高,宣帝之外家也。金,金日磾也。张,张世安也。"可见无论是许伯和史高,还是金日磾和张安世都是个"权门贵族",是典型的"宠贵"。在这首诗歌里,他们和一生不得志,破落一生的林椿形成鲜明的对比,衬托出作家的贫寒,但贫寒不气馁,反差大而不垂头丧气,在这里折射出作家傲视权贵的傲然态度和高贵气质。

再看李穑的另一首《七夕》:

两旗张处集休祥,甲观天开气乍凉。
拟进千秋金镜录,却见老笔不成章。
桥成乌鹊是何祥,牛女佳期趁夕凉。
乞得巧来称抱拙,仪曺表表擅文章。

诗歌中不仅有"乞巧",而且由此引出了柳宗元。尾联中的"仪曺"就是"礼曺",指官至"礼部员外郎"的柳宗元。据柳宗元的《柳河东集》,[①] 他曾经做过《乞巧文》,文中他说,"七夕"那天,他加入妇女的行列,乞起巧来。但他乞来的不是"巧",而是"拙"。梦中织女出现告诉他:"坚汝之心,密汝所持。得之为大,失不污卑。"梦醒后柳宗元决心:"抱拙终身,以死谁惕。"上面诗歌引用的就是柳宗元的这个故事,以此自己也借助这个节日渴望得到柳宗元的那种超人的文章力。

李崇仁的《七夕》中有"令人笑杀柳先生"的句子,这"柳先生"应该

---

① 参见《柳河东集》卷18。

就是柳宗元。在这里李崇仁讲的不是柳宗元的"抱拙终身,以死谁惕"的举动,而是嘲笑他作为男子汉大丈夫,加入到妇女们的"乞巧"行列,乞巧的行为。

元天锡的《七月七日即事》也是用事比较多的一首"七夕诗":

> 满野秋光天祥降,雨过余热递新凉
> 书生来问轲书意,讲读滕君上下章
> ……

这是元天锡的《七月七日即事》的上半部分。在这里"书生来问轲书意"句中的"轲"就是孟子,所以"轲书"应该是"孟子的书",就是指《孟子》;"讲读滕君上下章"中的"滕君"就是"滕文公",所以这里说的就是给书生讲《孟子·滕文公上下》的事。

结　语

以上我们以高丽时期的"七夕诗"为主,主要考查了韩国"七夕诗"历史演变、特点以及高丽"七夕诗"和中国文化的关系。韩国的"七夕诗"从高丽中期开始一直持续到朝鲜王朝末期,从一开始原封不动地转述中国牛郎织女故事原型开始逐渐向利用它抒发自己情感的形式转变,同时,其中经常利用"乞巧"风俗、"嫦娥"故事以及中国的典故、历史人物等更充分地表达了自己的情感。

(尹允镇　吉林大学外国语学院朝语系教授,博士生导师;
　　钱丽艳　吉林警察学院朝鲜语专业讲师)

·中国文化经典外译与研究·

历史文化视域下的《易经》英译研究*（二）

张凤华

摘 要：从 19 世纪开始，《易经》英译经历了不同的历史文化阶段，呈现出不同的翻译特色。本文基于描述性翻译研究范式，将《易经》诸多译本进行系统的梳理和描写，总结译本在各个历史文化语境的翻译特色，以及各个阶段的历史、文化和社会因素对于译本生成过程的影响，从而为全球化进程中《易经》等中国典籍走出去的翻译策略和模式的建构提供理论和研究基础。

关键词：《易经》 英译 历史文化因素

第三阶段 多元视角

20 世纪 80 年代以来，中西文化碰撞和交流愈加频繁。在这一历史文化背景下，《易经》英译本层出不穷，既有对第一和第二阶段翻译策略的继承和发展，同时视角更加多元、研究更加深入，呈现出多元视角翻译特点。首先，不同于第二阶段研究者将《易经》看成一本没有时间性的智慧之书，20 世纪 80 年代西方汉学对《易经》的研究范式发生重大转变。研究者认为《易经》

---

* 本文为"中央高校基本科研业务费专项资助项目（NKZXC1402）"阶段成果；"天津市哲学社会科学规划资助项目（TJWW17-004）"阶段成果；南开大学 2017 建设性项目"《易经》在英语世界的译介和传播研究"阶段成果。

是一本开放性书籍,随着时间推移,不断被修订、注释并被经典化。① 提出这一范式转变的是苏德恺(Kidder Smith)、包弼德(Peter Bol)、艾周思(Joseph Adler)、韦栋(Don Wyatt)和林理彰(Richard John Lynn)。苏德恺等指出《易经》是东亚文化在美国传播范围最广的书籍,但鲜有人将其视为历史史料文献。他们刻意强调《易经》历史学研究②,即将《易经》置于特定历史语境之中进行研究。他们没有论证《易经》超越人类文化,包含没有时间性的智慧;而是探讨特殊人群对《易经》的特殊使用。"我们不谈论该书的真正含义,也不谈论某个卦的内在意义,因为每一卦的含义对每个使用者来说大相径庭。我们关注的是某些阐释者影响很多后期学者思想的原因。"③ 林理彰对比梳理王弼、程颐和朱熹的注释,认为应该避免把《易经》看成一本没有时间性的智慧之书,即《易经》的形成和保存都超越历史,我们可以从中获得一种完美且永恒的意义。相反,林理彰认为并不是只有一本《易经》,而是有多少种注释,就有多少本《易经》,《易经》是特定时间和地点的历史书籍。④ 其次是女性主义视角对《易经》的再认识。20世纪60年代,西方第二次妇女运动潮起,女性主义作为一种新的社会文化批评话语在西方世界崛起。当代西方女性主义者将视野投向文本,希望通过解构传统的男性中心主义话语,重建新型的男女平等关系。这一理论思潮促使一些译者从女性主义视角解读《易经》。另外,《易经》英译同其它学科相结合,译者探索《易经》在这些学科的个性化应用,如心理学、商业管理决策、宗教和医学,深层次挖掘《易经》思想在该学科的指导含义。

(一)历史语境视角

西方《易经》研究范式发生转向,一些译者依据新出土的考古易学文献,如湖南长沙马王堆汉墓出土的帛书《周易》和安徽阜阳双古堆出土的汉简

---

① Hon. Tze-ki. "Review of Fathoming the Cosmos and Ordering the World: The Yijing and Its Evolution in China". *Philosophy East & West*, 2012 (1), p. 144.

② Kidder Smith, et al. *Sung Dynasty Uses of the I Ching*. Princeton: Princeton University Press, 1990.

③ Kidder Smith, et al. *Sung Dynasty Uses of the I Ching*. Princeton: Princeton University Press, 1990, p. ix.

④ Lynn, Richard John. *The Classic of Changes: A New Translation of the I Ching as Interpreted by Wang Bi*. New York: Columbia University Press, 1994, p. 8.

《周易》等，借鉴古史辨派①易学研究成果，形成《易经》翻译历史语境视角。代表译者有：孔理霭（Richard Kunst）、林理彰、夏含夷（Edward L. Shaughnessy）、若特（Richard Rutt）和闵福德（John Minford）等。

　　孔理霭是最早将《易经》放置在一个特定的历史语境中进行翻译的人②。孔理霭在博士论文《原始〈易经〉》③前言中提出20世纪以来，易学研究关注点是将古代中国传奇外表同其历史核心相分离。这一时代背景下他的译文是"对原始易经进行未来分析的一套工具"④。孔理霭关注《易经》周代原始文本，译文包括卦辞和爻辞，即"经"的层面。孔理霭认为以往译者（包括理雅各和卫礼贤在内）的翻译目的并不是翻译原始《易经》，只是拮取中国智力和精神发展长河中他们所熟悉的某个片段，把这个片断中的《易经》传统传递给西方读者。而他则致力于解读文本中每一个词在早期古汉语⑤中的意义，这些语言是《易经》占卜者和问询者在神谕问询过程中所使用的语言，并直接翻译。译文接近3000年前西周人对《易经》相对简单的理解和早期占卜者的客体世界，进而重构周朝早期的原始《易经》⑥。以"乾"为例：

---

　　① 古史辨派，又称疑古派，以顾颉刚、钱玄同等为创始人和主要代表，是中国新文化运动以后出现的一个以"疑古辨伪"为特征的史学、经学研究的学术流派。古史辨运动的学者认为《周易》就是占筮记录，源出古代巫师占卜迷信传统，同时也用于占筮。这个看法相对19世界以前的旧观点来说，是非常典型的新典范，是二十世纪初学者对于旧典范认为《周易》是圣经，是圣人之书，含义就是《易传》所阐述的思想等等观点的一个激烈批判。引自郑吉雄，"Unearthing the Changes：Recently Discovered Manuscripts of the Yi Jing（I Ching）and Related Texts By Edward L. Shaughnessy". *Journal of Chinese Studies*，2015（60），p. 355.

　　② Adler, J. A. Minford, John, trans., *I Ching*（*Yijing*）：The Book of Change. *Dao*, 2015（14），p. 147.

　　③ Kunst, Richard. *The Original Yijing：A Text, Phonetic Transcription, Translation, and Indexes, with Sample Glosses*. Ph. D. dissertation, University of California, Berkeley, 1985.

　　④ Kunst, Richard. *The Original Yijing：A Text, Phonetic Transcription, Translation, and Indexes, with Sample Glosses*. Ph. D. dissertation, University of California, Berkeley, 1985, p. viii.

　　⑤ 孔理霭指出"早期古汉语"指的是战国之前中国文献所使用的语言，*The Original Yijing：A Text, Phonetic Transcription, Translation, and Indexes, with Sample Glosses*, p. 95.

　　⑥ Smith, Kidder. "The Difficulty of the *Yijing*". *Chinese Literature：Essays, Articles, Reviews*, 1993（15），p. 2.

乾元亨（亨）利贞
Qián yuán（hēng：）xiǎng lì zhēn
Grant/treat/favorable/determination
Grant treat.
A favorable determination.

从例子可知，卦辞中每个字先用汉语拼音标出读音，然后字对字翻译，最后整个句子释义简洁、具体。孔理霭的英译《周易》更多参考李镜池、高亨、闻一多和屈万里等古史辨派学者的研究，以"孚"为例：《易经》通行本中，"孚"一般理解为"心怀诚信"，理雅各和卫理贤的译文为"sincerity"，而孔理霭则接受古史辨派学者的研究，认为"孚"通"俘"，译为"capture in war（prisoners or booty）"，或是"capture"的名词化对应形式"that which is captured, captive, booty"。

加拿大汉学家林理彰1994年出版第一个以王弼的《周易注》和《周易略例》、东晋韩康伯所注的《系辞传》《序卦》《杂卦》和《说卦》以及孔颖达的注疏为源本的英译本①，他的译本代表了3世纪中国学者对《易经》的诠释。王弼尽扫象数之学，从思辨的哲学高度注释《易经》。林理彰指出王弼的评注是某一历史时空的产物，它告知后人某个历史传统阶段，中国精神思想的发展面貌。翻译过程中林理彰忠实于文本的字面意义，重现源语语篇的原始语气，不对其进行现代化，也不避讳其与当代理念和价值观念的内容冲突，因为所有这些都是注疏者所处文化阶段的产物。例如：《系辞》中"天尊地卑，乾坤定矣。卑高以陈，贵贱位矣"，译为"As Heaven is high and noble and Earth is low and humble, so it is that *Qian* and *Kun* are defined. The high and the low being thereby set out, the exalted and the mean have their places accordingly"。其中"high and noble"和"low and humble"，"the exalted"和"the mean"的对比体现自然界以及人类社会与生俱来的等级体系。

夏含夷是美国一位出色的易学家和西周史专家，他1996年出版第一部根

---

① Lynn, Richard John. *The Classic of Changes: A New Translation of the I Ching as Interpreted by Wang Bi*. New York: Columbia University Press, 1994.

据长沙马王堆出土的帛书《易经》译本①。译本汉英对照，包括六十四卦、系辞传和五篇佚书。译文展示帛书与通行本不同的六十四卦卦序，汉语文本页上半部分是帛本卦名及卦序，下半部分是通行本卦名及卦序。卦名中有三十三个和通行本不同，夏韩夷指出一些只是书写变异（graphic variation），而有一些则影响中国人的思想发展，如通行本中的"乾"（The Heavenly Principle）和"坤"（The Earthly Principle），在帛书《易经》中为"键"和"川"，很可能来自于对男女性生殖器特征描写，比通行本卦名的抽象意义更古老，英译为"the key"和"the flow"。"系辞传"形式和内容和通行本也有所不同，如通行本中解释占筮之数的"大衍"章节在帛书中就没有出现。五篇佚书主要记载弟子向孔子问《易》，孔子的解答之辞，包括"二三子问""易之义""要""缪和"和"昭力"，都是第一次出现在研究者视野中。夏韩夷尽量保持文本的"字面"（literal）意义，以体现誊写者的意图，如帛本"妇2"的六二："其亡其亡，击于枹桑"，直译为"it is gone, it is gone, hit on a drum-stick mulberry"。夏韩夷分析"枹"为通行本"苞"的假借字，"击"在"于"后解释为"系"则更合理，所以尽管书写不同，译者推测誊写者的意图为"其亡其亡，系于苞桑"，与通行本相同，译为"it is gone, it is gone, tied to a bushy mulberry"。另外，译者在注释（notes）中把帛本和通行本进行对比，让读者更好理解译者做出翻译决策的原因，如"键"的注释中3是对"浸龙勿用"中"浸"的解释：3. For qin 浸 "submersed," the received text reads qian 潜, "submerged"。帛本《易经》呈现出秦汉之际，这一《易经》传统发展关键时期的历史面貌。

若特的译文②第一次综述过去50年中诸多汉学研究期刊、研究书籍和博士论文的研究成果。③若特关注原始《易经》经文，将十翼作为附录单独翻译。研究目的是帮助那些对汉语知之甚少，甚至是一无所知的读者了解《周易》。因此，译文介绍部分长达200页，首先是青铜器时代的中国，从地形气

---

① Shaughnessy, Edward L. *I Ching*: *The Classic of Changes*: Translated with an Introduction and Commentary. New York: Ballantine Books, 1996.

② Rutt, Richard. *The Book of Changes* (*Zhouyi*): *A Bronze Age Document*, Translated with Introduction and Notes. Durham East-Asia Series, no. 1. Richmond, Surrey: Curzon Press, 1996.

③ Biroco, Joel. "Zhouyi: The Book of Changes". *The Oracle*: *Journal of the I Ching Society*, 1998 (6), p. 16.

候、政治社会结构、农业发展、婚姻习俗、性别功能、战争及狩猎场景、城市和建筑、饮食、纺织品和衣物、颜色和染料、技术和数学、立法、宗教、音乐、文字和文学作品等各角度，勾勒《周易》起源时期的历史画面。其次，讲述《易经》发展史，从伏羲、文王、周公、孔子，及秦到清《易经》演变和传承，直至20世纪顾颉刚、高亨、李镜池等学者对易经的重新思考。再次，阐发《周易》对不同受众群体的魅力，并梳理《易经》译成欧洲语言，包括拉丁语在内的翻译史。另外，探讨《周易》、卦、卦序、卦名、卦辞和爻辞等的意义及相关研究成果，并提出自己的研究观点。第二部分是译文，追求谚语的通俗风格，主要借鉴古史辨派的研究成果，如李镜池曾在《周易探源》中通过对占词的分析，提出"贞"之为卜问而非"正"，进而"元亨利贞"四字应该分两读念，即"元亨，利贞"，而非"元，亨，利，贞"①。故若特译文为："Supreme offering, Favourable augury"。第三部分是《十翼》的全新翻译，章节清晰。若特认为虽然《十翼》对于《周易》的研究无甚帮助，但能体现青铜器时代以后，中国人《周易》理解的巨大变化，亦能支撑他前文中的诸多论点，并能帮助初学易者分清《易》文本和附着在文本上的诸多评论，故将十翼作为附录译出。整体来说，若特译文简洁、字斟句酌、研究充分、通篇精准，是"极为令人信任的译本"②。

英国汉学家闵福德，历时12年完成译作。③ 这部译作近千页，包括两部分，第一部分以《周易折中》为源本进行翻译，称为"智慧之书"，包含对《易经》及历代中国文人评注的详细叙述。他指出："我的《易经》翻译更'中国化'，……有人翻译《易经》会提及《圣经》或德国诗人歌德；基督徒理雅各从基督教的角度解析《易经》。我更多地引用中国文人的点评，尽量不涉及西方人对《易经》的点评和解析。"④ 尤其借鉴刘一明、陈鼓应和闵建蜀的作品。另外，尽管在前言中闵福德提及，他处于西方对《易经》两极态度——尊崇和怀疑主义的中间地带，但闵福德的译文体现出，他还是更加接近

---

① 李镜池《周易探源》，中华书局，第29—30页。
② Biroco, Joel. "Zhouyi: The Book of Changes". *The Oracle: Journal of the I Ching Society*, 1998 (6), p. 14.
③ Minford, John. *I Ching (YI JING) The Book of Change*. New York: Viking Penguin, 2014.
④ http://cul.qq.com/a/20150714/025742.htm.

"尊崇"①。第二部分翻译《易经》"原始"文本,基于东西方学者,高亨、李镜池、闻一多、亚瑟·韦利(Arthur Waley)、古德炜(David Keightley)、孔理霭和夏韩夷等学者研究成果,详尽解释六十四卦,称为"青铜器时代卜辞"。闵福德绕过后期注释的传统,力图挖掘出文本本初含义,引用《诗经》、甲骨文和青铜器铭文以及《左传》对《周易》意义进行阐释。为了体现《易经》传统阅读和现代派阅读的对比,即"智慧之书"和"卜辞"的对比,闵福德在文本意义理解和译文语言选择方面都采取不同策略。译文综合性体例和语言形式,以及易文化内蕴传递方面都有独到之处。②

孔理霭、林理彰、夏含夷、若特、闵福德的译文都体现同一种策略:即将《易经》放在某个历史语境下,寻求《易经》同特殊的使用者在特定时间所形成的各种各样的关系时的不同意义,进而放弃对其无历史性本质的探求。历史语境视角译者还有:黄克孙(Kerson Huang)③④、威康普(Gregory Whincup)⑤、胡振南(Wu Jing-Nuan)⑥和哥特肖克(Richard Gotshalk)等⑦。

(二)女性主义视角

一些译者从女性主义的视角探索和阐释《易经》的原始意义,如裴松梅(Margaret Pearson)、斯坦(Diane Stein)、沃克(Barbara Walker)等。裴松梅⑧属于20世纪初的疑古派(古史辨派),基于当代考古新发现,参考周代《易经》使用文献,剔除后期儒家学者的注释,试图重构西周时期《易经》本来面貌。不同于一些古史辨派译者完全颠覆《易经》通行本的伦理阅读,裴松梅保存"元、亨、利、贞"等筮辞的伦理解读,但对歧视女性的一些解读提出质疑。例如"坤"卦辞"元亨利牝马之贞"通常理解为对女性从属地

---

① Adler, J. A. Minford, John, trans., "I Ching (Yijing): The Book of Change". Dao, 2015 (14), p. 149.
② 卢玉卿、张凤华《闵福德〈易经〉英译评述》,载《中国翻译》2017年第2期。
③ Huang, Kerson. I Ching: the Oracle. NY: World Scientific Publishing Company, 1984.
④ Huang, Kerson & Rosemary Huang. I Ching. NY: Workman Publishing, 1987.
⑤ Whincup, Gregory. Rediscovering the I Ching. NY: Doubleday, 1986.
⑥ Wu, Jing-Nuan. Yijing. Honolulu: University of Hawaii Press, 1991.
⑦ Gotshalk, Richard. Divination, Order, and the Zhou yi. Lanham, MD: University Press of America, 1996.
⑧ Pearson, Margaret J. The Original I Ching: An Authentic Translation of the Book of Changes. Rutland, VT: Tuttle, 2011.

位的规定。王弼注"马在下而行者也,而又牝焉,顺之至也"① (林理彰译文:We have the female of it [the horse], so it represents the acme of compliance)。裴松梅对"亨"既没采用现代派解读,译为"offering"(祭品),也没有使用"compliance"(顺从),而是译为"persistence"(毅力),从而剔除女性顺从的模式化形象。裴松梅指出这些对女性的歧视注解始于王弼,后期注疏者尾随其后。雷文德(Geoffrey Redmond)认为性别议题融入翻译过程这一视角很有新意,有助于研究远古时代中国女性的生活状况②。斯坦③在翻译过程中参考卫礼贤/贝恩斯译文,但对有些卦辞的解释却截然不同。斯坦的译文是对古代《易经》的现代阐释,译文语言选择体现译者的女性主义视角,体现女性精神,如"大人"(通常为Superior Man)译为"Superior Woman"(女大人);家庭关系中父亲(father)、母亲(mother)、长男/女,中男/女,少男/女(first/second/third son and daughter)也被Wisewoman(女圣人),Priestness(女祭司),Mother(母亲),Daughter(女儿),和Sister(姐妹)替代;文本中的太阳意象也转变为月亮意象。另外,在宇宙运行中"男性"原则也被忽略掉,取而代之的是母权制的女性主义概念和"女性"原则。斯坦明确提出自己的读者群范围,尽管所有读者都会从中收益,但最主要还是"为女性设计和阐释的",目的是"证实女性在思想和尊重方面的需求,从而发现女性之所失"④。沃克是一位女权主义作家和研究者,她认为原始《易经》是立足于女性的占卜系统。可是到了孔子时代,当时的男权文化将其利用,因此千百年来那些喜欢《易经》的人都在使用贬低女性的非本真《易经》进行占卜。所以她的译本⑤中,沃克试图恢复这一受欢迎的占卜系统中的女性情感,展示出具有女性精神和创造力的《易经》。该译本对《易经》的发展过程给予综合性回顾,其中一个章节介绍占卜方法。译文包括六十四张《易经》卡片,成为个人成长和占卜的有效工具,但没有涉及爻辞。

(三) 学科结合应用

一些译者将《易经》翻译同多种学科和领域的研究和应用相结合,如心

---

① (魏) 王弼,(晋) 韩康伯注《周易注疏》,中央编译出版社,2012年,第41页。
② Redmond, Geoffrey. "Book Notice". *Early China*, 2015 (38), pp. 241-242.
③ Stein, Diane. *The Kwan Yin Book of Changes*. Minnesota: Llewellyn Publications, 1985.
④ Stein, Diane. *The Kwan Yin Book of Changes*. Minnesota: Llewellyn Publications, 1985, p. 14.
⑤ Walker, Barbara. *The I Ching of the Goddess*. San Francisco: Harper & Row, 1986.

理学、宗教、医学、商务管理和决策等,多元深层探讨《易经》在这些学科的应用,影响深远。

(1)《易经》同心理学结合

著名的心理学家荣格开创了《易经》的分析心理学研究。荣格对《易经》极为熟悉,他认为"占卜作为探究潜意识的方法,似乎具有非比寻常的意义"①,荣格借助《周易》提出了一个非常重要的概念,即"同时性"(Synchronicity),认为这是与主导现代社会的"因果性"不同的事物关联方式。后期很多译者试秉承这一传统,并力图返回《易经》卜筮之书这一原点②。以里茨玛(Rudolf Ritsema)和卡赫(Stephen Karcher)的译本③为例,译文独特之处在于将筮辞视为一种心理学工具,一种连接创造性想象的方法,而创造性想象是所有思想理念和体系的基础④。译本中只保留了占卜文本,没有新儒家注释,译者希望读者独立问询《易经》,即读者只是接触原始材料,不受任何以往文本解读及先入为主的观点的影响,从而产生自己的见解。译文包括第一个英语《易经》用语索引,确保每一个意符在整篇的翻译过程中都使用同一个译文,黑体字标记以区分其它释义。译文按照原文词序,字对字翻译,每一个词汇都在注释中给出一系列的释义,留给读者很大的直觉想象空间⑤。这一翻译策略导致"译文是英语词汇,而不是英语语言"⑥,例如"丰"卦"日中见斗"译为"sun centering, visualizing a bin",译文"sun centering"体现不出"日中"为短语"中午"之意;"bin"也表示不出"斗"

---

① [瑞士]荣格著,杨儒宾译《东阳冥想心理学——从易经到禅》,社会科学文献出版社,2000年。

② 赵娟《问题与视角:西方易学的三种研究路径》,载《周易研究》2011年第4期。

③ Ritsema, Rudulf & Stepphen Karcher. *I Ching-The First Complete Translation with Concordance-The Classical Chinese Oracle of Change*. Shaftesbury: Element Books, 1994.

④ Hacker, Edward, Steve **Moore** & Lorraine Patsco. *I Ching: An Annotated Bibliography*. New York: Routledge, 2002, p. 115.

⑤ 后来,Ritsema 和 Karcher 产生分歧。这个译本在2005年再版,译者为 Rudolf Ritsema 和 Shantena Augusto Sabbadini, *The Original I Ching Oracle: The Pure and Complete Texts with Concordance*. London: Watkins Publishing, 2005; 另外,在2002年由 Vega 再版,译者只为 Stephen Karcher,两者的内容都没有太大改动。

⑥ Moore, Steve. "Review of I Ching-The First Complete Translation with Concordance-The Classical Oracle of Change". *Fortean Times*, 1995 (81), p. 60.

是"斗星"之意;"Supple acquiring the situation reaching-to the outside and-also concording above(柔得位而上下应之)"。

卡赫是《易经》研究领域很有创造性也很具争议性的作家之一,他将东方灵修学同西方深度心理学(depth psychology)结合在一起。卡赫曾撰文探讨占卜、共时性和命运及其之间的联系①,文中一节介绍《易经》中七个关键词汇的释义和英译,如"道"(on-going process of the real)、"德"(power or virtue)、和"君子"(realizing person),解释为"the person who uses the oracle to follow the *tao* and thus accumulate the power and virtue (*te*) to become who he or she was intrinsically meant to be"。卡赫还有其他译本②③④,这几个译文有很多相似之处,内容主要包括占卜文化介绍、符号世界和心理学关联以及《易经》发展。译文中卡赫利用现代的学术研究成果,结合考古学和语言学的研究,向西方读者展示出数千年前古老神话和仪式的世界。卡赫强调"神"这一概念,认为"神"和"鬼"代表占卜中的非人类力量,两者相互作用帮助我们深入理解精神占卜心理学。他们代表的领域和行为模式同人类心理紧密相关。"神"为"bright spirit",动态、有力,超出个体而存在。圣人通过仪式引"神"入体,而得"神"助,"神"则赋予灵魂强度、深度和灵活度。"神"成占卜,以数为唤。而在卫礼贤/贝恩斯的译文中,"神"这一概念鲜有提及,取而代之的是"伦理、哲学,甚至是道德的语气"⑤。每一卦的译文并没有过多依赖文本的字面意义,而是从萨满主义和实用的角度出发,避开前景不妙的预言,提出简洁并冷静的建议。译文清晰、简练,更容易为读者理解和接受。

(2)《易经》同机构管理及决策结合

克里尔利(Thomas Cleary)译本⑥包括《易经》文本和程颐注疏,强调

---

① Karcher, Stephen. "Divination, Synchronicity, and Fate". *Journal of Religion and Health*,1998(37).

② Karcher, Stephen. *I Ching*:*The Classic Chinese Oracle of Change*. London:Vega Books,2002.

③ Karcher, Stephen. *The Way of I Ching*. London:Harper Thorsos,2002. *A reissue of his 1995 The Elements of I Ching*, published by the publisher Element Books.

④ Karcher, Stephen. *Total I Ching*:*Myths for Change*. London:Time Warner,2003.

⑤ Marshall, Steve. "The Way of I Ching". *Light*:*Magazine of The College of Psychic Studies*,2002(11), https://www.biroco.com/yijing/karcherhuang.htm.

⑥ Cleary, Thomas, trans. *The Tao of Organization*. Boston:Shambhala,1988.

《易经》在组织机构和管理中的特殊应用价值，在译文中有所体现，如："侯"译为 supervisor，"君子"译为 leader/man of affairs，"臣"译为 workers，"公"译为 leader；程颐的解读"三居下之上，得位者也。为臣之道，当含晦其章美，有善则归于君，乃可常而得正，上无忌恶之心，下得柔顺之道也"，译为"This represents the highest level of the lowly, people who have found their positions as administrators and workers. Because they are in positions of service, it is appropriate that these people hide their own excellence and attribute all good to the leadership, so that there can always be proper order, with the leadership free of malice and the citizenry flexible and compliant."译文体现出一个机构中管理人员（administrator）和工作人员（worker）各得其位的结构状态，下位者应隐藏光芒，归功于上位者，为此，整个机构才会上下有序，领导无恶意，下属很随顺。闵建蜀（Mun Kin Chok）的译文[①]，将领导者的智慧置于《易经》框架内，给予六十四卦批判性分析，并辅以清晰的解释，暗示决策者在不同的境遇中，无论是顺境还是逆境，该如何为人处事。译者将文本应用于实际生活中，旨在帮助读者面对生活或内心中的困惑时，做出决策。闵建蜀一直认为"《易经》是一种思维工具，帮助人们开拓视野，发展逻辑思维。"[②] 其他将《易经》思想同管理决策，及处理人际关系相结合的译者还有达米安—奈特（Guy Damian-Knight）[③]、科尔默（Michael Colmer）[④] 和莱赫曼和雅匹泽（Robert R. Leichtman & Carl Japikse）[⑤] 等。

（3）《易经》与医学结合

三木（Miki Shima）的译本[⑥]将《易经》同医学紧密结合，如第一卦的第一爻就充分体现了该译本的风格：

[①] Mun Kin Chok. *Chinese Leadership Wisdom from the Book of Change*. Hong Kong：Chinese University, 2006.

[②] "http：//www. bschool. cuhk. edu. hk/index. php/articles/1815-profile-on-prof-mun-kin-chok."

[③] Damian-Knight, Guy. *The I Ching on Business and Decision Making*：*Successful Management Strategy Based on the Ancient Oracle of China*. Rochester, VT：Destiny Books, 1986.

[④] Colmer, Michael. *The Executive I Ching*：*The Business Oracle*. London：Blandford Press, 1987.

[⑤] Leichtman Robert R. & Japikse, Carl. *Ruling Lines*：*A New Interpretation of the I Ching for Making Intelligent Decisions-Professionally & Personally*. Alpharetta：Alliance Press, 2000.

[⑥] Shima, Miki. *The Medical I Ching-Oracle of the Healer Within*. Boulder, CO：Blue Poppy Press, 1992.

The dragon is hiding. Do not act.

Fair prognosis. Patient not ready to get better. May get worse. Severe diarrhea. Onset of flu. Apoplexy. Stroke. Spontaneous abortion. Venereal diseases.

整个译文如同将医学百科的索引随意附会在《易经》内容之中。①

(4)《易经》同宗教研究结合

不同于第一阶段译者试图将《易经》纳入西方文化视野下的基督教索引阐释，这一时期译者注重不同注疏者从不同的宗教角度解读《易经》，如道家、佛家的阐释。克里尔利的译作 The Buddhist I Ching② 的源语文本是明代僧人智旭禅师所著《周易阐解》；The Taosit I Ching③ 的源语文本是清代全真教道士刘一明所注《周易阐真》。智旭禅师用佛理佛法解儒、解易，旨在帮助读者一方面在《周易》中读出佛教的意义，另一方面借助《周易》中形象的卦爻原理显明佛教的道理，使佛教中的某些概念清晰化④。刘一明则以易学论金丹，以金丹释儒门易学⑤。刘一明阐释应用道教炼金术术语，译文为了方便读者理解，在词汇表中给予清晰解读，如"丹"，释义为"elixir The innate knowledge and capacity of mind; also said to be a compound of vitality, energy, and spirit, the productive, kinetic, and conscious forces of life"；"造命"，释义为"building life Taoist arts of energy circulation and storage for physical well-being and the capacity to sustain higher levels of consciousness. In general, there are three types of such arts: physical exercises, such as T'ai Chi Ch'uan; psychological exercises, such as inner visualization and circulation of psychic heat; and mental exercises involving conservation of psychic and physical energy by control of senses, intellect, and emotions"。克里尔利以流畅易懂语言表达自己对源语文本理解，加之词汇表解释，帮助读者理解道家及道家对《易经》的解读。

---

① Biroco, Joel. "A critical survey of I Ching books". *First published in The Oracle*: *Journal of the I Ching Society*. 1995 (1). (slightly revised for http://www.biroco.com/yijing/survey.htm, 2004).
② Cleary, Thomas, trans. *The Buddhist I Ching*. Boston: Shambhala, 1987.
③ Cleary, Thomas, trans. *The Taosit I Ching*. Boston: Shambhala, 1986.
④ (明) 释智旭撰, 释延佛整理《禅师周易四书》, 九州出版社, 2011 年。
⑤ (清) 悟元子著, 钟友文整理《道解周易》, 九州出版社, 2011 年。

(四)传统策略发展延伸

《易经》英译既有发展,也有传承。上述的历史语境视角、女性主义视角和学科结合应用,是《易经》学术化和普及化译介的多方位展开。同时,象数和义理解读的两个流派也得到发展和延伸。《易经》这部古代经典很难为西方人理解,所以初学者需要入门书籍,进而了解、使用《易经》。出于此目的,一些译者采取《易经》传统解读,以简洁易懂的语言,结合自身经验、思考和研究,呈现《易经》内容。无论学术界对《易经》原始意义如何争论,传统《易经》阐释依旧是后期《易经》研究的基础,是整个研究系统的基本词汇。[①] 强调占卜和预测使用价值的译者有:马克特(Christopher Markert)[②]、帕尔默、何和奥布莱恩(Martin Palmer & Kwok Man Ho & Joanne O'Brien)[③]、沃克(Brian Browne Walker)[④]、索瑞尔(R & A Sorrel)[⑤]、蒋(Koh Koh Kiang)[⑥]、丹宁(Sarah Dening)[⑦] 和西布鲁克(Myles Seabrook)[⑧]。侧重于《易经》中义理哲学思想注释的普及译本也很多,如:吴(Chung W)的译本[⑨]是一本带有注解的完整译文,包括六十四卦文本和十翼,新颖之处在于每一卦的结尾处都有一个提要,来总结每一卦的主旨或介绍这一卦和其他卦的关系。译者没有太多关注文本的字面意义,因为他认为"文本大部分是以来自于意象的暗喻和委婉语写成的。字面意义很可能不是所要传递的信

[①] Fancourt, William. "The I Ching Made Easy and The Everyday I Ching: Ancient Wisdom for Success Today". *The Oracle*: *Journal of the I Ching Society*, 1997 (4), p. 22.

[②] Markert, Christopher. *The I Ching*, *The No. 1 Success Formula*. Wellingborough: Aquarian Press, 1986. (republished with the title *I Ching*: *Ancient Wisdom for Modern Decision-making* by Weatherhill in 1998).

[③] Palmer, Martin, Kwok Man Ho, and Joanne O'Brien. *The Fortune-Teller's I Ching*. New York: Ballantine Books, 1986.

[④] Walker, Brian Browne. *The I Ching or Book of Changes*: *A Guide to Life's Turning Points*. Vancouver: St. Martin's Griffin, 1992.

[⑤] Sorrel R & A. *The I Ching Made Easy*. NY: Harper Collins, 1994.

[⑥] Kiang, Koh Koh. *The I Ching*: *An Illustrated Guide to the Chinese Art of Divination*. Singapore: Asiapac Books, 1994.

[⑦] Dening, Sarah. *The Everyday I Ching*. New York: St. Martin's Griffin, 1995.

[⑧] Seabrook, Myles. *The Twelve Channels of the I Ching*. London: Blandford Press, 1994.

[⑨] Wu, Chung. *The Essentials of the Yi Jing*. St. Paul, MN: Paragon House, 2003.

息"①。也就是说，文本就是暗喻和委婉语的符号语言（symbolic language），所以译者的目的就是要给读者提供通过字面意义，理解真正意义的基本方法。译文语言简洁，风格清晰，尤其是对《十翼》中的哲学思想给予详细的注解，对于初学者是个不错的选择。斯奈顿（Sneddon）②对汉语文本中晦涩的符号系统不感兴趣，认为这些是古代一些无关紧要的东西，所以并没有给予考虑，译文只是对新儒家《易经》的注释语字面信息的复述，并没有涉及蕴含在原始具象图形中的深刻含义。值得一提的是卫理贤/贝恩斯的《易经》译本影响深远，这一时期很多译者参考他们的译文，沿袭他们的思想，译者参考、简写甚至释义他们的译文。③

（五）国内《周易》英译的发展

很多国内译者基于自身研究及国内《易经》研究发现，翻译《易经》，主动向外界介绍传播《易经》内容及思想，代表译者有汪榕培、任秀桦④、傅惠生和任运忠。汪榕培是我国著名翻译家，在典籍英译和中西文化对比等方面成就卓著。汪榕培《易经》译本只译了六十四卦的卦辞和各爻爻辞，十翼没有包括在译文内。译文简洁流畅、文字精炼。没有注解诠释，引导读者在阅读过程中自己理解和掌握全书的主旨，"脱离了以前诸译的条条框框，与卫礼贤/贝恩斯的广博深厚恰成先明的对比"⑤。傅惠生的《周易》英译本⑥参照张善文的现代汉语阐释，历时六年完成，语言简练、易懂，传递了原文本简练和诗学的语言风格。《前言》部分中详细介绍《易经》中经文和易传的起源和发展演变，以及易学研究的纲要和易学世界之旅。译文体现《易经》的整体面貌，帮助读者对《易经》的起源、发展、性质、内容和外译有一个整体了解。任运忠⑦的研究综述部分介绍了《易经》西方译介与传播和权威

---

① Wu, Chung. *The Essentials of the Yi Jing*. St. Paul, MN: Paragon House, 2003, p. xiii.
② Sneddon, Paul. *Self-development with the I Ching: A New Interpretation*. Berkshire: Foulsham & Co. Ltd., 1992.
③ 张凤华《〈易经〉文本多义性与多维视角解读》，载《译界》2017年第3期。
④ 汪榕培、任秀桦《英译易经：汉英对照》，上海外语教育出版社，2007年。
⑤ 李贻萌、王平《〈易经〉四种英译的比较研究——欢呼新中国成立后国人自译的"汪任译本"出现》，载《外语与外语教学》1995年第2期。
⑥ 傅惠生《大中华文库：周易》，湖南人民出版社，2008年。
⑦ 任运忠《易经英译研究与探索》，四川大学出版社，2015年。

英译本，对《易经》今译中的诸多问题进行思考，提出重译构想，并在此基础上翻译经文，没有包括十翼。

这一阶段《易经》英译达到一个高峰期，特点如下：第一，《易经》英译和传播呈现出多元视角和多学科研究趋势，不仅有哲学或卜筮功能研究，还涉及史学、心理学、宗教、商务运营管理和医学等不同学科和领域。中西方文化互动更加深入，国内《易经》研究和考古学的新发现和研究思潮影响《易经》英译者的翻译策略和研究视角，西方《易经》解读和研究范式发生转向，译者将《易经》置于特定的历史文化语境中解读文本的多重意义。第二，译者呈现多元化趋势。很多译者是汉学家，精通古汉语，对国内外易学研究和发现充分掌握，是研究型翻译家，译文极具学术价值，值得我们取资参考，增进中外文化学术的交流。除了汉学家、历史学家，心理学家、管理者等也参与《易经》英译活动，换言之，译者可以是任何研究和应用《易经》的人。越来越多的国内学者和翻译家也英译《易经》，不同于王韬、劳乃宣、柳存仁等是《易经》英译的协助者，他们在《易经》研究基础上翻译《易经》，呈现《易经》英译主动推出态势。第三，译本受众范围在逐渐扩大，从学者到普通人，任何对《易经》或中国文化感兴趣的人，都可以找到适合自己对《易经》不同理解层面和程度的解读文本。

结束语

描述性翻译研究为我们提供一个新的视角，跳出文本，将译本置于历史—文化视阈下进行研究。从19世纪开始，《易经》英译过程中，各个译者对《易经》意义的探求不会停止，正如《系辞》中所说"神无方，易无体"，这也正是《易经》的魅力所在。"一旦《易经》的意义被传统意义或是经院哲学流派固定下来，而拥有一套完全统一的意义，《易经》则失去了它本身的异变精神，而卜辞则变成毫无生命的文字而已。"[1] 根据对译本的梳理和分析，我们可以得知：第一，不同的译者在不同的历史—文化时期，采取不同的策略对《易经》进行诠释和研究。从19世纪开始的耶稣会士们为了传教的目

---

[1] Fancourt, William. "The I Ching Made Easy and The Everyday I Ching: Ancient Wisdom for Success Today". *The Oracle: Journal of the I Ching Society*, 1997 (4), p. 24.

的，挖掘和探索《易经》同西方宗教的共通之处；到后期的汉学家看到战争对人类的破坏，进而寻求《易经》中的东方智慧来拯救欧洲，以及侧重象数译者对《易经》占卜和预测功能，寻求人生未来答案的探索；再到受到新的考古学发现和研究理论启发的学者们对《易经》在特定历史时期意义独特性的探究，以及和不同领域结合的多视角翻译。不同历史时期，译者创作出不同的译文，在译入语文化和文学中起到不同的作用，产生不同的影响。《易经》的翻译和传播经历不同的历史阶段，体现出不同的历史—文化特点和东西方文化的地位和交流。第二，《易经》的译介和传播是一个循序渐进、既有传承也有发展的过程。上文分析中我们可以体会到被称为《易经》旧约全书和新约全书的理雅各译本和卫礼贤/贝恩斯译本对后期译者的深远影响；国内《易经》研究和思潮对国外《易经》英译译者的翻译策略和思想的影响，以及国外学者《易经》研究成果对国内研究的促进和补充。第三，译者的多元化发展，译者不单单是初期的耶稣会士和后来的汉学家，还可以是历史学家、心理学家、管理者等。换言之，译者可以是任何学习、使用和研究《易经》的人。第四、受众也不再只是初期为了传教目的而了解中国文化的传教士群体。从注重《易经》学术研究的学者到关注《易经》日常生活应用的普通人，想了解《易经》的读者，都可以找到《易经》不同解读视角的译本。

总之，从19世纪到21世纪的今天，历史的发展，时代的变迁，中西文化的交流和碰撞，《易经》在源语语境中的发现和研究等各种因素，都影响《易经》英译本的生成过程。即使在同一历史时代，译者个人的文化身份、职业身份等因素也会影响译本的生成和翻译策略。《易经》英译的描述性研究将《易经》诸译本置于特定的文化历史下进行全面综合性研究，体现《易经》等中国文化经典在跨文化交流和走出去过程中的复杂性和多样性，进而为在全球化背景下，《易经》等中国文化典籍走出去翻译策略和模式的建构，提供理论和实践基础和启示。

（张凤华　南开大学外语学院讲师）

女性意识与《易经·姤卦》的英译

吴礼敬

摘　要：皮尔逊从女性译者的角度出发，认为《易经》的女性读者值得拥有一部以她们为对象的译本，因此她在译文中刻意凸显女性的性别角色，具体体现在涉及女性的卦爻辞翻译和解释中。她把《姤》卦放到商周联姻的背景下解读，认为这一卦说的是周王室迎娶商朝公主为新娘的故事，爻辞中多怀孕、产子之象。皮尔逊的解释与中国的传统注疏存在较大差异，她的依据除了甲骨文和《诗经》《左传》等传世文献，主要来源于顾颉刚和夏含夷对《诗经·大明》的解释。她抛弃传统注疏，直接从《周易》古经中挖掘卦爻辞的本义，目的是要把后世强加在《姤卦》中的男尊女卑的不平等思想剥离，以便还原商周时期女性社会生活的原貌，这种解读虽然丰富了《易经》卦爻辞的内涵，但客观上仍然存在证据不足的缺憾。皮尔逊译本的意义在于它把当代女性的阅读视野和关切带入了《易经》这个古典文本的解释，促进了《易经》在当代世界文化中的理解和传播。

关键词：女性意识　易经　姤卦　翻译

在美国汉学家皮尔逊女士（Margaret J. Pearson）翻译的《〈易经〉原始》（*The Original I Ching: an Authentic Translation of the Book of Changes*，2011）中，她一方面强调自己的女性角色和立场，声称"《易经》的女性读者理应拥

---

* 基金项目：安徽省哲学社会科学规划项目"诠释学视域下理雅各《易经》译本的特征及影响"（AHSKY2018D102）。本文的写作得到北京外国语大学全球史研究院李雪涛教授和香港城市大学中文与历史系韩子奇（Tze-ki Hon）教授的指导和帮助，特此致谢！

有一部由懂得中国语言和历史的女性学者提供的译本",①另一方面主张采用"历史还原而不是时代错置（anachronistic）的方法"来翻译其中的卦爻辞，即把卦爻辞的文本放到产生它们的历史语境里去还原它们的"本义"（original meaning），而不是根据后出的注疏来理解和解释。②换句话说，她的译本既要为英语世界的女性读者考虑，又要反映《易经》卦爻辞在形成时的意思。因此在具体的翻译中，她将关注焦点放在一些涉及女性的卦爻辞上，提出了与传统注疏不一样的解释。本文以皮尔逊女士翻译的《姤卦》为例，首先介绍她对卦爻辞的翻译和解释，说明她的理解与传统注疏的相异之处，然后分析她这样翻译的依据，探讨皮尔逊解释《姤卦》的优势和不足，最后阐明皮尔逊《易经》译本的意义，以期为《易经》与西方当代文化的融合提供一定的借鉴。

一、皮尔逊的女性意识和她对商周时期女性地位的关注

西方的女性主义思潮伴随着女性解放运动诞生和发展，因此带有强烈的批判意识和行动色彩，女性主义者致力于批判既往以男性为中心的人类文化思想史，并着手"重读和改写这部女性缺席的历史"。女性主义从西方马克思主义中获得"否定意识"和"批判话语"，从解构主义中获得颠覆既定等级秩序的解构策略，从解释学中获得重新诠释历史的崭新角度，③逐渐发展成西方后现代思潮的重要流派和当代文化研究中的热门话题。女性主义者揭露"父权制"社会中的"男性霸权"和"性别歧视"，控诉女性在身体、经济、社会、心理和意识形态等方面遭受的压迫，她们不断发掘过往历史中女性的家庭生活、人生经历和隐秘故事，以凸显女性独特的经验和感受。④在女性主义思潮的触发和带动之下，西方汉学家也开始关注中国社会、历史和文学中的女性角色及其命运，如伊佩霞（Patricia Ebrey）考察宋代女性生活的《内

---

① Margaret J. Pearson, *The Original I Ching: an Authentic Translation of the Book of Changes*, North Clarendon: Tuttle Publishing, 2011, p. 12.
② *The Original I Ching: an Authentic Translation of the Book of Changes*, p. 15.
③ 王岳川《当代西方最新文论教程》第372页，复旦大学出版社，2008年。
④ ［美］迈克尔·格洛登，［美］马丁·克雷斯沃斯等主编，王逢振等译《霍普金斯文学理论和批评指南》第467—484页，外语教学与研究出版社，2011年。

闱》(The Inner Quarters: Marriage and the Lives of Chinese Women in the Sung Period, 1993)、罗吉伟(Paul Rouzer)揭示男权社会里表征性别与欲望的《为佳人立言》(Articulated Ladies: Gender and the Male Community in Early Chinese Texts, 2001)、方秀洁(Grace S. Fong)挖掘清代女性作者身影的《她是作者》(Herself an Author: Gender, Agency and Writing in Late Imperial China, 2008)等。皮尔逊对《易经》的解读也在一定程度上契合了这股女性主义思潮。她认为历代注疏家对《易经》的解释充满了性别偏见。王弼的《周易注》指出"阴""阳"这对性别化的概念在《易经》生成时就已存在,并贯穿全书。"阳"代表"健"(strength)、"善"(goodness)和"阳刚"(masculinity),"阴"代表身体和道德上的卑弱(weakness),一般和女性相连。孔颖达更认为《易经》里在别处表示"强大"(great)的字,一旦与女性相连意思就变成"欲盛"(lascivious)。① 王弼注和孔颖达疏在《易》学史上享有崇高地位,但它们对卦爻辞的性别化解读是皮尔逊明确反对的。她认为《周易》古经②的内容都是"实有所指"(concrete),而非"抽象概括"(abstract)。《周易》古经里并没有提到"阳"字,提到"阴"字的地方也仅有《中孚》九二爻"鸣鹤在阴,其子和之"一处,这里的"阴"明显指"鸣鹤"的居巢所在,并没有性别上的含义。即使成书于公元前3世纪左右的《系辞》里道及"阴、阳",虽然概念较为抽象,也没有性别化的指代含义。直到公元3世纪出现的王弼注,才赋予"阴、阳"这对概念以性别化的解释。皮尔逊认为王弼的解释属于"时代错置",即在《周易》古经的解释里添加了后代人的理解。③ 换言之,《周易》古经及其早期注疏里并没有"阴""阳"相对的性别含义,从王弼注开始才在卦爻辞的解释里添加了性别化的解释,出现了崇"阳"抑"阴"的道德取向,因此她的译本只翻译《周易》古经,不翻译

---

① 皮尔逊此处所指,乃是针对孔颖达疏解"壮"字而言。《大壮》卦的"壮"字,孔氏解释为"壮者强盛之名。以阳称大,阳长既多,是大者盛壮",而《姤》卦的卦辞"女壮,勿用取女",孔氏疏解为"女之为体,婉娩贞顺,方可期之偕老。淫壮若此,不可与之长久。"见《周易注疏》第199、243页,中央编译出版社,2013年。

② 这里的"古经",指《周易》的本经而言,只包括六十四卦的卦画、卦名、卦辞和爻辞。通行本《易经》除了这部分内容以外,还包括《十翼》,即《彖》(上下)、《象》(上下)、《文言》《系辞》(上下)、《说卦》《序卦》和《杂卦》。

③ The Original I Ching: an Authentic Translation of the Book of Changes, pp. 19-20.

《十翼》等后出的注解。

作为女性译者,皮尔逊既敏感地意识到《易经》注疏中对女性的贬抑和歧视,又不满于女性在《易经》解释中遭受的忽略和疏离,她要恢复《周易》古经的"本义",一个重要目的就是要揭示商周时期女性的社会地位和生活经历。皮尔逊认为,我们现在对商周时期的了解早已超过孔子和王弼等早期注疏家。甲骨文的破解,让我们能直接阅读商周时期的原始材料,而早期注疏家只能依赖传世文献,后者在传抄过程中不断扭曲错讹,早已失却原始样貌。① 也就是说,我们现在对上古时期的了解要比王弼等人更为准确。她指出,自己的译文正是建立在这些新认识的基础之上,"包括对上古时期某些贵族女性拥有的权力的全新认识(a new awareness)。"② 可以说,站在女性读者/译者的角度,重新认识和关注商周时期的"女性权力",是皮尔逊《易经》译本的一个重要特征。以此为基础,她首先构建出对商周社会女性地位的一些片段认识:(1)西周社会等级森严,统治的精英阶层大约占总人口的十分之一,他们是少数识字并拥有政治影响力的人。社会的绝大多数人都是农民,男人耕田,女人养蚕、织布、缝衣、做鞋、煮饭。女人不会裹脚,能够再婚并有再婚的实践。社会并不崇尚平等,等级制是统领一切的社会规范。但由于等级制形式多样,一般来说,官阶和年龄要比性别更重要。(2)我们对当时的农妇生活了解不多,但近来的考古发现和传世文献都提供了一些精英女性的信息,其中至少有一位商朝的王后(queen)曾替丈夫统治臣民并领军征伐。虽然大多数社会机构都由男性掌控,但王室和贵族的女性地位要高于很多普通男性。统治者的母亲受到普遍的尊重。(3)统治者虽有很多妻子和更多地位不高的女人,但他们的妻子常常来自地位显赫的家族,精英之间常以联姻的方式巩固王国间的联盟,这样诞生的王位继承人就不太可能去攻击母国。(4)考古发现和文本材料都证明当时有些精英女性在使用《易经》。很多学者认为,中国社会精英女性的权利和自由随着时代的发展不断遭受剥夺而逐渐丧失。③ 皮尔逊对上古时期女性的认识包括商周时期的社会实行等级制、精英女性的社会地位较高、王室实行联姻制、有些女性和男性一样使用

---

① *The Original I Ching*: *an Authentic Translation of the Book of Changes*, p. 19.
② *The Original I Ching*: *an Authentic Translation of the Book of Changes*, p. 19.
③ *The Original I Ching*: *an Authentic Translation of the Book of Changes*, pp. 31-33.

《易经》等。她的这些认识有些来源于考古发现的甲骨文,如商王的王后曾率军出征,有些来源于《诗经》《左传》等传世文献,如商周时期王室间的联姻,总体来说都有一定的依据,正是在这些认识的基础上,皮尔逊提出了对《姤》卦的新解释。

二、皮尔逊对《姤》卦的解释及其与传统注疏的差异

皮尔逊把《姤卦》放到商周时期王室联姻的背景下解读,认为这一卦说的是周王室迎娶商朝公主为新娘的故事,因此爻辞中多怀孕产子之象。她把卦名的"姤"译为 The Royal Bride（王室新娘）,把卦辞的"女壮,勿用取女"译为 The woman is great. Do not grab the woman（这个女人很高贵。不要夺取这个女人）,并添加辅助性的解释 A royal bride [was met with great ceremony], not taken by force. （王室的新娘以盛大的典礼亲迎,而不是用武力夺取。)① 她从女性怀孕、产子等特有的身体特征出发,把九二的"包有鱼"译为 A fish is in wrappings（conception）,即"包裹里有鱼",括号里的解释是"受孕",九四"包无鱼"译为 Wrappings but no fish（fetus）,即"包裹里没有鱼",括号里的解释是"胎儿",意思是 fish 指胎儿而言。九五"以杞包瓜,含章,有陨自天"的译文是 She protects the babe within, just as a gourd is protected by being wrapped in flexible willow twigs. You hold great beauty within you. If you miscarry, this is Heaven's will. （她保护腹中胎儿,就像把葫芦包在柔软的柳条里保护起来。你腹中有大美。但如果流产,这就是天意。）这样她就把"以杞包瓜""含章""有陨"等意象与女性的怀孕、流产等现象联系起来。九三"臀无肤,其行次且",译文是 Buttocks without skin. Her actions halt repeatedly. She hesitates before proceeding.（臀部没有皮肤。她的行动不断中止。继续之前她在犹豫。）上九"姤其角"被译为 The royal bride's horns.（王室新娘的角）,卦爻辞的主人变成女性的"她"和"王室新娘",体现了她作为女性译者的独特视角。②

皮尔逊站在女性读者/译者的角度翻译《姤卦》,一个重要依据是上文提

---

① *The Original I Ching*: *an Authentic Translation of the Book of Changes*, p. 176.
② *The Original I Ching*: *an Authentic Translation of the Book of Changes*, pp. 176-177.

到的商周时期贵族女性享有的崇高地位。虽然她主要翻译《周易》的古经，但每卦的《大象》她也破例翻译出来。《姤卦》的《大象》"天下有风，姤。后以施命诰四方。"皮尔逊译为 Below the sky, a wind: the image of the royal bride. [As gentle and persistent as the wind,] the queen spreads her influence and makes proclamations which reach the four corners of the world.（天空下的风，正是王室新娘的形象。[像风那样温和持久]，王后施展她的影响力，让她的诰命抵达天涯海角。）她在译文后的解释中说，一个人所处的位置如果类似于王室的新娘，那么他/她的影响力就会和风差不多，处在万民之上，君威之下。① 从中我们可以看到，"后"替丈夫管理国家，发布诰命；"后"可以统领城邦、率部征伐，她的权力和地位都高于很多男性。在皮尔逊看来，《大象》里的"后"字是理解《姤卦》的关键。她指出，大部分现存译本都把"后"译成"王"（prince），正如他们把《易经》里很多中性词都译成阳性一样。这在一定程度上是合理的，因为当时使用《易经》的人大部分都是男性贵族。但商王室的很多女性参与卜筮活动，周朝的很多女性也经常查阅《周易》或解释《易》占。马王堆汉墓出土了《周易》，说明辛追夫人也关心《周易》。皮尔逊还指出，在商周时期，中国女性的道德和男性一样丰富，包括明断、谦虚、自制等当时受过教育的人共同珍视的价值。② 根据这样的理解，皮尔逊援引刘兴隆的《新编甲骨文字典》，指出"后"字"象妇女产子之形"，描述的是一个女人产子的过程，其中"子"代表的是孩子，头朝下，正从"女"字下方出来。她认为这和《姤卦》里的生育之象完全吻合，即两国联姻后，皇子的降生可以增加两国间和睦的可能性。③

诚如皮尔逊所言，她把《大象》中的"后"解释成"王后"，确实和传统注疏存在较大差异，后者多理解为"君"，如虞翻的解释："后，继体之君。姤阴在下，故曰后，与《泰》称后同义也。"④ 孔颖达的解释："风行草偃，天之威令，故人君法此，以施教命，诰于四方也。"⑤ 程颐的注解："风行天

---

① The Original I Ching: an Authentic Translation of the Book of Changes, p. 177.
② The Original I Ching: an Authentic Translation of the Book of Changes, p. 21.
③ The Original I Ching: an Authentic Translation of the Book of Changes, pp. 24-25.
④ （清）李道平《周易集解纂疏》第402页，中华书局，2012年。
⑤ （魏）王弼注、（唐）孔颖达疏，李学勤主编《十三经注疏·周易正义》第185页，北京大学出版社，1999年。

下，无所不周，为君后者，观其周遍之象，以施其命令，周诰四方也。"① 他们将"后"分别解释为"继体之君""人君"和"君后"。程颐还特意解释了《大象》里提到的"君子""大人""先王"和"后"之间的区别："诸象或称先王，或称后，或称君子大人。称先王者，先王所以立法制建国，作乐省方，敕法闭关，育物享帝皆是也。称后者，后王之所为也，财成天地之道，施命诰四方是也。君子则上下之通称，大人者王公之通称。"②《说文》解释"后"字为"继体君也，象人之形，施令以告四方。发号者，君后也"③。刘兴隆的《新编甲骨文字典》解释"毓"字为"象妇女产子之形"，对应的甲骨文是"毓"和"育"字的初文，"殷称先人为毓，典籍作后，如毓祖乙读后祖乙，或借为后。"把"毓"和"后"之间的关系说得很清楚。④ 徐中舒的《甲骨文字典》解释"后"为"卜辞用毓为后"，而在解释"毓"的甲骨文字形时说："象产子之形，子旁或作数小点乃羊水。与《说文》'育'字或'㐬'形略同，母系氏族之酋长乃一族之始祖母，以其蕃育子孙之功，故以'毓'尊称之。后世承此尊号亦称君长为'毓'，典籍皆作'后'。王国维谓'后'字本象人形，王说可从，又子及倒子位于人后，故引申为先后之后。"释义的第一义项为"君长也，用以称殷之先公先王"，第二义项为"用为先后之后，为庙号区别字，与高相对"，⑤ 从这两部甲骨文字典来看，"后"的本字"毓"也多用作"君长"之义。《大象》里涉及"后"的地方，除《姤卦》外，还有《泰卦》"后以财成天地之道，辅相天地之宜，以左右民"和《复卦》 "先王以至日闭关，商旅不行，后不省方"，玛格丽特都翻译为queen，前者译为 The queen guides the natural forces of both sky and earth, assisting them into harmony by (gathering) the people to her right and left. 后者译为 Early rulers closed the passes at the winter solstice. Merchants and wanderers did not travel. The queen did not inspect her domain.⑥ 可谓一以贯之。

除了《大象》中的"后"字，皮尔逊理解的《姤卦》其他部分，也和传

---

① （宋）程颐，王孝鱼点校《周易程氏传》第252页，中华书局，2013年。
② 《周易程氏传》第252页。
③ （汉）许慎撰，（宋）徐铉校定《说文解字》第184页，中华书局，2014年。
④ 刘兴隆《新编甲骨文字典》第981页，国际文化出版公司，1993年。
⑤ 徐中舒主编《甲骨文字典》第997、1581—1582页，四川辞书出版社，1989年。
⑥ *The Original I Ching*, p. 93, 125.

统注疏大不相同。卦名的"姤",传统注疏多解释为"遇",如《彖传》:"姤,遇也,柔遇刚也。"《序卦》:"姤者,遇也。"① 《说文解字》音"姤"义"遇"的字为"遘",陆德明《经典释文》说"薛(虞)云古文作遘,郑(玄)同,序卦及象皆云遇也。"② 就是说,薛虞和郑玄都认为古文"姤"本作"遘",《易经》的《序卦》和《彖传》也把"姤"解释为"遇"。高亨认为"姤"和"遘"相通,③ 李镜池认为"姤"字借为"逅",即"遘",与占外出有关,又借为婚媾之媾。④ 都不同于皮尔逊理解的"王室新娘"。卦辞的"女壮,勿用取女",历代注疏多解释为女人有"淫壮""伤男""渐壮"的毛病,不能娶之为妻。《姤卦》的卦象只有初六为阴,其他五爻皆为阳,因此向来解释多从卦象出发,认为一阴遇五阳,喻女子过强,不适合做妻子。《彖辞》所谓"柔遇刚也",郑玄说:"姤,遇也。一阴承五阳,一女当五男,苟相遇耳,非礼之正,故谓之姤。女壮如是,壮健以淫,故不可娶。妇人以婉娩为其德也。"⑤ 王弼从卦象引申:"施之于人,即女遇男也。一女而遇五男,为壮至甚,故不可取也。"⑥ 孔颖达接着王弼注说:"女之为体,婉娩贞顺,方可期之偕老。淫壮若此,不可与之长久,故'勿用取女'。"⑦ 朱熹说:"一阴而遇五阳,则女德不贞而壮之甚也。取以自配,必害乎阳,故其象占如此。"⑧ 上述解释都从卦象取便发挥,引申出女德不贞、不可长久之义。虞翻认为"壮"的意思是"伤":"巽长女,女壮,伤也。阴伤阳,柔消刚,故'女壮'也。"⑨ 程颐认为"壮"为"渐壮":"一阴始生,自是而长,渐以盛矣,是女之将长壮也。阴长则阳消,女壮则男弱,故戒勿用取如是之女。取女者,欲其柔和顺从,以成家道。姤乃方进之阴,渐壮而敌阳者,是以不可取也。女渐壮,则失男女之正,家道败矣。姤虽一阴甚微,然有渐壮之道,

---

① (魏)王弼注,楼宇烈校释《周易注》第164、265页,中华书局,2013年。
② (唐)陆德明《经典释文》第27页,中华书局,1983年。
③ 高亨《周易古经今注》第285页,中华书局,1987年。
④ 李镜池《周易通义》第87页,中华书局,2010年。
⑤ 《周易集解纂疏》第401页。
⑥ 《周易注》第184页。
⑦ 《十三经注疏·周易正义》第184页。
⑧ (宋)朱熹,廖名春点校《周易本义》第163页,中华书局,2013年。
⑨ 《周易集解纂疏》第401页。

所以戒也。"① 金景芳、吕绍刚接着程颐的解释说："一阴既然已生，其势必逐渐盛大。阴盛则阳必衰，这渐盛之阴将要把阳胜过，把阳消尽。对于这个阴，不可长久相与，犹如一个气质、性格盛过男人的女人，男人不可娶她组织家庭，与之长久生活。所以卦辞曰'勿用取女'。'勿用取女'反映《周易》经与传的作者有着深刻的男尊女卑、崇男抑女的思想。"② 姑不论《周易》经、传的作者是否一定有男尊女卑的思想，但历代注疏从卦辞中读出女性的"壮健以淫""淫壮""女德不贞"，并规定女子应该"以婉娩为其德""柔和顺从"，这是身为女性的皮尔逊难以接受和认同的，所以她要挣脱这些后出注疏的束缚，直接从《周易》古经入手，另起炉灶，得出"女子身份尊贵，不能用武力抢夺"的解释。其他"包有鱼""以杞包瓜""有陨自天"等意象，传统注疏也多从爻象和爻位出发加以解释，并不像皮尔逊那样把它们和妇女怀孕、产子等现象联系在一起。

总而言之，从《姤卦》的卦名开始，一直到卦辞、《大象》、爻辞，皮尔逊的翻译和解释几乎都迥异于传统注疏，目的自然是要在《姤卦》中读出不一样的女性身份和地位。她这样做当然也不是空穴来风，而有一定的文本和历史依据。

三、皮尔逊解释《姤卦》的依据、优势和不足

上文已提及皮尔逊的《易经》译本广泛利用了甲骨文、《诗经》《左传》等材料，她对商周时期女性地位的认识是持之有故，因此她对《姤卦》的解释一定程度上也能言之成理。

皮尔逊在译本致谢里谈到她的译文曾得到戴梅可（Michael Nylan）、鲁惟一（Michael Loewe）、林理璋（Richard John Lynn）等人的评价和帮助，③ 他们都是研究中国古代史的权威，因此她对上古时期中国女性的认识也就有了可靠的保障。事实上，殷商时期的女性确实享有较高的社会地位，据商代甲骨卜辞记载，不少女性在政治、军事上被委以重任。具体说来，女性可以招

---

① 《周易程氏传》第 250 页。
② 金景芳、吕绍刚《周易全解》第 347—348 页，上海古籍出版社，2013 年。
③ *The Original I Ching*: *an Authentic Translation of the Book of Changes*, p. 9.

募士卒、征伐敌国、抵御外侮，如卜辞有"贞：登帚（妇）好三千，登旅万，乎（呼）伐……"（《英国所藏甲骨集》编号150正）；"王共人乎（呼）帚（妇）好伐土方"（编号9350）；"帚（妇）允其捍"（编号7006）等，表示殷商时期的女性可以担任武将，和男人一样征战沙场。女性还可以在商王的命令下担任地方长官，处理政务，如卜辞有"乎（呼）帚（妇）来归"（编号21653），"王令帚好比侯告伐尸方"（编号6480），"甲戌卜王：余令角帚载朕事"（编号5495）等；女性可以主持或参加祭祀活动，如卜辞中的"己丑卜，帚石燎爵于南庚"（《小屯南地甲骨》编号2118），死后还能享受祭祀，如"贞：今庚辰，夕，用鬲小臣三十、小妾三十于帚。九月。"（编号629）最后一例指用隶小臣及小妾三十作为祭品，可见祭仪的隆重和受祭的女性地位之高。到了西周，随着《周礼》为标志的父权制时代的来临，女性的地位逐步下降，女性即使贵为王后，也只能以丈夫的姓或官职、爵位加上父亲的姓氏作为名字，如西周铜器铭文多次提到"王姜"，前面的"王"字表示她是周王的妻子，即王后，后面的"姜"字是她父亲的姓，表示从"姜"姓国家嫁过来的女子，自己并没有名字。① 先秦时期女性和男性一样使用《周易》占卜。《左传·襄公九年》就记载了鲁成公的母亲、鲁襄公的祖母穆姜利用《周易》筮占并解释《随卦》"元、亨、利、贞"的历史，② 说明春秋时期《周易》文本已经完成经典化和文本化的过程，因此穆姜才会对《周易》的文辞非常熟悉，这段记载还说明春秋时期的贵族女性能够自由解释《周易》中的卦爻辞，并不以巫史的解释为确定和唯一的标准。

皮尔逊以商周王室联姻为基础解释《姤卦》的重要依据来自顾颉刚和夏含夷（Edward L. Shaughnessy）对《诗经·大明》的解读。顾颉刚在《周易卦爻辞中的故事》（1929）里引用《诗经·大明》："文王嘉止，大邦有子。大邦有子，俔天之妹。文定厥祥，亲迎于渭。造舟为梁，不显其光。有命自天，命此文王。于周于京，缵女维莘。长子维行，笃生武王。保右命尔，燮伐大商。"他认为这首诗里所说的文王娶妻之事，就是《周易》卦爻辞"帝乙归妹"里所指帝乙嫁女给文王的故事。顾颉刚指出，周只称商为"大邦"，

---

① 参见陈曦《从甲骨文、铜器铭文看商周时期女性的地位》，载《中国文化研究》第150—154页，2007年夏之卷。
② 杨伯峻《春秋左传注》（第二册）第890—891页，中华书局，2013年。

由此推断文王所娶"大邦之子"是帝乙之女，后来因为死亡或大归，文王又续娶了莘国之女，生下了武王。他认为当初帝乙嫁女给文王是为了和亲，因为周的势力日益壮大，商受其压迫，不得不用和亲之法以为缓和之计，在商是不得已的亲善之举，而在周则以西夷高攀诸夏，正是他们引以为傲之事，所以才在诗中传唱。[1] 夏含夷以此为基础讨论《归妹》卦，认为该卦各爻是一段发展的叙事，初九"归妹以娣"说明帝乙所嫁女儿有她的妹妹陪伴；初九"跛能履"和九二"眇能视"象征文王的第二个妻子（即莘侯的女儿）命运得以改变；九四"归妹愆期，迟归有时"指帝乙之女行为有过失；六五"帝乙归妹，其君之袂不如其娣之袂良"是"大邦之子"（其君）和"莘侯之女"（其娣）间的对比；上六"女承筐，无实，士刲羊，无血"描述了这场婚姻的不幸结局。如果《大明》这首诗描写了文王与帝乙之女的不幸婚姻，那么《归妹》上六正好交代了这不幸的缘由，可能是因为帝乙之女没有子嗣。[2] 在《周易中的结婚、离婚与革命》（Marriage, Divorce and Revolution: Reading between the Lines of the Book of Changes）一文中，夏含夷开篇就说写作此文的用意在于正本清源，采用"历史主义"的方法，把经典文本放到其成书时的历史语境中，按当时的情境来解释它的语言，以改变那种将《周易》卦爻辞从占卜实践中抽离出来、变成处理普世问题的"智慧宝库"的做法。[3] 受夏含夷的影响，皮尔逊采取同样的方法，试图通过恢复卦爻辞在商周时期的本义来重建上古时期女性的社会地位。她提到《诗经·大明》里描写的文王亲迎公主为新娘的景象：文王被囚羑里之前，把周王国治理得秩序井然，他对待王室新娘的方式体现了他的心细如发，当新娘从盟国嫁过来时，文王并不是在城邦里等待，而是"亲迎于渭"，表达了自己对她的敬意。[4] 皮尔逊认为《诗经·大明》里描写的场景正是《姤》卦庆祝的周王室的这场婚礼，婚礼的结果是西周建国者武王的降生。后代的周王遵循此例，都会派遣

---

[1] 顾颉刚《周易卦爻辞里的故事》，见顾颉刚等编《古史辨》（第三册）第 11—15 页，上海古籍出版社，1982 年影印版。

[2] Edward L. Shaughnessy, *The Composition of "Zhouyi"*, Ph. D. Thesis, Stanford University, 1983, pp. 239-244.

[3] Edward L. Shaughnessy, "Marriage, Divorce, and Revolution: Reading between the Lines of the *Book of Changes*", *The Journal of Asian Studies*, Vol. 51, No. 3（Aug., 1992）p. 587.

[4] *The Original I Ching: an Authentic Translation of the Book of Changes*, p. 29.

最高级别的官员去迎接王室的新娘。亲迎新娘的仪式很壮观，她带来的影响力可能也会很深远。尽管王后的婚礼被寄寓厚望，但一开始她的地位却很脆弱，因为这一切完全建立在她能否怀孕生子这一点上。皮尔逊指出，如果王后的儿子能继承王位，那么她的影响力就会像风那样吹遍世界，改变这个新的国家，这一切的前提是她要顺利怀孕并产下健康的儿子。[1] 由此可见，皮尔逊对《姤》卦的翻译和解释，主要建立在商周王室联姻的基础之上。她认为这才是《姤卦》卦爻辞的原始含义，而王弼《周易》注中对阴、阳概念的性别化区分深刻影响了后来的注疏，给查阅《姤卦》的女性读者造成了极大的困难。

皮尔逊把她对女性的关怀、对自然和人性的渴望投射到《易经》卦爻辞的译文中，得出与传统注疏完全不同的理解和解释，这种做法丰富了人们对卦爻辞含义的理解。她主张抛开传统注疏，直接从上古文本本身来理解它们的含义，即使这样做的根据并不充分："不依赖传统注疏，直接从原始的《周易》古经来解释它们的意思，让我们的根基显得不太牢固：我们很可能会误解卦爻辞的意思。但如果不这样尝试，我们就会失去它们难以置信的丰富含义、智慧和触及灵魂的美。"[2] 在她看来，只有把传统注疏附加在《易经》卦爻辞上的道德化解读剥离开，才能释放出蕴藏在其中的丰富含义。她认为《易经》既不是纯粹预言性质的卜筮用书，也不是纯粹意义上的哲学文本，她要依赖原始的古经文本，辅以对当时中国文化背景的了解，挖掘出《易经》中的原始智慧，以鉴往知来，获得其中的深层启示。皮尔逊指出，《易经》中的"自然意象"（natural images）可以和不断发生的"人类处境"（human situations）相类比，帮助人们找到渡过或摆脱困境的办法。人类总是离不开特定的"社会情境"，不同的处境需要人们做出不同的反应。[3] 后出的"阴、阳"概念遮蔽了《易经》中丰富的"自然意象"，而后者能够激发我们的思维，帮助我们看到传统的"阴、阳"二分法以外的世界，让我们获得更深层次的智慧，获取一种或许对我们更有用的哲学洞见，以掌控我们的生活和时代中发生的变化，同时更好地解读过去。[4] 总之，皮尔逊的优势在于她摆脱了

---

[1] *The Original I Ching*, pp. 177-178.
[2] *The Original I Ching*, p. 23.
[3] *The Original I Ching*, pp. 14-15.
[4] *The Original I Ching*, p. 24.

传统注疏的束缚,以女性主义的视角切入《周易》古经的文本,利用多种证据试图构建卦爻辞文本中反映的历史事实,还原卦爻辞的原初含义,并把这种含义和今天的人类处境联系在一起,帮助人们获悉摆脱困境或解决问题的智慧和洞见。具体到《姤卦》而言,皮尔逊的贡献在于她提醒人们注意到上古时期女性的社会地位和生活,从而对卦爻辞产生不一样的理解,丰富人们对自身处境的认识。

虽然皮尔逊采用女性主义的视角解读《易经》的手法不无新意,但她还原卦爻辞本义的方法却存在一定的欠缺。例如她所倚重的顾颉刚和夏含夷对《诗经·大明》的解释,姑且不论该诗所述文王亲迎之事,是否即可坐实为《易经》卦爻辞里出现的"帝乙归妹",① 即便顾颉刚的猜想被证实,也只可用来解释《泰》《归妹》等与此事密切较为联系的卦,而不能贸然推广到其他卦的解释中。再如卦辞中的"女壮,勿用取女",《周易》卦爻辞中"壮"字凡九见,其中出现最多者为第34卦《大壮》,计有卦辞"大壮,利贞"、初九"壮于趾"、九三"小人用壮,君子用罔"、九四"壮于大舆之輹"。虞翻解释"壮"为"伤",② 王弼解释"壮"为"强盛",③ 程颐解释"壮"为"壮盛"④ 高亨引用马融、虞翻、郑玄等人的注疏,认为《大壮》中所有的"壮"都是"伤"的意思。⑤ 李镜池则兼取"强盛"和"伤"这两层意思,初九"壮于趾"的意思是"伤",九三"小人用壮,君子用罔"的"壮"是"强壮"的意思,九四"壮于大舆之輹"的"壮"又是"伤"的意思。⑥ 第43卦《夬》初九"壮于前趾"和九三"壮于頄",《周易集解纂疏》均解释

---

① 顾颉刚在上述《周易卦爻辞中的故事》一文中,对"帝乙归妹"指帝乙嫁女给文王这一推测表述较为谨慎,强调这个故事早已失传,并不见于别的古书,只有《诗经·大明》可以佐证。他还坦承自己对《归妹》六五爻"帝乙归妹,其君之袂不如其娣之袂良"不得其解,只是猜想"文王对于所娶的適夫人不及其媵为满意",并不能确信。到了夏含夷的文章里,帝乙嫁女给文王变成了无须讨论的前提,他在此基础上推想帝乙之女因为不孕而失宠,文王进而娶莘侯之女,生下武王,这样顾颉刚的猜想就逐步变成了历史事实,皮尔逊也是在这些材料的基础上推断《姤》卦的主旨为王室联姻。
② 《周易集解纂疏》第333页。
③ 《周易注》第127—129页。
④ 《周易程氏传》第191页。
⑤ 《周易古经今注》第256页。
⑥ 《周易通义》第67—68页。

为"伤",①朱熹解释为"刚壮",②第36卦《明夷》六二爻"用拯马壮"和59卦《涣》初六"用拯马壮",李道平解释为"伤",③程颐解释为"壮健"。④。从《周易》古经文本的上下文语境和后出的注疏来看,"壮"在《周易》卦爻辞中有"壮健""强盛"和"伤"等意思,但并无皮尔逊理解的"地位尊崇"的含义。"取女"二字,第3卦《蒙》六三爻"勿用取女,见金夫,不有躬,无攸利",第31卦《咸》的卦辞中有"咸,亨,利贞,取女吉",似乎都是指婚姻嫁娶而言,并无"攫取、抢夺"之类的含义,"取"字出现在56卦《旅》初六爻"旅琐琐,斯其所取灾"和62卦《小过》六五爻"密云不雨,自我西郊,公弋,取彼在穴",与"灾""彼"等词连用,才有"攫取""获取"的意思,因此皮尔逊把"女壮,勿用取女"理解为"女子地位尊崇,不能以强力夺取",无论从《周易》古经文本还是后世注疏来看似乎都缺乏足够的证据。但她选择"强盛、壮盛"的意思来解释"壮",选择"攫取、抢夺"的意思来解释"取",虽然证据不足,从女性主义的立场出发,也颇能自圆其说。

四、皮尔逊《易经》译本的意义

尽管皮尔逊对《姤卦》的女性主义解读存在"言之成理而未彻,持之有故而未周"的缺憾,但这种缺憾是任何诠释《周易》卦爻辞本义的人都难以避免的困境。当代女性主义批评重视女性阅读的经验,认为"对文本意义的把握无非是一种意义的自我置入和把握",对文本的阅读一方面可看作现实社会中女性体验的自我表达,另一方面也可看作受压抑的女性通过语言中的性别建构来重新阐释自己,因为话语是历史地形成的,必然会在历史语境的意义解读活动中不断掺入现代人关切的问题。⑤ 从这个意义上来说,皮尔逊将女性意识引入对《易经》卦爻辞含义的解释,无疑有助于《易经》在当代的传播和发展。皮尔逊说,以往基于《姤卦》传统注疏而来的翻译和解释似乎旨

---

① 《周易集解纂疏》第396—397页。
② 《周易本义》第161页。
③ 《周易集解纂疏》第346页。
④ 《周易程氏传》第203页。
⑤ 《当代西方最新文论教程》第378页。

在催生畏惧，鼓励对弱者的欺凌压迫，而她的译文旨在把读者的注意力转移到积极的意义上来，因此她才把《姤卦》放到王室联姻的背景下来理解：两个国家通过王室联姻的方式结盟并达成和平，前来的女人是位王室新娘，她受到规格最高的迎亲团的礼遇，文王这样地位尊崇的人在她尚未抵达时就远道亲迎。爻辞里出现的怀孕意象代表着孕育王位继承人的希望，他的出生是王室联姻的结果，他拥有双方的王室血统，必能克继大统，这样就可化解内部纷争。传统注疏过于强调阴、阳冲突带来的破坏，而她的新译文则强调王室联姻带来的调和。王室新娘带来的力量像风那样柔和、影响持久，这股温柔的力量渐渐结出硕果，即继承人的出生和顺利成长。因此多年以后，新娘可能会给国家、人民以及与邻国间的关系带来深远、持久的转变。皮尔逊强调，在她的《易经》新译本中，像《姤卦》这样自然而又充满人性的意象会不断出现，启发人们的思维。[①] 确实，她对《蒙》《蛊》《大过》《渐》《晋》《家人》等卦也都作了不同于传统注疏的翻译和解释，凸显了女性的角色和地位，但这种解读仍然以《周易》的古经文本作为基础。皮尔逊在"翻译说明"中提到，她曾打算把所有涉及人称代词的地方都用 she 来指称，因为她觉得《易经》的众多译本中理应有一本考虑到它的女性读者，但她最终还是放弃，改用 you 来指称性别中立的代词，虽然她认为这样译也不准确。[②] 可见皮尔逊虽然秉持女性主义的立场和视角，却并非天马行空般的一意孤行，而是把解释建立在一定的文本和事实依据之上。皮尔逊的做法也引起其他易学家对中国古代女性权利和地位的关注，他们以《易经》为基础继续讨论这一问题，丰富并加深了人们对卦爻辞含义的理解。如雷蒙德（Geoffrey Redmond）和韩子奇（Tze-ki Hon）在《讲授易经之道》（*Teaching the I Ching*, 2014）一书中，就专辟一章讨论《易经》中的女性。他们认为《姤卦》的卦辞"女壮，勿用取女"既可以理解为对强势女人的一种警示，也可理解成对适婚男女的一种告诫，或许可以解释为"即使这个女人身体健康，也不应该去追求"。因为商周时期缺乏有效的医疗措施，女性的预期寿命只有二十五岁左右，因此男性在选择妻室时健康是重中之重，妇女的怀孕和顺产对家庭的经济、血脉和精神传承都有非比寻常的意义。联系《易经》的筮占

---

① *The Original I Ching*, pp. 25-26.

② *The Original I Ching*, pp. 37-38.

功能来看，求筮者只会被告诫不要做某事，而不会被告知为什么不能做。筮占只关注运道好坏，而不关注因果联系，因此这句话的含义有可能是，尽管这个女子身体健康，适合做妻子，但是娶了她对求筮的男人不吉利。[①] 这样不但考虑到商周时期的历史环境，而且把卦爻辞的解释和《易经》的卜筮属性联系在一起。《易经》算不上一部可以反映古代中国女性地位和角色的历史文本，卦爻辞在涉及女性时也常采用描写（descriptive）而不是规定（prescriptive）的方法，和后代的注疏截然不同，因此今天的我们已经很难从那些简短而又互不连属的文本中窥见上古时期女性生活的样貌。但像皮尔逊这样携带不同身份和视域的译者对卦爻辞的意思做出不同于传统注疏的解读，其结果只会丰富人们对《易经》意蕴的深层理解，带给人们有益的启示，从而促进《易经》在不同文化和领域中的传播，所以我们应以开放的心胸对待那些迥异于传统注疏的《易经》译本，只要这些翻译和解释有据可凭，能够自圆其说。

（吴礼敬　合肥师范学院外国语学院副教授，
北京外国语大学比较文学与跨文化研究专业博士）

[①] Geoffrey Redmond, Tze-ki Hon, *Teaching the I Ching*, Oxford: Oxford University Press, 2014, p. 83.

哲理文学的"白矮星"
——《道德经》在英语世界的传播与接受研究(选译)

杨玉英 译

摘　要：该文与正在撰写的书稿《〈道德经〉在英语世界的传播与接受研究》一样，从"他者"的"他者"对"他者"之《道德经》译介和诠释的评价来分析呈现中国传统文化的"他者"以及"他者"的"他者"对待老子《道德经》和老子哲学思想的态度。这些评价有写在"他者"《道德经》译本前的"序言"或译本后的"后记"，也有"他者"在自己译文后的注评与回应。评价有的中肯、客观，有的则稍显偏执，其评价和观点也值得进一步商榷。本文节选了翟林奈为初大告《道德经》译本所写"序言"、林恩为布兰克利的《生活之道：〈道德经〉新译》所写"后记"和冯家富与英格里希的《老子〈道德经〉新译》之"注释、评论与回应"以向读者直观形象地展示英语世界学者对《道德经》以及其他中国传统文化的独特视域和视点。

关键词：哲理文学的"白矮星"　《道德经》　英语世界　传播与接受　"他者"视域

一、翟林奈为初大告《道德经》英译本所写"序言"

或许，世界上除了《圣经》没有哪本书像《道德经》一样被经常翻译。对它持续不断的着迷的秘密是什么呢？这本大约5000字的著作或许是与孔子同时代的哲学家老子的作品。现代批评家认为它创造的时间要比这更晚些，而且从它的呈现形式来看应该是公元前3世纪而非6世纪。但是它完全不像任何周朝流传下来的作品。《道德经》的结构在很大的程度上是不一致的：它几乎是不加或者稍加有序排列的一些格言警句的汇集，甚至章节的划分（很可能是后来添加的）也几乎没什么帮助。《道德经》的总体要旨是对简单的赞颂，尽管其中包含了一段又一段最令人困惑难解的、模棱两可的东西，而且众多译本的翻译常常差别很大以至于让人感觉似乎它们是对不同文本的翻译，或许正是缺乏最终的译文。这种无限可能的阐释才使得它如此诱人。无论如何，尽管在多种思想的各个面的反映中，老子学说仍然一如既往的令人难解。

《道德经》原文本的用词相当有活力和简洁，当然，从来没有如此丰富的思想被压缩包含在如此小的一本著作中。宇宙中散落着一定数量的属于众所周知的"白矮星"的星星。它们通常非常小，然而，组成白矮星的粒子被紧紧地挤压在一起使得它们的重量相对于它们的体积来说太巨大了，这样就蕴含了太多能量的辐射以至于其表层的温度甚至比太阳要高得多。《道德经》或许可恰当地被称作是一颗哲理文学的"白矮星"。它是如此有分量，如此简洁，如此具有暗示性，其思想的辐射已经达到白热化的程度。

可以说之前大部分的译者是"尽管睿智但却离题太远"。有些试图徒劳地模仿中文的简洁，有些试图篡夺评论家的作用（将其评论省略不译），因而使得其译文显得松散。现在的这个译本的译文尽量避免了这些错误。像伟大的"道"本身，译文朴实流畅，而且没有误入岔路。它尽可能地把老子的话不做改变地传递给我们，让我们自己去判断其内在的意思。兴趣的另一个来源是译者与《道德经》原作者老子同是中国人。我相信，此乃在美国出版的第一本中国人翻译的《道德经》英译本。

翟林奈

二、林恩为布兰克利的《生活之道：〈道德经〉新译》所写"后记"

《道德经》是继《圣经》之后在世界上被"译介"得最多的文本。大约有800个用各种欧洲语言翻译的《道德经》译本出现，其中有差不多一半是英译本。我之所以将"译介"二字用引号标注，是因为这些译本的大多数严格来说都不是译本，而仅仅是以早期的学术译本为基础进行的改写。这些译本倾向于做解释性的意译，译者常常读不懂《道德经》原文而且其阐释常常与原文字面意思相去甚远。

通常认为翻译《道德经》的方法包括如下几种：（一）学术性的翻译。一字一字的翻译，批评性的引用，具备语言学的专业知识，而且关注其文学的、哲学的、宗教的和历史的语境，意在重新获得其原意达到其文本的意图。（二）学术性的翻译+解释性的材料。通常是中国的《道德经》评论与译者自己的阐释之混合。（三）第一和第二种方法的结合。同时呈现出对中国早期评论的完整翻译和对经典文本的评价之新译。（四）译者对原文本文学性地意译为更容易被接受的英语。这样的译本主要是想保留原文本的字面意思，但却容易因试图获得更高的可读性和简洁而牺牲原文本所蕴含的意思。（五）对文本的主观性阐释。常常以非传统的中国传统或思考习惯为基础，这种方法通常被那些不读而且他们常常也认为不必读《道德经》原文的译者所采用。这样的《道德经》译本充分利用的是翻译的前四种中的一种或多种方法。大部分的《道德经》"翻译"文本都可在这五种情形中找到自己的位置，要当心哦！

将前四种方法相结合的情形常常出现，布兰克利的《道德经》英译本是将第一和第二两种方法中的因素相结合，主要属于第四种方法。他不应该被归类到第五种是因为他对中文式的文本阅读方式很熟悉而克服了对《道德经》进行外文式的阅读。尽管他的阐释利用了欧洲的神秘主义，但它与中国的神秘主义的阅读文本并不互相矛盾。而且，尽管布兰克利是一位虔诚的基督徒和公理教会的牧师，但他并没有从任何褊狭的基督教的角度去阐释《道德经》。"导论"部分包括了详细的文学的、哲学的、宗教的和历史的背景知识。尽管所有这一切都多亏了此前五十多年的学术研究，但布兰克利的这个《道德经》译本仍然从总体上来说相当准确而且具有很强的可读性。然而，布兰克利并不试图面对困扰文本的诸多语言问题，相反，他接受了1922年出版的由蔡廷干编撰的《道德经》词语索引《老解老》这个现代文本。蔡廷干在"范例"中解释了《道德经》这个书名标题，并且指出文本选自《武英殿聚珍版丛书》，该版本是于1900年单独出版的。这就重新产生了所谓的王弼注本，之所以这么说是因为王弼的注评与其相关。

然而，现代学者证明这不是王弼实际注评的文本，因为它显而易见偶尔会参考《道德经》的不同用语和措辞。文本的变化困扰了几个世纪的《道德经》研究（还存在另外五个《道德经》校订本，全都有相当大的变化），情况因现代考古的发现而变得更加复杂：（一）1973年在湖南马王堆汉墓中发现的两种《道德经》帛书本。第一种可追溯到公元前206年以前，第二种可追溯到公元前206—194年。每一种与其他版本在很多地方都有不同。（二）

1993年在湖北郭店楚墓发现的三种与部分《道德经》相关的竹简本。这些文本的顺序和词序与其他的《道德经》文本不同。然而，所有这些布兰克利都不感兴趣，他最关心的是作为一本智慧之书的文本，一种对神秘洞见的经书。不过，布兰克利同时意识到《道德经》的作者是个传说人物（可参见"导论"第32页），《道德经》并非一个人所做，它实际上是由一群"资深的非正式的狂热信徒"所编辑的文集（可参见"导论"第48页），是近代学者们一致认可的一种机敏的洞见。这就是为什么《道德经》文本现在通常用"the Laozi"而不用"Laozi"来表示的原因。

除语言外，布兰克利展示了他在阅读《道德经》原文本时的能力。尽管他称《道德经》81章为"诗"（poems），但实际上其中绝大部分都是简短的散文。（中国人从未将《道德经》归为诗，尽管有些部分确实是押韵的。）其他的译者将其每一部分称为"章"（chapters）。但是由于它们比较短，将其称为"章"似乎容易引起误解。我更喜欢用"部分"（sections）来表示。布兰克利将所有这些章节译成了不押韵的具有不同音步的英文形式，但是不应该把他这种文学式的意译与其紧跟在每章之后的"意译"相混淆，因为它们是他自己对所译章节的阐释。同样，它们是他的文学式的意译之散文形式的改述。意译有时其后会有"评论"，它们为译文提供了附加的信息和进一步的解释。尽管整个译文都是意译，但他很好地抓住了句法和词汇，因为这允许它尽可能地与原文本的意思靠近以至于他的英译可与原文本相媲美，其一致是显而易见的，尽管有时它们相当贫乏而且更倾向于解释性的阐释。而且，由于布兰克利对《道德经》的文化背景很熟悉，他常常想出能抓住超越字面表述之内涵的词汇。然而，我们不得不记住，布兰克利在故意意译并轻而易举地放弃了原文本的句法以改写原文本的诗行以便用英文读起来更流利，而且用一些比较熟悉的英文词汇去替代了那些他认为晦涩的原文词汇。在谈到翻译和阐释时，他这样写道：

> 我不能假装像公元前3—6世纪的中国人那样懂得这个世界，我也不相信任何能使这个世纪的人相信的大量的对事实的科学筛选。在他们与我们之间总是会存在一种语义鸿沟，一种必须通过给那些经过深思熟虑的证据添加洞见和想象来连接的鸿沟……我相信一个精巧的译本是应该免于原语言的所有痕迹的，尤其是当它们对英语词汇有所损毁的时候。

(见译本"序言",第 10 页)

　　现在很少有博学的《道德经》或任何中文经典的译者会同意布兰克利这样的观点。尽管将这样的文本弄得"恰恰好"或许是不太可能的,但是在上个世纪(19 世纪)后半期在对中国古代文本进行的系统的、历史的、语言学的研究上取得的进步让我们引人注目地与原语文本更接近,我们最好的译者已经翻译出了更加准确地抓住了原文意思的《道德经》译本。那个"语义鸿沟"现在不仅正通过"洞见与想象"而且还正通过利用最近在词类编纂和对中国古代语法的理解上所取得的进步,不仅在西方的而且更重要的是在中国语言学资源的发展上被沟通连接。与所有现代领域一样,现代学者关于中国古代思想的研究,在过去的 25 年中在中国(在中国的台湾和香港以及新加坡时间更长)已经开始萌芽,对《道德经》以及其他中国早期的著作进行的注释性翻译无论是在量还是在质上都得到了稳定的增长。而且,日本在学术上继续为中国提供范围更广的有价值的参考文献和研究资料并将许多中国经典译成了优秀的现代日语。因而,我们有机会接近研究和翻译资料,包括用所有语言撰写的在网上可获得的资料。这在布兰克利那个时代是做梦也想不到的。

　　他认为翻译"应该免于原语言的所有痕迹"的论点不太容易阐释清楚。与许多当代译者一样,我试图找到与中国古代经典的语法因素相一致的语法等效并准确地再现原语的习语而不"对英语词汇有所损毁"。比如,布兰克利对第 14 章(这一章是阐释难以捉摸的"道"之本质的)的英译是这样开始的:

They call it elusive, and say　视之不见,名曰夷;
That one looks
But it never appears.
They say that indeed it is rare,　听之不闻,名曰希;
Since one listens,
But never a sound.
Subtle, they call it, and say 搏之不得,名曰微。
That one grasps it
But never gets hold.
These three complaints amount　此三者不可致诘,

To only one, which is　　故混而为一。
Beyond all resolution.

相比之下，我试图保留中文的词序和句序，不遗漏任何东西，只添加尽管不太明确但仍然通过暗示可呈现出意思的字，在王弼注释的帮助下，再现话语的语法结构，并保证原文与英文词语的最佳搭配：

"When we look for it but see it not, we call it the invisible. When we listen for it but hear it not, we call it the inaudible. When we try to touch it but find it not, we call it the imperceptible to probe, it remains a single amorphous unity."

这两种译文并非完全不同，但是我们可以来检验一下布兰克利将最后那句复杂的句子"此三者不可致诘，故混而为一"译为了"These three complaints amount/To only one, which is/Beyond all resolution。""此三者"(These three complaints)或(these three)，即"夷"（the invisible）、"希"（the inaudible）和"微"（the imperceptible）并非"致诘"（complaints），因为"致诘"并非名词而是一个复合动词，是"to probe"（探讨），而"诘"字就有"抱怨"（complaints）之意。布兰克利的译文忽略了"致"这个字的意思，而它是原文整体意思的一部分。而且，"致诘"是第二含义，其第一含义是"investigate"（调查）、"interrogate"（质问）、"probe"（探询）。布兰克利也忽视了"不可"一词，这或许是因为它不符合布兰克利头脑中的意译。布兰克利将"故混而为一"译为"To only one, which is/Beyond all resolution"当然译得很好，尽管他仍然是采用的释义。我将此句译为"it remains a single amorphous unity"也是一种释义。此句按其字面意思译为"since these three cannot be probed, we lump them together as one"更恰当。我现在怀疑"致诘"是一个从辩论术那里借来并在这里加以了比喻性地使用的词：如果三方因一桩罪受到调查，而且由于不可能去证明各自犯罪的程度，于是三方都被当成一个整体被认为犯有同等的罪给予相同的惩罚。这是一个幽默的微妙例子，意在表明试图去对"道"加以确定或定义是多么的可笑。

还会发现有其他地方需要提高，但是总体说来布兰克利的《道德经》译文是足够准确值得读者反复阅读的。然而，这个译本的最大价值在于他在其"释义"(Paraphrases)和"评论"(Comments)两部分中呈现出的观点，以及他在"导论"中对中国和西方的神秘主义做出的反思。他的"关键术语"(Key Concepts)这个部分在比较洞见方面尤其丰富，而且似乎在今天看来与其在50年前看来是一样的有意义。这些是布兰克利的《道德经》英译本开始出现时最受好评的方面。例如：

"……许多翻译质量及其阐释的判断，取决于通过作家的自我修养与经典的原作者的自我修养的匹配所即时获得的直觉。……通过他多年来对《道德经》教义的热爱和沉思，而且由于他自己对宗教神秘主义的直接认知，他当然能'非常熟悉'《道德经》的最高实体'道'，这个'包括一切的'、无名的、不可描绘的、不可告知的'道'。"①

"布兰克利研究《道德经》三十年而且显然是按照《道德经》的教义来生活的，……他的《道德经》英译本值得引起那些想要与生活的困扰和烦恼斗争的人的关注，这些困扰和烦恼常常与很久以前中国中原对此持古怪观点的老子那个时候并无本质的不同。"②

但是我们不得不问，一个虔诚的美国公理教会的牧师怎么会对《道德经》如此着迷呢？同样重要的是，他是如何获得语言的专门知识和对中国文化那么熟悉以至于能进行如此的研究并把它译成英语的呢？布兰克利的生活故事可以回答我们这两个问题。

理查德·约翰·林恩
多伦多大学中国思想与文学荣誉教授

三、冯家富与英格里希《老子〈道德经〉新译》之"注释、评论与回应"

"注释、评论与回应"

在这一部分我并不打算向读者呈现什么史料或者对《道德经》文本做进一步的阐释。在"参考文献"中我提供了好几种学术评论。下面我只想在考察其他的《道德经》译本和许多其他关于精神哲学和传统之研究的基础上提

---

① Chang, Chung-yuan. "The Way of Life, Lao Tzu: A New Translation of the Tao Te Ching." *Philosophy East and West*, Vol. 6, No. 2, 1956, p. 171. (书评载《东西方哲学》第171页，1956年第6卷第2期)

② William Hung (Hong Ye), endorsement for R. B. Brankney. *The Way of Life: A New Translation of The Tao Te Ching*. New York: New American Library, 1955. Frontpiece: "Chinese Mysticism". 对布兰克利《生活之道:〈道德经〉新译》的认可。前言:《中国的神秘主义》。

出我自己的一些想法。(涉及的具体章节如下)

第1章

这一著名的开始或许也可翻译为"能够被加以解释的道就不是永恒之道（Way）"或者"显眼的、能够被清楚识别的道就不是恒久之道（Path）"。尽管真正的"道"总是存在于永恒之中并严格地遵照明确的法则，但是它必须得总是自我发现。它是常新的。一个人必须总是努力让自己从思想和意象的符咒中解脱出来，因为它们至多不过是曾经经历的反映。"普通的"、孤立的智力不是一种通过它那些活的、此在的时刻就可以被经历的。这种普通的思想是能阻碍现实经验的无数建议和联系的猎物，而且在这些建议中最引人注目的是那些精神的或宗教的内容。印度灵性导师克里希那穆提说："真理，是无道之地。"因而，真正的引导，不仅给予信徒们真理而且还提供帮助信徒们自己去发现真理的条件。

这里，一些对于"欲"之意义的评论或许是有用的。在这一章中，没有对"欲"进行负面的、否定的判断，尽管其他译者如保罗·卡卢斯的观点是相反的。卡卢斯认为："但是，被欲望所束缚的人，只能看见周遭事物的表象和躯壳。"我们现在对"欲"的翻译或许主要是在建议通过欲望一个人会被拉向本源的各种呈现。这些呈现是"万物"。换句话说，有它们自己的真相，是真实的原因导致的真实的结果。只是在一个人把造成结果的原因搞错了后才会引起麻烦。这里核心点被注意到了，那就是"欲"这个字可指我们内部的某种在道德上中立的东西或在其他的语境中我们本性的、主要的变态与变形。在后一种情况下，也许用"上瘾"（addiction）或"渴望"（craving）更恰当更准确些，它指的是当我们允许它吸收我们的更好的心智能量时某种欲望的产生。"渴望"是一种我们喜欢的愿望。但是纯粹的、简单的愿望不会被扼杀或压制，它们是我们人类本性的一个方面，它在"道"的某个阶段大量地进入内在转化的过程。这两个意义之间的混淆导致了历代对精神的、宗教的和哲学的教义的极大误解。在我们现在的这个译本中，其语境常常把老子想要表达的意思表现得非常清楚。

第2章

呈现的世界是一个所有现象在其中都是两种相反的力量互相作用的结果

的世界。它是一种能够意识到一个人可在这个世界中看见的每一种东西都有其对立面的智慧。每一种力都会引发并依靠一种反作用力。变形和错觉源于对此现象的误解,如源于坚信其"善",并忽略或天真地试图摧毁反对"善"的东西。智者了解万物中的所有生命在本质上都是力量作用的结果。试图去打破"善""恶"之间的互补关系的道德教义注定是要失败的,并引发对自己和他人的暴力行为。在西方世界,这种教义是法则的基本方面,常被谴责为是异端的或危险的。在任何情况下,它总是一种困难的、隐藏的、微妙的法则,容易被误解为是为自己的放纵甚至残忍辩护。尼采那句著名的"远离善恶"恰是对此法则的回应,而且那些以此作掩饰所犯的罪是对只能在完全的精神教义的语境中去理解它的充足的证据。在犹太教和伊斯兰教中这种思想常常组成了"深奥的""道",被那些通过"深奥的"或正统传统的道德法则和训练的人所保有。每一种完全的宗教传统都是由这些理解和实践的不同层次组成的。

第3章

明智之人是通过使百姓同时也使他们自己从欲望的束缚中解脱出来而进行统治的,通过帮助他们加强人性中那些本质的东西如"实其腹"和"强其骨"而进行统治的,通过减少对后天的心理知识的不平衡的依赖和人为地减少各种受诱导的欲望而进行统治的。根据20世纪的心灵导师葛吉夫的观点,"本质"(essence)是一个人自己的,是生而就有的,而"人格"(personality)是教育和社会制约的结果。二者对于人类生活都是必要的,但是各自必须在与他人的适当关系中去发展。

第5章

如陈荣捷和其他译者指出的:"'刍狗'在古代中国指的是'牺牲'。在这个'牺牲'词被使用后,它们被抛在了一边,对它们再无任何依恋。"这几行反映出了对明智之人对于人之价值的衡量的普遍反对。人有一种宇宙命运,其中绝大部分我们称之为道德的东西是关乎相的、短暂的社会价值的,常常主要与对个人或集体而言是"好"还是"坏"有关。智者的公正指的是在其中他们理解人类生活及其必要性的普遍语境。最高的力量关系我们只能达到允许它们进入我们自己的程度。在《迷途指津》(*The Guide for the Perplexed*)一书中,12

世纪最伟大的犹太心灵哲学家摩西·迈摩尼德斯指出,上帝的天意只有在人的智力与上帝发生实际的关联时才会在人类生活中起作用。否则,人类就会像"刍狗"一样屈服于任何事。这种观点从未完全融入传统的犹太教主流。

第8章

对于"道"而言,"水"是老子主要意象中的一个,此外还有"婴儿""牝""谷"和"朴"。生活在"道"中的人在其生活中行事,如同水按其本性行事一样。水不可抗拒,但它却能征服所有。水是无味的,以此提示"道"是不可见的,但它却能给予生命。它流经万物并在运动中保持清澈与纯洁。它是柔软的、灵活的、谦卑的。它不争。它本能地流向低处。万物都起因于水,最后又归于水。当老子说"无有"(non-being)和"无为"(non-acting)的时候更好的意象究竟是什么呢?

"不争:无尤。"这一行诗意地表达了这样一种理念:如果一个人不试图去把自己的意愿强加给别人那他就不会被责备。

在几乎所有的译本中,对这一章的翻译都带着当我们完全地生活在这个世界上时要保持与源之间的联系的一种挑战性暗示,即,人是一种具有两种本性的动物,同时有着现实的两个方面。在《薄伽梵歌》(*Bhagavad Gita*)中,克利须那神命令战士阿朱那在世界上坚定地行动但是不要过分在意行动的结果。也可以把这认为是对耶稣格言"恺撒的物当归恺撒,神的物当归神"的一种可能的解读。(见《马克福音》第12章第17节)

第12章

"是以圣人为腹不为目。"陈荣捷、亚瑟·韦利、林语堂和大部分的译者都将这一句中"腹"字译为"belly"。林语堂的译文为:"The sage provides for the belly and not for the eye."这样理解的话显而易见其表达的意思与第3章是一样的,其中"belly"指的是"根本",是一个人的本性可感觉到的东西,与外在看见的以及从外界获取的东西是相反的。对后天人格的不平衡的强调使得人性说所具有的两方面的本性变得不和谐。沉思中所体验到的"如猴子"样的、飞跑的思想在这个语境中可以被理解。在佛教中这种精神焦虑是被称之为"轮回"(samsaric)或"妄想症"(deluded mind)的一个重要方面。

第13章

"贵大患若身":林语堂和卫礼贤都没有把"身"这个字按字面意思来理解,而是分别将其译为"自我"(self)和"形象"(persona)。史蒂芬·米切尔的译本与这个观点一样:这一句指的是相信自我或社会自我的现实。不可否认在这样的解读中存在相当的真理,但是我们现在的这个译本或许给我们指出了某种更重要的东西,即,自我的幻觉本身可能根植于我们与肉身之有机现实的错误关系中。老子关于自然的教义显然先于我们对于老子认为身体是邪恶的想象。或许此处对此意义的最好回应可在西藏的道教文本《米拉日巴的一生》(The Life of Milarepa)中找到。在他令人敬畏的第一次沉思之后,米拉日巴告诉他的老师:"这身体是那些渴望自由的幸运之人被祝福的器具,但它同时也引导有罪之人进入下界。"我们也思考一下东正教的教父们如格里高利·巴拉马的著作。在任何条件下还没有哪本著作能比它更强烈地警告我们关于我们身体的力量,但在这些警告中,我们发现了巴拉马教父的教义:"你知道,兄弟,精神的以及普遍的人类的推理都显示了将其认为是紧急的这种必要性,即,那些希望属于他们自己,在精神上成为一个真正的修道士的人,应该引导自己的心灵进入自己的身体并在身体中将此心灵牢牢把握住。"

第17章

这一章论述的是领导才能的不同层次。在所有的人类事业中,尤其在自我认知的道路上,好的领导才能并非是仅仅引起自己的注意。这种引导可以创造条件并足以激励人们允许人们自己去寻求去体验真理。小领导会鼓励属下忠诚和讲感情,但是如果属下没能发现他自己有寻求的自由,那这种忠诚将转为负面成为一种害怕和怨恨。根据这一章的内容,它将会对精神团体、对现在和过去之命运的研究给予奖励。大师通过他对弟子的关注显示出他的信任,他唯一尊重的是弟子的内在心灵。这个故事是年轻的弟子讲的。他问老师,为什么你要向我这么一个如此不值得的人鞠躬行礼呢?据说,老师这样有力地回答他:"我并没有向你鞠躬行礼!你什么也不是!我是在向灵魂鞠躬行礼,在向你身上那个神圣的自我鞠躬行礼。"

第18、19和20章

这几章肯定了与"道"合二为一的人的卓越,而非将其看成是一种理想。

老子警告我们"德""智慧和道德之理想"以及所有意在引导我们朝向善的格言全都很容易让我们忘了主要的东西本身，而这个主要的东西将在我们自己体内向辐射能敞开，其功能将使我们的生命与道相符合。细想一下奥古斯丁的"爱上帝，做你想做的"，以及在大乘佛教中菩萨之怜悯心的自然生发。"道德"常常只是我们心灵的一部分对于其他部分的强加，这些部分仍然保持着，如其本是，不被说服且根本上不被碰触的状态。这并非意味着"道"之寻求者傻乎乎地放弃了道德法则，而是在某种程度上他明白了没有内在道德之外在道德能成为对他者以及他者内在之活力的一种残暴的行为。并且，朝向这种内在道德之"道"可能似乎令人惊异地与"道德"是相反的。比如，"绝圣弃智"必须再一次牢牢记住，盲目地反对传统道德与盲目地尊崇传统一样都是无用的。

第21章

"以此。"评论家和译者对其确切意思的理解不同。老子是在说仅仅通过直接地理解他刚才所描绘的就能知道创造之道吗？我们能想象他是指着自己的胸部说这些话的吗？更普遍地说，在任何情况下，伟大的、形而上学的观点以及过去的哲学一成不变地都是以一个人在更高的静寂和沉思状态下直接看到的东西为基础的。不管是对于犹太—基督教、印度教、毕达哥拉斯哲学还是道教来说，形而上学总是以经验为基础的。人的内在经验是宇宙的镜子。这种关于宇宙的教义从来不仅仅是沉思或仅以从感官对外在世界观察到的推断为基础。这里我们可以改述古老的炼金术士的格言："存乎中，行于外。"一个人必须学会如何向内看。现代英裔美国人的哲学倾向于拒绝根植于我们真正"所见"的艺术与科学之文化亏损的形而上学。

第22章

亚瑟·韦利的英译进一步阐明了该章的意思：
"To remain whole, be twisted!　曲则全，
To become straight, let yourself be bent.　枉则直，
To become full, be hollow.　洼则盈，
Be tattered, that you may be renewed."　敝则新。

第23章

"同于失者，失亦乐失之。"这一句和与它相连的句子或许是《道德经》中最令人感到迷惑的地方，因而卫礼贤这样写道："整体上，放弃这一句和无望地去阐释它一样都是理智的。"或许这种困惑中最有趣的在于不得不处理"失"这个字。它说的是哪方面的"失"呢？我们现在的这个译本是这么说的："失道者，失也。"（He who loses the Tao is lost.）太多东西取决于对此问题的解读。如果说的是一般的"失"，包括财富的失去、健康的失去、名誉的失去等等，那么我们则被告知，"道"之追随者在生活的各个方面都要把持着"道"。相反，如果涉及"道"之失去，那么这件事情就会变得麻烦得多也有趣得多。它可能意指（正如一些译者所为的那样）失"道"之人内在的失去以至于他感觉不到打破与生活中最重要的事情之间的联系。我们可以更细致地解读为，失去了他"认为"是"道"的东西的人会自动地接受那种失去的感觉并因此带回到更深的返回运动中。但是对这一句还有另一种理解，是我碰巧喜欢的，是早期的中国评论家王弼的解读：

"故将自己同于失'道'者，'道'也乐于失去他。"

换句话说，一个人从现实中所获得的恰恰就是他从现实中所寻求的，正如《加拉太书》第6章第7节所言："人种的是什么，收的也是什么。"作为全部的自然之"道"，并不将其意愿强加于他者。这种阐释与该章开始的几句是一致的。

第25章

"道法自然。"这不应该是说有一种与"道"是有区别的、名叫"自然"的"现实"。"道"是自然而然的本真，"道"通过他自己的"本真"而成其"道"。

第27章

这一章对"道"之高级追随者即圣人对"道"在世界中的阐释来说是非常重要的。我将其理解为是在说圣人的外在行动的重心及其带给它的关注。简单说即是，圣人生活的主要目的在于将其所理解的"道"传递给他人。这当然就是人类之爱的最高形式，是人类关系中秘密的关键之所在。这里，对邻居的爱并非指的是对他人的"喜爱"，它与感情的吸引完全没有关系，也非因组织或社会条件形成的家庭之爱、性爱或理智关爱。对圣人来说，他者既不"好"也不"坏"，他者只是一个是否正确地遵从"道"之个体。而且，因为所有的意义和对人性的幸福最终都取决于对"道"的遵从，因而，圣人只自然地去寻求如何安排处理他与他者之间关系的细节以便支持和进一步推进"道"。这是一个非常重要的问题，其中那些限制反映出了所有的精神转换的、共有形式的以及伦理之形而上学的根本问题。

第 32 章和 34 章

"小。"在这两章和其他章节（如第 52 章）中，"小"字的意思可能超越了"细""轻""不可见"等。所有这些术语指的都是宇宙中最高的和最有力的现实或力量。这些术语让我们去思考那些需要与最高的相关联的认识本质——一种非常精细的、微妙的心灵感应，一种在伟大的、充满活力的、沉默的内在条件下出现在我们身上的意识。最后，这种"小"的意识可能最终被理解为它自身的一种终极力量，或者用其他术语来表示，听起来或许有些神秘："道"之意识即为"道"。最高意识在本质上就是其自身的意识。这种自发的光发散开来并投射到万物的世界。来比较一下《唱赞奥义书》第 3 篇第 14 章第 3 节中对"小"字的使用："其小也，小于谷颗，小于麦粒，小于芥子，小于一黍，小于一黍中之实。是吾内心之性灵也。其大，则大于地，大于空，大于天，大于凡此一切世界。"让我们再来比较一下《福音书》中的芥菜籽和希伯来先知以利亚听到的"静而小的声音"。

第 33 章

"死而不亡者寿。"这种解释让我们以一种新的方式去思考永生，这种西方宗教称之为肉体死后心灵的复活的东西。这里似乎提供了某种更加动态的、有形的且比我们寻常关于永生的神学概念更直接相关的东西。什么将会亡？什么必须亡？什么是此在？就是此时此地。

第 38 章

美德是一种可以从自我中心自然生发的行为，不仅仅是指那些所做的与理想一致的行为，还指那些高贵的由思想所把持的行为。让我们来比较一下圣保罗的教义。他认为耶稣的到来不仅是为摧毁法则而且也是为了完成法则。

换句话说，正义并非强迫身体遵从思想而是使我们内在的新法则出现，在这种新法则中身体和思想是自动地、即刻地相互服从的。再来比较一下尼采在《查拉图斯特拉如是说》中提出的"灵魂三变"（third metamorphosis of the spirit），看看灵魂是怎样变成骆驼、狮子和孩子的。

第 42 章

从一开始宇宙被创造，并且在世界的所有层面上所有现象都是两种相反相对的力量的和谐。智者能理解怎样与这些力量和谐共处，而愚者则将自己等同于其中一种力量并被其相反的力量所击败。这是"暴力行为"。智者是不会以这种方式取胜的。

第 47 章

人类是个微观世界。向内看，可知晓宇宙的法则。但是，当然了，你必须得明白如何去看和怎样去向内寻求。要做到这个可不容易。来比较一下《薄伽梵歌》第 4 章第 17 节："当知何者是'有为'，当知何者是'为非'"和第 3 章第 27 节："认为'诸德运行于德中'，谁就不会陷入迷恋。""认为自身是主宰者的人是心灵受到迷惑的愚夫。"

第 48 章

对于该章没什么可再说的。我们自身当中没有什么东西丢失。只有多余的东西需要删除。比较一下苏非的话：
"当心为它丢失的东西哭泣的时候，
灵魂却在嘲笑它找到的东西。"
在基督教中这种教义或许可在上帝已经原谅了我们而且我们已经被他接受的学说中加以识别。人类的问题是接受它，深层次地接受。灵魂事业的目的在于让我们有能力去接受爱。

第 50 章

"……十有三。"保罗·卡卢斯和林语堂似乎为我提供了对这几句更有趣的翻译。

There are thirteen avenues of life; there are thirteen avenues of death; on thirteen avenues men that live pass unto the realm of death. (Carus)

The companions (organs) of life are thirteen;

The companions (organs) of death are (also) thirteen. (Lin Yutang)

"盖闻善摄生者,陆行不遇兕虎,……"这些兕虎是什么?我们来比较一下 13 世纪波斯诗人鲁米的诗句:

"一个赤裸的男人跳进河里,成群的大黄蜂

在他头上盘旋。记住,水是赞念。

除了上帝,没有什么现实。唯有上帝。

成群的大黄蜂是这个女人那个女人关于这个男人的性爱记忆。

或者,如果说有这么一个女人或者那个男人的话。

大黄蜂的蜂王飞了上来。它们蛰他。

水喘息着。从头到脚都变成了河。

于是大黄蜂留下孤零零的你飞走了。"

也可参见《道德经》第 55 章。

第 59 章

各种译本对这一章的翻译差别非常大。我们现在的这个译本在连接约束和"放弃自己的想法"的处理上是独特的。然而,所有的译本都建议,这里所说的是某种力量在内部的聚集,这种力量赋予个体一种一般来说不能理解的能力。如果不拥有这种神秘的能力是没有人能做他人或自己的君王的。因而,这一章在涉及聚集的作用或精神内修方面既不寻常也很重要。老子强调对认识的此在时刻的启明是,可以引导我们对"活在当下"更为经济的理解。这一章纠正了有可能引起误解的地方并提醒我们长久而坚持不懈的内修是必要的。

第 63 章和 64 章

比较《马太福音》第 6 章第 34 节:"所以,不要为明天忧虑。因为明天自有明天的忧虑。一天的难处,一天当就够了。"这两章讨论的是生活的艺术,将其当作对所有细节的关注核心放在此是一种实践。圣人不仅是通过他所说的而且也通过他对生活给予的关注来区别的。从这种生活的艺术中可产生伟大而实用的智慧。简言之,我们被告知,我们的生活是对我们所关注的东西的一种反映。

第 65 章

"古之善为道者，非以明民，将以愚之。"他们并不用话语和概念来加以解释，或者对那些只能感受和凭直觉获得的东西制定道德准则。智者并不去迎合"智"，他们对神圣的思想给予精神的呈现并因而想象当某些事物只可名时是能被理解的。该章，与几乎所有的《道德经》文本一样，同时也与内在的寻求相共鸣：正如其所是，我们被建议，阻止我们自己的聪明使"道"仅仅成为精神的信息。我将其看成是第 56 章始句的中心意思：

"知者不言，

言者不知。"

再来比较一下《马太福音》第 6 章第 3 节："你施舍的时候，不要叫左手知道右手所做的。"取得伟大的统一要求同样的伟大和真正的分离，即同时对外在与内在生活的本质与层次的辨别。比较一下犹太传统对某些"混合"形式的限制。

第 71 章

柏拉图告诉我们带勒弗伊的圣人名叫苏格拉底的是所有人中最有智慧的。"神的话究竟何所指，他出了何谜，我自信毫无智慧。他说我最有智慧，究竟何所云？"于是苏格拉底继续质疑雅典市民中那些拥有智慧的、美誉的人——政客、科学家、艺术家、手艺人，并吃惊地意识到没有他人比他更有智慧。"问题是我与他对于美与善同是一无所知，可是他以不知为知，我已不知为不知。我不以所不知为知。"(《苏格拉底的申辩》第 6 章) 苏格拉底的智慧在于他认识到他是不智慧的。

该章很简洁，为我们提供了伟大的精神传统中一个真正重要的思想的回应，最矛盾地表达出了大乘佛教教义中的涅槃（自由）（nirvana, freedom）即是轮回（奴隶）（samsara, slavery）。涅槃是对轮回的整体认识。自由是对奴隶的整体认识。知识是对无知的整体认识。这样的认识不仅仅是精神的认识，也不仅仅是对一个人一无所知或被奴隶的思想的认识。它是作为一种有形的力量的认识并且能携带着感觉和感情的力量，这种力量本身把巨大的释放能量注入人类生活中。因而，在基督教的冥想传统中，内在生活最重要的因素是忏悔，是一个人面对自身与上帝的距离时的"眼泪"。这种忏悔为上帝的慈悲进入自身开了一条道。这种忏悔是不能假装的，它必须得是真诚的。这是谦卑主要的意思。"哀恸的人有福了！因为他们必得安慰。……"（《马太福音》第5章第4节）

第 74 章和 75 章

　　这两章关注的是那些干涉得太多、将其意愿强加于民的统治者。其自身就装着百姓的真正的统治者，会去热爱和关心他们的生活，而百姓自然也会回报那种关爱。译者对第 74 章中"司杀者"（executioner）一词有不同的理解。总体的感觉似乎是一个人必须只能去毁坏那些对国家或对自己真正有害的东西，而且必须怀着真正的、公正的爱去对全体加以识别。这正是智者的、大师的标志。

（杨玉英　长江师范学院外国语学院教授，文学博士）

汉魏六朝志怪小说的英译（1919—2015）

宫蔷薇

摘　要：从20世纪初到21世纪初，汉魏六朝志怪小说的英译经历了将近百年的历史。最早的英译活动始于来华的传教士，首先译成英文的志怪小说被称为"道家故事"，以道教修仙故事为主。之后更多的文学家、专业译者以及汉学家加入了汉魏六朝志怪小说英译的工作，从零星的故事选译发展到志怪小说集完整翻译，从仅关注涉及道教宗教背景的文本发展到佛教文本、非宗教文本，从单纯故事性的翻译发展到译本贯穿学术性的探讨。有些文本产生了多个译本，有些旧的译本重新整合再版，汉魏六朝志怪小说的英译活动在过去的30年获得了更多的关注。梳理志怪小说百年英译史可以清晰展现我国经典文本外译的缩影，体现我国文化通过经典文本外译逐渐走出去的具体过程。

关键词：汉魏六朝志怪小说　英译史　汉学家　译者

中国小说的英译史研究多以志怪小说的英译开始。志怪小说萌芽于先秦时期，到了汉魏六朝时期走向成熟和鼎盛。汉魏六朝志怪小说按照时间大致可以分为3个阶段，分别是两汉、魏晋、南北朝，从公元前206年西汉建立到公元589年陈国灭亡，有将近800年的历史。这一时期中国本土的道教开始兴起，印度东进的佛教逐渐流行，玄学兴盛、清谈成风，为志怪小说的发展提供了丰富的素材和发展空间。然而成熟时期的志怪小说得到的译者关注却相对较少，相比写作手法更加成熟的唐代传奇以及明清的仿古小说，汉魏六朝志怪小说得到翻译研究的关注也更少，通常仅在论述古典小说英译的时候顺带提及。例如2003年马祖毅、任荣珍合编的《汉籍外译史》，其中"古代小说散文的译介"部分用不到一页的篇幅介绍了《搜神记》的英译,① 其内容主要来源于王丽娜 1988 年《中国古典小说戏曲名著在国外》的《搜神记》"英译文"部分。② 之后的研究者同马祖毅、任荣珍一样,提到六朝志怪小说的英译史时,除指出个别错误之外,基本局限在王丽娜 1988 年所列译本之中。而王丽娜当时仅关注《搜神记》的英译,文献只整理到 1942 年。这就使得汉魏六朝志怪小说英译史的研究已经有半个多世纪的空白,而正是在这段时间,尤其是近年随着"中学西传""经典外译"进程的不断推进,以及国外学者对中国古典文学关注度的进一步提升,旧的译本获得修订再版,新的译本不断涌现。《搜神记》在国内外相继出现了完整的二十卷本的译本,同时期其他志怪小说集也陆续有了全译本。本文以时间为主线、译者为辅线,试图补充和继续前人的研究,对汉魏六朝志怪小说汉译英的历史做一个大致的梳理。李剑国在《唐前志怪小说史》中将志怪小说分为 3 类,分别是地理博物体志怪小说,例如张华的《博物志》;杂传杂史体志怪小说,例如葛洪的《神仙传》;以及最常见的形式杂记体志怪小说,例如干宝的《搜神记》、陶潜的《搜神后记》等。③ 本文所讨论的志怪小说将以李剑国所划分的范围为准。

本文将汉魏六朝志怪小说的英译史大致梳理为 3 个阶段,分别是中华人民共和国成立前（1949 年以前）,中华人民共和国成立后四十年（1949—1987）以及世纪之交的三十年（1988 年以后）。各个时期的译本和译者都有着显著的特征,随着时间的推移,译本由零星的篇章选取向整本的译著发展。新中国成立后,国内译者相继走上了汉籍外译的历史舞台。到了世纪之交,更多的志怪题材被译者发掘,海外关于志怪小说的学术研究也带来了更多的译本。

一、中华人民共和国成立前（1949 年以前）

汉魏六朝时期最著名的志怪小说集当属晋干宝所撰的《搜神记》,原作据载有三十卷,原本散佚,现在通行本为明朝胡应麟辑录本二十卷,该版本共收录故事 464 篇。

---

① 马祖毅、任荣珍《汉籍外译史》第 255 页,湖北教育出版社,2003 年。
② 王丽娜《中国古典小说戏曲名著在国外》第 332—335 页,学林出版社,1988 年。
③ 详见李剑国《唐前志怪小说史》,人民文学出版社,2011 年。

王丽娜、马祖毅等将《搜神记》最早的译本时间定位到了 19 世纪初,认为马礼逊 1812 年(Robert Morrison)所译的《中国之钟:中国通俗文学选译》(*Horae Sinicae*:*Translation from the Popular Literature of the Chinese*)里率先收录了《搜神记》的故事[①],之后的研究者也多认为马礼逊译介了《搜神记》里的篇目[②]。1812 年版的《中国之钟》书只有 70 多页,除最后一部分是一些信件选译之外,前面 6 篇选译了《三字经》《牛图经》等与当时中国民众的社会生活密切相关的内容。其中有两篇译文,"Account of *FOE*, the Deified Founder of a Chinese sect"以及"Account of the Sect *TAO-SZU*"[③],译者简单说明了这两篇译文对应《三教源流》中的《释氏源流》和《道教源流》[④]。王丽娜,马祖毅等误认为其选自干宝的《搜神记》,或许是因为《三教源流》内容上与《道藏》本《搜神记》大致相同,而两部《搜神记》同名,因而引发误解。[⑤]

除《中国之钟》外,王丽娜还分别列出了 1841—1883 年间刊载在《中国评论》和《中国丛报》上译自《搜神记》的译本,其中包括《中国海员中的女神简传》(Sketch of Feën Fe, or Matsoo Po, the Goddess of Chinese Seamen),《观音简传:中国大慈大悲之女神》(Sketch of Kwanyin, the Chinese Goddess of Mercy),《虚构的一些中国上帝,主要与上帝有关的因素》(Mythological account of some Chinese deities, chiefly those connected with the elements. Translated from the Siú Shin Kí)等等。[⑥] 这些译本参考的原文同样是出于《三教源流》,而非干宝的《搜神记》。其中《虚构的一些中国上帝》中提到"雨师神",与干宝《搜神记》中"雨师"篇名相似而内容相异,"雨师神"为《三

---

① 《中国古典小说戏曲名著在国外》第 332 页;《汉籍外译史》第 255 页。宋丽娟、孙逊将 *Horae Sinicae*:*Translation from the Popular Literature of the Chinese* 译为《中国春神》,详见其《近代英文期刊与中国古典小说的早期翻译》第 126 页注 3,载《文学遗产》2011 年第 04 期。

② 例如江慧敏《中国小说在英国的翻译传播与影响》,载《北京第二外国语学院学报》2014 年第 06 期。

③ Morrison, Robert Comp, *Horae Sinicae*:*Translation from the Popular Literature of the Chinese*, London:Printed for Black and Parry, etc., 1812, pp. 41-52, 55-64.

④ *Horae Sinicae*:*Translation from the Popular Literature of the Chinese*, pp. 41-52, 55-64, p. 41, p. 55.

⑤ 刘同赛认为吴义雄,宋莉华也犯了类似的错误,详见刘同赛《近代来华传教士对中国古典文学的译介研究》第 29 页,济南大学硕士毕业论文,2014 年。

⑥ 《中国古典小说戏曲名著在国外》第 332 页,所列译文的中文题目皆为王丽娜所译。

教源流》中提到的商羊，《搜神记》中的"雨师"则是赤松子。①

此外，王丽娜、马祖毅等还提到 1922 年由伦敦 George G. Harrap & Co. Ltd. 以及新加坡 G. Brash（PTE）Ltd. 同时出版的文仁亭（E. T. C. Werner，中文名又称沃纳/倭纳）译著，《中国神话与传说》（*Myths and Legends of China*），认为该译著包括干宝《搜神记》的部分译文及介绍②。文仁亭前言说明中提到译著中"中国神话的主要来源包括三十二卷本《李太神仙通鉴》，八卷本《神仙列传》，八卷本《封神演义》，以及十卷本《搜神记》"，称主要翻译或改写了这些著作。③《搜神记》现有通行二十卷本，稗海八卷本，以及敦煌句道兴一卷本，不曾有十卷本。《崇文总目》小说类著录有《搜神总记》十卷，其中注释"不著撰人名氏，或题干宝撰，非也。"李剑国同意其观点，认为《搜神总记》十卷本非干宝《搜神记》。④因此，文仁亭译著中提到的十卷本《搜神记》应与干宝《搜神记》有异，其译文和故事梗概中，也并没有出现干宝《搜神记》的相关内容。

如此一来，第一个翻译汉魏六朝志怪小说的则是耶茨（W. Perceval Yetts，中文名又称颜慈），他选译了被当时汉学家所忽视的汉魏六朝志怪小说，收入《道家故事》（*Taoist Tales*）⑤，分为 3 个部分陆续刊登在《中国新评论》（*The New China Review*）⑥ 1919 年 3 月第 1 期，5 月第 2 期，以及 1920 年

---

① 详见 Bridgman, James Granger, "Mythological account of some Chinese deities, chiefly those connected with the elements. Translated from the Siú Shin Kí", *The Chinese Repository*. Vol. XIX. No. 6, 1950, p. 313. 干宝撰，陶潜撰，李剑国，辑校《新辑搜神记：新辑搜神记后记》第 21 页，中华书局，2007 年。

② 《中国古典小说戏曲名著在国外》第 333 页；《汉籍外译史》第 255 页。

③ Werner, E. T. C., Preface from *Myths & legends of China*, London: George G. Harrap & Co. Ltd., 1922, p. 7.

④ 《唐前志怪小说史》第 347 页。

⑤ 马祖毅等将耶茨的名字误写为"W. D. Yetts"，将文章题目记为"《道家故事：焦山隐士》(*Taoist Tales: The Hermit of Chiao Shan*)", "The Hermit of Chiao Shan"只是耶茨翻译的一则志怪小说前的一段解释所用的题目，并非篇名。马祖毅等如此处理可能是为了与该文章的其他两部分相区分。详见《汉籍外译史》第 255 页。

⑥ 《汉籍外译史》第 255 页。《中国新评论》（1919—1922）（*The New China Review*），由英国汉学家库寿龄（Samuel Couling）于 1919 年在上海创办，别发印书馆刊行，旨在继承 1901 年停刊的汉学刊物《中国评论》（*The China Review*），该刊前后共出版四卷，2012 年由国家图书馆再辑出版，共四册，刊名译为《新中国评论》。就其对《中国评论》的继承关系，结合 1919—1922 年的时代背景与"新中国"这一说法的在现代语境的特定含义，马祖毅等的译法《中国新评论》更加贴切。

6月第3期。耶茨译介了选自刘向《列仙传》的《琴高》《陶安公》《安期生》，选自《搜神记》卷一的《焦山道士》，选自《搜神后记》卷一的《丁令威》、卷五的《螺女》。其余3篇译文来自明朝还初道人与刘向著作同名的《列仙传》，以及明朝王世贞辑次王云鹏校梓的《列仙全传》。① 其中《陶安公》的英译文于2000年选入《哥伦比亚中国传统文学精选》（*The Shorter Columbia Anthology of Traditional Chinese Literature*）。② 1921年，耶茨又撰文《道家故事——答疑》（"Taoist Tales-A Rejoinder"），发表在《中国新评论》第3卷第1期，文中解释了之前其翻译的《道家故事》所参考的干宝《搜神记》的版本问题，提到干宝《搜神记》不同版本与《刻出增补搜神记大全》和《三教源流圣帝佛帅搜身全》是完全不同的文本。③

紧随耶茨之后，1921年，翟林奈（Lionel Giles）译介《唐写本搜神记》（"A T'ang Manuscript of the *Sou Shên Chi*"）载于《中国新评论》当年第5期和第6期，其中对《搜神记》的3个版本进行了考证，并翻译了《汉魏丛书》八卷本《搜神记》的第一篇《管辂》，以及句道兴一卷本《搜神记》的《侯霍》。④《管辂》后收入其1948年由伦敦约翰·默理公司（John Murray）出版的译文集《仙人群像》（*A Gallery of Chinese Immortals*）。《仙人群像》与耶茨的《道家故事》一样，关注的是道家方士、修道成仙的故事。其中属于汉魏

---

① Yetts, W. Perceval, "Taoist Tales, Part I", *The New China Review*, Vol. I, No. 1, 1991, pp. 11-18. "Taoist Tales, Part II", *The New China Reivew*, Vol. I, No. 2, 1991, pp. 169-175. "Taoist Tales, Part III", *The New China Review*, Vol. II, No. 3, 1920, pp. 290-297. 其中故事篇名参考文中的威妥玛拼音和中文。

② Mair, Victor H., ed., *The Shorter Columbia Anthology of Traditional Chinese Literature*, New York: Columbia University Press, 2000, pp. 479-480.

③ Yetts, W. Perceval, "Taoist Tales-A Rejoinder", *The New China Review*, Vol. III, No. 1, 1921, pp. 65-68.

④ Giles, Lionel, "A T'ang Manuscript of the *Sou Shên Chi*", *The New China Review*, Vol. 3, No. 5, 1921, pp. 378-385. "A T'ang Manuscript of the *Sou Shên Chi* (continued)", *The New China Review*, Vol. 3, No. 6, 1921, pp. 460-468. 翟林奈将《侯霍》主人公记为"侯雙 Hou Shuang"，故事与《侯霍》相同，翟林奈指出参考原文来自一份敦煌手抄本。如果非译者误识，则有可能是不同版本人名的差异，就像二十卷本《搜神记》《管辂》中的"颜超"，在八卷本称为"赵颜"、一卷本中称为"赵颜子"一样。马祖毅等误认为《唐写本搜神记》载于《中国新评论》1921年第3期，该期有一篇文章 "T'ang Chi-yao Coins"，或是与之混淆。详见马祖毅、任荣珍《汉籍外译史》第255页。

六朝志怪小说的有选自干宝《搜神记》的四篇，分别是《东方朔灌酒消患》《左慈》《管辂》和《吴猛止风》；除此之外，还有选自刘向《列仙传》的十八篇，包括《马师皇》《务光》等；选自葛洪《神仙传》的十四篇/选段，包括《玉子》《沈羲》等。①

1937 年，叶女士（Evangeline Dora Edwards，中文名又称爱德华兹）的译著《中国唐代散文作品》（Chinese Prose Literature of the T'ang Period）由亚瑟·普罗赛因（Arthur Probsthain）出版第一卷，翌年第二卷出版，共两卷本。在第二卷中她译介了《太平广记》中选自《搜神记》的《蒋山蒋侯祠》《蒋山庙戏婚》，以及《蒋侯助杀虎》，三则故事英译文均列《蒋子文传》（"Chiang Tzǔ-wên chuan"）题下。②

1942 年，林语堂编译了《中国印度之智慧》（The Wisdom of China and India），由兰登书屋（Random House）出版，其中翻译了选自《搜神记》的《宋定伯卖鬼》和《千日酒》。③

1942 年 2 月，卜德（Derk Bodde）在《哈佛亚洲研究学报》（Harvard Journal of Asiatic Studies）发表文章《中国神怪故事选：干宝及其著作〈搜神记〉》（"Some Chinese Tales of the Supernatural: Kan Pao and His Sou-shên chi"），介绍了干宝的《搜神记》并将其成书时间确立在 345—350 年之间。文中完整译介 1935 年商务印书馆出版、胡怀琛校点的二十卷本《搜神记》中的八个篇目，按译文顺序排列分别译自卷二的《天竺胡人法术》、卷十八的《何文除宅妖》、卷十四的《马皮蚕女》、卷十八的《宋大贤杀狐》、卷十七的《倪彦思家狸怪》、卷十六的《宗定伯卖鬼》、卷十二的《落头民》以及卷十二的《猳国马化》。文章最后简单介绍了《搜神记》的四则故事，分别是卷

---

① Giles, Lionel, *A Gallery of Chinese Immortals: Selected Biographies Translated from Chinese Sources*, London: John Murray, 1948, p. 50, pp. 76-78, pp. 88-90, pp. 93-94, pp. 17-18, pp. 18-19, pp. 21-22, pp. 31-33. 《中国古典小说戏曲名著在国外》第 334 页和《汉籍外译史》第 255 页误将翟林奈的《仙人群像》的出版年份列为 1938 年。

② Edwards, E. D., *Chinese prose literature of the T'ang period, A. D. 618-906* (Vol. II), London: Arthur Probsthain, 1938, pp. 51-54.

③ Lin, Yutang, *The wisdom of China and India*, New York: Random House, 1942, pp. 945-947.

四的《打如愿》《阴子方祀灶》,卷十四的《狗祖盘瓠》和《夫馀王》①,并指出之所以没有一字一句翻译盘瓠和夫馀王东明的故事,是因为这两篇同样可见于《后汉书》的故事已经有了完整的译文。② 同年 12 月,卜德在《美国东方学会会刊》(Journal of the American Oriental Society) 发表了后续的文章《中国神怪故事又选:再论干宝及其著作〈搜神记〉》("Again Some Chinese Tales of the Supernatural: Further Remarks on Kan Pao and His *Sou-shên chi*"),里面译介了一则故事,出自《搜神记》卷一的《葛由乘木羊》。③

新中国成立前志怪小说的译者有英国来华传教士或有传教士家庭背景的汉学家,例如生于中国的叶女士,她的父亲是苏格兰长老会派遣来华的传教士;也有译者在欧洲国家的驻华使馆任职或有驻华外交官的家庭背景,例如文仁亭,1884 年他首次来华时担任的是英国使馆的翻译实习生,④ 翟林奈的父亲翟理斯(Herbert Allen Giles)也曾经担任英国驻华外交官。新中国成立前翻译汉魏六朝志怪小说的译者多来自欧洲,他们不仅是译者,同时也是研究中国文化的汉学家,大多有在高校任职的经历,例如叶女士曾是伦敦大学汉学教授、任远东系主任一职,卜德则长期执教于宾夕法尼亚大学(1938—

---

① Bodde, Derk, "Some Chinese Tales of the Supernatural: Kan Pao and His *Sou-shên chi*", *Harvard Journal of Asiatic Studies*, Vol. 6, No. 3/4, 1942, pp. 338-357. 此文后收入卜德 1981 年版的《中华文明论文集》(*Essays on Chinese Civilization*),由普林斯顿大学出版社(Princeton University Press)出版。《中国古典小说戏曲名著在国外》第 334 页误以为卜德翻译了九则《搜神记》的故事。Li, Ping, "Translators' Selection of Chinese Fictions Translated into English during the Anti-Japanese War to the Establishment of the People's Republic of China", *International Journal of English Literature and Culture*, Vol. 2, No. 3, 2014, p. 46 也指出了王丽娜的这一疏漏并给出了详细的分析。

② 详见 Bodde, Derk, "Some Chinese Tales of the Supernatural: Kan Pao and His *Sou-shên chi*", *Harvard Journal of Asiatic Studies*, Vol. 6, No. 3/4, 1942, pp. 356, Footnote 33.《盘瓠》故事的英译文,可参见 Liu, Chungshee Hsien, "The Dog-Ancestor Story of the Aboriginal Tribes of Southern China", *The Journal of the Royal Anthropological Institute of Great Britain and Ireland*, Vol. 62, 1932, pp. 361-368. 本文出现的故事中文标题如译者没有标出拼音或汉字注解,基本参考马银琴译注的中华书局 2012 年版《搜神记》中的篇名。

③ Bodde, Derk, "Again Some Chinese Tales of the Supernatural: Further Remarks on Kan Pao and His Sou-shên chi", *American Oriental Society*, Vol. 62, No. 4, 1942, pp. 305-308.

④ 详见房建昌《倭纳与〈中国神话学辞典〉》,载《社会科学研究》1987 年第 5 期。以及房建昌《文仁亭与〈中国神话学辞典〉》,载《辞书研究》1988 年第 2 期。

1975年),曾当选1968至1969年度美国东方学会主席①。对这些译者而言,志怪小说只是他们译介中国文化中的一部分,并非研究的重点。因此,该时期的译文多为发表在期刊上的零星篇章。除耶茨的《道家故事》和翟林奈的《仙人群像》涉及《列仙传》和《神仙传》之外,这一时期的译者的重点主要还是放在《搜神记》的选译上,除此之外的汉魏六朝时期更多的志怪小说文本尚未被译者发掘。

二、中华人民共和国成立后四十年（1949—1987）

中华人民共和国成立后,中国译者和华裔汉学家开始主导志怪小说的英译工作,除《搜神记》以外的汉魏六朝志怪小说也得到了应有的关注。1958年,杨宪益、戴乃迭翻译《汉魏六朝小说选》（The Man Who Sold a Ghost: Chinese Tales of the 3rd-6th Centuries）,由外文出版社出版。这是我国译者首次大规模译介汉魏六朝志怪小说,译文收录共74则故事,除选自《搜神记》的23则故事之外,还包括选自《列异传》《博物志》《神仙传》《灵鬼志》《搜神后记》《齐谐记》《幽明录》等14个志怪小说集的36则故事,其余的故事则是同时期的志人小说。② 上文提到李剑国将汉魏六朝志怪小说大致分为3类,分别是地理博物体志怪小说、杂传杂史体志怪小说,以及杂记体志怪小说。③《汉魏六朝小说选》是第一个囊括3种类型志怪小说的译本。次年,杨氏夫妇翻译鲁迅的《中国小说史略》（A Brief History of Chinese Fiction）,由外语出版社出版,之后多次再版。书中第五章、第六章关于六朝志怪小说,其中有选自《搜神记》《搜神后记》《灵鬼志》《拾遗记》等志怪小说集的篇目。④ 与中文原著不同的是,译著中穿插了很多小说的影印图像,如小说的原

---

① 顾钧《美国汉学家卜德（Derk Bodde）的秦史研究》,载《江苏大学学报（社会科学版）》2013年9月第15卷第5期。

② Yang Hsien-yi and Gladys Yang, trans., The Man Who Sold a Ghost: Chinese Tales of the 3rd-6th Centuries, Beijing: Foreign Language Press, 1958. 杨宪益、戴乃迭英译,汪龙麟今译《汉魏六朝小说选》,外文出版社,2005年。

③ 《唐前志怪小说史》。

④ Lu, Xun (鲁迅), A brief history of Chinese Fiction, Yang Xianyi and Gladys Yang, transl., Beijing: Foreign Languages Press, 1959, pp. 42-65.

版首页或与内容相关的图画等，以供译文读者对中国古代小说的形式有相对直观的认识和了解。

1974 年，傅思德（Lawrence C. Foster）完成题为《〈拾遗记〉及其与志怪小说文类的关系》(The Shih-i chi and its Relationship to the Genre known as Chih-kuai hsiao-shuo) 的博士论文，其中翻译了《增订汉魏丛书》版本的《拾遗记》。①

1979 年，罗慕士（Moss Roberts）编译《中国神话故事及志怪小说》(Chinese Fairy Tales and Fantasies)，由众神图书（Pantheon Books）出版，书中有简单配图，译文包括选自《搜神记》的《李寄斩蛇》《宋定伯捉鬼》《黑衣白袷鬼》，以及选自《博物记》的《地》节选。②

1981 年，周宗德（Donald E. Gjertson，中文名又称哲孙）在《美国东方学会会刊》发表题为《中国早期佛教神迹故事：初步研究》(The Early Chinese Buddhist Miracle Tale：A Preliminary Survey) 中，其中翻译了选自《新序》《列异传》《观世音应验记》《宣验记》《冥报记》五个志怪小说集的故事 6 则。③

1983 年，张心沧（H. C. Chang）翻译出版了《中国文学卷三：神怪小说》(Chinese Literature 3：Tales of the Supernatural)，由爱丁堡大学出版社出版。除完整翻译唐朝至清朝的 12 则志怪小说之外，他还按照早期、唐、宋、明、清不同历史时期介绍了各个时期的志怪小说和传奇。在介绍唐前早期志怪小说时，列举了汉魏六朝的《搜神记》《搜神后记》《幽明录》《列异传》《灵鬼志》《冤魂志》等作品中一些故事的梗概。其中包括《搜神记》的《玉女知琼》《幽明录》的《黄原》等。④

1985 年，高辛勇（Karl S. Y. Kao）主编，共计 16 位译者参与翻译的

---

① Foster, Lawrence Chapin, "The Shih-i Chi and Its Relationship to the Genre Known as Chih-kuai Hsiao-shuo", Ph. D. diss., University of Washington, 1974.

② Roberts, Moss, Chinese Fairy Tales and Fantasies, New York：Pantheon Books, 1979, pp. 129-131, pp. 171-172, pp. 176-177, p. 248.

③ Gjertson, Donald E., "The Early Chinese Buddhist Miracle Tale：A Preliminary Survey", Journal of the American Oriental Society, Vol. 101, No. 3, 1981, pp. 287-301.

④ Chang, H. C., Chinese Literature 3：Tales of the Supernatural, Edinburgh：Edinburgh University Press, 1983, pp. 1-13.《汉籍外译史》第 257 页误将该书的出版年份列为 1988 年。

《三世纪到十世纪中国经典志怪小说选》（*Classical Chinese Tales of the Supernatural and the Fantastic: Selection from the Third to the Tenth Century*），由印第安纳大学出版社出版。书中除翻译了 36 则唐代传奇故事之外，还选译了《列异传》《搜神记》《神仙传》等 13 个汉魏六朝志怪小说集中的 60 则故事，其中包括《列异传》的《鲍子都》《搜神记》的《玉女知琼》等。①

1987 年，余国藩（Anthony C. Yu）在《哈佛亚洲研究学报》（*Harvard Journal of Asiatic Studies*）发表文章《"安息吧，安息吧，受难的灵魂!"：中国传统小说中鬼魂》" 'Rest, Rest, Perturbed Spirit!': Ghosts in Traditional Chinese Prose Fiction"，介绍汉魏六朝至明清的志怪小说，文中完整翻译了《列异传》中的《宗定伯》②。

与建国前译者多为欧美汉学家不同，这一时期华裔汉学家和本土译者的数量明显增多，志怪小说作为独特的文类受到研究者的关注。该时期的译本多以"志怪"为题，集结成册以译著的形式发表。与前一阶段重点放在《搜神记》不同，这一时期的译者涉猎了更多的志怪小说集，除早已引起关注的道教文本外，佛教背景的文本同时进入了译者的视线，例如《观世音应验记》《宣验记》《冥报记》等。大部分译著多有详细的背景知识介绍，具有一定的学术性。外文出版社在新中国成立伊始的汉籍外译工作中起到了重要的促进作用。1952 年，当时出版社的社长刘尊棋早有设想系统翻译中国文学，于是招募杨氏夫妇，允诺杨宪益"专家"的身份，允许他可以自行决定想要翻译、出版的作品。③ 外文出版社的工作使得杨宪益翻译并出版了许多中国文学作品，继清代小说《儒林外史》、郭沫若历史剧《屈原》等作品之后，1958 年出版《汉魏六朝小说选》。与 1942 年林语堂在《中国印度之智慧》中仅有两

---

① Kao, Karl S. Y., ed. *Classical Chinese Tales of the Supernatural and the Fantastic: Selections from the Third to the Tenth Century*, Bloomington: Indiana University Press, 1985, pp. 56-181.

② Yu, Anthony C., " 'Rest, Rest, Perturbed Spirit!': Ghosts in Traditional Chinese Fiction", *Harvard Journal of Asiatic Studies*, Vol. 47, No. 2, 1987, pp. 397—434. 余国藩在第 406 页的脚注中提到《宗定伯》主人公的名字还有其他版本，包括"Sung Ting-po 宗定伯 and Chang Ting-po 章定伯"，此处"Sung Ting-po"对应的中文名字应是"宋定伯"。此处的《宗定伯》故事基本同干宝《搜神记》卷十六的《宗定伯卖鬼》，余国藩的译文译自徐震堮《汉魏六朝小说选》，1956 年由上海古籍出版社出版，此版中《宗定伯》归在《列异传》，而非《搜神记》。

③ 杨宪益、薛鸿时《漏船载酒忆当年》第 175 页，北京十月文艺出版社，2001 年。

篇选自《搜神记》的译文不同,《汉魏六朝小说选》囊括该时期大量的志怪小说集,是第一部本土译者该时期的译文选,具有重要的划时代的意义。

而此后的三十年,在我国译者继续推出新的译文的同时,外籍汉学家强势回归,更多的注意力放在了汉魏六朝志怪小说所反映的当时的宗教信仰和人文背景。

三、世纪之交三十年（1988 年以后）

在这三十年,期刊文章中零星散落的志怪小说译文数量明显增多,不胜枚举,汉魏六朝的志怪小说在神话故事集译著中的分量越来越大,同时专门针对这一历史时期、甚至某一志怪小说集的译著逐渐增多。此外,更多的学者参与到对汉魏六朝志怪小说的深层解读工作中来。

1988 年,丁往道的译著《中国神话及志怪小说一百篇》(*100 Chinese Myths and Fantasies*) 由商务印书馆（香港）有限公司出版,1991 年重印,由中国对外翻译出版公司与其合作出版发行。全书文言文和英文对照,按朝代分为四个部分,分别是古代、魏晋南北朝、唐宋,以及清代。在第二部分魏晋南北朝时期,选译了《列异传》《博物志》《搜神记》《搜神后记》和《幽明录》五部志怪小说集中的 21 则故事。① 2008 年,该书经重新整理删减由中国对外翻译出版公司更名为《中国神话及志怪小说选》(*Chinese Myths and Fantasies*) 再次出版,其中魏晋南北朝部分的小说只剩下 13 则故事。此版本不仅给文言文原文都标注了汉语拼音,同时还提供了王诒卿现代汉语译文。② 1991 年版的《百篇》中选自《搜神记》的 9 则故事,后经修改收入两卷本《搜神记》(*Anecdotes about Spirits and Immortals*),于 2004 年由外文出版社出版,列入《大中华文库》。两卷本《搜神记》完整囊括辑录本《搜神记》二十卷 464 则故事,除文言原文外,同时还附有黄涤明校译的现代汉语文

---

① 丁往道《中国神话及志怪小说一百篇》,香港：商务印书馆（香港）有限公司,1988 年。《中国神话及志怪小说一百篇》第 86—153 页,中国对外翻译出版公司；香港：商务印书馆（香港）有限公司,1991 年。

② 丁往道选译、王诒卿今译《中国神话及志怪小说选》第 73—148 页,中国对外翻译出版公司,2008 年。

本。① 这是我国出版的第一部完整的《搜神记》英译本，西方完整的英译本则比其早八年出版。

1992 年，托马斯·史密斯（Thomas E. Smith）完成题为《仪式与叙事塑造：汉武帝传说》（Ritual and the Shaping of Narrative: The Legend of the Han Emperor Wu）的博士论文，其中有大量《汉武帝故事》的英译文，以及《洞冥记》等汉魏六朝志怪小说集的一些译文。②

1996 年，杜志豪（Kenneth J. DeWoskin）和柯润璞（James I. Crump, Jr.，中文名又称柯迂儒）翻译了《搜神记》（In Search of the Supernatural: The Written Record）二十卷本 464 则故事，由斯坦福大学出版社出版。③ 在该译著出版前，1974 年，杜志豪完成题为《搜神记及志怪传统：文献与文类研究》(The Sou-shen chi and the Chih-kuai Tradition: A Bibliographical and Generic Study)的博士论文；④ 1977 年，他的《搜神记选译》（In Search of the Supernatural-Selections from the "Soushen chi"）在《译丛》（Renditions）发表。⑤ 1996 年版的《搜神记》全译本是杜志豪之前博士生研究和之后翻译工作积累的体现。与丁往道译本不同的是，该版本只有英文译文，每一卷首配图，每则故事附有标题，注释附在故事的文末。其中《干宝自序》、卷三的《隗炤藏金》、卷十四的《狗祖盘瓠》、以及卷十八的《高山君》收入 2000 年的《哥伦比亚传统中国文学精选》。⑥

1998 年，张光前编译《枕中记：〈太平广记〉101 个故事》（Into the Porcelain Pillow: 101 Tales from Records of the Taiping Era），由外文出版社出版，其中包含选自《搜神记》《续搜神记》《续齐谐记》《幽明录》《异苑》

---

① 干宝著，黄涤明校译，丁往道英译《搜神记》，外文出版社，2004 年。
② Smith, Thomas Eric, "Ritual and the Shaping of Narrative: The Legend of the Han Emperor Wu. (Volumes I and II)", Ph. D. diss., University of Michigan, 1992.
③ Kan, Pao, In Search of the Supernatural: The Written Record, Kenneth J. De Woskin, J. I. Crump, Jr. trans., Stanford: Stanford University Press, 1996.
④ DeWoskin, Kenneth J., "The Sou-shen chi and the Chih-kuai Tradition: Bibliographic and Generic Study", Ph. D. diss., Columbia University, 1974.
⑤ DeWoskin, Kenneth J., "In Search of the Supernatural-Selections from the 'Soushen chi'", Renditions 7, 1977, pp. 103-114.
⑥ Mair, Victor H., ed., The Shorter Columbia Anthology of Traditional Chinese Literature, New York: Columbia University Press, 2000, pp. 480-485.

《列异传》六部志怪小说集的 10 则故事。① 2007 年，张光前将译文由原 101 篇增添到 155 篇，再次由外文出版社出版《太平广记选》(Anthology of Tales from Records of the Taiping Era) 两卷本，文言文与英文译文对照。其中汉魏六朝时期的志怪小说增添选自《搜神记》的《秦巨伯》，共计 11 篇。②

2000 年，倪豪士 (William H. Nienhauser, Jr.) 将雷威安 (André Lévy) 1991 年版的法语著作《中国古代经典文学》(La Littérature Chinoise Ancienne et Classique) 译为英文，由印第安纳大学出版社出版，其中译介了两篇汉魏六朝的志怪小说，分别是选自《搜神后记》的《杨生狗》和选自《博物志》的《燕太子丹》。③

2003 年，赵晓寰完成其题为《中国经典志怪小说：形态演变史》(Classical Chinese Supernatural Fiction: A Morphological History) 博士论文，后于 2005 年由埃德温·梅隆出版社 (The Edwin Mellen Press) 出版。其中为了使用普罗普的故事形态学分析志怪小说，赵晓寰翻译了 50 篇，划分为魏前、六朝、唐五代、宋元明清 4 个时期，其中魏前的故事主要集中在《山海经》的故事，六朝时期有选自《搜神记》《续搜神记》《幽明录》《述异记》《冤魂记》的故事 20 则，此外唐五代时期列有稗海八卷本《搜神记》中的《管辂》。④

2005 年外文出版社再版杨宪益、戴乃迭 1958 年版的《汉魏六朝小说选》，收入《大中华文库》，英文题目更改为 Selected Tales of the Han, Wei and Six Dynasties Periods。与 1958 年版不同，这一版配上了文言文原文和汪龙麟的白话译文，文中出现的拼音也均为汉语拼音。

2007 年，张振军在倪豪士的指导下完成博士论文《佛教与中国中古早期志怪小说：刘义庆（403—444）〈幽明录〉研究》(Buddhism and Tales of the Supernatural in Early Medieval China: A Study of Liu Yiqing's (403—444)

---

① Li, Fang, *Into the Porcelain Pillow: 101 Tales from Records of the Taiping Era*, Zhang Guangqian, trans., Beijing: Foreign Languages Press, 1998.
② 李昉等编、汪绍楹点校、张光前译《太平广记选》，外文出版社，2007 年。
③ Lévy, André, *Chinese literature, ancient and classical*, William H. Nienhauser, Jr., trans., Bloomington: Indiana University Press, 2000, pp. 107-108.
④ Zhao, Xiaohuan, *Classical Chinese Supernatural Fiction: A Morphological History*, Lewiston/Queenston/Lampeter: Edwin Mellen Press, 2005.

Youming Lu),经修改于 2014 年由博睿出版社(Brill)出版。书中除翻译了《幽明录》的大部分故事外,还包括《冥祥记》《搜神后记》等小说集中的一些故事,此外,张振军在书中修改并引用了其他译者的译文。①

1996 年康儒博(Robert Ford Campany)的著作《奇怪书写:中国中古早期志怪小说》(*Strange Writing*: *Anomaly Accounts in Early Medieval China*)由纽约州立大学出版社出版,书中介绍了先秦以及汉魏六朝的志怪小说集,通过大量的故事梗概详细分析了志怪小说文本特征。在介绍志怪小说语言和叙事模式的时候,翻译了选自《搜神记》《述异集》《洞冥记》《列仙传》等十个志怪小说集的故事/片段 19 个。② 2002 年,康儒博的译著《与天地同寿:葛洪〈神仙传〉翻译与研究》(*To Live as Long as Heaven and Earth*: *A Translation and Study of Ge Hong's Traditions of Divine Transcendents*),由加利福尼亚大学出版社出版。书中将葛洪《神仙传》中所列的神仙分为最早、早期和晚期 3 个阶段,译介了 96 则完整的故事,以及 10 个残存片段。全书不仅是译著,更是学术研究,除大量的道家方术背景知识介绍之外,每个译文都有翔实的注释、版本来源的说明,以及译者的学术评论等。③ 2009 年,夏威夷大学出版社出版了康儒博的《修仙:中国中古早期苦修和社会记忆》(*Making Transcendents*: *Ascetics and Social Memory in Early Medieval China*),研究当时中国的道教方士思想,其中引用了一些《与天地同寿》中《神仙传》的译文,还有一些译文选自《异苑》《幽明录》等志怪小说集。④ 2012 年,康儒博的译著《冥祥:中国中古早期佛教灵验故事》(*Signs from the Unseen Realm*: *Buddhist*

---

① Zhang, Zhenjun, *Buddhism and Tales of the Supernatural in Early Medieval China*: *A Study of Liu Yiqing's* (*403-444*) *Youming Lu*, Leiden/Boston: Brill, 2014.

② Campany, Robert Ford, *Strange Writing*: *Anomaly Accounts in Early Medieval China*, Albany: State University of New York Press, 1996.

③ Campany, Robert Ford, *To Live as Long as Heaven and Earth*: *A Translation and Study of Ge Hong's Traditions of Divine Transcendents*, Berkeley: University of California Press, 2002. 国内有学者将该译著译为《与天地同寿:对葛洪神圣超越者传统的翻译与研究》,笔者认为不妥。康儒博该书封面题目副标题一开始采用斜体"*A Traditions and Study of Ge Hong's*",而"Traditions of Divine Transcendents"却非斜体,表明此处是书名,而非所谓的"神圣超越者传统"。康儒博在该书中也提到,他摒弃的常用译法所体现的二元对立意识,将"仙"译为"transcendent(s)",详见该书第 4—5 页。

④ Campany, Robert Ford, *Making Transcendents*: *Ascetics and Social Memory in Early Medieval China*, Honolulu: University of Hawai'i Press, 2009.

Miracle Tales from Early Medieval China）由夏威夷大学出版社出版。书中介绍了中国中古早期的佛教灵验故事，同时翻译了王琰《冥祥记》的 129 则故事与 4 个残存片段，同《神仙传》每则故事都附有详细的文本分析、版本介绍、译者评论不同，《冥祥记》中译者的评论只附在部分译文之后、同时没有再单独辟出章节来分析每则故事的版本和支撑材料。[①] 2014 年，康儒博在《志怪故事》（"Tales of Strange Events"）一文中译介了选自《幽明录》的 12 则故事。[②] 次年，他编译的《奇迹花园：中国中古早期的志怪故事》（*A Garden of Marvels*：*Tales of Wonder From Early Medieval China*），由夏威夷大学出版社出版。书中译介了出自 25 个唐前志怪集的 220 则故事，以及同时期其他来源的 5 则故事，所有故事英译文皆没有题目。除成书年代不可考的一些志怪小说集，以及选自侯白《旌异记》的 3 则故事属于隋朝之外，其他文本皆选自汉魏六朝。其中选自《幽明录》的译文 25 篇，与其 2014 年发表的 12 篇译文没有重复篇目。[③]

　　康儒博的志怪小说译著不再局限于单纯文本的翻译，译本作为语料被用来对这一文类及其历史背景进行研究分析，"医巫厌祝之术"在英语语境中被赋予了严肃的学术意义。康儒博发表的期刊文章中也有很多汉魏六朝时期的志怪小说译文，多已收录在他的著作之中，不再一一列举。

四、结　语

　　译者同时兼备研究者的身份是志怪小说的西方当代译者的普遍现象，与中国本土译者的译文缺少注释或只有简单注释不同，西方译者重注释和版本研究，对原文的语言风格和叙事模式也有更深刻的探讨。当然这与西方译者面对的是非本国语言的源语文本有关，与中国译者更大的精力投入到译文的

[①] Wang, Yan, *Signs from the Unseen Realm*：*Buddhist Miracle Tales from Early Medieval China*, Robert Ford Campany, trans., Honolulu：University of Hawai'i Press, 2012.

[②] Campany, Robert Ford, "Tales of Strange Events", in *Early Medieval China*：*A Sourcebook*, ed. Wendy Swartz, Robert Ford Campany, Yang Lu, and Jessey J. C. Choo, New York：Columbia University Press, 2014, pp. 576-591.

[③] Campany, Robert Ford, *A Garden of Marvels*：*Tales of Wonder From Early Medieval China*, Honolulu：University of Hawai'i Press, 2015.

斟酌和修改相反，西方译者首先需要克服的是中文原文带来的理解困难，这就使得译者在动手翻译之前，需要花费大量的时间来研究两千多年前的文言志怪小说的语言文本特征、故事的主题、当时的社会历史环境、宗教哲学因素等。西方译者在翻译文本的同时为志怪小说的研究注入了新的视角。这一趋势也影响了在海外求学、导师为西方汉学家的中国学者，他们的志怪小说英译文穿插于自己的博士论文其中或附录其后。

通过梳理汉魏六朝志怪小说百年英译史，呈现了汉籍外译的一般趋势，以来华传教士、外交官、学者肇始；在海外译者不断翻译、深化研究的同时，本土译者逐渐参与并成为翻译的主力；在新世纪更多的文本被挖掘、经典文本被持续复译，在历史环境中具有特殊意义的文本，在新的环境中被重新解读、重新定义。译者在经典文本重新定义、在译本被译入语读者接受的过程中起到了重要的作用。特别是面对志怪小说这一特殊文类，古人对世界的构筑和理解如何被新时期的译者理解和传达，如何被译入语读者理解和接受，如何在传递中国文化的同时保持积极正面的文化形象。这一系列的问题都使得志怪小说这一有纪实、记史性质的"丛残小语"的英译在体现汉籍外译一般趋势的同时，与虚构小说的英译相比具有自身的特殊性。除了继续挖掘该时期的志怪小说文本进行翻译、不断完善已有译本之外，译者还应该更多关注该文类的研究，像康儒博、赵晓寰、张振军等一样，以译者和研究者的双重身份构建汉魏六朝志怪小说的研究话语，为志怪小说在当代世界文学中找到合理的位置。

随着中国不断走出去的步伐，汉魏六朝文言志怪小说这一文类将会受到更多海内外学者的关注和研究，也会产生更多的译本。本研究在试图廓清这一文类英译史的过程中，不断涌现的资料使得面面俱到、无所不包的企图成为幻想，本文仅做出了大致的梳理，今后更多的史料必将会被不断挖掘出来，而新的译者和学者带来的新的译文必将进一步丰富这一时期志怪小说的研究。

（宫蔷薇　中国矿业大学外文学院比较汉学研究所讲师，
北京大学外国语学院博士研究生）

和合思想在《淮南子》中的三重意蕴

宋 霞

摘 要：基于对中国哲学突破性发展的思考和人类面临灾难性危机的担忧，张立文先生从中国哲学固有的诠释文本、人文语境和核心话题中体贴出"和合"这一综合思想理论、社会实践原则与人类终极价值追求。作为西汉大一统王朝的政论书的《淮南子》，以三重维度即和合诸家思想、和合天人道事以及和合修身治国诠释了"和合"思想的精神实质。此外，汉学家如约翰·梅耶、鲁惟一分别从翻译和信仰的角度对《淮南子》加以诠释，不仅有助于丰富中国传统经典文本中的"和合"思想内涵，同时，又超越至中外文化的交互过程中。

关键词：和合思想 《淮南子》 经典文本 中外文化

一、和合诸家，以道为本

学界对《淮南子》思想主旨和学派归属的定论往往是在《汉志》将其归属为"杂家"这一基础上不断演绎，对"杂家"之"杂"的解读也有所不同，有言"杂"即谓杂乱无章的意思，有谓"杂"是综而述之的意思。且不论是"杂"的含义到底为何，仅对《淮南子》"杂家"的定论来看，是与《吕氏春秋》是有密切关系的，历来对《淮南子》的研究也都绕不开与《吕氏春秋》的比较性分析。

《淮南子》与《吕氏春秋》的思想内容和体例结构上皆有前后继承的关系，因此其在思想主旨与学派归属上必定是相同或者是相似的。但下此定论

---

* 基金项目：国家社科基金重大招标项目"百年道家与道教研究著作提要集成"（14ZDB118）、中国人民大学科学研究基金重大项目"中国和合思想史"（18XNL014）项目成果。

者皆忽视了历史事实,那就是《吕氏春秋》的成书是在秦王朝还未实现真正统一的情况下诞生的作品,其有意识地"杂合"百家思想,目的在于为秦王朝的统一努力做出规划。《吕氏春秋》按照八览六论十二纪的体例模式,将百家思想"对号入座"式地置于其中;而《淮南子》却是在西汉已经完成天下一统的背景下,为了巩固刘氏天下而做出的重要探索;此外,《淮南子》的成书也恰好适应了汉初统治者以道家"无为而治"、与民休息政策施行,继而成就"文景之治"的趋势,可以说《淮南子》是一部将道家思想应用于现实政治实践的作品,其坚持"道"的基本原则,并将儒墨明法阴阳等各家思想转化为现实统治的工具,故《淮南子》是黄老道家在秦汉时期发展的重要代表。

熊铁基先生认为黄老道家既区别于老庄道家又有自己新特点,故应被称为"新道家"。同时熊先生又提出了"新道家"之新三条依据①,第一,由批判儒墨成了'兼儒墨、合名法';第二,由逃世变成了入世;第三,发展了老子天道无为的思想,创造性地运用到人生和政治上去了,而《淮南子》则是"新道家"的重要代表作。熊先生立足于黄老道家在秦汉之际发展表现出的新特点而提出"新道家"的说法,并将《淮南子》归属其中颇具新意,张立文先生在《中国哲学思潮发展史》中言及《淮南子》一书时也将其看成是"新道家"的代表:"继《黄帝书》而彰显汉初时代哲学思潮的是《淮南子》(又名《淮南鸿烈》),其主旨是'因阴阳之大顺,采儒墨之善,撮明法之要',有综合先秦诸子之学的意蕴,但它以道家思想统摄各家学说,而又与原典《老子》《庄子》思想异,可成其为新道家。"②《淮南子》英文全译本的作者约翰·梅杰在 Liu An. TheHuainanzi: A Guide to the Theory and Practice of Government in Early Han China 对《淮南子》成书背景、主旨大意以及学派的归属问题上都有简要的说明,认为《淮南子》成书是有特定历史背景的,其与《吕氏春秋》一样是融会了其他各家思想,因而最好将其看成是"杂家"的作品,单纯将其归属与某家某派的思想反而会导致对其思想内容解读的固化。

不论是将《淮南子》归属为杂家还是"新道家",在一定程度反映出《淮南子》思想内容的兼容性和集合性,即是言将诸家思想置于"道"的视域下进行审视并加以择取,故韦政通先生在《中国思想史》中说《淮南子》

---

① 熊铁基《秦汉新道家略论稿》第5—7页,上海人民出版社,1984年。
② 张立文《中国哲学思潮发展史》(上)第370页,人民出版社,2014年。

的"杂"是有主调的"杂":"如《淮南王书》,虽杂取各家之言,但它以阴阳家、道家为主调,有它们明显的色彩。就此书来说,它既是集合的,又是融合的,而说它无中心思想,恐怕不见得正确。"① 徐复观先生在《两汉思想史》② 认为《淮南子》的"杂"并不是为了"杂"而"杂"的,是为究天地之理,接人间之事矣,备帝王之道。《淮南子》一书的实际执笔者是刘安门下持不同立场和观点的门客,全书二十一篇中每一篇的思想主张都不尽相同,前后思想出现矛盾的情况也不可避免,故给人呈现出"杂"的样态。但诸家"杂乱"的思想最后都在"道"的统领下实现了和合共生,可以说《淮南子》是适应历史发展和现实需要将道家思想加以积极转化的典范,全书也呈现出了一条清晰的逻辑线索,那就是以道为开端,以儒为应世,和诸家之所思。

《淮南子》首篇《原道训》即是对"道"做出一番正本清源式的阐述。《淮南子》描摹"道"直接继承《老子》,只不过老子仅用五千言推天道以明人事,而《淮南子》却极尽二十余万言。"道"既然不可道,为何《淮南子》又用大量的文字与铺张的手法言"道"呢?《要略》言:"今谓之道则多,谓之物则少,谓之木则博,谓之事则浅,推之以论,则无可言者,所以为学者,固欲致之不言而已也。夫道论至深,故多为之辞以抒其情;万物至众,故博为之说以通其意。"③ 又因为今之学者无圣人之才,故"总要举凡,而语不剖判纯朴,靡散大宗,惧为人之惛惛然弗能知也;故多为之辞,博为之说,又恐人之离本就末也。"④ 可以看出《淮南子》著者一方面深知自身理论上的不足,因此需要用大量的史料和铺张的语言对"道"进行说明,另一方面又担心世人沉沦于其有关"道"的论说中而迷失方向,于《要略》篇总挈《淮南子》思想主旨,意在说明《淮南子》内容虽杂,但其主导思想仍未超越对老庄之道的续述。

如果说"道"在老庄那里仅仅是作为一种本体性、规律性的存在,那么《淮南子》则更加注重将"道"看成一种过程性的存在,社会变迁、历史发展乃至宇宙的演化都是"道"的具体表征。《俶真训》在庄子对有无辨析的基础上,将有无问题上升到了对宇宙演化的推述,其追终始之化、逐有无之

---

① 韦政通《中国思想史》(上) 第266页,上海书店出版社,2003年。
② 详见徐复观《两汉思想史》(第二卷) 第108页,华东师范大学出版社,2001年。
③ 何宁《淮南鸿烈集释·要略》第1455页,中华书局,1998年。
④ 《淮南鸿烈集释·要略》第1438—1439页。

精,将"有始者""有未始有有始者""有未始有夫未始有有始者""有有者""有无者""有未始有有无者""有未始有夫未始有有无者"看成是宇宙化生的具体阶段,生命在宇宙化生的每个阶段也都有不同的形态表现。《淮南子》对宇宙万物化生阶段的论述,目的在于为人类社会的产生预设"史前时代",也意在说明不论宇宙演化是如何的,"道"才是亘古不变的存在。《天文训》《地形训》和《时则训》分论阴阳列星之理、南北东西之意以及因天时顺地力之式。《览冥训》以通道贵德、至精纯粹之人则能洞察阴阳之变、远观博见与化游息;《精神训》以道家清静无为之本旨指导个体之修身。自《本经训》始,《淮南子》的思想倾向偏于现实的政治应用,但皆离不开道家"蹈虚守静"这一思想的立足点:《本经训》言太初之道、古今之变再至现实政治应用离不开对儒家礼义制度的考量;《主术训》则以人主之明,行法家循名责实之法;《缪称训》主以儒家治民之方;《齐俗训》在齐与不齐之间辩证民情与礼乐;《道应训》以现实之事应对老庄的道论思想,再次申明现实的功用需要以道家思想为指导;《氾论训》言国家存亡之理;《诠言训》言去私取公的主上圣明之道;《兵略训》言战争的攻取之势非道不行、非德不强;《说山训》和《说林训》两篇与具象的山林并无关系,"说山"再次重申"道"之为本,"说林"即言道论之多如同山林之众,杂说万千言;《人间训》言人间祸福之旨;《修务训》意在以劝勉学者穷尽道德之意;《泰族训》总章全书,以应"鸿烈"本意,以大言、多言古今之道,万物之指,而最终归于道之一理。

总之,《淮南子》对"道"的阐述无疑是老庄道家在西汉这一新的历史时期下的延续和发展,不仅有对"道"的铺陈转述,更有对和合诸家思想的交汇融合。其将"道"转化为一种过程性的存在论述宇宙演化与社会发展,将"道"展开为一种现实性的应用指导个体修身政治运作。从《淮南子》的思想主旨和学派归属看,其已经超越了所谓"杂家"的泛泛而论,而是和合诸家、以道为本,是老庄道家思想的新发显,是黄老道家在西汉时期的光彩重现,《淮南子》不仅记录了黄老道家在西汉历史时期政治方面的新应用,更是汉初休养生息,成就文景大治的政治实践写照。

二、和合天人,以情为论

通过对《淮南子》的思想主旨和学派归属的辨析,可以看出《淮南子》

总体上是以道家思想为顶层设计的,以儒家思想作为应世之方,在统合出世入世、形上行下的过程中,又兼备法家阴阳家等各家学说。《淮南子》的这一特征不仅是淮南王刘安分别属意"天下方术之士"撰写而成的结果,同时也适应了文景到武帝时期意识形态演变的政治现实。汉初,从高帝到文景,无不尊崇黄老,道家思想也在汉家王朝政治功业中彪炳一时,而后其在面临中央探寻积极的治国措施的过程中,被迫向治国具体措施倾斜,从总体上看《淮南子》全书呈现出以道为开端、以儒为归宿的线索;从具体的内容看,每个篇章无不在字里行间呈现出"论道"和"言事"不相分离的思想风格。

《原道训》开宗明义言"道"。"道"无形无象,充塞于天地之间,是具有创生性和创造性的最高形上本体,故不可以一具体事物将其局限;同时"道"创生万物的同时又存在于万事万物之中,成为万事万物内在的规定性。可以说万事万物是"道"落实到具体事物中的不同表现,而落实于万事万物之中的"道"是总相之"道",而不是分相之"道"。"道"源源不断地创生万物也说明了"道"不是静止的,"道"生物、成物是一个往复不断的过程,遵循着周而复始、返归于朴的规律。如果说万物复归于朴是遵循道之性,那么协和阴阳以生养万物则当为道之用。

"道"是超越于万物现实存在之上的本根性和根本性的存在,但其生物、成物也恰好说明了"道"本身需要落实到具体的、现实的层面,"道"落实于现实层面时,就自然万世万物来说,是秉承"道"的规律存在和发展。人如果蕴"道"于身,并能执道、行道,便可与天地造化为一,因顺自然之所为,在应接事物中成就事物与自身,这就是《淮南子》中一再描述的"体道者"的形象。在《原道训》中"体道者"可以像冯夷、太丙一般,"经霜雪而无迹,照日光而无景。扶摇捘抱羊角而上,经纪山川,蹈腾昆仑,排阊阖,沦天门。"①"体道者"是"道"的化身,其行其止,如同行于水面且不留痕迹;"体道者"亦可以像泰古二皇一般,以"道"治天下,如此便能拱手而天下平,故《原道训》言:"得道之柄,立于中央,神与化游,以抚四方。"② 此即太古二皇得道、执道的治国功效。

老子对"道"的描述强调"道"是无形无相、不可捉摸的最高本体,是

---

① 《淮南鸿烈集释·原道训》第 14—16 页。
② 《淮南鸿烈集释·原道训》第 4—5 页。

万事万物的本根,是万事万物的根本,在此基础上进一步将"道"作为治国的指导性原则;而庄子对"道"的言说则更注重"道"的遍在性和规律性,并强调以"道"指引人成就真人理想。《淮南子》对"道"的铺陈转述对老庄之"道"的超越在于其将"道"看成是一种过程性的存在,"道"也只有在过程中才能将其从不可捉摸的形上本体显现为具体的人事,可以说人事是"道"显实的重要途径。《淮南子》对"道"过程性的描述不仅存在于宇宙历史的发展演变过程中,更体现在人性人情的生发中。《原道训》通过情性动静的关系讨论理顺出了由道而性或言由道而情的过程发路数,将人情看成是人事的具体表现,通过人情以明人事,继而彰显天道。

> 人生而静,天之性也。感而后动,性之害也。物至而神应,知之动也。知与物接而好憎生焉,好憎成形,而知诱于外,不能反己,而天理灭矣。故达于道者,不以人易天,外于物化,而内不失其情。(《原道训》)①

《原道训》中论述情性关系的文字受《礼记·乐记》影响较大,二者在"情"为"性"之动这一点上是一致的,唯有《礼记·乐记》中"性之欲"的部分在《淮南子》中变成了"性之害","对"性之欲"或是"性之害"的不同解释会影响对"情"在《淮南子》中地位的判断。《淮南子》在思想上继承老庄道家对"道"的论述,将"道"过程化之后从"道情"转述为"人情"。既然"道情"是无所矫情、无所偏私的,那么当人将"道"蕴含于己身的时候而成就"性"时,"情"作为"性之动"的结果本就具备"道"的特质和属性。因此,"情"并非是"性之害";其次俞樾先生在《诸子平议》中从音韵学的角度也证实了"性之害"当为"性之容"之误。② 据上分析,在《淮南子》中,"情"是"性"接物而动的状态,与"性"是二而一的关

---

① 《淮南鸿烈集释·原道训》第24—25页。
② "礼记乐记作性之欲也,欲亦容字之误。史记乐书作性之颂也。徐广曰颂音容,盖古本乐记字本作容。故徐广读颂为容也。静性为韵。动容为韵。作欲作害则失其韵矣。且上言动下言容,容亦动也。说文手部掾动掾也。容即掾之叚字。抑或作溶。韩非子扬权篇曰动之溶之是也。感而后动即是性之动。故曰性之容也。作欲作害皆失其意矣。史记作颂者,颂与容古通用字。若是欲字害字则史记无缘误作颂。徐广又何据而读为容乎。故知此与礼记并误也。"参见俞樾《诸子平议》第580—581页,上海书店,1988年。

系，本身不具备任何道德乃至价值属性，"道—性"的逻辑完全被"道—情"所替代。

"情"在《淮南子》中的出现次数并非是最多的，同时"情"在《淮南子》中含义本就是含混不清并需要加以条分缕析的，基于上述两点分析，似乎无法证明"情"是《淮南子》所要挺立出的一个重要的概念，那么为什么又说"情"是沟通天道与人事的关键点呢？首先，《淮南子》作为道家在汉初新发展的重要代表，"道"在文本中的出现次数远超过"性"和"情"，《淮南子》不仅注重从以铺陈转述的方式对"道"正本清源，在此基础上更加注重从过程性的角度阐发"道"。就"道"的过程性而言，其生发的结果或言其落实于人事的结果是"性"和"情"，二者是"道"落实于实际的人事中的具体显现。但是而相较于"情"，"性"是静而未发的状态，仍然停留在较为抽象的层面，因此只有通过"情"才能将"道"在人事中的过程化完全体现；其次，正是因为"情"概念的模糊性，就需要从"情"的产生、存在与发展的全部过程加以考察，具体来说，《淮南子》主要论述了两种"情"，民情与人主之情。

> 圣人之治天下，非易民性也，拊循其所有而涤荡之，故因则大，化则细矣……民有好色之性，故有大婚之礼；有饮食之性，故有大飨之谊；有喜乐之性，故有钟鼓管弦之音；有悲哀之性，故有衰绖哭踊之节。故先王之制法也，因民之所好而为之节文者也。（《泰族训》）①

所谓民情就是指民众的好善恶恶，即民之性善的层面，针对此，人主应该因顺民情之好善恶恶，因性施教、劝善禁奸，此乃因资立功得民心之举。民情是人主制礼作乐所因循的对象，具体来说，礼的产生是因循人本真情感基础上的外在表现，因此礼的形式需要合乎人情；乐则是用来舒缓人情、和乐人心的，只有当人情是真诚的、赤诚的，以之为本的乐才能打动人心。因民情而产生的礼乐制度，也才能实现修人伦、化风俗的效果。其次，劝善禁奸的赏罚律制也需要因民之所喜所恶，如此才能至于"至赏不费，至刑不滥"。

---

① 《淮南鸿烈集释·泰族训》第1384—1386页。

人主之治不仅要因循民情，更需要上通于天，怀天气、抱天心。《淮南子》认为在人主统治的过程中，单纯地因循民情仅仅是政治治理的一个方面，还需要人主之情上通于天。《天文训》言："人主之情，上通于天，故诛暴则多飘风，枉法令则多虫螟，杀不辜则国赤地，令不收则多淫雨。四时者，天之吏也；日月者，天之使也；星辰者，天之期也；虹霓彗星者，天之忌也。"① 所谓人主之情与天相通并非如像董仲舒立足于天人相副的穿凿附会的说明，而是阴阳家"神道劝善"思想在《淮南子》中的体现。人主只有赤诚之心教俗化民，才能精诚所至，与天地合德，与日月合明，与鬼神合灵，与四时合信，如此便可变习易俗，使民化而迁善。

三、和合身国，以治为旨

张立文先生在探索《淮南子》的成书背景与要旨本真时说："《淮南子》把诸子学说置于各自不同社会历史的冲突和危机中来审视，不仅能深刻地揭示各个诸子学说要旨和本真，而且能明确地体认诸子学说的价值和命运。说明他的刘氏之书也是为此而作的，即依据权变的情境建立法制，度量社会冲突的形势而使措施得宜，为化解冲突和危机，探索天道、人道的规则，继承和吸收诸子学说中的精华，抛弃其中浑浊的部分，以提供一套为政治国的理论体系。"②《淮南子》成书主要专注于对治国之道的探寻，同时还将统治者的修身环节与治国紧密结合，换言之，对统治者的修身必然要治国的框架内完成。如前所述《淮南子》以"情"作为天人道事和合的契机，可以说"情"既是推天道以明人事、以人事显天道的体现，同时也是沟通身国之间的桥梁，统治者只有安顿好人主之情，才更能体贴民情，继而实现身之修到国之治的跨越。《吕氏春秋·审分》言："夫治身与治国，一理之术也。"③ 高诱注曰："身治则国治，故曰一理之术也。"④ 基于上述分析似乎可以得出《淮南子》以"情"作为贯通身国之理，但从更为根本的层面看，"道"才是和合身国之治的理之所在。"道"是如何在和合身国之治的过程中沟通二者的

---

① 《淮南鸿烈集释·天文训》第 177—178 页。
② 《中国哲学思潮发展史》（上）第 370 页。
③ 许维遹《吕氏春秋集释》第 431 页，中华书局，2009 年。
④ 《吕氏春秋集释》第 431 页。

呢？换言之，如果说"情"在《淮南子》中仅是以逻辑上的先后连接身与国的，那么"道"则是以什么样的方式和合身国之治的呢？

《原道训》在铺陈与转述"道"之要妙后，必然会落实于"道"之于身的表现，其言及上古圣王乃至神话传说中的人物，称他们是"体道之人"，作为"道"的化身，他们是体道、守道、行道人格理想的实现。"体道之人"行事神不可测、玄不可捉，但是《淮南子》说的"体道者"不仅是能全性保真、一身逍遥的人，更是治国平天下的万世圣主，可以说"道"是实现身国同治的根本所在。就人本身而言，《淮南子》将"道"设定为人身中别具一格的"神"，"道"之于人的完善即是一人之"神"的葆养，换言之，能够实现一身"形神气"三者居其所居、行其职位，并使神为主而形气听命之，那么个体也就能将生理之"神"上升为宇宙本体之"道"的高度了。

> 夫形者生之舍也，气者生之充也，神者生之制也。一失位则三者伤矣。是故圣人使人各处其位，守其职，而不得相干也。故夫形者，非其所安也而处之则废，气不当其所充而用之则泄，神非其所宜而行之则昧，此三者，不可不慎守也。（《原道训》）①

形、神、气三者对于个体生命而言有不同的作用，具体来说：形是个体生命存在的现实基础，气则是使得个体生命延续的动力支撑，而神则是个体生命最为重要的主宰，三者各有其守，各司其职，一旦有"失位"者，便会对其他二者乃至个体生命造成损害。从生命构成的角度来看，形、神、气三者对于生命体是同等重要的；从各司其职的角度来说，神是一身之主而形气为辅："故以神为主者，形从而利；以形为制者，神从而害。"② 气作为一体之充塞，为现实形体的存在提供循环动力，因此形、神、气三者之间又可进一步简归为形与神。形、神二者之间的关系是怎样的呢？"是故形伤于寒暑燥湿之虐者，形苑而神壮；神伤乎喜怒思虑之患者，神尽而形有余……夫圣人用心，杖性依神，相扶而得终始。是故其寝不梦，其觉不忧。"③ 形神二者一

---

① 《淮南鸿烈集释·原道训》第 82—84 页。
② 《淮南鸿烈集释·原道训》第 87 页。
③ 《淮南鸿烈集释·俶真训》第 101—102 页。

定程度上都会受到外在环境的损伤,但是神受到损伤对形体的危害远大于形收到损伤对神的危害,因此个体生命的修养,就需要厘清形、神二者的主次,神为主而形为辅,同时还需"以诚养心",得神处其所居之位,精诚动于内,则至诚不竭,正气运畅,神守其位。

据上分析,"神"作为生理之养的理想追求,其对于修身来说不仅有相对于形气之体而言神识、精神的意思,更具有葆养精神而后能至于在行为处事过程中神妙不可测的人格特征。《淮南子》在论述"道"的至上性和遍在性的时候,不时以古之得道者举证"得道"的重要性,古之圣王能拱手而天下治、尊道贵德而与化游息的根本在于"得道",而得道之人的具有神妙不可测的特征。

> 泰古二皇,得道之柄,立于中央。神与化游,以抚四方。是故能天运地滞,转轮而无废,水流而不止,与万物终始。(《原道训》)①
> 昔者冯夷、大丙之御也,乘云车,入云蜺,游微雾,骛怳忽,历远弥高以极往。经霜雪而无迹,照日光而无景,扶摇抮抱羊角而上,经纪山川,蹈腾昆仑,排阊阖,沦天门。(《原道训》)②

《淮南子》通过对上古传说中泰古二皇、冯夷、大丙"得道"之状的描摹,以明"道"之于人的内化不仅能使其获得天下安宁的大治局面,更能使其成就大丈夫神妙不可测的人格。一身生理之"神"的养护即是"得道"的体现,而治国之道在于奉行大道而抛却小技,以对己身精神之养护的"神之态",至于上下与天地同流,拱手而天下平的境地。将体道、守道、行道应用于修身与治国之中无疑是老庄道家一直崇奉的圣人、真人,是"长生久视""死而不亡"的人,在《淮南子》中圣人、真人的人格特征进一步被描述为与造化流行、与万物终始的神仙。

不论修身之"神"的葆养或治国之"道"的运用,二者仍以遵循着"无为"的原则。"无为"在《老子》中共计出现了11次,老子强调的"无为"是因顺天道自然而为,是效法天地自然的"为",故能"无不为"。《淮南子》

---

① 《淮南鸿烈集释·原道训》第4—6页。
② 《淮南鸿烈集释·原道训》第12—16页。

针对老子所言"无为"的偏解，对老子"无为"注入了更加积极的内涵，强调"通而无为"。

> 是故圣人内修其本，而不外饰其末，保其精神，偃其智故。漠然无为而无不为也；澹然无治也而无不治也。所谓无为者，不先物为也；所谓无不为者，因物之所为。所谓无治者，不易自然也；所谓无不治者，因物之相然也。(《原道训》)①
>
> 若吾所谓无为者，私志不得入公道，嗜欲不得枉正术，循理而举事，因资而立，权自然之势，而曲故不得容者。事成而身弗伐，功立而名弗有，非谓其感而不应，攻而不动者。《修务训》②

《淮南子》虽坚持老子"自然无为"的基本立场，其在解构消极意义"无为"的同时，将积极因素灌注其中，"无为"即为因循道理适顺人情，不以公害私。对于"天道"与"人为"的关系，《淮南子》也在其积极"无为"的框架下加以辩证，《淮南子》认为"无为"的对立面并非"人为""有为"，而是而是智虑、技巧、伪诈，"有智而无为，与无智者同道；有能而无事，与无能者同德。其智也，告之者至，然后觉其动也；使之者至，然后觉其为也。有智若无智，有能若无能，道理为正也。故功盖天下，不施其美，泽及后世，不有其名；道理通而人伪灭也。"③《淮南子》反对的是抛弃道而纯任智的"人为"，"道"是内藏于身的，而纯任智虑是饰于外的，逐外而舍内必然会对人性造成困顿，故《诠言训》言："饰其外者伤其内，扶其情者害其神，见其文者蔽其质。无须臾忘为质者，必困于性，百步之中，不忘其容者，必累其形。"④可以说《淮南子》的无为论不仅解构了老子"无为"的消极义涵，同时又立足于汉初政治实践的需要，将其建构为一种在"自然无为"指导下的积极地"有为"，这种"有为"不仅使得现实的政治治理有了坚实的理论支撑，更将诸家思想中强调现实措施的部分有机融合后加以实施，同时也将"无为"的精神实质上升为对汉初70年的政治实践的总结。

---

① 《淮南鸿烈集释·原道训》第 48 页。
② 《淮南鸿烈集释·修务训》第 1322—1323 页。
③ 《淮南鸿烈集释·诠言训》第 1006 页。
④ 《淮南鸿烈集释·诠言训》第 1021 页。

四、余 论

鲁惟一在《汉代的信仰、神话和理性》导言中说:"因为我们所关注的是这样一个世界:在这里,并没有对神圣也世俗或政治事务与治世问题的严格区分。如果我们想理解当时政治变化的动机,我们就必须也要把握汉代激动着人心的希望以及主导着心灵的原因。"①《淮南子》作为黄老道家发展到西汉时期的总结性作品,不仅是适应西汉政治发展的需要产生的理论形态,更是汉初高帝到文景时期政治实践的总结。《淮南子》将"道"奉为神圣一般的存在,将"道"置于绝对性的地位,而在世俗事物中,尤其是在治国理政和个人修身方面,"道"又是无处不在的。从"道"相对于现实的至上性和主导性的论述中可以看出汉代人对秩序的向往,即强调"道"的规约性作用。与此同时,《淮南子》也正是坚持了无所不在的"道",其在和合诸家、和合天人以及和合身国的努力仍然没有牢牢把握住西汉政治的脉搏与走向,在武帝时期尊崇儒学实现一统的背景下丧失其意识形态的主导地位,但是这并不意味着黄老道家的学说从此销声匿迹,阴阳家思想作为黄老道家的重要表现形式,被董仲舒的大一统和天人感应学说所吸收,可以说道家思想实则是以另一种方式继续在政治实践中发挥其作用。

(宋霞 中国人民大学哲学院中国哲学专业博士研究生)

---

① [美]鲁惟一著,王浩译《汉代的信仰、神话和理性》第2页,北京大学出版社,2009年。

· 王阳明域外传播与研究·

欧美王阳明研究（1900—1950）

[美] 伊来瑞（George L. Israel） 著　王　英　译

20世纪10年代以前，王阳明在西方并非文章或书籍中的特别主题。然而，他的生平和哲学，甚至是他的著作，出现在其他类型的文献中，例如历史，词典，百科全书性质的著作。① 在20世纪20年代，这一局限被突破：由于他在日本思想史上的重要地位，以及对他著作的兴趣在中国重新复苏，他日益受到生活在中国和日本的传教士和学者们的关注，并且通过他们的著作，也受到了生活在欧洲和北美的学者的关注。

1972年，陈荣捷在他的王阳明研究目录提到，"弗雷德里克·亨克是西方研究新儒家心学派的领军人物"，同时他指出，"第二次世界大战以前，西方学术界对王阳明思想方面的研究几乎是空白"②。据他推测，1940年以前，这方面的出版物仅有四本，其他都是于1955年以后出版的。但陈荣捷遗漏了一些著作，并趋于淡化20世纪上半叶王阳明研究的成果。形成这种局面的部分原因是20世纪六七十年代，随着中国学者移居美国，王阳明研究进入了全新阶段。显而易见，这些学者——如陈荣捷、张君劢、杜维明、秦家懿——主要依靠第一手中文数据，几乎不需要查阅西方文献，因此早期研究基本被超越，无人问津。

然而，20世纪初期，在欧美，王阳明研究进入新阶段，出现了王阳明文集的译著，以及关于他生平和思想的专著、论文及哲学通史。本文旨在重现

---

① 参见 George L. Israel《1916年前西方文献中的王阳明》，载《第十八届明史国际学术研讨会论文汇编》，2017年。

② Wing Tsit-Chan, "Wang Yang-Ming: Western Studies and an Annotated Bibliography", *Philosophy East and West* 22, No. 1, January 1972.

20世纪上半叶期间西方王阳明作品的研究史。

一、王阳明研究之起源与特点（1900—1950）

鉴于20世纪上半叶时期，有关王阳明的文章和书籍屈指可数，因此将其罗列，也是颇有裨益：

1. Frederick G. Henke 亨克，"A Study in the Life and Philosophy of Wang Yang-ming", *Journal of the North China Branch of the Royal Asiatic Society* 44, 1913: 46—63.

2. Frederick G. Henke, "Wang Yang-ming: A Chinese Idealist", *The Monist* 24, no. 1, Jan., 1914: 17—34.

3. Frederick G. Henke, *The Philosophy of Wang Yang-ming*, La Salle: Open Court, 1916; several reprints.

4. J. J. L. Duyvendak 戴闻达，"Een Herleefd Wijsgeer [A Resurrected Sage]", in *China Tegen de Westerkim* [China against the Western Horizon], Haarlem, 1927; several reprints.

5. Lyman V. Cady, "Wang Yang-ming's Doctrine of Intuitive Knowledge", *The Monist* 38, no. 2, 1928: 263—291.

6. Wang Tch'ang-Tche 王昌祉，*La Philosophie Morale de Wang Yang-ming*, Shanghai: Imprimerie de-T'ou-se-we, 1936.

7. Chang Yü-Chüan 张煜全，"Wang Shou-jen as a Statesman", *Chinese Social and Political Science Review* 23, no. 1—4, 1939—1940: 30—99, 155—252, 319—374, 473—517.①

中国哲学史中关于介绍王阳明的研究，还应包括：

1. Léon Wieger 戴遂良，"Leçon 72: Seiziéme siécle", in *Histoire des Croyances Religieuses et des Opinions Philosophiques en Chine*, Imprimiere de Hien-Hien, 1917; several reprints: 663—670.

2. René Grousset 格鲁塞，"Wang Yang Ming", in *Histoire de la Philosophie*

---

① 这些文章后来出版成书，参见 Chang Yü-chüan, *Wang Shou-jen as a Statesmen*, Peking: The Chinese and Political Science Association, 1946. 多次再版。

Orientale, Tome II: *L'Inde et la China*, Paris: Nouvelle Librairie Nationale, 1923: 355—359.

3. Ernst Viktor Zenker 森克, "Les Écoles Hétérodoxies: Wang Yang-ming", in *Histoire de la Philosophie Chinoise*, vol. II: *De la Dynastie des Han a l'Époque Actuelle*, traduit de l'allemand par G. Lepage. Paris: Editions Payot, 1932: 477—498.

4. Heinrich Hackmann 哈克曼, "Wang Yangming und die Neuzeit", in *Chinesische Philosophie*. Munich: Ernst Reinhardt, 1927: 356—373.

5. Henri Bernard 裴化行, "Leçon X: L'Intuitionisme de Wang Yang-ming", in *Sagesse Chinoise et Philosophie Chrétienne: Essai sur Leurs Relations Historiques*, Tianjin: Henricus Lécroart, 1935: 82—88.

6. Alfred Forke 佛尔克, "Wang Schou-jen", in *Geschichte der Neueren Chinesischen Philosophie*, Reprint, Hamburg: Cram, De Gruyter & Co., 1964: 380—399.

详细查看本研究内容之前应先强调其主要特点：首先，笔者不遗余力地从事王阳明思想研究，并将其与历史背景联系起来，从而让王阳明首次名副其实地成为西方学术研究的主要对象。第二，由于这些学者了解王阳明的重要性，并希望撰写学术论文，因此尽力研究第一手资料。王昌祉和戴遂良的研究主要根据《王文成公全书》（38 卷），亨克是基于施邦曜的《阳明先生集要》进行研究。同时，他还接受了"一个老学派中国学者"和南京大学三名教师同事的帮助。① 佛尔克在明清著作的基础上进行研究，不过还是主要引用《王文成公全书》和《阳明先生集要》。张煜全主要引用《王文成公全书》和其他明朝的常见历史数据，但他也充分利用亨克在《王阳明哲学》中的译著。其他笔者（格鲁塞、森克、裴化行、哈克曼和卡迪）主要根据上述文献的英文和法文版进行研究。第三，这些笔者敏锐地抓住了王阳明及其思想学派自德川幕府时代以来对日本以及当代中国的影响。亨克说他的哲学"在当今的日本受到极高的推崇"，而在中国，"其哲学的知名度也开始渐渐提升，从不为人知到备受推崇"②。戴闻达也说王阳明的思想在清朝之后陷入默默无闻的

---

① Henke, *The Philosophy of Wang Yang-ming*, p. xiv.
② Henke, "Wang Yang-ming: A Chinese Idealist", p. 19.

状态，但是其思想流派在日本得到了进一步发展，并产生了深远的影响。戴闻达认为出人意料的是，日本从中国得到的思想财富现在由中国人重新在日本发现了。①

戴闻达在北京的书店寻找当代文学的书籍时，一个他不认识的中国学生向他推荐了一本关于王阳明的书。这个学生告诉他，"现在每个人都读他的书"，也说这是中国近20年来的真实情况。② 因此戴闻达认为是时候发表一篇关于王阳明的文章了。戴遂良在日本写他的 Histoire 时提到过另一段逸事：

> 当前无论对于哲学家还是教育家来说，日本儒家都偏向于王阳明的学说。他的学说还被作为武士阶级继任者的日本军官所信奉。我亲自见证了上述事实。在东京，一些最精英的日本学者团体向我询问王阳明在中国目前被推崇的程度。我只能回答他们，王阳明在中国有点被认为是异端分子，很少有人知道他，也几乎没有人阅读他的作品。可是我立即听到这样的答复：呸！对于我们来说，他的作品是所有军官的枕边书。③

格鲁塞在中国也见证了王阳明思想发展的类似情况。他认为朱熹和王阳明的学说将中国和日本的世界划分开来。但是在中国推崇朱熹的包罗万象的哲学，客观性和适合中国发展趋势的科学特性的思想时，王阳明的哲学思想却因为其个人主义和显著的道德质量而受到日本人的欣赏：

> 王阳明和他的著作有一种崇高的精神，这种精神可以满足具有武士精神的人的思想渴求。事实上，日本的精英阶层对王阳明的热爱正如他们对禅师的热爱，因为在他的思想中，他们找到了一剂良方，可以让他们成为一个完美的人，同时他们还发现了个人的道德颂祷，正如从禅家所接到的指示一样。朱熹创造了博学者和持唯物主义思想的官员。王阳

---

① Duyvendak, "Een Herleefd Wijsgeer", p. 64.
② Duyvendak, "Een Herleefd Wijsgeer", p. 65.
③ Léon Wieger, *A History of the Religious Beliefs and Philosophical Opinions in China from the Beginning to the Present Time*, trans. Edward Chalmers Werner, New York: Paragon Book, 1969, p. 703.

明却塑造了武士。①

事实上,王阳明对日本幕府时代和明治时期的日本思想文化史具有重要意义,同时清朝末期和民国早期,中国再次兴起对王阳明思想的兴趣,这两个因素是上述学者创作关于王阳明学术著作的原因。例如,在《王阳明:一个中国的唯心主义者》中,亨克专门引用芮恩施(Paul S. Reinsch)的《远东的思想与政治潮流》作为论据,论证王阳明的观点对中国和日本的学生产生了深远影响。② 芮恩施(1869—1923)为美国的外交官,1913年到1919年出任美国驻华公使。他的著作出版于1911年,其中谈到了王阳明,并强调甚至夸大其对当代思想发展趋势的影响。他说,中国作为一个一直很谦逊的国家正在变得越来越具有民族主义和军国主义。他将这些趋势与明代思想家王阳明的复兴联系在一起:

> 中国人已经开始满怀希望地关注王阳明这位在明朝兴盛的大作家的著作。……大约一个世纪前,这位行动派的哲学家已经渐渐被中国遗忘,日本人发现了他,同时也从他的作品中得到启示,让他们走上了探索新的国民生活和国家力量的道路。从那时起一直到现在,日本人几乎都在读他的作品,甚至超过了孔子的作品……他在中国的复兴是最近十年的事,但是中国人在他的著作中发现了他们最需要的东西,即让他们追求积极生活的灵感,这种灵感使他们与之前被动的态度相比变得更加有坚定的进取心。他的作品不再只是被博学的人研究,而是被成千上万地出版在全国传阅,以至于每个学童都很熟知这位明朝老将军和哲学家。对他思想的深刻对了解中国人民十分关键。王阳明突然就成了中国的现代作家。③

芮恩施因此而解释王阳明的心,良知及知行合一的理念。他十分钦佩王阳明,推测,"当时代呼唤实践哲学,当远东地区厌倦了权威的压迫时,王阳

---

① Grousset, *Histoire de la Philosophie Orientale*, pp. 358-359.
② Henke, "Wang Yang Ming: A Chinese Idealist", p. 30.
③ Paul S. Reinsch, *Intellectual and Political Currents of the Far East*, Boston: Houghton Mifflin, 1911, pp. 132-133.

明的实用哲学中有着对于当代具有重要意义的秘诀。"①

其他学者对有关王阳明的日语学问很熟悉。格鲁塞和佛尔克引用了高濑武次郎（1869—1950）的著作。森克查阅了井上哲次郎（1855—1944）的一篇德语文章,②同时引用了井上哲次郎在《日本アジア协会纪要》上发表的《日本阳明学派之哲学》的书评。③这个协会于1872年在横滨由一群英国和美国的外交官,商人和生活在日本的传教士成立,旨在促进日本的研究和信息的交流,同时也出版年刊。④对王阳明和他的学派的简要论述起源于1893年的年刊,之后,会偶尔出现关于他的论述。井上哲次郎的研究对关于王阳明的讨论起到了推动作用。例如,在1893年中发表的《一位日本的哲学家》文章中,乔治·诺克斯（George Knox）调查了日本哲学的中国起源,对王阳明,其思想和他在日本的追随者做了简要介绍。⑤在脚注中,诺克斯说他从井上哲次郎于1892年在东京帝国大学做的关于王阳明的演讲中收集了信息。⑥

事实上由生活在日本的美国人编著的日本阳明学出版物比中国王阳明学派方面的文章和书籍更早出现。罗伯特·阿姆斯特朗（Robert Armstrong）的《来自东方的光：日本儒学的研究》就是一个很好的示例。他从1903年到1910年在日本任职卫理公会派的传教士。1912年到1919年,他在关西学院大学任职哲学教授,之后任院长。他写了大量关于日本宗教和哲学的文章和书籍。在《来自东方的光》的序言中,他说,他希望"让人了解日本文明的构成要素",这里是指日本儒学的历史。⑦

《来自东方的光》分为5个主要部分：日本早期的儒学,朱熹学派,王阳

---

① *Intellectual and Political Currents of the Far East*, p. 134.

② 他引用 Tetsujiro Inouye, "*Die Japanische Philosophie*", in *Allgemeine Geschichte der Philosophie*, ed. Wilhelm Wundt et al., Berlin: B. G. Teubner, 1909, pp. 104-106.

③ Walter Dening, "The Philosophy of the School of Wang Yang-ming", in "Confucian Philosophy in Japan: Reviews of Dr. Inoue Tetsujiro's Three Volumes on this Philosophy", *Transactions of the Asiatic Society in Japan*, Vol. 36, No. 2, 1908.

④ 参看 http://www.asjapan.org/web.php/about/history。

⑤ George Knox, "A Japanese Philosopher", *Transactions of the Asiatic Society of Japan* 20, 1893, pp. 10-15.

⑥ "A Japanese Philosopher", p. 10.

⑦ Robert Cornell Armstrong, *Light from the East: Studies in Japanese Confucianism*, Toronto: University of Toronto, 1914; Reprint, New York: Gordon Press, 1974, p. vii.

明学派,经典学派和他所谓的"折中学派"。第三部分可以看作是对王阳明和其幕府和明治时期追随者的首个有重要价值的英文介绍。① 阿姆斯特朗主要参考井上哲次郎和山路爱山的著作。事实上,时任东京帝国大学哲学教授的井上哲次郎还为阿姆斯特朗的书写过序言。

阿姆斯特朗首次在孟子和陆九渊的哲学理念中阐释王阳明思想的背景,强调"心(heart)""天理(Heavenly ri)"和"良知(intuitive knowledge)"的中心地位和普遍性。② 之后他描述了王阳明哲学的基本特征:人本性是善和具有美德的。这种美德的根本在于他们的心,也就是他们从天所接受的天理。当一个人跟随自己内心做出自发的举动,那么他就完成了自己的职责,即实现了理。这种跟随心做出的举动即为良知("对善与恶的直觉认知")。一个人的职责就是要辨明自己的良知,只有这样才能消除欲,才能将良知表现为实际行动。为了实现良知,人们必须静坐并反省内心,净化良心,进而完善道德。

阿姆斯特朗受到日本阳明学思想的影响,将王阳明的哲学视为远东泛神论和唯心主义的宇宙一元论。他认为王阳明的思想中天、道、理和心都是包罗万象的。因此,通过跟随良知可以入道,实现良知可以达到万物一体的精神境界。但是对此阿姆斯特朗持批判的态度,他认为:"阳明系统和其他泛神论系统一样,从逻辑上来看,无法解释恶的存在。"③ 如果所有的事物都是一性,那该怎样解释恶的起源?他同样认为这种泛神论哲学最终会使个人主义成为幻想。他认为这种哲学必须通过西方的一神论进行平衡。最后,在本章节中他用对日本王阳明跟随者的观察进行归纳总结:"他们中的大多数都很坚强、很勇敢,为自己的国家和发展做出了很大的贡献。他们中的一些人即使从世界范围看也可以称作优秀的人。"④ 应该指出的是,阿姆斯特朗认为他的哲学是对个人主义有害的泛神论,但又矛盾地对这种勇敢的性格很是敬佩。

---

① *Light from the East*: *Studies in Japanese Confucianism*, pp. 119-195.
② *Light from the East*: *Studies in Japanese Confucianism*, p. 120.
③ *Light from the East*: *Studies in Japanese Confucianism*, p. 126.
④ *Light from the East*: *Studies in Japanese Confucianism*, p. 126.

二、关于王阳明的译著、专著和论文

在阿姆斯特朗的书出版两年后亨克出版了《王阳明的哲学》。亨克是1876年生于美国的爱荷华州。1900年,他以美以美会(循道宗)传教士的身份来到华中江西教会,在九江的传教站担任各种职务,之后1904—1907年在九江同文书院(1906年改名为南伟烈大学)担任说教术教授。1907年,亨克回到美国,1910年在芝加哥大学成博士学位。同年他受邀担任南京大学哲学和心理学教授。1911年,他应上海的英国皇家学会华北分会的邀请,对王阳明进行了广泛的研究。① 1857年英国和美国人在上海成立皇家学会的分会,目标是推进中国的研究和认识。其中一项很重要的活动是提供资助,开演讲和出版论文。② 虽然不能详细地证明,但学会成员对王阳明对东亚历史重要性的认识是发起邀请的根源。在1912年秋,亨克在英国皇家学会华北分会宣读了他的初步研究成果——《王阳明生平和哲学研究》,此文(《王阳明:一个中国的唯心主义者》)发表于1913年出版的该会会刊上。③ 这是第一篇发表在西方学术期刊上的关于王阳明的学术论文。

为了让读者对王阳明的历史地位有一个感性的认识,亨克试图在欧洲文明史的坐标上定位王阳明。亨克指出,王阳明所生活的时代,宗教改革运动正在欧洲大陆酝酿萌芽之中,而王阳明提出良知学这一具有革命意义的历史事件,可以探索宇宙真理。亨克认为王阳明是忧虑当时的道德、宗教和政治问题,想要为学问找一个坚实的基础,即"找到宇宙的源头和生命"。④ 尽管他曾热情满满地在佛教,道教和朱熹的哲学中探索,但他并未找到满意的解决途径。直到他在远离皇京的贵州上任时才在"大彻大悟的状态"中找到了答案,这让他理解了"吾性自足"。亨克说"在这个基础上","他的本体论、宇宙论、哲学和伦理观架构形成了。"⑤

---

① "Henke, Frederick Goodrich, 1876-1963," http://iagenweb.org/boards/floyd/obituaries/index.cgi?read=235386.
② 王毅《皇家亚洲学会北中国支会研究》,复旦大学博士论文,2004年。
③ Henke, *The Philosophy of Wang Yang-ming*, p. xi.
④ "Study in the Life and Philosophy of Wang Yang-ming", p. 55.
⑤ "Study in the Life and Philosophy of Wang Yang-ming", p. 55.

亨克之后用从《传习录》中引用的语录解释了王阳明所说的"性"。他总结道:"这种他所说的性是一种微妙的东西,它是如此的深刻、丰富和包罗万象的一个整体。布拉德莱(F. H. Bradley)、泰勒(Alfred Taylor),或乔西亚·罗伊斯(Josiah Royce)可能都会将它视为自己的老朋友——绝对者——即使它是被中国人发现的。"① 换句话说,上述的三位哲学家形成了相似的绝对唯心主义。

亨克还解释了王阳明主要的兴趣在于心。心是"自然法则的体现"和"天理"。意志活动是一种创造性的活动,从而产生了世界上的所有事物。事物之所以变成事物是因为在心的目的范围内产生。在这一点上他又发现了王阳明唯心主义的证据。亨克说王阳明年轻时的大多数时间都对自己不能解决知识方面的问题而感到挫败,也正是因此而找到了穷理、格物和致知的意义。他身在贵州时才得到了解脱,那时他意识到答案即是对性的完全投入以及理解和开发心,"非在外在事物,唯有心可以找到答案"②。

最后,亨克解释道,对于王阳明来说,心内认知的来源即良知。认知的问题通过依赖良知和开发良知才得以解决。我们的良知自然而然地会判断是非善恶,从而找出一条履行职责的路。③ 通过最大程度的开发,一个人可以实现绝对的道德完美,从而成为一个圣人。亨克说,这个圣人"完全由天理主宰,完全不受激情的影响,他的正直与道德如至纯的金子般宝贵。"④

1913年,由于健康问题亨克回到了美国,与敞院出版社(Open Court Press)的主编保罗·卡罗斯(Paul Carus,1852—1919)就其著作项目进行了通信,并在《一元论》发表了另外一篇关于王阳明的文章。这是他的明智之选。敞院出版社于1887年在伊利诺伊州拉萨尔勒,由一位德裔美国工程师黑格勒(Edward Carl Hegeler)创建。黑格勒对神学和科学问题深感兴趣,并致力于促进宗教和伦理的科学研究。为实现其目标,他开办了出版社开始发表两本期刊——《敞院》(1887年)和《一元论》(1890年),以及关于宗教、

---

① "Study in the Life and Philosophy of Wang Yang-ming", p. 56.
② "Study in the Life and Philosophy of Wang Yang-ming", pp. 56-57.
③ "Study in the Life and Philosophy of Wang Yang-ming", p. 60.
④ "Study in the Life and Philosophy of Wang Yang-ming", p. 61.

哲学和科学的学术著作。①

1888年，卡罗斯加入该出版社，担任编辑一职。他出生于1852年的普鲁士，并于1876年获得图宾根大学的哲学和神学博士学位。由于他和黑格勒在宗教观点上思想开明，他们在期刊刊登比较宗教研究、科学文章，以及对东方宗教的研究，包容供稿人违背传统的观点和有争议的哲学思想。② 他们认为宗教与科学可以调和，而一元论哲学是实现这一目标最好的方式。根据梅尔斯的描述，卡罗斯是康德学派却总是想要超越康德："卡罗斯哲学的中心思想试图解决康德的二元论问题，即物体自身的不可认知性。他尝试弥补主客体之间的鸿沟，从而达成了他的一元论。"③

卡罗斯对东方思想特别感兴趣。1893年，在芝加哥的世界宗教议事理事会上，他遇到了圆觉寺的释宗演，进一步激发了他对佛教的兴趣。在随后的两年间，他着写了一本面向西方国家读者的入门的《佛教福音》。当他向释宗演递交作品校样时，因其不懂英语，释宗演将其递交给学生铃本大拙（D. T. Suzuki）进行协助。1897年，卡罗斯需要帮忙翻译《道德》经时，他将铃本大拙带到了拉萨尔勒，在那里住了12年进行写作和翻译。④

因此，在卡罗斯的指导下，敞院出版社开始出版东方思想的作品。编辑"被视为东方宗教的权威以及将其中蕴含的思想和精神传播给英语阅读者的专家传播者。"⑤ 这可能就是亨克于1913年8月寄信给他的原因，告知他已离开中国并对王阳明进行了批判性的研究，撰写出一篇他"非常希望出版"的多达约11.5万字的译文。在信中他宣称："王阳明是自宗教改革运动以及地理大发现后最重要和有影响力的中国哲学家。"所以他认为他的作品将"代表对

---

① Constance Myers, "Paul Carus and the Open Court: The History of a Journal", *Midcontinent American Studies Journal* 5, No. 2, Fall 1964, p. 59.

② "Paul Carus and the Open Court: The History of a Journal", *Midcontinent American Studies Journal* 5, p. 61.

③ "Paul Carus and the Open Court: The History of a Journal", *Midcontinent American Studies Journal* 5, p. 62.

④ "Paul Carus and the Open Court: The History of a Journal", *Midcontinent American Studies Journal* 5, p. 61.

⑤ "Paul Carus and the Open Court: The History of a Journal", *Midcontinent American Studies Journal* 5, p. 62.

东方哲学做出的重大贡献"。① 他还提交了曾在皇家亚洲文会北华支会会刊上发表的《一元论》文章的修订版本。

卡罗斯可能仍然没有完全意识到王阳明对中国哲学史的重要性。在他的回信中，他提到他担心译稿过于冗长，特别是已经有很多中文译本等待出版。他建议以小册子或者系列文章的形式精简出版。② 然而，9 月中旬，无论是文章还是书籍均被接受出版。他建议将文章的标题从《一名中国哲学家王阳明》更改为《中国的理想主义者王阳明》或者《康德之前的康德》。③ 鉴于卡罗斯自身的哲学倾向和这家出版社的历史，以这种方式理解王阳明确实让王阳明的相关研究成为一种适合出版的材料。

1914 年，亨克在《一元论》发表了论文《王阳明：一个中国的唯心主义者》，1916 年，出版了他研究王阳明的成果《王阳明的哲学》，内容主要来自施邦曜（1585—1644）编辑的《阳明先生集要》。据倪德卫，亨克错误地认为他用的是由上海商务出版社出版的《王文成公全书》。实际上，他用的是施邦曜缩减和重排的王阳明著作。倪德卫说："施邦曜的著作由三个部分组成：（1）哲学数据，四卷；（2）管理与政治论文，七卷；（3）文学部分，四卷。亨克翻译了这三部分中第一部分的全部内容以及施邦曜的年谱。"④ 这解释了亨克的翻译数据内容与标准版的王阳明著作不符的原因，同时也解释了亨克的译著中不时插入的数字所指的内容。遗憾的是，倪德卫未能找到亨克所依据的施邦曜著作的原始版本。⑤

他的作品包括了《王阳明传》和著作摘译两个部分。其中《王阳明传》主要是根据钱德洪的《年谱》写成的。著作摘译又分为四编：第一和第二编主要内容为今本《传习录》和《大学问》；第三编收入王阳明书信 12 篇；第四编收入王阳明作品 50 篇，其中有 12 篇是序跋，其余 38 篇为书信。

---

① Frederick G. Henke letter to Dr. Carus, August 20, 1913, Open Court Company Publishing Records, Correspondence, Box 15, Southern Illinois University Special Collections Research Center.
② Ibid. Paul Carus reply to Mr. F. C. Henke, August 23, 1913.
③ Ibid. Paul Carus letter to Mr. Frederick G. Henke, September 11, 1913.
④ David S. Nivison, "Review of *The Philosophy of Wang Yang-ming* by Frederick Goodrich Henke", *Journal of the American Oriental Society* 84, No. 4（1964），pp. 436-442.
⑤ 在私下的邮件中，王宇博士说，原始版本是上海明明学社在 1907—1911 年间出版的铅字本《学部校正阳明先生集要三种》。他对亨克及其译著的全套研究将在《中国哲学史》杂志上出版。

亨克的著作发表后不久就得到了一些期刊的评论。考虑到王阳明和其令人瞩目的生活及哲学思想的鲜为人知，评论家们均对他作品的重要性予以了承认。但一些评论家对亨克未能对王阳明的观点进行系统概述进行了批判。一名评论家姊崎正治高度批判了他的译文。他认为该书没有合适的引文及注释，导致王阳明的哲学观点依旧晦涩难懂。①

此外，姊崎认为关于专有名词的翻译过于朴实和现代，或者更符合朱熹的思想，因为他们表达了二元论思想或实证主义的概念。例如，将良知译为"intuitive knowledge"和"intuitive faculty of the good"，可能将使"整个王阳明哲学和伦理学的核心理念"削减成一些过于"心理学的"东西。② 他的评论是非常有用的，因为他指出了亨克转换一些概念范围的程度，而如今依赖英文译本的人对于王阳明的理解只能透过这些概念范围来达成。无论是当时还是现在，语言障碍都是十分可怕的。亨克运用西方概念框架来评估王阳明的思想，这一点也引起了类似的问题。例如，亨克认为王阳明的哲学思想中主张机会平等和自由的思想，具有近代西方启蒙思想的特征；认为王阳明是观念论（或唯心一元论）者，而与他对立的朱熹是实在论者。③ 尽管这些观点仍存在很多问题，但是他们影响了欧洲以及北美对王阳明的理解，直到20世纪50年代新的学术出现。

尽管亨克是西方出版王阳明节选译本的第一人，但是第一位撰写王阳明哲学思想专著的却是王昌祉。这位江苏淞江人，"民国七年（1918）入徐家汇修道院，民国十年进耶稣会。民国十七年赴欧……在法国里昂神学院学习。民国二十一年晋升神父。翌年再到巴黎攻读博士学位，1935年获巴黎天主教大学神学博士，为中国神父得此学位的第一人……次年获巴黎大学文学院哲学博士。民国二十六年初回到上海"④。他的博士论文（以书的形式出版于1936年）标题即阐述了主题：《王阳明的道德哲学》。第一章描述了历史背景下王阳明的生平。第二章："我们内心的准则"解释了王阳明的心即理理论和人类自身的道德完善能力；该理论与朱熹思想的不同之处；以及当时士人的

---

① Anesaki, M. "Review of *The Philosophy of Wang Yang-ming* by Frederick Goodrich Henke", *The American Journal of Theology* 22, No. 4, 1918, p. 595.
② "Review of *The Philosophy of Wang Yang-ming* by Frederick Goodrich Henke", p. 596.
③ 王宇《亨克与王阳明的西传》，载《浙江日报》2017年1月9日。
④ "王昌祉，1899—1959"，上海地方志办公室。

异常行为导致他提出该思想的原因。① 随后的五个章节（第三章至第七章）专门来解释良知的定义，实践以及实现。最后，王昌祉提供了一份王阳明的生平年表，以及有助于建立法文同义语的哲学术语词典。

在"引言"部分，王昌祉认为中国思想在把追求道德完美作为原则目标方面是独一无二的。他说，中国哲学家也认为，道德行为是道德认知的最高表现形式，并且坚信真正的哲学是实践哲学。因此，王昌祉认为，是时候该挑选一位伟大的中国道德哲学家广为宣传了，之所以选择王阳明是因为他堪称是中国思想方面的典范。他的目标是以王阳明自己的专业术语来展现其思想而避开比较哲学。他认为比较哲学将使中国思想套进欧洲的框架——以王阳明为例，套入博格森的直觉主义或者康德主义。②

因为他相信王阳明的"晚年教义"以及"道德哲学的核心概念"为良知，王昌祉几乎用全书详述良知的概念。③ 从本质上讲，人们都具有良知，并可通过依照道德直觉行动来实现。这种认知并非客观或外在的；相反，它是内在的、个人的，由心中内在的道德原则组成。实现这一天生的善需要付诸具体的实践并且以近乎信仰的态度相信良知存在且绝对可靠。人们必须坚定信仰良知，遵守道德本能的指引，并在生活中最具体的挑战中实现它。④ 这意味着要依据良知的指引谦虚并坚决地行善除恶。王昌祉强调的是实践而并非良知形而上学的意义。他从生活经验中得到思路，只要每个人仔细关注道德意识，他所相信的就会变得不言而喻："它（良知）完全取决于我们良心的直接范围。"⑤ 在这方面，王昌祉作品指向近期的趋势，即比较近期王阳明的哲学思维方式与德国现象学。

张煜全（字昶云，1879—1953）于20世纪60年代前出版了仅有的另一本关于王阳明思想学术专著。不同于王昌祉的著作，他的侧重点不是王阳明哲学的精华，而是王阳明的政治生涯。他的书是西方国家的第一本专门详细

---

① Wang Tch'ang-Tche, *La Philosophie Morale de Wang Yang-ming*, Shanghai: Imprimerie de-T'ou-se-we, 1936, p. 3. https://www.chineancienne.fr/d%C3%A9but-20e-s/wang-tch-ang-tche-la-philosophie-morale-de-wang-yang-ming/.

② *La Philosophie Morale de Wang Yang-ming*, pp. 5-7.

③ *La Philosophie Morale de Wang Yang-ming*, p. 187.

④ *La Philosophie Morale de Wang Yang-ming*, p. 187.

⑤ *La Philosophie Morale de Wang Yang-ming*, p. 190.

叙述和分析王阳明政治和军事历程及成就的学术专著。① 他首先在1939至1940年间《中国社会及政治学报》（*Chinese Social and Political Science Review*）上以系列文章的形式发表了他的研究成果。该期刊是由中国社会政治学会出版的季刊杂志，该协会成立于1915年的北京，目的是鼓励对法律、政治学、社会学、经济学研究，并促进联谊。该刊成为相关主题英语文章的发表场所。② 有趣的是，张煜全不仅仅是该学会执行委员会的创始人之一，并且在该委员会的第一届编辑委员会任职。1939年之前，他多次撰写文章和评论。其他成员也非常具有影响力：学会的第一任主席是陆征祥总理，第一任副主席竟是美国驻华公使芮恩施。③

因其倾尽了一生的时间用于东西方交流，张煜全的背景使他成为代表这些角色以及他所撰写的王阳明书籍的最佳人选。根据金富军的研究，张煜全生于广东南海，读书鹤龄英华书院，香港的皇仁书院，北洋大学堂后赴日留学，在日本东京帝国大学学习政治学并肄业。在日期间，倾向革命，与孙中山、梁启超等相过从。1901年8月，入美国加利福尼亚大学。1903年获得法学士学位。1904年在耶鲁大学获得法学硕士学位。1904至1906年，张煜全在耶鲁大学攻读博士学位……1906年10月，清政府举行第二次留学欧美毕业生考试，是9名最优等之一，赐进士（法政科）出身……1917年9月，任清华学校董事会第一届董事。1918年4月15日，北洋政府任命张煜全为清华学校校长。1920年1月，张煜全辞职，任校长一年又七个月。④

成功的教育背景使他在清末民初的教育及外交部门以及国民政府中担任一系列的官职。⑤

张煜全承认亨克的翻译工作的重要作用，但他发现那仅仅涉及王阳明一半的作品，而未触及其奏疏及其他文学著作。因此，他建议记录"王阳明作

---

① Chang, "Wang Shou-jen as a Statesman".

② James Brown Scott, "The Chinese Social and Political Science Association", *American Journal of International Law* 10, April, 1916, pp. 375-376.

③ "Editorial Notes", *The Chinese Social and Political Science Review* 1, no. 1, April, 1916, pp. 1-2.

④ 金富军《张煜全在清华学校的教育实践考察张煜全在清华学校的教育实践考察》，载《教育史研究》2014年第3期。

⑤ 张永航《张煜全人生大事纪》未刊，张永航是张煜全的孙子。

为朝廷官员的（政治）思想和功绩"①。他从详细记述王阳明的生平着手，然后按照以下标题浅析了他的部分政治生活及思想："他的政治理论"，"王阳明作为一位教育家"，"王阳明作为一位文官"，"王阳明作为一位武官"。张煜全得出的结论是，作为一名知行合一的倡导者，王阳明"不同于其他一般的士人，因为他以所谓的良知指导，实践他所得出的认知"。"他作为一位教育家、文官、武官，成功的秘诀"是"即使在面临生命或自由危险的情况下仍坚持做自己认为正确的事情"。在这些角色方面，张煜全估计，王阳明"除了为人民利益外，没有任何不可告人的目的"。"我们没有发现任何他不以国家和人民利益为目的的行为，也不能认为他居心叵测。"② 基于上述原因，他呼吁读者"忠实效仿他为榜样，以他的观点看待事情，以他的道德标准行事"③。

当张煜全首年担任清华学校校长时，戴闻达则在驻北京荷兰大使馆最后一年任职翻译。他于 1927 年发表了关于王阳明的一篇文章，因为他恰巧遇到了当代中国对这位哲学家的兴趣的复燃。戴闻达认为，现代化驱动着中国人远离他们的儒家传统而站在批判的角度看待它。但在与西方接触的过程中，中国人意识到他们传统思想的多样性。为了保持在变革中维系传承中国的正常模式，并在自身传统中寻找权威指导，他们重新发现了如墨子和王阳明等思想家的著作。④ 戴闻达赞扬这种进步，因为他认为王阳明的独立思想、批判性思维将对青少年产生积极的作用。⑤

戴闻达应当对中国当代的知识分子处境有所洞察。他曾于 1912 年至 1918 年间在荷兰大使馆任职。之前，他曾在莱顿、柏林和巴黎师从著名汉学家高延（J. J. M. de Groot）及高第（Henri Cordier）等进行研究。1919 年返回莱顿后，他在莱顿大学担任汉语讲师。这使得他置身于后来欧洲最重要的汉语言研究中心之一。众所周知，伴随着荷兰殖民政府对东南亚与日俱增的需求，荷兰汉学于 19 世纪发展起来。荷兰政府需要汉语翻译和中国侨务专家来应对

---

① Chang Yü-chüan, *Wang Shou-jen as a Statesman*, Arlington VA: University Publications of America, 1975, p. 2.
② *Wang Shou-jen as a Statesman*, p. 267.
③ *Wang Shou-jen as a Statesman*, p. 268.
④ "Een Herleefd Wijsgeer", p. 63.
⑤ "Een Herleefd Wijsgeer", p. 97-98.

居住在其境内的华侨华人小区。作为其中一项举措，莱顿大学设立了汉语言文学教授一职。戴闻达第一个研究了汉语言，第二位教授是著名的高延（1854—1921）。

《西方视野中的中国》涵盖了一些对当代中国的研究，如对文艺复兴的和王阳明的调查研究。①《复活的圣人》介绍了朱熹的哲学对王阳明的影响，王阳明作为一名文官和军事指挥官的生活，他的基本哲学观念，特别是良知和知行合一，以及自我修养的方法。

三、1950年前中国哲学史研究之王阳明

现在，转过来看欧美早期的中国哲学和宗教史，其中三件作品的原出版地在法国，三件是在德国。戴遂良的《中国宗教信仰及哲学观点通史》是法国最早的研究。戴遂良（1856—1933）出生于法国的斯特拉斯堡，并于1881年加入耶稣会。1887年，他前往中国直隶南部传教并在那里行医。他精通汉语，创作了许多关于中国历史、语言、文化、宗教和哲学的著作。谈起《通史》创作起源，他说这些作品均是应巴黎天主教研究所之邀而作，它们"呈现出他在中国进行调查研究30年间的情况"。②

虽然大部分关于王阳明的短章（或"课"）都专注于研究日本阳明学，但是戴遂良介绍了王阳明的重要思想要素以及收录了王阳明的诗选。就王阳明在贵州驿站任职时著名的悟道经历，戴遂良称王阳明"的确启示人心"。③ 他提到王阳明认为一个人一旦完成学业，书本中再难得到答案；相反，他必须求其本心。④ 关于这种"活道（living word）"，戴遂良解释道：

---

① Wilt L. Edema, "Dutch Sinology: Past, Present, and Future", in *Europe Studies China: Papers from an International Conference on the History of European Sinology*, ed. Wilson Ming and John Cayley, London: Han-Shan Tang Books, 1995, pp. 88-93.

② Léon Wieger, *A History of the Religious Beliefs and Philosophical Opinions in China from the Beginning to the Present Time*, trans. Edward Chalmers Werner, Hsien-Hsien Press, 1927, preface.

③ *A History of the Religious Beliefs and Philosophical Opinions in China from the Beginning to the Present Time*, p. 698.

④ *A History of the Religious Beliefs and Philosophical Opinions in China from the Beginning to the Present Time*, p. 698.

这个词念"*liang-chih*"（良知），他把良知定义为："未学，未闻而知"，"只有在良知的指引下，人才能获得极乐、真理和平安。人一旦内心接触了良知，就必须深信不疑。良知是颠扑不破的，因为它是心声，是天理。"①

戴遂良进一步说明王阳明坚信正是因为这个绝对可靠的良知是"天理"，意志必须服从其判断，并以决心和坚决的信念予以执行。依其而行方乃明智之举。一个人必须严格守己，防止引入人性弱点，玷污或影响这个直觉，使心和道德法则相悖："无视本心，至愚；违心而行，至错。"②

因此，戴遂良的确是带着赞同和敏锐的悟性把阳明学呈现在人们眼前。作为一个耶稣会信徒，他极有可能已经受到法国天主教（浪漫天主教）思想当时重视感情的影响，该教认为信念根植于本心，因而心是人与上帝之连接所在。他可能也想到自然法则，这种天主教的自然法则根植于斯多亚学派和《圣经》之中，尤其是《罗马书（1—2）》之中，使徒保罗列出了道德法则，即人人都凭借直觉认知。

这种解释跟戴遂良对王阳明的批判相契合。他认为良知与"良心"相似，因而认为"奇怪的是，他这样一个拥有高尚的良心且强烈宣扬跟随良心的人，却不能超越良心趋向赋予他良心的衪"。③他相信王阳明把良心看作一种生命功能，这使王阳明呈现出类似朱熹的唯物主义思想。当然，戴遂良在此所持观点是耶稣会与中国第一次接触就采纳的对宋朝哲学的观点。

鉴于裴化行和格鲁塞大量复制戴遂良和亨克的作品中有关王阳明的语录和翻译，在此对他们的研究不加具体陈述。裴化行和格鲁塞都是在中国历史和哲学方面颇负盛名的学者。裴化行（1889—1975）是一名法国传教士和汉学家，于1924年来到中国，在其1947年离开中国之前，一直进行着传教和

---

① *A History of the Religious Beliefs and Philosophical Opinions in China from the Beginning to the Present Time*, p. 698.

② *A History of the Religious Beliefs and Philosophical Opinions in China from the Beginning to the Present Time*, p. 700.

③ *A History of the Religious Beliefs and Philosophical Opinions in China from the Beginning to the Present Time*, p. 700.

汉学研究工作。① 他创作了大量关于中国的书籍和文章。他的《中国圣人与基督教哲学》中涵盖了一系列主题甚多的讲学，如中国哲学史，耶稣会的中国时刻，而更多的则是中西方之间文明与哲学的相遇。这本书撰写之初是为中国湖北献县的耶稣会哲学高校提供教导材料。因而其内容极为系统：王阳明形而上学的唯心主义哲学；王阳明哲学的释放特性与朱熹哲学的唯理主义的比较；主观论与直觉论和王阳明的良知哲学；日本阳明学；王阳明诗歌书信选。②

格鲁塞（1885—1952）毕生也出版了大量东方历史研究之作，几乎一生在法国巴黎两所不同的博物馆任职管理员工作。③ 与本文所讨论到的其他作者一样，他简单地把朱熹的思想与阳明学进行明显区分，认为朱熹重视博学和唯理主义，以及从编写和评论儒家经典中获取知识，然而王阳明重视主观性和直觉。王阳明认为反思个体能发现内心深处之真理。因此，真理如同一种启示，带着狂喜状态的性质。④

20 世纪上半叶，德国汉学研究在中国哲学历史研究的出版方面颇为领先。森克（1865—1946）的《中国哲学史》和哈克曼（1864—1935）的《中国哲学》均于 1927 年首次出版，而佛尔克（1867—1944）的《近现代中国哲学史》则于 1938 年首次出版。

哈克曼和佛尔克都曾深入融入中国。哈克曼本在莱比锡和哥廷根研究新教神学，后从 1884 到 1901 年在上海的德国小区担任牧师一职，随后还在中国和东南亚地区进行游历。1913 年，他还被任命为阿姆斯特丹大学宗教史教授。按理作为二战前德国最伟大的汉学家之一的佛尔克，1867 年出生于布伦瑞克公国的首都布伦瑞克（布伦瑞克公国于 1871 年归属德意志帝国）。在柏林大学学习法律学期间，佛尔克还参加了东方语言研讨班，他就是在那时学会汉语的。在 1890 到 1903 年期间，他还在中国担任德国外交服务工作。1903年，他担任柏林大学东方语言系讲师并于 1923 年接替傅兰克（Otto Franke）

---

① John W. Witek, "Henri Bernard-Maitre, 1889-1975", in *Biographical Dictionary of Chinese Christianity*, accessed May 22, 2017, http://www.bdcconline.net/en/stories/b/bernardmaitre-henri.php.

② Bernard, *Sagesse Chinoise*, pp. 82-88.

③ "René Grousset", *Académie Française*, accessed May 22, 2017, http://www.academie-francaise.fr/les-immortels/rene-grousset.

④ Grousset, *Histoire de la Philosophie Orientale*, pp. 356-357.

成为汉堡大学的教授。佛尔克发表了许多关于中国文学和哲学的书刊文章。

另一方面,森克作为一名业余汉学家也创作了关于中国的作品。他出生于波西米亚并在维也纳获得法学学位,而后成为著名的记者、作家和政治家,其中以其关于无政府主义的作品最负盛名。虽然森克不是一名学术型汉学家而且并没有直接参考汉语语言数据,但是他创作出了中国哲学基本研究的事实已经证明了中国哲学在外国研究的成熟性及翻译资料的可用性。

森克在题为《非正统学派:王阳明》的章节中曾探讨过王阳明。该章紧随朱熹及其弟子章节之后。该章除了简要介绍王阳明的生活和思想,还有一些使森克极具好奇心的问题探讨,比如关于心灵与肉体的关系,或是王阳明似乎与德国唯心主义者极为相像之处。哈克曼和佛尔克也同样对此感兴趣。两者都引用了《传习录》中的这个例子来证明王明阳是个唯心主义者:"先生游南镇,一友指岩中花树问曰:'天下无心外之物;如此花树,在深山中自开自落,于我心亦何相关?'先生曰:'你未看此花时,此花与汝心同归于寂;你来看此花时,则此花颜色一时明白起来;便知此花不在你的心外。'"

然而,森克怀疑王阳明并非是一个真正的唯心主义者,因为他从未宣称精神世界比现象世界更加真实。他争辩道,王阳明关于花的陈述并不能表明那些花只是虚幻。他认为王阳明只是在表明心能编写现象世界中物体的外观,而不是否定心之造作之外仍有世界的存在。此处森克对王阳明的解读受到欧洲对于康德哲学的辩论的重要影响。他声称康德和王阳明都没有否认现象世界的存在;他们只是提出心影响现象世界的表现:"感知经由心的认知,因而世界全体的表面现象事实上是由心所呈现。"① 因而他们俩的哲学更应该被称作先验实在论。

森克还对王阳明在儒学历史发展中的地位及贡献加以评价。他声称王阳明与朱熹存在极大差异。朱熹是唯理主义者,而王阳明则是唯意志论者和直觉论者。朱熹是儒家传统中的托马斯·阿奎纳,而王阳明则像基督教改革者,致力于将信念重归于古老经文下原始纯洁的基础。对王阳明而言,这正是重归于儒学古籍的本义。森克论证道,相较于纯粹的外在世界的实践知识,儒学更加重视自知之明和美德的完善。另一方面,朱熹把儒学的中心从完善自我美德转移到外在世界的理性探讨和社会改良。然而,他的哲学滋生了一种

---

① Zenker, *Histoire de la Philosophie Chinoise*, p. 627.

乏味务实的唯理主义，这种唯理主义限制思考，缺少实质。

另一方面，王阳明试图将其目标归于美德的完善。他坚信人生而具有善的良知。通过发展这种良知，人能够回归本性，自发与天理（道德法则）相应，达到一致和谐。既然这种非凡的至善以天理存在于人的本性之中，那么遵从良知就能获得真正的自由。① 然而，欲望和感情却能阻止人回归本性。这种感情能使一个人在事物中迷失自我；只有净化自我远离物质才能使其回归于本性的自由。森克就从这种净化和天主教的精神炼净之间看出了相似之处。他进一步论证，在人类本性的概念和净化自我欲望这点上，王阳明受到道家神秘主义的影响。然而，王阳明并未接受甚至反对道家的被动性和无为而治。一个人的心态与他是否积极主动或是否静卧休息并没有关系；相反，人的精神状态取决于他们是由道德法则还是由欲望支配。如果人跟随良知并依随他们本性中所呈现的道德法则，那么无论他们积极主动或消极被动都能获得平静。②

虽然森克有关王阳明的说法极为简单，而且严重受到欧洲哲学体系的禁锢，但是他还是有一些非常有趣的见解。通过哈克曼和佛尔克我们能发现王阳明的知识记载足够他们用来在哲学史研究中呈现王阳明生活和思想的基本轮廓。哈克曼从钱德洪的《年谱》中了解到王阳明的生活，发现王阳明的哲学与其生活联系紧密，这给他留下了极为深刻的印象。他认为王阳明是一个向往本真和真理，反对虚无形式的人。而朱熹的哲学作为一种较为正式的正统哲学，正是以这样一种虚无的形式存在的，因为他的哲学不能让学者生出一种热情去探索存在：这是一种"无生命的哲学体系"。王阳明宁愿探索精神上的洞察力和智慧，发展一种真正从内心滋生的，从面对生活挑战时的个人亲密经验中总结出来的哲学。③

哈克曼在王阳明的本性观中看到了一种"包罗万象的统一性"。一切事物从根本上都有着同样的本质，万象都是性的表现。这就是为什么只有在人们回归最本源的时候才能真正理解并接近这个世界。发现良知之路必须从心内寻找。宇宙的设计和规律正存在于心中。换言之，心对世界表象呈现给我们

---

① *Histoire de la Philosophie Chinoise*, pp. 631-632.
② *Histoire de la Philosophie Chinoise*, pp. 634-635.
③ Hackmann, *Chinesische Philosophie*, pp. 361-363.

的事物赋予形态并进行影响。① 哈克曼认为，从王阳明对花的陈述判断，他似乎是唯心主义者。然而，哈克曼和森克一样，也认为王阳明并没有说明心和肉体何者更加具有真实性。②

因而，哈克曼的大多数研究便专注于解释良知的含义。他提到"良知"在英语中翻译为"intuition"，但是极富有智慧地强调良知不能和精神的特殊功能一概而论——比如知识、感觉和意愿。相反，在王阳明看来，良知比特殊的精神功能先有，它是一种存在于天理之中的纯净的认知，而这种天理事实上正是通过这些功能来表达自己的。对于道德辨别而言，这种内心之光是分辨是非的基础。然而，良知貌似形而上学的特性和其宏伟性，使其超越了简单的良心。通过它，我们能完善精神。因为人性中的所有伟大和美好都根植于这种认识之中，再没有比发展这种内心的指引更重要了。只是这种内心之光隐藏在使其黑暗的遮挡物之下。这遮挡物正是人天性的自私所产生的冲动和激情。通过开发内心之光，不管一个人喜欢或讨厌，偏好或厌恶，他都能够自然而然地跟随内心自然法则的指引，这种指引与自私利己的冲动是相反的。如此便可达到知与行的统一。③

在20世纪50年代以前的研究中，佛尔克的《近现代中国哲学史》系统性地大量使用原始文献并且提供了最为全面的研究。在他的研究过程中，他直接引用《王文成公全书》和《阳明先生集要》。他还参考了亨克、谢无量（1884—1964）和高濑武次郎的作品。对于佛尔克而言，王阳明是"继朱熹之后最伟大的哲学家和明代第一人"。④ 他对王阳明生活的简要概述均引用《明史》以及亨克翻译的《年谱》，其中就包括王阳明在贵州的开悟（erleuchtung），及嘉靖、隆庆和万历三位皇帝的朝廷对他的处理方法。接下来的部分介绍了王阳明的一些理论，包括心即理，格物，良知以及善恶的起源。⑤

在佛尔克对王阳明的总结评价中，他总结了先前的学者们是如何对王阳明的哲学思想进行分类的。因为王阳明似乎表明，心之所在乃是万物之本，

---

① *Chinesische Philosophie*, pp. 364.
② *Chinesische Philosophie*, pp. 365.
③ *Chinesische Philosophie*, pp. 366-368.
④ Forke, *Geschichte der Neueren Chinesischen Philosophie*, p. 380.
⑤ *Geschichte der Neueren Chinesischen Philosophie*, pp. 380-399.

因而心外无物,即思想创造物质世界,亨克称这样的哲学思想为绝对唯心主义,而哈克曼则称之为认识论唯心主义。佛尔克同意两者的分析,但是他也赞成其他人的看法,如森克认为王阳明哲学是关于主客根源的同一性哲学(Identitätsphilosophie)。佛尔克极可能想到了谢林,因为谢林的同一性哲学"是基于他的绝对者概念的哲学,在这种概念之中,理想和现实、主观和客观其本质相同"①。总而言之,正是德国的唯心主义为王阳明在许多欧洲本土文献中受到欢迎铺平了道路。

四、结 论

总之,在欧美,20世纪上半叶出现了重要的王阳明学术研究。由于王阳明思想对德川幕府和明治时期的日本所产生的影响,以及从19世纪后期在中国掀起对阳明学的兴趣,都使得王阳明成为驻东亚传教士以及研究东亚的专业学者的关注焦点。亨克最先对王阳明的作品进行主要翻译,一些学者也创作了专著和论文,并且他也被纳入德国和法国的中国哲学史中。如今,虽然这部著作在很大程度上被忽视,但是它确实呈现了王阳明的生活和思想概况,以及解读方面的一些问题和比较。

(伊来瑞 美国中佐治亚州立大学历史政治科学系,
历史学副教授,中国历史学博士;
译者:王英 美国翻译协会认证自由译者,绿竹翻译公司创始人,博士)

---

① Raymond Williamson, *An Introduction to Hegel's Philosophy of Religion*, Albany: State University of New York Press, 1984, p. 70.

英语学术界的王阳明哲学思想研究

张慕良

摘 要：英语学术界在王阳明哲学思想研究方面已积累了一定量的学术成果。王阳明思想中的"良知""知行合一"等概念以及阳明心学的修养工夫论等问题，在英语学术界以多种具有明显比较哲学特征的研究方式被展开。在强调中西方思想交流与对话的背景下，对这一文化资源的了解是十分必要的。

关键词：王阳明 英语学术界 良知 知行合一

近年来，海外阳明学研究的学术成果被国内学术界所重视，国内外相关专家学者的直接交流对话也逐渐增多。在这样的背景下，对海外尤其是欧美国家阳明学研究的历史及趋势的了解是有必要的。鉴于此，本文将针对英语学术界王阳明哲学思想研究的情况进行概述，并对英语学术界在该领域讨论的若干问题作简要梳理。

一、王阳明哲学思想研究在英语学术界的开展

英语学术界对于王阳明思想的关注始于19世纪，期间王阳明的"生平和哲学，甚至是他的一些作品，的确出现在其他类型的文献中，例如历史、词典、百科全书性质的著作和专著"，但在"20世纪10年以前，王阳明在西方

---

* 基金项目：吉林大学基本科研业务费项目（2016BS023）；吉林大学基本科研业务费种子基金项目（2016ZZ017）。

并非文章或书籍中的特别主题"。① 系统介绍王阳明哲学思想的文献始于1916年由亨克（Frederick Goodrich Henke）所写的《王阳明的哲学》（The Philosophy of Wang Yang-ming）。亨克早年曾作为传教士在中国工作，并在1910年被邀请至南京大学讲授哲学与心理学。一年后，应英国皇家亚洲协会华北分会（North China Branch of the Royal Asiatic Society）的邀请，亨克开始进行王阳明著作的英译工作。在内容上，该书第一部分是其依照钱德洪等所编《年谱》而作的《王阳明传记》，其余部分包括《传习录》《大学问》、王阳明语录及书信的英译。②

自亨克《王阳明的哲学》出版至20世纪60年代初，王阳明的哲学思想在西方并未得到重视，在这期间只有很少关于王阳明思想的研究成果出现。直至张君劢和狄百瑞（William Theodore de Bary）著作③的问世，西方学界开始增加对王阳明思想研究的兴趣。"前者不懈并专注于王阳明哲学的传播，后者致力于推动明代思想研究并特别关注于阳明学的发展"，④ 而后陈荣捷、秦家懿、杜维明、倪德卫（David S. Nivison）等学者的推动，使得英语学术界在其后至80年代呈现出阳明思想研究的一个相对的高峰期。1963年，陈荣捷出版了阳明学著作的新译本——《王阳明的传习录及其他理学著作》（Instruction for Practical Living and Other Neo-Confucian Writings by Wang Yang-ming）。陈的著作是对《传习录》内容的全译，除此他还翻译了《大学问》及部分社

---

① 伊来瑞（George L. Israel）《1916年前西文文献中的王阳明》，载《第十八届明史国际学术研讨会暨首届阳明文化国际论坛论文汇编（上）》第42页，2017年8月，中国崇义。

② 王宇介绍了亨克所译文本与王阳明著作的对应关系：第一编题为"传习录"，内容实为今本《传习录》的卷一和卷二；第二编题为"语录"，主要内容是今本《传习录》卷三中的王阳明语录，以及今本《王文成公全书》卷二十六中的《大学问》；第三编题为"王阳明的书信"，收入王阳明书信12篇；第四编题为"王阳明的书信（续）"，收入王阳明作品50篇，不过，其中有12篇是序跋，其余38篇为书信。（参见：王宇《亨克与王阳明的西传》，《浙江日报》2017年1月9日，00011版。）

③ 张君劢的著作为《王阳明：十六世纪中国的唯心主义哲学家》（Carsun Chang, *Wang Yang-ming: Idealist Philosopher of Sixteenth-Century China*, New York: St. John's University Press, 1962）；狄百瑞自60年代至起编辑出版多部有关中国思想的论文集，其中收录多篇关于王阳明思想研究的文章。

④ Wing-tsit Chan, "Wang Yang-ming: Western Studies and an Annotated Bibliography", *Philosophy East and West*, Vol. 22, No. 1 (Jan., 1972), p. 76.

会、政治问题的文章。① 其后秦家懿又集中翻译了王阳明的书信并以《王阳明的哲学书信》(*The Philosophical Letters of Wang Yang-ming*) 为题出版,秦著可以看作是对陈译本内容的补充。

1972年6月12—16日,由夏威夷大学哲学系支持并主办的作为东西方哲学家计划(East-West Philosophers' Program)延续的名为"王阳明:一种比较方式的研究"(Wang Yang-ming: A comparative Study)的学术会议在檀香山市召开。会议分为"王阳明与西方思想"与"王阳明与传统日本文化"两个主要议题,参会学者有陈荣捷、张锺元、成中英、方东美、Ian McMorran、牟宗三、倪德卫、冈田武彦、唐君毅、杜维明等。各学者的论文被集中刊载于1973年第一期的《东西方哲学》(*Philosophy East and West*)中。Ronald Moore在期刊中发表了《"王阳明与西方思想"议题的会议报告》。在文中,他从四个方面总结了与会学者谈及的王阳明思想与西方哲学思想的比较维度。第一,王阳明思想中的本体论与方法论的不可分解性(inextricable),为以西学角度研究王阳明思想带来方法论问题的思考;第二,王阳明相信一种总是存在着(ever-present)的主客之间的创造性互动,这使得其形而上学思想与西方传统哲学一元论思想存在着差异性,而更接近于现象学的观点;第三,王阳明对"心"的看法与当时英美哲学主流所理解"心"的概念的差异性;第四,王阳明的"知行合一"观与西方哲学所讲"知""行"关系的比较研究。

此外,几部关于王阳明思想研究的专著也出现在这段时期。杜维明的《宋明儒学思想之旅——青年王阳明(1472—1509)》[*Neo-Confucian Thought*

---

① 陈荣捷在译者说明中谈到他对《传习录》的内容进行全译的目的时讲到:"亨克的译本中有太多的错误,并无故地重排并删去了部分内容。而只有全面阅读《传习录》的内容,才能够对王阳明的思想进行正确的把握"(Wing-tsit Chan, *Instruction for Practical Living and Other Neo-Confucian Writings*. New York and London: COLUMBIA UNIVERSITY PRESS, 1963, p. xiii)。对于亨克译本内容缺失的问题,倪德卫、王宇等已有指出,亨克所参考的王阳明著作的中文底本,实乃明代学者施邦曜辑评的一部王阳明作品选集《阳明先生要集》的《理学编》。(参见: David S. Nivison, "Reviewed Work(s): Instructions for Practical Living and Other Neo-Confucian Writings by Wang Yang-ming and Wing-tsit Chan; The Philosophy of Wang Yang-ming by Frederick Goodrich Henke", *Journal of the American Oriental Society*, Vol. 84, No. 2 (Oct.-Dec., 1964), p. 440; 王宇《亨克与王阳明的西传》,《浙江日报》2017年1月9日,00011版。)

in Action: Wang Yang-ming's Youth (1472—1509)]① 一书受到 Erik Erikson 研究马丁·路德方法的影响,他主要围绕王阳明在追求圣学方法中的精神困扰,从哲学与心理学的视角探讨了王阳明对圣学方法的追求。秦家懿的《求智——王阳明之"道"》(To Acquire Wisdom: the Way of Wang Yang-ming) 主要介绍王阳明的哲学思想,并翻译了王阳明的七篇文章和二十五篇诗文作为其佐证。秦认为,王阳明所讲"心",是一个整体性的实体 (holistic entity),它完成于自我之中并胜任于圣的实现。此外,秦著末章还简述了王学在日韩的影响。柯雄文 (Antonio S. Cua) 在《知行合一:王阳明的道德心理学研究》(The Unity of Knowledge and Action: A Study in Wang Yang-ming's Moral Psychology) 中把王阳明的"知行合一"当成一个研究道德心理学,即从一个道德哲学家的视角研究道德哲学与哲学心理学关系的例子。柯著分为四章,分别为:王阳明教法的本质,教法的意志与理智方面,道德反映在实现儒家憧憬中的角色以及王阳明教法的教育学方面。

从这一时期的研究成果来看,王阳明思想中的致良知、知行合一、四句教、王阳明所讲格物、朱王异同、阳明思想与佛老的关系等问题都已经被英语学术界所关注并对其中某些问题有较为深入的论述,一些相关学术观点亦被当前学者所采用。同时,随着阳明思想被深入研究,与阳明相关的思想家,如王畿、李贽、罗钦顺、黄宗羲等人的思想研究工作也陆续在英语学术界开展。此外,一些学者也继续开展王阳明思想与西方哲学思想的比较研究,相比于 20 世纪中早期将王阳明的思想与笛卡尔、贝克莱等人相比较而言,这一时期的比较研究在学理论述上更为合理,许多观点及研究视角亦是当前英语学术界解读中国思想的主要倾向。如 John Smith 认为王阳明"知行合一"思想包含实用主义的倾向;Jung Hwa Yol 比较了王阳明思想与存在现象学 (existential phenomenology);倪德卫受冈田武彦文章的启发而探讨了王阳明思想中的"存在主义元素";南乐山 (Robert C. Neville) 则以过程哲学的方法解读王阳明的《大学问》。

此后至当前,英语学术界关于王阳明思想的研究成果多以单篇论文或作

---

① Wei-ming Tu, *Neo-Confucian Thought in Action: Wang Yang-ming's Youth* (1472-1509), Berkeley and Los Angeles: University of California Press, 1976. 此书已被朱志方译成中文并收录于《杜维明文集》(第三卷)。(参见:郭齐勇、郑文龙编《杜维明文集》,武汉出版社,2002 年。)

为儒学研究和东西方比较哲学研究中的一部分内容以章节形式出现。"知行合一"、阳明学的道德修养工夫等问题,在东西方哲学更直接交流对话的背景下,被进一步或以新的研究视角加以讨论。对王阳明思想论述较多的学者有:艾文贺(Philip J. Ivanhoe)、Warren Frisina、黄勇、杨晓梅等。

二、"知行合一"的解读与"良知"概念

"知行"关系问题是西方哲学的重要议题,王阳明所讲"知行合一"与西方哲学传统中的知行关系的差异性是西方学者感兴趣的问题。在1972年的"王阳明:一种比较方式的研究"的学术会议上,与会学者对王阳明所讲"知""行"及其统一性(unity)问题进行了较为深入的分析性论述。

首先,关于"知"的问题及"心"的认识。西方哲学对于知的问题只限制于认识论问题方面,而王阳明关于知的理论与他的伦理、形而上学以及其他的所有教法相关。Ronald Moore 指出,英美哲学关于心的本质问题的特别关注大概始于赖尔(Gilbert Ryle)声名狼藉(notorious)的《心的概念》,一些近来的学者沿着赖尔的思路,寻求对于人类活动的总体性解释,其结果是把"心"变成了一种附带的现象(epiphenomenon)。倪德卫认为,在王阳明处,一方面,像眼睛之于颜色,心以对错作为它的"体";另一方面,成圣之道在于消除心中的杂念。这两种思想在王阳明处并不矛盾,通过这两种不同的方式,是使人心回到简单的,与宇宙和谐的状态。所以,在这个过程中,人失去了己"心"而实现与万物的一体。所以,在这个意义上,心不能被简单理解为是一系列的行为倾向(behavioral dispositions)。在王阳明看来,心的真实体现在它的简单、直接及完全的经验性:心的真实性体现在深层的感觉经验中。

其次,行的问题及知行关系。知行关系,在柏拉图和朱熹的传统中都是知引导行,而王阳明提出另一种方式:以行动的尝试(trying)作为理解的路线。这种尝试"发生于人的真实生存境遇(human condition)中。在这样的境遇中,人的自然本性必然会对所发生的事情有一种道德上的回应(如不自觉地对于处于危险中的孩童的怜悯之心);在这样的境遇中,爱在它的日常基质中有远大于'清空我们的思绪'的价值"。对于"行动的尝试"的定义,成中英先生补充讲到它进一步的维度,王阳明强调对于知的探求是一种内在的

评价,这种评价内在包含一种特殊的感情。这种感情是每个人必须具有的关于自我实现的目标。Gerald Schwartz 认为,这种情感是具有创造性(creative)的,从某种意义上讲,这种情感在西方哲学中是不具备的。

结合以上不同观点,Ian McMorran 将讨论指向行动的具体内容。在王的眼中,真实的行动所指即是一个人成圣的过程。所有的行动因此具有创造性的丰富性意义而不仅仅是简单的行为(behavior),而是形成过程(becoming process)的一部分。如 Eliot Deutsch 指出,目前的英美哲学表现出一种将行(action)理解为简单的行为执行(behavioral performance)的顽固趋势,这种情况尤其表现于一系列关于"基本行动"的文章中。如果我们谈论王阳明哲学中的"基本行动",它清晰的指向即是伦理行为。成中英认为,对王阳明来讲,道德维度无疑内含于行动中,因为行动的道德性是它的本体论的一部分。杜维明认为,行动一直是成为圣人这一存在性承诺(立志)的表现形式。倪德卫指出,王阳明的"知行合一"与西方所熟知的行动反映思想不同,与流行的行动创造思想也不同。成中英继续讲,在圣人的行兼知(doing-cum-knowing)中,对于最终事实的理解是通过自我修行的完善过程,简言之,自我之完善(perfecting one's self)……圣人所行与所想总是保持着一致——它体现于生命的充分发展(full-blown)理论:如果它的根是好的,那么它的枝叶就会生发出来。①

除此次会议对"知行"问题的分析性讨论之外,英语学术界的学者们还就"知"所属的类型给出不同观点。柯雄文认为王阳明所讲的"知行合一"之"知"指的是道德知识,是一种实践知识,即知道如何去做(know-how)。柯氏讲,与纯粹的智性知识相比,"实践知识"具有对于行动的要求与影响。道德知识,作为一种实践知识,因此具有一种启动性的输入,推动机体的行动。② 王的知行合一说不仅仅是一种承诺,它有对于完美憧憬的行动过程的变化的更深层次的理解。柯氏区分了"预期"(prospective)与"回溯"(retrospective)的道德知识。这种预期有一种"投射性"的特征,而"回溯"意在

---

① 以上内容详见:Ronald Moore, Report on the Panel Discussion: "Wang Yang-ming and Western Thought", *Philosophy East and West*, Vol. 23, No. 1/2, Proceeding of East-West Philosophers'Conference on Wang Yang-ming (Jan. -Apr., 1973).

② A. S. Cua, *The Unity of Knowledge and Action: A Study in Wang Yang-ming's Moral Psychology*, Honolulu: University of Hawaii Press, 1982, p. 4.

证明机体行动的转变特征。因此,机体的理解在经过行动后会有质的变化。与仅仅承诺行孝的意图相比,一个人行孝后对于孝的认识更接近于"真知"。Warren Frisina 认为知行合一表述的是一种难以达到的而不是关于所有知的形式的客观陈述的道德理想(moral ideal)。从这一角度来讲,知行合一不是一般性的方法论要求,它表达出了单独的认知型知识不足以放置于行动的领域加以讨论。① 王阳明的"知行合一"思想是本于宋明理学的形而上学思想的。"良知"在王阳明处,指的是根本的经验(primordial experience),② 它是所有"知"与"行"的真正基础和共同资源。黄勇认为,阳明的知行合一之知(良知)不能归类于命题性知识或能力之知,而是知道去做的知识或动力之知(knowing-to)。具有动力之知的人会做出相应的行动,这是命题性知识与能力之知或二者相结合都不具备的特征。③

杨晓梅将"知行"关系问题引向王阳明所讲"知""行"在何种意义上是合一,或知识在何种意义上构成行动的问题中。她认为柯雄文和 Frisina 的解释没有对良知的先天性(innateness)给予足够的重视以及忽略良知的先天性与通过行动或道德实践以重新发现它之间的动态联系,所以他们的解释没有解决知行的分离以及意志的脆弱性(weakness)。杨对"知行"在何种意义上统一的问题的解读沿着秦家懿与杜维明的思路。按秦和杜的解释,道德修养是成圣的道路。"知行合一"的理论所表达的是一种道德理想而不是认识论上的要求或经验的事实。这种理想的状态即是:在圣人处,道德知识与行动从不可分,圣人一直按良知而行。与对解释"知行合一"的含义相比,秦和杜对王阳明所提"知行合一"的动机更为感兴趣。杨将秦和杜对"知行合一"的理解称为"知行"关系的规范性(prescriptive)角度。杨晓梅继续解释到,"知行合一"不只是规范性的,而且是描述性的要求(descriptive claim)。所以,王阳明不仅宣称一个人的行动必须依照良知,如果一个人这样做,他的知与行是合一的;而且也明

---

① Warren G. Frisina, "Are Knowledge and Action Really One Thing?: A Study of Wang Yang-ming's Doctrine of Mind", *Philosophy East and West*, Vol. 39, No. 4 (Pct., 1989), p. 420.

② Frisina 在文中讲到,primordial experience 一词参考了杜维明所用 primordial awareness 一词。

③ 参见:Yong Huang, "Knowing-that, Knowing-how, or Knowing-to?: Wang Yangming's Conception of Moral Knowledge (*liangzhi*)", *Journal of Philosophical Research*, Vol. 42, 2017, pp. 65-94. 此文已被译为中文,参见:黄勇、崔雅琴《论王阳明的良知概念:命题性知识,能力之知,抑或动力之知?》,载《学术月刊》2016 年第 1 期。

确指出，如果一个人不按他宣称的所知而行，他并不知。①

"知行合一"中的"知"所指为"良知"。在最早的理雅各（James Legge）的《孟子》英译本中，"良知"被译为直觉的知识（intuitive knowledge），理雅各在此章的注解中还对他所译"直觉的知识"加以"善"的内涵的强调。② 虽在其后不久，沃特斯（Thomas Watters）就指出王阳明对"良知"的理解要丰富于"直觉"之意，③ 但这种翻译方式还是被继承下来。亨克翻译阳明良知时所用即是"intuitive knowledge"，而后学者对此有不同的理解与改动，常见的如：innate knowledge (of good), pure knowledge, moral knowledge。

从以上翻译不难看出，虽翻译用词不尽相同，但都保留了对于"知"（knowledge）这个词的运用，进而在"知"的基础之上去理解"知"的内容。对于此，一些学者也表达出对这种译法及理解方式的质疑。刘述先先生以"'先天而天弗远'，天即良知也。'后天而奉天时'，良知即天也"④ 一句为例，认为"innate knowledge"（本原知识）的翻译是讲不通的，王阳明所要表达的是通过良知而体认出的人心的原始本质（original substance of the mind），这个本质是与"天心"（heavenly mind）是相同的。所以，良知获得了一种本体论的含义和状态，而这是用"本原知识"这一术语无法表达的。⑤ Stafford Betty 认为王阳明对

---

① 参见：Xiaomei Yang, "How to Make Sense of the Claim 'True Knowledge is What Constitutes Action': A New Interpretation of Wang Yangming's Doctrine of Unity of Knowledge and Action", *Dao: A Journal of Comparative Philosophy*, Jun. 2009, Vol. 8, Issue 2, pp. 173-188.

② 理雅各讲："'良能'（intuitive ability）、'良知'（intuitive knowledge）的翻译中也包含了善（goodness）的概念"。参见：James Legge, *The Chinese Classics Vol. II. The Life and Works of Mencius*, London: Trübner&Co., 57&59, Ludgate Hill, 1875, p. 350.

③ 此信息参考于《1916年之前英文文献中的王阳明》第39页。沃特斯指出，"（良知）这个词对于王阳明而言用法多变，有时意指良心。有时又意指知觉，还有些时候则明显指本能"。Thomas Watters, *A Guide to the Tablets in a Temple of Confucius*, Shanghai: American Presbyterian Mission Press, 1879, p. 215.

④ 刘述先所用英译为陈荣捷译本，全文为：The statement, "The superior man may precede Heaven and Heaven will not act in opposition to him", means that Heaven is the same as innate knowledge. The statement, "He may follow Heaven but will act only as Heaven at the time would do", means that innate knowledge is the same as Heaven. 参见：Wing-tsit Chan, *Instructions for Practical Living and Other Neo-Confucian Writings by Wang Yang-ming*, New York and London: Columbia University Press, 1963, p. 228.

⑤ Shu-hsien Liu, *Chapter 13 Neo-Confucianism (II): From Lu Jiu-yuan to Wang Yang-ming*, from *History of Chinese Philosophy*, Edited by Bo Mou, Oxon: Routledge, 2008, p. 413.

良知的运用是多样的，王阳明的哲学思想是围绕着这一概念的。他列举了王阳明所讲良知的用法及特征，如孟子意义上的，良心的永远正确的声音；良知在一些文本中具有明显的本体论特征；良知是实体中的实体；良知是一种超验的神圣性（永恒、全知、全能、完善、完美、永动）；良知无处不在。①

对于这一问题，我的理解是，当把"良知"翻译为"knowledge"时，因为西方语言的实质性指向（substance-oriented），②"良知"被理解为一种确定性的概念，所以必然会有一种对于其内涵，即"什么知识"的追问。诚然，英语学术界的部分学者已开始自觉在很多时候用"*liangzhi*"或"*liang-chih*"的汉字拼音形式进行表达，但这种用法毕竟不像"*Dao*"一类已被西方世界所习惯的术语。此外，如沈清松所讲，"如果一个人自己的哲学或文化传统的语言能被译为另一个传统的语言或另一个传统所理解的语言，那么这个人自己的哲学或文化传统则有普适性"。③ 从这种意义上讲，为"良知"概念找到一种更为合理的译法是有必要的，而这种对于"良知"的合理性翻译的最基本要求应体现出"良知"的形上内涵并能够消除对"良知"只作为"知"的确定性指向。良知作为心的原始状态（original state of heart-mind）是被大多数英语学术界学者所认同的，所以改用这种译法或用一种具有动态性特征的"innate natural tendency of Heart-mind"词组来"描述"出良知状态的方式应是值得尝试的。④

---

① 参见：L. Stafford Betty, "Liang-Chih, Key to Wang Yang-ming's Ethical Monism", *Journal of Chinese Philosophy* 7（2），1980, pp. 115-129.

② 参考：Roger T. Ames, David L. Hall, *Focusing the Familiar: A Translation and Philosophical Interpretation of the Zhongyong*, Honolulu: University of Hawaii Press, 2001, p. 6.

③ 沈清松：《关于跨文化哲学与中国哲学的一些反思》，载于姜新艳主编《英语世界中的中国哲学》第450页，中国人民大学出版社，2009年。

④ 这里所用 natural tendency 一词取两层含义：第一、字面含义，即表示出"心"的自然的倾向；二、安乐哲（Roger T. Ames）在翻译《中庸》时提出了对中国哲学概念以一种过程性的语言（a language of process）或称为"点域式的语言"（the language of focus and field）的翻译方法。在这一理论下，安乐哲在翻译《中庸》首句"天命之谓性，率性之谓道，修道之谓教"的"性"概念时，用"natural tendency"而不是惯用的"nature"或者"human nature"。所以，这个术语又有了形上之"心之本性"之意。当然，部分学者会对此提出异议，因为从文字上讲，"良知"一词中的"知"字，通常对应的英文为"knowledge"。我认为这样的质疑是对这一概念在"直译法"（literal translation）下的强加要求。安乐哲曾对"直译法"有过批评。参见：安乐哲《活着的中国哲学》，载《孔学堂》2015年1月第1期，第82页。

三、王阳明的修养工夫论、阳明心学与佛学的关系

在传统西方哲学中,方法论问题是独立于本体论问题被单独讨论的,而这样的区分在王阳明处是不存在的。王阳明的"形而上学"思想中有一种"主客之间的创造性的互动"。许多学者就这一特征指出其思想与现象学及存在主义的相似性。张锺元和成中英提出:"可以讲,通过否定人类经验中的潜在的主客分离性并采取一种与海德格尔类似的统一的动态性观点,王阳明避免了胡塞尔的意向对象—意向作用的二元性(noematic/noetic dualities)问题。"① 对本质(substance)概念的理解,王阳明曾用到根与枝(root and branches)的比喻。成中英指出,这种比喻不是西方逻辑上的区分,而是一个动态的整体(dynamic union)。我们看不到本质,而看到树木的生长以及生长过程中的互相依赖的有机的有生命力的功能性部分。② 受冈田武彦提出的王畿与存在主义关系问题的启发,倪德卫发表了《王阳明的道德决定:中国的"存在主义"问题》一文。他认为,不应用"存在主义"一词歪曲而不是清楚地分析王畿以及王阳明的思想,而应该去研究二位思想家思想中的存在主义元素(existential elements)。在文中谈及王阳明的道德决定本质问题时,倪德卫认为,王阳明与孟子都把"心"看作与感官相似。在孟子那里,心与感官都指向完美的客体(如:目—美;心—善);而在王阳明那里,心与感官是没有这样的客体指向而只能在它们的功能中来把握。③

艾文贺继承了倪德卫的观点,将王阳明的修养问题与先秦儒家相比较,并作出更为细致的区分。他认为孔子的修养方式是习得模式(acquisition mod-

---

① Ronald Moore, "Report on the Panel Discussion: 'Wang Yang-ming and Western Thought'", *Philosophy East and West*, Vol. 23, No. 1/2, Proceeding of East-West Philosophers' Conference on Wang Yang-ming (Jan.-Apr., 1973), p. 210.

② Ronald Moore, "Report on the Panel Discussion: 'Wang Yang-ming and Western Thought'", *Philosophy East and West*, Vol. 23, No. 1/2, Proceeding of East-West Philosophers' Conference on Wang Yang-ming (Jan.-Apr., 1973), p. 211.

③ David S. Nivison, "Moral Decision in Wang Yang-ming: The problem of Chinese 'Existentialism'", *Philosophy East and West*, Vol. 23, No. 1/2, Proceedings of East-West Philosophers' Conference on Wang Yang-ming (Jan.-Apr., 1973), pp. 131-132.

el），其后在孟子和荀子处发展为两种道德自我修养的方式：孟子的发展模式（development model）和荀子的重构模式（re-formation model）。而朱熹、王阳明等宋明理学家错误理解了先秦儒家的修养方式。艾氏认为，王阳明与孟子的区别在于：王认为每个人都有一个被介于期间的私欲所遮蔽的与生俱来的完美的道德本心，而这种私欲需要在良知的净化能力下被识别与消解；孟子则相信人被赋予了脆弱的、初生的道德萌芽（善端），它需要一系列的保护、照顾与引导，以形成坚定的道德倾向。"明显的是，王阳明对自我道德修养的描述中带有将自身从一种深远且顽固的自我欺骗（self-deception）形式中解脱的任务。而这项任务的成功完成只能通过对发生于自身的事情的持续关照。这是王阳明教法中的真正的存在主义味道。①"艾文贺把王阳明的道德修养模式命名为发现模式（discover model）。② 他在《儒家传统的伦理：孟子与王阳明思想》（ Ethics in the Confucian Tradition: The Thought of Mencius and Wang Yang-ming）一书中，从道德本性、人性、恶（Wickedness）的本质与起源、自我修养、成圣（sagehood）五个方面比较了孟子与王阳明思想的差异。

在王阳明思想的文化来源上，佛学与王阳明思想的关系及对王阳明思想的影响是英语学术界比较关心的一个问题。陈荣捷指出，英文学术界对王阳明思想的关注与自1910年铃木大拙等学者开始在西方学术界推广禅宗有关，因为王阳明被认为是儒家中的禅者。③ 针对二者的关系问题，陈荣捷以《年谱》为参照，从王阳明思想的发展历程角度进行考证。他认为，王阳明很少受禅宗影响并且一直在批判禅宗。王阳明对佛教的批判是很有力的（vigorous），因为他集中批判的是禅宗关于心的理论（doctrine of the mind）。在其划分为343条的《传习录》版本中有17条是指向禅宗的。④ 杜维明认为，

---

① Philip J. Ivanhoe, "Existentialism" in the School of Wang Yang-ming, in Chinese Language, Thought and Culture: Nivison and His Critics, edited by Philip J. Ivanhoe, Chicago: Open Court, 1996, p. 260.

② Philip J. Ivanhoe, Ethics in the Confucian Tradition: the Thought of Mengzi and Wang Yangming, 2nd ed. Indianapolis/Cambridge: Hackett Publishing Company, Inc., 2002, p. 88.

③ Wing-tsit Chan, "Wang Yang-ming: Western Studies and an Annotated Bibliography", Philosophy East and West, Vol. 22, No. 1 (Jan., 1972), p. 75.

④ Wing-Tsit Chan, "How Buddhist is Wang Yang-ming?", Philosophy East and West, Vol. 12, No. 3 (Oct., 1962), pp. 203-215.

王阳明虽然用了许多禅宗的用语来表达他自己的思想，也有效地使用了一些禅宗的教学方法（pedagogy）。但他实际上从来没有认同禅宗的宗教信条。① Rodney Taylor 以谈论最多的宋明理学受佛家影响的明显迹象的静坐为例，对比了佛家所讲"顿悟"和"渐悟"的模式与宋明理学的修行方式。Taylor 认为宋明理学内部的用功（effort）与自发（spontaneity）与佛家所讲顿悟和渐悟是无关的，宋明理学的修养方式反映出的是一种本于原始儒家的思想继承。但因此认为佛学对宋明理学没有影响也是站不住脚的。他引用柳存仁的观点，"新儒学发明了一套精神修养的系统方法，而这是先秦儒家所没有的……所以，他们必须从其他宗教中过继（adopt）这样一种神秘的修行方式，并用儒家相应的语言来表述"，并认为虽然宋明理学家所形成的静坐修养方式从根本上讲是受到了道家或佛家的影响，但是就借鉴静坐这种修行方式而言，并不能说明儒学的指向（orientation）在关键特征上做出了改变。在佛学与宋明理学关系的定义上，他列出了三种不同的表述形式，历史关联说（historical interrelationship）、折中说（eclecticism）和融合说（syncretic）。其中，折中说是带有偏见的提法，它意指的是来自不同资源，并且这些资源之间没有联系；融合说则表达一种复杂的联系。如果用这个词来表述，那么静坐就会代表这样一种世界观——儒家与佛道在本质上是有联系的。所以，历史关联说应是一种更好的描述。它表述出宋明理学受佛家影响，这种影响在其后明显具有一系列儒家特征的世界观形成过程中起到了重要的作用。② 艾文贺则认为宋明理学家虽然严厉地批判（harsh critics）佛家，但是他们深受佛家特别是禅宗思想的影响。他讲到，"禅宗的一些核心特征，对陆象山和王阳明哲学在内容（content）、形式（shape）以及风格（style）上都产生了影响"，③ 正是由于禅宗思想的影响，才导致宋明理学家错解了先秦儒家的道德修养传统。艾文贺在《陆王心学文献选读》（Readings From the Lu-Wang School of Neo-Confucianism）一书中首先翻译了《坛经》中的部分内容。他指

---

① Weiming Tu, *Neo-Confucian Thought in Action：Wang Yang-ming's Youth (1472-1509)*, Berkeley and Los Angeles：University of California Press, 1976, p. 66.

② Rodney L. Taylor, "The Sudden/Gradual Paradigm and Neo-Confucian Mind-Cultivation", *Philosophy East and West*, Vol. 33, No. 1 (Jan., 1983), pp. 28-30.

③ Philip J. Ivanhoe, *Readings From the Lu-Wang School of Neo-Confucianism*, Indianapolis/Cambridge：Hackett Publishing Company, Inc., 2009, p. 1.

出,慧能所讲最高的精神成就(spiritual attainment)不在于获得新的知识,而在于除去思想中的错误部分。它是在自我欺骗(self-deception)中的解脱,而不是发展出一种根本上新的未知的心的状态。这一观点被以一种儒家特色装扮(garb)后,出现在陆王的思想中。同时,《坛经》中的具有图像性及韵律性的诗意型的思想表达"形式"也影响了陆王的教学方式。更重要的影响是,禅宗认为最高等级的精神成就是一种"不依靠文字"言说的诀窍(knack),陆王也暗示出传统知识甚至儒家经典既帮助也阻碍自我的道德修行。智慧的夫子确信"成圣"(enlightenment)并且能够引导他的弟子朝向它,但即使最有天赋的人也不能直接把它传授(impart)给他人。成圣在于生命中的自我寻找。①

艾氏所译的阳明著作包括:书信、《传习录》《大学问》《教条示龙场诸生》以及诗作,其中书信、《传习录》及诗作部分为选译。刘纪璐在对艾著的书评中讲:与陈荣捷的《中国哲学史料选编》(*A Source Book in Chinese Philosophy*)相比,艾文贺的译本给出一个对陆、王两位哲学家哲学性著作更为完整地呈现。此外,如陈译本在翻译王阳明所讲"本体"时用"substance",这造成了读者对王阳明的本体论有一种超验本体(transcendent entity)的理解,而艾译本根据不同的章节,分别译为"the original state","the fundamental state","the embodied state"。艾氏的译法体现出其在理解王阳明哲学上的洞察力。但刘也指出,艾著第一部分翻译《坛经》,给读者形成一种《坛经》对陆王心学的特殊影响之感;在陆九渊著作拾遗"求则得之"篇中,艾氏将良知译为"pure knowledge",刘认为此处应译为"pure heart-mind"(良心)。这体现的是陆王对本心看法的区别,而艾著的译法则抹消了这一问题。②应该说,刘的评价是比较客观的。艾著的英译本在陆王与佛学及陆王之间思想关系问题中体现出了大量的"个人印记",这也使得其著作在英语学术界中并未作为阳明著作译文的主要参考。

本文仅对英语学术界中有关于王阳明哲学思想研究的个别问题加以介绍。不过,从以上的简要评述中,我们亦可以看出,英语学术界对于王阳明思想

---

① *Readings From the Lu-Wang School of Neo-Confucianism*, pp. 6-7.

② Jee Loo Liu, "Readings From the Lu-Wang School of Neo-Confucianism (review)", *Philosophy East and West*, Vol. 61, No. 2, Apirl 2011, pp. 390-391.

的研究，注重对于已有研究成果的参考与总结，并以此为基础进行具体的哲学性问题的讨论，而不是自说自话。同时，研究者善于将王阳明思想中的内容与西方哲学研究所关注的学术问题进行比较，在某些问题上发掘阳明学对于当代哲学问题的启发性作用。这在一定程度上也说明了中国古代哲学的文化资源在解决当代哲学问题时的积极性意义，这种善于在比较哲学视域中发掘阳明学的当代意义的问题性意识应是值得我们目前阳明学研究借鉴的。但同时，我们也应该看到，由于西方哲学文化的理论背景以及英语语言自身的"客体性"指向等特点，使得在以英语为载体研究阳明思想时，会受到一种对于"知""行"等概念的确定性指向的"引导"，即进入对于"知""行"的"实在内容"的辨析中。而这一以"西方语言"为逻辑框架的认识方式解读王阳明思想的指向有偏离王阳明思想主旨之嫌，可能会导致分析得越精微，越"支离"，在某种程度上偏离了阳明自己所讲的，"良知只是那些子"。这应是我们参考此类研究成果时需要注意的。

（张慕良　哲学博士，吉林大学哲学社会学院，讲师）

·春秋论坛·

马可·波罗与13世纪草原丝绸之路的"新都"
——"元都于燕"考

杜 潇

摘 要：13世纪的亚欧大陆，有一个新主人：忽必烈。北京地区，其实早从元大都时起，就已有过管理丝绸之路的历史经验了。蒙古弃旧都哈拉和林（Karakorum）过千里草原"定鼎于燕"，以元大都Cambaluc（汗八里 Khan-baliq）新城建立为标志。这一重大历史事件，被多种中、外史料共同见证。不仅数量多，且史料彼此独立——并出于多民族史家之手。独立史料之间，足以相互印证补充。如其中名篇马可·波罗《寰宇记》（Le devisement du monde 伯希和本）记载的"新都"（Nouvelle Capitale）元大都城之建立，即今北京之诞生，不仅对于中国史、丝绸之路史，乃至对世界史，影响深远。正史《元史》载："至元八年，建国号曰大元。至元九年，改大都。"元新都建立之意义，《南村辍耕录·宫阙制度》明言："城京师，以为天下本。"——大都是大元之"体"。大元为大都之"用"。史料显示，国号"大元"与新都"大都"同时创立。更为珍贵的是，这一历史事件，竟仍保存于古地图中。本文通过对13世纪鄂多立克、马可·波罗、拉施特，以及元史、高丽史藏族史料等中外一手文献对堪研究，寻求得出一个较为完整的历史认识。

关键词：马克·波罗　元都于燕　元史　新都

一、古代文字史料考

元大都路儒学教授、国史院编修虞集《道园学古录》："岁在丁卯，以正月丁未之吉，始城大都。"①

元人陶宗仪《（南村）辍耕录》卷二十一《宫阙制度》载："至元四年正月，城京师，以为天下本。"②

威尼斯公国人马可·波罗（Marco Polo）《寰宇记》（*Devisement du monde*）中记载了 Cambaluc 含有新、旧二城：

> …l'état de la ville de Taidu, la grande ville du Catai nommée Cambaluc où sont ces palais…Sur une grande rivière de la province du Catai, y avait une très ancienne, très grande et noble cité qui avait nom Cambaluc, qui veut dire en notre langage la cité du seigneur. Mais de ses astrologues, le Grand Can apprit que cette cité devait devenir rebelle et faire grande opposition a l'empire; et pour cette raison le Grand Can la fit ruiner et détruire, et il fit cette autre ville de Cambaluc à côté de l'ancienne, au-delà de la grande rivière; et il fit sortir tous les gens de la vieille cité et les mit dans la nouvelle qu'il avait fondée et qui est appelée Taidu.③

意大利波代诺内城圣方济会修士鄂多立克（Odoric）的《亚洲行记》也记载了元大都新、旧二城先后建立：

> De ceste cité m'en alay vers orient jusques a une autre cité moult noble et moult ancienne en la province de Cathay, et a nom Chambelech. Celle noble cité de Chambelech est moult anchiene, et fu jadiz conquise par les Tartres. Et a demie lieue pres de celle cité ont il fait une autre cité qui a nom Cayto. Ceste a. XII. portes. Entre chascune. II. portes a. II. milles d'espace, si2ques

---

① （元）虞集《道园学古录》卷二十三《大都城隍庙碑》，四部丛刊初编 n°. 1440《道园学古录》t. 6，第 103 页。

② （元）陶宗仪《辍耕录》第 297 页，中华书局，1985 年。

③ Marco Polo, *Le devisement du monde*, texte intégral établi par A.-C. Moule et Paul Pelliot, version française annotée par Louis Hambis, professeur au Collège de France, Paris, La Découvert, 2011, p. 217.

ces. II. citez ont bien. XL. milles de tour. Ceste Cayto est bien habitee.①

(And departing thence, I passed on through many a city and many a town towards the east, until I came to that noble city cambalech, an old city of that famous province of Cathay. The Tartars took the city, and then built another at a distance of half-a-mile, which they called Taydo.②)

正史《元史》载 1264 年忽必烈尚且沿用金中都（大兴府）旧城，犹豫四年后，决定另建"今城"而迁都：

世祖至元元年（按：1264），中书省臣言："开平府阙庭所在，加号上都，燕京分立省部，亦乞正名。"遂改中都，其大兴府仍旧。四年（按：1267），始于中都之东北，置今城，而迁都焉。九年（按：1272），改大都。③

波斯历史学家拉施特（Rashid al-Din）在《史集》（*Jami'u't-tawarikh/ Compendium of Chronicles*）中记载：

Genghis Khan and his sons had no capital in Cathay, as has been mentioned in every history; however, since Mongka Qa'an gave that realm to Qubilai Qa'an, who, with his far-sighted view, could see what an extremely flourishing land it was and what important countries and realms neighbored it, he chose it as his capital. He designated as his winter residence the city of Khanbaligh, which is called Jungdu [Chung-tu] in Cathaian and had been an imperial capital. It had been chosen as a site in ancient times by astrologers and philosophers under a highly favorable ascendant, and it was always considered to be very auspicious and lucky. Since Genghis Khan had destroyed it, Qubilai Qa'an

---

① Odoric, *Le voyage en Asie d'Odoric de Pordenone*: iteneraire de la Peregrinacion et du voyaige (1351), trad. Par Jean le Long, édition critique par Alvive Andreose et Philippe Ménard, Genève, Droz, 2010, p. 46.

② Yule Henry, Cordier Henri [dir.], *Cathay and the way thither*, a collection of medieval notices of China, London, Hakluyt society, 1913-1916, vol. 2, p. 217.

③ （明）宋濂等《元史》第 1347 页，中华书局，1976 年。

wanted to rebuild it, so for his own fame and reputation he built another city next to it. That city was named Daidu. The two are contiguous, and the latter's ramparts contain seventeen towers with a distance of one league between every two towers. It is so flourishing that innumerable buildings have been built outside of every tower. All sorts of fruit-bearing trees have been imported from every country and planted in the gardens and orchards, and most have done well. Inside the city he built a truly magnificent palace for his ordu. It is called Qarshi, and its pillars and paving are all of marble. It is quite beautiful and very nice.①

《高丽史》② 中存有大量史料，表明国号"大元"与国都"大都"同时创立。蒙廷正是在建"新都"过程中，向高丽宣告"建国号曰大元"。高丽王廷不仅遣使宋松礼回大元境内"贺建国号"，还要为建造元大都陆续准备建筑材料"辄随所有以进"——且常常并非寻常用料，而是珍贵的高丽特产材质。《高丽史》有崇尚"常事不书"原则的中国正史中罕有的细节描写，生动具体地记录了蒙古朝廷遣使高丽，索要建造新都宫城之建材——甚至包括皇帝"御床材香樟木"的事件，生动保存了大元建立"新都"的史实：

（按：1271）乙卯，蒙古遣必阇赤、黑狗、李枢等七人来索宫室之材。又以省旨求金漆、青藤、八郎虫、榧木、奴台木、乌梅、华梨、藤席等物。王报中书省曰："今奉省旨云：'王国未平，圣虑怜悯，今岁朝币不须进奉。所用金漆良多，今遣必阇赤往取。'窃念小邦，所贮金漆，就陆时散尽。且其所产南方海岛，比为逆贼往来之所当。更乘其闲往取奉献，先将所有十缸以进。其沥汁之匠，当就产地征来起遣。又黑狗口宣榧木，土人谓之白木。问其产地于枢，则云升天府之今要岛也，其青藤、八郎虫亦出于此。又于珍岛南海等处皆产焉。其榧实、桐栢实，亦产此地，距王京千余里，难以立致。枢不自往见而返，兹与达鲁花赤并差人视其有无，待还具奏。先以收取色状榧木若干片，奉献八郎虫。则

---

① Rashiduddin Fazlullah (Rashid al-Din Fadl Allah), trad. et annoté par Thackston Wheeler McIntosh, *Jami'u't-tawarikh* (*Compendium of Chronicles*): *A History of the Mongols*, Harvard University Press, 1999, vol. 2, p. 440.

② ［朝鲜·李朝］郑麟趾《高丽史》，奎章阁本（1451），首尔：国立汉城大学奎章阁藏本，139 卷。

枢初言产于乔桐郡，今使人往取则无有也。又云：'出于今要岛。'当复遣人就审，其奴台木、海竹、冬栢、竹簟，辄随所有以进。乌梅、华梨、藤席，元非所产，昔于西宋商舶得之。粗有若干，并此进奉。"①

（按：1271）己亥，蒙古遣使告："建国号曰大元。"②

（按：1272）甲申，遣齐安侯淑枢密院副使宋松礼如元，贺建国号，表曰："三百有旬之成岁，功自正朝而为始。六十余卦之备易道，从乾象以起初。一言以兴四德之长，惟万国之攸戴。在百王以莫高，犄歆允正其名，属我大明之。代凤传景诏，喜不外于海东。燕贺诚心，庶得先于天下。"③

（按：1272）庚午元中书省遣岳山李珪与李枢来索大木。④

（按：1272）十二月壬辰元遣李枢与蒙古二人来索宫室材木。⑤

（按：1273）壬午元使来索御床材香樟木。⑥

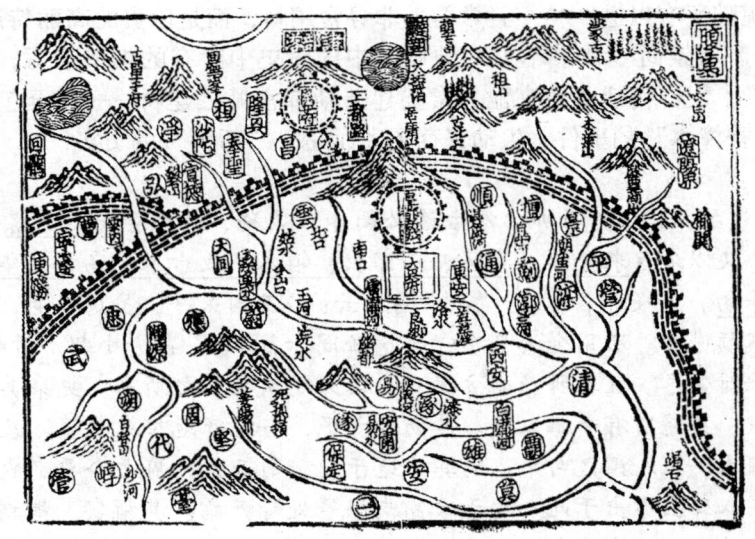

---

① 《高丽史》卷二十七《世家·元宗三》18a，18b，19a。
② 《高丽史》卷二十七《世家·元宗三》24b—25a。
③ 《高丽史》卷二十七《世家·元宗》26a—26b。
④ 《高丽史》卷二十七《世家·元宗三》27b。
⑤ 《高丽史》卷二十七《世家·元宗三》35b。
⑥ 《高丽史》卷二十七《世家·元宗三》38b。

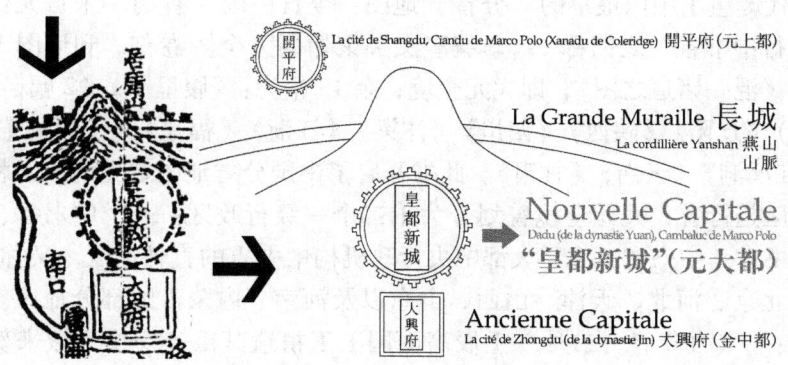

图 1（古地图）：《腹里图》载《新编事文类聚翰墨大全》（元泰定刊本）

二、古地图史料考

下文，不仅对古代文字史料，也将对古代图像史料考证，下文将对元代著名类书《新编事文类聚翰墨大全》中保存的古地图《腹里图》（图1）、与法国国家图书馆（BNF）古籍手稿部所藏最早的《马可波罗行纪》插图（ms. fr. 2810）（图2），及今人考古测绘图《金中都与元大都城址位置图》（图4）对比研究。

各国文字史料，弥足珍贵，对"新都"事件，中外史料记载之一致，突显出蒙元史的世界性。更为珍贵的是，大元"新都"建立，这一重大事件，竟仍保存在元代的古地图中。元人所编的著名类书《新编事文类聚翰墨大全》中，保存了元代的《腹里图》——"腹里"正如汉语腹心之意，即首都及周边地区。其中，元大都始建时"新都"与"旧都"并立的历史进程，被《腹里图》[①] 清晰记录下来。《腹里图》含北、南两幅图，绘出了中书省所辖地域范围，且《腹里图》的中心部分（图1），突出表示了皇都新城（元大都）和大兴府（金中都）。此图与法国国家图书馆中世纪古籍藏品（图2）所记为一事，可资比较。

---

① 《腹里图》《四库存目丛书·子部·类丛类》子部 第169册，4b。

元代诞生了中国最早的"分省"地图：今日中国"省制"来自元代，是元朝"行中书省"之简称。《新编事文类聚翰墨大全》卷首，刊地图14幅。首幅为《混一诸道之图》，即大元全境，余13幅为：《腹里图》（2幅，分北、南两半）《辽阳》《陕西》《四川》《汴梁》《江浙》《福建》《江西》《湖广》《左右江溪洞》《云南》《甘肃》。此书开启了中国分省地图之先河。元朝地方一级政区是行省，大元全境曾划分为十二个一级行政区：一个中书省、十一个行中书省。中书省，为元大都中央行政机构中书省的直辖地区，又称腹里。包括今北京、河北、天津、山西、山东以及河南、内蒙古的部分地区。《元史》载："（九年春，二月）壬辰高丽国王王禃遣其臣齐安侯王淑来贺改国号。改中都为大都。……庚子，……建中书省署于大都。戊申，始祭先农如祭社之仪。"① 元大都设立中书省，被西藏珍贵史料《汉藏史集》证实："蒙古薛禅皇帝之时，其治下有十一个行省。各行省名称是：大都城之中，有中书省，在外地有河南省、岭北省、甘肃省、四川省、云南省、江浙省、江西省、湖广省、辽阳省。吐蕃三个却喀不足一个行省，但由于是上师住地和佛教教法兴盛之区，所以也算作一个行省，共十一个行省。"②

《新编事文类聚翰墨大全》亦名《新编事文类聚翰墨全书》，后世简称《翰墨大全》《翰墨全书》甚或《大全》，成书于元大德年间（1297—1307），由福建建阳著名学者刘应李编纂。由建阳书坊刊印。刘应李，乡贡进士，字希泌，号省轩。南宋咸淳十年（1274）进士。调建阳簿。至大四年（1311）卒。《新编事文类聚》是仿宋人祝穆《事文类聚》之式，故称"新编"。分二十五门。专门记载各类公文、应用文、典礼仪式、应酬文章等，并分类辑录了大量诗词、名言、历史典故等。后来又经过他人两次改编，以其实用、文雅、得体，风靡于元明两代，有元、明多种刊本存世，足见其当时之流通。

版本研究：中科院图书馆古籍部现存有《新编事文类聚翰墨大全》的两种版本。第一种《翰墨大全》只有一册两卷（后戊集卷一、二），属明中期以后版本，即今天广泛流行的明万历三十九年（1611）安正堂重修本。第二

---

① 《元史》第140页。
② 达仓宗巴·班觉桑布着，陈庆英译《汉藏史集·贤者喜乐赡部洲明鉴》第165—166页，西藏人民出版社，1986年。

种，现存 205 卷 14 函 100 册，标为明初本，应是以元代大德本为底本覆刻。其戊集只有 10 卷，而元大德本有 13 卷：国家图书馆（原北图），藏有元刊本《翰墨全书》（编号 n°. 17824）前戊集卷七至十三之全部内容。中科院图书馆之第二种版本，即 205 卷本之戊集，确实比大德本少了最后 3 卷：卷十一至十三，内容为祭礼门文类。本文所用之《腹里图》，即采用北像素刊本古地图。

在欧洲，一手图像史料中，版本最早的《马可波罗行纪》的古代插图，是法国国家图书馆黎世留区分馆"档案手稿部"（BNF, site Richelieu, Archives et manuscrits）所藏珍贵中世纪手稿，编号：*Le livre de merveilles du monde*, BNF Manuscrit, G. FR. 2810, 1515—I，在其第 38 页，有一插图（图 2）（此套插图已出版单行本，以飨大众①）描绘大汗命令在旧城外一条河的对岸另建汗八里新都的情景。可与（图 1）对照。这些手稿插图，尽管是写意性质的，但并非凭空虚构。它们绝非完全出自想象，而仅仅是"半想象图"，因为，所有插图的绘制，都是根据马可波罗的记述作为基础。显然马可波罗的时代不可能有相机记录写实，于是此手稿，成为现存年代最早的中世纪马可波罗绘本。在这个最早的绘本（ms. fr. 2810）之后，后世又出现更多绘本。虽然各自画风不同，然而画面的基本结构是相同的——因为它们都是依据《寰宇记》作为基础而绘制，都以马可波罗的记述为骨架。故它们依旧能反映现实，正如所有严肃史家（从 H. Yule, H. Cordier, P. Pelliot, L. Hambis 到 Ph. Ménard）都在学术研究中使用它们。

> ···l'état de la ville de Taidu, la grande ville du Catai nommée Cambaluc où sont ces palais···Sur une grande rivière de la province du Catai, y avait une très ancienne, très grande et noble cité qui avait nom Cambaluc, qui veut dire en notre langage la cité du seigneur. Mais de ses astrologues, le Grand Can apprit que cette cité devait devenir rebelle et faire grande opposition a l'empire ; et pour cette raison le Grand Can la fit ruiner et détruire, et il fit cette autre

---

① *Le livre des merveilles*：extrait du *Livre des merveilles du monde*（ms. fr. 2810）de la Bibliothèque nationale de France, Marco Polo（1254-1324）, Marie-Thérèse Gousset, Bibliothèque de l'image, 2002, *folio* 38, p. 52.

ville de Cambaluc à côté de l'ancienne, au-delà de la grande rivière; et il fit sortir tous les gens de la vieille cité et les mit dans la nouvelle qu'il avait fondée et qui est appelée Taidu. -*Le devisement du monde.*

图2（古地图）：source：法国国家图书馆 *BNF Manuscrit*, G. FR. 2810, 1515—I, p. 38.

  马可波罗记载"新都"与"旧都"之间相隔着"一条河流"，通过研究，知其为金代运河"金口河。《金史·河渠志》载，为了通京师漕运曾开凿金口河①。后淤塞而停用。至元二年（1265），在建立新都（1267）之前，郭守敬曾上书忽必烈建议重开金口河。金口河（图4），即新、旧二城之间的河流。②

  蒙古帝国，至忽必烈时，蒙古已与中华"华夷混一"。《元史》载："世祖中统元年，迁都大兴，和林置宣慰司都元帅府。后分都元帅府于金山之南，和林止设宣慰司。至元二十六年，诸王叛兵侵轶和林。"③ 蒙古放弃和林："元都于燕"，在旧城（金中都）外，另建"新都"，史称元大都。元大都的诞生，这一事件，不仅对北京史，更对中国史、世界史，影响深远。立

---

① （元）脱脱等《金史》第686页，中华书局，1975年。
② 《元史》第3846页。
③ 《元史》第1383页。

新都，标志着迁都完成。人类历史中，迁都是重要事件。新都的诞生，含三个步骤：1. 旧都的放弃：弃旧。2. 地理的变更：迁移。3. 新都的创建：文化形态。"新都"的建立，不仅是一个技术事件，更是一个政治事件、文化事件。

三、结 论

综上所述，中、外古地图的发现，不仅提供了元大都的一手资料，竟还保存有"元大都新、旧二城"的惊人细节，充分证明了正史《元史》屡载的"元都于燕""元兴，定鼎于燕""世祖至开平即位，还，定都于燕。尝曰：朕居此以临天下""列圣相承，典礼具备，莫不以孝治天下。古者宗庙四时之祭，皆天子亲享。莫敢使有司摄也。盖天子之职，莫大于礼。礼莫大于孝，孝莫大于祭。世祖皇帝自新都城，首建太庙，可谓知所本矣。春秋之法，国君即位，逾年改元，必行告庙之礼"等等细节，皆为信史。由此可知，13世纪蒙元时代，至忽必烈时，不仅放弃了和林旧都，并千里迁都，直到燕京地区，且建立了暂新都城——建造了真正意义上的新都城体。即废旧都，迁新址，建新城。

于是，"元都于燕"这一历史事件——其实既经历了位置移动，还有新的城体建设。这使得中世纪时的元大都，成为真正意义上的彻底的"新都"。而且，因为原波斯地区的伊儿汗、黑海地区的金帐汗、新疆中亚的察合台汗，都先后归附大汗，忽必烈的宝座所在地元大都，成为整体丝绸之路的真正意义上的新都。正如史载："元兴，定鼎于燕。"——新都，既是元兴旺的结果，又是元再度兴盛的原因。没想到这份兴盛，竟一直延续到了今天。

元大都并非一普通城市，而是首都，乃中国历史最终"定鼎"之体、用结合。一个新都城，牵涉整个国家命运及国际交通命运。研究13世纪丝路"新都"诞生，即元大都之建立，这一事件，其研究意义，绝非仅限于某小地方志，而是关涉整个中国史、丝路史、世界史研究。若研究一小村Montaillou已可说是"一滴水珠可以反映世界"，那么研究"元大都"之建立，即今北京之诞生，就是理解中国及世界第二个千年史。

图 3：左 source：《腹里图》载《新编事文类聚翰墨大全》，《四库存目丛书·子部·类书类》子部第 169 册，第 169 卷，4b。

图 4：右 source：《金中都与元大都城址位置图》载《中国测绘史》第 1 卷，中国测绘史编委员会编，测绘出版社，2002 年，第 316 页。

（杜潇　巴黎友丰出版社编辑，法国高等研究院博士生）

亚细亚文库与中国学研究*

王广义 赵子夜

摘　要：亚细亚文库资料是吉林大学图书馆特有的文献资料。它包括以俄文为主涵盖英、法、德、朝等语种图书资料，系最初俄苏为研究满、蒙、西伯利亚等地区政治、经济、社会等状况所收集、整理和编辑的图书资料。它是国内外特有的1886—1945年间出版或手抄的珍版俄文和西文图书资料。后为日本帝国主义取得并整理正式命名为"亚细亚文库"。亚细亚文库资料对于研究当时的中国、东北亚以及远东地区和对当今的中国学研究以及东北亚国际安全体系等都有着重要的参考价值。

关键词：亚细亚文库资料　吉林大学图书馆　中国学

"亚细亚文库"最先由沙俄为了侵略的需要，而对亚洲尤其是中国进行调查、搜集和撰写的文献情报资料库，藏于俄国中东铁路中央图书馆。1935年，日本与苏联达成协议，以1.4亿日元购得中东铁路及一切附属机构，其中中东铁路中央图书馆及其整个文献资料库相应被日本帝国主义攫取，成立满铁哈尔滨图书馆。并对俄苏所辑录情报文献补充、整理，于1938年正式命名"亚细亚文库"。②1945年，日本战败后该图书馆及其"文库"由苏联接管。1955年，苏联经营的中东铁路及一切附属单位全部移交中国，以后几经辗转，最终在

---

* 国家社科基金重大项目"亚细亚文库"文献整理与研究（项目编号：17ZDA215）；国家社科基金重点项目"东北抗联国外相关文献的搜集、整理与研究"（项目编号：15ADJ005）；吉林大学青年学术领袖培育计划"近代中国东北乡村相关外文文献研究"（项目编号：2015FRLX19）；吉林大学哲学社会科学研究重大课题培育项目"国际视野下的中国东北抗战资料搜集、整理与研究"（项目编号：2016ZDPY13）的阶段性成果。

② ［日］田口稔《北滿鐵路中央圖書館の接收》，哈爾濱鐵路圖書館，接收記念誌（第4册），1935年。

1956年，吉林大学通过采购收藏整个文库比较完整地保存在吉林大学图书馆。根据对文库中图书资料上馆藏印章的不完全统计，它们曾辗转于中东铁路中央图书馆、中国长春铁路中央图书馆、哈尔滨铁路图书馆、哈尔滨铁路局图书馆、南满铁道株式会社图书馆、哈尔滨事务所调查课、外阿穆尔独立边防军区参部图书馆、哈尔滨图书馆等，可见几经较大的变迁，饱含历史的沧桑。

"亚细亚文库"是从约3.5万部图书资料中精选出的6000种10000余册，以俄文图书为主，西文（英、法、德等语种）朝、蒙图书资料建立的大型综合图书库，文库涉及1886至1945年间出版或手抄的各类资料。基本是由朝鲜人金在斗、日本人大桥国太郎、山口吉康、俄国人维·阿·依维茨克图维奇等人整理编目而成的，并编印《亚细亚文库图书目录》（1938）、《亚细亚文库追录》（1942）。它与1922年从俄国后贝加尔军区用特别手段获取的所谓"奥照文库"①，以及大连图书馆与满铁调查部第三调查室图书室所藏法德语"东方关系文献"②，共同构成为有关满铁调查的三大西文图书文库。作为研究近现代中国的以东北亚地区为中心，涉及东北亚各方政治力量的独一无二的重要文献，在战后70多年的时间里却没有得到整理，也没有引起学界的关注与研究。③

一、亚细亚文库的分类及相关中国学内容

亚细亚文库的图书资料被分为"A"和"M"两大类。"A"是俄文

---

① 解学诗《隔世遗思：评满铁调查部》第70—80页，人民出版社，2003年。

② 翟艳芳《满铁远东文库——西方人眼中的清朝映像》，载《图书馆杂志》2007年第12期；李晓非《大连市图书馆欧洲语言古籍——"远东文库"概述》，载《图书馆学刊》1989年第6期。

③ 王广义、王志的《亚细亚文库文献评介》（《图书馆建设》2010年10期）文章介绍了"亚细亚文库"的历史变迁、分类与内容、收藏特色以及对"亚细亚文库"的研究意义。黄雅丽的《东北亚研究的特殊文献：〈亚细亚文库〉简评》（《高教研究与实践》2004年3期）介绍了该文库从俄国人收藏，日本人设立到回归中国的历史过程。吴利薇《"满铁"哈尔滨图书馆》（《外国问题研究》2011年5期）、吴佩军《杂志〈北窗〉的北方志向》（《外国问题研究》2015年3期）都简单提及了亚细亚文献。俄罗斯学者А. А. 希萨穆特季诺夫的《哈尔滨图书馆史》一文中（А. А. Хисамутдинов《Библиотечная история Харбина》《Библиосфера》2013, 3）介绍哈尔滨图书馆历史时，提及"亚细亚文库"，指出文库选取5000种图书编成目录。从以上对国内外学术界对"亚细亚文库"研究与关注的情况看，学术界对于文库具体翔实的研究、介绍、揭示，在国内外学术界可以说只是起步阶段。

"Азия"（亚洲）的简写，包括我国除东北地区以外的其他地区及日本、朝鲜、印度等亚洲国家和地区的图书资料；"M"是俄文"Манчжурия"（满洲）的简写，包括满洲（我国东北地区）、蒙古等满蒙地区及西伯利亚地区的图书资料。以"A"和"M"分类的最大的优点在于能够清晰知道图书涉及的地域。尤其"M"又先主要按"哈尔滨乡土资料""西伯利亚""满洲 蒙古"三大地域分类，每个地域再按总记、哲学、史地等分类。"A"先主要按总记、哲学、史地等分类，每类再按日中、中国等国别、地域分类。总之，这种分类方法不仅直观地表明研究地域，还表明了图书内容涉及的研究领域。

根据吉林大学图书馆特藏部最近整理，亚细亚文库著录完成的 M 类俄文图书有 3792 册，A 类俄文图书有 1882 册，西文图书 2721 册。根据对俄文图书检索，"亚细亚文库"中的"M"类"哈尔滨乡土资料"155 册，"满洲 蒙古"有 305 册，"A"近 550 本，粗估中国学研究方面大致占俄文文献文库的一半多。西文图书 2721 册中中国学研究的就有 643 本。所以亚细亚文库反映当时的苏俄对于中国研究是相当重视的，尤其是对中国东北、蒙古地区研究。①"亚细亚文库"是苏俄中国学研究一个重要阵地，现就文库分类及相关中国学代表作做以介绍。

"A"和"M"这两大类均按同一分类法各自独立编排分号：

（1）"000"为"总记"综合类图书，下从 010—090，包括图书馆学、目录学、百科全书、文集、期刊、学会刊物、报纸、混合出版物等。如：Васильев. Открытие Китая，1900（瓦西里耶夫《开发中国》，1900），Г. Джайльс. Китай и его жизнь，1914（查里斯《中国及其生活》，1914）等。

（2）"100"为哲学，下从 110—190，包括玄学、东方哲学、欧洲哲学、心理学、伦理学、宗教等。其中"中国哲学"专类编号为 A112。如：К. Крымский. Изложение сущности конфуцианского у-чения. Пекин，1906. （克雷姆斯基《叙述孔子学说的本质》，北京，1906）；Б. Куфтин. Краткий обзор пантеона северного буддизмаи ламаизма в связи с историей учения. Москва，1927（Б. 库弗京《根据教义史简评北方佛教和喇嘛教的全部神

---

① 日本人春山行夫于 1940 年在当时生活社出版的《满洲风物志》上"亚细亚文库"也曾指出此文库对中国学尤其是对中国东北、蒙古地区的研究的重视，主要是因为他们在地理、政治上的重要地位。

社》，莫斯科，1927）等等。

（3）"200"为历史、地理学，下从210—290，包括日本史、亚洲史、欧洲史、非洲史、北美史、南美史、大洋洲史、传记、地理学及游记等。其中"中国史"专类编号为A222，"中国地志"专类编号为A2922。如：A. Рудаков. Материалы по истории Китайской культуры в Гирин, Владивосток, 1908（А. 鲁达科夫《吉林省的中国文化史资料》，符拉迪沃斯托克，1908）；А. Доморовский. Манчжурия, С-Петербург, 1904.（А. 多莫罗夫斯基《满洲》，圣彼得堡，1904）等等。

（4）"300"为社会科学，下从310—390，包括政治、法律、经济、金融、统计、教育学、民族、风俗习惯与道德、军事等。如：Н. Сетницкий. Местные финансы Гиринской провинции, Харбин. 1928（Н. 谢特尼茨基《吉林省的地方财政》，哈尔滨，1928）；Программы русских высших начальных училищ О. Р. В. Харбин, 1926（《东省特别区俄侨高级小学校课程标准》，东省特别区教育管理局，哈尔滨，1926）；А. Спицин. Административное устройство Гиринской провинци, Харбин. 1906（А. 斯比静《吉林省的行政体制》，哈尔滨，1906年）；Мин. инос. дел. Сборник договоров россии с китаем, С-Петербург, 1889（俄外交部《俄中条约集》，圣彼得堡，1889）；В. Саввин. Взаимоотношения Царской России и СССР с Китаем, Москва, 1930（В. 萨夫文《沙俄，苏联同中国的相互关系》，莫斯科，1930）；В. НовиковВопросы артиллери. Тактики по опытурусс. Яп, С-Петербург, 1906（诺维科夫《日俄战争经验中的炮兵战术问题》，圣彼得堡，1906）等等。

（5）"400"为自然科学，下从410—490，包括数学、物理学、化学、天文学、生物学、医学等。如：А. Воейков. Климат Маньчжурии с точек зрения сельского хозя, Харбин, 1933（А. 沃耶依科夫《从农业，工业生活及人的身体健康看满州气候》，哈尔滨，1933）；П. бадмаев. Главное руководство по врачебной науке Тибет, С-Петербург, 1902（巴德玛耶夫《西藏医学总指南》，圣彼得堡，1902）；В. Комарова. Флора Маньчжурии. С-Петербург, 1903.（В. 科马罗娃《满州植物志》，圣彼得堡，1903）；Smith, Wilfred. A geographical study of coal and iron in china Live& Lond. Univrsity Press etc, 1926（史密斯·沃尔夫德《中国煤铁的地理研究》，伦敦大学

出版公司，1926）等等。

（6）"500"为工艺学和重工业，下从510—590，包括机械、建筑学、力学、电工学、矿业、化工等。如：б. Денике. Архитектура Китая. Ленинград, 1935（杰尼凯《中国古建筑》，列宁格勒，1935）；С. Большаков. Сборник закононаложений Китай. респу. о горных *. Нарбин. 1916（鲍里沙科夫《中国矿业法规集》，哈尔滨，1916）等等。

（7）"600"为产业，下从610—690，包括农业、蔬菜栽培、林业、畜牧业、丝绸业、渔业、商业、运输、通信等。如；А. Болобан. Земледелие и хлебо-промышленность северной Мань, Харбин, 1909（А. 鲍洛邦《北满垦务农业志》，哈尔滨，1909）；Н. Кротков. Русская мануфактура и ее конкуренты на китай * С. Петербург, 1914（克罗特科夫《俄国工场手工业及其在中国市场上的竞争者》，圣彼得堡，1914）Северная Маньчжурия и Китайская восточная желез, Харбин, 1922（《北满与中东铁路》，中东铁路经济局，哈尔滨，1922）the Band of Chosen. Economic history of manchuria, 1920（朝鲜银行《满洲经济史》，1920）等等。

（8）"700"为艺术，下从710—790，包括雕塑、绘画、绘图艺术、摄影术、应用艺术、音乐、戏剧、体育、沙龙游戏等等。如：А. Гвоздев. Игры народов Китай Африка. Ленинград, 1924（戈沃茨杰夫《中国、非洲民族戏剧》，列宁格勒，1924）；等等。

（9）"800"为语言学，下从810—890，包括语言、语法、辞书等。其中"中国语言"专类编号为A820，共77册，如：Гребенщиков. Краткий очерк образцов Маньчжурской литературы, Владивосток, 1909（А. 格列宾西科夫《简述满州文化样本》，符拉迪沃斯托克，1909）；А. Лутовинов. Начатки грамматики китайского разго-ворного. С-Петербур, 1898（陆托维诺夫《汉语语法入门》，圣彼得堡，1898）等等。

（10）"900"为文学，下从910—990，包括日本文学、中国文学、英美文学、德国文学、法国文学、西班牙文学、意大利文学、俄国文学以及其他语言文学。其中"中国文学"专类编号为A920，共14册，如ю. Щуцкий. Антология китайской лирикиⅦ—Ⅸвв, 1923（休茨基《中国抒情诗选（7—9世纪）》，1923）等等。

此外，在"M"大类中，除M100—M900与"A"大类分类相同外，哈尔滨和西伯利亚资料特别提出编入 M000 总类项下的前面。比如:"M001"为哈尔滨地方资料,下从 M0010—M0019 包括普通问题、哲学、宗教、历史、地理、社会学、自然科学、工艺学、重工业、各类产业、艺术、语文学、文学;"M008"为西伯利亚资料,下从 M0080—M0089 内容同哈尔滨资料项。体现了日本人对这个地区的重视,暴露出它妄图侵占这两个地区的野心和该文库直接服务于侵略战争的目的。

在吉林大学图书馆收藏的亚细亚文库资料中,期刊类的文献亦十分丰富,它不同于上述的调查资料,独具特色。国家图书馆现存的这类资料有 100 多种。这些期刊,分定期和不定期两种,按年、卷、期被装订成简装或精装的合订本,绝大部分保存完好,具有连续性和系统性,内容十分丰富,其涵盖的范围和信息很广,地理、历史、政治、社会、经济、司法、军事、外交、财政、政策、交通、教育、文化、宗教、文学等均有所述及。如 Сельское хозяйство в Северной Маньчжурии(《北满农业》)、Chinese Economic bulletin(《中国经济报告》)等。它与亚细亚文库其他资料等有着同样较高的史料价值。

二、《亚细亚文库》的收藏特色

(一)地域性。亚细亚文库资料,从语种上看,主要以俄文为主,兼有少量的英、法、德等语种文献。文库收藏共计 6000 余种的文献资料中俄文文献占 3000 多种,10000 余册文献中俄文文献近 5000 册。其中相关中国学的就设有"哈尔滨地志资料""满洲蒙古"类,我国东北地区就有 500 种左右,其中又与哈尔滨相关文献 150 多种,相关西伯利亚的文献有 3000 多种,具有很强的地域性。也从侧面反映了俄国和日本侵略者对这两个地区的高度重视和侵略野心。另外还有有关西藏的 19 本相关资料。

(二)广泛性。"亚细亚文库"收藏的文献内容较为特别,是日本帝国主义侵略者为了更好地侵略中国以及东亚其他地区,利用和整理了前俄苏联所专门收集的有关我国东北、苏联西伯利亚、蒙古以及东亚其他国家和地区的重要情报,文献涵盖这些地区的历史、地理、政治、经济、军事、教育、宗教、语言、文学等方面。当时文库整理者曾言:"收藏范围之广、种类之丰富、质量之高在当时的亚洲图书馆中也是数一数二。"对此特别文献进行搜集整理与研究，有突出的文献价值和学术价值，本课题的完成可为学术界的相关研究提供独家的文献支撑，具有非常重要的史料价值。

（三）多样性。从出版方式来看，体现了多样性。既有正式的出版物，还有油印、铅印、手写等多种形式；既有装帧豪华的精装书，也有普通小册子，开本包含了32开至4开或者大于4开；从出版的类型区分，有图书、期刊、各种类型的调查报告、会议记录、年报、月报、专题资料、目录等；从内容来看，涉及的范围非常广泛，对我国东北乃至全国的自然地理、矿产资源、政治、外交、经济、历史、社会、风俗习惯等各个方面情况都有详略不等的调查和搜集，甚至还包括西伯利亚、印度尼西亚、大洋洲和欧美大陆等地的资料，但调查资料占了相当大的比重。

三、《亚细亚文库》中国学研究意义

这批资料对于研究当时中国、东北亚以及亚洲太平洋地区是不可或缺的，"这样的文件作为各方面研究者的参考资料，可以说价值非常之大"。即使到了今天，对于东北亚国际关系的历史渊源和各国间疆域问题有着重要历史印证。同时，亚细亚文库资料对于近代中国研究仍有着重要的价值。

第一，学术价值。"亚细亚文库"是满铁馆藏遗存文献的重要组成部分，也是满铁馆藏三大西文图书库。"亚细亚文库"主要以俄文为主，包括部分英文、德文、法文、蒙古文、朝文等语种，是日本帝国主义出于扩张需要，为达到其侵略目的所收集的文献资料。是学术界研究东北亚近现代史、中国边疆史地、中国抗战史独一无二的重要文献。《亚细亚文库》是在俄国人收集的大量资料的基础上，由日本人整理建立的，藏书内容十分广泛且丰富，其中不少图书资料为难得的真本甚至孤本，因此开发和利用此文库具有十分重大的现实意义。近代以来，日、俄不断侵略中国，甚至为了争夺中国东北的霸权，在东北大地展开了厮杀，他们烧杀抢掠，无恶不作、犯下了滔天罪行。通过《文库》资料的研究可以我们可以看到这些历史场景。如：Ф. Шикуц. Дневник солдата в Русско-Японскую войну. С-Петербург, 1909（石库茨《一个士兵在日俄战争期间的日记》，圣彼得堡，1909）；Н. Штейнфельд. Мы и японцы в Маньчжурии. Харбин, 1913（Н. 什届因菲尔德《我们与日本人在满洲》，哈尔滨，1913）等。另外通过对图书印章的不完全统计和整理，我们可以推测出亚细亚文库的图书资料曾经历几大馆藏变迁。印章客观地记录了满铁文献的历史收藏脉络，对研究满铁主要机构的历史变迁具有极其珍贵的史料价值。通过对印章加盖机构的研究，可以考证满铁图书资料的收藏历史和最终流向。

第二，应用价值。在《文库》资料中，有关中国方面资料近一半，其中相当数量是对我国自然资源和社会经济资料的调查报告，毫无疑问，这些资料是当时为日、俄等帝国主义、对中国进行殖民统治和掠夺资源财富服务的。我们可以立足现实，钩沉历史，了解与现实密切相关的文献资料，借鉴历史，服务现实。如 M. Гордеев. Леса и лесная промышленность северной Маньчжури. Харбин, 1923（M. 格尔捷耶夫《北满的森林与林业》，哈尔滨，1923）我们可以通过今昔对比了解东北资源、环境的变迁。再如 чума в Маньчжурии в 1900—1911. Харбин, 1911（《1910—1911 年满洲的瘟疫》，哈尔滨，1911）还对今天的 SARS、禽流感、H1N1 等重大突发公共卫生事件的应对与防治有重大的历史借鉴。在 20 世纪 60 年代后期中苏关系紧张时，中国社会科学院、外交部、西北大学、西北师范大学等单位均查阅和借阅了文库的部分文献资料，这些资料为维护国家利益服务，为国家制定外交政策和处理边界争端提供了史料依据。

第三，社会意义。"亚细亚文库"中较多中国"满洲"资料调查与搜集，本身就暴露了俄、日等帝国主义侵华野心，无异于罪证的自证。除了中国东北边疆，文库中还有大量中印边界、西藏问题的资料，这对于我们解决和研究边疆边界问题具有重要的研究价值，也为政府提供政策咨询。就当时而言，日方已经意识到"亚细亚文库"俄文情报文献的价值："东方各国关系变得有些紧张，作为各方面研究各种问题的资料，甚至可以作为各种情报的参考资料，图书有着不可估量的价值。"[①] 就今天而言，当今错综复杂的东北亚局势有着深远的历史累积原因，以东北亚地区情报为重点的"亚细亚文库"恰恰反映 20 世纪动荡多变的东北亚格局，有着惊人相似与承继，对"亚细亚文库"的发掘探究有利于透彻了解当今东北亚国际格局变幻的来龙去脉，且深化和推动当今东北亚国际关系研究。

总之，我们通过对"亚细亚文库"的搜集、整理与研究，可以深入揭示

---

① 南满洲铁道株式会社《亚细亚文库图书目录·绪言》，满铁哈尔滨图书馆，1938 年。

和系统整合文献的内容,并在此基础之上,深入挖掘"亚细亚文库"潜在的学术价值,进行归纳与提炼,为研究东北亚近现代史、中国边疆史地、中国抗战史等提供极为珍贵的第一手资料,使亚细亚文库资料的搜集整理与研究从总体上进入一个新的台阶。

(王广义　吉林大学马克思主义学院教授,博士生导师;
赵子夜　博士研究生)

西方浪漫主义时代中国观的一份简易样本[*]
——雪莱的"中国印象"

倪正芳

摘 要：雪莱的"中国印象"形成于西方对中国的评价由扬转抑的历史时期，不可避免地打下了时代烙印，堪称浪漫主义时代西方中国观的一份简易样本。雪莱从宗教的视角切入对中国社会的观感，他对中国整体价值判断是趋于负面的；同时，雪莱也表达了对中国文明优雅、情趣乃至益智一面的尊重。

关键词：雪莱 中国形象 宗教视角 贬华 颂华

1792年8月，未来的大诗人雪莱呱呱坠地。这年9月，马戛尔尼率团出使中国，这是西方中国观即将发生根本转折的标志性事件之一。其时，中国话题的惯性仍然强劲，只是风向有变：延续了一个多世纪的"中国热"开始冷却，西方社会将开始流行一款叫作"中国黑"的游戏；浪漫主义作家们纷纷参与着"中国观"的建构和表述，此时的中国形象已经充满了面目的多重性、色彩的驳杂性和价值的多维性。雪莱的"中国印象"就是在这样的语境下于19世纪初培育而成，他涉笔不多、几乎有点打酱油性质的中国观可以说是这个时期西方中国观的一份简易样本。

一

宗教信仰对"泛神论者"雪莱而言是一个特殊的话题，但似乎也是雪莱

---

[*] 湖南省教育厅重点科研项目"文化消费时代外国经典作家'非代表作'现象研究"（14A077）、教育部青年基金项目《"自然"感知与"乌托"梦的纠缠——美国自然主义与乌托邦文学关系研究》（13013YJC752041）。

形成"中国印象"的第一透视点。

"萨杜恩和爱神将从长睡里/醒来,比已倒下的那些、/立起来的一个、依旧不屈的/许多神灵都更善良光辉……"① 这是雪莱抒情诗剧《希腊》中的一段。诗人在这里提到了好几类神灵,在他的注释里,这些神灵被分成了三六九等:

> "已倒下的"是指希腊、亚洲和埃及的那些神灵;"立起来的一个",是耶稣,由于他的出现,异教世界那些偶像便由于被崇拜而受到惩罚;"依旧不屈的许多",中国、印度和南极地区诸岛、美洲土著部落所祀奉的那些怪异的神灵,则确实一直在同时或相继统治着人们的理解和理解能力,在我们全都知道的一些时期,邪恶总是处于影响重大而知识和艺术若不恢复生机还会不断增强的活跃状态。

雪莱认为,希腊、亚洲、埃及那些神灵已经宣告破产,中国、印度等地的神灵属于还在发挥着精神统治作用的"怪异的"神灵,而神界的终极"正统"耶稣一出,异教披靡,偶像尽毁。尽管如此,他们都不如萨杜恩、爱神之类最为"善良光辉"。还好,中国的神灵虽则"怪异",总算还没有受到"惩罚"。雪莱这种对中国"异教"尚未赶尽杀绝的态度算是给了中国人一个面子。比起之前罗马教皇一概排斥"异教"、绝不妥协和宽容的决绝态度,已经非常开明了。当年,为了妥善处理外来耶稣与本土祖宗的关系问题,中国人曾经与罗马的教皇、耶稣会传教士们展开拉锯,希望能拿出一个彼此能够接受的方案,应该说包括皇帝在内的中国人还是本着有话好好说的态度对待这件大事的。可惜罗马教皇和他的一帮高参不懂因地制宜、入乡随俗、互相尊重、合作共赢的道理,甚至也没有理解在华传教士们的苦心,一味态度强硬,遥控指挥,这场"礼仪之争"自然是强龙压不过地头蛇,救世主只好郁闷地看着他的西方信徒们卷起铺盖回家。

雪莱对这次天主教出征中国的铩羽而归一定印象深刻,1813年1月2日,他在给书商托马斯·胡卡姆的一封信中涉及了中国最终禁止基督教传播的问

---

① 江枫主编《雪莱全集》(第4卷)第74页,河北教育出版社,2000年。以下所引雪莱作品未注明者版本同此。

题。他说:"在中国,相对于王室种族的通常的愚笨,皇帝们却好像是一个奇特的例外。我同情它帝国般的王朝,但在阻止圣经的毒害流通传播方法,作为一个序言,它不能像刑法那样有效验。"① 其时,雪莱正创作他的第一首长诗《麦布女王》,反暴政、反宗教、追求爱情、追求自由的劲头正足,他特别通过诗后的注释继续着对无神论的阐释和对《圣经》的不服。因而,对中国皇帝最终禁止《圣经》的流通和传播,他表示了某种程度的理解和"同情"。雪莱知道,中国有个孔圣人,既然在罗马教皇看来耶稣与孔子水火难以相容,那么礼送耶稣出境也只能是中国皇帝能做的唯一选择。至于中国皇帝的亲戚朋友的智商,他给了一个"通常的愚笨"的差评。通过宗教信仰这个窗口,雪莱进而发挥着对整个中国社会的感觉。

《希腊》序言曾有这样一段话:"我们的法律、我们的文学、我们的宗教、我们的艺术,全都植根于希腊。如果没有希腊,则罗马,我们祖先的宗师、征服者和大都会,就不可能以她的武力传播启蒙的明光,我们很可能至今仍是野蛮人和偶像崇拜者,或者更糟,也许会处在中国和日本如今所处的那样一种社会制度停滞的悲惨境地。"②

光荣革命后的工业革命给英国带来了巨大变化。虽然关于这一变化的意义在浪漫主义队伍中看法并不统一:有的哀叹礼崩乐坏,毅然远离繁华、归隐林泉;有的则张开臂膀拥抱革命并畅享胜利果实。雪莱属于后者,英国社会的进步还是令他感到惬意的。与之相对应的,在包括雪莱在内的众多西方人眼里,以中国为代表的东方,成了专制、停滞的化身;他们看到的(不如说是听说的)只有悲惨的中国(及日本)、可怜的中国人(及日本人),后者的境况比流行偶像崇拜的野蛮人还糟糕。

如果说这段话里还隐隐含有雪莱对英国现状与未来发展的某种忧虑,那就是担心强大繁荣文明的英国可能因为懈怠而失去进取的动力,从而重蹈中国式停滞的覆辙。他在另一篇论文中重点阐述了这一点:

> 改革的必要性的最主要的根本原因应该是群众中有相当数量的人的意志消退,不起任何作用、觉察不到他们所处的糟糕境地,他们不知道

---

① The letters of Percy Bysshe Shelley, v. 1, Sir Isaac Pitman & sons, ltd., 1912. p. 378.
② 《雪莱全集》(第4卷)第5页。

自己的意图也不在乎。他们已经消沉得跟他们现状相似的印度人和中国人一样。把他们造就成这般顺从的臣民而不是那般热心的市民的棍子如若不除，他们会很快坠入人与人区别的那种野蛮而又不合乎常情的文明之中。①

雪莱对"革命"始终怀有巨大的热情，早年他单枪匹马跑到爱尔兰鼓动人民革命的故事一直让人津津乐道。这篇文章在表达自己对社会变革的呼声时还算是比较平和的了。这样的宣传，自然也要设立一个对立面。于是意志消退、逆来顺受的中国人（这回陪绑的是印度人）又现身说法了。

这位以改革派自居的诗人继续警告说：

> 如果改革者一直等待言行一致持中立观点的政客去相信有必要进行卓有成效的改革，那么时机就已被贻误，永不再来了。人民在无奈的期待中耗尽精力，苟且偷安，毫无指望。人口众多、幅员辽阔的亚洲各国沦入当前的衰朽境地，主要是因为与此类似的清静无为的影响。君主制弊病的各种症状，如政治混乱、社会不稳定、愚昧无知、落后野蛮等使曾具有最精美的物质和文化体系、全球最理想的气候的国家衰退成人类历史上的最无为的空白点。（《改革的哲学观点》，《雪莱全集》第5卷第544页）

虽然没有点名批评，但承接上文的语境，中国无疑是沦入"衰朽境地"的亚洲各国中突出的代表。紧接着，他更是不留情面地指出："我认为在英国将沉沦到目前中国世风日下、政治腐败的那种地步之前，呼吁国人身体力行是必要的。"② 气势不凡的改革纵论之中，中国充分体现了自己的价值，只可惜是反面的。

作为风俗和习惯不同的中国人有时候也会被雪莱"举一反三"，拿来充当他某一论点的对立面。比如雪莱主张素食，为此他经常在诗歌、论文或者书信中有些自我炫耀式的提及，在某些论文、注释中"论吃素"甚至喧宾夺主

---

① 《改革的哲学观点》，《雪莱全集》（第5卷）第543页。
② 《改革的哲学观点》，《雪莱全集》（第5卷）第547页。

地成为主题。诗人给卷三《麦布女王》的注释又多又长，其中第十七注就把中国拉扯进来了。这个注简直是除了《论素食》之外的又一篇学术宏论。注中他多次以牛顿的"精彩而雄辩的论文"《为素食一辩》为自己佐证。雪莱称：

> 饮食改革的优点显然要大于其他任何改革：比较解剖学告诉我们，人类和以果实为食的动物在一切方面全都相似，而和食肉动物却一无相似之处：人类既没有可用以捕捉猎物的利爪，也没有可用以撕扯活物皮肉的尖锐牙齿。一名指甲长达两英寸的中国一品官员会发现光靠他那双手是连一只兔子也抓不住的。在各种各样满足口腹之欲的托词之下，用各种违背自然、惨无人道的手术，硬使公牛蜕化成为母牛、公羊变成阉羊，以便松弛的纤维不再有顽强的力量来发作它桀骜不驯的野性。①

毫无心理准备的中国官员在这种并不赏心悦目甚至可以说有些血腥而欠文明的场合示众，就是为了说明人类是应该素食的。雪莱这段雄文还顺便告诉世界人民：中国官员（还是 VIP 级别的一品要人）生活习惯欠雅致（指甲长达两英寸，极其不讲卫生），没有生存能力（连一只兔子也抓不住）却又是用各种违背自然、惨无人道的"手术"来满足自己口腹之欲的人类的典型！

二

浪漫主义者喜欢行走，但对多数西方人而言，东方仍然是一方难以抵达的彼岸世界，中国更是向来只存在于他们的想象里。雪莱虽然堪称一生都处在行走状态，不过意大利已经是雪莱向东足迹的极点，他曾距离他钟情的希腊只有一步之遥，可惜这一步也始终没有迈出。至于中国，对他来说，实在过于遥远，遥远得近乎虚拟。除了曾向书商朋友订购过有关孔子的"古典文学"书籍外（1812 年 12 月 24 日雪莱曾写信给伦敦书商克里奥·里克曼，希望按自己拟定的一份"古典文学作品"订书单购书，其中就有"孔丘"，书商是否满足了他的要求不得而知），没有证据表明雪莱直接阅读过多少来自中国的经典。

---

① 《雪莱全集》（第 3 卷）第 439 页。

因此，无论是道一个"赞"字，还是给一个"差"评，雪莱书写中国评语的根据都是那些转手获得的零星材料特别是西方作者的介绍。而且当时正处在"中国粉"派遭受"中国黑"帮打压、对中国形象塑造颇为不利的时代氛围中，雪莱笔下的中国形象受到时代倾向的裹挟而偏于负面也就不奇怪了。

在分析欧洲人一度崇拜中国的原因时，生于德国的法国著名批评家，同时也是思想家的拜伦·冯·格林（Baron von Grimm）在1776年这样写道："中华帝国时下引起我们特别的关注，成为热门的研究对象。先是传教士们发自那片遥远土地的带着玫瑰色的报道，吸引了公众的好奇，而那片土地是如此遥远，以至我们无法分辨那些报道的真伪。然后是哲学家们加入其中，借用一切可以用来批评本国恶行弊端的东西。所以，中国在很短的时间里就一变成为智慧、美德和良好信仰的家园：其政府建立时间最长，是最佳典范；其道德是在已知世界中最崇高和最完美的；其法律、政策、艺术和产业等等，都堪称举世诸国之榜样。"① 早先的一批传教士乃至18世纪的伏尔泰、约翰逊博士等无疑都是这项样板工程中的优秀员工。虽然有个别意见不一致的人像笛福、孟德斯鸠等不时制造干扰，为中国光辉形象的彻底解构埋下了若干伏笔，但整个18世纪欧洲"中国观"的工程质量总体还是不错的。

但持不同政见者留下的隐患终于遇到合适的气候开始发酵，并最终发生质变。工业化后的欧洲确实发育很快，英国光荣革命与法国大革命为代表的社会变革也让浪漫主义者对欧洲社会的进步感到空前的骄傲；身为史上首个经历第一次工业革命的国家和当时最大殖民帝国的子民，雪莱等一批英国浪漫主义诗人对未来更是充满信心。这位遭受过来自祖国的许多不公和委屈的诗人，在1821年的《为诗辩护》中，一方面严肃地"为诗辩护"，另一方面仍掩饰不住对自己祖国在诗人和哲学家的陪伴甚至促进下"民族意志"获得伟大而自由的发展、一个"伟大民族"已经或者仍在实现着"思想上或制度上的有益改革"所感到的那种自豪和欢欣：

> 英国文学的突飞猛进向来总是先于或伴着民族意志之伟大而自由的发展，现在文学已经兴盛起来了，仿佛是经过一次新生。虽则思想卑鄙的嫉妒者会有点估低当代的成就，但是我们今日的时代必将在知识的成就上成

---

① 转引自刘海翔《欧洲大地的"中国风"》第180页，海天出版社，2005年。

为一个可纪念的时代,而且在我们中间还活着许多哲学家和诗人,他们无比地越过自从上次争取公民自由与宗教自由的国内战争以来出现的任何一个哲学家和诗人。在一个伟大民族觉醒起来为实现思想上或制度上的有益改革而奋斗当中,诗人就是一个最可靠的先驱、伙伴和追随者。"①

相比而言,超稳定还超封闭状态的中华帝国是否真的那么"超发达"本来就让人将信将疑,而当欧洲人需要不进则退、意志颓靡、甘于平庸、形象萎靡、道德堕落的反面典型以进一步激励自豪感、增强进取心、体现优越性的时候,这个典型为什么不可以是曾经出尽风头的中国呢?诚如何伟亚所说:"正是对中国尤其是中国人的过去的否定,产生了'西方',它将一个个活生生的真实存在的中国作为负面的形象,用以建构英国民族优越感并昭示英国人超越了过去的全球秩序。"②受够了一百多年的"颂华"(sinophilie),是时候轮到"贬华"(sinophobie)唱主角了!

就在雪莱出生的第二年,在法国大革命的高潮里,孟德斯鸠等启蒙思想家们正是通过批判中国的君主专制制度来提倡民主和平等来为大革命煽风点火的。而且至今看来,孟德斯鸠们的出发点仍然"政治正确",只是选中的这个对立面恰好是曾经被过度表扬、如今又被矫枉过正的中国。

在雪莱出生的这一年9月(雪莱的满月酒刚刚做完吧),"中国迷"马戛尔尼婉辞孟加拉总督这个肥缺不就,甘愿以特使身份率领一个豪华团队,带着一大堆精心挑选的高科技和土特产礼品高调前往中国给乾隆皇帝"做寿",希望以此感动中国皇帝答应开放通商。这次超前的 WTO 谈判并没有谈拢。"破冰之旅"失败了,马戛尔尼们的"中国印象"因此次中国之行而急转直下,从此也加速了西方人整体"中国观"的改变。更重要的是,"中国梦"虽然破灭,他们的收获仍然巨大并具有历史转折意义:其时正值和(珅)大人当权,清朝帝国封闭自大、朝廷专制、社会腐败、人民贫穷、科学落后、思想禁锢、道德衰颓,使者们把这一切看在眼里,记在心上。马特使就以亲历者的身份告诉西方人"满洲鞑靼征服以来,至少在过去150年里,没有改

---

① 《雪莱全集》(第5卷)第489—490页。
② [美]何伟亚著,邓常春译《怀柔远人:马嘎尔尼使华的中英礼仪冲突》第76页,社会科学文献出版社,2002年。

善,没有前进,或者更确切地说反而倒退了。当我们每天都在艺术和科学领域前进时,他们实际上正在变成半野蛮人"①。他的副使斯当东也议论道:"中国的邻近小国确在各方面都比中国落后,这是他们对待外人目空一切、高傲自大的根源。在蒙古人入主中国之前,欧洲人正处在黑暗时代,马哥孛罗彼时游到中国。当时中国文化处在最高峰,比当时征服中国者以及同时期欧洲确是先进得多。但从此以后,中国文化即停滞不前,而欧洲文明,无论是技术知识和礼貌,都日新月异。欧洲人来到中国,他们不再像最初欧洲人写的游记上那么羡慕了。"② 他还断言:"中国人虽然在特定几种手工业上的技术非常高超,但在工业上和科学上,比起西欧国家来,实在处于极落后的地位。"③ 一个最生动的证据是当马特使拿火柴取火时,对以磷取火的原理一窍不通的广州总督长麟显得"非常诧异":"特使怎么能够把火放在衣袋里面?"④

雪莱可以充当"社会主义的急先锋"(马克思语),可以对某些事情充当"天才的预言家"(恩格斯语),但也不可能完全没有时代的局限,再加上他生活阅历、知识范围的局限,他也加入了"拉黑"中国以刺激欧洲改革进步的"贬华"合唱团。在这方面,雪莱没有超越他的时代。正所谓潮流如此,现实需要如此,亲历者耳闻目睹似乎也如此,何况中国国情很大程度上似乎也正是如此,就怪不得雪莱如此了。据斯当东记叙,"随使节团前来的约翰逊先生的祖父,老约翰逊博士曾说,假如他的孙子能参观一下万里长城,那将是一件值得骄傲的事"⑤。在中国官方的安排下,马戛尔尼使团确实参观了万里长城,斯当东先生甚至还像一个职业间谍对长城的各项数据都做了详细的测量和记录。老约翰逊博士的遗愿也算是实现了。只是待参观完万里长城并走过中国的大江南北后,约翰逊三世是否还为自己的经历感到骄傲呢?后事如何,未见文献分解。但从斯当东先生的儿子、曾亲受乾隆皇帝恩泽的小斯当东再返中国遭到驱逐、遂在国会力主对华开战的反应来看,结果应属不容乐观的那一类。所以,别说雪莱没有来中国,即使来过中国,他的"中国印象"恐怕也难有更好的命运。

---

① *An Embassy to China*: *Lord Macartney's Journal 1793-1794*, by J. L. Cranmer-Byne, Longmans, 1962.
② [英]斯当东著,叶笃义译《英使谒见乾隆纪实》第489—490页,商务印书馆,1963年。
③ 《雪莱全集》(第5卷)第498页。
④ 《雪莱全集》(第5卷)第498页。
⑤ 《雪莱全集》(第5卷)第273页。

三

　　话说回来，中国这么古老，而且地大物博，中国文明给地球人带来的福祉是如此丰厚，除非自绝于现代文明生活之外，否则就不能不与其经常地耳鬓厮磨。雪莱虽然对中国的社会和道德评价不高，但毕竟跟这个国家并没有什么过节，也没有必要跟自己追求的幸福生活过不去。在他笔下，中国的文明的优雅、情趣乃至益智的一面他还是毫不怀疑地有所呈现的。

　　这自然要从中国文明西传史册中名气最大的"老三件"——茶叶、瓷器和丝绸说起了。在很长一段时间里，相比欧洲其他国家特别是法、德等国，英国接触了解中国的愿望从来不是最积极的，其行动自然也迟缓很多。英国进口茶叶就比荷兰晚了不少年。但尝到了茶叶的"甜头"之后，英国人对茶叶的感情就有些如痴如醉了。雪莱尊敬的前辈、一代文坛领袖约翰逊博士固然嗜茶成癖，他的"小伙伴"拜伦也是不可一日无茶，拜伦的仆人弗莱彻甚至把有没有茶喝作为待遇好坏的标志。雪莱自诩素食主义者，不知是否看在茶也"约等于""素"的份上，他对茶表现出持久而深厚的感情。

　　在《泛舟塞奇奥河》一诗中，雪莱这样描述他们的休闲生活："那些热茶瓶，／（给我点草），一定要轻轻放好；／就像我们在伊顿夏天六点后，／常往衣袋里塞的那样，还带上／煮鸡蛋、小红萝卜和面包卷……／躺在偷来的干草上，我们会／一直吃喝到八点。"丰富的点心就着热气腾腾的茶水，这似乎是雪莱自伊顿公学时期就养成了的休闲方式。其实，早餐喝茶、夜聚品茗已经是英国人当时的一种固定程序了。约翰逊博士一天到晚喝茶，茶瘾之大举国皆知，据说他的茶炉二十余年没有冷却过，真奇怪他怎么没有玩"茶"丧志。雪莱和拜伦也经常参加早晚茶会，即便在逗留瑞士、意大利等地时他们的喝茶习惯仍未放弃。穆尔曾回忆拜伦第二次出国后的饮食情况："为了节食，他的食谱简直令人难以置信。一小块面包就茶是他的早餐；中餐也是素食，喝一两瓶汽水，偶尔来点葡萄酒；晚上，既没有牛奶，也没有糖，一杯绿茶就是他的全部食物了。"① 身在异国的雪莱写信时也不忘向在伦敦的那些夜晚一起聚会喝茶的"情趣高雅的人们"表示问候，并说自己也过得不差，甚至有

---

① 转引自 Leslie A. Marchand：*Byron*：*A Portrait*. The University of Chicago Press, 1970, p. 243.

人专门"送茶送早餐"①。为中国茶写赞歌似乎是当时文人政客中的一种时髦。在《唐璜》中,拜伦忙里偷闲,对红、绿两种中国茶的神奇作用发出了不无夸张的感叹:

> ……我竟然
> 感伤起来,这都怪中国的绿茶,
> 那泪之仙女!她比女巫卡珊德拉
> 还灵验得多,因为只要我喝它
> 三杯纯汁,我的心就易于兴叹,
> 于是就得求助于武夷的红茶;
> 真可惜饮酒既已有害于人身,
> 而喝茶、喝咖啡又使人太认真。
> (《唐璜》第四章第52节)

雪莱也没有免俗。他曾写了这样一首关于绿茶的"专题"诗《为中国之泪水——绿茶女神所感动》:"药师医士任猎猎,痛饮狂酣我自吞,饮死举尸归净土,殉茶第一是吾身。"② 诗人不惜舍生而取茶,或者说决心生命不息饮茶不止,对茶用情之深,令喝茶的老祖宗中国人也自愧弗如。

作为饮茶活动的配套工具"中国杯"——瓷杯(china cup)也自然受到茶道瘾君子们的关注。所以,英国文人中的那些"茶棍"如约翰逊等对瓷器的痴迷同样不可自拔。拜伦也曾表示对中国瓷器的欣赏:

> 谁要是曾在雅典的卫城上俯瞰过,
> ……或者在中国
> 用陶泥杯在京都里品过茶,
> ……他初见伦敦大概不会很欣赏……
> (《唐璜》第十一章第7节)

---

① 《致约翰和玛丽亚·吉斯伯恩》,1820年5月26日。《雪莱全集》(第7卷)第304页。
② 转引自陈椽编著《茶业通史》第374页,中国农业出版社,2008年。

瓷茶杯在雪莱笔下出现也属正常:"一只不复具有以往/功能的瓷杯(a china cup),以往留有芳唇经常/从中啜饮医生禁饮的饮料,而我/会不顾劝戒而愿大口饮下,当着/死期来临,我们会为决定谁首先/饮茶而死抛币,喊着:是背是面?"① 诗人再一次表达了为了饮茶事业至死而不渝的坚强决心。

不要轻看这小小的一杯茶,它从遥远的东方辗转而来,价格着实不菲,是一种地地道道的奢侈品,一段时期里甚至是英国国税的重要来源。雪莱在一封信里说到,即使在价廉物美的消费天堂意大利,茶也属于例外:"如果我们将来自己操持这些家务的话,将有充分的理由享受意大利被人吹嘘的便宜生活……但是奢侈品、茶和诸如此类的物品都非常贵。"② 好在雪莱是一位万贯家财的未来继承人,虽然当时生活有些拮据,美好的希望却也已经在前方招手,奢侈品会有的,茶也绝不会少。所以,当他一再炫耀自己"不喝酒""不吃肉"时,我们仍然对他的生活品质表示羡慕嫉妒恨:"我不喝酒也很少吃肉/让我们照样欢乐:不妨以茶祝寿/晚餐,有乳蛋羹,还有无穷无尽/牛奶葡萄汁、果冻和百果料馅饼、/和诸如此类女人气的饮食奢侈品……"③ 可见,如果把雪莱的"素食"理解为追求简朴的饮食,那就错了。放在今天,诗人这样的"素食"习惯也不是人人都有条件达到的。

雪莱笔下还经常涉及中国元素突出的丝绸及其刺绣。他经常用丝打比方:"谁忍心打死翼薄如丝的飞蝇(the silken-winged fly),/当四月料峭,它已来到世上……"④ "我们的爱、希望和哀悼的人没有死,/看,他迷人的双眼丝绒般的睫毛上(the silken fringe),/就像酣睡的花朵上凝结着一颗露水……"⑤ 有时他用丝绸来布置自己叙事中的环境:"豪华的帐篷,用一片雾霭织成,/帐中燃着电火,闪烁不息,/宛如一个雕空的象牙球,内衬/朱红的丝绸(crimson silk)——并在空中挂起/明亮的号灯……"⑥ 阿特拉斯的巫女甚至还会用刺绣艺术来传递自己的心声:"有时她用刺绣(broider)来消磨时

---

① 《致玛利亚·吉斯伯恩》,1820 年 7 月 1 日。《雪莱全集》(第 7 卷)第 315 页。
② 《致皮科克》,1818 年 4 月 20 日。《雪莱全集》(第 7 卷)第 122 页。
③ 《致玛丽亚·吉斯伯恩》,1820 年 7 月 1 日。《雪莱全集》(第 7 卷)第 323 页。
④ 《阿特拉斯的巫女》(致玛丽),《雪莱全集》(第 3 卷)第 123 页。
⑤ 《阿多尼》,《雪莱全集》(第 3 卷)第 204 页。
⑥ 《阿特拉斯的巫女》(致玛丽),《雪莱全集》(第 3 卷)第 144 页。

间，/以画面表现崇高浪漫的诗文……"①

雪莱也知道中国的一些特色物质文化成果。《远航》（The Voyage, A Fragment）是由雪莱的女儿艾恩丝的后人保存、1964 年才以《艾斯代尔笔记本》为题出版的雪莱早期诗作中的一首。其中有这样的句子：

  这些中国玩具（Chinese toys）还有印度细布，/本为换点小钱或作爱情信物……②

"中国玩具"进入西方非常早，李约瑟追溯中国数学领域的伟大发现时说："很久以来，欧洲人一直倾向于把许多这类玩具叫作'中国玩具'……例如，拓扑学上的'中国九连环之谜'……另一种几何玩具是一套有多种排列的木板，据说它是'东方最古老的消遣品'之一。中国人称之为'七巧图'，欧洲人则称之为'唐人图（tangram）'……"③ 需要说明的是，"中国玩具"并非全都是来自中国的玩具，李约瑟推测"也许，欧洲人倾向于把他们难以理解的国家的称号加在难以解释的事物之上"④，但他这里所列举的倒是货真价实、如假包换的中国"玩具"。而用中国玩具来表达爱情，这大约也可以算是西方人对中国玩具的创造性运用了。其实，就是雪莱此处诗歌中提到的"印度细布"（Indian muslins）也可能是一种被误解的中国织品或者是经印度进口的仿中国风格的棉织品。因为一方面，18 世纪的欧洲，"中国丝绸及其欧洲仿制品，和被误称为'印度的'中国棉制品，被广泛用作帷幕和罩单"。⑤ 另一方面，即便是从印度进口的棉织品，据刘海翔介绍，也"有很多印的是有欧洲艺术家设计的图案，其中不乏'中国风格'的点缀"；因而一般情况下，"这种印花棉布在英国叫作'Chintz'，其读音类似'China'，而在法国则被统称为'facon de la chine'。"⑥

---

① 《阿特拉斯的巫女》（致玛丽），《雪莱全集》（第3卷）第135页。
② The Complete Poetry of Percy Bysshe Shelley, v. 2, ed. by Donald H. Reiman & Neil Fraistat. The Johns Hopkins University Press, 2004. p. 83.
③ ［英］李约瑟《中国科学技术史》第3卷，翻译小组译《中国科学技术史》第248—249页，科学出版社，1978年。
④ 《阿特拉斯的巫女》（致玛丽），《雪莱全集》（第3卷）第248页。
⑤ ［美］G. F. 赫德逊著，王遵仲等译《欧洲与中国》第260页，中华书局，1995年。
⑥ 刘海翔《欧洲大地的"中国风"》，海天出版社，2005年，第182页。

牛津大学图书馆（博德利图书馆）保存的雪莱一册手稿的首页上，留有雪莱如下的一行手迹："芦荟与月季"（the Aloe & the China Rose）。这里面的故事也与中国有关。高纳丽娅·波茵薇尔·特奈尔（Cornelia Boinville Turner）是大革命时流亡英国的法国贵族后代。1813 年 7 月，雪莱住在伯克郡时，曾跟她研习意大利语言和诗歌，两人关系十分亲密。据她回忆，雪莱在当年 6 月份《麦布女王》出版后曾对她说，自己诗意已经耗尽，不会再写诗了。这时，特奈尔别开生面地开导他："我（指特奈尔）说：'雪莱，你错了。诗人的头脑就像一株中国玫瑰，第一批花开后，会群芳摇落，绿肥红瘦；但紧接着又会有一批花蕾吐蕊，次第开放，终年如斯，不绝如缕。'我说对了。从那时起直到他死去的那九年，他的诗歌创作全面丰收。"① 看来，是特奈尔小姐眼看雪莱创作积极性下降，甚至有船到码头车到站的苗头，便马上以很少开花的芦荟和四季吐芳的月季为例，启发、鼓励诗人鼓足干劲，重新出发。特奈尔小姐的思想政治工作很有效果，雪莱接受了她的忠告，并把这句话写在了自己的手稿上，激励自己在文学创作的道路上高歌猛进，再展雄风，他后面的成绩单表明他没有辜负这位姑娘的一番苦心。美丽的"中国玫瑰"是中国人民对世界园艺的贡献，不曾想雪莱在创作后期的可持续性发展也有中国鲜花的一份功劳。

总的说，相比于好友拜伦"想象中国"时不乏欣赏意味的情形②，尽管雪莱也曾把一株中国玫瑰视为自己创作的精神动力，也算是诗人对中国优雅文明表现出了一定的好感甚至敬意，但从本质上看，雪莱的"印象中国"却差不多是一篇道德批判文章。令人欣慰的是，自 1905 年梁启超把这位秀气斯文的诗人介绍给国人以来，在中国的近现代时期，雪莱的精神和杰作参与了拯救和改造中国的历史。作为自由、解放号角的鼓吹者，作为影响中国至今的诗人，雪莱也一直享受着中国人绵绵不绝的尊敬，人们并没有因为其对中国传统道德和社会文明的批判而取消他的优厚待遇。可见，伏尔泰先生的评语还是不错的：中国终究是一个讲道德、重情义的"孔夫子的国度"。

（倪正芳　博士，湖南人文科技学院文学院教授）

---

① Reiman & Doucet Devin Fischer ed., *Shelley and his Cirle*：*1773-1822*. Cambridge：Harvard University Press，1961. volumes 8，p. 994.

② 倪正芳《浪漫地行走在想象的异邦——拜伦笔下的中国》，载《中华读书报》2003 年 11 月 5 日。

游记汉学里的"十三行"*
——以亨特《广州番鬼录》为中心

张建锋　纪建勋

摘　要：亨特的著作已经成为研究中西交流史的重要文献。相较于两书的一版再版，尽管它们的史料价值已经引起了学界的充分注意，而针对《广州番鬼录》从形象学研究的角度所展开的讨论则基本阙如。观察游记汉学里的"十三行"，回溯"番鬼"的活动，一方面显示出"老广州"自身即具有一种双重的"悖立"身份，更发现"老广州"在与当地官商民的互动中进一步整合出所谓"异教的中国人"形象。本文主要以《广州番鬼录》为例，来揭橥西人中国游记中这种"互动中的整合"塑形进程，并经由兼评近期相关编著数种对其在形象学研究中的意义予以进一步讨论。

关键词：《广州番鬼录》　广州十三行　老广州　异教的中国人　形象学

作为早期外国殖民者笔下的回忆录式著作，《广州番鬼录》(*The Fankwae at Canton*，以下简称《番鬼录》) 和《旧中国杂记》(*Bits of Old China*，以下简称《杂记》) 因其对早期中西贸易和中西关系的细致描摹在同类型的著述中有着独特价值，其作者亨特也因此被研究近代早期中西文化关系和中西贸易的学者所熟知。亨特全名威廉・C・亨特 (William・C・Hunter, 1812—1891)，在1825年以美国纽约斯密斯洋行学徒的身份乘"公民号"到达广州，旋即被送往英国传教士马礼逊 (Robert Morrison, 1782—1834) 在马六甲开办

---

* 本研究得到上海师范大学都市文化研究中心的支持。本论文为上海高校高峰学科建设计划"中国语言文学"阶段性成果，国家社科基金一般项目 (14BZJ001)、上海市浦江人才计划资助 (17PJC080)、上海师范大学国家重点学科"比较文学与世界文学"项目成果。

的英华书院（Anglo-Chinese College）学习中文，后于1826年底返回广州的洋行任职。1829年，亨特加入美国旗昌洋行，并于1837年成为该行的合伙人。1842年，亨特从旗昌洋行退休，并于1844年返回美国，其后又返至香港居留达20年，1891年在法国尼斯去世。作为"缔约前"①到达中国的殖民者，又是当时为数不多的能够使用中文进行交流的外国人，亨特在广州居留并从事商业活动达二十年之久（1825—1844）。长时期的亲身经历使得亨特熟知当时中外商业活动的一切细节，而语言的优势更使得他接触到了中国社会形形色色的人物，从而对当时作为文化"他者"的"老广州"有着深入的了解，这一切先后反映在他颇具个人传记色彩的两本著作《番鬼录》和《杂记》中。

关于两书的版本情况，对于《广州番鬼录》，比较早的有1993年冯树铁译，由广东人民出版社组织出版的"广州史志丛书"版；②2001年，又出版一种章文钦新译的版本。③特别值得一提的是，2009年广东人民出版社出版"岭南文库·译丛"，将亨特的《番鬼录》与《杂记》合二为一，出版合订本，最为方便实用。④关于《旧中国杂记》，除"岭南文库"本以外，另有2011年广西师范大学出版社的一个新版本。另外，景欣悦还以《天朝拾遗录——西方人的晚清社会观察》为题，重译《旧中国杂记》，在2015年由电子工业出版社出版。由于《广州番鬼录》诸版本间大同小异，就史料价值而言差别并不大，本文的写作就主要依据合订本，同时对最早的冯树铁译本也有所参考。

就国外的研究情况来看，法国与美国的比较文学界，尤其是法国，有着对游记文学进行比较文学研究的悠久传统；从比较文学与比较文化的角度开展游记中的异域形象研究，国内在此方面近年来已取得了不少的重要成果，

---

① 按：亨特是美国人，《广州番鬼录》所指"缔约前"中的"约"并非指清英《南京条约》，而实是指清美《望厦条约》。此外，因亨特本人是在1825年到达广州的，故其所谓的"缔约前"实是指1825年至1844年，这恰好20年的一段时间。亨特这本著作的全名应为《广州"番鬼"录：缔约前"番鬼"在广州的情形，1825—1844》，详见陈胜粦《〈广州番鬼录〉中译本序言》，[美]亨特著，冯树铁、沈正邦译《广州番鬼录·旧中国杂记》第3页，广东人民出版社，2009年。
② [美]亨特著，冯树铁译《广州"番鬼"录：1825—1844——缔约前"番鬼"在广州的情形》，广东人民出版社，1993年。
③ [美]亨特著，章文钦译《广州"番鬼"录》，广东人民出版社，2001年。
④ [美]亨特著，冯树铁、沈正邦译《广州番鬼录；旧中国杂记》，广东人民出版社，2009年。

可谓奋起直追,如孟华、周宁、陈晓兰、黄丽娟、叶向阳等人的论著就先后对此领域的研究做出了不同程度的开拓。有鉴于此,尽管时至今日,亨特的这两本著作可以说已经成为研究中西文化交流史的重要文献;并且考虑到两书的一版再版,它们的史料价值也已经引起了学界的充分注意,然而专门的比较文学研究却仍然寥寥。仅有的讨论也大多聚焦于观察亨特书中所揭示的岭南文化及其商业精神,① 而针对《番鬼录》从形象学的角度所展开的讨论则基本阙如。此正是本文研究的首要意义之所在。

  作为"旧中国"的一隅,亨特笔下的"老广州",是一个囊括时间、空间、形形色色的个体生命及其活动的客观历史存在。在地理上,其狭义指向的是广州十三行一带,而广义则包括广州、珠江两岸、香港、澳门、黄埔、虎门与伶仃洋等地区。十三行所在地是鸦片战争前清政府对外贸易的唯一场所,每年进出口贸易数额巨大,对于当时深陷财政困境的清政府而言,十三行的税收也一直是其财政收入的重要来源之一。清末政府对内穷于应付,对外因袭旧制,仅限于有限的贸易往来。因而在相当长的时间内,十三行遂成为中外文化交流砥砺的主场所。随着阅读与思考的深入,提醒我们首先需要注意"老广州"的多重意义:它除了时空上的蕴涵以外,更重要的是亨特叙述中那饱蘸感情色彩的个体生命及其活动:"晚上 8 时,我们高兴地发现又回到了'老广州'",②"虽然如此,只有一个'老广州'能解决这个问题,就是现在的三孖地臣爵士",③"任何一个曾在这里居住过一段较长时间的'老广州',在离开商馆时,无不怀有一种依依不舍的惜别心情"。④ 亨特对于"老广州"的这种眷恋与复杂情感,在他所收录的诗《你熟悉这片土地吗?》中也愈发浓重地体现出来,诗的最后写道:现在到了离别时,低声说"请,请",/可怜的"番鬼",全都舍不得离开!⑤

  应该说,亨特的两本著作在内容上各有侧重。《番鬼录》主要描述 1844

---

① 刘季冬《一个外国人眼中的岭南商业文化精神——以美国人亨特记述的〈广州番鬼录〉与〈旧中国杂记〉为例》,载《岭南文史》2014 年第 1 期;该文亦见李宗桂、张造群主编《岭南文化的价值》第 38—50 页,花城出版社,2012 年。

② 《广州番鬼录·旧中国杂记》第 87 页。

③ 《广州番鬼录·旧中国杂记》第 109 页。

④ 《广州番鬼录·旧中国杂记》第 37 页。

⑤ 《广州番鬼录·旧中国杂记》第 110—112 页。

年中美缔结《望厦条约》以前"老广州"在口岸贸易与活动的情况,而《杂记》则重在揭示"异教的中国人"的情形。① 对于"番鬼"中普遍存在的所谓"依依不舍的惜别心情"似乎不能仅仅以殖民者在贸易口岸获取了巨额利益与"无限友谊""社会感情"的存在,② 来予以表面化解释。回溯《番鬼录》中"老广州"的活动,一方面显示出"老广州"自身即具有一种双重的"悖立"身份,更发现"老广州"在与当地官商民的互动中进一步整合出所谓"异教的中国人"形象。因此,本文主要以《广州番鬼录》为例来揭橥西人中国游记中这种"互动中的整合"塑形进程,并经由兼评近期相关编著数种来对此现象予以进一步讨论。而关于亨特的另一种著作《杂记》与此塑形过程的进一步研究,拟另文再论。

无疑,亨特是"番鬼",更自认是一名"老广州"。"番鬼"指代其外来者的标签,而"老广州"则表达出外来者在时间、空间以及个体生命体验等诸多方面对曾经的居留地,在认同与感情方面所具有的复杂纠葛与深沉眷恋。原英文版作者笔名为"一个老居民",就已经说明了很多。③ 笔者的设问是:其作为"自我"所裹挟的"番鬼"与"老广州",这种双重的悖立身份在《番鬼录》里是如何整合出"异教的中国人"这一"他者"形象的?而留心观察亨特文本中这一现象的发生、发展直到完成,乃至思考这一进程于当下中西交流的启迪,今天我们针对西人中国游记开展形象学研究尤其需要注意考察这种动态的"互动中的整合"进程。

一、互动中的整合:悖立的"老广州"与"异教的中国人"

亨特笔下最具吸引力的两个群体无疑是那些与"老广州"来往密切的所谓"异教的中国人"。后者因其身份又可分为三个阶层,即作为"官"的地方当局,介于官与民之间的行商、行外商人、买办、通事等,以及作为大多数的普通民众。正是在这三方面的描写与观察中,作为一名"番鬼"的亨特,刻画出"异教的中国人"形象,也在其互动中反照出"自我"作为一名"老

---

① 《广州番鬼录·旧中国杂记》第3页。
② 《广州番鬼录·旧中国杂记》第37页。
③ 按:中译本的作者署名径直采用亨特,将原来作者所用充满感情色彩的"一个老居民"的笔名从略。应该说,这是译本的一个小局限。详见《广州番鬼录·旧中国杂记》第12页。

广州"的形象。本来是想描画"异教的中国人",却也在无形中流露出"自我"作为"番鬼"与"老广州"的双重身份。"番鬼"与"老广州""番鬼"与"异教的中国人""老广州"与"异教的中国人",这三组形象彼此间具有悖立的一面,但又通过西人中国游记这种独特的塑形进程有机整合在一起,彼此成就了形象学研究中"互为他者"的本体论意义。本文试就三个维度对"番鬼"与旧中国官商民三者互动中所呈现出来的"老广州"与"异教的中国人"两个形象间所存有的一种"互动中的整合"塑形历程展开解读。

(一)"老广州"与地方当局

"缔约前"的清朝地方,买官卖官已然成风,这一切最直接的结果就是吏治的彻底腐败。由此带来的深重影响则是,地方政府对内肆意欺压百姓、盘剥商人,对外则处处退让、毫无立场。中国地方当局的这一混乱现状,亨特有详细记述。以"老广州"的火灾描写及中外人员所受到的不同待遇为例:"当东北季候风盛行期间,商馆北边人烟稠密的城郊时常发生火灾。每逢火灾威胁到外国人居住地时,行商便按照官府的命令,派遣手持武器的苦力,并用他们提供的小艇,帮助外国人将商馆的账簿、档案、银钱和个人财物运走。所有陌生的中国人都会被粗暴地赶离广场,而将通往船艇的道路肃清。我曾多次见过这样的场面。假如一个外国人在街上遇到麻烦事时,通常只要认个错就没事了,而中国人则为倒霉者,被推到一边。"[1] 在上述的这段文字中,地方当局对内外态度的差异显而易见。

地方当局这种无立场的混乱更为集中地体现在1838年12月12日十三行广场由处决鸦片贩子何老近所引发的中外对抗事件中。在本次事件中,中国百姓原本是站在地方政府一边支持地方当局处决何老近的,但当外国商人联合起来反对,甚至动用武力打砸执法现场驱逐中国官吏,广州百姓遂群情激愤围攻外国商馆时,地方当局却又毫无立场地使用暴力驱赶民众,主动为外国商人解围,这些在亨特的笔下都有着详细的体现。[2] 对于整个事件,亨特这样总结道:"这是外国人对当局许多挑衅中最严重的一次。我们完全无视他们的文告、禁令、警告和威胁,将其统统看为一纸空文。我们自己也常常说他们很宽大,对他们给我们提供的帮助和保护感到惊奇;事实上,他们是把我

---

[1] 《广州番鬼录·旧中国杂记》第38页。
[2] 《广州番鬼录·旧中国杂记》第78—80页。

们看作一些不听话的孩子，一群从来不讲'道理'的人。"①

地方当局不仅在对内对外问题上毫无立场可言，且唯利是图，甚至有意索取贿赂，放任鸦片走私。亨特在书中还曾记载了其亲身从事的一次鸦片走私活动以及与一位"大人"的交涉经过。② 鸦片走私使得国家蒙受巨大损失，更使得民众健康大受威胁，因而是清政府明令禁止的非法贸易，但清政府地方当局的文武官员却置国家利益于不顾，和鸦片走私贩子沆瀣一气，狼狈为奸以牟取私利。地方当局的这种态度，使得亨特这样的鸦片商人一方面站在道德的角度声称鸦片贸易是"可诅咒的生意"，另一方面却又从与清政府地方当局的交涉中坚信"就'鸦片贸易'而论，我们将永远不受惩罚"。③

亨特在书中，是把地方当局放在"商馆"一节里来做论述的。商馆多是外国商人居留活动的场所，建在珠江边上，离珠江约300英尺，东西约1000英尺。所有商馆都面南而建，各自向北延展，是独立的院落和单位。它们属于行商的私产，往往租给外商使用。全部商馆由三条街隔开，主要者有十三个，故后世俗称之为十三行。行商的主要活动场所在地是"公所"，或称为"洋行会馆"。在《广州番鬼录》"商馆"这一节的结尾处，④ 亨特客观公正地描述并评判了地方当局对外的态度，也表达了自己的真切感受，但是清政府对外的友好并不能掩盖清政府对内的欺凌以及内部的腐败无能。所以，当我们看到亨特在书末言及鸦片战争时对清政府的嘲笑，那么清朝地方当局的在亨特眼中的形象也就呼之欲出：腐败无能，闭目塞听，狂妄自大，对内肆意欺凌普通民众，对外毫无立场一味退让，放任鸦片走私，而这一印象和鸦片战争前清政府的真实面目是极为吻合的。

（二）"老广州"与行商、行外商人、买办、通事

作为早期殖民商人，受其身份和活动限制，亨特所交往最多也最为倚重的是当时清政府对外事务的间接代表——行商以及行外商人。行商并非一人，而是一个商人团体，并有其领袖，称为总商；行商作为一个团体始于1720年，除在1725年以前曾一度短暂中断外，他们一直垄断中外贸易。⑤ 在1825

---

① 《广州番鬼录·旧中国杂记》第80页。
② 《广州番鬼录·旧中国杂记》第140—141页。
③ 《广州番鬼录·旧中国杂记》第37页。
④ 《广州番鬼录·旧中国杂记》第37页。
⑤ 《广州番鬼录·旧中国杂记》第45页。

年,主要的行商有浩官、茂官、潘启官、潘瑞兰、章官、经官和鳌官,总商是浩官伍秉鉴。① 公行有十三家行号,办事地点主要在珠江边,但也有在商馆一带的。行商是清政府正式承认的唯一对外贸易机构,他们每年向粤海关负责所有的进出口关税,也只有他们才能和官方机构交涉。行商控制了广州口岸全部的对外贸易,也是对外贸易规则的制定者与外商活动的管理者。行商的主要职责是管理住在广州商馆的外国人和停泊在黄埔的外国商船,对于这二者,行商都有保证他们守法的责任。行商充当的是一个"保商"的角色,殖民商人往往戏称之为"我们的假教父"。② 他们既是官,又是民;他们拥有政府官员的品级,却又没有实职;他们的地位比一般的平民要高,但和真正的官员相比,他们又都是普通的商人。因此,他们虽然可以从垄断性的对外贸易中获取收益,却又不得不向清政府地方官员供奉以求得庇护,甚至在受到不间断的勒索时也不能直接拒绝。

在《番鬼录》中,亨特记载了在和浩官的聊天中所了解到,浩官所遭受的一次巨额勒索及其充满"中国智慧"的应对之道。③ 这样的勒索每一个行商都会遇到。除此之外,当旧任海关监督回京以及新任监督上任时,行商都必须送钱,并且还要委托给北京的官员送礼。行商为提高自身的地位和巩固特权,需要捐钱买官,但如果经营活动失败,往往会被革去顶戴而后治罪。在亨特笔下,行商作为一个商人团体,在所有的交易中,是笃守信用、忠实可靠的,他们不仅遵守合约,而且慷慨大方。在《广州番鬼录》中,关于浩官的几件逸事最能体现这些。浩官接受一艘美国船的委托,这艘船运来货物的主要是水银,但不巧的是这时候水银价格跌得厉害,于是货物卸上岸后就只能暂时存放在浩官行里。由于这艘船回航需要本钱,浩官便提出由自己按市价收购,并愿意为这艘船的回航补足差额,留待下次到来还上。然而,就在这艘船的船长决定将水银全部出售给浩官并开始收购回程货物的时候,浩官派人告诉他北方各省商人突然急需大量水银运回,水银价格上涨,所以他将按照目前的价格清算这批货物,并将先前所购的注销。因为浩官的慷慨,

---

① 《广州番鬼录·旧中国杂记》第45页。

② 《广州番鬼录·旧中国杂记》第46页。按:此处英文原为"our horse godfathers",中译本译为"我们的假教父"或"像马儿一般的教父",笔者认为或许译为"像马儿一样为我们跑腿的教父",文意更为贯通。

③ 《广州番鬼录·旧中国杂记》第47页。

这位船长不但得以满载而归,而且没有欠账。

在另外一件事上,浩官同样体现了其慷慨、重视友情的一面。一位在广州居住多年的美国商人,财产遭受了严重损失,但又希望能够重整旗鼓。这件事不仅得到了浩官的大力帮助,而且在整个合作过程中,都受到了浩官的无私信任,但这位商人最终还是因为经营不善亏损颇多,因此不得不继续滞留广州。在获悉其因一无所有而难以返乡的困难后,浩官毅然撕毁了前者向其借贷的票据,仅仅留下了一句话:"你是我的第一号'老友',你是一个最诚实的人,只不过不走运。"①

浩官的慷慨固然是一种品格,但同时也夹杂着一种迷信。在第一次鸦片战争中,英军将要攻占广州,广州方面希望通过交纳赎金的方式避免。在这次全部缴纳的 600 万元赎金中,浩官一人捐出了 110 万元,而支持这一行为的观念不是保全家园,而是为了"风水"。由于这一年浩官刚好年届六十,因此这次事件反倒被认为是一种非常幸运的机会,即"极品风水"。在捐出的钱财上,浩官也作了分配,即 80 万元用来保佑自己生意兴隆,20 万元用来保佑长子永远孝顺,10 万元用来保佑最小的儿子。显然,这是一种荒谬的举动。在《广州番鬼录》中,亨特给予了浩官极高的评价。②

行商之外,参与对外贸易的还有行外商人。亨特认为,他们中间有几个很受人敬重,他们做生意的诚实和才智,是任何其他国家的商界人士所不能相比的,并特别一一列举了这些商号的名字。行商之外,与外商交往密切的还有通事、买办、看银师等。通事由海关颁发执照,但实际上听命于行商,主要职责是负责沟通行商和外商以及外国官员和中国官员之间的交通。据亨特言,"缔约前"主要的通事有老汤姆、小汤姆和阿兰仔。通事事务繁杂,无论白天黑夜,都要随叫随到,而且在任何时候也都要能够为全体外国侨民提供方便。这些事情,大者如到商馆去分发政府有关外商事务的告谕、为外商办理去澳门的护照以及外商船只的出入口岸的报关,小者如陪同外商去江边散步或者出游河南大佛寺等。通事往往是由与外商关系极为密切的人担任的,但也正因和外商来往密切,通事和买办一样,最终都蜕变为外国殖民者在清政府的代理人,而不再是清政府方面的办事人员。亨特对此曾不加掩饰地说:

---

① 《广州番鬼录·旧中国杂记》第 53 页。
② 《广州番鬼录·旧中国杂记》第 57 页。

"作为一个团体来说，他们是我们最重要的人了。"① 中国商人给予亨特最深的印象是慷慨、诚实、重友情和精明，这数者之间似乎是不相容的，却又能完美地结合于一身。

（三）"老广州"与中国普通民众

对于笔下所记述的众多人物，亨特的态度最捉摸不定、前后变化最为剧烈者，当属中国的普通民众。体现在《广州番鬼录》中，我们一方面看到亨特极力赞美中国普通民众，但另一方面亨特又不乏污蔑攻击。毫无疑问，这种矛盾的态度正是一种奇怪的、值得追问的现象。

中国普通民众长期置身于中国社会的最底层，他们饱受社会各个阶层的重压，为了求得生存，往往不得不发挥自己的一切勤劳智慧可能求取谋生的机会。亨特以一个"番鬼"的视角，给出了自己的别样描写："各行号办事敏捷有次序，打包整齐，手法灵巧，是中国人的办事特色"②；"他们和所有的中国船夫一样，是非凡的水手，聪明而又勤快"③；"我们无需考虑我们装运茶丝的质量和重量。诸如用'普鲁士蓝'或'中国黄'来增加茶叶表面光泽，将碎柳或榆叶掺入以扩大体积，掺入铁屑以增加重量等奸巧办法，还未为那些'异教的中国人'所实行"④。同时，由于长久以来的闭关锁国，中国百姓对外部世界又是好奇的："在这个时候出现一种奇特的景象，城内房屋、店铺的门口挤满了看热闹的中国人，他们极其安静和好奇地观看着。"⑤ 但当面临外部的损害与侵略时，他们又是自尊和英勇的。⑥ 亨特的描述展示了清政府统治下普通民众性格的多个侧面。我们看到，作为一位来自遥远异乡的外国殖民者，亨特对旧中国在内心深处是存在着欣赏和同情的。然而这只是一方面。事实的另一方面是，亨特又在文中多次污蔑中国普通民众是"暴民""恶棍""无赖"。为什么对于同一群体亨特的态度会有如此巨大的反差呢？

1833年，英国政府将所属东印度公司从中国撤离，随之派遣英国商务总

---

① 《广州番鬼录·旧中国杂记》第60页。
② 《广州番鬼录·旧中国杂记》第45页。
③ 《广州番鬼录·旧中国杂记》第71页。
④ 《广州番鬼录·旧中国杂记》第72—73页。
⑤ 按：这里写的是外商在外城内呈递禀帖时中国百姓围观的场景。见《广州番鬼录·旧中国杂记》第116页。
⑥ 《广州番鬼录·旧中国杂记》第149页。

监律劳卑（William John Napier，1786—1834）入华。律劳卑入华后，拒绝通过行商与总督往来，而要求直接与清政府地方最高当局交涉。而在此之前，中英之间的交往主要是民间性质的商贸关系，并未建立直接的政府间外交往来。律劳卑的入华未曾经过清政府的批准，广东地方政府自然不敢擅自做主，因而要求律劳卑返回澳门，遵守清政府颁布的有关外商活动的八项章程①。律劳卑却断然拒绝遵守清政府地方当局的命令，公然入驻英国商馆，同时调派英国海军军舰"阿莫金号"和"仙女座号"驶入黄埔。广州地方当局也迅速集结战船和小艇，并封锁了出入广州的一切通道。冲突最后以律劳卑退往澳门而告终，律劳卑本人也在这次冲突后不久死于澳门。这次事件史称"律劳卑战争"。

在这次冲突过后，因为急于恢复商业往来，亨特等迅速返回十三行，但是十三行一带局势依然混乱，尤其是中国普通民众对于外国人的敌对情绪还未平息，故亨特说："街上到处是无赖和恶棍，他们用粗言恶语骂我们，并向我们做杀头的手势。"② 但这次敌对情绪的爆发完全是由西方殖民者自己不合理的要求引发的，亨特自己在书中也坦承这一点。③ 亨特明知民怨沸腾的起由，反而横加污蔑。这里，我们看到的不是一种文化交流和沟通的正常心态，而是殖民文化下的帝国主义。亨特也不仅仅是一个"老广州"，更是一个殖民者，一名"异教的番鬼"。亨特实质上成了一名游走在"自我的他者"与"他者的他者"夹缝边缘的悖立人物。

律劳卑战争之后，1838年12月12日，地方政府为了配合清政府的禁烟运动，决定在十三行广场处决鸦片贩子何老近，这完全是中国政府的一次内部行动，但这次行动却受到了外国官员和商人以及水手的武力干涉。这直接引发了中国民众和外侨的武力对抗和对商馆的围攻，并使得中国民众对所有的外国人进行了攻击，当中有几个人因此受伤。亨特将这次反抗污蔑为"暴乱"，将参与反抗的百姓污蔑为"暴民"。④ 亨特在文中一方面大肆宣扬外侨及其本人的英雄行径，另一方面却又极力掩饰西方殖民商人在这次行动中的失败，更对最后不得不求助于地方当局的软弱行径予以厚颜无耻的辩解。如

---

① 《广州番鬼录·旧中国杂记》第38—39页。
② 《广州番鬼录·旧中国杂记》第130页。
③ 《广州番鬼录·旧中国杂记》第130—131页。
④ 《广州番鬼录·旧中国杂记》第78—79页。

果说，在和中国地方当局以及行商等人的商业往来中，亨特尚能保持其虚假的强盗面目，那么在真正面临来自中国社会的压力与反抗时，亨特完全暴露出其殖民主义者的丑恶嘴脸。正如审视亨特眼中的中国普通民众一样，审视亨特性格里的多面性因子同样是必要的。

作为西方近代文明中的一分子，即作为一位文化"他者"，亨特清醒地意识到了中国民众或者说整个中国社会蒙昧落后的一面。亨特在《广州番鬼录》中还记述了这样一件事：鸦片战争中，中国地方为了备战，从美国人手中购进了一艘名为"切萨皮克"号的货船作为战舰，接收后，中国方面对货船进行了滑稽般的改装，摇身一变反而成了国人"威力和胜利"的标志！① 这样的战舰，是旧时代的符号，在工业文明已经到来的情况下，势必要进入历史的坟墓。它所带来的只能是屈辱的《南京条约》和《望厦条约》，正如亨特在书末所说："它们合起来是旧广州的'丧钟、裹尸布、掘墓锄和坟墓'。"②

回到文章开始提出的问题：在《番鬼录》里，到底何谓"老广州"与"异教的中国人"？居留中国40载的"番鬼"自然算是一名有着割舍难离等复杂情感的"老广州"，这是其认同中国的一面；"番鬼"却又着意描摹出"异教的中国人"形象，这是其与中国相疏离的另一面。"老广州"形象体现出"番鬼"在地域与感情上对中国的认同，"异教的中国人"形象映照出"番鬼"在身份与精神上对中国的疏离。

从认识论的维度来看，亨特眼中的"老广州"，并非是作为纯然客体的存在，而是与其"自我"对置的一个"他者"。这个"他者"不仅从属于"自我"，即作为"自我"的对立面而呈现为"自我的一种投射"，而且因其是从一种文化对另一种文化所进行的观察、审视以及判断，因而又天然地具有跨文化的视角。就此而言，这个"他者"的视域虽不免有其局限性，却因此获取了其富有启迪性的辩证蕴涵。《番鬼录》中的"老广州"，其身份既是"自我"，又是"他者"；或者说作为"一名老居民"的亨特，其叙述中的"老广州"与"异教的中国人"在长达20载的互动中的整合中，彼此成就了一种"他者的他者"的关系。这种"他者的他者"显然并非"自我"，更非"他者"，三者互相之间的张力是其最引人思考的迷人之处，也正是今天的中西交

---

① 《广州番鬼录·旧中国杂记》第144—145页。
② 《广州番鬼录·旧中国杂记》第150页。

流可资借鉴的地方。

二、当下的形象学研究兼评近期相关编著数种

"缔约前"的老广州是当时中国社会的一个窗口。这里简短的论述，并不足以涵盖亨特书中所述全部，只能是来自"他者"的关于"他者"的"他者之知"。萨义德的"东方主义"标举西方国家描述中的东方是适应"西方主义"发展需要所进行的一种"浪漫化"印象与"捏造"的进程。① 周宁在《中国异托邦：二十世纪西方的文化他者》中更是认为："在西方文学中，西方的中国形象代表的并不是地理上一个确定的现实的国家，而是文化想象中某一个具有特定政治伦理意义的异托邦，一个比西方更好或者更坏的'他者的空间'。"② 在亨特这里，中国社会是作为一个事实上的"他者"而存在的，亨特的认识固然是其亲身的经历和体验，但恐也难以摆脱周宁所谓"文化想象中的政治伦理意义"，但当下的形象学研究需要超越此囿限。

于亨特而言，"番鬼"与"老广州"是一种的"自我的他者"，两者的身份互相混融，共同塑就作为"他者的他者"的"异教的中国人"。具体而言，初入中国，亨特首先站在"番鬼"的立场来描摹空间上的"老广州"；居留既久，他进而经由时间上"老广州"的视角来观察所谓整体性"异教的中国人"；最后，缔约之后，"番鬼"也成了一名自认的就个体生命及其活动而言的"名副其实"的"老广州"。这里，"番鬼""老广州"与"异教的中国人"完成了一种互相混融、彼此塑就的过程。在《番鬼录》里，这一塑形的进程是对"自我"与"他者"形象的悖立，更是一种整合。"番鬼""老广州"与"异教的中国人""异教的番鬼"，之于"自我""他者"与"自我的他者""他者的他者"，彼此的对位与互动，所体现者正是形象学上一种"互动中的整合"塑形进程。"番鬼"在情感上向"老广州"靠拢，在理性上与"异教的中国人"疏离，这种情感与理性矛盾的背后是两大文明的遭逢与冲撞。而《广州番鬼录》所揭示这种"自我"与"他者"之间"互动中的整合"塑形进程，正是西人中国游记对于当下形象学研究新的理论贡献。

---

① Edward W. Said, *Orientalism*. New York：Vintage Books, 2003, pp. 1-16.
② 周宁《中国异托邦：二十世纪西方的文化他者》，载《书屋》2004年第2期。

当下对于周宁中国形象研究的声音很多,但基本上不脱离"知识/权力、意识形态/乌托邦、自我/他者、西方霸权/中国实践"的范畴。① 也有批评确实指出了周宁形象学研究所存在的要紧缺陷:"把西方看中国的历史解读成西方现代性发展的注脚",② 这是众多关注中国形象变迁的学者所不能接受的。

实际上,纵观周宁形象学研究的代表性编著,如《中国形象:西方的学说与传说》丛书八卷(2004年),《天朝遥远:西方的中国形象研究》(2006年)以及《跨文化研究:以中国形象为方法》(2011年)等,可以发现周宁本人的问题意识却是非常清楚。周宁曾经拟定其研究预设回应的问题,而最后一组就是关于西方的中国形象,如何影响中国现代性文化自觉与文化重建的问题。③ 显然,从目前的研究成果来看,正是第三组设问的存在使周宁的研究步入了进退两难的死胡同,"从解构西方的中国形象入手无法拯救中国现代性自我想象的主体,更无法走向中国现代性的文化自觉","但我们又无法摆脱西方这一巨大的他者进行现代性自我确证"。"无法不用西方现代性来思想",④ 这是域外中国形象研究存在的终极"二律背反"。说到底,这压根不是周宁的错,而是国内目前正在如火如荼开展的中国学研究难以摆脱的普遍困境。学界有些冤屈了周宁,或者毋宁说学界对周宁的研究期待过高,因为纵使周宁也无力破局。

当下形象学研究的危机充分说明了域外中国形象研究不能囫囵吞枣,步子迈得太大,过于急切,冀望一劳永逸,用后现代、批判的立场来一揽子解构长达千年的中国形象。这本来就不是一位学者或者是一代人就可以完成的宏伟事业,而是一个系统性的工程,可能需要几代学人的共同努力。后现代的、批判的立场不是不应该有,相反,还必不可少,因为唯有如此才可以揭

---

① 林曦《跨文化形象学的二律背反》,载《文艺理论研究》2014 年第 1 期。
② 周宁《在西方现代性中发现中国历史》,载《厦门大学学报(哲学社会科学版)》2005 年第 5 期;《中国形象:西方现代性的文化他者》,载《粤海风》2011 年第 3 期;《在西方现代性想象中研究中国形象》,载《南京大学学报(哲学·人文科学·社会科学)》2008 年第 4 期;《想象中国:西方现代性期望中的三种意义》,载《学术月刊》2008 年第 9 期。
③ 周宁、周云龙《他乡是一面负向的镜子:跨文化形象学的访谈》第 169—180 页,北京大学出版社,2014 年。
④ 周宁、周云龙《他乡是一面负向的镜子:跨文化形象学的访谈》第 181—186 页,北京大学出版社,2014 年。

示"国民性批判"话语体系中"西方殖民者的权力因素及其片面性"①；然而现代的、经验的观察与思考不能过于简单甚至缺省，因为这正是中国形象研究可以带给我们的唯一客观而真实的认识。轻忽后者，就会把西人看中国的历史变成一种"西方主义"，最后难免成为虚无；忽略前者，就会欠缺一种镜鉴与他者的视角，而陷入一种"东方主义"，最后的实质就是重新掉入"自己解释自己"的怪圈而不自觉。

中国形象的研究还是应该从具体问题入手，慢慢来，在做好文献工作的基础上，综合运用文史哲的方法和新兴学科的各种分析工具，摆脱文化传播研究中意识形态的束缚与后殖民文学理论的围限，还给形象学研究本该拥有的史学式清明与人类学的开阔视野。不仅研究西人看中国的历史以"推人及己"，也要观察中国看西方的历史以"推己及人"，通过一种通透的"彼此互为他者"的视角，来慢慢打量与逐渐松动西方这一巨大的他者并进行中国现代性的自我确证，把千年来"他者"的"中国梦"②腾挪转移，践履成国人自己现代性的"中国梦"。这是我给予当下形象学研究的建议与周宁第三组问题的一个可能的回答。本文以《广州番鬼录》为例讨论西人中国游记中一种"互动中的整合"塑形进程，也算是这方面一个小的思考与尝试。③

尽管自黑格尔和萨特表彰"他者"对于"主体"的本体论意义并且论定两者基本的冲突关系以来，"他者"概念已经成为后殖民文学理论中的一个时髦用词而大有泛滥成灾之势。在史学的领域，主张用镜作喻，通过中国与西方、中国与东方周边彼此的多重对视与观看，才能看到一个"立体的中国"。譬如葛兆光从域外汉文史料看中国的有关研究：《宅兹中国：重建有关"中国"的历史论述》④和《想象异域——读李朝朝鲜汉文燕行文献札记》⑤。类似的研究还有许倬云的《我者与他者：中国历史上的内外分际》⑥用一种"互为他者"的视角来打量华夷之辨的传统观念。我们也应该注意到文化的

---

① 摩罗《"国民性批判"是否可以终结?》，载《中华读书报》2008 年 10 月 8 日。
② 季燕京、张丹、杨瑞明、毛峰《500 年他者的中国梦》，载《文明》2013 年第 11 期。
③ 另外，对于"互动中的整合"塑形进程的意义的展开以及此塑形进程在西人中国游记是否为一普遍现象的讨论，由于所涉较为复杂，笔者另文论述。
④ 葛兆光《宅兹中国：重建有关"中国"的历史论述》，中华书局，2011 年。
⑤ 葛兆光《想象异域——读李朝朝鲜汉文燕行文献札记》，中华书局，2014 年。
⑥ 许倬云《我者与他者：中国历史上的内外分际》，生活・读书・新知 三联书店，2010 年。

"他者"已经成为人类学研究的学科对象,倡导通过体验"他者"而反推"自我",譬如王明珂《华夏边缘:历史记忆与族群认同(增订本)》① 就经由观察华夏边缘如何形成与变迁来回应中国人如何借历史记忆与失忆来凝聚、扩张的族群认同的大问题。

另外,有一个现象需要我们注意:在对于域外的中国形象研究中,那些有实质性影响关系存在的研究,如围绕华夏与东亚以及华夏边缘的辐射等"中国"概念的变迁研究,相对来说较为容易得到学界的认可;而像周宁那样,专注于西方看中国历史的研究则一直就争议很多。这固然是中西文化的根本异质性与中国和周边诸国的同源互动有着截然不同的反应类型所致。在域外看中国的海量文献中,西方看中国和周边看中国在史料编排与记载呈现的方式,在见闻、记忆与想象等环节的分配与侧重因为互动反应类型的不同而有着显著差异。总体来讲,后者倾向于影响模式,前者则偏爱平行模式,这种互动因应之类型上的不同就导致了对于两种中外交流历史的研究选择了不同的解读方式。这是周宁的形象学研究屡屡被妖魔化的一个原因,其背后是百年来比较文学中影响研究与平行研究两种研究类型优劣争胜的范式之争,国内比较文学的平行研究已经被严重妖魔化了。

域外看中国,需要后殖民理论的关照,但更要超脱其囿限,当下形象学的研究需要一种真诚的"互为他者"的理解。法国人艾田蒲所著《中国之欧洲(上、下)》,② 同样是皇皇巨制,却让我们看到了中国文化给欧洲提供了另外一个可能。另外,陈晓兰的《想象异国》则对于现代中国海外旅行与写作展开思考。③ 黄丽娟的《构建中国:跨文化视野下的现当代英国旅行文学研究》与叶向阳的《西方中国形象成因的复杂性初探——以17、18世纪英国旅华游记为例》,不约而同却又相辅相成,都在尝试回应"中国形象"研究所带来的无法回避的挑战。④ 以上研究无不在启发我们反问:在域外看中国的历史中是否也可以援引异质思想来进行中国现代性的自我更新呢?

---

① 王明珂《华夏边缘:历史记忆与族群认同(增订本)》,浙江人民出版社,2013年。
② [法]艾田蒲著,许钧、钱林森译《中国之欧洲(修订译本)》,广西师范大学出版社,2008年。
③ 陈晓兰《想象异国》,安徽人民出版社,2012年。
④ 黄丽娟《构建中国:跨文化视野下的现当代英国旅行文学研究》,中国社会科学出版社,2013年;叶向阳《西方中国形象成因的复杂性初探——以17、18世纪英国旅华游记为例》,载《国际汉学》2012年第2期。

以上编著说明近些年学界关于域外中国形象的研究已经有了较大的转向，并陆续出现了一批气象新鲜大气的扎实研究。域外文献看中国，尚有一隅的研究不足，那就是对清末民初西方人中国游记稀见文献的整理与研究。应该看到，这接近百年的时间正是西方现代性发展的加速时期，也是中西交流史上中国形象的暗黑时期。学界目前的研究还是停留在殖民与帝国主义的压迫欺凌上面。没有意识到这段中西落位反差鲜明的时期，西人中国游记对中国形象的种种批评，误读、偏见，乃至歧视，诚可宝贵，才能让我们更加清楚地看清"自我"。"揽镜自鉴"，查漏补缺，方能更好地出门，走出一条适宜中国现代性自我确证的道路。国内外学界在此一方面也有所努力。最近十多年来，对海外中国学的关注与研究正在日益成为中国形象、中国学术重建过程中引人注目的一个领域，相关文献的整理、翻译与研究成果迭出。其中国家图书馆出版社致力于"近现代中国学外文文献影印系列"的整理与出版，目前已影印出版文献 20 余种约 300 册；另外，李国庆、何林夏等人主编的"中国研究"外文旧籍汇刊之《中国纪录》《亲历中国》等系列也正在由广西师范大学出版社陆续推出，逐渐引起学界注意。以上对清末民初西人中国游记稀见文献的整理与研究，必将是一个有力的推动。

（张建锋　博士，上海旅游高等专科学校讲师；
纪建勋　博士，上海师范大学比较文学研究中心副教授）

《聊斋志异》意象叙事的美学功能探微

李 莹

摘 要：《聊斋志异》作为古典文言短篇小说的杰出代表，其独特的意象叙事手法，不仅深深吸引着中国历代无数读者，而且也日益引起海外诸多汉学家们的研究兴趣。书中的"花妖狐媚"等意象，既是蒲松龄假象之物，又都包含着他对当时人情世故的感性认识。整部小说"天人合一"思想的渗透、妍丑对比的叙事效果以及丰富读者的想象空间等三方面的美学含义，丰富深刻，启人良多，是一笔值得总结与探研的小说艺术创作财富。

关键词：《聊斋志异》 天人合一 叙事效果 想象空间

中国古典文化中对天人合一思想的崇拜，体现在很多方面，在文学创作方面，对于意象的大量运用便是此思想在文学写作技巧方面的一大应用。杨义提出："研究中国的叙事文学必须把意象以及意象的叙事方式作为基本命题之一，进行正面而深入地剖析，才能贴切地发现中国文学有别于其他民族文学的神采之所在，重要特征之所在。"[①] 叙事意象在诗歌等文学作品中的运用，是加强文学作品感染力的一种艺术表现手段。这在四大名著之中，都有不同程度的意象构建。《水浒传》中的群魔出逃、《红楼梦》中的十二金钗的判词、《镜花缘》中百花对应人间奇女子等都是巧妙而成功地运用了这一叙事技巧，从而对作品起到了勾画故事大纲、暗示书中人物命运的重要的背景烘托作用。对于《聊斋志异》中意象的研究，一直是古典小说爱好者与研究者所关注的问题。或从修辞方面论之，或就比兴象征探之，或以自然意识析之，各有启发，皆具成效。本文拟就《聊斋志异》意象叙事的美学功能之角度试

---

① 杨义《中国叙事学》第267页，人民出版社，1997年。

作初探，以就教于方家同仁。

一、"天人合一"思想对人物塑造的烘托作用

与其他古代小说具有鲜明不同叙述特色的是，《聊斋志异》中大量出现了将自然中的植物、动物等赋予人的精神情致的意象描写。如《狼》，《梦狼》中的狼意象就负载着作者对当时吏治的苛责和不满，贪官污吏在文中化身为恶狼。这种关联描写，让读者更深刻地体会到吏治的黑暗和恐怖，这对于酷吏形象的描写起到了有力的衬托与强调作用。

先看植物意象的审美意蕴。《荷花三娘子》中的荷花意象即为仙女三娘子的对应物，也是指所有如荷花三娘子般"出淤泥而不染，濯青莲而不妖"的玉为肌、冰为骨的天下奇女子。"荷花"三娘子能刹那间在荷池中隐形，"红莲一枝，干不盈尺"，被宗生摘回家后，第一次被逼现形，"化为怪石，高尺许，面面玲珑"。[①] 第二次荷花三娘子的鞋子化为石燕，"色红于丹朱，内外莹彻，若水精然"，"平旦视之，即又非石，纱帔一袭"，这样"忽而花，忽而人，忽而怪石，而纱帔，乃复忽而人。神光离合，乍阴乍阳，写美人尽于此矣"。读者对于荷花品质和外形的了解自然有助于在作者恰当的比拟下，对所写三娘子形象的深刻领悟。同时人物的性情也与荷花的高洁相映衬，让人生出怜爱和敬赏之意。又如《黄英》，小说所描写的黄英是一个菊仙，其名字即甚为鲜明，黄英者，即黄花也。黄花者，即菊花也。所以，作为主人公的黄英，其个性上风高清朗，言行中透露出君子的儒雅胸襟，魏晋时代有陶公爱菊颂菊，菊也一直因其美好的形象而在很多诗歌中被咏颂，真正的君子或者隐士都有爱菊之心，而蒲松龄这样一位不受当朝器重、科考屡试不第的真君子，在《黄英》中借女子黄英抒发对美好君子风格的推崇，表明自己内心的高洁，这是不难理解得。但作者没有沿袭其他同类文学作品中君子"安贫乐道"的思想，而是提出君子爱财取之有道的理想模式，即黄英姐弟虽然高洁雅致，却可贩菊致富。而这对于"素介"的传统士人马子才来说则颇为置疑。当陶姓少年因为住马家而担心"以口腹累知交"便想"卖菊亦足谋生"

[①] 蒲松龄著、张友鹤辑校《聊斋志异（会校会注会评本）》，上海古籍出版社，1986年。本文所引皆出于此书，下不另行出注。

时，马子才则甚为鄙视，曰："仆以君风流雅士，当能安贫；今作是论，则以东篱为市井，有辱黄花矣。"而陶则笑曰："自食其力不为贪，贩花为业不为俗。人固不可苟求富，然亦不必务求贫也。"其姊黄英说得则更是振振有词、理直气壮："妾非贪鄙，但不少致丰盈，遂令千载下人，谓渊明贫贱骨，百世不能发迹，故聊为我家彭泽解嘲耳。"黄英姐弟俩能够冲破世俗眼光，一切从实际出发，既有效地解决了"民以食为天"的生计问题，又很好地保持了像菊一样高洁的情怀与节操，此可谓一举两得，人物形象刻画得十分逼真可信。因此，黄英姐弟俩仍然堪称是天下千万君子的优秀代表。而《葛巾》中的葛巾之子被掷于地后："数年茂荫成丛，移分他所，更变异种，莫能识其名。自此牡丹之盛，洛下无双焉。"到文末揭示葛巾乃一牡丹花神，使读者对葛巾的人物性格等又有进一步的认识。葛巾"异香竟体""热香四流""无气不馥"等个人特征与牡丹花本身香气袭人的生物特性甚相一致。而她用智谋退却盗贼的气势又与国花牡丹雍容高贵的内涵甚相吻合。人性与物性极其相似，达到了水乳交融、相得益彰的理想境界。

再看动物意象的审美意蕴。如《绿衣女》中的绿蜂，《花姑子》中的香獐意象，虽为畜类却怀有很多世间美好的品质。《绿衣女》中的绿蜂意象，绿衣女是绿蜂的化身，她爱上了寄居在醴泉寺读书的于生，每夜幽会时常常内心担忧害怕，小心翼翼。在一次为书生献歌后，"启门窥曰：'防窗外有人。'绕屋周视，乃入"。而离去时，又"方将启关，徘徊复返"，让于生送她出门，送她离开。但当她转过房廊时，于生就听到了她惊恐的呼救声，闻声看见的景象是，"则一蛛大如弹，抟捉一物，哀鸣声嘶。于破网挑去其缚缠，则一绿蜂，奄然将毙矣"。蜜蜂有蜂鸣的生物体征，"声细如蝇，裁可辨认。而静听之，宛转滑烈，动耳摇心"，写蜂声入微。而蜂类形态细小，绿衣女则"绿衣长裙，婉妙无比"，"腰细殆不盈掬"，写蜂形入微，绿蜂的形象跃然纸上。而绿蜂最后的被蛛网捆住，也暗示了封建社会里普天下的柔弱女子如绿蜂被网缠结般无力抗争世俗，需要男子等强权保护的最终命运，可谓人物相融，彼此难分，寓意深刻，耐人寻味。此乃通过动物意象来成功塑造人物形象的典范之作。

二、妍丑对比增强表达效果

《聊斋志异》中的意象除了有动植物之外，还有人文方面的意象，比如

"笑"这一意象就被很好地用在了人物塑造和情节设置上。蒲松龄在《聊斋志异》的女性描写中，通过丰富的写作技巧，塑造出了一个又一个聪明美丽、秀外慧中的女妖、女鬼、女仙的形象，并把自己对人性美好品格的守护和期望寄托在这些"花妖狐媚"身上，而这些花妖狐媚又恰是蒲公所处时代美好女子的化身。值得注意的是，蒲松龄不仅仅停留在对"花妖狐媚"至美一面的生动刻画与精细描写上，而且更重要的是以深刻冷峻之笔写出"花妖狐媚"之美的被无情地毁灭的悲剧色彩，在读者的心灵深处产生震撼的力量，从而起到很好的阅读效果。蒲松龄笔下的婴宁是名狐女："……妾本狐产。母临去，以妾托鬼母，相依十余年，始有今日。妾又无兄弟，所恃者惟君。"世卑微，却由于长年生活在与世隔绝的环境中，所以极其纯真。最为突出的就是她婚前特别爱笑："次日，王子服到后花园中，穿花小步，闻树头苏苏有声，仰视，则婴宁在上，见生来，狂笑欲堕。……方将及地，失手而堕，笑乃止。生扶之，阴捩其腕。女笑又作，倚树不能行……"封建社会讲究男女授受不亲，可婴宁特意从树上掉下来，和王子服嬉闹，不像封建礼教那样讲究笑不露齿、内敛矜持。而王子服趁机"阴捩其腕"，婴宁竟没有丝毫的羞涩和恼怒，反而"笑又作"。通过这一系列的笑的描写，笔墨虽然不多，但一个纯真自然、天真烂漫、不受世俗约束的少女形象便鲜活地凸现出来，让人忍俊不禁。而此后，她嫁入王家，堕入世俗，受到了来自世俗王母的管束，于是笑就渐渐少了，最终有一天没有了笑容。这笑与不笑的对比，不仅是作者对婴宁这样纯真慧黠之女儿的惋惜，也是从侧面反映出作者对那只"看不见的黑手"——封建吃人的礼教的无声的反抗。婴宁的美丽更多的是一种纯真自然、一种甜美爱笑，而令人窒息的封建礼教笼罩的现实环境又让她不得不丧失这种淳朴明丽的自然美。这样"妍丑"的对比叙事技巧，让人触目惊心、悲慨万分，无疑在读者心中引起强烈的共鸣。这种曲折深婉的描写手法、托物言志讽颂兼用的中国文学创作传统，在《红楼梦》的创作过程中也有鲜明的体现。作者曹雪芹同样借"石头"之口，借"宝玉"之言，说出了"女儿是水做的骨肉，男儿是泥做的骨肉"的传世名言。于是便有了可爱的芙蓉女儿、同样爱笑的"晴雯"和一口一个"爱哥哥"的湘云妹妹。她们的纯真缘自她们不受世俗的浸染，体现了天然本真的人间至美。可是，当贾母抄家、贾府覆灭的时候，这些美丽的天使，则病死的病死，堕入青楼的堕入青楼，人间至美顷刻间便灰飞烟灭，悲剧连连，前后对比，触目惊心。可见，曹雪芹借鉴蒲松龄这种妍丑对比描写手法确实起到了很好的艺术表达效果,故后人多喜运用。

其实,《聊斋志异》中所采用的这种妍丑对比的艺术手法,其主要目的是在于凸显其鲜明的讽刺效果。对此,英国著名汉学家翟理思深有体会,他在其英译本《聊斋志异选》序言中高度称赞道:"蒲松龄的作品发展并丰富了中国讽刺文学,在西方只有卡莱尔的风格可与蒲氏相比。"[①] 托马斯·卡莱尔是英国作家、评论家、历史学家,一贯以唯心主义批判资本主义,反对贫富不均,对英国社会表现出敏锐的洞察力。翟理思将蒲松龄与卡莱尔相比,可见他对蒲松龄《聊斋志异》小说意蕴的独特而深刻的理解,这是难能可贵的。

三、丰富读者的想象空间

"意象"一词是中国古代文论中的一个重要概念。古人以为"意"是内在的抽象的心意,"象"是外在的具体的物象;"意"源于内心并借助于"象"来表达,"象"其实是"意"的寄托物。就中国传统诗论而言,所谓"意象",实质指寓情于景、以景托情、情景交融的艺术处理技巧。诗歌创作过程是一个观察、感受、酝酿、表达的过程,是对生活的再现过程。作者对外界的事物心有所感,便将之寄托给一个所选定的具象,使之融入作者自己的某种感情色彩,并制造出一个特定的艺术天地,使读者在阅读诗歌时能根据这个艺术天地在内心进行二次创作,在还原诗人所见所感的基础上渗透自己的感情色彩。

《聊斋》中的意象除了具有令人容易产生共鸣的动植物生命意象、"笑"的人文意象,还有一些"物象"(事物的意象),极大地丰富了读者的想象空间,让读者在阅读中产生合理的剧情联想。如《画皮》中的人皮,既是恶鬼借以变美女的道具,也是人们眼中恶人用来粉饰自己道貌岸然、虚情假意的伪装。而作为古代女子贴身之物的绣鞋,在《胭脂》一文中则成为女主人公胭脂的替身。鞋的被抢、遗失等一系列事件,也暗示了女主人公所代表的女子颠沛的人生轨迹,在人、鞋两条叙事线的交叉进行中,胭脂的坚贞执着和无法把握命运的人物性格则更加丰富多彩地呈现在读者面前,扩大了读者的想象空间。这样的叙事手法也常见于成语典故中,如覆水难收中的"水"这

---

① 李志红《〈聊斋志异〉海外传播及其特点》,载《山东理工大学学报(社会科学版)》,2017年第3期。

一意象、破镜重圆中的"镜"这一意象、《红楼梦》中的"废石头"意象、《牡丹亭》中的"柳"意象等,不胜枚举,美不胜收。通过这些意象,读者的思路被延展了,扩大了自然联想的思维空间,加深了他们对作者思想感情与文本主旨的理解、把握和参悟。这一特征在《聊斋志异》中尤其明显。有相当数量的故事都是以花妖、鬼狐为主角的。其中女性的身体都被物化为植物、动物、物件等,供男性书生欣赏和把玩。对此,英国著名汉学家蔡九迪在《Phantom Heroines: Ghosts and Gender in Seventeenth-Century Chinese Literature and Beyond》一文中指出:明末清初的文学创作流行着一种推崇"情"的风气,女鬼和女人的身体便是这种看不见的力量的具体承载物。[1] 可见,作品中意象的准确运用,是极其重要的艺术表现手法。这一点,《聊斋》给我们的启发是很深远的。

四、结 语

《聊斋》作为中国古典文言短篇小说之冠,不仅给读者奉献了一出出精彩的戏剧故事,描摹了当时众生的百态、人性的美妍丑恶,表达了作者为代表的一代正直文人对桃源世界的追求,同时,在叙事艺术手法、巧妙的意象比拟、人物塑造与情节构建上都起到了很好的审美学艺术作用。《聊斋》所成功运用的意象叙事创作经验,一方面极大地丰富了文学叙事的内涵,另一方面对后世文学创作的影响是很大的。文学无国界,《聊斋志异》不仅是中国的,也是世界的。改革开放以来海外汉学家越来越青睐于《聊斋志异》的翻译与研究。他们善于从各个角度与层面去解读它,正呈现出"百花齐放"的喜人景象。正如安载鹤所说的那样:"日本近代以来对《聊斋志异》的受容与研究,其现代意义在于《聊斋志异》文本本身的价值。"[2] 对于蒲松龄这笔宝贵的文学遗产,作为炎黄子孙,我们更应当努力学习,认真探讨,为我所用,从而积极而有效地推动文学事业的新发展。

(李莹 江苏大学外国语学院讲师,在读博士研究生)

---

[1] 李艾岭《英语世界中的"聊斋学"研究述评》,载《中外文化与文论》2013年第3期。
[2] 安载鹤《日本近代以来〈聊斋志异〉的受容及其研究》(摘要),东北师范大学博士学位论文,2010年。

· 中外艺术关系研究 ·

近百年海内外中晚明诗画关系研究述评[*]
——基于通论型研究的考察

魏　刚　刘璐亚

摘　要：中晚明时期是我国古典诗画关系发展较为突出的历史阶段之一。对中晚明诗画关系的研究现状进行考察与反思，是学界进行深入拓展的必要环节。近百年来，海内外学者有关此方面的通论型考察根据研究目的可划分为"因画及诗""因诗及画""诗画同论"三类。每一类均有中西学者不同程度上的关注与探讨，展现了近百年海内外学者对中晚明诗画关系研究的基本形态。其中折射出的学术效应及研究展望主要在于：诗画关系的内涵应具有多重性，研究方法应体现以"中西结合"为主的现代性，作品分析应与理论阐释相结合，研究对象或范围应具有普遍性。

关键词：诗画关系　学术效应　中晚明　近百年　海内外

不论是文学史还是画学史，均可发现中晚明时期"诗"与"画"关系的发展，实为宋、元后的又一次高潮，是诗画关系史上不可断缺的一个时期，因而获得了近百年来海外学人的应有关注。因此，全面考察近百年来海内外的有关研究，是今后研究进一步拓展、深化的基础性工作，有助于强化学界对中晚明诗画关系发展的认识，进而吸引更多目光对其从点与面上开拓。综览海内外所经眼的研究成果，根据其视角、重点的不同，可划分为通论型与专题型两类。但众所周知，综述通论类研究，更利于从一个较宏观的视角上

---

[*] 本文系南京大学博士研究生创新创意研究计划项目"中晚明诗论与画论会通研究"（项目号：2016001）的阶段性成果。

观照研究现状。由此,本文以通论型为考察范围,对近百年来海内外有关中晚明诗画关系的研究做出综述。其中,根据研究重点不同,亦即"诗"与"画"为不同艺术形式的原因,将以"画"为目标而涉及"诗"的研究,归为"因画及诗"类;反之则为"因诗及画"类;将专门探究"诗""画"互动关系的,归为"诗画同论"类;附以浅识,希冀有飨于学界。

一、"因画及诗"类

一般而言,诗画关系多属于画学范畴,故画史著作述及中晚明诗画关系时,多作为绘画的艺术表现,如1913年日本中村不折与小鹿青云合著的《支那绘画史》,作为首部[①]且被誉为"当时最有系统"[②]的中国画史专著,作者认为清代诗文影响"当代画苑"的表现在于:"大抵比起内容、思想来,更重外形、文字,无风骨气韵之高,而以声调辞藻、丰丽见长。"虽看似仅论清代,但前文又有"文化方面,明风掩覆了清代,……其思想亦扬前代的余波"的立论前提,[③] 由此可知,该着虽未直接论及明代诗文对绘画的影响,但实际是通过溯源清代绘画而进行了"间接"表达,而这样的方式与看法,直接影响了陈师曾的《中国绘画史》。作为第一部中国本土的画史专著,该书所言经比对后,实与前者如出一辙。[④] 所以,将此二者综览可看出,其中论述中晚明诗画关系时的视野较为狭隘、态度十分模糊,甚至影响及王伯敏《中国绘画史》[⑤]问世前的多数同类著作,综合表现出早期画史著作对中晚明绘画之诗画关系的初步认知。

---

① 依周积寅为俞剑华《中国绘画史》所作《序》看法:"最早的一部与中国绘画史有关的著作是1901年出版的[日]大村西崖的《东洋美术史》中所论及中国美术绘画部分,虽'失之太简',却拉开了中国绘画史研究之序幕。1913年出版的[日]中村不折、小鹿青云之《支那绘画小史》当推为首部中国绘画史专著。"见俞剑华《中国绘画史》第9页,东南大学出版社,2009年。
② 李庆《日本汉学史》(第2部)第437页,上海人民出版社,2010年。
③ [日]中村不折、小鹿青云著,郭虚中译《中国绘画史》第140—141页,浙江人民美术出版社,2013年。
④ 见陈师曾《中国绘画史》第95—96页,中华书局,2010年。
⑤ 据作者2007年修订版自序知,该著实于1961年开始撰写,直至1965年正式定稿,出版事宜因"文革"中断,最终1982年12月才得以顺利出版,因此当以其实际成书时间为1965年。见王伯敏《中国绘画史(修订版)》"修订版序"第2页,文化艺术出版社,2009年。

王伯敏《中国绘画史》于 1982 年正式出版，作为"新中国成立以来出版的第一部美术史专著"①，尽管主体部分浅尝辄止地提到文、唐两人因兼擅诗文而使画作"有文人的风趣"②，但附录一《绘画款书的发展》中，却着大量笔墨论述明代作为"款书"的题诗与绘画的关系，认为明代文人画"题诗的很多"，"可以充分发挥造型艺术和语言艺术的特点"③。由此与前人相比，王著确实关注到明代文人画因题诗而形成的艺术效应，甚至捕捉到画家追求"诗意"的自觉性与主体性，堪为卓识，只不过并未将诗画关系置于主体部分。说明当时对明人绘画艺术表现的认识依旧具有保守性，而这种保守性的再次突破，当为饶宗颐。饶先生著作中，明确关注中晚明绘画与诗歌关系的，有《明季文人与绘画》与《至乐楼藏明遗民书画解题》两文。前文开篇即言："明季文人大都兼善绘画"，并归纳出文人诗、画相兼的五种类型④；后文亦认为晚明"是一个文学和书画艺术最有卓绝造诣的时代"，画家"几乎无一个不是诗人"⑤；总体上从身份、才艺两方面考察晚明文人诗画兼擅的情况，虽未深入论述画家诗歌能力对绘画的影响，但根本目的是要对此有所表达。尔后，陈正宏撰文首次关注诗画结合的另一载体——图引，认为明中叶绘画始现图引："与文学有着密切的关系，其功效在于为文字性的诗文卷子作图解性的导引……直接反映了明代绘画与文学在实用层面上的前所未有的接近与交融。"⑥ 从图引"效用"进一步论证明中叶的诗画关系，其效应"无疑比单一分析题画诗或是单一分析诗意画能更加全面、具体地揭示诗画关系"⑦。

　　综前可知，中国学界对于中晚明绘画之诗画关系的研究，在 20 世纪百年间呈现了模糊到清晰、感性到理性的演变历程，为后世学人能够在认知和实践上深化、拓展奠定了基础，如单国强认为，"吴派"绘画所表现的共性特征之一就是"深广的文学素养"，"往往是诗书画三位一体，画中有诗，诗中有

---

① 作者"修订版序"中引用当时广播电台的评语。
② 王伯敏《中国绘画史（修订版）》第 369 页，文化艺术出版社，2009 年。
③ 《中国绘画史（修订版）》第 545—549 页。
④ 饶宗颐《画明季文人与绘画》，载《饶宗颐二十世纪学术文集·艺术卷》第 424—441 页，中国人民大学出版社，2009 年。
⑤ 饶宗颐《至乐楼藏明遗民书画解题》，载《饶宗颐二十世纪学术文集·艺术卷》第 985 页。
⑥ 陈正宏《图引考——兼辨沈周〈云水行窝图〉的本事》，载《新美术》1999 年第 4 期。
⑦ 汪涤《明中叶苏州诗画关系研究》第 9 页，上海文化出版社 2007 年。

画,以书入画,充溢笔墨情趣"。① 此类看法,甚至持续至新近著作中,如2014年陆云达编著的《中国美术简史》,即认为"吴派"绘画"在诗、书、画的结合方面较宋、元前进了一步,进一步完善了文人画的艺术形式"②。可见,经近百年的历时性论证,学界终于形成对中晚明绘画中诗画关系的客观评价。但仔细研究后发现,本土学人的关注视角与论说语境,多为"现象性"描述或"常识性"介绍,普遍忽略了艺术评介最基本的维面,即艺术形式的研究,不具有艺术研究的根本目的与要求,而与此同时的海外汉学研究,则以"风格分析"为基本方法分析中晚明绘画中的"诗性"艺术,从而相应弥补了中国学者的这种固有"缺陷"。

20世纪中叶前期,在美国汉学家路德维希·巴贺霍夫(Ludwig Baehhofer)、阿尔伏莱德·塞尔莫尼(Alfred Salmony)等人推动下,研究西方美术史的"风格分析"法始用于明代绘画研究,从而颠覆了以往"还算不上专门研究"③的传统手法,形成与当时中国学者互补的路径,如1960年高居翰(James Cahill)的《中国绘画史》即为典型。高氏认为,明代文人画家"艺术中的业余态度和'墨戏'"并非"儿戏或偶然的消遣",而是让绘画"诗书画活动交相作用"后获得"诗意特别强烈"的艺术效果④,如此从创作手法上分析文人画具有"诗意"的原因,以及以"风格分析法"得出的结论,显然不同于中国学者的感性陈述,并且由于该书当时"是一部影响较大的著作"⑤,从而拓展了汉学界关于中晚明绘画"诗性"艺术研究的视野。

70年代,美国汉学界出现以方闻(Wen C. Fong)、高居翰为代表的两种风格学研究的方法。以方闻为代表的汉学家注重以"视觉造型结构分析"法从画面内部进行研究,至于绘画中的诗画关系,多关注画境的"诗意"、画面与题诗对应关系、题诗对画境的衍生等,如方闻1969年出版的《中国山水画之结构分析》,第四章中即以此法付诸实践,开篇即提出,明代优秀的文人画

---

① 单国强《明代绘画史》第61—62页,人民美术出版社,2000年。
② 薛永年《美国研究中国画史方法述略》,载《文艺研究》1989年第3期。
③ 薛永年《美国研究中国画史方法述略》,载《文艺研究》1989年第3期。
④ [美]高居翰著,李渝译《中国绘画史》第114—116页,台湾雄狮美术编辑部,1984年。
⑤ 薛永年《美国研究中国画史方法述略》,载《文艺研究》1989年第3期,

家"潜心钻研古代的书法、绘画和诗词风格,……获得了无比广阔的灵活性"①。所谓"灵活性",很大程度是指画面的"诗意"表现,来源于画家自身以诗词为之一的综合能力。但或因过于注重名家名作,所以仅将笔墨触及沈、唐二人的"诗意"表现。至于以高居翰为代表的另一些学者,则注重从政治、经济、地域等外部条件去分析绘画风格的形成,用于分析文人画的"诗性",也就多从画家遭际、心态、情感等角度进行对应,如1970年卜寿珊(Susan H. Bush)博士论文《中国文人论画:从苏轼到董其昌》的第五部分②,认为文人画存在"个人主义"和"传统主义"两种创作取向,前者持续存在,而后者至中晚明才完整体现,并与诗歌、书法等共同呈现为"典型的中国现象",换言之,即卜氏关注到其时诗歌对绘画前所未有的影响。但实际上,70年代汉学界研究明代画史最具影响力的当为高居翰。

高居翰1978年的《江岸送别:明代前、中期绘画》与1982年的《山外山:晚明绘画》两书,共同构成了一部完整的明代绘画史,其中,对于绘画"诗性"艺术的分析,多着重诗歌与绘画的共同"内容"的对比,或考察诗艺能力对绘画的影响,如《江岸送别》认为文徵明"对于历史和文学的钻研达数年之久,已经深深地影响了他的绘画"③。但相较而言,最能体现对晚明绘画"诗性"的研究,当为1996年《诗之旅:中国与日本的诗意绘画》一书中第二章"晚明的苏州",较注重艺术成就、时代特色、接受影响等方面,认为晚明诗意画"比从前更为自觉而且成熟,就像欣赏诗歌的方式一样展示诗句","典型地按艺术家们的标准,由固定的形式组成"。④并结合作品分析具体,认为晚明绘画"成为像诗一样第一手感觉经验的报告,更直接的适合当代观众的口味"⑤。如此点面结合,将文本形式与审美内涵兼顾,综合考察晚

---

① [美]方闻著,李维琨译《心印:中国书画风格与结构分析研究》第145页,陕西人民美术出版社,2004年。

② Susan H. Bush, *The Chinese Literati on Painting*: Su Shih (1037-1101) to Tung Ch'i-chang (1555-1636), Cambridge, Mass.: Harvard University Press, 1971.

③ [美]高居翰著,夏春梅等译《江岸送别:明代初期与中期绘画》第247页,生活·读书·新知三联书店,2008年。

④ [美]高居翰著,洪再新等译《诗之旅:中国与日本的诗意绘画》第64页,生活·读书·新知三联书店,2012年。

⑤ 《诗之旅:中国与日本的诗意绘画》第71页。

明诗意画中的诗画关系,确实践行了其所主张的研究方法,颇具意义。但如书中认为,由职业画家根据唐诗诗意绘制的诗意画,比业余画家己画己题的绘画更能表达符合原诗的意境,以及沈周等人未题唐诗的画作就非诗意画,这样一类看法,不免有失偏颇。深入考察后发现,尽管高氏的三本著作均以明代绘画为对象,但实际上在有意避免过度谈及画中的诗画关系,如其自言:"不打算尝试从理论上建构另一种可能存在于一幅画和一首诗之间的关系"①,换言之,即所关注的"诗意"仅属于风格表现,并非与"画"的审美联系。无独有偶,如此视角和立场似又与日本铃木敬1981年的《中国绘画史》,在一定程度上遥相呼应,铃木曾对"诗画同源"说做出批判:"会产生把在表现手法和制作上有各种制约且完全不性质的诗和画,作为好像属于同一艺术范畴的错觉"②,故在研究中晚明绘画时也就不注重"可能存在于一幅画和一首诗之间的关系",而更专注于画作本具的"诗性"。高、铃二人的研究,体现出美术史家以画作为根本的立场,其意义自不待言,但根据中晚明绘画发展的实际,若避免谈及绘画本具的"诗性"以外的诗画关系,将在一定程度上忽视当时绘画发展的实际形态,导致立论片面。

另外,即便关注到中晚明绘画的"诗性"艺术,汉学家之间也有不同的认知;如1985年苏立文认为明代画家"超越"宋人的表现,在于"绘画包含更多的诗意与哲思"③,而1975年苏联学者扎瓦茨卡亚却认为,明代文人画风格"与宋元画相比较,确有明显的区别,它不再是富有诗意的,而是越来越具有理性了"。④苏文中的"哲思"亦即扎文中的"理性",但对于"诗意"的看法却相反,其原因或在于:前者从审美角度进行评价,而后者是从创作层面考察,即认为中晚明文人画创作具有明确的理论指导,创作行为具有自主性。再如1992年法国刘巧楣《晚明苏州绘画中的诗画关系》一文,重在展现苏州的绘画中画境与题诗间的关系,从而分析出"题诗与画中物象对等""画中物象多于诗中所述""诗画关系为彼此互有增减,互相层参"三种模式,以"诗画的字面联系""诗画互动先后主从的互动关系"两维度分析诗

---

① 《诗之旅:中国与日本的诗意绘画》第7页。
② [日]铃木敬《中国绘画史》(上)第9页,东京:吉川弘文馆,1981。
③ [美]苏立文著,曾堉、王宝琏译《中国艺术史》第236页,台北:南天书局,1985年。
④ [俄]扎瓦茨卡亚著,孟庆和译《古代中国绘画中的美学问题》,载张连、古原宏伸编《文人画与南北宗论文汇编》第832—834页,上海书画出版社,1989年。

与画的互动关系,并总结出四种特征;① 如此将画面与画内、画外的题诗对照分析,无疑更能从艺术形式层面探及绘画中的诗画关系,显然与前述高居翰、铃木敬等人的思路不同。

总言之,20世纪以美国为中心的汉学界,研究中晚明绘画的"诗意",不仅以"风格分析"为基本方法,甚至分化出"视觉造型结构分析"与"创作环境影响分析"两种方法,以"殊途同归"的路径繁荣了对中晚明乃至历代绘画中诗画关系的研究,较大程度上弥补了中国学者的固有"缺陷",为后世奠定了基础。而21世纪的中、西学者,尽管并未出现较多如前世纪那样的鸿篇架构,却将主题范围缩小、视角相对集中,从而在前人基础上更为深化、拓展,较具现代意义,如:

世纪之交,美国学者卡萨林·伯内特就认为,晚明绘画与诗歌批评有两种联系,一为共同反映了李贽所宣扬的哲学,即"对过去精神的缺失和脱离当代趣味的挑战";二为发挥浦安迪晚明绘画与诗歌批评均多用"奇"的说法,认为晚明绘画受诗论影响多强调"自发性"和"独创性"。② 尽管所言含糊,但实可看出作者已关注到晚明以"童心说"及"性灵说"为主的"性情"诗学对绘画的影响。安·德柯西—克莱普认为,文人山水画至明达到鼎盛,成为一种融汇视觉和文学的表现形式。③ 将诗画关系提升至"文学"与"图像"的关系,无疑具有现代性视角。另有学者进行影响研究,如韩国琴知雅认为"明代后期的诗意图文化与南宗文人画风一起传入朝鲜,风靡于后期的画坛。"并认为《唐诗画谱》"把中国的诗、书、画、刻四个方面的美学都集于一身",对朝鲜诗意图创作最为繁盛时期的18世纪产生了影响。④

至于本土,傅阳华博士论文研究明遗民绘画,其第五章第一节"明遗民

---

① [法]刘巧楣《晚明苏州绘画中的诗画关系》,载《艺术学》1969年第6期。

② [美]卡萨林·P.伯内特著,耿明松译《论中国晚明时期绘画批评中的"独创性"》,载李砚祖编《艺术与科学》(第七卷)第70—72页,清华大学出版社,2008年。按:原文确切发表年限不可知,据耿明松译文后所附"注释"显示作者所引文献最晚为1998年,而译文发表于2008年,故猜测原文发表于20世纪与21世纪之交。

③ Anne De Coursey, *Commemorative Landscape Painting in China*, Princeton: Princeton University Press, 2012.

④ [韩]琴知雅《朝鲜后期"唐诗诗意图"表现出来的朝鲜风南宗文人画的实践与变容》,载蒋寅、张伯伟主编《中国诗学》(第15辑)第225—235页,人民文学出版社,2011年。

画家诗文所反映的遗民情结"认为,明遗民画家"不少人诗名比画名要盛"①,视角实步趋饶宗颐《明季文人与绘画》一文,然仅止步于"现象"认知,未能进一步分析绘画与诗歌之间的艺术联系。杨飞飞则以"比兴"手法的分析为切入点,研究明遗民的花鸟画。"比兴"一般属于诗学范畴,而杨飞飞认为"比兴"在绘画中"美学价值并不亚于诗歌",至于明遗民的花鸟画则"最能集中体现'比兴'的美学特质"②。万德敬则聚焦于诗意画,探究明清诗意画所蕴含的唐诗学,超越传统诗画关系的研究范围,以画探究学术形态中的诗学理念,颇具意义,然其观点似待商榷,如认为唐诗诗意画于文学发展有两方面意义,其第二点谓"由此产生了大量的题画诗"③。将题画诗的产生归因于唐诗诗意画的出现,不免忽视了创作的主体性与时代性。

二、"因诗及画"类

"因诗及画"类研究,即探究中晚明时期诗歌与绘画的关系,或考察绘画才能对诗歌创作的影响,或分析题画诗与画境的艺术对应。或由于诗、画本属不同形式的艺术,诗画关系多属于画学范畴,并非诗学的突出表现,故与前述"因画及诗"类研究相比,近百年来海内外有关中晚明时期的此类研究,相对规模不大、出现时间晚、海外研究少,但作为一段诗画互动较为频繁的时期,目前亦获得海内外学者一定程度地研究。

据所见,近百年来海内外有关中晚明诗画关系"因诗及画"的研究,较早有:日本吉川辛次郎《元明诗概说》(1963)一书、青木正儿《明代苏州の文苑》(1965)一文、泽田雅弘《明中期吴中文苑考》(1983)一文等,简要考察吴中地区的诗歌创作,但多将绘画能力作为分析诗歌的辅助,如吉川一书第五章仅认为沈周"正因为他是一个画家,所以他的诗在描写方面极有功力"④,至于所谓"功力",则未予以展析,从而并未直接触及诗歌与绘画

---

① 傅阳华《明遗民画家若干问题研究》第85—86页,首都师范大学博士论文,2002年。
② 杨飞飞《故国之思——明遗民画家花鸟画的"比兴"研究》第131页,南京艺术学院博士论文,2012年。
③ 万德敬《明清唐诗诗意画的辑考与研究》,西北大学博士论文,2012年。
④ [日]吉川幸次郎著,李庆、骆玉明等译《宋元明诗概说》第212页,复旦大学出版社,2012年。

的关系,甚至整个汉学界亦如此,如沈、文、唐等人"由于艺术史家的努力……在西方已很著名。……却大大忽视了他们作为诗人的重要性"①。相反,本土学者则有更为清晰、直接的认识,如中国科学院文学研究所编《中国文学史·明代文学》第四章,即认为吴中诗人"大都是画家,诗中常有画意"。从而"诗风较为平易""清新可读"②。80年代乔力亦认为"吴中诗派"的卓然自立,在于"以大画家而善诗,随事缘情,不为雕饰,清和新淡间时露自然之趣……"③ 虽未说透,但实已触及绘画对诗歌之影响。

时至90年代末,陈书录以唐寅为例,认为其诗"在诗与画的相互渗透、相互补充之中,往往能师法自然而得天然之躯",展现出吴中诗风的"缘情尚趣"④;吴志达认为:沈周"题画诗""善于把画面上的景色,在诗的意境中生动地表现出来"、唐寅"是一个能诗的画家……其长处则是诗中有画"⑤。等此类"文学史"著作,尽管范围多有局限,但皆能直接关注绘画创作对诗风形成的影响,亦可算诗歌体现诗画关系的宏观考察,足具启发意义。如陈建华旅美时所著《中国江浙地区十四至十七世纪社会意识与文学》一书,与吴著相隔一年,应受到一定影响,故第三编第一、二两章分别关注到书画艺术对吴中文学"复兴"及对"吴中四才子"诗歌风格产生的影响,以呼吁式口吻说道:"若将他们(除徐祯卿)的文学与艺术之间在创作思想及表现特点等方面的内在联系作专题探讨,似更能充分揭示他们整体的审美理想",⑥ 又认为吴中"作家的多才多艺也促使文学与艺术之间的交互影响……打破了前期的单一局面,也是元明末吴中文学发展而来的一种深化。"⑦ 将吴中书画艺术对诗文形成的影响提升至文学史层面,较前人更为深入,然正如其自言"兹难具论"。因此,20世纪学者关于中晚明诗歌与绘画关系的研究,多专注

---

① Kang-i Sun Chang and Stephen Owen, *The Cambridge history of Chinese literature*, Vol. II, Cambridge: The United Kingdom at the University Press, 2010, p. 36.
② 中国社会科学院文学研究所《中国文学史》编写组《中国文学史》第886页,人民文学出版社,1962年。
③ 乔力《明诗正变论》,载《天府新论》1994年第3期。
④ 陈书录《明代诗文的演变》第179—182页,江苏教育出版社,1996年。
⑤ 吴志达《明清文学史》(明代卷)第451—456页,武汉大学出版社,1991年。
⑥ 陈建华《中国江浙地区十四至十七世纪社会意识与文学》第174—175页,学林出版社,1992年。
⑦ 《中国江浙地区十四至十七世纪社会意识与文学》第159页。

于绘画对诗歌风格影响的"现象性"陈述,对象多集中于吴中地区,且主要关注沈、文、唐等诗画兼擅的文人,总体上处于宏观认知的层面。

除上述"文学史"类研究外,尚有值得提及的著作,即台湾郑文惠1995年《诗情画意——明代题画诗的诗画对应内涵》①,以明代题画诗为研究对象,通过对文本"内容"单独或与画面相结合的解析,探讨两种层面的诗画对应内涵,一为诗与画对应描写的具体对象,如根据各类题诗描写的具体对象,作者细分14小类;二为绘画风格与诗中内容对应显现的文化内涵,如"移孝作忠'报国恩'的心理欲求""仙隐行乐式的生活型态"等。总体而言,作为"对明代题画诗这一具体的文学形式进行专题、系统研究"的第一部著作,该着实有一种"全盘"考察的气势,取得了"对于深入理解明代诗画实际创作情况有很大帮助"的学术效应②。但也有相应缺陷,如有人指出"资料多数源于明人的诗文集中的题画诗,还不能完全覆盖诗画关系的研究"③。在郑文惠指导下,黄仪冠硕士论文以晚明至盛清的女性题画诗为研究对象,从"创作背景""诗画教育与诗画活动""阅读社群""自我呈现"四方面进行考察④,将诗画关系、女性地位、社会环境、文化教育四者相结合,独具视角,因为成为第一部考察近代女性题画诗的专著。然缺陷亦如乃师,过度注重"事实"内涵而忽视诗画对应研究的根本目标即"艺术"表现。

新世纪以来,较早关注诗歌与绘画关系的亦为题画诗研究,据所见有台湾徐德智《明代吴门词派研究》与钱天善《明三家题画诗研究》两篇硕士论文。徐文对于前人研究题画文学多未纳入视野的题画词,主要为沈、唐、祝三人的题画词进行了研究,至于所反映的"诗"画关系,则认为"题画词与所题之画之间,不仅彼此会通,尚相互补充"。⑤ 至于钱文,其新意在于全文均以沈、文、唐三家题画诗与绘画的关系为主要内容,甚至突破前人研究题诗与绘画关系时的诸多普遍性缺陷,如前人多避而不谈的题诗与绘画的先后关系,作者则将三家"自画自题之诗"分为"同时完成""先画后诗""先诗

---

① 郑文惠《诗情画意——明代题画诗的诗画对应内涵》,台北:东大图书公司,1995年。
② 汪涤《明中叶苏州诗画关系研究》第215—216页,上海文化出版社,2007年。
③ 《明中叶苏州诗画关系研究》第7页。
④ 黄仪冠《晚明至盛清女性题画诗研究——以阅读社群及其自我呈现为主》,台湾政治大学硕士论文,1997年。
⑤ 徐德智《明代吴门词派研究》,台湾中兴大学硕士论文,2006年。

后画"三类,并再次分类出多种创作动机;再如前人多将文集中的题画诗作主要资料来源,导致不能展现更直接、更纯粹的诗画关系,而此文则专从现存画迹的题诗入手。① 综此二文,可看出新世纪学人对题画诗与绘画关系的研究实具有较高的突破性。

如果说关注诗歌与绘画的关系是研究题画诗的应有之义,那么研究文学思想而关注绘画思想的影响,则应属于特色与创新,主要在于其视野宽广,如黄卓越《明中后期文学思想研究》一书的第三、四章内容即是如此,作者首先从主客观两面考察绘画对吴中诗歌及文学思想的影响,"(吴中诗人)或于书画制艺上直抵时代的最高造诣,或在于书画艺术相关的知识与收藏方面多有猎获"②,客观为:在成化前"文学与美术之间的联姻"早已形成,"存在一种技艺上的也是较为紧密的传承系统","不同场合谈到诗、画之间的关系",并以为吴中文人诗画兼备的"兴趣","不单反映出技艺类型之间的关系,更重要的是反映了审美化的人生追求的统一性",③ 从而整体上具有一种视野的全面性。但对于绘画影响下的诗歌风格的具体形态,及文学思想的基本内涵,却失于不够深入。对于黄著的缺陷,罗宗强《明代文学思想史》一书中的第七章或作了一定补充,如以"独抒情怀"作为诗歌受绘画影响后的主要风格,并深入论述吴中诗人"士文化中诗文书画融合之知识积累,他们都达到了很高的境界……清润秀雅的自然趣味,这与他们的文学思想观念关系至大"④。并最终认为"吴中重情文学思潮之出现,或与其时主要文士多集诗书画于一身有关"⑤。如此触及文学思想,显然比黄著更为深入。

另外,除研究绘画影响诗歌的本体性形态表现外,陈正宏《题画诗与明代的绘画鉴定》一文,没有固守于文学研究,而是关注明代题画诗的绘画鉴定功能。考察吴宽、沈周、文徵明、李东阳等人题画诗中有关绘画鉴别的内容,认为属于"很少有人注意到的颇有意思的文学史现象",并总结出此类题画诗多见于"略懂文墨由位居高官的诗人""善鉴画而又能诗的画家"两类人笔下,甚

---

① 钱天善《明三家画题画诗研究》,淡江大学硕士论文,2003年。
② 黄卓越《明中后期文学思想研究》第98—99页,北京大学出版社,2005年。
③ 《明中后期文学思想研究》第102—104页。
④ 罗宗强《明代文学思想史》第350—351页,中华书局,2013年。
⑤ 《明代文学思想史》第361页。

至"实用价值可能还超越了审美的需要"。① 如此研究,或可视为题画诗与绘画关系的外缘性研究。但若确实执行,那就必以确定题诗的"著作权"为前提;事实证明,明代题画诗颇多"代笔",甚至伪作,而陈文对此则有所忽略。此外,台湾黄湘云《明中叶吴中地区题画诗与审美意识研究》一文,通过题画诗的研究,反映出吴中诗画共同具有的四种主流审美意识,进而认为诗画结合"有别于以往的和谐关系,大都指向自然的人的情感表现,而城市发展渐渐影响了题画诗的创作场合、流通方式和市场价格,也逐渐有了世俗化的主题。"② 能以诗画创作、发展的"商品化"现象为切入点,从中窥察其蕴含的诗画世俗化转向,无疑对拓展中晚明诗画关系研究具有一定意义,但作者失于未能深入"俗"化的基本表现及其文化基因,乃至与当时同时"雅"化追求的矛盾联系。

综前,20 世纪学人已普遍将吴中地区视为一文学流派,故 21 世纪学人即以之为基础,对"吴中诗派"进行专门研究,从而也就将书画艺术作为影响诗歌风格形成的主要因素之一。如李双华《吴中派与中晚明文学》一书,第一章中的第一节即探究"吴中画风与吴中文风"的联系,认为吴中人物画"抛弃了强烈的教化意味""具有浓厚的世俗色彩,并寄托自己个人情感"等艺术态度,"对他们自己的诗歌创作有直接的影响"。③ 多从风格学角度把握住诗歌与绘画的"共同性",将前人的"现象"描述上升至"审美"形态,有一定突破性。至于美国汉学家孙康宜(Kang-i Sun Chang)等人所编《剑桥中国文学史》,因以"文化文学史"为编写目的,并"对一个时代特殊的文化现象予以特别的关注"④,故对于吴中诗派,就较为注重沈、文、唐、祝等人书画与诗歌的艺术联系,如认为文徵明"创作了大量文学作品,其中题画诗最为著名",至于"题于画上的诗作","不仅成功地将诗歌与绘画艺术结合了起来,甚至也将自然与艺术结合起来"⑤,可知编者是将"绘画"风气作

---

① 陈正宏《题画诗与明代的绘画鉴定——重读沈周〈石田稿〉稿本札记》,载廖可斌等编《2006 年明代文学论集》第 108—109 页,浙江大学出版社,2007 年。

② 黄湘云《品味或流俗?——明中叶吴中地区题画诗与审美意识研究》,载《中极学刊》2008 年 6 月第 7 辑。

③ 李双华《吴中派与中晚明文学》第 74—78 页,中国社会科学出版社,2012 年。

④ 蒋寅《〈剑桥中国文学史〉读后》,载《全球化视野下的中国文学史观国际学术研讨会论文集》第 131 页,2013 年。

⑤ Kang-i Sun Chang and Stephen Owen, *The Cambridge history of Chinese literature*, Vol. II, Cambridge: The United Kingdom at the University Press, 2010, pp. 55-61.

为影响诗歌的一种特殊文化现象,然却失于"涉及的作家、作品太少"①。与此同时,张清河《晚明江南诗学研究》一书,则将画学影响诗学的考察范围扩大至江南地区,如认为松江诗人群"书画艺术不仅成为其生活的重要组成部分,而且成为其诗学思想的重要审美经验的源头"②,且论述对象增多,如前人较少关注的李日华,作者认为其"标新拔异"的书画思想影响及诗学,就体现为对后七子派赝古风气的尖锐批判③,整体上可见该着在一个相对"全面"的视角上关注到了晚明时期画学对诗学的影响。然由于未将理论分析与作品解读相结合,从而导致理论阐释缺乏支撑。

另有一些文章,对于一些受到画论影响,但并未被前人予以关注的较为著名的诗学群体进行研究,如王启元《略论钟惺与南宗画》、邵军《从竟陵派与画家的交游看晚明文人的"诗画兼善"》二文,即以竟陵派为对象,探究绘画理论对其诗学的影响。王文主要考察南宗画理论对钟惺诗学的影响,认为"钟惺诗画同参的风格,深合同时代松江董其昌所标榜的'文人之画'的主张",并以此为切入点,深入探及南宗画理论对其余部分著名诗学理论家的影响,最后认为"晚明文人圈,诗、画、禅三元素互相交织"。④ 邵文主要考察竟陵派与当时著名画家的交往,认为"竟陵派与画家们的交游,是其诗歌创作的重要内容",并"使得钟惺等诗人受到画家们的深重影响,不仅丰富了诗人们的艺术体验,提高了其艺术修养……"并进而认为"晚明文人普遍存在一种'诗画兼善'的现象"。⑤ 如此二文,能够专注探究画论对于晚明诗学的影响,不仅开辟了晚明诗学的一个新领域,且证明了其时诗画理论的高度融合,颇具启发意义,却所论笼统,未能深入做出条分缕析式的考察,甚至忽视诗歌之艺术形式对画论影响的反映。稍后对此有所突破的,当为袁宪泼《公安派诗学新变中的书画因素》一文。袁氏一文,主要从接受、风格、艺术形式,即"诗学中的取法书画观念""诗歌风格的书画境界""诗歌创作中的

---

① 蒋寅《〈剑桥中国文学史〉读后》,载《全球化视野下的中国文学史观国际学术研讨会论文集》第134页,2013年。
② 张清河《晚明江南诗学研究》第151页,武汉大学出版社,2013年。
③ 《晚明江南诗学研究》第362页。
④ 王启元《略论钟惺与南宗画》,载《中华文史论丛》2013年第2期。
⑤ 邵军《从竟陵派与画家的交游看晚明文人的"诗画兼善"》,载《文艺研究》2014年第1期。

书画技巧"三个层面，详细考察书画理念对公安派诗学的影响，实具一种相对"全面"的视域，弥补了前人过于注重理论阐释而忽视作品支撑以及论说"笼统"的不足，且最终认为"书画艺术确认和冲击了公安派的核心性诗学观念，影响了他们诗学风格的形成与变化，更赋予了诗歌创作一种新的书写技巧"。① 如此，就学术意义来说，不仅开拓了研究公安派诗学的视域，且具有方法论意义。但作者似忽略了公安派诗画观念的"己"与"彼"，即尚未分清公安派本身所主张的与外部借鉴、吸收的书画理念，事实证明，公安三袁不仅与董其昌等书画名家交往过甚，且亦有《瓶花斋论画》等著作，故不能单一认为公安派诗学仅只受外界书画理念影响。

三、"诗画同论"类

所谓"诗画同论"类著作，即将"诗""画"置于同等视角，专以研究两者关系为目的。此类研究，目前学界多以徐复观《中国画与诗的融合》及稍后钱锺书《中国诗与中国画》两文为最早；但综合考察后，实当以滕固留学日本所作《诗歌与绘画·给凤妹信里的一段》为最早，该文1921年3月发表于《美术》第二卷第二号②，简要分析了诗歌、绘画在描写、内容、效果三层面的一致性，认为"诗歌与绘画，换一句说就是文学与美术，也是二而一的。"所论与徐文一致，虽钱文观点与此相反，但对象同为诗画关系，故20世纪论述诗画关系的文章当以此为最早，其较徐、钱两文分别早近30年、50年。但因属于"书信"，叙述及分析均极简略，并未论及中晚明时期，且1932年7月滕固又在柏林大学用德语宣读《诗书画三种艺术的连带关系》一文，该文无论视域范围还是理论深度，均远甚前文，故应将此文视为20世纪最早一篇论及中晚明诗画关系的文章，或属于严格意义上最早一篇通论整个中国古典诗画关系的文章。滕固《诗书画三种艺术的连带关系》一文，尽管作者国籍为中国，但最初实是以德语出现，且作者在当时已被誉为"西语研究中国画学最高水平"③的学者，故综合各项因素，应当视为一篇汉学文章。该文主要从诗与画、画与书两维面

---

① 袁宪泼《公安派诗学新变中的书画因素》，载《文学遗产》2015年第6期。
② 该文原为"致凤妹信"的内容，写于1920年12月12日，见沈宁编《滕固艺术文集》第53页"注释"，上海人民美术出版社，2003年。
③ 邵宏《中国画学域外传播考略》，载《新美术》2009年第1期。

进行论述，认为"诗书画三种艺术的结合"是讨论中国艺术"不可忽略的问题"，无疑对当时德国汉学家研究诗画关系具有指引作用；至于明代诗画关系，滕固以为："诗与书常常成为装饰画的必要辅助物……这种风气，自明以来，尤为盛行"，并进而以辩证视角看待中晚明以后"凡画必诗"的"颓废风气"，已不是传统意义上的"诗书画的结合"，而是"积久弊生的坏习惯"①。褒贬结合，颇为客观；且其观点实可与后来徐复观《中国画与诗的融合》一文相发明②，但后者仅论至宋元，视域稍显局限，不及前者彻底、宏构。

至于钱锺书1969年的《中国诗与中国画》一文，则主要论证"旧诗"与"旧画"批评标准的不一致，即诗画关系的"非一律"。但实际阐述中，先生却认为南宗画与神韵诗"就是同一艺术原理在两门不同艺术里的体现"③，可见钱先生亦在一定程度上认同"诗画本一律"。论说范围虽限于南宗画与神韵诗，但若将二者置于晚明文艺发展的大背景下，这样的观点，无疑间接反映出晚明诗、画发展具有"同一艺术原理"的"相通"关系，因为神韵说在晚明时期已处于酝酿阶段。然不可忽略的是，在先生的观点中，南宗画与神韵诗的"相通"只是"艺术原理"的相通，并非表现形式的相通，即同中有异。20世纪的诗画关系研究史证明，对于南宗画与神韵诗具有"同一艺术原理"的研究，先生此文实为最早，具有深远影响。如葛晓音《王维·神韵说·南宗画》一文，即为继钱文后，研究南宗画与神韵诗关系较具影响的文章；该文以王维的接受史为切入点，主要考察唐以后诗画批评标准的演变，着重论述了南宗画与神韵说兴起的关系，认为二者："（均）强调作者的个性感情在诗画创作中的重要性，推崇简约淡远的意境和含蓄隽永的韵味"，实为钱锺书"同一艺术原理"说法的发挥，但论述的最终结果不同；该文考察出中晚明兴盛的文人画"使诗画关系愈加密切"，诗画创作与批评的标准"愈趋一致"，甚至同具有"人工着力"与"天然不着力"两种境界追求④，明确了

---

① 滕固《诗书画三种艺术的连带关系》，载沈宁编《滕固艺术文集》第60页，上海人民美术出版社，2003年。

② 徐复观在《中国画与诗的融合》一文中认为："他人所题的诗，除了少数大家外，便多成了应酬性的东西""至于诗可提供绘画以题材，遂使偷惰者不再肯直接深入自然之中，……因而使画流于粗率浮滑。"见氏著《徐复观全集·论艺术》第68页，九州出版社，2014年。

③ 钱锺书《中国诗与中国画》，载钱锺书《七缀集》第20页，上海古籍出版社，1994年。

④ 葛晓音《王维·神韵说·南宗画——兼论唐代以后中国诗画艺术标准的演变》，载《文学评论》1982年第2期。

中晚明时期诗画发展的高度一致;却局限于"没有联系明代诗歌与绘画发展的实际过程"①。通过钱、葛两先生的文章可看出,20世纪中期通论中国诗画关系的研究,多注重理论内涵层面的考察,而其时的汉学家则将诗画关系作为中国文艺发展的独有特色,以同等视角观照诗与画间的艺术联系。如日本岛田修二郎1967年的《诗书画三绝——谈中国艺术欣赏》一文,以大量笔墨论述题画诗出现后诗、画"一体"所展现的诗画关系,述及明代以"吴中四大家"为对象,认为他们因具诗才而能"得意之作,必定题诗",至于明末清初又以恽恪、吴历二人为代表,通过他们诗歌"不闻有所长",从而认为其时"诗书画兼美的风气已稍稍中落"②。从文章脉络可看出,岛田氏目的在于简要勾勒出中晚明诗画关系的发展走向,视野颇为宏大,属于继滕固、徐复观等先生后较早"同论"诗画关系的学者。但就其所论,如以恽恪、吴历二人不擅诗歌,就得出诗画兼美风气"中落"的结论,不免有失武断。

"诗画融合"是诗画关系的主要内涵,但中西学者对这一内涵的理解却有不尽相同的看法,并具有演变特征,如20世纪70年代以前,徐复观以"画上题有咏叹画面意境的诗句"作为"诗画融合"的基本表现,而80年代以后,美国学者苏立文则认为应当是:"诗与画一起创造出一件艺术品,使艺术品超越了纯视觉及纯文字范畴";两者相较,后一种更符合诗画关系的本体性艺术形态,且在当时属于全新理解。苏立文以为,画家在画上题字不仅有助于观者理解绘画内容,使绘画能更有效传达文人不能直说的心志,而且绘画与诗一起出现的结果是两者相得益彰,使得绘画是视觉与文字一体的作品;且认为:思想与形式、文字与图像的结合,反映了中国传统文化的成熟,成为中国艺术的独特之处,并在明中叶以后高度发展,属于"关键"时期。③ 应该说,苏立文的贡献不仅在于肯定了中晚明在中国诗画关系发展史上的"地位",而在于对"诗画一体"所呈现的诗画关系的全新理解,并影响其余;如1985年由方闻、姜斐德(Alfreda Murk)主持的"文字与图像:中国的诗书画(Words and Images-Chinese Poetry,

---

① 汪涤《明中叶苏州诗画关系研究》第6页,上海文化出版社,2007年。
② [日]岛田修二郎著,邱振中译《诗书画三绝——谈中国艺术欣赏》,载《美术译丛》1984年第3期。标题为译者自拟。
③ Michael Sullivan, *The Three Perfections-Chinese Painting, Poetry and Calligraphy*, New York: George Braziller, 1974.

Calligraphy, and Painting)"国际学术研讨会,主张以"文字与图像"的关系取代以往较为狭隘的诗画关系,即是对苏立文看法的继承与发展。

论文集中有多篇文章涉及中晚明诗画关系,如契福斯(Johanthan Chaves)《意蕴超越绘画:作为诗人的中国画家》一文①,认为自元代开始,题画诗才发挥了与绘画在审美意义上的互补,即"诗与画一起创造出一件艺术品";且还关注到题画诗地位不高或不被传统诗论看好的问题,认为导致像沈、唐、文等画家诗歌不受重视的主要原因,在于明代诗论对题画诗乃至画家的其余诗歌持"怀疑"性的评价;如此视角,不可谓不新。但一味将诗评中的"怀疑"性评价,作为导致题画诗地位不高的主要原因,甚至有"平反"的倾向,明显忽视了文艺作品发展的客观规律。因为,一般意义上认为,在传统的文学史认知中,题画诗地位之所以不如"文学性"诗歌,其根本原因在于艺术成就不高,从而未获好评,进而影响对画家的评价。至于韩庄(Hay John)《诗歌的空间:钱选与诗画关系》一文②,则通过分析钱选诗歌与绘画的艺术性"分离",进而认为中国诗画存在固有的"不可转换性",甚至文人画较为发达的晚明亦是如此,原因在于二者具有本质上不同的特性。换言之,即韩庄认为"诗画非一律",与艾瑞慈(Richard Edwards)《南宋时期的诗与画》(Painting and Poetry in the Late Sung)一文的看法相类。但若以钱选的特性,来论证历代诗画家相应存在的普遍性,不免失于以"点"盖"面"。

方闻《明末清初绘画中的语词与图像》一文认为,明代的诗学与画学,同具"复古主义"倾向;且还以陈洪绶"不但藉文学的评语来讨论他的画,也直接表示他的画与他的题辞有着相等的份量";朱耷、石涛为代表的遗民诗画家,则"在作品中表达他们个人悲痛与忧伤,将文字与图像融入画中"③,

---

① Johanthan Chaves, "'Meaning Beyond the Painting': The Chinese Painter as Poet", Alfreda Murck, Wen C. Fong Ed., *Words and Images: Chinese Poetry, Calligraphy and Painting*, New York: Metropolitan Museum of Art; Princeton: Princeton University Press, 1991, pp. 431-458.

② Hay John, "Poetic Space: Ch'ien Hsan and the Association of Painting and Poetry", Alfreda Murck, Wen C. Fong Ed., *Words and Images: Chinese Poetry, Calligraphy and Painting*, New York: Metropolitan Museum of Art; Princeton: Princeton University Press, 1991, pp. 173-198.

③ Wen C. Fong, "Words and Images in Late Ming and Early Ch'ing Painting", Alfreda Murck, Wen C. Fong Ed., *Words and Images: Chinese Poetry, Calligraphy and Painting*, New York: Metropolitan Museum of Art; Princeton: Princeton University Press, 1991, pp. 501-512. 该文后与"Introduction"合译为中文、题为《文字与图像:中国诗书画之间的关系》,发表于《上海博物馆集刊》,1987年,第14—34页。

证明晚明时期绘画与文学具有较为密切的关系,但具体存有什么样的"关系",作者并未陈述。另外,浦安迪(Andrew H. Plaks)《晚明文学与绘画的反讽美学》一文则着重考察"非语言的表现形式同语言的表现形式一样,新颖感或新奇性(the sense of novelty or'newness')所带来的那种特殊的美学潮流",认为后人评价晚明绘画如"畸人的"(eccentric)、"破除偶像的"(iconoclastic)、"异端的"(heterodox)以及"个人主义的"(individualist)一类词汇,与可用于古文或诗歌的"奇"范畴具有相当程度的可比性。[①] 尽管并未以诗歌为直接论述对象,而是主要以白话小说来探究其与绘画共同表现的"反讽"美学,但实"扩展性"地关注到诗画共同表现的"奇"风格,以及诗画批评中对"奇"范畴相似的认知。

对于中国诗画关系的研究史而言,这次研讨会最大的学术意义,在于向全世界展现了中国传统艺术以诗画关系为特色的魅力,特别是其中多篇文章涉及中晚明时期,从而直接证明了此时期诗画关系研究的价值,对后续研究具有直接影响,如20世纪90年代后,随着研究者人数的增多,开始总体上呈现出多视角、多范围、多层次的发展趋势,其或多或少地受到此次会议的影响,如诗论与画论比较、诗与画的联系、诗画与社会关系的研究等。

张少康1922年的《中国古代的诗论和画论》一文,将诗论与画论相结合,成为较早一篇从理论批评层面进行诗画关系研究的力作。该文通过简要勾勒历代诗论与画论相互影响的历史轨迹,从而认为中国古代画论对诗论的发展具有最为突出的影响。其中论及明代,则以董其昌作为"比较突出的问题",认为董氏的绘画思想对以公安派代表的诗论有明显的影响,并成为"重要先导之一";对于石涛《画语录》亦认为,与叶燮《原诗》的有关思想"相一致",其绘画技巧方面的论述"也都适合于文学创作"。[②] 因此,尽管该文是在通论古代诗论与画论相互影响的发展史,但举例多集中于明中后期,由此亦可窥测作者对其时诗论与画论相互影响"突出"的重视,甚至一直延续到2006年的《中国古代诗论发展与乐论、画论和书论的关系》一文中。该

[①] Andrew H. Plaks, "The Aesthetics of Irony in Late Ming Literature and Painting", Alfreda Murck, Wen C. Fong Ed., *Words and Images: Chinese Poetry, Calligraphy and Painting*, New York: Metropolitan Museum of Art; Princeton: Princeton University Press, 1991, pp. 487-500.

[②] 张绍康《中国古代的诗论和画论》,载氏著《夕秀集》第197—208页,华文出版社,1999年。

文第三部分"隋唐以后文学批评和艺术批评相互影响"的四个典型例子中,就有两个例子涉及晚明诗论与画论的交互影响,如认为董其昌的画论"是在严羽以'妙悟'论诗的基础上发展起来的",且"对王渔洋的诗论也有很明显的影响";至于石涛画论,则通过具体举例认为"明显受到唐宋元明以来诗学思想的影响"。① 不难看出,作者关于诗画关系的研究,已经超越于艺术形式而上升至更为高级的理论层面,研究诗画关系范畴下的理论交涉,且还跳出理论家自己或自己与他人相影响的范围,将不同时代连接,颇具意义。但其中将共享"南禅"思想作为严羽影响董其昌的一个主要方面,不免牵强。

邓乔彬1993年出版的《有声画与无声诗》一书,被称为学界"第一部全面比较诗画美学特征的专著"②,分别以八种诗画共有的主题,对历代诗学与画学思想进行比较研究,论及明代亦多集中于中后期。但由于目的在于勾勒出"中国诗画比较思想史",故对明中后期诗论与画论的比较,也只是作为主题论证的材料补充,未见实质性分析,即便有,也是"更多地强调了诗与画之间的对立与差异"③。后至2000年,邓先生又撰文,将注重"世俗情趣"与"表现自我",作为明清之际诗歌与绘画共同的风格表现,与《有声画与无声诗》一书对比,可看出先生关于诗画关系的认知发生了转变,从强调"异"转为强调"同";甚至关注到诗论对画论的影响,认为明清之际"重视自我意识"的诗论,由于"诗画相通"而影响及画家,从而"促进他们以作品抒发自我情感、寄托志节形成潮流的同时,也焕发出他们反模拟、反复古的创造激情"④,之前诗画对立的主张明显反转。

新世纪以来,也出现一些着眼于诗歌与绘画在艺术形式层面的"关系"的研究,如于雯霞《明中叶吴中诗画的艺术风貌》一文,将明中叶吴中地区的诗歌与绘画进行对照分析,主要具有"古""雅""趣""润"四种风貌,

---

① 张绍康《中国古代诗论发展和乐论、画论和书论的关系》,载氏著《文心与书画乐论》第133—164页,北京大学出版社,2006年。
② 若冰《进入新境地:诗画比较研究——评邓秀彬〈无声画与无声诗〉》,载《文学遗产》1995年第1期。
③ 《进入新境地:诗画比较研究——评邓秀彬〈无声画与无声诗〉》。
④ 邓乔彬《世俗情趣与表现自我——论明清之际文学与绘画思想的新特色》,载《泰安师专学报》2000年第1期。

且还考察四种风格在诗画发展中的演变,如认为"雅":"虽是吴中人士一致的追求,体现方式却有变化,以清真古澹为雅的观念,渐被以典则华贵为雅的风格所代替",从而认为"雅的错合分化",体现出沈、文与唐、仇两代人"过渡时期的审美时差问题"。① 如此能综合概括出诗画共同呈现的艺术风格,可看出作者确实进行了综合分析,然惜未能深入。

汪涤2007年《明中叶苏州诗画关系研究》一书,尽管仅限于明中叶苏州地区,但实可算为学界对中晚明诗画关系进行专门研究的第一部著作;明中叶的"吴中"地区是明代乃至整个古典文艺发展史上绘画与诗歌关系较为密切、繁盛的时期之一,该书也确实如此认为,"明代中叶苏州兴起的诗画两种艺术媒介的综合化过程,在中国艺术发展史上具有重要意义"②,还进一步考察吴中诗画综合艺术产生的原因:"实际上正是苏州的社会文化背景使得这些文人能够协调精英与世俗、个性与大众之间的关系,又是这种综合、协调能力使得他们能够在诗、画这两个看似截然不同的文艺领域中找到共同点。"③ 并将吴中诗画综合艺术的发展史以"沈周及其前辈""吴中四才子""文征明传派"三个阶段进行勾勒,对研究明代诗画关系具有开创性作用。但过于注重社会文化层面的影响,从而忽视了最基本、最核心的内容即艺术表现的研究。这样的缺陷,在作者后来《貌离而神合——晚明江南地区的诗画关系》一文中有相应克服。该文认为:"晚明的江南文人看重诗画批评和历史的梳理……在理论上对于诗、画各自艺术史传统的探索开始出现。他们在诗学和画论中注入复古意识,主动对诗画进行了艺术史的梳理。"④ 相比其专著,可见作者已经注重从理论认知与艺术表现两层面,探究晚明江南的诗画关系,然其"诗学和画论中注入复古意识"以及"在创作中也少有诗歌、绘画内容一一对应的作品,诗画好像是分离了"这样的理论,似有偏颇,因为晚明时期江南的诗画理论,多是以呼应"性灵""童心"等文艺思想为主要内涵。

与汪涤同样专注于吴中诗画关系研究的还有程日同,共发表三篇文章,

---

① 于雯霞《明中叶吴中诗画的艺术风貌》,载《古典文学知识》2003年第3期。
② 《明中叶苏州诗画关系研究》,第216页。
③ 《明中叶苏州诗画关系研究》第10—11页。
④ 汪涤《貌离而神合——晚明江南地区的诗画关系》,载《古代文学理论研究》2010年第2期。

分别为:《明朝中叶吴中诗歌与绘画关系的新发展》①《论吴中诗画同体的发展及影响》②《论明中叶吴中诗画的融通——形象载体的人文性》③,均是研究吴中诗歌与绘画的共同艺术表现。第一篇总结出吴中诗画关系的"新发展"体现在:题诗入画的意识较前更为强烈、较宋元更为强烈的自由精神、诗画形式都有了"自律";第二篇总结出吴中诗画同体的发展主要为:题画诗增多、题画诗文言说创作体会的"别出机杼"、题画诗文"侵占"画位、题款形式与画面的高度融合,并进一步总结出"诗画同体"的影响:诗画综合的艺术表现力加强、形成绘画的人文化与诗歌的"尚意"性。综此二文,作者确实以一种较为"全面"的视角,关注到吴中诗画发展的共同艺术表现,符合一般意义上的诗画关系研究,但未能与前代相应比较,导致所总结的各种"表现"具有"套用"之嫌,多难以符合实际。至于第三篇,则总结出吴中诗画同具的三类"人文形象",并结合诗歌与绘画一一对举,分析成因,以一种完整的逻辑架构展现吴中诗画的"人文性",无疑是对前二文的进一步开掘。但作者仅停留于"可视性"形象,并作为展现"人文性"的根本内容,从而忽视了更高级的属于精神层面的人文内涵,如社会意识、现实关怀、人生遭际等。

中晚明时期的诗画关系,还体现为诗画批评的互用,即以"诗"论"画"或以"画"论"诗",对此关注较早者,有台湾郑文惠硕论《明人诗画合论之研究》,总结出明人"诗画合论"三种特殊方式的一种,即"诗画互喻",划分为"以诗喻画""以画喻诗"两个维面,后又分别从"作家""作品""时代"细分。④ 而毛文芳则进一步发明郑氏的看法,认为"文人将诗画互喻,尤其是以诗的创作法则、情意法则、境界风格来比喻画,到了晚明,文人画的正统地位已定,反而借画来抨击自前七子以来的诗论"⑤。此二家,前者

---

① 程日同、首作帝《明朝中叶吴中诗歌与绘画关系的新发展》,载《长春师范学院学报(人文社会科学版)》2005年第6期。
② 程日同《论吴中诗画同体的发展及影响》,载《苏州大学学报(哲学社会科学版)》2006年第2期。
③ 程日同《论明中叶吴中诗画的融通——形象载体的人文性》,载《苏州大学学报(哲学社会科学版)》2008年第3期。
④ 郑文惠《明人诗画合论之研究》第187—207页,台湾政治大学硕士论文,1988年。
⑤ 毛文芳《论诗画融通——以王渔洋"神韵说"与董其昌"逸品画"之关系为例》,载《鹅湖月刊》第22卷第1期。

注重明人诗画批评"互用"的表达方式,后者则从发展角度关注到这种"借用"的内容,综合考察了明人诗画批评善于"互用"的情况。但又由于诗与画本具有"学科"差异,故导致二人在"会通"诗、画评论时不免牵强。

另外,中晚明时期由于商品经济的发展,诗画不再单纯地只具有审美愉悦功能,甚至具有了应酬交往功能,成为诗画关系在其时发展的又一表现,对此亦有部分学人予以关注。其中最典型者,如陈正宏《诗画合璧与明代士绅的交往方式》一文,是一篇专门考察明代诗画与文人社会生活关系的文章,认为当时诗画发展地位的不平衡,即"画是如此地受欢迎,但其社会文化地位却不高"以及"诗是这样地乏味,但已成为一般士绅交往的必需品",而士绅在相互交往中,为了"使相对枯燥乏味的社交生活变得稍有色彩",才将"二者合一",最终促成诗画合璧的空前繁荣。① 不仅开掘了诗歌与绘画发展的新功能即社交功能,且还将"诗画合璧"与明人社交生活联系起来,弥补了前人研究重视美学、艺术学分析,而忽视社会学研究的缺陷。将此文与其《图引考》相结合还可看出,在肯定实用价值的同时,陈教授还进一步反思"诗画合璧"的弊端,认为"图引"因"缺乏艺术性",所以"侵蚀宋代以来以追求文学性的完美意境为目标的文人画艺术"②。如此研究,无疑为学界研究中晚明诗画关系开辟了新视角。这从其后刘羽珊《论吴门画派与思想界文学界的交游》③、杨坤硕论《明中叶吴中地区文人诗画交游考》④、徐菁菁《明代文人阶层的变动与诗画关系》等文即可看出,其中尤以徐文较具价值。

作为新近之作的徐菁菁一文,通过考察出当时诗画创作、鉴赏和品评的主体"已转由非官僚阶层的、以布衣或隐士为主体的文人阶层主导",从而认为,当时绘画强调创作主体的个性化"这与创作主体同为诗人不无关系",而"他们肯定绘画与诗歌具有同等的价值",则"进一步促进绘画与诗歌更深的关联和结合"。⑤ 这样从文人身份的转换考察诗画关系,无疑是对陈正宏文章

---

① 陈正宏《诗画合璧与明代士绅的社交方式》,载《文化遗产研究集刊》第3辑,上海古籍出版社,2003年。
② 陈正宏《图引考——兼辨沈周〈云水行窝图〉的本事》,载《新美术》1999年第4期。
③ 刘羽珊《论吴门画派与思想界文学界的交游》,载《华南师范大学学报(社会科学版)》2006年第4期。
④ 杨坤《明中叶吴中地区文人诗画交游考》,南开大学硕士论文,2007年。
⑤ 徐菁菁《明代文人阶层的变动与诗画关系》,载《国画家》2015年第3期。

思路的延伸和拓展。因此,将二文综合起来看,援引社会学研究方法,将社会生活作为诗画高度融合的动因,实有利于实现诗画关系研究的转型;但过于强调社会关系的影响,甚至视为决定性因素,无疑忽视了艺术发展的客观规律,而这种规律才是诗画关系繁荣的根本因素。

四、学术效应及研究展望

现代学术不同于传统学术的主要区别之一,在于要求研究者具有全球性视野,方能有助于实现研究的现代转型,故前文以中西互观的视角,综合考察近百年来海内外有关中晚明诗画关系的研究现状,目的即在于总结其学术效应及研究展望,可归结为以下几方面:

首先,诗画关系的具体内涵具有多重表现。近百年中西学者关于中晚明诗画关系的研究,可归纳为:艺术形式、理论认知及社会功能三个方面。前两方面,即分别属于"诗"范畴与"画"范畴中所具有的表现形式和理论批评的联系,属于诗画关系的应有内容,而第三方面则较少出现于其他朝代,中晚明时期的诗画关系与社会生活具有密切的互动关系,从前述陈正宏等人的研究中即可看出,因此,诗画关系的内涵也就不再仅限于艺术、理论两方面,同时也应考察与社会生活的相互影响。

其次,诗画关系的研究方法应体现现代性。本土学者的研究,多表现为"现象"或"感官"的解说,能够较为直接地阐释诗画关系的整体性表现,但容易导致诗中必有画,或画中必有诗的定式思维,从而缺乏技术性分析。而汉学家则善于应用风格分析法,专注于画面研究,从具体的视觉架构、客观影响两方面,形成内外结合的研究,能够从审美角度把握诗画关系真正的艺术特质;但亦能因过于注重美术视角的分析,如高居翰等人忽视诗与画之间的艺术联系,甚至忽视"诗画本一律"。因此,对于中晚明乃至整个古代中国诗画关系的研究,有必要"中西结合"。另外,诗歌与绘画分别属于文字与图像,故可以"文学图像论"的有关理论考察二者的联系,正如有关学人已经察觉,"无论是反思传统的'诗画关系'命题,还是面向当下图像时代所造成的'文学危机''符号危机',这一方法都值得借鉴。"[①]

[①] 赵敬鹏《"文学图像论"视野下的中国"诗画关系"学术史重估》,载《学术论坛》2016年第4期。

再次,诗画关系研究应作品分析与理论阐释相结合。近百年中西学者关于中晚明诗画关系研究,理论的研究与利用稍显不足。理论研究不足,是指多注重诗画关系表现形式的分析,而较少关注相关的诗论与画论,事实证明,中晚明的诗论与画论存在互动关系,彼此相互影响,这种影响既表现为诗画理论的相互征引,亦表现为更深层次的审美理念的影响。理论引用不足,分为两个层面,一为诗画关系探究时多注重艺术表现或思想内涵的对照,而忽视作者本有或同时代现有的理论辅佐;一为现有国内外文艺理论的忽视。

最后,研究对象或范围的选择应具有普遍性。目前为止的研究现状表明,中晚明时期的诗画关系具有不可忽视的研究价值,但与明前各代的研究相比,明代特别是中晚明时期的研究则具有明显的滞后性,具体表现为:缺乏较具影响力的中晚明诗画关系研究的专著,尽管有汪涤、郑文惠两家成果,却因具有时限性、地域性或专题性而难以称为宏观研究的著作;研究重点过于集中,群体性研究对象多集中于吴中地区,作家作品则多关注沈、文、唐、董等人,而史料证明中晚明时期诗画兼擅的文人不少于五百的数量,较为普遍的关注题画诗与文人画,相应忽视了诗意图与诗画谱等。

(魏刚　南京大学文学院文艺学专业博士研究生,
　　　　主要从事中国古代文论及文学研究;
刘璐亚　南京师范大学文学院博士生,主要从事汉语史研究)

·汉语国际传播与研究·

从天理本《官话问答便语》注记看清代琉球人的汉语词汇学习难点[*]

范常喜

摘　要：以往对琉球官话课本的研究主要集中在官话史、教材史等方面，鲜少从官话学习者即课本使用者的角度进行考察。本文通过对天理本《官话问答便语》所存使用者注记的考察，归纳总结了清代琉球人的汉语词汇学习难点。这些难点主要集中在以下四个方面：1. 书面色彩较重的词语；2. 口语色彩较重的词语；3. 带有方言色彩的词语；4. 生活口语中相对少见的专门词语，如节日用语、礼俗用语、行业用语等。这些难点至今也仍然是日本人及其他外国人汉语学习的难点，这也充分体现出古今汉语学习者所面临的难点具有较高的一致性和普遍性。

关键词：《官话问答便语》琉球官话 词汇 学习难点

明清两代，琉球王国与我国保持着册封与朝贡关系，这一关系一直持续到清同治五年（1866）琉球国最后的国王尚泰（第 19 代国王）为止，共长达 500 年之久。朝贡往来及海上贸易都需要大量的汉语人才，因此，不少琉球人都要学习当时的官话和礼数，也编写了不少官话学习课本。现存琉球官话课本均为抄本，其中代表性的有会话课本《中国语会话文例集》《官话问答便语》《白姓官话》《学官话》等；分类词句手册《琉球官话集》《广应官话》等；阅读辅助课本《人中画》（含《风流配》《狭路逢》《自作孽》《终有报》

---

[*] 项目来源：教育部哲学社会科学研究后期资助项目"琉球官话课本整理与研究"（16JHQ042）。
附记：本文曾在"世界汉语教育史研究学会第九届年会"（2017 年 10 月 20—23 日·上海）宣读，得蒙与会专家赐正，特此谨致谢忱。

611

《寒彻骨》五个故事）。大部分课本缺少成书时间与作者姓名，仅有个别课本署有作者信息。从课本的内容和琉球与中国的关系史推测，除了个别课本是明代晚期的抄本外，① 其他大部分课本应编写于"官生"和"勤学人"活跃的时期，即清代中叶1750年前后。②

  对于琉球人的官话学习及课本编写情况已有不少学者做过研究，如武藤长平（1918/1926）、村上嘉英（1971）、徐恭生（1987）、董明（2001）、林少骏（2003）、罗小东、濑户口律子（2007）、濑户口律子（2011）等，③ 基本上勾勒出了明清时期琉球国的汉语学习概况。不过遗憾的是，以往这些研究大都集中在教育制度、教师、教材编写等教学主体方面，从汉语学习者这一教学客体所做的研究则十分罕见，因此我们对于琉球人官话学习过程中的各种细节并不清楚。有鉴于此，本文试图通过对琉球官话课本中所存使用者各类注记的梳理，拟对清代琉球人汉语学习过程中的词汇难点进行归纳，以期能进一步还原当时琉球人汉语学习过程中的一些历史细节，为国际汉语教育史的研究提供参考。

  现存琉球官话课本的行间和天头等位置保留了大量当时使用者的注记，以往多不被研究者注意。这些注记主要是针对课本中的学习难点所做的注音、释义、校勘、说明等，是研究当时官话学习者学习过程与学习策略的宝贵材料。会话课本中保留注记最多的是天理大学藏《官话问答便语》，其他会话课本，如《白姓官话》《学官话》等各处所藏诸抄本中所存注记均无法与之相比。《官话问答便语》是一部琉球人学习汉语官话口语的教材，根据话题内容

---

① 内田慶市《琉球官話の新資料：関西大学長澤文庫蔵『中国語会話文例集』》，《中国語研究》編集委員会編《中國語研究》第55号，東京：白帝社，2013年。

② 参見瀬戸口律子《琉球官話課本の研究》第7—23頁，宜野湾：榕樹書林，2011年。瀬戸口律子、李炜《琉球官话课本编写年代考证》，《中国语文》2004年第1期。

③ 武藤長平《薩藩及び南島の支那語學獎勵》，京都文学会編《芸文》總第9卷第9号，京都：肇文社，1918年，後收入武藤長平《西南文運史論》第60—62頁，東京：岡書院，1926年。村上嘉英《近世琉球における中国語学習の様態》，東方学会編《東方学》第41卷，東京：東方学会，1971年。徐恭生《琉球国在华留学生》，载《福建师范大学学报（哲学社会科学版）》1987年第4期。董明《明清时期琉球人的汉语汉文化学习》，载《北京师范大学学报（人文社会科学版）》2001年第1期。林少骏《清代琉球来华留学生之研究》，福建师范大学硕士学位论文，2003年，指导教师：谢必震教授。瀬戸口律子《琉球官話課本の研究》第7—23頁，宜野湾：榕樹書林，2011年。罗小东、瀬户口律子《明清时期琉球国的汉语教育》，载《世界汉语教学》2007年第1期。

从天理本《官话问答便语》注记看清代琉球人的汉语词汇学习难点

的不同可以将全书分成 45 节。主要内容除了请教老师、学习官话、访问、约会、购物、游览等，话题还涉及宗教、丧仪、进贡、接贡实况和中琉交流历史、闽人三十六姓移居久米村始末、琉球官制、琉球社会情况、福州传统风俗习惯等。该课本作者不详，撰成年代学界有两种观点，一种观点认为是 1703 年至 1705 年之间，另一种观点认为成书于 1710 年之后，但不晚于 18 世纪末。①

现存《官话问答便语》抄本共两种，分别藏于日本天理大学图书馆和法政大学冲绳文化研究所赤木文库。这两个抄本的影印件分别见于高津孝、陈捷主编《琉球王国汉文文献集成》（复旦大学出版社，2013 年）第 33、34 册。此外，濑户口律子《官话问答便语全译》（宜野湾：榕树书林，2005 年）书末也附有天理本的影印件。天理本《官话问答便语》共 52 叶，每半叶 8 行，每行 20 字，其中多处留有当时课本使用者"阮应选"的题名。② 天理本《广应官话》同样是"阮应选"曾经使用的课本，而该本末尾留有"咸丰五年"的题记，据此可知阮应选当是咸丰五年（1855）时人。从字迹特征、墨色浓淡、涂改墨迹叠压等因素分析，天理本《官话问答便语》中所存注记至少出自 5 人之手，故绝不可能仅"阮应选"一人所为。因此该抄本中所存大量注记应当是与"阮应选"以及同时期人或者稍前一些时候的人所为，当然亦不排除传抄自更早课本中原有注记的可能，所以这些注记材料在一定程度上可以反映相当一部分琉球人汉语学习的难点所在，具有一定的普遍性和代表性。

天理本《官话问答便语》保留的注记共达 1600 余条，内容包括注音、释义、注音兼释义、校勘四类。从注记所在位置来看，包括行间注、页眉注、页底注等，行间注又包括行间左注、行间右注等。从注记其所用文字符号来看，包括假名注和汉字注。从注记文字的颜色来看，可分为朱书注、墨书注、朱墨兼书注等。由于本文主要根据这些注记考察当时学习者的学习难点，所以从内容来分的注音、释义、注音兼释义三类注记材料最有价值，因此本文

---

① 《琉球官话课本编写年代考证》。木津祐子《赤木文庫藏『官話問答便語』校》，法政大学冲繩文化研究所編《冲繩文化研究：中村哲先生追悼記念特集號》第 31 號，東京：法政大学冲繩文化研究所，2004 年。

② 按：该抄本扉页朱书题名完全保留；首页正面右下角为墨书题名，但已遭白涂；尾页篇末为朱书题名，但亦遭白涂。虽然如此，但首页和尾页的题名仍可据残存字迹辨认出来。

主要据此进行考察。

需要说明的是，本文所引课本正文及注记中的俗字、异体字、繁体字等皆转写为标准简化字，仅个别容易引起误会之字存其旧貌，所标句读也改为新式标点。所引注记中的假名注释基本上都是标记难点字词的读音和意思，这些假名符号所记应为当时的琉球方言，但与当下的冲绳方言或者日语的对应关系比较复杂，尚无法进行逐一译释，但此亦非本文讨论的重点，故基本上对这些假名注释未作汉译。文中所引抄本中个别假名注释比较潦草模糊，不易确识，其后以问号标出。课本抄本原无页码，为引述方便，我们按今人阅读习惯给正文编了页码，将原抄本一叶的正反两面分别用 a、b 表示，如"1a"即正文第一叶正面，"1b"即正文第一叶反面。

一、天理本《官话问答便语》注记所体现出的
琉球人汉语词汇学习难点

通过对《官话问答便语》中所存释义及注音兼释义两类注记材料的考察，我们可以大体了解当时琉球人汉语官话学习的难点词语主要集中在以下四类：

（一）书面色彩较重的词语，包括一些雅句、谚语、礼貌套语、委婉语等，如：

（1）2a："相逢不饮空归去，洞口桃花也笑人。"此句是明清时期流行的儿童启蒙书《增广贤文》中所收的佳句，相传此句出于唐代诗人李敬方。① 此句对于当时的官话口语学习者来说当属难点，因此于页眉墨书注曰："武陵溪有桃源洞，洞口遍栽桃花，其桃颜色红艳，言不饮空归，人无酒色，恐被杨桃花所笑。"②

（2）25b："今逢圣世，洪福齐天，四方太平，山无伏莽，水不扬波。"本句是我国封建时代十分常见的歌功颂圣套语，其中的"洪福齐天"和"山无伏莽"都附有多种注释，兹仅以"山无伏莽"为例。使用者注于"伏"字右侧朱书注一"服"字，墨书注："ナビク"。又于其左侧墨书注："ホクス。"于"莽"字右侧朱书注一"满"字，墨书注："クサ。"又于其左侧朱

---

① （宋）吴开《丛书集成初编·优古堂诗话》第 16 页，中华书局，1985 年。
② 按："色恐被杨桃花所笑"八字在第 2b 页眉处。

书注"满",墨书注:"ワスル。"此外,页眉处朱书注:"莽,满,草深貌。"页眉墨书注:"伏藏兵戎于林莽之中。""山无伏莽:伏于草莽者,贼寇也,今山中无之。水扬波者,浪也,今不然。二句俱太平之事。"

(3) 40a:"大厦千楹,夜眠祇容七尺。"本句是至今习用的俗谚,其中"厦"字右侧朱书注:"下。"右侧墨书注:"ウヘヤ。""楹"字声旁"間"上有朱圈,当为提示读音。"楹"字右侧墨书注:"カンアルモノ。""祇"字右侧朱书注:"知。"又注:"支。"又注:"マサニ。"墨书注:"只也。""祇"字左侧墨书注:"タラ。""容"字右侧墨书注:"イル。""七尺"二字右侧墨书注:"床也。"页眉墨书注:"夜眠祇容七尺,是睡的床只七①长,此句是说不必强求大房屋,要随分而安之意。"

(4) 1b:"望乞恕罪。"本句为礼貌套语,对于本句中的"乞"字左侧,使用者用朱笔假名注曰:"クル",即"来"的意思,同时于页眉处用朱笔汉字注曰:"乞,欺、吉均音诘。"对于本句中的"恕"字,使用者用墨笔假名于其右侧行间注曰:"ヨルスフヲ",亦即"恕"之意。

(5) 5a:"一定要举我坐,我没奈何,只得告佔。"本句中的"只得告佔"属礼貌套语,其中的"佔"字,即"僭"之假借。使用者于其右侧用朱笔假名注曰:"カメサスル",即"僭越"之意,同時用朱书汉字注一"见"字,当是注"佔"之读音。此外,还于页眉用朱笔汉字注曰:"佔,踰越也,音占去声。"是对"佔"的释义兼注音。

(6) 11b:"风情月意,大半都是生旦做的。"本句中的"风情月意"与"风情月思"同意,婉指男女相互爱恋之情。明代戏曲、小说中多见之,如高濂《玉簪记·合庆》:"京兆府当年指腹,妇贞观重会玉簪;慢写出风情月思,画堂前侑酒承欢。"《金瓶梅》第九回:"脸如三月桃花,暗带着风情月意。"② 估计当时的汉语官话口语学习者对此委婉之语并不熟悉,遂于其右侧行间朱书注曰:"风流玩耍之类。"

(二)口语色彩较重的词语,主要是一些日常口语词,如:

(7) 3a:"买便就好到山上去,再挨越迟了。"其中"挨"字右侧墨书注曰:"ノビレハ。"即拖延之义。"挨"在口语中常用于表示拖延之义,现代

---

① 按:此处"七"后脱"尺"字。
② 张拱贵主编《汉语委婉语词典》第76页,北京语言文化大学出版社,1996年。

汉语中仍然如此，如："他舍不得走，挨到第二天才动身。"①

（8）3a："你要买什么菜？讲来赶早好去买。"其中"赶早"一词右侧墨书注曰："早早也。""赶早"是日常口语词，如《红楼梦》第三回："你们赶早打扫两间屋子叫他们歇歇儿去。"

（9）7a："舀来给人洗澡。"其中"舀"字右侧墨书注一"腰"字，以提示读音。"舀"字下部又朱书注曰："要上声。"此注复又涂掉，并于其右侧朱书注假名注曰："クモ。""舀"至今仍是现代汉语日常口语词。

（10）29b+30a："数不清的，那些曲蹄婆。"本句中的"数不清"是常见口语表达，其右侧朱书注："不明白也。"其左侧朱书假名注："イサズヨカ。"

（11）42b："假如仔细不肯收，挑转回来，可不是遭榻了。"其中"遭榻"左侧朱书注："塔。"墨书注："忘费。"右侧墨书注："空费也。"又朱书注："作贱""坏。""遭榻"即"糟蹋"之异写，现代汉语中仍属常用口语词，但课本使用者多次反复注释，足见此词在当时学习者心目中属较难掌握的词语。

（12）6b："你也脱得赤身条条，我也脱得赤身条条，不顾体统。"其中"体统"一词右侧朱书假名注曰："ハゲ。""统"字右侧朱书注曰："通上声。"左侧又朱书注曰："体面也。"页眉朱书注曰："统，音东，模样也，桶。"课本此处"不顾体统"是带有较强批评色彩的表达，近于詈骂语的范畴。

（13）8b："天地间生此害人的孽障。"对于本句中的"孽障"一词，课本使用者在"孽"字右侧朱笔注一"业"字，于"障"字右侧朱笔注一"章"字，并且在"障"字声旁"章"上加有朱圈以提示读音。同时在其左侧朱笔注曰："ワサワヱ。"在页眉朱笔注曰："凡害人之物人骂他为孽障"。"孽障"是源自佛教用语的詈骂语，清代小说中常见，应是当时常用的口语词。如《红楼梦》第三回："孽障！你生气，要打要骂人容易，何苦摔那命根子！"但是，对于琉球官话课本的使用者而言仍属陌生词，故不厌其烦地对其进行标音释义。

（三）带有方言色彩的词语，如：

（14）2b："敝地虽有好烧酒，味辣兼覇。"其中"覇"字右侧朱书注一"罢"字，标其读音。页眉朱书注曰："覇，酒力利害也，酒力厚也。"页眉

---

① 中国社会科学院语言研究所词典编辑室《现代汉语词典》（第6版）第3页，商务印书馆，2012年。

墨书注曰:"酒力强也。""霸"应当是福州方言,在福州话中至今多表示"厉害"之义,如:"伊野霸,高中无读,直接考上大学。"[1]

(15) 3a:"买便就好到山上去。"其中的"便"字左侧朱书注曰:"买完也"。濑户口律子将此处的"便"归入福州方言词,并认为是"现成,具备,备办停当"之义。[2]王振忠先生也指出:"'买便就好到山上去,再挨越迟了',明显是福州式的官话。'买便'的意思是'买好了'。"[3]

(16) 4a:"后来服两帖药,表表发些汗出来就好了。"其中的"表"字左侧墨书假名注曰:"ハサン。"应即"发散"的日语读音,现代日语记作"発散",片假名记作"はっさん"。王振忠先生指出:"'表',在福州方言中是指用药物将人体内所感受的风寒发散出来。"[4]"表"用于表示发汗、散热义还见于冀鲁官话、徽语等地方言,如河北保定话"疹子出不来,弄点儿芦根水表表"[5]。

(17) 10b:"你这个价钱,开忒贵了。"其中的"忒"字右侧朱书注曰:"狠也。"墨书注曰:"太也。""忒"字左侧朱书注一"愿"字,以示其读音,墨书假名注:"ハナハタ。"此外,页眉朱书注曰:"忒,帖。""忒"是比较常见的北方方言词,表示程度,与"太"近同,如"这屋子忒小,挤不下"[6]。

(18) 29b—30a:"数不清的,那些曲蹄婆,头发梳得光光,簪花首饰带起,脸上把粉擦得白白,耳边挂着耳坠,手中带着手镯、戒指,身上穿着两件新鲜衣裙,拿着竹篙,立在船头,撑来撑去,都在那里摆浪。"朱书左注:"アフソナア。"朱书眉注:"曲蹄婆,是撑船的妇人。"本段文字是对福建地区水上疍民妓女"曲蹄婆"的描写,对此,清代陈盛韶记曰:"古田男女有别,街衙庙院绝少游女。惟水口荡船,来自南台洪山桥一带,名曲蹄婆。服

---

[1] 李荣主编,冯爱珍编撰《福州方言词典》第55页,江苏教育出版社,1998年。
[2] 《琉球官話課本の研究》第170頁。
[3] 王振忠《清代琉球人眼中福州城市的社会生活——以现存的琉球官话课本为中心》,载《中华文史论丛》2009年第4期。
[4] 王振忠《清代琉球人眼中福州城市的社会生活——以现存的琉球官话课本为中心》,载《中华文史论丛》2009年第4期。
[5] 许宝华、宫田一郎主编《汉语方言大词典》第3076页,中华书局,1999年。
[6] 《现代汉语词典》(第6版)第1322页。

以绫绸，饰以绒花，头横长簪，面傅脂粉。红鞋赤脚郿莲步，柳腰为纤巧而不为。"① 19世纪中晚期，西方传教士编写出版的福州方言字典辞书中也收录了"曲蹄婆""曲蹄团"的词条，分别释义为"船民妇女"和"船户居民"。②

（19）14a："街坊上有人卖老鼠药，买他两包，或投在饭里，或塞在光饼当中，放在边头，他若吃着就会死。"其中的"光饼"左侧墨书假名注曰："クンンバ。""光饼"是福州常见又颇具特色的食物，传说与戚继光抗倭有关，清代施鸿保《闽杂记》卷十："《榕城诗话》载：谢鼎臣燮《光饼歌》自注：'戚南塘平倭寇时，制以备军行路食者。后人因其名继光，遂以称之。'今闽中各处皆有，大如番钱，中开一孔，可以绳贯。"③ 课本使用者对这一福州特色食物不熟悉，故需注释。

（四）相对少见的专门词语，如节日用语、礼俗用语、行业用语等

1. 节日用语

（20）5a："请问今年都不闯神何故。"其中"闯"字右侧墨书注曰："窗去声。"复又朱笔涂掉，又于其左侧朱书注曰："シ成去声。"页眉朱书注曰："闯，怅音。神，神明也。闯者冲来撞去之谓。""闯神"是福州地区迎神赛会时开展的一项活动，据乾隆十九年（1754）《福州府志》卷二四《风俗》记载："上元张灯，自十一日起至晦日止，十三、十四、十五三夜尤盛……又有异木偶像摇兀而行，谓之闯神，前列长炬，扰金伐鼓，震耀耳目，城市村镇庙社俱有之。每出，或至争道相竞斗，近奉禁止，其风乃息。"④《榕城岁时记》"闯神"条记载："新正月夜，异木偶，摇兀街衢，谓之'闯神'。"⑤

（21）11a："今日太保庙做戏，土地大王生日庆贺的。"页眉朱书注曰："土地，二月十二日。"又："大王，二月十五日。"又墨书注曰："土地管本

---

① （清）邓传安，（清）陈盛韶《蠡测汇钞·问俗录》第72页，书目文献出版社，1983年。
② 陈泽平《19世纪以来的福州方言》第354页，福建人民出版社，2010年。
③ （清）周亮工撰，（清）施鸿保撰，来新夏校点《闽小记·闽杂记》第155页，福建人民出版社，1985年。
④ （清）徐景熹修，鲁曾煜等撰《福州府志》，乾隆十九年刊，影印本收入《中国方志丛书·第七十二号·福建省福州府志》第513页，台北：成文出版社，1967年。
⑤ （清）戴成芬纂辑，黄櫛参订《榕城岁时记》，收入张智主编《中国风土志丛刊（56）·榕城岁时记》第16—17页，广陵书社，2003年。

处所专属的，大王管一境。"福州称社神为大王，林纾对此曾指出："闽人称社公恒曰大王，社中祀鬼医，则曰医官大王。"① 郑丽生也指出："农村春社谓之'迎年'，社神曰'大王'。"②

（22）12ab："今日迎春，不知到那个地方好看，要看迎春，须去到东门外春牛亭那里好看。"本页中间空白处墨书注曰："春牛色青俗谓多雨，色赤多旱，色黄多风，色白多阴，色墨多水。赤戊己属土其色黄，庚辛属金其色白，壬癸属水其色黑，甲乙属木其色青丙丁属火其色。"据乾隆十九年（1754）《福州府志》卷二四《风俗》记载："立春前一日，迎土牛州人聚观，是日啖春蔬春饼。"③《榕城岁时记》"迎春"条记载："立春前一日，郡守以彩仗迎春牛于行春门外。"④

（23）39a："唐宫中每遇七夕，宫女辈各执九孔针五色线，向月穿之，穿得过者为得巧。"对于本句中的"九孔针"，页眉朱书注："针有九孔乃难穿之针也，故于七夕夜向月穿之。"又："九孔针，是九尾针，唐宫女于九引台以五彩丝穿九尾针，穿得过者为得巧。"

上引四处文字中的"闽神""土地大王""春牛""九孔针"均是福州当地节日类用语，相对专门，不易理解，所以使用者均对其做了适当的注释。

2. 礼俗用语

（24）4a："行注的是什么令呢？行的要诗句古人名。"页眉墨书注曰："诗句古人名，是行令之人要说一诗句，隐藏着古人名之意。如'佳人醉，索人扶'隐藏古人名'贾岛'。'露出胸前冰雪肤'隐藏古人名'李白'。"此注显然是课本使用者因不明白当时中国人酒席之上所行酒令习俗而做的注释。

（25）42ab："送生日的东西，厚薄不等，听从人便，……也有满汉席，……也有水礼，……或都不办礼物，只包一包面仪送他，都是使得，……到不如包个厚厚礼仪，干折送与他更妙。"对于本句中的"满汉席"页眉墨书注曰："凡用烧猪、烧鸭等白煮肉、白煮鸡等，满州人常用之，故谓满席。凡用燕子、三鲜、炖肉、炖鱼等碗菜，汉人常用之，故谓汉席。""水礼"二字左侧墨书注

---

① 林纾著，林薇选编《畏庐小品》第332页，北京出版社，1998年。
② 郑丽生《福州风土诗》第20页，福建人民出版社，2012年。按：此书中将"社神"误为"灶神"。
③ 《福州府志》第512页。
④ 《榕城岁时记》第4页。

曰:"ナマモノヒトニウクルノ",又页眉处墨书注曰:"猪蹄、羊蹄、活鸡魚等件,谓之水礼。""面仪"右侧墨书注:"将钱送他买面。"又于其左侧朱书假名注:"ソラ?フ。""干折"右侧朱书注:"把品送钱也。"左侧朱书假名注:"ソシヤフ。"页底朱书注:"干折不办物,代钱,作包银子给人家。"页眉墨书注:"将买礼物的钱多少,不买礼物,只将钱送人,谓之干折。"可见,琉球的官话学习者对当时福州当地的送礼礼俗词语比较陌生,属于重点学习的难点词汇。

(26) 43ab:"闻得某人,他令堂仙逝,我要去吊纸,……其余或祭文挽联,……孝男惟敢收香仪,不敢收奠仪,几时去好呢?……在成服内去,……亲初死之时,……亲眷人等,代他备办棺椁衣衾,殡殓明白,然后设立灵位,开起孝堂,挂起孝帘,放出告丧牌开吊。……孝男同孝眷人等,穿起凶服执杖,举家行礼,故曰成服。"本段对话中涉及中国人的丧礼用语较多,如仙逝、挽联、孝男、香仪、奠仪、成服、亲眷、椁、衾、殡殓、孝帘、告丧牌、孝眷、凶服、执杖等。琉球学习者对此并不熟悉,故都一一做了注释。如"仙逝"右侧朱书注:"世。"左侧朱书注:"シンニンニヨク。""死也",页眉朱书注:"逝,サルユク,亡也。""挽联"右侧朱书注:"晚。"左侧朱书注:"ソラニソラニ",左侧墨书注:"モヲノ寸ノトヱレフ①ン。"而且此左侧墨书注叠压于前朱书注之上。又于页眉墨书注:"丧时悲伤之对联也。"朱书注:"挽联,是做一对联名,哀挽死人。""告丧牌"右侧朱书注:"排。"页眉朱书注:"告丧牌八人死后,每逢七日作七日之祭文,付牌以立在门前,故曰告丧牌。"

3. 行业用语

(27) 8b—9b:"我这包银子要换钱用,你放在天平兑兑多少重?……你这银子内中两份是古饼,……放在厘戥,称多少重,照折合算,怎样的折呢?我这里细丝库白,每两银时价只换钱九百算。……钱铺尽多,岂在我一铺。……打张钱票,给我带去,等要用时着人携票来支。钱要足的,不可短少。铅钱、剪边、新钱仔,我都是不用的。晓得。我自然数足,拣选干净,都是好钱给你。"本段对话内容主要涉及银两兑换行业的术语,如兑、份、古饼、厘戥、折、细丝、库白、时价、钱铺、打、支、铅钱、剪边、新钱仔等。这些行业术语相对较难,课本使用者多有注释。如"兑"字右侧朱书注:"アウ","对"。左侧墨书注:"称也。""细丝"右侧朱书注:"银色足也。"左

---

① 按:"レフ"右侧有一竖墨线。

侧墨书注："银名。""库白"左侧墨书注："银名。""铅钱""剪边""新钱仔"三词，页眉墨书注："前（剪）边是好俴（钱）前（剪）去了边，铅俴（钱）、新俴（钱）仔俱是私造，乃不可行用之俴（钱）。"

（28）11ab："戏子一班有多少脚色，有做外脚的，有做净脚的，也有做末脚的丑脚的，还有正生、小生、老旦、正旦、小旦，这些脚色合成一班。"本段文字中所有戏剧角色名及相关术语都比较难掌握，学习者都作了注释。如"脚色"右侧朱书注："色色件件事也。""外脚"右侧朱书注："妆扮老人"，左侧墨书注："老生者也。""末脚"右侧朱书注："妆扮隋（随）从马夫之类"，左侧墨书注："二花脸也。"左侧朱书注："莫。""丑脚"左侧朱书注："求上声。"墨书注："三花脸也。"其他如"正生""小生""老旦""正旦""小旦"等也都一一作了注释。此外，页眉处还朱书注曰："外、净、丑、末、生，俱是男人。老、正、小、旦，俱是妆女人。"页眉处墨书注："外脚，老生也。净脚，好汉武勇。末脚，随从。丑脚马夫之类。正生，官生。小生，读书秀。老旦，人妻室。正旦，小姐。小旦，丫头。"从墨色和笔迹来看，这些注释显然由多人多次写成，这也足以说明这些戏剧角色名称对于当时大部分琉球人来说是学习的一大难点。

（29）4a："菜是多的，头一碗假燕，弟（第）二碗三鲜，还有蒸鸡、蒸鸭、蒸蹄、鳗、羊肉、猪肚、鹿筋、海参、鲍鱼、全鱼、蛋汤、三点心、肉包、满州饽饽、千叶饼、水晶饺、蕨粉包。"本段文字中绝大部分菜名、点心名以及烹饪行业术语基本上都作了注释，或注音或释义，具体如"蒸鸭"右侧墨书注："チン""押ヤ"，当为注音。"三点心"左侧朱书注："三件点心。"页眉朱书注："三点心，一回点心，一回馒头，一回菓子。""满州饽饽"右侧朱书注："泊上平声。"左侧墨书注："アンシノボ丷。"页眉墨书朱书兼注："饽，ルワ。"

（30）22a："我新到几位朋友，要自家起伙食，要置办几件家私什物，烦你替他买买。要买什么东西？锅一口，灶一个，饭甑、铁瓢、锅刷、锅铲、菜刀、柴刀、火钳、火筒、水缸、水桶、大盆、小砵（钵）、炭礶（罐）、风炉、七寸盘、五寸碟、菜碗、汤匙、汤瓯、茶锺、酒盏、酱油碟、快（筷）子。这些件。还要篱笆屏两槲，板櫈，铺板二付（副）。等着就要用的。"本段文字主要是学习家具什物，比较专门，也是学习难点，故亦注释较多，如"家私"右侧朱书注："ソテヒシフグ。"左侧墨书注："ソヲタフ。""小砵

621

右侧朱书注："泊"，"ホシコハ"。左侧墨书注："クヲタリ。""七寸盘"右侧朱书注："シヤバキ。"页眉朱书注："寸，音春去声。""汤瓯"右侧朱书注："欧"，"トエヨカミ"，"亦碗也比碗小比"。右侧墨书注："ヨナジカソ。"左侧墨书注："呕。"左侧朱书左注："拘。"而且左侧朱书注叠压于左侧墨书注之上。页眉墨书注："瓯，彼字ハ二字口之呕吐同音。"

二、结　语

　　本文主要通过对天理本《官话问答便语》所存注记的考察与梳理，初步得出琉球人汉语词汇学习的难点主要集中在以下四个方面：1. 书面色彩较重的词语，包括一些雅句、谚语、礼貌套语、委婉语等。2. 口语色彩较重的词语，包括一些日常口语词及一些詈骂语等。3. 带有方言色彩的词语。4. 生活口语中相对少见的专门词语，如节日用语、礼俗用语、行业用语等。这些词语对不熟悉汉语的外国人来说都相对陌生和专门，至今也是外国人汉语学习的难点所在，这充分体现出古今汉语学习者所面临的汉语学习难点具有较高的一致性。

　　从注记所用文字及其具体内容来看，这些注释很可能是使用者根据老师的讲解所写，尤其是大量的琉球语注释更应是如此。不过有些注释明显源自当时的字典辞书，如23a"鲕鲂"，页眉朱书注曰："鲕，字典音何；鲂，字典音房。"此二注中所说的"字典"很可能即当时流行的《康熙字典》。此二字在《康熙字典》中的标音情况分别为："《广韵》胡歌切《集韵》寒歌切，并音何。""《集韵》无芳切，音房。"可见，当时琉球的汉语学习者主要是利用老师的讲解和查阅相关字词工具书克服这些汉语学习中的难点，这与我们当下的外国汉语学习者及本国外语学习者的学习策略也极为相似。

　　除此之外，天理本《官话问答便语》所存注记当中还有许多材料可以体现琉球人汉语语音学习的诸多偏误现象，譬如：送气音与不送气音不分，平翘舌音不分，前后鼻音不分，"h [x]" "f [f]" 不分，"r [ʐ]" 读为 "y [i]"，"zh [tʂ]" "ch [tʂ]" "sh [ʂ]" 读作 "j [tɕ]" "q [tɕ]" "x [ɕ]" 等等。这些发音偏误应当是受琉球人母语负迁移以及福州官话的双重影响所致。从另外一个角度来看，这些容易发生偏误的发音也正是他们的语音学习难点。但限于篇幅，笔者打算留待另文探讨。

（范常喜　中山大学中文系教授）

试论夏德的《文件字句入门》及其文件体汉语教学理念

龚 婧

摘 要:"文件体汉语"是晚清驻华外交官、在华洋员研究和学习书面语汉语的一个重要分支,夏德编著的《文件字句入门》对晚清海关的文件体汉语教学产生了重要影响。该书充分体现出夏德的古典语文学知识积累和研究方法。本文从晚清文件体汉语研究情况入手,确定《文件字句入门》的位置和定位;并试图解释夏德通过该书传递了什么样的语言观念和教学理念。

关键词:《文件字句入门》 夏德 文件体汉语 晚清海关

《文件字句入门》(*Notes on the Chinese Documentary Style*)出版于1888年,再版于1909年,是晚清海关出版和使用的一本"文件体"书面汉语教材。该书用英语写成,作者为德国汉学家、历史学家夏德(Friedrich Hirth, 1845—1927),由别发洋行(Kelly & Walsh, Limited)印制出版。在加拿大多伦多图书馆、美国加州大学图书馆可获第一版原始文本,中国国家图书馆藏有第二版原书。第二版除"改正少数错误"[①]外,与第一版完全一致。该书总结了文件体汉语的34个语法规则,是来自各国的海关雇员学习汉语的必备书籍。在当时那样一个汉语教材、字典层出不穷的时代,夏德这本教材和他倡导的教学理念只是在海关汉语教学中取得了一定的影响。然而通过考察著者的学术背景、该书的写作环境和著者所处的学术环境,我们可以更深入地理解《文件字句入门》的重要特点,以及其在历史上的独特作用。

---

① Friedrich Hirth, *Notes on the Chinese Documentary Style*, Shanghai: Kelly & Walsh, Limited, 1888, p. 1.

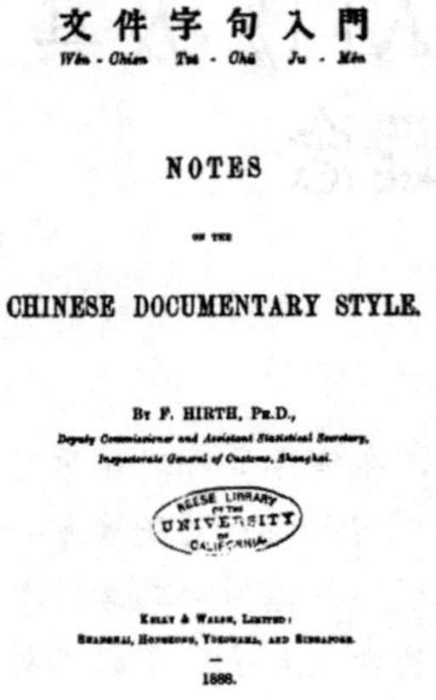
文件字句入門

Wên-Chien Tzŭ-Chü Ju-Mên

NOTES

ON THE

CHINESE DOCUMENTARY STYLE.

BY F. HIRTH, PH.D.,

Deputy Commissioner and Assistant Statistical Secretary, Inspectorate General of Customs, Shanghai.

KELLY & WALSH, LIMITED:

SHANGHAI, HONGKONG, YOKOHAMA, AND SINGAPORE.

—

1888.

图 1《文件字句入门》（1888 年版）扉页

夏德生于德国哥达（Gotha），1869 年取得德国罗斯托克大学（Universität Rostock）哲学博士学位，专业为古典语文学。1870 年至 1895 年，夏德在中国海关度过了青年时代，1876 年担任厦门关帮办，1878 年至 1886 年在上海海关造册处任职。后历任厦门、上海、九龙、淡水、镇江、宜昌、重庆等海关任副税务司、代理税务司、税务司等职。从夏德这一时期的著作[①]及其发表在《中国评论》（*The China Review*，1872—1901）、《通报》（*T'oung Pao*，1890 年至今）、《美国东方学会杂志》（*Journal of the American Oriental Society*，1843 年至今）等刊物上的文章可以看出，他满怀热情地投身于中国语言、历史和文化艺术研究，取得了重要的成果，确立了他在汉学领域的良好声誉。夏德于 1886 年至 1887 年担任皇家亚洲文会北中国支会（North-China Branch of the Royal Asiatic Society，1857—1952）主席，1902 年至 1917 年任美国哥伦比亚大学第一任汉语教授[②]，曾是胡适在哥伦比亚大学的博士论文指导教师之一[③]。《文件字句入门》是夏德研究汉语最为重要的著作之一。

关于《文件字句入门》的成书背景和编写特点，已有董丽娟、陈丽

---

① 这里主要指夏德 1885 年出版的专著《大秦国全录》（*China and the Roman Orient*, *Researches Into Their Ancient and Mediaeval Relations As Represented in Old Chinese Records*，1885，Leipsic & Munich，Shanghai & Hongkong），是大秦、拂菻问题研究的重要著作。

② Samuel Couling，*The Encyclopaedia Sinica*. Shanghai：Kelly & Walsh，Limited，1917，p. 231.

③ “参加胡适博士论文口试的 6 位评委中，夏德是唯一懂中文的人，则此番口试未获通过，夏德的意见相当关键”，“胡适几乎不提夏德之名。1926 年他赴欧羁留数月，并曾到德国，虽有经济上的限制，可是从未起顺便参拜师门之意”。（桑兵《国学与汉学——近代中外学界交往录》第 151 页、153 页，浙江人民出版社，1999 年。）

(2016)、程龙（2011）、朱洪（2013）、陈丽（2013）、卡萨奇、萨丽达（2011）等撰文/专著论述，认为该书"对'文件体'书面语的认识已经超越了密迪乐和威妥玛"①，"强调了在语言应用过程中理解和认识语法规则的重要性"②，"借鉴了西方语言学理论和前人研究成果，对汉语书面语语法现象进行了研究，容量大，安排紧凑，简明扼要，实用性强"③。这些文章，基于原著，参考和引用了部分同时代海外学者的观点，从继承性、专业性、实用性的角度对《文件字句入门》进行了分析和评价。以上研究更多地从外国人汉语教材的发展脉络中确立该书的地位，本文希望从著者本身的学术研究脉络出发，并将本书放回到作者所处的写作环境和学术环境进行考察，以加深学界对这部著作以及夏德本人的了解。

本文试图一方面从海关的汉语学习方针、文件体汉语的发展两个时代背景入手，确定《文件字句入门》的地位和作用；另一方面梳理夏德的专业背景、学术选择，分析这本教材的编写方法、语言教学理念，尝试回答"《文件字句入门》一书为何会产生？""为何是夏德完成这本著作？"等问题。

一、晚清在华洋员的文件体汉语研究

由赫德（Sir Robert Hart，1835—1911）掌管的晚清海关，一直将加强汉语学习列为重要方针。赫德早在1864年6月21日的第8号《海关总税务司署通令》中就提到，诸税务司"应关心汉文学习"，贯通汉文"能使吾等对为之服务之中国政府及与之共命运之中国人民增进认识与产生兴趣"。④ 可见，赫德将提高洋员的汉语水平定位为关系海关发展成败的关键战略，这种战略从19世纪60年代一直延续至20世纪初⑤，形成了海关汉语教学活动蓬勃发

---

① 程龙《西方驻华外交官对晚清"文件体"书面语的认识与研究》，载《社会科学战线》2011年第10期，第132页。
② [意] 卡萨奇、萨丽达《汉语流传欧洲史》第168页，学林出版社，2011年。
③ 朱洪《晚清海关洋员汉语学习初步研究》第29页，南京大学硕士论文，2013年。
④ 黄胜强《旧中国海关总税务司署通令选编》第31页，中国海关出版社，2003年，该则通令的是由为：海关应弘扬之精神应遵循之方针与应履行之职责之思考及诸专项规定，由赫德在北京签发。
⑤ 王澧华《英人赫德的汉语推广与海关洋员的汉语学习》，载王澧华、吴颖编《近代海关洋员汉语教材研究》第5页，广西师范大学出版社，2016年。

展、教材层出不穷的局面。海关洋员也"成为当时来华西人中最大的汉语学习群体"①。夏德在《文件字句入门》的前言中,第一句话就是"总税务司赫德大力鼓励我编写这本语法书,激发系统学习文件体汉语的热情"②。这也印证了1884年3月21日赫德签发的第237号条《海关总税务司署通令》:"所有人员应重视汉文作文之提高","海关中极少人员之'公文'造诣能胜任襄办汉文文案副税务司职务,胜任汉文文案税务司之职务者更属凤毛麟角,望所有人员为之努力"③。

无论赫德苦心经营的晚清海关在政治上最终代表的是哪些国家的利益,其汉语学习方针无疑对晚清外国人了解汉语及中国文化有着重要的意义,也在一定程度上推进了外国人的汉语语言研究。尤其是,赫德在欧洲专门招募语言相关专业的毕业生到海关工作,这也无疑是将欧洲的学术方法带到中国的重要尝试。夏德就是赫德在欧洲招募的古典语文学毕业生之一④,他理解并赞同赫德提出的汉语学习方针,尤其是对书面汉语的学习要求,并基于自身扎实的专业功底,编写、出版了《文件字句入门》。应该说,这本书是赫德推行强有力汉语学习方针的重要成果,也体现了欧洲古典语文学的方法和视角。

"文件体汉语"概念的提出者是英国驻广州领事馆译员密迪乐(Thomas T. Meadows, 1815—1868),他认为文件体是"对更多的外国人最为有用的语言"。在《漫谈中国政府与中国人》(*Desultory Notes on the Government and People of China*, London: W. H. Allen, 1847)一书中,他明确指出了文件体汉语的使用范围——统计文件,官方谕旨、通信,法律文件等,总结了其显著特点——无虚词、不讲求韵律、简洁、易掌握。密迪乐的这些论述,《文件字句入门》的第一章都进行了原文引用,夏德对密迪乐提出的"文件体"概念是完全接受和继承的。

1867年,"文件体汉语"的第一部教材《文件自迩集》(*A Series of Papers Selected as Specimens of Documentary Chinese*, Shanghai: Kelly & Walsh,

---

① 《英人赫德的汉语推广与海关洋员的汉语学习》,第1页。
② *Notes on the Chinese Documentary Style*, p. i.
③ 《旧中国海关总税务司署通令选编》第274—275页,该则通令的是由为:为税务司如何测试并呈报属员之汉文学习成绩及公示处理事,由赫德在上海签发。
④ *Hirth Anniversary Volumn*, p. x.

Limited，1867）由威妥玛（Sir Thomas Francis Wade，1818—1895）①编写、出版，该书基于密迪乐的文件体汉语概念，选取晚清的公文、信件、奏疏、杂文为范文，为海关洋员、驻华外交官广泛使用。"在威妥玛的倡导和努力下，'文件体'书面语正式成为西方外交官员学习汉语的重要内容，'文件体'一词也为广大外交官和汉学家所接受，成为他们研究和学习的对象。"②威妥玛在前言中指出，"本书是特别为即将担任公使馆翻译的人员编写的，他们通过本书的学习可以用最短的时间熟悉（中国）政府的书面用语，其中包括书籍、官方书信、文件中所使用的语言"③。《文件自迩集》是第一部具有广泛影响力的文件体汉语专门教材，是具体、系统总结和研究文件体汉语使用的重要著作，具有开创性的意义。

夏德在介绍书面语的学习方法时指出，学习《文件字句入门》要以威妥玛的《文件自迩集》为基础，而且前者完整地继承了后者的语言学习材料。

依托《文件自迩集》的成功探索，《文件字句入门》没有继续梳理文件类别或者拓展材料范围，而是深入地论证和提炼了"'文件体'书面语的独特语法特点和用词习惯"④，使文件体汉语的学习和研究向系统化的方向进了一步。

《文件字句入门》是中国海关长期使用的教材，也直接或间接地对后续的文件体教材编写产生了影响。比如，1902年英国外交官托马斯·朗兹·布勒克（Thomas Lowndes Bullock，1845—1915）所编写的《汉语书面语渐进练习》（*Progressive Exercises in the Chinese Written Language*，Shanghai，Kelly & Walsh，Ltd.，1902），就在"注释部分不少地方借鉴了夏德先生的《文件字句入门》"⑤。而且，海关系统的"公文教材早期以威妥玛的《文件自迩集》为

---

① 威妥玛曾任英国驻华使馆译员、副领事、全权公使、海关总督察，还著有另一部广受欢迎的汉语教材《语言自迩集》（*Progressive Course designed to assist the student of colloquial Chinese as spoken in the capital and the metropolitan department*，Shanghai：Kelly & Walsh，1903）。

② 程龙《西方驻华外交官对晚清"文件体"书面语的认识与研究》，载《社会科学战线》2011年第10期，第132页。

③ Sir Thomas Francis Wade，*A Series of Papers Selected as Specimens of Documentary Chinese*，Vol. 2，Shanghai：Kelly & Walsh，Limited，1905，p. 2.

④ 《西方驻华外交官对晚清"文件体"书面语的认识与研究》，第132页。

⑤ 陈丽《英国外交官布勒克〈汉语书面语渐进练习〉研究》第23页，上海师范大学硕士论文，2013年。

主，后以夏德所编公文教材系列为主，后期以邓罗（C. H. Brewitt-Taylor）在夏德基础上改编的公文教材为主。"① 这其中"夏德所编公文教材系列"即主要指《文件字句入门》《新关文件录》②。这两部教材与《文件小字典》（*Vo-cabulary of the Textbook of Documentary Chinese*, 1888, Shanghai, statistical department of the inspector general）一起，成为夏德汉语研究的代表作，"开创了'文件体'书面语教学的新局面"③。可见，《文件字句入门》在晚清文件体汉语教学，尤其是海关系统中取得了比较重要的地位和比较深远的影响，继承和发扬了在华洋员的文件体汉语研究传统。《文件字句入门》没有停留在《文

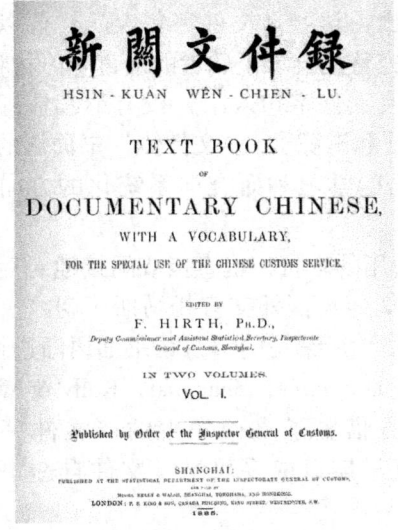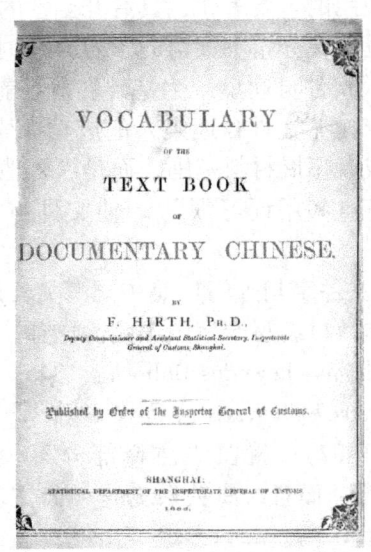

图 2《新关文件录》（1885 年版）、《文件小字典》封面

---

① 朱洪《晚清海关洋员汉语学习初步研究》第 24 页，南京大学硕士论文，2013 年。邓罗（C. H. Brewitt-Taylor, 1857-1938）为英籍海关洋员，曾任海关学校校长。

② 夏德编著的一部海关专用书面语教材：*Textbook of Documentary Chinese for the Special Use of the Chinese Customs Service*, Shanghai, Statistical Department of the Inspectorate General Customs, 1885 & 1909.

③ 《西方驻华外交官对晚清"文件体"书面语的认识与研究》，第 133 页。

件自迩集》对范文的简单翻译和注释,而是努力地发现和总结语言规律。从某种程度上说,《文件字句入门》将西方语言系统和文件体汉语用法更加紧密地联系在了一起,是用西方的语言观念解释汉语的重要尝试。

二、《文件字句入门》及其语言观念

《文件字句入门》全书分成前言和正文、索引三部分,正文包含简介以及33个小节,每个小节有若干条目,全书条目统一编排,一共200条。该书于夏德在广东海关任职时即形成雏形,那时他连续在《中国评论》(China Review)杂志上发表了《汉语语法提要》(Notes on Chinese Grammar)。①

夏德在《文件字句入门》的前言中说到,"本书总结的规则,仅仅是这个系统、科学的语法的一部分","本书的主要目标是教会学习者观察语言的方法,并引导他们习惯自己去发现语法规则"②。因此,《文件字句入门》既不是第一本西人所著文件体汉语教材,也不如同时代西人所著汉语语法书系统全面,但夏德对汉语语法的认识,对文件体汉语学习方法的归纳对西方汉语学习者有重要的启示意义。

首先,西方语法概念总结了人类共同的特性。夏德指出,同欧洲语言一样,汉语也存在自身的语言使用规约,即语法。所有语言都是"由感觉官能表达的思想"③。"与其他编著汉语语法书的外国学者一样,本书也使用西方语言系统的分析方法",但原因不只是作者无法脱离自身语言背景的影响,更重要的是,西方语言学概念总结了"人类共同的特性,而不是某种语言的特性"。④ 在这样的认识指导下,夏德在梳理和解释语言规则时遵循了这样的基本思路,即:对照西方的语法系统,总结汉语,尤其是"文件体"书面语的特殊用法,使用西方语法概念将其整合和分类,并表达出来。这其中充分体现了夏德扎实的语言学功底。仅举一例:该书的第164—173条介绍了形容词"最高级",在作者的意识中,"最高"是一个存在于所有语言中的概念。西方语言通过变化词尾表达这个概念,而汉语使用一些具有"非常、极"等意

---

① *Hirth Anniversary Volumn*, p. xi.
② *Notes on the Chinese Documentary Style*, p. iv.
③ *Notes on the Chinese Documentary Style*, p. 13.
④ *Notes on the Chinese Documentary Style*, pp. 14-15.

思的小品词，置于形容词前来表达。由此看来，作者使用西方语言的术语"最高级"来统摄本部分，实质是归纳和解释了汉语文件体表达"非常"意义时常用小品词的用法，如"最""極""甚""至""深""殊""盡""絕""從"等。

其次，位置与关系是汉语最重要的语法手段。《文件字句入门》的目录，似条目散乱、无章可循。然而，夏德并不仅仅堆砌语法规则，事实上按照语言现象对公文理解的关键程度排列。那些没有以语法概念为标题的小节，其实是解释从前一语法概念引申出来的语言现象。如果进一步归纳，我们可以得到一个上级目录：汉语的语法手段、汉语的数（第2—7节，含定冠词）、汉语的格（第8—16节）、代词（第17—26节）、数字的表达（第27节）、形容词（第28—30节）、否定（第31节）、副词（第32节）、介词（第33节）。"汉语的语法手段"是总说，指出汉语没有"性、数、格"词尾变化，主要通过两个方式表现这些概念：一是词的位置，第二是具有助词性质的汉字/词（auxiliary characters）。值得进一步指出的是，夏德全书以解释词的用法为主，就是看到了汉语的这个特点，即字的形式不发生变化，通过组合不同的字形成"隐性"的关系，从而表达不同的意思，而这正是汉语对于西方人最难的地方。

第三，文件体书面汉语学习需要从最实用的规则出发。书中夏德基于威妥玛的《文件自迩集》中的范文，参照马若瑟（Joseph Henri Marie de Prémare，1666—1736）、雷慕沙（Jean-Pierre Abel-Rémusat，1788—1832）、绍特（Wilhelm Schott，1802—1889）已取得的汉语古文语法研究成果①，总结了实用的文件体语法规则。夏德提炼的这些规则简明、清晰，实用性强，对西方学习者易于接受。

该书前言中提到，汉语的口语和书面语区别很大，一个口语纯熟的学习者并无法完全理解书面语。夏德反对海关部分洋员请中国人口头解释书面语的工作方式，坚持"要习惯用眼睛，而不是耳朵来阅读中文"，"将口语和书面语学习当作拉丁语和希腊语两门复杂语言来对待"。在介绍书面语的学习方法时，夏德主张"从阅读和翻译开始"，分三步进行训练，第一步是"在没有中国先生的帮助下，借助词汇表翻译《新关文件录》中的公文，并与后附翻

---

① *Notes on the Chinese Documentary Style*, p. 2.

译进行比对",第二步"用同样的办法学习威妥玛的《文件自迩集》",最后每天学习《文件字句入门》中的语法条目、从而逐渐获得总结语法规律的能力"。①

由此我们可以初步确定夏德对于汉语书面语学习的基本理念,即抛弃"大而全"的语法学习方法,研读真实语料,先掌握词的用法、再学习和归纳最常用和最实用的规则,目标是有效地使用汉语开展实际工作。

三、夏德的专业背景与学术道路对《文件字句入门》的影响

夏德掌握德语、英语、法语、希腊语、拉丁语等多种语言,在中学阶段(哥达文理学校)即开始了古典语文学的学习,得到著名古典语文学家、历史学家麦夸特(Karl Joachim Marquardt, 1812—1882)的指导。麦夸特的教诲"人尽其材,各施其责"(Quam quisque norit artem, in hac se exerceat)一直影响着夏德,并最终帮助他在已经掌握的多门语言中选择了汉语作深入研究②。经过在柏林大学、莱比锡大学、格赖夫斯瓦尔德大学、罗斯托克大学的学习与研究,夏德最终以古典语文学博士论文《普劳图斯和泰伦提乌斯戏剧的感叹词研究》③(De Interiectionum Usu Plautino Terentianoque)取得了罗斯托克大学的哲学博士学位。

在夏德的著作中,他还提及了弗里德里希·威廉·里奇尔(Friedrich Wilhelm Ritschl, 1806—1876),莫利斯·皓普特(Moritz Haupt, 1808—1874)和弗兰茨·布歇乐(Franz Bücheler, 1837—1908)三位学者,指出他们的课程教会了夏德很重要的研究方法。正如何可思(Eduard Erkes, 1891—1958)所说:"夏德与同时代的很多汉学家不同,他有很好的古典语文学专业和科学教育基础,能够将细致缜密的分析方法带入汉语语言研究中,编著了系列语法教材,最著名的当属《文件字句入门》。"④ 波恩大学陶德文教授(Rolf Trauzettel)在

---

① Notes on the Chinese Documentary Style, p. v.
② *Hirth Anniversary Volumn*, p. x.
③ Friedrich Hirth, *De Interiectionum Usu Plautino Terentianoque*. 1869, in Academia Rostochiensi.
④ Eduard Erkes, *Friedrich Hirth*, Artibus Asiae, Vol. 2, No. 3 (1927), pp. 218-221.

《新德意志名人传记——夏德传》①中认为,在夏德众多的研究中,我们可以看出他非常努力地将古典语文学严谨的研究方法应用至汉学领域。

该书不仅简明、清晰地解释了文件体汉语的用法特点,而且理性客观、深入浅出地揭示出汉语语法的核心特质。这是与夏德深厚的古典语文学积淀分不开的,也与他所处的工作、研究环境紧密相关。

有关夏德的学术选择,可以从以下两个方面予以考察:一方面,夏德的学术发展一刻都没有离开过欧洲;另一方面,他当时供职于中国海关,基本上无暇做深入的学术研究。

夏德离开德国后,在晚清海关工作了25年,后在美国哥伦比亚大学工作至退休,其间短暂返回欧洲。可以说,他在汉学界、学术界的跌宕浮沉都与欧洲的情况和环境息息相关。19世纪下半期的中国,尤其是通商口岸,拥有着不可多得的国际化环境,云集着欧洲各国的汉学家、学者、官员、商人。夏德作为海关官员,时刻坚持和保持着自己的学术兴趣,在不同阶段接触了不同的人,逐渐选择和构建了自己的学术网络。这影响了他的学术研究,从语言教学到汉学再到中西交通的发展走向。《文件字句入门》编著于夏德在广东海关任职阶段,他利用地利之便,与当时在香港生活的传教士、汉学家湛约翰(John Chalmers,1825—1899)、欧德理(Ernest John Eitel,1838—1908)、包腊(Edward Charles MacIntosh Bowra,1841—1874)、贝德禄(Edward Colborne Baber,1843—1890)、庄延龄(Edward Harper Parker,1849—1926)、奚礼尔(Charles Batten Hillier)等取得了广泛的联系,参与了《中国评论》(*China Review*)、《中日释疑》(*Notes and Queries on China and Japan*)等杂志的编写工作,也听取了一些著名汉学家对于自己研究方向的建议。② 起初,在读到儒莲的大作《汉文指南》之后,夏德决心"编纂一本中国当今汉语的语法书",然而他的计划随着贾伯莲孜的《汉文经纬》出版而被迫放弃。③ 其实,早在他在广东工作的最后几年,夏德已经开始意识到系统学习汉语书面语的重要性,于是他最后决定转向"更多的外国人最需要的"实用汉语。④

---

① Rolf Trauzettel, *Hirth, Friedrich*, in Neue Deutsche Biographie 9(1972), pp. 238-239 [Onlinefassung]; URL: http://www.deutsche-biographie.de/pnd116915633.html.
② *Hirth Anniversary Volumn*, p. x.
③ *Hirth Anniversary Volumn*, p. xi.
④ *Hirth Anniversary Volumn*, p. x.

跟在欧洲的学院派汉学家相比,夏德作为常驻中国的海关工作人员,所享有的研究资源和学术环境相对较差,潜心编写系统全面的语法著作基本不可能,他的研究也碰到了无法获得中国文献的困难。夏德在《大秦国全录》的前言中写道:"我一定要说明,这些书稿是我在中华帝国的上海,在忙碌的公务之余完成的","人们都以为,住在这个帝国的外国人可以非常容易地看到大量的本地书籍,尤其珍藏图书。实情是,这些珍贵图书只有在确定购买时才能够得到;在华的外国人做相关研究,甚至并不像那些可以进入巴黎、伦敦、柏林、慕尼黑和圣彼得堡图书馆的学者那么容易"。[1] 在这样的大背景下,尤其在他初到海关工作的那些年,夏德收集海关的第一手材料、编纂实用汉语教材,是一个相对务实的工作。

因此,从某种程度上说,夏德编写《文件字句入门》是限于他的在华在职研究条件、面对欧洲汉学的新发展而不得不做出的选择。他通过与欧洲、中国学术界的交流,在研究计划上逐步"妥协",在当时的汉语、汉学研究群体中寻找自己的学术定位。夏德在该书的前言中提到,"很快,人们就会像重视古文学习一样重视文件体,将会出现更多的实用科学方法的文件体语法著作","本书总结的规则,仅仅是这个系统、科学的语法的一部分"。但是,可惜的是,从夏德后来的学术发展情况看,他并没有继续深入研究文件体语言,也没有更系统地总结出这种实用语言的语法。夏德表述自己的古典语文学观念为:"语文学研究包含两种对立共存的方向,一方面是单纯研究语言本身的语言学,另一方面是严格意义上的语文学,即仅仅以语言为媒介研究别的主题,偏重文学方面的拓展"[2]。照此,夏德的科研兴趣同时涉及这两方面,更偏重于广义的语文学。

四、结 论

《文件字句入门》是夏德在汉语语法方面的最重要的著作,是晚清外籍驻华官员学习汉语书面语最实用的教材之一。作为汉学家的夏德,在到中国任

---

[1] Friedrich Hirth, *China and the Roman Orient: Researches Into Their Ancient and Mediaeval Relations As Represented in Old Chinese Records*, 1885, Leipsic & Munich, Shanghai & Hongkong, Reprinted in China, 1939, p. 1.

[2] Friedrich Hirth, "Über sinologische Studien", *T'oung Pao*, Vol. 6, No. 4 (1895), pp. 364-368.

职后不久，即注重总结和归纳"文件体"汉语的用法和规则，除了受海关总税务司赫德的委派和督促外，这也和他个人对语言研究的兴趣意愿和专业素养直接相关；《文件字句入门》的成书和出版也不仅受到了海关汉语学习政策的推动，同时受到夏德在华期间的国际环境、学术环境所制约。在这本书中，夏德承认汉语语言的特殊性，同时指出了"汉语没有语法"论断的谬误，倡议所有的学习者通过学习文件体汉语的基本语法规则，掌握自己总结和提炼汉语使用惯例和规约的方法。从这里我们可以看出，《文件字句入门》并不是一部文件体汉语集大成的著作，而是以教育和应用为目的的书面语教材。在本部教材中，晚清的驻华洋员、汉学家对文件体汉语的思考和认识得到了继承和发展，欧洲的古典语文学概念和方法也得以与文件体汉语语言现象相结合。可以说，《文件字句入门》反映了当时国际环境和学术环境，反映出那个时期中西学术、文化交流的情况。该书不仅是清末汉语教育的标志性著作，也是西方汉学发展史链条上不可缺少的一环。

（龚婧　北京外国语大学全球史研究院在读博士生）

·信息与书评·

"域外中国学研究四十年：回顾与展望"座谈会述要

唐 磊

2018年8月23日，由中国社会科学院中国学研究中心主办的"域外中国学研究四十年：回顾与展望"座谈会在京举行，来自中国社科院、上海社科院、北京外国语大学、北京语言大学等研究机构的十余位资深学者参与此次会议。为本领域发展起到重要推动作用的几大刊物《国外社会科学》《国际汉学》《汉学研究》主编也悉数到场，使得这次规模不大的会议含金量却相当高。

《国外社会科学》主编、中国社会科学院国际中国学研究中心主任张树华研究员致开幕词。他回顾了中国社会科学院过往在推动域外中国学研究方面所做出的成绩。中国社会科学院是最早从事国外中国学研究的学术机构，早在1975年就在情报研究所下由已故孙越生先生（1925—1997）创立了国外中国学研究室，虽然中间几经机构调整的影响，但这个实体研究室仍然得以承传。其他各个专门研究所也涌现了一批从事国外中国学相关研究的学者和力量。其中影响较大的有历史所耿昇先生和世界历史所许明龙先生致力的法国汉学研究。近代史所曾在20世纪连续出版了27卷《国外中国近代史研究》，至今为学界所称道。进入新世纪以来，中国社会科学院国外中国学研究中心成立，后又随形势发展更名为国际中国学研究中心，近年来，在社科院学科登峰计划框架下，"海外中国学"研究被列入四十个优势学科之一。未来，中国社会科学院将利用好现有的条件持续开展学术研究，并利用自身资源优势推动学科发展。

年逾九十的北京大学张柱洪教授为会议提交了书面发言。张教授回顾了自20世纪60年代起，就利用北大学报内刊《哲学社会科学动态及资料》开始搜集各国对中国史尤其是中国近代史研究的成果，并撰写出若干论著。作为从事域外中国学研究50多年的探索者，张教授认为："这个事业今天才起步，未来应在加强学科队伍建设、加强同域外学者交流等方面推进学科发展。"

上海社科院前副院长黄仁伟研究员实际主持了过去十多年的"世界中国学论坛"的组织工作,他对于新世纪以来的域外中国学发展有许多直观感受。他认为有如下的新趋势:(1)中国学成为世界的一门显学;(2)中国学从原有的美国、欧洲、日韩三大板块向整个世界扩散,不再是西方独大;(3)出现越来越多的未来中国研究,即研究中国未来的不确定性和未来中国对世界的影响。他特别提到特朗普的对华政策很大程度上受到一些非主流的中国问题研究者的影响,这对我们的域外中国学研究也提出了新的挑战。

台湾大学石之瑜教授长期从事中国学的知识史研究,认为从中国学学科概念的演化,可以看到研究思路的进展。最早提海外或国外中国学研究,侧重在译介、引进,后来提出国际中国学研究,就有了国别中国学,反映出比较研究的意识。世界中国学概念则是把中国学者自己的中国研究,放到一起来对话。不久前出现全球中国学的说法,但时机未到,未来能否出现中国研究知识社群充分交流而合成一个群体?这些概念说明,对中国学的追踪、整理、比较、分析,是掌握研究者之间以及与研究对象之间的关系,而构成"关系的中国学"。中国学研究对象的本体,可以是对中国人、中国社会及中国文明不断再界定的过程,中国作为一个类别,因情境与实践造成内涵的难以固定,姑且称之为"后华性"(post-Chineseness)的体现。"后华性"是,中国、中国性乃至中国学这个本体,是话语与行动得以发生的基础,但没有单一的定义,简单说就是既不可否定又不可界定。对此,我们需要一个"知识人类学"的方法论,针对知识如何有助于或者有害于某一个特定群体的演化和发展。这样的方法论聚焦在,中国学的知识生产出于什么样的关系脉络,比如学者的资金从哪里来、他跟政府的关系如何,通过这些问题考察(1)学者的遭遇为何、(2)如何做出选择、(3)做了选择以后,如何扩散。石之瑜教授在过往十数年组织大型中国学知识社群口述史项目和在此基础上的多项专题研究与跨国合作研究的丰厚基础上,逐渐摸索出以"后华性"(本体论)、"关系的中国学"(知识论)和"知识人类学"(方法论)为架构的学科研究范式。

长期致力美国中国学史研究的北京行政学院侯且岸教授认为,从情报分析到学术史研究,是域外中国学研究的一个范式升迁。域外中国学研究要想获得更大的发展,需要进行自身的学科建设,也要联系其他学科。从事域外中国学研究的问题意识,不仅是来自外国人的中国研究,还要结合中国本土、当下的社会现实。另外,留意长期在中国生活的外国学者对中国社会的认知和感悟。对于中国研究的范式,我们也应反思,许多学者都关注了西方学术界从"欧洲中心论"到"中国中心论"的变化,但"冲击—反应"模式所体现的深刻性今天仍然应当予以留意。

北京联合大学梁怡教授认为,学术界应积极掌握中国学研究的学术话语权。从事域外中国学研究的学者可以借助自身的研究积累向参与传播中国文化的人士提供某些指导。有关部门也应当重视发挥域外中国学研究学者的作用。武汉大学教授刘杉提出,域外中国学研究有为才能有位,应该主动为政府决策服务。黄仁伟教授提出希望中国社科院建立一个专门从事域外中国学研究的独立智库。

北京外国语大学张西平教授指出,与中国当下的发展速度相比,相应的基础研究发展速度跟不上。同时近年来不少非西方国家的中国研究发展速度也很快,像孟加拉、斯里兰卡、秘鲁这些国家,随着"一带一路"倡议的推进,同中国的经贸往来日益密切,对中国知识的需求也快速增长,但这些国家对于中国历史文化的了解依然很欠缺,这就需要帮助他们建立起他们的中国研究。未来,北京外国语大学的国际中国文化研究院将围绕域外汉学研究和中国文化海外传播持续开展基础研究,并积极服务"文化走出去"的国家战略。

北京大学前俄语系主任李明滨教授指出,俄罗斯汉学研究有三方面特征,首先是一种国家行为,其次是打造了一支很强的队伍,20世纪以来,正高级职称的汉学家就有超过600人;再就是有其独特的研究方法,从比较文学的视角看,法国学派的影响研究和美国学派的平行研究较为盛行,俄国学院派重视交流研究,他们的汉学也很重视从这一角度开展。与20世纪俄罗斯汉学的成就相比,我们国内对于其成果的引进显得落后,目前国内翻译的世界汉学著作,以美欧和日本学者著述为主,俄罗斯汉学家的很少,这与俄国文化和俄语在我国的衰落有关。

《汉学研究》主编、北京语言大学阎纯德教授指出,对域外汉学的关注和研究早自民国就已富有成果,但后来停滞了整整一个历史时期,现在汉学或中国学发展的趋势虽然如火如荼,不过实在是来得太晚了。华东师范大学吴原元副教授将自己近年来在此领域的耕耘做了介绍。在笔者看来,晚清民国时期对域外中国学的评论和研究,有可能成为一个新兴的学术生长点。

阎纯德教授以自己创办的《中国文化研究》和《汉学研究》为例，回忆了域外汉学研究在 20 世纪八九十年代发展之不易。他不无欣喜地指出，如今一大批外语专业出身的高校教师积极加入到本领域研究中，例如他主编的《列国汉学史书系》中，有关中国文化海外传播和域外汉学专题研究的成果，便是一个可喜现象。

上海社会科学院世界中国学研究所周武研究员主持该所科研工作，他从机构科研规划角度谈了自己的想法，他认为可以从以下三方面入手夯实域外中国学研究的基础。一是系统调研和整理域外中国学的成绩，这是一项长期的基础性工作。二是对其他国家重要的中国研究机构进行深入研究，例如机构的发展历史、运作机制及其对中国学的贡献，这类研究将给我们带来很多启示。三是开展重要中国学家的专题研究，例如对照"世界中国学奖"的获奖人物对其进行学案式的研究。

北京外国语大学顾钧教授和华东师范大学吴原元副教授分别代表京沪两地青年学者发言。顾钧教授认为，像美国这样的发达国家，对于中国的研究非常深细，而我们对这方面成果的了解显然有不足。要弥补这种不足，一方面需要加强翻译译介工作，特别是从保障机制上鼓励学者们从事翻译，还要注意英语世界以外成果的译介；另一方面，面对多学科多语种的中国学，需要不同机构进行分工合作。

吴原元认为，对于当代域外中国学的学术史梳理，国内学界还有很多工作可做，许多知识脉络需要进一步细致清理，例如美国传教士汉学与战后的中国学之间究竟有怎样的联系，等等；在此基础上，也需要对域外汉学展开批评。

会议最后阶段，中国社会科学院何培忠研究员、张西平教授、黄仁伟教授共同对会议进行了总结发言。三位学者的总结和建议归结起来有如下几点：（1）域外中国学/汉学研究涉及知识面广、对象国多，亟须从学科建设层面加强顶层设计和各机构间的沟通协作。（2）中国学要进入学科体系，应当作为一个一级学科存在，培养能够深切理解中国、讲好中国文化和中国故事的国内外人才。（3）国家智库建设里应该给中国学至少留一个位置，通过系统研究国际上对中国的态度和认知，加深对各国对华政策及其变化的理解，从而为国家战略服务。（4）政府推动中国学发展应该采取更巧妙的方式，重视学术界的力量，让科研机构和学者走到前台。

（唐磊　中国社会科学院国际中国学研究中心）

汉学史与典籍外译研究

——全国高校国际汉学与中国文化外译学术研讨会简述

郭景红

随着我国经济总量的增长、综合国力的增强,我国政府正积极推行中国文化"走出去"的国家战略部署。为推动高校国际汉学(中国学)以及中国文学与文化的外译和传播研究,提升外语类院校和综合性大学外国语学院的学科建设水平,中国比较文学学会海外汉学研究会、上海外国语大学英语学院、北京外国语大学比较文明与人文交流高等研究院以汉学史与典籍外译研究为主要议题,于2018年6月23日至24日召开了全国高校国际汉学与中国文化外译学术研讨会。

本次会议是中国比较文学学会海外汉学研究会正式获批成立后的首次大型研讨会,共有87所院校近200名专家、学者参与。对于海外汉学研究问题,张西平教授、任大援教授做了主旨发言。张西平教授在"海外汉学研究展开所面临的几个问题"的主旨发言中指出,随着中国文化的传播,越来越多的学者开始投入这个研究领域,要做好海外汉学研究,要从三方面入手:第一,内外双修是做好海外汉学研究的基础,即研究者既要熟知研究对象国家的汉学历史与思想文化史,又要熟悉中国本土知识和文化,要了解当代中国学术研究之进展。第二,把握海外汉学的知识性与意识形态性双重特点。第三,建立对话性的海外汉学研究。张西平教授认为,应该建立一种批评的中国学研究,这种批评的中国学是站在中国学术自身的立场,在一种开放的态度下与域外汉学界、中国学研究展开对话;是秉承学术态度和精神,从跨文化的角度对域外汉学的历史展开研究,将其对中国文化的误读给予一种历史性的解释,对西方汉学的西方中心主义和基督教本位主义给予批判。对当代的域外中国研究也应采取实事求是的态度,吸取其研究之长,批评其研究之短,在平等的对话中推进中国学术的建设和研究。任大援教授在发言中说,

"中西文化交流背景下的基督教人文主义",在中西文化交流的背景下,基督教人文主义如何在中国发生影响、推动中国学术与文化的进步与发展;而中国文化中的传统因素,又如何对传教士的"人文主义"发生影响。中西文化在这种早期互动中,推动着人类知识的进步。

就中国文化"走出去"有效方法、途径及理论研究方面,谢天振教授、王宁教授、查明建教授、季进教授,从不同角度分别阐述了自己的观点。谢天振教授在"文化外译:中外文化交流研究的新课题"的主旨发言中指出,中国文化外译过程中存在的几个问题。第一,对翻译的认识存在误区,翻译即两种语言文字之间的转换,忽视翻译的本质目标"跨文化交际",以交出一份"合格的译文"为满足。第二,看不到译入(in-coming translation)与译出(out-going translation)这两种翻译行为之间的区别。简单地用建立在"译入"翻译实践基础上的翻译理论(更遑论经验)来指导当今的中国文学、文化"走出去"的"译出"翻译实践,是当今在中国文学外译上的重要问题。第三,对文学、文化的跨语言传播与交流的基本译介规律缺乏应有的认识。第四,未能认识到并正视在中西文化交流中存在着的两个特殊现象或事实。即"时间差"(time gap)和"语言差"(language gap)。第五,对文化外译的复杂性缺乏认识,片面、简单地强调所谓的"话语权"问题,"平等交流、彼此尊重"的问题,强调"忠实"拒绝"文化过滤"等。谢天振教授指出,决定文学、文化译介的效果取决于多方面的原因,只要我们树立起正确、全面的翻译理念,把握译介学的规律,正视中西文化交流中存在的"语言差""时间差"等实际情况,确立起正确的跨文化交际指导思想,那么中国文学和文化就一定能够切实有效地"走出去"。

查明建教授在主旨发言"比较文学与中国文化走出去"中指出,就目前中国文化"走出去"成效来看,还有诸多需要在理论层面深入探讨的问题,比较文学的研究方法和研究成果可以作为中国文化"走出去"理论建构的思想资源。同时,中国文化"走出去"所需要解决的理论和实践问题,也为比较文学提供了新的研究课题,促使比较文学深刻融入中国当代文化发展战略之中。

王宁教授在主旨发言中阐述了翻译与跨文化阐释之间的关系,指出,翻译与阐释既有相似之处又有差异。如果从文化的视角来看,翻译应该被看作是一种跨文化阐释的形式,但翻译的形态有多种,因此并不是说所有的翻译都等同于跨文化阐释。要做好文学和其他文化形式的翻译，不仅需要译者掌握熟练的外语技能，更需要他们有着广博的多学科知识。另一方面，这种翻译是一种有限的阐释，任何过度的阐释都不能算作是翻译：前者始终有一个原文在制约这种阐释，而后者则赋予阐释者较大的权力和阐释的空间。王宁教授指出，中国文化和文学走向世界是一个艰巨的任务，它需要多方面的通力合作才能完成，在这其中，翻译可以说是重中之重，而在翻译的过程中，跨文化阐释式的翻译所能起到的作用决不可忽视。

季进教授从"麦家"现象出发，对当代文学在英语世界的传播状况进行考察，指出当前当代文学英译与传播发生了从政治性向审美性、从边缘到热点、从单一性到多元性三方面的转向。同时也存在着诸如中西文学交流的不平等性等问题。季进教授认为，中国当代文学所展现的独特的认识与情感，以及它立足于中国的历史、社会现实所发生的变化，这本身是一种非常可贵的特质，也是中国文学作为世界文学一部分的独特定位。如果中国文学长期坚守自己的独特风格和价值立场，也许某一天终将为更多的西方读者所认可。

对于外语学科与汉学研究及人才培养问题，阎国栋教授就外语学科与汉学研究及人才培养问题的发表自己的看法，认为外语人应充分发挥所长，积极投身汉学研究，定位自身角色，明确研究对象，用优秀的学术成果推动学科内涵不断丰富，促进与其它人文社会科学相互融通；陈琦副教授也就汉语教育与英语专业人才培养角度阐发了独到的见解，阐述了英语专业中增设"中国文化"板块的必要性。

学会共设10个分论坛，主题分别为儒释道典籍翻译研究、国别汉学史研究、明清小说的译介与接受、中国当代文学在海外的译介与接受、汉学视阈下的中国形象、汉学家研究、诗歌与戏曲翻译、典籍外译、汉字科技与物质文化的海外译介与传播、比较文学与海外汉学研究。与会学者就各自所取得的研究成果进行了发表，并与研究领域内的同仁进行了热烈的讨论。学者们的发言涉及汉学研究界众多领域，展现了最新研究动向。

（郭景红　北京外国语大学国际中国文化研究院副教授）

当代中国学研究国际研讨会
——东西方接触与对话在西班牙莱昂大学孔子学院举行

李秋杨

2018年5月2日至3日"当代中国学研究国际研讨会：东西方接触与对话"在西班牙莱昂大学孔子学院举行。本次会议由莱昂大学、湘潭大学和莱昂大学孔子学院主办，孔子学院总部/国家汉办资助。来自西班牙、中国、法国、英国、意大利、瑞士、立陶宛、丹麦、土耳其、新加坡、巴西等12个国家的132位学者共聚一堂，就"汉语国际教育、文化与传播、历史、社会、国家关系与政治、现当代文学与文化、典籍翻译与传播、语言与文化对比、教育"等多个专题进行研讨。莱昂大学校长胡安·弗朗西斯科·科加西亚·马林（Juan Francisco García Marín）先生，莱昂大学副校长罗伯托·巴罗·阿尔瓦雷斯（Roberto Baelo Álvarez）先生，中国驻西班牙大使馆教育组负责人钟熙维博士，莱昂孔院中外方院长奥斯卡·费尔南德斯·阿尔瓦雷斯（Óscar Fernández Álvarez）博士和陈晨博士在大会开幕式上先后致辞。

来自西班牙马德里自治大学、巴塞罗那自治大学、庞贝法布拉大学、格拉纳达大学、瓦伦西亚大学、马德里康普斯顿大学、萨拉曼卡大学、马拉加大学、莱昂大学、中国复旦大学、南开大学、中央民族大学、上海师范大学、山东大学、英国剑桥大学、牛津大学、伦敦大学、利兹大学、法国里昂第三大学、意大利罗马大学、新加坡南洋理工大学、葡萄牙米尼奥大学、瑞士洛桑大学、立陶宛维尔纽斯大学、巴西圣保罗大学、巴塞罗那孔子学院、马德里孔子学院、卡斯蒂利亚拉曼查大学孔子学院、萨拉戈萨大学孔子学院、葡萄牙里斯本大学孔子学院等高校及研究机构的学者代表出席了开幕式。

两天的会议中，国际汉语传播研究专家中央民族大学国际交流学院吴应辉教授、当代中国话语研究著名学者杭州师范大学施旭教授、汉语语法化研究专家上海师范大学对外汉语学院曹秀玲教授、西班牙人类学领域汉学家马德里自治大学东亚研究中心格拉迪斯·涅托（Gladys Nieto）教授、历史领域汉学家巴塞罗那庞贝发布拉大学历史学系多洛斯·福奇（DolorsFolch）教授、英国剑桥大学丘吉尔学院袁博平教授、湘潭大学外国语学院李秋杨博士、莱昂大学孔子学院中方院长陈晨博士以及北京外国语大学西葡语系常世儒教授先后做主旨发言，并与参会代表分别就汉语国际教育现状与学科建设、孔子学院建设与发展、汉语教学与习得、西班牙16世纪汉学研究、中国明清时期历史、中国与西班牙历史与现当代关系、西班牙华人社区发展与移民、当代西班牙中国学研究特点与趋势、汉西翻译等问题进行了交流与讨论。

关于全球孔子学院建设与发展，吴应辉教授就2016年中国孔子学院和英国文化教育协会、法国语言联盟、德国歌德学院、西班牙塞万提斯学院、俄罗斯世界基金会、韩国世宗学堂、日本国际交流基金会等多国语言文化传播机构在管理机制、师资情况、文化活动、考试、奖学金、国家资助与经营状况，以及发展计划等多个方面进行了对比。他认为各国语言传播机构在增进国家和地区之间的了解、不同文明与文化间的理解，减少国家、民族间的文明冲突，提升国家软实力方面起到了重要作用。他指出孔子学院在分支机构数量、学生和语言水平考试人数、外派语言教师和志愿者人数、提供奖学金和文化活动数量等指标方面位居前列，而在市场化方面亟待加强。

施旭教授对当代中国传播话语研究的基本特点、问题与不足进行了阐述，指出突破以西方学术话语研究体系为核心的研究局限以及建立当代中国话语研究体系与范式的必要性和迫切性。他总结了在全球历史文化发展的背景下，中国传播话语40年流变，并以中国当代军事话语研究和中国环境发展话语为例，陈述了他对全球安全发展以及环境治理问题中中国话语研究的基本立场和观点。他强调中国文化中的整体观、"天人合一"的思维方式、历史观、道德原则、话语表达方式等要素特征，对于理解和阐述当代中国传播话语起到关键性作用。

曹秀玲教授针对汉语基本话语和元话语的交互界面的汉语话语标记语法问题，及高级汉语学习者汉语话语标记习得问题进行了讨论，从汉语话语标记的分类情况、小类成员之间的不等形性和非排他性，形式与功能之间形成错综复杂的对应关系进行了分析。她认为汉语话语标记作为第二语言教学与习得是提升高级学者汉语水平的重要标志，对于该语法现象的研究和讨论对于高级汉语学习者教材编写以及汉语教学实践具有重要意义。

格拉迪斯·涅托（Gladys Nieto）教授探讨了中国作为西班牙十大移民来源国，其移民社区的基本情况以及融入西班牙当地社会文化生活的人类学和社会学意义。她认为，在西班牙经济停滞和高失业率的背景下，中国企业家和业主没有动摇他们来西班牙进行商业发展的决心，在西班牙乃至整个欧洲国家移民群体中已经形成中国移民群体独有的特征。她肯定了西班牙的中国移民在商业经营、劳工融合方面的主要贡献，同时也提出中国移民在与西班牙社会文化融入方面存在的障碍和主要问题。

多洛斯·福奇（DolorsFolch）教授就16世纪西班牙汉学家马丁·德·拉达及其著作进行了介绍，结合大量历史文献、往来信件和图片展示了马丁·德·拉达作为宇宙学家、数学家和天文学家的多个侧面。通过文献调查，她发现马丁·德·拉达的知识兴趣在于图书收藏：这些书记包括他有关墨西哥、亚洲等地区的相关科学记载，以及他绘制有关中国的地图。这些文献资料对于16世纪欧洲特别是西班牙王国探索亚洲尤其是中国地区起到了重要的辅助作用。在DolorsFolch教授的报告中，我们进一步认识了以西班牙早期汉学家马丁·德·拉达为代表的西班牙知识分子形象，对于同时期的传教士对比研究具有重要的历史借鉴意义。

袁博平教授从成年人第二语言习得和儿童第一语言习得的表现差异出发，采用语言习得中的内隐和外显知识理论，揭示了成年人第二语言习得的本质特征，并以15位英语母语者习得汉语声调的实证研究为例，汇报了内隐知识被试在口头描述、句子朗读、词汇和短语朗读、简短对话以及声调特征五项测试中起到的重要作用。他认为，第二语言习得与教学研究中对于习得者内隐知识进行考察的必要性，在第二语言教材编写、语言测试等多项教学实践中，帮助语言学习者在内隐知识和外显知识的自动转换是有效的二语教学实践不可或缺的要素。

常世儒教授以口译理论为基础，从"文化冲突""政治主张""历时性的文化自我调整"等几方面出发，结合大量典型的口译实例，就汉西口译过程中的重点难点、文化差异、口译员的工作态度、翻译技巧以及具体翻译实践问题的处理办法等进行了阐述。他强调汉西语言翻译中的文化差异在典籍翻译和口译实践中的重要性，并对大量误译实例进行了更正和说明。

陈晨博士从对比语言学的研究视角出发，就汉西语言中的心理动词表征做了汇报。在配价语义理论的基础上，结合例证，概括分析了汉西语言心理动词的分类、语义特征和功能特征，阐述了这两种语言中心理动词的差异语共性，并就这些特征差异在对西班牙语母语者的汉学教学进行了反思。

李秋杨博士从世界汉学研究的基本概念和分类研究出发，汇报了当代西班牙汉学研究基本状况，包括当代西班牙中国学研究的主要机构、大学、学科建设、地域分布、汉学家和中国学研究学者的主要领域、成果等。在此基础上总结了当代西班牙汉学研究的阶段分期、基本特征以及研究趋势。同时，就本次莱昂汉学会议西班牙青年学者研究状况进行了概述，介绍了由莱昂大学孔子学院主办、中国国家汉办资助学术刊物《西班牙新汉学》在西班牙中国学研究学术推广方面所取得的成果。

来自12个国家的与会代表汇报了亚洲、欧洲、南美以及世界其他有关国家和地区的中国学研究现状和历史研究问题。代表们普遍认为，随着中国崛起，世界各国的中国学研究逐渐升温，海内外同仁应该团结协作，树立中国学学科研究的大学科意识，就传统汉学研究和当代中国学研究两个层面，进一步探索不同地区、不同领域、不同国别之间的中国学研究的共性和个性研究，从而进一步促进西班牙当代中国学研究发展，建立世界性、跨学科的中国学研究范式。

本次当代中国学研究会议，论题的涵盖面广泛，不仅包涵汉学与传统文化的内容，更扩展至政治经济等相关领域。与会专家学者纷纷表示，此次由西班牙莱昂大学孔子学院主办的"当代中国学研讨会"以西班牙当代中国学研究为依托，放眼欧洲和世界汉学研究，具有广泛的国际学术影响力。此次会议为与会的中外各国青年学者展开对话和交流开辟了学术空间，同时也是沟通中国主流学术与海外中国学研究的重要平台，为西班牙的当代中国研究起到了重要的凝聚作用，尤其是本届会议所提出的"东西方接触与对话"构想和实践，更将进一步推动西班牙中国学研究的发展和振兴。

（李秋杨　莱昂大学孔子学院/湘潭大学）